आदिवासी बस्तर का बृहद् इतिहास

चतुर्थ खण्ड

बस्तर के चालुक्य और गिरिजन
(1324 ई॰ - 1777 ई॰)

डॉ॰ हीरालाल शुक्ल

बी. आर. पब्लिशिंग कॉरपोरेशन

आदिवासी बस्तर का बृहद् इतिहास

डॉ॰ हीरालाल शुक्ल

First Published 2007

ISBN 81-7646-540-2

Rs. 750/-

Published by :

B. R. Publishing Corporation

[A Division of BRPC (India) Ltd.]

425, Nimri Colony,

Ashok Vihar, Phase-IV

Delhi – 110052

E-Mail : *brpcltd@del2.vsnl.net.in*

Printed In India at Balaji Offset New Delhi.

विषय-सूची

प्रस्तावना

वारंगल और चक्रकोट के पतन से लेकर चालुक्य-शासन की स्थापना(1324 ई.) तक तथा पुनः उसके पतन (1777 ई.) तक बस्तर के इतिहास एवं संस्कृति का संक्षिप्त एवं सूक्ष्म विवेचन इस ग्रंथ का उद्देश्य है। इसका प्रणयन किसी विशिष्ट प्रकार के पाठक की आवश्यकता-पूर्ति को ध्यान रखकर नहीं हुआ है, प्रत्युत इसका प्रधान लक्ष्य यही है कि जिन्हें उत्तर मध्ययुगीन (1324-1777) बस्तर के इतिहास के प्रति जिज्ञासा और अनुराग है, यह ग्रंथ पूर्ववर्ती तीन ग्रंथों के समान उनके लिए उपयोगी सिद्ध हो सके। ऐतिहासिक सत्य तथा वैज्ञानिक शुद्धता के निमित्त सभी उपलब्ध साधनों का इस ग्रंथ में आलोचनात्मक और गंभीर विवेचन ही नहीं किया गया, अपितु बस्तर के विविधतापूर्ण इतिहास के किसी अंग-विशेष को अनावश्यक महत्व देने अथवा निंदा करने की नीति का सर्वथा बहिष्कार भी किया गया है। मेरी यह दृढ़ धारणा है कि इतिहासकार के लिए इस प्रकार का पक्षपातपूर्ण व्यवहार अशोभनीय है; क्योंकि न तो वह आदर्शों का प्रचारक है और न महत्वाकांक्षी राजाओं के वीरतापूर्ण कृत्यों का प्रशस्तिकार ही। उसके लिए जहाँ तक संभव हो सके, वस्तुगत दृष्टिकोण का पोषण और प्रतिपादन ही अपेक्षित है। ऐतिहासिक सामग्री के यथातथ्य वर्णन में लेखक की आत्मझलक अथवा किसी प्रकार की विकृति या सजावट सर्वथा अवांछनीय है। इसके अतिरिक्त विचारों में दृढ़ता के स्थान पर कुछ लचक भी उचित है; क्योंकि मध्यकालीन बस्तर की अनेक घटनाएँ अब तक अंधकार के गर्भ में हैं और जो सामग्री उपलब्ध है, वह केवल अनिश्चित और अधूरी ही नहीं, प्रत्युत यदा-कदा परस्पर विरोधी भी है। अन्नमदेव प्रतापरुद्र के अनुज थे, यह तो बस्तर के शिलालेखों और दस्तावेजों से प्रमाणित है, किन्तु उसके लिए एक भी प्रमाण नहीं मिलता। यहाँ तक कि प्रतापरुद्र के किसी भी दस्तावेज में भूलकर भी अन्नमदेव का उल्लेख नहीं हुआ। इस रूप में अन्नमदेव एक पहेली है, जिन पर अभी और खोज होनी है। कहीं सचमुच वे गोंड-परम्परा के तो नहीं थे, जैसा कि ब्रिटिश इतिहासकार मानते हैं। ऐसी स्थिति में बस्तर में चालुक्यवंश के संस्थापक अन्नमदेव की ऐतिहासिकता एक विवादग्रस्त एवं संदेहात्मक है; वे काकतीय थे या चालुक्य इसमें तो विवाद बहुत गहरा है। हमारा यह संशयपूर्ण

दृष्टिकोण स्वाभाविक ही है और हमारे पूर्वज भी इससे पूर्णतः मुक्त नहीं थे। प्रसंगवश 'विष्णुपुराण' के एक कथन का यहाँ साक्ष्य देना असंगत न होगा **"मैंने इस इतिहास का प्रणयन किया। भविष्य में इन राजाओं का अस्तित्व विवादग्रस्त होगा, जैसा कि आज राम तथा अन्य दूसरे महान् शासकों का अस्तित्व तक भी संदेहास्पद हो गया है। बड़े-बड़े सम्राट भी जो सोचते थे या सोचते है कि 'भारतवर्ष मेरा' है। समय के प्रवाह या गर्त में वे भी केवल कहानी-मात्र रह जाते हैं। ऐसे सम्राटों को धिक्कार है, सम्राट् राधव के साम्राज्य को धिक्कार है।"**

प्रस्तुत ग्रंथ बस्तर के 'वनेचर योद्धाओं' का एक कालक्रमिक इतिहास है, जिन्होंने महानदी और गोदावरी के पर्वतीय अंचल की जनता की नियति को सँवारा था और जो 1324 ई. से 1777 ई. तक निरंतर संघर्ष करते रहे। यह संघर्ष-गाथा है बस्तर के उन आदिवासियों की, जिसे भारतीय इतिहास ने 'आदिम और जंगली' कहकर खारिज कर दिया है।

बस्तर का इतिहास मेरे लेखन से पूर्व तक **'भारतीय इतिहास में शुष्क सरिता'** (ग्रिग्सन 1934, 4) के रूप में परिभाषित था और ब्लण्ट (1795) से लेकर नंदिनी सुंदर (1997) तक की पीढ़ी ने उसकी अविश्वसनीयता को बढ़ाया है और वे सभी अपने पूर्वाग्रहों से मुक्त नहीं हो पाए। अब तक बस्तर पर हुए समूचे अध्ययन इतिहास-दृष्टि से परे मानवविज्ञानी सोच से जुड़े रहे हैं। शायद ही कोइ मानवविज्ञानी इस पूर्वपक्ष का खण्डन करे कि भारतीय जनजातियों पर पश्चिमी विचारधारा के हावी होने पर मुझसे पहले किसी ने भारत के आदिवासियों के इतिहास पर ध्यान दिया हो। 1988 ई. में जब मैंने पहली बार **'ट्राइबल हिस्ट्री'** लिखी थी, तो लोगों का यही आक्षेप था कि भला आदिवासियों के इतिहास-लेखन का यह दुराग्रह क्यों? आदिवासियों का अपना कोई इतिहास हो ही नहीं सकता? इतिहासकार आज तक उक्त क्षेत्र में प्रवेश करने का साहस नहीं कर पाए और उनका यही तर्क रहा है कि 'लिखित रिकॉर्ड' के अभाव में आदिवासी इतिहास के विषय कैसे बन सकते हैं? प्राचीनतम काल 1610 ई. (फेरिश्ता) से ही बस्तर के वनेचर इतिहास को संकुचित तथा साम्राज्यवादी भाषा में बखान किया जाता रहा है। उसे गर्हणीय शब्दों; यथा राक्षस, असभ्य, जंगली, आदिम आदि से परिभाषित किया जाता रहा है। इसलिए ब्रिटिश-युग से लेकर आज तक बस्तर के तथाकथित आदिमजनों के इतिहास की पुनर्रचना के लिए ईमानदारी से कोई प्रयास नहीं किया गया।

यदि भारतवर्ष का कोई भाग प्रायः सभी मुस्लिमों एवं अंग्रेजों के लिए 'अपरिचित भू-भाग' था, तो यह बस्तर का विशाल क्षेत्र था। उसके लिए यह 'खुंखार तथा बर्बर लोगों की भूमि थी, जहाँ के लोग बलि के लिए मानव-बध्य की तलाश में रहते थे, जो अलौकिक शक्तियों पर विश्वास करते थे, जो जड़ी-बूटियों में दक्ष थे तथा जादू-टोने के

प्रबल चिकित्सक थे' (फेरिश्ता, 1610, ब्लण्ट 1795, फरमिंगेर 1812)। जब एग्न्यू ने छत्तीसगढ़-सूबा पर एक प्रतिवेदन प्रस्तुत किया (1820, 5), तब विचारों में कुछ परिवर्तन दिखा और एग्न्यू ने पहली बार यह रिकॉर्ड किया कि 'बस्तर के जंगली क्षेत्रों में निवास करने वाले हिन्दू **कोंड** कहे जाते हैं और उनके क्षेत्र को **कोंडवन** कहा जाता है। कोंड हिन्दू ही हैं तथा अन्य जंगलों में रहने वाले जंगली लोगों से बहुत अधिक भिन्नता नहीं है। भिन्नता केवल यह है कि सत्यनिष्ठता और विश्वसनीयता-जैसे उच्च चरित्र के कारण पूरे अंचल में उनकी ख्याति है। उनके कथन पर पूरी तरह यकीन किया जाता है। वे किसी ऐसे व्यक्ति को कभी नहीं छोड़ेंगे, जिसे समर्थन देने का उन्होंने वायदा किया है या उसे कभी धोखा नहीं देंगे, जिसकी सुरक्षा का उन्होंने प्रतिवचन दिया है।'

शेरिंग (1879) ने अपने ग्रंथ **'हिन्दू ट्राइब्स एण्ड कास्ट्स'** (पृ. 125-160) में मध्य भारत के सहित बस्तर की सभी जनजातियों को हिन्दू ही कहा था और उनकी प्रशस्ति में कसीदे कढ़े थे। यह तो रसेल और हीरालाल (1916) थे, जिन्होंने पहली बार यह स्थापित किया कि आदिवासी हिन्दू नहीं है और तभी से आदिवासियों के बारे में सोच का पहिया उलटा घूम गया और एक साज़िश के बतौर उन्हें 'हिन्दू के वलय' (हिन्दू फोल्ड) से अलग कर दिया गया।

आदिवासियों की उक्त 'हिन्दू-छवि' में उस समय से पूरी तरह बदलाव आना प्रारंभ हो गया था, जब जेन्किन्स (1827) को बस्तर का इतिहास लिखने के लिए अधिकृत किया गया। उसे एक ऐसा इतिहास लिखने को कहा गया, जो ब्रिटिशों की रुचि के अनुकूल हो और यह भी सिद्ध करने को कहा गया कि वनेचर हिन्दू नहीं हैं। इस प्रकार 'ट्राइव' शब्द का आविष्कार करते हुए जेन्किन्स ने भ्रांति को जन्म दिया। उसने कहा कि वे हिन्दू जिन्हें शास्त्रों में **वनचर** या **गिरिजन** कहा गया है, असलियत में वे हिन्दू न होकर 'ट्राइव' हैं। जेन्किन्स ने अबुझमाड़ की पहाड़ियों पर निवास करने वाले माड़िया लोगों को 'नग्न बर्बर मानव कहा, जो कंदमूल-फल तथा निर्झरों पर जीवनयापन करते हैं और बलि देने के लिए आगन्तुक या अजनबी के शिकार के लिए विचरण करते रहते हैं' (1827, 54)। जेन्किन्स के बाद उसके अनुगामी; यथा फैनविक (1850), टेक (1855), ईलियट (1856), टेम्पल (1863), बाल (1880), स्मिथ (1869), ग्राण्ट (1870), कनिंघम (1884, चैपमन (1898), रसेल (1906), दि ब्रेत (1909), चैटर्टन (1916), विल्स (1919), ग्रिग्सन (1938), एल्विन (1947) तथा एडवर्ड जे (1970) आदि हिन्दू-संस्कृति की संपन्न विभेदकताओं को पहचान नहीं पाए और इस प्रकार इन विदेशियों ने वनेचर हिन्दुओं पर **(वनेचराणां वनितासखानाम्, कालिदास)** के भव्य अतीत और उदार वर्तमान की छवि को स्थायी रूप से तोड़-मरोड़ डाला और उन्हें एक नए रूप में प्रस्तुत करते हुए कहा कि वे सर्वचेतनवादी हैं, जिन्हें तथाकथित हिन्दुओं ने

दासता की श्रेणी में लाकर वशीभूत किया था। हमारे प्राचीन साहित्य में 'हिन्दुओं' और 'वनेचरों' के बीच ऐसी भेदभावना कभी नहीं थी। इसके विपरीत समूचा संस्कृत-साहित्य वनेचरों की प्रशस्ति से आप्लावित है।

आंशिक रूप से यह भी सच है कि अंग्रेज हमारी भूमि से अनभिज्ञ थे और वे वनेचरों की नकारात्मक छवि को जरूरी समझते थे, जिसे वे नए ढंग से प्रस्तुत कर सकें। पश्चिमी 'एॅथास' को 'सुपीरियर-इंफीरियर' संबंधों में आत्मतुष्टि मिलती थी, जिससे वह भारत में ब्रिटिशराज का औचित्य सिद्ध कर सके। भारतीयों को अनेक शताब्दियों से ऐसी प्रताड़ना झेलने की आदत पड़ गयी थी और वह अपने आपको गुलाम ही मानता चला आ रहा था। भारतीय वनेचर तो 'नास्तिक' (हेथेन्स) थे और उनके साथ धर्मान्तरण का खुला खेल खेला जा सकता था। देवतुल्य गोरी चमड़ी वाले इन सुपीरियरों का जन्म भी तो इसीलिए हुआ था कि आदिवासियों के अंधकार के पाप को मिटाएँ। नग्नता से उनकी रक्षा कर सकें। इसका यह भी मायने था कि उन तक सभ्यता को ले जाएँ। उन्हें सभ्य बनाएँ। मिथ्या उन्नति के सब्जबाग दिखाएँ। यह सब कुछ भारत में ब्रिटिशराज के स्थायित्व के लिए जरूरी था। ब्रिटिशराज ने ऐसे व्यवहार के साँचे को आदर्श रूप दिया, जो बहुत ही घातक और विध्वंसकारी था। इसका परिणाम यह हुआ कि गिरिजनों की सकारात्मक छवि पूरी तरह विनष्ट हो गयी और वे भारतीय संस्कृति और इतिहास की मूलधारा से कट गए या काट दिए गए।

ब्रिटिशराज में भारतीयों ने भी आदिवासियों की सकारात्मक आत्मछवि की पुनर्रचना में कोई पहल नहीं की। आज भी हम देखते हैं कि आदिवासी क्षेत्रों के विकास के लिए पश्चिमी विचारों को तरजीह दी जाती है। 'विकास' का जो पैमाना पश्चिमी आचरण के कारण हमने आज स्वीकार कर लिया है, वह मिथ्या है। बहुत साफ शब्दों में बात को यों कहें। यदि सभ्यता विकास की उपलक्षक है और पश्चिम के लोग सभ्यता को उसके मूल्य और उसकी आत्मछवि में परिभाषित करते हैं, तब तो केवल भारत के आदिवासी ही नहीं, अपितु सभी भारतीय बर्बर प्रतीत होंगे। ठीक इसके उलट, पश्चिमी शब्दावली में सभ्यता का विलोम आदिम है या वह जिससे हम दूर भागना चाहते हैं। हम क्या नहीं बनना चाहते? जाहिर है कि हम 'आदिवासी' नहीं बनना चाहते। बस्तर पर यही सब कुछ घटित हुआ। बार-बार घटित हुआ। वहाँ के वनेचरों को 'आदिम' कहकर हमने उन्हें अपमानित किया और आज भी कर रहे हैं। ब्रिटिशराज ने जानबूझकर बस्तर के वनेचरों की सकारात्मक आत्मछवि को विनष्ट किया।

विकसित होना, क्या किसी का पश्चिम के रंग में रंग जाना है? क्या सभ्य होने का अर्थ पश्चिमी लोगों के समान अभिनय करना है? क्या धार्मिक होने के मायने ईसाई होना है? क्या विश्वबंधुत्व की भावना केवल पश्चिम में जन्म लेती है? क्या इसका वहीं

पर पालन-पोषण हुआ? यदि हम अपने वन्य जीवन (वनचर होने) के पक्षों को नकारते हैं, तो उसके पीछे कारण होने चाहिए। क्या हमारा यह तात्पर्य है कि वन जीवन हमारे यशस्वी अतीत का एक अंग नहीं था? हम **वानप्रस्थ** के सिद्धांत की कैसी व्याख्या करते हैं? क्या यह तथ्य नहीं है कि हमारे पूर्वज वनों में निवास करते थे? इसलिए गौण स्रोत पर आधारित अंग्रेजों के आदिवासी-विषयक उक्त विवरणों को तरजीह नहीं मिलनी चाहिए। यदि हमें विकास की ओर अग्रसर होना है, तो ब्रिटिश लोगों के द्वारा गढ़े गए, 'ट्राइव' तथा 'कास्ट' के लेबिलों से हमें विभाजित नहीं होना चाहिए। अब दुबारा हम अपने घर को न बंटने दें। हमारा इतिहास निरंतरता तथा विविधता का रहा है। यह पश्चिमी विद्वानों के द्वारा परिभाषित नहीं होना चाहिए। इसे वनवासियों के आत्मनिश्चय और सकारात्मक भारतीय आत्मछवि के पदों के माध्यम से परिभाषित किया जाना चाहिए।

उदाहरण के लिए आदिवासी जीवन को सुव्यवस्थित करने वाले सामाजिक मूल्य हिन्दू माइथोलॉजी की जड़ों से दृढ़ता के साथ जुड़े हुए हैं। वे सांस्कृतिक नायक लिंगों के आदेश से अपनी प्रामाणिकता तक पहुँचते हैं। ओलिवर हेरेनशिमट (1966) ने लिंगों से सम्बद्ध विविध प्रकार के मिथकों के परिवर्त्य का विश्लेषण किया है और इस निष्कर्ष पर पहुँचे हैं कि लिंगों का मिथक जहाँ-जहाँ फैला, वहाँ-वहाँ के आदिवासी अधिक संख्या में हिन्दू धर्म से जुड़ते गए। वेण्डी डोनिगर ओफ्लेहरी (1973) का तर्क है कि लिंगो के अनेक पक्ष हिन्दू देवता शिव से मिलते-जुलते हैं और लिंगों-कथा पुराणों में वर्णित शिवकथा से मेल खाती है। यही है लोक और शास्त्र के बीच की निरंतरता, जिसे हमें समझना है।

खासतौर पर यह उस समय अवसादजनक है, जब हम पाते हैं कि अधिसंख्यक भारतीय विद्वान, जिनमें बोस (1890), आर.बी. हीरालाल (1913, 1916, 1939) वाडिवेलु (1915), शील (1917), डाँढस (1977) तथा अन्य जिन्होंने प्रत्येक क्षेत्र मे विद्वतापूर्ण ग्रंथों की रचना की, उन्होंने भी जिन दृष्टिकोणों को पोषित किया, उत्साहित किया और विस्तार किया, उससे यह लगता है कि जैसे उनके पाठक और श्रोता पश्चिम के अंग्रेज हों। उनके शोध का मुख्य बिन्दु पश्चिमी सैद्धांतिक पूर्वपीठिका थी, फिर चाहे वह लीनियर हो, विकासात्मक हो, खंडित हो या पश्चिमी चिंतन से जुड़ी हुई हो। इस प्रकार हम यह पाते हैं कि ये विद्वान् सभ्य लोगों के मानक से आदिवासियों की अस्वाभाविता की व्याख्या कर रहे थे। ये आदिवासियों की 'पैथोलॉजी' को 'सिविलाइज्ड हैल्थ' के आदर्श पर आरेखित कर रहे थे या आदिवासियों के इतिहास को योरोपियों की नज़र से देख रहे थे। इस प्रकार की परिस्थितियों ने पथभ्रष्ट विद्वानों और अप्रशिक्षित छात्रों की एक पूरी ही पूरी पीढ़ी को जन्म दिया है।

इस प्रकार इस ग्रंथ के माध्यम से हमने पहली बार बस्तर के गिरिजनों के इतिहास की अमूल्य सामग्री को संचित किया है, जिससे हम उस प्रचलित तथा भ्रांतिपूर्ण 'मॉडल' को विध्वंस कर सकें, जो गिरिजनो को आदिम तथा असभ्य मानता है और उन्हें भारतीय इतिहास की मुख्य धारा से अलग कर देता है। यदि इस ग्रंथ के माध्यम से यह सिद्ध हो गया कि आदिवासियों का अपना गरिमामय अतीत है, तब यह भी सुनिश्चित हो जाएगा कि वे न तो 'आदिम' थे और न 'असभ्य' थे, अपितु भौगोलिक दृष्टि से उन्होंने अन्य भारतीयों से पार्थक्य विकसित कर लिया था।

शायद इस ग्रंथ के प्रकाशन के साथ हम उस भ्रांति को कम कर सकें, जिसने हमारे जीवन के सामाजिक और राजनीतिक आयामों को घेर लिया है। हमारी इस नई खोज से एक ऐसी नींव तैयार हो जाएगी, जिस पर अन्य लोग भव्य प्रासाद खड़ा करेंगे और जो बस्तर के लोगों के मूल्य, संस्कृति, इतिहास तथा विचारसरणि को प्रतिबिंबित करेगा।

यद्यपि इस पुस्तक में प्रत्येक विषय को सरल, सुबोध, प्रामाणिक और व्यापक बनाने की पूरी चेष्टा की गई है, तथापि पर्याप्त तत्परता पर भी यदि पाठकों की सूक्ष्म दृष्टि से किसी प्रकार की त्रुटि दिखलायी पड़े, तो मैं उसका सहर्ष स्वागत करूँगा। प्रतिपादित विषय अत्यंत विस्तृत एवं गंभीर है। अतः इस ग्रंथ की रचना के समय मुझे महाकवि कालिदास का एक प्रसिद्ध श्लोक प्रायः स्मरण आता रहा है, जिसके **'क्व सूर्यप्रभावो'** के स्थान पर **'क्व सोमप्रभावो'** को स्थानापन्न कर मैं अपना मन्तव्य रख रहा हूँः—

क्व सोमप्रभावो वंशः क्व चाल्पविषया मतिः।
तितीर्षुर्दुस्तरं मोहादुडुपेनास्मि सागरम् ॥

'कहाँ सोमवंश से उद्‌भूत बस्तर का चालुक्य राजवंश और कहाँ मेरी अल्पविषया मति।'

भोपाल **हीरालाल शुक्ल**

1 मई, 2005

1

भौगोलिक पार्थक्य से आत्म-परिरक्षण

प्राकृतिक सुंदरता और प्राकृतिक सम्पदा से भरपूर बस्तर, जहाँ पर झुकते हुए पहाड़, लहराते हुए दूर-दूर तक विस्तीर्ण हरीतिमा वाले बाँस के वन, तेज गर्जन करते हुए रमणीय जलप्रपात, तो कहीं पर चौकोर चबूतरों का आभास कराती हुई ऊँची-नीची पहाड़ियों का समूह, कुल मिलाकर दंतेश्वरी के वस्त्र का प्रतीक—ऐसे मिले-जुले सौंदर्य से परिपूर्ण दृश्य, जो किसी भी व्यक्ति की आँखों में होने का आभास ही नहीं कराता है बल्कि उसे उसमें भावविभोर कर तन्मय कर देता है और हमारे नेत्रों को ऐन्द्रिय सुख से भर देता है। आँखों को सौंदर्य से तृप्त कर देने वाला बस्तर—जैसा अंचल शायद ही छत्तीसगढ़ में कोई अन्य हो। ऐसा बस्तर जहाँ की ऋतुएँ मोहक हैं, जिसकी पतझड़ सुनहली है, जिसके मानसून के महीनों की सुबहें ओस से ढँकी हुई होती हैं, जिसके बसंत चित्रवर्णी हैं, जिसकी ग्रीष्म तन्द्रापूर्ण है, जिसका शिशिर सुकुमारता से परुषता तक के छोरों में विभक्त है। ऐसा बस्तर जहाँ बरसाती दिनों में बादल गर्जन-तर्जन के साथ झमाझम बरसते हैं, झरनों में और भी अधिक नवीनता और गति आ जाती है—आकाश से बरसता मेघ बस्तर को आप्लावित कर देता है। यहाँ की वे ऋतुएँ जिनकी ताजगी भरी सुबहें अपने साथ सारे रंगों को लेकर प्रकट होती हैं, रहस्य का निर्माण करती हुई कोहरे में समूचे बस्तर को डुबोए रखती हैं। सारे वातावरण को आप्त-सा करता कुहासा, तो दोपहर को अलसायी हुई गर्मी के दिनों ही दोपहरियाँ, जहाँ पशु-पक्षी कहीं छाँव की तलाश में, ठंडाई की आस में स्नेहासिक्त प्रकृति के हाथों हौले-हौले आराम की चाहत में थकान मिटाकर आश्रय पाते हैं। कुछ मिलाकर हर मौसम की अपनी उपयोगिता है, अनुभूति है, जिसे कहीं और शायद ही खोजा जा सकता है। इसके लिए भाव नहीं अभिव्यक्ति की जरूरत होती है। इस अभिव्यक्ति को प्रकृति के परिवेश में ऋतुओं के रंगों के बीच उसके परिवर्तन को जैसे आँख-मिचौनी के हो रहे खेल के माध्यम से समझना होता है। प्रकृति की ऐसी उन्मुक्त प्रतियोगिता जो बारहों महीने अनथक चलती रहती है, जिसे जरा भी विश्राम लेने की आवश्यकता नहीं होती और मानव ही नहीं,

बल्कि समूचे परिवेश को अपने-आप में डुबोए रखती है, जहाँ से मुक्त होना संभव ही नहीं है। यही कारण है कि जो लोग बाहर से दबे पाँव आकर इसकी निजता को परिवर्तित करने के आए, वे ही बाद में इसके साथ ऐसे एकाकार होकर रह गए कि वे अपना अस्तित्व ही भूल गए। उन्हें लगा कि यहाँ कुछ भी बदलना संभव नहीं है। संभव है तो स्वयं को बदलना। मिटाने की बात तो सोची ही नहीं जा सकती। प्रकृति का निर्माण-क्रम निरंतर चलता रहता है। इस तरह से जीवन का जो आनंद यहाँ है, उसे सिर्फ जिया जा सकता है, उसे नष्ट नहीं किया जा सकता। यहाँ के समूचे दृश्य, यहाँ के पहाड़, नदी, नाले, झरने, घाटियाँ सब कुछ अनंत काल से हैं और आगे भी अनंत काल तक बने रहेंगे। जो प्रारंभ से लेकर अंत तक निरंतर रहस्यमय ताने-बाने को बुनते रहेंगे। जिन्हें जानने तथा समझने के लिए समाजशास्त्री तथा अन्य शास्त्रज्ञ भी सब कुछ भूल जाते हैं। स्वयं को इनसे मुक्त नहीं कर पाते। जितना भी इसके बारे में जानने का प्रयास किया जाता है, जिज्ञासा का क्रम उतना ही बढ़ता जाता है और अंत होने का कोई नाम नहीं। कुल मिलाकर बस्तर प्राकृतिक और मानवीय प्रयासों का एक ऐसा संग्रहालय है, जो दूसरों को सहज ही अपनी ओर आकर्षित करता है और करता रहेगा।

यह एक सामान्य धारणा है कि भूगोल और प्राकृतिक विशेषताएँ मानव के इतिहास की धारा को प्रभावित करती हैं। अतएव यह जरूरी है कि किसी अंचल के इतिहास का अध्ययन करने से पूर्व हम उसे अंचल के भूगोल को समझ लें। छत्तीसगढ़-जैसे राज्य में तो इतिहास पर यहाँ के भूगोल का व्यापक प्रभाव पड़ा है। उदाहरणार्थ एक ओर जहाँ यहाँ के मैदानी क्षेत्र में दर्जनों राजवंशों का उत्थान और पतन हुआ है, वहीं पहाड़ी क्षेत्र में तीन से अधिक राजवंश नहीं पनप पाए। बस्तर इसका उदाहरण है, जो इतिहास की धारा में नलों, नागों तथा चालुक्यों के ही उत्थान और पतन का साक्षी है। प्राकृतिक-भौगोलिक परिवेश स्थानीय वर्ग संगठन को भी मर्यादित करते हैं। बस्तर के पर्वतीय प्रखण्डों में जनसंख्या का घनत्व न्यून होने के कारण तथा निर्जन ग्रामों की स्थिति के कारण विविध राजवंशों का यहाँ टिक पाना कठिन था। ऐसी स्थिति में मैदानी छत्तीसगढ़ के राजवंश यहाँ के लूटपाट तक ही अपने को सीमित कर सके, उनकी राजलक्ष्मी का यहाँ सुस्थिर होना भौगोलिक कारणों से संभव नहीं हो पाया। ऐसी स्थिति में हम यहाँ बस्तर के भूगोल की एक झलक से यह जानने का प्रयास करेंगे कि पहाड़ी क्षेत्र में विविध राजवंशों की जमावट में कौन-सी बाधाएँ थीं।

छत्तीसगढ़ राज्य के बनने (1 नवम्बर, 2000) से पूर्व का बस्तर (17° 46' उत्तरी; 20° 34' उत्तरी अक्षांश और 80° 15' पूर्वी; 82° 1 (पूर्वी अक्षांश) दो प्राचीन 'फ्यूडेटरी स्टेट्स' (बस्तर और काँकेर) का प्रतिनिधित्व करता था। इन दोनों प्राचीन राज्यों का सम्मिलित क्षेत्र 39,176 वर्ग किलोमीटर था और 1981 ई. के जनगणना-प्रतिवेदन के

आधार पर कुल जनसंख्या 18,40,449 थी। प्राचीन बस्तर-राज्य आज के छत्तीसगढ़ प्रदेश के धुर दक्षिण में था तथा चालुक्य-राजवंश के रिकार्डों के अनुसार उसका क्षेत्रफल 1,091 वर्ग मील था।

बस्तर की भौगोलिक विशेषताओं का विवरण देने से पूर्व हम यहाँ ग्लसफर्ड की डायरी के कुछ पन्नों को पेश कर रहे हैं, जो उन्होंने 1860 ई. में अबुझमाड़-क्षेत्र की यात्रा के संदर्भ में लिखा था।

बस्ततः शिकारियों का स्वर्गः

"और इस प्रकार बस्तर की सर्वोच्च महत्त्व की खोजयात्रा आरंभ हुई। मार्च महीने के मध्य गर्म आँधी-लू के गोलाकार बवंडर के बीच हमारी यात्रा शुरू हुई। बस्तर आने से पूर्व हमने अपने 'स्टार्टिंग प्वाइंट' से लगभग 180 मील रेल और डाक से यात्रा की थी। यात्रा करने के दौरान आसपास का समूचा वातावरण ऐसा लगता था, जैसे हमारे चारों ओर भूत-प्रेत नाच रहे हों। ऐसी खामोशी और वीरानी को पहियों की गड़गड़ाहट की आवाज, जानवरों के गलों में बँधी घंटियों को टननाहट तोड़ती थी, जो किसी कारवाँ के होने की सूचना देती थीं। आसपास के बवंडर का जोर इतना अधिक था कि एक बार तो हमें ऐसा लगा कि जैसे किसी अदृश्य शक्ति ने बहुत जोर का धक्का दिया हो, इतनी जोर से कि हमारे साथ बैठे साहब गिरते-गिरते बचे थे। यद्यपि इस क्षेत्र के लोगों ने यात्रा करने से पूर्व हमें अपनी गाड़ी को मजबूती से जाँच-पड़ताल करने की सलाह दी थी और एक चतुर-सुजान व्यक्ति ने गाड़ी की धुरी को प्रमाणित किया था। हमारे सामान के बंडल और झोले आदि गाड़ी के पिछले भाग में रख दिए गए थे। हमारे साथ दल में **करामत खान** नामक एक व्यक्ति था, जो सामान की देख-रेख करता था। अधिकांश समय वह पैदल ही चलता था और इसीलिए गाड़ी से कई बार दूर छूट जाता था। उसकी चौकोर रूमाल से हमें उसकी उपस्थिति का आभास होता था। दूसरा व्यक्ति **चिन्नास्वामी** था, जो देर तक कष्ट उठाने के कारण चिड़चिड़ा-सा हो गया था। उसमें विरोध का कर्कश स्वर था। धूल के कारण उसके प्राण अवरुद्ध-से हो गए थे। उसके पैरे गर्म बालू में इस तरह धँसकर रह जाते थे कि लगता था कि कहीं वह रेत में पूरी तरह विलीन न हो जाये। इसलिए हमने उसे गाड़ी पर चढ़ा लिया और वह गाड़ी के एक तरफ मुर्गी रखने की डलिया पर बैठ गया और इस प्रकार हम हिचकोले खाते हुए आगे बढ़ते गए।

यात्रा अत्यंत थकान भरी थी, मगर निरंतर जारी थी। रात के बाद दिन और दिन के बाद रात का क्रम जारी था। बीच में एक स्थान पर गाड़ी खींचने वाले जानवरों को आराम के लिए बदल गया। गाड़ी की छोटी-मोटी मरम्मत की गयी और वहाँ पर देखने से लगा कि जैसे हम आसपास लगे आम के नहीं, बल्कि भूतों के बगीचे में आ गए हों।

आग की लपटें हमें अपना ग्रास बनाने के लिए जैसे जीभ लपलपा रही हों। चूँकि गाड़ीवान् वहाँ के इन परिवर्तनों से सामान्य रूप से अवगत था, इसके बाद भी वह उस भीषण गर्मी को कोसता रहा। दूर दिग-दिगंत में इमली के वृक्षों की कतारें शस्त्रहीन फौज के सिपाहियों के रूप में खड़ी थीं। रास्ते में पड़ने वाली छोटी-बड़ी नदियों की धाराएँ विलीन थीं और गर्म रेत की अधिकता थी। गाड़ीवान् बार-बार उनकी भर्त्सना कर रहा था। इस प्रकार लगातार तीन दिनों तक सफर जारी रहा। तीसरे दिन साँझ-साँझ बेरा में हमें उस महाबली महाकांतार में एक चौकी और झोपड़ी की जानकारी मिली। यहँ पर कुछ समय पहले एक नर 'बायसन' ने एक कुँए में धँसकर अपनी कब्र बनायी थी। हमने पूछा कि कुएँ का पानी कैसा है? हमारे अंगरक्षक ने कहा कि 'अच्छा', है। "शायद साहब लोग इसे पसंद न करें, किन्तु पानी बहुत मीठा है।"

वहाँ से दस मील आगे बढ़ने पर घना जंगल और बाँसों के झुरमुट दिखायी पड़े। यहाँ तक हम पूरी 100 मील की यात्रा पूरी कर चुके थे। वहाँ हमें पहली बार लोगों की चहल-पहल सुनाई दी। लोगों को देखकर लगा कि वे खाते-पीते सुडौल कद-काठी के लोग हैं। आगे निगाह डालने पर वृक्षों की कतार निरंतरता में दिखायी दे रही थी। वहाँ कुछ लोग सागौन की बल्ली को वसूले से छीलने में लगे थे और उसकी मरम्मत कर उसे सजाने में लगे थे।

निर्धारित गाँव में हमें अपने घोड़े मिले। उस गाँव के सभी लोग मछली पकड़े की मुहिम में लगे थे। वे सब कीचड़युक्त बदबूदार तालाबनुमा पोखर के गंदे पानी से मछलियों को तलाशने में व्यस्त थे। कुछ समय तक वहाँ विश्राम करने के बाद पन्द्रह मील की घोड़े की सवारी के बाद हमने अपने पहले 'कैम्प' में पड़ाव डाला। गर्म पानी से नहाकर व स्वादिष्ट भोजन कर हमने यहाँ अपनी फौजीनुमा यात्रा की थकान मिटायी। हम अपनी थकान-भरी लम्बी यात्रा की स्मृति में खो गए। फिर दिन ढलने पर नदी में लोट लगाते हुए उस स्थान की कल्पना की और बातें कीं, जो हमारा गन्तव्य था। हम सोच रहे थे कि अपने कल्पनालोक के स्थान पर हम कब पहुँचेंगे? वह स्थान जिसकी आनंदानुभूति के लिए हमने इतनी लम्बी यात्रा की है।

अगली सुबह हमारी यात्रा पुनरारंभ हुई। गाड़ी में सारा सामान लादा और नदी की ढलान वाले भाग से आगे बढ़े। जहाँ से हमें नदी पार करना था, वहाँ पर गर्म पानी और रेत की अधिकता थी, जिससे हम लगातार जूझते रहे। स्थान ढलानदार था, जिसे पार करने में कम से कम तीन घण्टे से भी अधिक का समय लगा। इसी बीच गाड़ी के पहिए रेत में बुरी तरह धँसते गए। गाड़ी को उठाया गया। पहियों को निकाला गया। जोर लगाकर पुन गाड़ी के आगे ले गए। पहियों को फिर से लगाया और आगे की यात्रा की ओर चल पड़े। आगे चलकर जंगल में परिवर्तन आने लगा था। अब यहाँ वृक्ष घने

और हरीतिमा से आच्छादित दिखे। यहीं पर लोगों को सँकरी घाटियों और चट्टानों पर अवैज्ञानिक तरीके से खेती करते देखा। लोग सँकरी घाटियों और चट्टानों पर धान बो रहे थे। यहीं पर हमने 'बायसन' (जंगली भैंसों) के पैरों के निशान को पहली बार देखा, जो प्रायः इस समूचे क्षेत्र में विचरण करते थे। उनके पैरों के निशान यहाँ-वहाँ बिखरे देखकर मन में भ्रम उपजता था, जिसे हम कोई शब्द नहीं दे पा रहे थे। मिथ्याभ्रम की स्थिति में रहकर हम इस बात को समझ नहीं पाए कि आगे चलकर उन भारी-भरकम प्राणियों से हमारा सामना होने वाला है, जो इस क्षेत्र में निरंतर विचरण करते रहते हैं।

हमारी यात्रा इस बार पुनः एक नदी किनारे ले आयी, जहाँ पर कुहनी के आकार का एक तिकोना रपटा था, जिसे हमें पार करना था, किन्तु अब यात्रा पूर्व के समान उबाऊ नहीं लगी, बल्कि आनंददायिनी लगने लगी। अंत में हम एक ऐसे गाँव में पहुँच गए, जहाँ नदी के किनारे माड़ियाजनों का आवास था। ये सभी माड़ियाजन सहज, सरल, सीधे-साधे तथा मजबूत कद-काठी के लोग थे। हर मकान में एक आँगन अवश्य था, जिसे साफ-सुथरे तरीके से बाँस के बाड़ से घेर दिया गया था। उसमें जीने की सभी मूलभूत सुविधाएँ मौजूद थीं। यह गाँव संभवतः माड़िन नदी के तट पर बसा था। हम आधे रास्ते पर ही थे कि हमें **बयानार** नामक गाँव मिला, जहाँ के लोगों ने हमारा स्वागत किया। गाँव वाले हमें ग्राममध्य में स्थित एक छोटी-सी 'बिल्डिंग' में ले गए और हमें बैठने को कहा। वहीं एक सुडौल माड़िया-युवक धन्नी लटकते हुए एक बड़े ढोल (टोमटोम) से भीषण ध्वनि निकालने लगा। उक्त ध्वनि हमारे आगमन की सूचना थी।

यह लघु आवासस्थल चारों ओर से खुला हुआ था और निस्संदेह यह सभागार तथा विविधवर्णी रंगमंच था। धन्नियों में सुस्थिर नृत्य के हेतु इन्द्रजाल सदृश्य तराशी हुई लकड़ी की छड़ी तथा मुद्गर हमें उक्त सभागार में देखने को मिले। बाद में हमें पता चला कि ये सभागार माड़िया युवक-युवतियों के "प्रणय के वासस्थान" (Abode of love) थे, जिनके बारे में **राबर्ट बर्नूस** ने कहा था कि ऐसे 'वासस्थान' (घोटुल) पर यौवन से मदमाते, संकोची किंतु प्रणयी माड़ियाजन स्वर्ग के सुख का उपभोग करते हैं–

In other's arms breathe out the tender tale,

Beneath the big tom-tom that scents the evening gale.

"दूसरे की बाहों में तुम साँस लेती हो
उनके प्रस्तावों को सुनती हो
क्या साँस की झंझावात में कोई उदासी भरी
सारंगी की आवाज तुमको सुनाई नहीं देती?
(माड़ियागीत से अनूदित)

माड़िया भाषा सुनने में बहुत प्रिय लगती है, अत्यधिक प्रवाहपूर्ण है, जैसे कि कानों में कोई चासनी-सी घोल रहा हो। इसमें कोमलतालव्य बहुत मधुर हैं, अत्यधिक कोमल हैं, जिसमें जिह्वा का 'क्लिक' मौजूद रहता है।

माड़िया पुरुष अल्प वस्त्र धारण करते हैं। छाती पर वे कपड़े का टुकड़ा लपेटते हैं, जो एक सुतली से लटका होता है। कमर में लँगोटी के साथ एक ऐसा कपड़ा बाँधा ते हैं, जिसका एक छोर उनके पैरों के नीचे सामने वाले भाग में लटकता रहता है। कमर में करमबंद बाँधते हैं। यह अत्यंत आश्चर्यजनक तथ्य है कि धनवान् से धनवान् माड़िया कपड़े खरीदने में उतना पैसा खर्च नहीं करता, जितना कि गुरियों, मणियों तथा कौड़ियों आदि के खरीदने में व्यय करता है। ये उसके गहने हैं। कानों में छेद होते हैं, जिनमें वह विविध प्रकार के कुंडल या पीतल के गोल छल्ले डाले रहता है, जो सिर के संचालन पर मधुर ध्वनि करते हैं।

डाक-टिकट के आकार का चौकोरनुमा कपड़ा, जो वस्त्र के विकल्प के रूप में कमर पर बाँध लिया जाता है, वह इन अलौकिक लोगों के लिए वस्त्र का अत्यधिक प्रभावी स्थानापन्न है, किन्तु बालियाँ और मनकाएँ इनकी जरूरतें हैं। एक सचमुच संपन्न माड़िया केवल काँच और गोटे के आभूषण से जगमगाता रहता है। गुरिए और कौड़ी उसकी संपन्नता की निशानी हैं। काँच, सलाम-सितारे आदि उसकी पंसद हैं। जब कभी इस क्षेत्र में डाँडी (बग्घी) निकलती है, तो उसे भी उसी प्रकार से सजाया जाता है। यहाँ तक कि उसमें सवार होने वाला व्यक्ति भी स्वयं को इस प्रकार से सँवारता है कि उसका व्यक्तित्व और भी अधिक आकर्षक लगने लगता है। इसमें कोई संदेह नहीं कि इनकी शारीरिक संरचना 'सुडौल' है। यद्यपि इनकी कद-काठी छोटी है, किन्तु हमने काली चमड़ी वाले माड़िया को कहीं नहीं देखा। इनकी चमड़ी आश्चर्यजनक ढंग से गौरी है तथा कुछ उदाहरणों में तो ये ब्राह्मणों-जैसे गौर वर्ण के हैं।

महिलाएँ पुरुषों की अपेक्षा यथासंभव कम वस्त्र पहनती हैं। वे मूँगे की मालाओं आदि से लदी-फँदी भी नहीं होतीं। इसके एवज में वे अपने शरीर में अनगिनत गुदने गुदवाए रहती हैं। उनके चेहरों पर विलक्षण आकृतियाँ गुदी होती हैं। कुछ उदाहरणों में तो अभिव्यक्ति का हास्यास्पद अतिरंजन भी देखने को मिलता है। इन महिलाओं को देखने से ऐसा लगता है कि जैसे वे कुछ विशेष हों। उनके चेहरों पर आत्मविश्वास झलकता है। उस समय जो महिलाएँ वहाँ उपस्थित थीं, वे कुछ सहमी हुई सी थीं। उन्होंने जब हमारे घोड़े को देखा-जो उनके लिए एक मिथकीय प्राणी था-तो बेचारी भयभीत हरिणियों के समान जंगल की ओर तीव्र गति से भागीं, आखिरकार जंगल ही तो उनका सबसे बड़ा संरक्षक है। हाँ, गाँवों में वे बिना किसी घबड़ाहट के वेग गति से पास से ही निकल जाती हैं। उनमें गाँवों में चलते हुए कोई हिचक नहीं होती। पूरे

आत्मविश्वास से भरी हुई चलती हैं। मुझे इस बात का खेद है कि उस समय मेरे पास कोई बहुत अच्छा कैमरा नहीं था, जिससे मैं उनकी तस्वीरें खींच सकता। मेरा कोडक कैमरा ठीक समय पर धोखा दे गया।

माड़ियाजन सुस्पष्ट तौर पर रुचिकर हैं। बेहद आमोद-प्रमोद प्रिय व्यक्ति हैं। उनके साथ रहते वक्त हमें ऐसा लगा कि उनमें ईमानदारी और सच्चाई कूट-कूट कर भरी है। उनका आतिथ्यभाव काबिले तारीफ है। भले ही हम उन्हें आदिमजन मानें, किन्तु आदिमजनों के बारे में हमारे मन में जो तस्वीर थी, उससे वे बहुत भिन्न थे।

जहाँ तक भारतीय भैंसों की बात है, यहाँ पर उनकी दो प्रजातियाँ मिलती हैं। प्रकृतिवैज्ञानिक इन्हें speioroceros तथा Macroceros नामक दो कोटियों में विभाजित करते हैं। यद्यपि ये दोनों समान प्रजाति से विकसित हुए हैं, तथा पर्यावरण के प्रभाव से यद्यपि समान हैं, किन्तु दोनों प्रजातियों में भिन्नता सींग की संरचना और आदत से समझी जा सकती है। कोई भी सामान्य व्यक्ति इनकी दोनों किस्मों को आसानी से समझ सकता है।

बॉस बूबालस मैक्रोसिरोस (Bos Bubalus Macroceros) लम्बी सींगों वाली प्रजाति है, जो समूची ब्रह्मपुत्र-घाटी, तराई-क्षेत्र तथा सुंदरबन में पायी जाती है। यह वह प्रजाति है, जिसका सिर उत्कृष्टतर होता है, जो उत्तरी भारत के उक्त क्षेत्रों में अपनी निर्दयता व बिना उकसाहट के आक्रमण करने के लिए कुख्यात है। अपने दलदली आश्रयस्थलों के दुर्गम मार्गों में इसके आकस्मिक हमले की अनंत कथाएँ प्रचलित हैं। इस प्रजाति के बारे में ब्रिटिश म्यूजियम में जो रिकार्ड मौजूद हैं, उनके अनुसार इसकी एक सींग साढ़े अठहत्तर इंच लम्बी होती है। यदि हम मस्तक की खोपड़ी एक फुट चौड़ी मानें, तो यह सिर से पैर तक 14 फुट ऊँचा होता है। यह माप किसी बलिष्ठ व्यक्ति की माप से कहीं अधिक है।

स्पिरिफेरस (Speriferous) का अर्थ है घुँघरीली सींगवाला, जो मध्य भारत के दक्षिणी और पूर्वी क्षेत्रों में निवास करता है। यह संलग्न क्षेत्र के घने जंगलों में भी मिलता है।

मैक्रोसिरोस (Macroceros) का सिर आमतौर पर उसके दक्षिणवर्त्ती आश्रयस्थल के सजातीय से अपेक्षाकृत लम्बा होता है और उसकी सींगें प्रायः अपेक्षाकृत सीधी होती हैं, जबकि स्पिरिफेरस (Speriferous) के गठन में अधिक मजबूती होती है तथा उसकी सींगें भी भिन्न दिशा में होती हैं। यह भैंसा पूरी तरह दलदली स्थलों में रहता है, जंगल को खोद डालने वाला पुराना मोटी चमड़ी का जानवर है, इसमें कोई संदेह नहीं। इसकी हल के फाल के समान नुकीली सींगें, घुँघरीली आकृति की डरावनी सींगें प्रकृति के द्वारा जान-बूझकर बनायी गयी हैं, जिससे कि वह जंगल के घास से भरे हुए आवास

के अवरोधक लटों को तोड़ सके। साथ ही जटिल तथा गहन हरम पर अपना अधिकार दिखा सके। खतरनाक दुश्मनों से अपनी रक्षा कर सके। इसीलिए प्रकृति ने इसके सींगों को खास अंदाज में इसकी सींगों को ढाला है। इस प्रकार के भैंसे का सिर अत्यधिक लम्बा होता है और वह अक्सर मादाओं के समूह में साथ रहकर विचरण करता है। इसके सींगों की बनावट इस प्रकार की होती है कि वह किसी भी कोण से अपने बचाव या युद्ध के लिए दुश्मन पर हमला कर सकता है। विरल जंगल में इसे अपने सींगों को अधिक उपयोग में लाने की जरूरत नहीं होती, क्योंकि इसकी उपस्थिति का आभास पाते ही दूसरे जानवर इससे भयभीत होकर दूर भाग जाते हैं। इसी तरह के भैंसे भारत के निचले प्रदेशों में पाए जाते हैं।

और इसके बाद। इन दो किस्मों के वन-भैंसे असमान हैं। जहाँ तक दलदली भूमि में विचरण करने वाले 'बुबालुस' (Bubalus) का संदर्भ है, वे दक्षिणी आवास वाले वनभैंसों से पूरी तरह भिन्न हैं। स्पिरोसेरोस (Speiroceros) बहुत घुमक्कड़ प्रकृति का है। ये एकांतप्रिय हैं, शायद एक या दो के साथ, एक जूनियर के सहित। ये अँधेरे के 'कव्हर' में लंबी यात्राएँ करते हैं। नदी के एक छोर से दूसरे छोर तक विचरण करते हैं। कतिपय निश्चित स्थानों पर मौसम के अनुसार ये झुण्ड बना लेते हैं, किन्तु संकेत मिलते ही रफूचक्कर हो जाते हैं। ऐसा न होने पर इनकी यात्रा अनवरत चलती रहती है। ये पहाड़ियों के बजाय समतल में विचरण करना पसंद करते हैं। इसीलिए शिकारी को अपने 'ट्रैकिंग' के बड़े दिनों में सावधानी बरतनी होती है। उसे किसी ताजातरीन 'ट्रैक' से जाते वक्त सावधानी बरतनी होती है। जो लोग इन जानवरों का शिकार करने का शौक रखते हैं, वे इन्हें घास वाले मैदान में या फिर पहाड़ी क्षेत्रों में जाकर घेरते हैं, जहाँ इन प्राणियों को आशा नहीं होती कि वे शिकार बन जाएँगे। प्रकृति के बीच रमना इन्हें अधिक पसंद हैं आमतौर पर इनका शिकार चाँदनी रात में किया जाता है। कई बार ऐसा होता है कि शिकार करने वाले खुद ही शिकार बन जाते हैं। यदि कोई इनके सामने आ जाये, तो वह जीवित नहीं बचता।

घास और शाल के जंगलों में भैंसे के शिकार का सबसे अधिक आकर्षण उनके द्वारा छोड़े गए पदचिह्न हैं। जंगली भैंसों का प्रमुख मौसम बरसात का मौसम है। अगर इस मौसम (मृगा नक्षत्र) में इनका शिकार नहीं किया गया, तो यह दल बहुत नुकसानदेह हो सकता है।

इन अंचलों के भैंसों के पीछे लगने का वर्ष भर का सबसे अच्छा समय 'मिरिग' या प्रथम वृष्टि का अवसर होता है, यद्यपि उसके कुछ नुकसान भी हैं। सबसे अधिक परेशानी तब होती है, जब कोई भैंसा अपना एकाकी जीवन छोड़कर अपने दल में वापस लौटता है। उस समय बरसात अपने पूरे रंग में होती है और सभी प्रकार के जंगली

जानवर स्वछंदतापूर्वक विचरण करने लगते हैं और अपनी सुरक्षा की चिंता में मँडराने लगते हैं। वहीं पर यह प्राणी भी घासवाले मैदानों को अधिक महत्व देकर वहाँ अपना घर बना लेता है और आराम की जिंदगी जीता है। इस कारण अन्य जीवों को वह स्थान छोड़ना पड़ता है। वैसे यह प्राणी जलीय या दलदली जगह से अधिक दूर रहना पसंद नहीं करता है, क्योंकि उसे ऐसी जगहों पर आसानी से उसके मनपसंद स्नानागार उपलब्ध हो जाते हैं, जिनमें वह अपने नथुनों से जोर-जोर फुंकार करते हुए साँस छोड़ता है और लोट लगाता हुआ अठखेलियाँ करता रहता है। उसके नथुनों से निकलने वाली आवाज इतनी तेज होती है कि उसे बहुत दूर से भी सुना जा सकता है। जिस दलदल में वह अठखेलियाँ करता रहता है, वहाँ उसे इस बात की परवाह नहीं होती कि अनेक छोटे पशु भी आकर दब सकते हैं और शव बनकर तैरने लगते हैं। दलदल से निकलकर यह मैदान में अक्सर अपनी सींगों और पैरों की सहायता से मिट्टी खोदकर उड़ाता रहता है। ऐसा करते समय आस-पास के पेड़-पौधे भी इसकी चेपट में आ जाते हैं, जो इसके कारण कभी कुचल जाते हैं तो कभी उखड़ जाते हैं। सामान्य पेड़ तो उसके एक धक्के से ही धराशायी हो जाता है। उसके द्वारा संपन्न इस प्रकार की अठखेलियों से लगता है कि जैसे किसी ने कृषिकार्य के लिए जमीन की तैयारी की हो।

जब पहली बौछारें पड़ती हैं, उस समय चीते, हिरण, भालू तथा अन्य वन्य पशु बिना पानी और छाँव की चिंता के अपने जगह से निकल कर दूर-दूर तक विचरण करते हैं। भैंसे खुले मौसम की अपनी यात्रा से विश्रांति लेते हैं और यदा-कदा झुंड में मिल जाते हैं। तब खुले चारागाह और जंगल के बीच के खुले मार्गों पर आरामतलब जिंदगी प्रभावित होती है। अब वह नदी से बहुत दूर जा सकता है। क्या अंतर पड़ेगा? अब तो समूचे अंचल में असंख्य डबरे हैं और दलदली गड्ढे हैं, जो उसके भीमकाय विलोड़ित शरीर के ढाँचे के लिए आरामदायक कीचड़ में सनने के स्रोत हैं। भीमकाय राक्षस की फूत्कार और फुफकार के लिए यह उत्तम जगह है। यह मौसम उसके प्रणय का भी है। यत्र-तत्र सर्वत्र जमीन जुती हुई लगती है। नए कोपल उखड़ जाते हैं। वर्षा की पहली बूँदें पड़ती हैं, तो समूचा वन मोतियों के समान चमकने लगता है।

घास के जंगलों में दीर्घकालिक अश्वारोहण के बाद जब हीरक कणों के स्फुलितोगों की बौछार पड़ती थीं और वृक्ष की फुनगियाँ काँपने लगती थीं, तब हमें मन्दानिल का मिथ्याभास होता था, किन्तु ऐसा था नहीं। जंगल में विचरण करने के दौरान जैसे हमारे पैरों के नीचे की घाटी में हल्की बरसात में काँपते हुए वृक्ष खड़े थे और सूरज की किरणें उनकी फुनगियों का स्पर्श कर रही थीं। सारा जंगल अचानक ही इंद्रधनुषी हो गया था और जब तक हम ढलान से उतरकर घास के मैदान तक आते, तब तक जैसे जंगल में वृक्षों से मोतियों की फुलझड़ियाँ-सी छूटने लगी थीं। धूप में चमकते विभिन्न रंग इतना

विचित्र दृश्य उत्पन्न कर रहे थे कि हम सब उसमें खो गए और न जाने कितनी देर खोए रहते कि अचानक हममें से किसी ने कहा-"रुको-रुको। देखों तो जरा। क्या तुम्हें कोई आवाज सुनाई दे रही है, जैसे कोई चपर-चपर कर रहा हो या 'क्लिक, क्लैक' की ध्वनि निकाल रहा हो? कितनी कर्कश और कितनी भारी आवाज? "हम सबका ध्यान उस आवाज पर गया तो देखा कि हमारे बुबालस (Bubalus) के वहाँ पर भारी-भरकम खुरों के निशान थे, जो धीरे-धीरे आगे बढ़ते हुए चीभ चाट रहा था। प्राकृतिक तथा रमणीय परिवेश में, हरे-भरे जंगल में, नीले आकाश के तले, लाल रंग की मिट्टी से सने हुए, ये इतनी सावधानी के साथ निकलते जा रहे थे कि अपनी उपस्थिति के आभास ये दबे-छुपे दुश्मनों को भी नहीं कराना चाहते थे। ऐसा लगता था कि जैसे हमारे सामने से एक दबी-छिपी आँधी गुजर रही थी। इसमें भी विचित्र बात यह थी कि वे हमारे इतने करीब से गुजर रहे थे कि जैसे उन्हें हमारी भी उपस्थिति का आभास न हो। तब हम उनके शरीर पर उगे बालों को भी छू सकते थे, जिसका परिणाम उनके द्वारा लम्बी सींगों से प्रहार करना भी हो सकता था।

सर्वाधिक अनुकूल परिस्थितियों में भी स्पिरोसेरोस (Speiroceros) का अनुसरण ऐसा होता है, यद्यपि अब उसने अपनी निशाचरी वृत्ति और लम्बी यात्राएँ कम कर दी होती हैं, फिर भी हमें उसके पदचिह्नों को सावधानी के साथ चुनना चाहिए। सर्वाधिक बात यह है कि उस पर कठोर और सीधा निशाना लगाया जाये। यदि एक बार वह लाँघकर भयभीत झुंड के साथ मिल जाता है, तो उक्त विशालकाय भैंसे के 'ट्रैक' हमेशा के लिए लुप्त हो सकते हैं और तब माड़िया या गोंडों की कला से भी वह परे हो जाता है।

बाद में तो ऐसे कितने ही अनुकूल अवसर हमारे सामने आते रहे और हम उक्त जीव की आदतों से परिचित होते गए। फिर भी अतिरिक्त सावधानी बरतने की आवश्यकता तो थी ही। खासतौर पर जब दो दल एक-दूसरे के सामने से एक-दूसरे को काटते हुए गुजरते हों। जब दोनों ही दल अपने-आपमें सशंकित से रहते हों। पता नहीं कौन किस पर पलट कर हमला कर दे। तब ऐसी स्थिति में इनको छेड़ना बहुत खतरनाक हो सकता है। या तो वह आपको मिटा देगा अथवा स्वयं मिट जाएगा। ऐसा वन्य जीवन जो माड़िया और गोंड जनजाति की कला-संस्कृति का एक अभिन्न अंग है और जिससे जुड़ी हुई असंख्य किंवदंतियाँ और कहानियाँ प्रचलित हैं। किन्तु हममें से अनेक अपने 'बुल' (Bull) का निस्संदेह खुले मौसम में पीछा करेंगे। ग्रीष्म की तपती दोपहरियों में जब मलेरिया से आक्रांत जंगल बुखार की तपन से भर जाते हैं तथा अज्ञात विषैले जंतु के जहर से पीड़ित होते हैं। प्रचण्ड रश्मियों वाला सूरज भी योरीपीय यात्री के लिए अस्वास्थकर आभास देता है।

अनेक बार लगता है कि यह वन-भैंसा एक-दूसरे का पीछा करता हुआ अठखेलियाँ करता है, जबकि सच्चाई यह होती है कि ऐसा कुछ नहीं होता। उस समय वह गर्मी की लू से बुरी तरह परेशान रहता है। सूरज की गर्मी समूचे वातावरण के साथ इसको भी झुलसा रही होती है। ऊपर से अनज़ाने-अनदेखे कीड़े-मकोड़े इसको काटकर बुरी तरह परेशान करते हैं।

इस वन्य जीवों की स्थिति ठीक होती यदि भारतीय आखेटविद्या का ह्रास होता। यहाँ इनके आखेट का सिलसिला विगत चालीस वर्षों (अर्थात् 1828 ई.) से चल रहा है। उस समय की मेरे पास एक डायरी है, जिसमें कहा गया है कि बस्तर **'शिकारियों का स्वर्ग'** (Hunter's Paradise) था। उसे पढ़कर दिल की धड़कनें तेज हो जाती हैं और मुँह में पानी आ जाता है। आज ये भैंसे इस अंचल में सत्यानाशी की स्थिति में हैं। उनकी इस स्थिति पर शोक किया जा सकता है। उनके सुनहरे दिन अब नहीं रहे। यदा-कदा कहीं कोई एकाकी देखने को मिल जाता है। अब ये बहुत अधिक शर्मीले हो गए हैं, पर्यावरणीय आधार पर ये कभी महत्तम समूह के सामान्य उत्तराधिकारी थे। संक्रामक रोगों, सूखा, बंदूकधारी भारतीयों, बंदूकधारी व्यापारियों आदि के कारण अब लुप्त होने की स्थिति में हैं। अब सब कुछ स्मृत्यवशेष है।

किन्तु बस्तर में तब से लेकर आज तक कोई खास परिवर्तन नहीं हुआ। मध्यभाग में मध्य भारतीय सामान्य सूखे वन इसकी उन्नतावनत आकृति को आच्छादित किए हुए हैं। इसकी ऊबड़-खाबड़ पहाड़ियों को आवृत्त किए हुए हैं, किन्तु पूर्वी भाग जहाँ शालवनों का सिलसिला प्रारंभ होता है और जो पश्चिमी सीमा तक चला गया है, वहाँ का विहंगम दृश्य कुछ ऐसा लगता कि जैसे उनका रोपण प्रकृति के बजाय मानव हाथों से हुआ है। उत्तर और दक्षिण की रेखा पर इस प्रकार का अप्रत्याशित अवसान शायद दक्ष 'फारेस्टर' को ज्ञात हो, किन्तु मैं और मेरे साथी जिन्होंने बस्तर की भूवैज्ञानिक विशेषताओं का आकलन किया है, वे इस तथ्य को समझ नहीं सके। परिणामतः पूर्व की ओर सैकड़ों मीलों तक उन्नत किस्म के समूहबद्ध शाल अपनी चमकदार हरियाली के लिए प्रसिद्ध हैं, जहाँ किसी अन्य इमारती लकड़ी के लिए कोई अवकाश नहीं है। अन्य इमारती लकड़ी केवल वहाँ देखने को मिलती है, जहाँ कटाव या बसाल्ट चट्टानें हैं। जहाँ पर सरई तथा सागौन के वृक्ष उग आए हैं। बस्तर के पूर्व से पश्चिम की ओर एक नदी (इंद्रावती) प्रवाहित होती है, जहाँ प्रत्येक छोर पर पर्वत की शृंखलाएँ हैं। यह नदी ग्रेनाइट के मार्ग से होती हुई पश्चिम की ओर गोदावरी से मिल जाती है। इसका जलप्रवाह अनेक मीलों तक मैदानी क्षेत्र से होकर गुजरता है और एक प्रपात की रचना करता है, जैसा जलप्रपात हम कांगों या जम्बेसी में देखते हैं। परिणामतः यह द्रुत वेग से निम्नतर स्तर तक पहुँच जाता है, जो अमूमन पहाड़ी नदियों के साथ होता है।

इसी परिवेश के अधीन इंद्रवती पूर्व से पश्चिम की ओर निरंतर प्रवहमान बनी रहकर मैदानी क्षेत्र को अपने पीछे निरंतर छोड़ती हुई ग्रेनाइट के पत्थरों पर प्रखरता से उछलती हुई महान् गोदावरी में जाकर मिल जाती है। जहाँ पर इन नदियों का मिलन होता है, वहाँ पर पानी का प्रवाह तेज हो जाता है। यह एक ऐसा स्थान है, जहाँ पर पानी बेहद ऊँचाई से गोदावरी में गिरता है, किन्तु अंतिम यात्रा से पूर्व यह नदी थकान मिटाती-सी जान पड़ती है, इसलिए यह बीच में अलसाई हुई सी बहती रहती है, परंतु जहाँ पर जलप्रपात बनने की संभावना होती है, वहाँ पुनः तीव्रता धारण कर लेती है। यही कारण है कि अन्य नदियों की अपेक्षा इस नदी में जलप्रपातों की संख्या अधिक पायी जाती है। यहाँ पर प्रकृति की श्रेष्ठता के दर्शन होते हैं। निस्संदेह इसके जलप्रपातों और कुण्डों की तुलना स्काटलैण्ड की सोलोमन नदी से की जा सकती है। इस नदी और सोलोमन नदी दोनों की एक ही प्रकृति है। दोनों ही अपने तटों पर अनेक रहस्य रोमांच का निर्माण करती हैं और अवसर आने पर गुम हो जाती हैं। अनेक कूपों को निर्माण करती हुई कभी गरजती-सी हैं और कभी उत्पाती शोरगुल करती-सी कभी गंभीर हो जाती हैं, कभी किशोरी-जैसे और कभी वयस्क महिला-सी, तो कभी नवयुवती-जैसी कलकल कर खिलखिलाती-सी हैं और तब ऐसा लगता है कि जैसे जलतरंगों की घंटियों की आवाज कानों में अमृत घोल रही हों। किनारों पर हरियाली और वनों की सघनता इतनी अधिक है कि मार्ग दिखायी नहीं देता। हरियाली की इतनी अधिकता कि बरबस ही आँखें बंद-सी होने लगें। इतनी सघनता कि मकर रेखा पर चलता सूरज भी अपनी धूप को जमीन तक न पहुँचा सके। इस तरह की कल्पनाओं के कितने ही ताने-बाने यहाँ पर बनते बिगड़ते हैं। ऐसे में हाथ में बंदूक थामे शिकारी भी अपनी सुध-बुध खो बैठता है। इसी बीच कहीं किनारे पर जंगली भैंसे तेल की धार के समान सरकती इस जादुई नदी के किनारे कौंध-से जाते हैं। इंद्रावती अनेक रूपों को धारण करती है, जिसके किसी भी रूप का वर्णन किया जाना संभव नहीं है-छलना, अछूती, अक्षतयौवना, शर्मीली, मुग्धा नायिका, तो कभी दृढ़ इरादों वाली वयस्क-सी अपने-आपमें न जाने कितने रहस्यों को समेटे, रहस्य की पहरेदारी में बहती चली जाती है। हर पल आँखों के सामने नए-नए दृश्य कौंध जाते हैं और हर पल न चाहते हुए भी उन दृश्यों को त्यागने के लिए विवश होना पड़ता है, क्योंकि एक ही स्थान पर लंबे समय तक रुका तो जा सकता है, किन्तु ठहरा नहीं जा सकता। नदी का जल और उसकी तीव्रता मानों किसी किसान के तेज धारवाले हँसिए से काटी जाती फसल का आभास कराती है। ऐसी नदी जिसकी पथरीली चमकदार धारा को छोड़ने का जी नहीं चाहता, फिर भी वापस लौटना ही पड़ता है।

वहाँ से लौटकर लगता है कि वह सब कुछ जो हमने देखा था, सपना था, जो हमेशा याद रहेगा। याद रहेगा ग्रेनाइट पत्थरों पर वह तेज प्रवाह, उस पर झुकी हुई पेड़ों

की छोटी-बड़ी टहनियाँ, शाखाएँ, बीच में बनते-बिगड़ते छोटे-बड़े रेत के टापू, घने जंगलों के उस पार अस्त होता सूरज, फिर एक खामोशी का पसर जाना और उसी खामोशी के बीच में यात्रा विराम कर वापस लौटना। ये अवर्णनीय, आनंददायी दृश्य, जो शायद ही जीवन में दुबारा देखने को मिल सकें - सब कुछ याद रहेगा। सच कहूँ तो मैंने इससे पूर्व भारत के मैदानों, नदियों, उनके किनारों, पशु-पक्षियों, शाकहारी प्राणियों, बैंगनी रंग की सुंदर पहाड़ियों के बारे में सुना भर था और उस आधार पर मेरी जो कल्पना तब बनी थी, वह मेरी अनजानी, अज्ञात कल्पना थी, किन्तु उसी को जब दूसरे और उससे अधिक रूप में विकसित होते हुए देखा था, जहाँ पर लंबे काले रंग के मलाबारी वन्य जीव, वृक्ष के तनों पर फुदकती रंग-बिरंगी विभिन्न प्रजातियों की गिलहरियाँ, रंगीन चिड़ियाँ, सतरंगी तितलियाँ कहीं दूर से गूँजती कोयल की स्वरलहरी प्रतिध्वनित होकर वन में गूँजतीं, तो मैं ठगा-सा खड़ा रह जाता। मेरे साथ वाला वह नाटे कद का शर्मीला नाविक युवक मेरी दशा देखकर इतनी मोहक हँसी हँसता कि मैं उसकी हँसी पर मुग्ध-सा हो जाता। वह शर्मीले अंदाज में जब हौले-हौले बातें करता, तो मैं उसकी बातें न समझते हुए भी सुनता-सा रह जाता था। कितने रंग, कितने रूप, कितने दृश्य-जैसे सबके आगे अवश-सा बंदूक हाथ में थमी रह जाती। जहाँ शाम का सूरज अपनी संपूर्ण लालिमा के साथ अस्त होता, लेकिन गर्मी शांत होने का नाम न लेती। ऐसे में ढलता सूरज बहती इंद्रावती के पानी को रक्तिम वर्ण से रंगीन कर देता और आकश इस रंगीन पानी में अपने विभिन्न स्वरूपों के साथ पारदर्शी हो उठता। कहीं दूर नदी के मोड़ पर पहाड़ी बाँसों का झुरमुट हवा में हिलोरे-सा लेता रहता और हम अपने पड़ाव पर बैठे उन दृश्यों को देखते न अघाते। उन्हें देखने के लिए अपनी टेबिल-कुर्सी को इस चतुराईपूर्वक जमाया जाता कि जहाँ पर गर्म पीली रेत में पानी निरंतर पाँवों को छूकर अपने होने का सुखद स्पर्श का आभास करता और हम नदी के पानी में पैर रखे रात ढलने तक दृश्यों में खोए रहते।

इस दुःसाध्य यात्रा में हमें भी वही मूल्य चुकाना पड़ा था, जो हमसे पहले अनेक योरोपियों को इस अक्षतयौवन दण्डकवन में प्रवेश करते समय चुकाना पड़ा था। तब ये जंगल एकदम अछूते थे। अक्षत यौवन थे। समूचा क्षेत्र अत्यधिक रहस्यमय माना जाता था, जिसमें घुसने की कल्पना कोई भी नहीं कर सकता था। विदेशी योरोपीय तो ऐसा सोच भी नहीं सकते थे। जंगल में बनी घाटियों की भयंकर चढ़ाई, पड़ती गर्मी के कारण बदन पर उभरते फफोले, इसके साथ ही कब कौन भूखा-नंगा लूट-पाट कर मार डाले, कुछ कहा नहीं जा सकता था। रास्ते इतने बीहड़ कि अपनी गाड़ी को कंधों पर ढोने के लिए बाध्य होना पड़ता था। कब कौन-सा रास्ता प्रारंभ होकर कहाँ खत्म हो जाएगा, कुछ नहीं कहा जा सकता था। हर बार घने वृक्षों के बीच जंगल में पौधों व घासफूस के

बीच नए रास्तों को तलाश करना होता था। अनेक बार दैत्याकार वृक्ष मार्ग में गिरकर इस प्रकार अवरोधक बन जाते कि उनको लाँघना मुश्किल होता था। इन समूचे अवरोधों को पार कर अंत में हम निकटवर्ती रेलवे स्टेशन से दो सौल मिल दूर थे। यह बस्तर-अंचल का वह मध्य भाग है, जिसका विवरण जीर्णशीर्ण पुरानी डायरियों के पन्नो में है। ये डायरियाँ उन लोगों के पास आज भी हैं, जिन्होंने यहाँ के सूनेपन को चालीस वर्ष पहले टटोला था (1823 ई. से अनेक योरोपीय बस्तर पर गवेषणापरक डायरियाँ लिखते रहे, जिनमें से जेन्किन्स भी एक थे)। इस तरह के पीले पड़ गए जीर्ण-शीर्ण धुँधला गए पृष्ठों में चालीस वर्ष पूर्व का इतिहास हमारी आँखों और मन-मष्तिक में जीवित हो उठता है। ग्लसफर्ड की पाथेय वही पुरानी डायरियाँ थीं (खोज के उपरांत भी वे डायरियाँ मुझे देखने को नहीं मिलीं)।

उन डायरियों को पढ़कर हमारी आशाएँ उड़ान पर थीं, यद्यपि बाद में हमें यह ज्ञात हुआ कि कुछ वर्षों पहले देशी लोगों की बंदूकों ने बस्तर में क्या कहर बरपाया था। यहाँ मैं उनके अभिलेखों के कुछ अंशों को प्रस्तुत कर रहा हूँ–

13 अप्रैल 1823: नदी से पार एक पोखर के पास पहुँचा और खुली जगह पर पौ फटने के इंतजार में बैठ रहा। चार भैंसें जिनमें से एक 'बुल' (था), आए, पानी पिया और एकाएक चल दिए। इतना धुँधलका था कि हम उन्हें ठीक से देख नहीं पाए। जब धुँधलका छँटा और पर्याप्त प्रकाश फैल गया, तो मैं उनके 'ट्रैक' तक पहुँचा और भैंसों को जाते हुए देखा। मैंने उनका पीछा करना चाहा और ऐसा किया भी। मुझे उम्मीद थी कि मैं उन्हें छेंक लूँगा, किन्तु वे बिदक कर भाग गए और न जाने किस मार्ग से होकर ओझल हो गए। मैंने उनके पदचिह्नों का फिर भी पीछा किया। तब एक घने जंगल में मैंने एक मादा को देखा। उनकी जाने की दिशा का अनुसरण किया। आगे कुछ गँवर या रक्तवर्ण के हिरणों को देखा। रक्तवर्ण के हिरणों का चरता हुआ दल अब साफ दिख रहा था। उन्हें चरता छोड़कर मैं भागे हुए वन भैंसों को देखने के लिए एक ऐसी छोटी पहाड़ी पर चढ़ने लगा, जिसके सँकरे हिस्से में भालू होने की संभावना हो सकती थी। इसलिए मैंने अपनी विपरीत दिशा में दो व्यक्तियों को नियुक्त किया ताकि वे मुझे खतरे का आभास करा सकें।

शिखर पर पहुँचने पर मेरे चारों ओर हरे घास का मैदान था। मैदान में एक जंगली, स्वस्थ तथा बलिष्ठ भैंसा निरंतर जमीन पर सिर से आघात कर रहा था। मैंने अंदाज से दूर से ही उस पर गोली दागी। गोली लगी। उसने अपने सिर को एक तरफ झटका और कराहने-जैसी मार्मिक आवाज की और एकदम से भाग निकला। मैं भी अनुमान से उसके पीछे-पीछे भागा। लगभग आधे मील के अंतराल पर उसे नाले की तलहटी से ऊपर की ओर जाते देखा, जो धीरे-धीरे विपरीत दिशा में जा रहा था। लगा

कि गोली ने अपना कमाल कर दिखाया था। वह घायल हो गया था, किन्तु गोली लगने के बाद भी चल रहा था। उसके बदन से खून रिस रहा था, जो रिस कर मार्ग पर एक लकीर-सी बना रहा था। उसी लकीर को आधार मानकर मैंने उसका पीछा करने का निश्चय किया। मुझे लगभग एक मील चलना पड़ा, मगर वह अत्यंत दुरूह मार्ग था, जिस पर चलना आसान न था। आश्चर्य हुआ कि वहाँ से भैंसा कैसे चला होगा? बाद में मैंने उसे कुछ कम घने जंगल में खड़े हुए देखा, जो मेरी आहट सुनकर फिर चल दिया। इस बार उसके चलने में कमजोरी परिलक्षित हो रही थी। बदन से अधिक खून बह जाने के कारण वह अशक्त हो गया था। इसलिए अब उससे चला नहीं जा रहा था। अंत में वह थक-हारकर महुए के वृक्ष के नीचे आकर खड़ा हो गया और कुछ ही देर में जमीन पर बैठ गया। मैंने तब उसके करीब होना चाहा कि वह घबराकर पुनः अपने स्थान से उठकर खड़ा हो गया। मगर तब वह शांत और निश्चल था। उसने कोई हरकत नहीं की, बल्कि लगातार टकटकी लगाए मेरी तरफ देखता रहा। संभवतः मेरी अगली कार्यवाही की वह अपेक्षा कर रहा था, लेकिन मुझसे पहले अगर वह कोई कार्यवाही कर देता, तो मेरा बचना संभव नहीं था। इस बार मैंने पुनः उसके पास जाकर एक और गोली दागी और मेरी छोटी रायफल से दागी गयी गोली ने उसका काम तमाम कर दिया, जिसके लगते ही वह जमीन पर गिरा और हमेशा के लिए अपने पूर्वजों के पास जाकर महा नींद में सो गया। निश्चित ही वह एक सुंदर बलशाली वन्य जीव था, जिसके सींग बहुत ही आकर्षक थे। शिकार के नियम के अनुसार मैंने उसका सिर और पूँछ काटी। बाकी का शरीर वहीं पर छोड़कर मैं अपने पड़ाव पर वापस आ गया।

अगले दिन शाम के समय बाहर निकला। आसपास बड़ी संख्या में नदी तथा जलप्रपात की ओर दक्षिणी भग में चीतलों को चरते हुए देखा। गाँव से कुछ दूरी पर दो सुचित्रित चीतलों का शिकार किया। इनसे अधिक को भी निशाना बनाया जा सकता था।

16 अप्रैल, 1823 : आमागाँव (एम-गाँव) के लिए मैंने अपना सामान भेज दिया और सुबह तीन बजे पोखर पर फिर से पहुँचा। जैसे ही मैं वहाँ पहुँचा, मैंने सुना कि भैंसों का एक झुंड अभी-अभी दलदल से होकर भागा है। पौ फटने पर मैं उन भैंसों के पदचिह्नों के साथ अगे बढ़ा। कुछ देर बाद हमने दूरी दिशा में एक झुंड को देखा और वे बायसन निकले। उन्हें घेरने के लिए हमने लंबा रास्ता तय किया और ठीक सामने एक अन्य झुंड को देखा, जो सर पहाड़ी की ओर जा रहा था। दुभार्गवश उन्होंने हमें देख लिया और वहाँ से रफूचक्कर हो गए। हमने उन्हें जाने दिया और पहले वाले झुंड के 'ट्रैक' का पीछा किया, किन्तु असफल रहे। इसके बाद मेरा ध्यान दूसरे झुंड की ओर गया और आखिरकार एक पहाड़ी के ढलान पर उन्हें बैठे हुए देखा। महने एक नर भैंसे को बुरी

तरह घायल कर दिया, किन्तु वह भी बचकर भाग निकला। संध्यार होते ही मैं नदी के पास पहुँचा, जहाँ मेरे शिकारियों ने मेरे भात पकाया था। यह भात और इंद्रावती का बहुत सारा पानी मेरी थकान को दूर करने के लिए पर्याप्त था। सुखद अनुभूति के साथ मैं सो गया।

18 अप्रैल, 1823 : आमगाँव (एम-गाँव) के दक्षिण की ओर गया। कुछ दूर पर जाने के बाद बायसन के एक झुंड की जानकारी मिली। मुझे उनसे कुछ परेशानी हुई और मुझे निराशा तब हुई, जब वे नील गाय निकलीं। यहाँ की सभी नील गायों का कद ऊँचा है। उनका रंग भी गाढ़ा श्यामवर्ण का है। उनके बीच में से किसी 'बुल (Bull) को पकड़ना बेहद मुश्किल है। आगे चलकर रक्तिम वर्ण कुछ मृगों को देखा, जो एक-दूसरे पर उलट-पुलट कर रहे थे। हमें देखकर वे सब भाग गए। घर वापस लौटते समय कुछ भैंसो को देखा, किन्तु हमने उनका पीछा नहीं किया। हाँ, उस जगह को अगले या उसके बाद किसी दिन आने के लिए चिह्नित अवश्य कर लिया।

19 अप्रैल, 1823 : भैंसों का पीछा किया, मगर मन को कुछ अच्छा नहीं लगा और डेरे में वापस आकर दिन भर थकान मिटाता रहा।

20 अप्रैल, 1823 : बाहर गया और पूरा दिन बढ़िया बीता। पूरे समय हड़बड़ी में रहा, किन्तु अंत में एक आकर्षक नर भैंसे पर काबू पा लिया।

23 अप्रैल, 1823 : सूर्यास्त के समय बाहर निकला। कुछ भैंसों के झुंड में से लगता था कि एक भैंसा बिछुड़-सा गया था या फिर वह बुरी तरह से परेशान था। उसके और मेरे बीच 80 गज की दूरी होगी। ध्यान से देखने पर मुझे लगा कि संभवतः उसे बुखार हो सकता था। तकलीफ के कारण बार-बार अपने सिर को एक तरफ उछाल रहा था और बीच-बीच में उसे झटके आते थे। अंत में वह वहाँ से उठा और जंगल में जाकर तकलीफ के कारण उसने अपने बदन को जमीन पर फैला दिया और सिर को भी एक तरफ लुढ़का दिया। मुझसे उसकी तकलीफ देखी नहीं गयी और मैंने उसे तकलीफ से छुटकारा दिलाने के लिए एक के बाद एक अर्थात् दो गोलियाँ चलायीं। संयोग से पहली गोली निशाना चूक गयी और दूसरी गोली पर मैंने ध्यान नहीं दिया कि वह कहाँ लगी थी। ऐसी स्थिति में बुखार में ही उसे तपता छोड़कर मैं अपने पड़ाव में वापस लौट आया। घर से काफी दूर होने के कारण रात भी काफ़ी हो गयी थी।

24 अप्रैल, 1823 : विशालकाय वनभैंसे का पीछा किया। बहुत दूर चलकर एकाएक उस पर धावा बोला, किन्तु गोली ठीक से नहीं लगी। दो मील आगे बढ़ने पर पुनः उससे सामना हुआ। वह जंगल में खड़ा था। उस पर पुनः निशाना साधा, किन्तु वह धीरे से सरक गया। पूरा दिन जंगल में बिताने के बाद सायंकाल छह मील की दूरी को तय कर अपने पड़ाव में लौटा। तब तक काफी देर हो चुकी थी।

25 अप्रैल, 1823 : इस दिन फिर से भैंसे के 'ट्रैक' का पीछा किया। पदचिह्नों के किनारे-किनारे चल कर मैं अनंतपुर के पास उस स्थान तक आया, जहाँ पर पहले से ही एक वनभैंसा पसरा हुआ था। चूँकि उसके आस-पास पानी भरा हुआ था, इसलिए उस पानी से बचने के लिए मैं किनारे-किनारे से निकलने के प्रयास में उस स्थान तक चलकर आया, जहाँ से शालवन (Shorea robusta) का सिलसिला प्रारंभ हो गया था। आगे का रास्ता बंद था, बल्कि था ही नहीं। इसलिए फिर से वापस लौटकर मुझे न चाहते हुए उसी भैंसे के पास से निकलने के लिए बाध्य होना पड़ा, जो मेरे लिए खतरा बन सकता था। मगर वह मेरे जाने पर भी पसरा रहा। कोई हलचल न होती देख मैंने सोचा शायद वह मर चुका है। मैंने उसकी ओर कदम बढ़ाकर ध्यानपूर्वक देखना चाहा और अपने साथ के सेवक 'बुद्धू, को संबोधित कर इतना ही कहा—'बुद्ध, शायद यह मर गया है।' फिर भी उस पर विश्वास न होने के कारण मैंने हलचल की कि शायद भैंसा कुछ हिल-डुले। मगर तब भी कोई हरकत न हुई। फिर भी मैं शंकित था और पसरी हुई स्थिति में उस पर गोली चलाकर ठंडा करना चाहा। मगर न जाने क्या सोचकर मैंने गोली नहीं चलायी, बल्कि जीभ को तालू से सटाकर मैंने टिटकारी की और मेरी 'क्लिक' की आवाज सुनकर वह कुछ हिला-सा। लगता था कि उसके अंदर की सारी शक्ति जवाब दे गयी है और वह अपने पैरों पर खड़ा नहीं हो सकेगा। मैं असावधान-सा था, लेकिन जब अगले ही क्षण मैंने उसे झपट्टे के साथ उठते हुए देखा, तो मेरे होश गुम हो गए थे। स्वयं को बचाने के लिए मैं तेजी के साथ उसकी विपरीत दिशा में तेजी से भागा था और पास ही खड़े घोड़े पर सवार होकर मैं उस पर सतर्कता भरी निगाहें रखने लगा। चूँकि मैं उसके मार्ग से अब दूर था, इसलिए मुझे न पाकर वह न जाने कहाँ विलीन हो गया। मेरे सहायक बुद्ध ने मुझे वापस पड़ाव चलने को कहा। तब हम लोग जंगल के एक चक्करदार रास्ते से चलकर वापस लौटने लगे। लौटते समय मैं घोड़े की पीठ पर सवार था, ताकि अगर संभव हो तो उसे ठीक से देख सकूँ और ऐसा ही कुछ हुआ था। यदि मैं घोड़े पर सवार न होता, तो मेरा हाल बेहाल हो जाता है। वह न जाने फिर कहाँ से प्रेत के समान प्रकट होकर गुस्से से भरा आँधी-तूफान की रफ्तार से फुफकारें भरता हुआ चला आ रहा था। मेरा ध्यान उसकी आवाज के कारण ऊपर की ओर गया और अगले ही क्षण मैंने पाया कि वह तेजी के साथ ढलान पर से लपकता हुआ मेरी ओर ही चला आ रहा था। मैंने उससे बचपने के लिए घोड़े को घुमाया। लगता था कि घोड़ा भी बुरी तरह से भयभीत हो गया था। मगर हिम्मतवार घोड़ा था। मेरे इशारे पर बराबर काम कर रहा था और सब कुछ आशा के अनुरूप हो रहा था। किन्तु घोड़ा जब तक उस खतरनाक भैंसे की सीमा से मुझे दूर ले जाता कि तब तक भैंसा आ धमका और क्रोध से उबलते हुए भैंसे ने मेरे घोड़े के अगले पैर पर जमकर प्रहार किया। घोड़ा बुरी तरह से लड़खड़ाया, मगर तुरंत ही संभल भी गया, गिरा नहीं और पलक झपकते ही स्वयं

तथा मुझे संभालकर बचाते हुए वहाँ से सुरक्षित दूर ले गया। यदि घोड़ा गिर जाता तो मेरा भी गिरना निश्चित था और तब यह भी निश्चित था कि हम दोनों को भैंसा मिटाने में कोई कसर बाकी नहीं छोड़ता। इस बीच सिर पर लगा हैट न जाने कहाँ गुम होकर रह गया था। भैंसा तब भी हाथ धोकर हमारा पीछा करने पर आमादा था। तभी हमारे सौभाग्य से उस तपती दोपहरी में एक रीछ न जाने कहाँ से बीच में आ गया और मैं इतनी हड़बड़ाहट में था कि उसे अनदेखा कर भागता चला गया, वर्ना एक के बाद दूसरा दुश्मन भी हमला करने के लिए आमाद था। इससे भी आश्चर्यजनक बात यह थी कि मेरे बंदूक तथा रायफल दोनों ही एकदम खाली थीं।

8 अप्रैल, 1823 : आमगाँव (एम-गाँव) जाते समय रास्ते में दो साँभर दिखे, किन्तु उन्हें मारा नहीं। आगे चलकर दस भैंसों का झुंड घूमता-फिरता आ निकला, जिसमें से एक अति सुंदर और विशालकाय एक मादा को फँसा लिया। घर वापसी के समय बहुत दूरी से एक गँवर अथवा रक्तिम वर्ण के हिरण पर निशाना साधा। पाँच और इन आकर्षण पशुओं को पड़ाव के निकट शाल के जंगल में देखा।

दोपहर के बाद पड़ाव से बाहर निकला। आमगाँव जंगल के पूर्वी भाग में बसा था, जिससे लगा हुआ एक बहुत बड़ा मैदान था, जहाँ से आखेट की बहुत अच्छी सुविधा थी। यहाँ पर हमने नर भैंसे देखे, जिन्होंने संयोगवश हमें पहले ही देख लिया था। इसलिए वे तत्काल भाग खड़े हुए। शाम का धुँधलका गाढ़ा हो जाने के कारण उनका पीछा करना संभव नहीं था। इसी समय कुछ और बायसन चरते-चरते आ गए। इस बार भी इन पर हमला करना बेकार था, क्योंकि एक बलिष्ठ मादा सतर्कतापूर्वक मुझे घूर रही थी इसके बाद भी मैंने गोली चला ही दी थी। वे सब बायसन भाग गए थे, लेकिन रक्तवर्णी हिरण यथावत् चरते रहे, जैसे कहीं कुछ हुआ ही न हो। ये सभी 'बारहसिंगा' थे। गाँव के पास मैंने एक बारहसिंगा का शिकार किया था।

पूर्ववर्ती शिकारियों की डायरियों से इस प्रकार कुछ और उदाहरण देना यहाँ उकताने वाला होगा। उन डायरियों के लेखक वनभैंसों, बायसनों, चीतों, भालुओं तथा बारहसिंगों के शिकार को प्रथम वृष्टि के बाद अपने वाले 'मिरिग' नक्षत्र में उपयुक्त मानते हैं। उनके नोट्स से इस बात की भी पुष्टि होती है कि उस समय के राजदरबार ने ऐसी मृगया का समर्थन किया था। आज बस्तर में पुराने समय की तरह कृषिकर्म तो नहीं है, किन्तु इस अंचल को बाहरी लोगों के लिए खोल दिया गया है। इसका परिणाम यह हुआ है कि देशी बंदूकधारियों ने यहाँ तबाही मचा दी है। लेखक को ऐसी अनेक कहानियाँ सुनने को मिली हैं, जिनके अनुसार शिकार—चोरों ने यहाँ लूट-खसोट कर ताबही मचायी थी। इसी प्रकार उन अंचलों में असंख्य सींग के व्यापारी घुस गए थे, जिन्होंने अंचल के वन्य पशुओं का सामूहिक संहार किया था।

जहाँ तब बस्तर के सघन वनों में वन्य भैंसो के आखेट के खतरों का सवाल है, पूर्ववर्ती शिकारियों के विचार इस संबंध में विभाजित हैं। पूर्व में उद्धृत डायरियों के लेखक के कहा है कि केवल एक ही बार वह संकट में फँसा था और वह भी जब उसके पास मुँहभरनी (Muzzle-loading) बंदूकें थीं। उस समय वह शिकार के दौरान स्वयं जंगली जानवारों से घिर गया था। पास की 'मजर लोडर' चलाने से पूर्व शिकार शिकारी पर हमला करने की स्थिति में था। वह इतने प्रचण्ड क्रोध में था कि आसपास की बनावट को तहस-नहस कर रहा था। लगता था कि उससे बचना असंभव था। हालाँकि उसके पास पाउडर वाली भारी रायफल थी, मगर उसका उपयोग करने का मौका ही नहीं मिल सका था। तेजी के साथ उसके सामने आते हुए भैंसे ने उसे पहले तो सींगों पर उछाल दिया था। इसके बाद शिकारी ने हिम्मत कर किसी पेड़ का सहारा लेना चाहा। तब भी भैंसा इतने अधिक आवेश में था कि उसने उस पेड़ को एक ही प्रहार से धराशायी कर दिया, जिसके पीछे शिकारी छिपा हुआ था। दुर्भाग्य का मारा शिकारी शिकार के द्वारा घेर लिया गया था। भैंसा तब भी उस पर दाएँ-बाएँ प्रहार करता रहा, जब तक वह बेदम नहीं हो गया। कभी-कभी ऐसे कुछ असामान्य उदाहरण होते हैं, ऐसे अवसर के रूप में आते हैं जब शिकार और शिकारी दोनों के बीच लंबा युद्ध नहीं हो पाता है और जल्दी ही सब कुछ समाप्त हो जाता है। जैसा कि उक्त उदाहरण में हुआ था, जिसमें शिकारी लहू-लुहान था। पूरी की पूरी सींग उसने शिकारी के पेट में धँसा दी थी। साथ ही अन्य शिकारियों ने उसकी जान बचाने की कोशिश अवश्य की, मगर वे कामयाब नहीं हो पाये थे और मरते समय शिकारी के मुँह से केवल एक शब्द बड़ी मुश्किल से निकल पाया था—"पानी" और सबकी आँखों के सामने उसका प्राणांत हो गया।

इस प्रकार की दुर्घटनाएँ तेज शिकारी को भी सदमा पहुँचाती हैं और वह छोटी-सी गलती से बहुत बड़ा सबक सीखता है, किन्तु ऐसा विरल ही होता है कि ये ऐसी बातें उसे अपनी मोहक तलाश को पुनः प्रारंभ करने में अवरोधक बनें।

जो लोग इन जंगलों के अभ्यस्त हो चुके हैं, उनके लिए इसका मोह किसी इंद्रजाल से कम नहीं होता। आँखों में जैसे एक के बाद एक करके दृश्य आते हैं, जाते हैं। उसके कारण पुराने शिकारी इसके सम्मोहन से मुक्त होकर बाहर निकलना नहीं चाहते हैं। घटनाएँ-दुर्घटनाएँ तो घटती ही रहती हैं। घायल हुआ जाता है। कष्ट होते रहते हैं। दिमाग भी पूरी तरह से थका हुआ होता है, परंतु समय सारे घावों को शीघ्र भर देता है और अभ्यसस्त व्यक्ति इस प्रकार से तैयार हो जाता है, जैसे पहले कभी कुछ हुआ ही न हो। शिकारी भावना उसे घर में टिकने नहीं देती। वह इन स्थलों पर जाने के लिए इतना उत्सुक होता है कि हाथ में रायफल लिए वह झाड़ियों को फलाँघते हुए निरंतर

शिकार की तलाश में आगे बढ़ता जाता है और जैसे-जैसे वह आगे बढ़ता है, वैसे-वैसे सारा जंगल और जंगली जानवर जैसे स्तब्ध होकर इसको पहले तो देखते हैं, परंतु शीघ्र ही भयावह चीत्कारों के कोलाहल से समूचा जंगल गूँज उठता है। इस कदर की घड़ी से तो एक क्षण शिकारी भी हतप्रभ रह जाता है। परंतु दूसरे ही पल अपने ओंठों पर मुस्कुराहट लाकर आगे बढ़ जाता है और अपने पुराने अनुभवों तथा नए होने वाले अनुभवों से अपनी यादों को सँजोता हुआ चलता रहता है, बढ़ता रहता है।

किन्तु यह तो हमारे स्पिरोसेरोस (Speiroceros) या वनभैंसे का प्रसंग है। जैसा वह पहले था, वैसा ही बाद में और शिकारी उसके पीछे भटकता रहा, चलता रहा। निश्चित ही कोई आकर्षण होता है, जो शिकारी को पागल बनाए रखता है। शिकारी इसका शिकार केवल इसलिए नहीं करता कि उसे स्मृतिचिह्न बनाकर उसके सिर या सींग को दीवालों पर टाँगे, अपितु उसमें एक आंतरिक भावना होती है, जिसके कारण वह जंगल की खाक छानता है और उसके सम्मोहन से मुक्त नहीं हो पाता। वहाँ उसे प्राकृतिक सुंदरता देखने को मिलती है। जंगल की नदी, नालों, पहाड़ों व मैदानों की खाक छानने में दिल-दिमाग को संतुष्टि मिलती है। दरअसल यह एक सभ्य आदमी के अंदर की वह आदिम भूख है, जो उसे बार-बार नागरिकता से जंगल में वापस खींच लाती है। और वह उस सभ्यता से उतने समय तक परे बना रहता है; जहाँ सब कुछ बनावटी है, दिखावटी है। और यह जंगल का क्षेत्र उसकी अपेक्षा अछूता एवं वास्तविक है। इसलिए वह स्वयं को यहाँ पर उन्मुक्त समझता है। अपनी समुची चाहत के साथ वह जंगल को आलिगंन में भर डालने के लिए उतावला रहता है और अपने-आपसे कहता रहता है। 'यह मेरा असली भटकाव है'। इसलिए वह जीव-जंतु, पक्षी-जंगल आदि सबमें तेजी के साथ रुचि लेने लगता है। उनमें तादात्म्य खोजता ही। उन सबसे परिचित हो जाना चाहता है।

फिर भी यह तो हमारे स्पिरोसेरोस (speiroceros) से परिभ्रमिता है? क्या कारण है कि कोई शिकारी उसके प्रति अनथक आकर्षक से जुड़ जाता है? उसकी शगल में शुमार होता है कि वह सच्चे आखेटक (निमरॉड) की भूमिका का निर्वाह करे। उसके मन में ट्राफियों के संग्रहमात्र की चाहत नहीं होती। चाहत होती है आखेटक प्रवृत्ति का मात्र संतुष्टीकरण। वह इससे भी अधिक चाहता है और प्रकृत्ति के सौंदर्य को पास से निहारना चाहता है। वह वन्यप्रांत में रहकर प्रकृति की जादुई शक्ति की ओर खिंचता चला जाता है। यह एक प्रकार से मानव के आदिम वन्य जीवन की ओर लौटना भी है, ऐसी धरती पर जहाँ पर सभ्यता की कृत्रिमताएँ अभी तक आखेटक की घुमंतू प्रवृत्ति को प्रभावित नहीं कर पायीं। यह ऐसी ही उन्मुक्त भावना है, जहाँ व्यक्ति अपनी दोनों भुजाओं को उठाकर कहता है, ऊर्ध्वबाहु होकर 'विरोदन' करता है- "निरुश्य भ्रमण ही

मेरी नियति है"। इस निरुद्देश्य भ्रमण में वह वहाँ के लोग, वहाँ की धरती, वहां के वनस्पति और वहाँ की आदतों के बारे में अनेक रुचिकर जानकारियाँ हासिल करता है।

जब मैं और मेरे साथी अपनी धरती से बस्तर के इस बियाबान जंगल में दाखिल हुए, तब हमें लगा कि स्थानीय ज्ञान से हम पूरी तरह मरहूम हैं। हम उक्त अंचल के भैसों की आदतों से भी पूरी तरह अनभिज्ञ थे। यहाँ की नदियाँ अनेक स्थलों पर विभाजित होकर गड़गड़ाहट के साथ नए प्रवाह बना लेती हैं और समृद्ध वानस्पतिक भाग से भूल-भूलैया के साथ मुड़ जाती हैं। इनके आलिंगन में असंख्य छोटे-छोटे टापू सपाट मैदान के रूप में समाए रहते हैं। ये गहरी और अंधकारपूर्ण सुस्ती के साथ पत्तों और शैवालों को छिपाए रहती हैं। इन सबसे हम गुमराह हो जाते हैं। भैंसों के विषय में हमने आसाम और तराई से जो कुछ सीखा था और संभलपुर-प्रदेश के बारे में हमने फोर्सीथ की टिप्पणियाँ पढ़ी थीं - उन सबसे हम यह विश्वास करने के लिए प्रेरित हुए कि यदि बस्तर में हमें अपने आखेट की प्राप्ति की तमन्ना हो, तो हमें इन्हीं अलंघ्य टापुओं में जाना होगा। जाहिर है कि इस तथ्य को न समझ कर हमने व्यर्थ समय गँवाया। लगा कि हम यहाँ केवल समय बिताने के लिए आए हैं। यहाँ के शर्मीले निवासी, एक छोर से दूसरे छोर तक तनहाई में विचरते क्षुद्र वन्य प्राणी, जंगलों के सच्चें नागरिक ऐसे डरपोक कि जैसे वन्य जीवन और अपने-आपमें अत्यधिक रहस्यात्मक। इनके अतिरिक्त हमारे अपने लोग जो हमारे जैसे ही अभागे थे। इस संधि-वेला में **अमीर अली** नामक एक मुसलमान व्यापारी ने हमें उलझन से बचाया, जो एक प्रतिष्ठित गाँव (संभवतः बस्तर ग्राम) में रहता था, जो कभी इस अंचल की राजधानी थी। हमारे लोग एक दिन सायंकाल उसे हमारे पड़ाव में ले आये। उसके साथ अति संक्षिप्त बातचीत के दौरान हम अपने नीरस आखेट से सम्बद्ध मूल्यवान् सुझाव प्राप्त कर सके, खासकर वनभैंसो की आदतों और वर्तमान ठिकानों को लेकर।

यहाँ के रमणीय जंगलों में हमारा दो महीनों का अल्पवास था। उस दरम्यान हमने यह पाया कि कतिपय अंतरालों में विचरण करने वाले चीते और बायसन, या यत्र-तत्र भालुओं और अत्यल्प संख्या में साँभर व चीतल के अतिरिक्त बस्तर अन्य सभी प्रकार के वन्य पशुओं से उजड़-सा गया था। केवल वन्य भैसों के कुछ समहू कुछ स्थलों पर विचरण करते देखे गये। हमारे पूर्ववर्ती डायरी के लेखकों ने अनेक वर्षों तक यहाँ के वन्य पशुओं का जो कत्लेआम किया था, वह दिल दहलाने वाला था। वे उत्सुक शिकारी, वे जंगल के निवासी तथा वे बंदूकधारी सभी ने अपना काम कर दिखाया था। समूचे माड़ियादेश से वन्य पशुओं का पूरी तरह सफाया कर दिया गया था। अब वहाँ केवल सुडौल कद-काठी वाला 'बुबालस' (Bubalus) बचा था, जिस पर उसके तुच्छ शत्रु आक्रमण करने का साहस नहीं कर सके।

बस्तर-जैसे विभूतिमान् प्राकृतिक सुरक्षित मृगयास्थल में विचरण करना एक विषादमय व्यस्तता है। यहाँ के वनों में हर पल प्रकृति की आँख-मिचौनी का खेल होता रहता है। इसे केवल वनों में विचरण करते हुए ही अनुभव किया जा सकता है। इन जंगलों में जहाँ बंदर और मयूर ऊँचे-घने वृक्षों पर विचरण करते रहते हैं, वहीं पर हिरण या बारहसिंगे जंगलों में पेड़ों के नीचे उछल-कूद करते रहते हैं। विचरण करती मृगी या उसके शावकों की आवाज सुनने को भले ही न मिले, मगर सीटी बजाने वाले हिरण रह-रह कर यहाँ के सन्नाटे को तोड़ते रहते हैं। रात्रि की घनीभूत निस्तब्धता में आने वाली कर्कश और भारी आवाज समूचे वन को खंडित कर तार-तार कर डालती है। क्या यहाँ पर कोई मांसाहारी जानवर नहीं हो सकता, जो शाकाहारी प्राणियों को खत्म करता हो। ऐसे सन्नाटे में विविध विचार मन में आते थे। कुल मिलाकर इतना अनिर्वचनीय आनंद यहाँ पसरा था, जो वर्णनातीत है। ऐसे ही क्षणों में एक ऐसे बाघ को भी देखा, जो अकेला रहकर बड़ी ही करुणाजनक स्थिति में एक भैंसे के शिकार का प्रयास कर रहा था। उस आखेट को पड़ाव के मुख्य द्वार से भी देखा जा सकता था। जिस तरह से वह बाघ भैंसे से लिपटता था, तब वे दोनों जैसे एक डोंगे के आकर लेते जान पड़ते थे। डोंगे की बात याद आते ही हमें एक ऐसे स्थिर नाव का स्मरण हुआ, जिसे हमने बनाया था। उसमें हमारे रहने, खाने, बंदूक-रायफल रखने आदि की सारी व्यवस्था थी। नाविक भी उसमें रह सकते थे, जिसमें सवार होकर कभी हम अवसर पाते ही मछली से भरी जंगली नदी में तैराते हुए चलती हवा की आवाज को सुनते हुए चाँदनी रातों की सुंदरता को देखते हुए भावविभोर हो जाते थे।

ऐसी ही चाँदनी रात में हमने उस भैंसे को देखा था, जो घने जंगल में से निकल कर नदी के किनारे आ पहुँचा था और भीनी-भीनी चाँदनी रात में तथा रेत के निस्तब्ध वातावरण में उसके आस-पास फैली छोटी-बड़ी चट्टानों के बीच उसकी आकृति स्पष्ट रूप से देखी जा सकती थी। वह नदी के गर्म पानी की छलकती लहरों से परे अपने मजबूत पैरों पर खड़ा होकर स्थिर था। लगता था कि पसीने से तर-बतर था। इसी कारण चाँदनी रात में उसका बदन कुछ अधिक चमकता-सा दिखता था। आबनूस की लकड़ी का सा काला स्याह विशालकाय परछाई वाला वह प्राणी, जब साँस लेता और छोड़ता था तो उसकी आवाज दूर दिग-दिगंत में गूँजती थी। अब वह नदी के किनारे उपरहटी पर इस प्रकार से खड़ा हो गया था, जैसे उसे अपने किन्हीं साथियों की प्रतीक्षा हो और वास्तव में ऐसा ही कुछ हुआ भी। रह-रहकर एक-एक, दो-दो की संख्या में घने वृक्षों की काली छाया में एक-दूसरे को पार करते डरावने चेहरों वाले, त्यौरियाँ चढ़ाए, राक्षसी वृत्ति में पैरों से मिट्टी और रेत को उड़ाते हुए एकत्र हो गए थे। नीचे किनारे के पास बहती नदी की छोटी-बड़ी पानी की लहरें चाँदनी का ताना-बना सी बुनती हुई दिखती थीं। उन भैंसों के द्वारा उड़ाई गयी मिट्टी के कारण घास-फूल तथा फल-पौधे

आदि कुचल गए थे। वे सब जब एकत्र हो गए, तब सभी मिलकर नदी की ऊपरी धारा की ओर जाकर घास चरने में व्यस्त हो गए। इस बीच कहीं दूर से किसी प्राणी का डूबता कराहता स्वर सुनाई दिया, जो दूर दिगंत में फैलकर विलीन हो गया। उसी स्वर को फिर से उभारने के लिए कहीं किसी वृक्ष की डाल से पानी की सतह को कँपाता हुआ उल्लू का दुर्दान्त स्वर न केवल वातावरण को कँपकँपा गया था, बल्कि लगता था कि बुरी तरह से बोझिल भी बन गया था। अगर किसी व्यक्ति में रात में सोई हुई नदी का पीछा करने का धैर्य हो और चंद्रमा पूरे आकाश की यात्रा को पूर्ण कर पहाड़ियों के पीछे जा छिपने को आतुर हो और जब पूर्व में लालिमा फैलने लगे और धीरे-धीरे जंगल जागने के लिए अँगड़ाइयाँ लेने लगें, तब जब तक ये राक्षसी जानवर धीरे-धीरे चलकर दूसरी नदी का किनारा न पा लें और जंगल सुबह होते ही इन्हें अपने विलीन न कर ले, तब तक समूचा जंगल रात के साथ तरह-तरह के इंद्रजाल-सा बुनता दिखायी देता रहता है। हर पल, हर क्षण एक नया अनुभव, इतना कि उसे समझा नहीं जा सकता है और इस नासमझी के साथ निरंतर परिवर्तन का खेल सदियों से चलता आ रहा है। रात ढलती है। प्रतिदिन ढलती है। मौसम कोई भी हो, वन की सीमा कहीं भी हो, कहीं बरसात हो रही हो या बिजली कड़क रही हो। बरसात के कारण सारा जंगल गीला होकर थरथर काँप रहा हो, परंतु ये प्राणी किसी भी मौसम में थमने का नाम नहीं लेते। आवागमन की कर प्रक्रिया में निरंतर व्यस्त बने रहते हैं। अवकाश लेने का समय इनके पास नहीं। नित्य नए रास्तों की तलाश में नए घास के मैदानों पर अपना एकाधिकार जमाने के प्रक्रम में वे सदैव ही चलने को आतुर बने रहते हैं, बने रहेंगे।

हम खड़े होकर जिस स्थान से वह समूचा दृश्य देख रहे थे, उसी के पास नदी का मोड़ था, जहाँ से इन वन्य पशुओं को अन्यत्र जाने के लिए लुप्त होना था। अब उनका मार्ग नदी के मार्ग से एक ऐसे स्थान की ओर था, जहाँ ढलानें थीं, मैदान थे, उनमें बनी विशाल मजबूत खंदकें थीं, जिसमें ये प्राणी दोपहरी में आराम करना चाहेंगे और फिर आराम कर आगे की यात्रा के लिए प्रस्थान कर देंगे। बीच-बीच में दूसरे दल वाले भैंसे मिलते रहेंगे, जो अपनी सीमा-रेखा में विचरण करने के अलावा दूसरी नदी के किनारों की दलदली जमीन को पाने की प्रक्रिया में जुटे रहेंगे, जिन पर लेटने से उन्हें सुख मिलेगा। बरसात में विचरण करना इन्हें पसंद था। अपने दल को बनाए हुए, जमीन पर गिरे हुए भारी-भरकम तनों पर से निकलते हुए बरसाती बूँदों के फौहारे को अपने सिरों पर महसूस करते हुए लाल **मलाबारी** रंग की गिलहरियों, खिलवाड़ करते छोटे-बड़े पशु-पक्षियों की ओर से निर्लिप्त ये प्राणी बस चलते जाते हैं। इन्हें चिंता नहीं होती उन नटखट पशु-पक्षियों की, जो एक-दूसरे का पीछा करते रहते हैं। जहाँ कोयल का स्वर गुंजायमान होता रहता है, जहाँ विभिन्न स्वरों में जैसे संगीत-प्रतियोगिता होती रहती है।

कोई इंद्रजाल इनका रास्ता नहीं रोक सकता। निरंतर इनका सफर आगे की ओर चलता रहता है। बस ये चलते रहते हैं।

इस तरह के इंद्रजाल से निकलकर जब हम बाहर आए, तो हमारे सामने की भूमि निरंतर खुलती जा रही थी। बीच-बीच में लंबी घास हमें अपनेपन के साथ स्वीकार कर रही थी। रात का उनींदापन हमारे दिमाग में था। भारी कदमों से चलते नहीं बनता था। आँखें नींद से बोझिल थीं। इसलिए उस समय हम अपने आस-पास फैली प्राकृतिक सुंदरता को निहारने की स्थिति में नहीं थे। हम अपने पड़ाव पर पहुँच कर सो जाना चाहते थे।

उस समय हम घने जंगल से गुजर रहे थे कि वहाँ पर हमे एक भैंसा कुछ दूर मैदान में चरता हुआ दिखायी दिया। अपेक्षाकृत यहाँ जंगल का भाग कुछ कम हो चला था। भूमि भी पथरीली होने लगी थी हमारा माड़िया - सेवक हमारे पथ-प्रदर्शन का काम कर रहा था। वह जंगल और जंगली जानवर दोनों को ही ज्ञाता था। हमारे साथ वाले साहब ने लंबा रास्ता पकड़ लिया था और नया रास्ता होने के कारण माड़िया की अधमिची आँखें अपने सामान्य संकेतों को देखने में कठिनाई का अनुभव कर रही थीं। रास्ते के वे सारी चिह्न गुम जो चुके थे। पथरीला स्थान होने के कारण माड़िया-पथप्रदर्शक केवल अनुमान के सहारे ही चल रहा था। जहाँ पहले हमने वन्य पशुओं को धोका देने, स्वयं को छिपा कर रखने के लिए वृक्षों के तनों आदि का सहारा लिया था, यहाँ पर वैसा कुछ नहीं था। एकदम खुला और सपाट क्षेत्र था। कभी कुछ हो जाने के अंदेशे में हमने सावधानीपूर्वक जमकर रायफल पकड़ रखी थी। दरअसल हमारा पर्थ-प्रदर्शक अब बुरी तरह घबड़ाया हुआ था। भारी गलती हो गयी थी, मगर कोई उपाय नहीं सूझ रहा था।

खासतौर पर डर इस बात का था कि हम कहीं जानवरों के द्वारा घेर न लिए जाएँ। आमतौर पर ऐसा होता है शिकार और कि शिकारी दोनों ही एक-दूसरे को काफी दूरी से अंतर बनाए रखते हुए एक-दूसरे को घेरने का प्रयास करते हैं। बुबाल (Bubalus) जिसे प्रलोभन देकर घेरा जाता है और जिसे अनजाना लाभ देने की आशा में वृक्षों की सघन छाया में मटरगश्ती के लिए बुलाया जाता है, ऐसे में वह भी जरा सी आहट पाते ही सींगों को हवा में उठाए, नाक को हवा में ताने, भारी कंधों को पीछे की ओर खींचकर कानों और पूँछ को खड़ा करके हमला करने को आतुर हो जाता है। बिजली की चमक के मानिंद हवा में उड़ने जैसी मुद्रा लिए लगभग 10 मील की दूरी से दौड़कर वह अपने शिकार पर झपट सकता है, जबकि आमतौर पर शिकारी उसके शांत स्वभाव से भ्रमित हो जाते हैं। उस जंगल में भटक जाने के बाद भी हम तब सुरक्षित थे, मानों हमारे धैर्य ने हमें जीवित रहने में मदद की थी। हम बिना किसी खतरे में पड़े दिन के समय की भयंकर गर्मी को झेलते हुए पार हो गए थे। हालांकि भारी बंदूक थामने के

कारण पसीना आ रहा था। असुविधा हो रही थी। कष्ट से निजात पाने के लिऐ अपने जूतों तक को पानी में भिगो दिया था, जिसके कारण बाद में वजनी हो जाने के कारण चलते नहीं बन रहा था। मगर दिमगा और पैरों को जो ठंडाई मिली, उससे राहत महसूस हो रही थी। जैसे-तैसे हम अपने पड़ाव के करीब पहुँचे, तभी हम एक ऐसे दृश्य से अभिभूत हो गए, जिसकी हमने सहज कल्पना तक न की थी। वहाँ एक भ्रमित भैंसा था, जो भटक कर हमारे पड़ाव की सरहद में आकर इस कदर जम गया था कि वहाँ से निकलने का नाम ही नहीं ले रहा था, बल्कि उसके तेवर देखकर लगता था जैसे वह हमला करने की तैयारी में है। हमारा पड़ाव तहस-नहस हो, हमें किसी प्रकार का कोई नुकसान पहुँचे, उसके पहले उसे वहाँ से खदेड़ना आवश्यक हो गया था। वह बार-बार दहाड़ रहा था। उसके दहाड़ने की आवाज से आसपास का सारा वातावरण गुजायमान हो रहा था। पड़ाव पर उपस्थित सहायक **डब्बी** नामक माड़िया और मैंने इस प्रकार से मैदान के साथ तादात्म्य बना लिया था कि उसकी निगाह हम पर न पड़े। किसी तरह से हमने आहिस्ते से आड़ ली और पेड़ों के पीछे अपनी स्थिति को मजबूत बानाने की कोशिश की। इसके साथ ही दिमाग तेजी से इस बात के के लिए ताना-बाना बुनने में लगा था कि उस खतरनाक जानवर से किस प्रकार निपटा जाए। मैं सतर्कता भरी निगाहें उस पर रखे हुए था। वातावरण में मेरी खाकी रंग की ब्रीचेज और भूरे-हरे रंग का कोट तथा हैट तब सब कुछ एकाकार हो गए थे। उधर **डब्बी** भी धीरे-धीरे सरकता हुआ मेरे करीब आ पहुँचा था। चूँकि हम एक-दूसरे की भाषा नहीं समझ सकते थे। इसलिए हमारे बीच **गोंडी** ही एकमात्र भाषा रह गयी थी, जिस पर डब्बी और मेरा सामान्य ज्ञान था। मैं तो केवल जानवरों के कुछ नाम तथा एक-दो समान शब्दों से परिचित था, किन्तु शिकारी की आँखों तथा हस्तसंचालन की भाषा तो एक सामान्य वोलापुक (Volapuk) होती है, जिसमें समूचे-शब्द की अभिव्यक्ति होती है। यह वह भाषा है, जिसका कोई साहित्य अथवा व्याकरण नहीं होता, मगर शिकारियों को एक-दूसरे से संपर्क के दौरान इसे सीखने-समझने में अधिक देरी और कठिनाई नहीं होती। हम धीरे-धीरे उसी **'बोलापुक'** भाषा का इस्तेमाल कर रहे थे और भैसा मैदान में इस प्रकार से जमा था, जैसे हमारे सिरों पर बैठा हो, जिसे भगाना बहुत आवश्यक हो गया था।

सुखद क्षण। क्या शिकारी इसे ठीक से नहीं जानता, जबकि उसे अपने शिकार को पा लेने का ज्ञान हो। उसकी उपस्थिति हो। जब आक्रमण करने की स्थिति हो। वह महान् पशु वहाँ है। अंत में तो मिला। शायद उसकी घुमावदार सींगों के कारण ही लोग उसके जान के दुश्मन बन बैठे हैं और यहाँ पड़ाव पर हम योजना बना रहे हैं कि उक्त पशु को प्राकृतिक तौरपर हम किस प्रकार छलावा दे सकते हैं।

और उस सयाने भैंसे ने चतुराई के साथ अपनी 'पोजीशन' का चुनाव किया था।

आसपास का परिवेश भी उसके लिए सहायक साबित हो रहा था, जो उसकी रक्षा करने में समर्थ था। हम उस पर किसी भी दिशा से गोली नहीं चला सकते थे, जबकि वह हम पर किसी भी दिशा से हमला करने में समर्थ था। उसके द्वारा चुने गए स्थान से दूर-दूर तक साफ-साफ देखा जा सकता था और जरा-सी भी आहट उसे चौकन्ना बना सकती थी, जिससे बचाव के लिए वह सींगों को खुलकर उपयोग कर सकता था। हमारे पास बचाव का कोई उपयुक्त स्थान नहीं था।

मैंने अपनी शक्तिशाली दूरबीन के काँच का उपयोग किया और उसकी बारीकी से निगरानी करने लगा था। सोच रहा था कि उसे किस तरह से हड़बड़ाया जाए कि वह अपनी 'पोजीशन' को छोड़ सके। हर पल बोझिल होता जा रहा था। सोचकर भी कुछ सोच नहीं पा रहा था। दिमाग को मैं भटकने से बचाना चाहता था और स्थिर रखना चाहता था। ठिगने कद के डब्बी को मैंने निर्देश दिया कि 'तुम यहीं रुको, मित्र! मैं इस दुष्ट हत्यारे से दो-दो हाथ करता हूँ। उसे इस तरह से खदेड़ता हूँ, जिससे उत्तेजित होकर वह मैदान छोड़कर रास्ते से शालवनों की ओर चला जाए। जब वह जाने लगे, तो तुम चतुराई से उस काले-कलूटे जानवर पर हमला कर देना। बेहूदा जानवर जो कीचड़ में लेटता है और अपने ही गले की अयाल को चबाता है।' मैंने अपनी घृणा भैंसे के प्रति व्यक्त करते हुए कहा।

ठिगने कद का माड़िया मेरी बातों को अच्छी तरह से समझ गया। उसकी आँखों में इस बात की अतिरिक्त चमक कौंध गयी थी कि अब शिकार और शिकारी का खेल शुरू होगा। उसने स्वीकारोक्ति में जोर से सिर हिलाया। दरअसल वह एक शिकारी के द्वारा दूसरे शिकारी के प्रति आभार व्यक्त करने का तरीका था। डब्बी मेरे निर्देशों का पालन करने में तत्पर हो गया। मैं आहिस्ते कदमों में घूमकर उसके पीछे की ओर गया और भैंसे के दोनों कूल्हों के बीच मर्म वाले स्थान पर निशाना लगाकर गोली मार दी। एक के बाद एक-दो गोलियाँ उसके पिछले हिस्से में जाकर धँस गयीं। इस बीच मैं पसीने से तर-बतर हो गया था। मेरे हाथ की हथेली तक में पसीना आ गया था, जिसे साफ करने के लिए हथेलियों को मैंने अपने कपड़ों पर रगड़ा। वह मेरे द्वारा ली गयी एक खतरनाक चुनौती थी, जिसका परिणाम कुछ भी हो सकता था, परंतु मुझे आशा की कि इस विशालकाय प्राणी अब तक माँस के ढेर में बदल चुका होगा, जिसका मैं करीब से निरीक्षण करूँगा।

वातावरण बोझिल किन्तु संदेहास्पद था। गोलियाँ खाने के बाद जानवर हलकी घास वाले मैदान में एक तरफ मुड़ गया था, जबकि डब्बी नामक माड़िया उसे अपने कब्जे में नहीं कर सकता था। मेरे साथियों ने शोरगुल मचाकर उसे दूसरी दिशा की ओर मोड़ना चाहा था, जबकि वह अपने कंधों को पीछे की ओर खींचे हुए और सिगों को हवा

में लहराते हुए नाक को हवा में उठाए आक्रामक रूप धारण कर चुका था और तब जो कुछ भी उसके सामने आता, उसे नष्ट करने में कोई कोर-कसर नहीं छोड़ता। हमलावर स्थिति में वह विशालकाय ग्रेनाइट पत्थर-जैसा लग रहा था। इसीलिए कोई भी उसके पास जाने का साहस नहीं कर रहा था। अचानक डब्बी उसके पास आया कि भैंसे के तेवर को देखकर उसे स्वयं की रक्षा करने हेतु बंदर के समान मजबूत वृक्ष पर उछलकर चढ़ना पड़ा था। इस तरह भैंसे ने हमको धोका दिया था। वह अप्रत्याशित रूप से मुड़ा फिर भाग खड़ा हुआ, जिसके भागने की हमें कोई संभावना नहीं थी। इस तरह से भागता हुआ वह आड़े-तिरछे मार्ग से चलकर जंगल में घुस गया। उससे पहले अलग मार्ग से अनुमान लगाकर मैं छिपकर घात लगाकर बैठ गया था, जहाँ उसे उम्मीद नहीं थी कि उसका दुश्मन छुपा होगा। जिस स्थान पर मैंने अपनी 'पोजीशन' ली थी, वह बहुत सुरक्षित था। ढाल वाली पहाड़ी, अनगिनत वृक्षों की कतारें एवं पौधों की आड़ उस स्थान को ढँकरही थी। मैं उसके आने का अनुमान लगा ही रहा था कि अचानक वह दिखायी दिया। गोलियाँ लगने के बाद भी वह चैतन्य था। वह सीधा जाते-जाते फिर मुड़ने लगा था। लगता था कि लगभग सौ और फिर पचास गज की दूरी पर वह एक-दूसरे मैदान को पार करना चाहता था। मगर अब वह मेरी गोली से फिर बच नहीं सकता था। मैंने अपनी बंदूक तैयार की और 70 गज की दूरी से गोली उस पर फिर दाग दी। गोली चूंक गयी। लग नहीं पायी थी। अब उसके रास्ते में घुमाव तथा हलकी-सी रुकावट वाली जमीन के गहरे होने के कारण वह रुक-सा गया था। उसका लाभ लेकर मैंने फिर गोली चलायी। दूर-दूर तक आवाज फैल गयी। मैंने झाड़ियों में छिपकर देखा कि इस बार गोली ने उस पर असर दिखाया था। उसका सिर अब सीधा होने के बजाय एक तरफ मुड़ गया था और जमीन पर झुक गया था। मुड़े हुए सिर के कारण वह लागतार मेरी ओर देख रहा था, जैसे अंतिम बार प्रणाम कर रहा हो। मैं उसे देख रहा था। अमित शक्ति वाला, मजबूत पैरों वाला, घुटनों से नीचे मटमैला, भव्य सींगों वाला वह जानवर मुझे कोई बहुत बड़ा राक्षस-सा दिख रहा था। अंतिम बार सेफ्टी बाल्व खींचकर मजर छोड़कर 400 बोर वाली कारतूस मैंने फिर उसके ऊपर धँसा दिया। बार-बार मजर-गन तैयार करनी पड़ती थी। अंतिम बार वह लड़खड़ाया और कुछ दूरी तक छटपटा कर घिसटा भी। इसके बाद ठंडा हो गया। अपनी तसल्ली के लिए मैंने उसे हिलाक-डुलाकर देखा कि कहीं जीवित तो नहीं है, ताकि वह फिर कोई धोखे वाली हरकत न कर डाले ओर हाथ आयी बाजी यूँ ही हाथ से न चली जाए, परंतु वह तो तब तक ढेर हो चुका था। उसके दौड़ने, चलने, फिरने की आशा कैसे की जा सकती थी? विरोध करने की सारी संभावना समाप्त हो गयी थी। अब वह सचमुच में माँस का लोथड़ा बन चुका था। अंतिम बार शरीर में कुछ थरथराहट हुई, फिर वह रेलगाड़ी के इंजन-सा पड़ गया, जो पटरी से छिट कर

दुर्घटनाग्रस्त हो गयी हो। उसके मरने के बाद हम लोगों ने विभिन्न कोणों से उसके फोटो भी खींचे और इन सारे कार्यों से निपटकर बढ़िया भोजन कर अपनी प्रिय बंदूकों की सफाई करते हुए आपस में एक-दूसरे से हँसी-मजाक करते रहे। उसे भीमकाय वन्यजीवन की चर्चा में मशगूल हो गए। क्रिया-प्रतिक्रियाओं का दौर चलता रहा और फिर सर्वसम्मति से यह निर्णय लिया गया कि उसके सिर को सींग-सहित काट लिया जाए और उसे स्मृतिचिह्न बनाकर दीवाल पर टाँग दिया जाए।"

ग्लसफर्ड के उपर्युक्त विवरण से हम समझ सकते हैं कि उत्तर और दक्षिण के तलहटी वाले भागों को छोड़कर बस्तर-राज्य का अधिकतर भाग पठार था, जिसकी औसत ऊँचाई 610 मीटर थी और जो पूर्व में बढ़ती गयी थी। उत्तर, दक्षिण ओर पश्चिम की ओर बस्तर-अंचल दकन के 'टेबिल लैण्ड' की नदियों से विभाजित.था। इंद्रावती नदी बस्तर-राज्य को दो भागों में विभाजित करती थी—उत्तरी भाग तथा दक्षिणी भाग। इंद्रावती और उसकी सहायक नदियों के बीच कोतरी नदी का प्रवाह अत्यधिक जंगली तथा उजड़े हुए क्षेत्र की बअूझमाड़ पहाड़ियों में है, जहाँ के लोग आज भी अत्यधिक आदिम है और जहाँ गोंडों के विविध वर्ग निवास करते हैं। अबूझमाड़ के अधिकतर निवासी आज भी **'शिफ्टंग कल्टीवेशन'** से जड़े हुए है, जिसके कारण पर्यावरण का संतुलन आज भी बना हुआ है।

प्राकृतिक भूगोल

भौगोलिक आधार पर प्राचीन बस्तर राज्य अधोलिखित छह भागों में विभाजित था—

(क) उत्तरी निम्नभूमि : कोतरी-महानदी का मैदान राज्य की उत्तरी सीमा में 25 किलोमीटर तक व्याप्त है, जिसके अंतर्गत काँकेर और भानुप्रतापपुर तहसीलों व नारायणपुर तहसील का उत्तरी भाग आता है। उत्तर की ओर यह मैदान रायपुर और दुर्ग के छत्तीसगढ़ के मैदानी क्षेत्र तक चला गया है।

(ख) केशकल का ढलान : उत्तरी निम्नभूमि के दक्षिण की भूमि उन्नतोन्नत होकर परलकोट-परतापपुर-कोइलीबेड़ा-अंतागढ़ तथा काँकेर-रेखा में 150 मीटर से 300 मीटर तक ऊँची होती जाती है।

(ग) अबुझमाड़ की पहाड़ियाँ : पश्चिमी भाग को छोड़कर परलकोट-केशकाल-कुटरू में भूमि का धरातल समूचे मध्य भाग में 660 से 750 मीटर के बीच है।

(घ) उत्तरी-पूर्वी पठार : उत्तर-पूर्वी पठार अबुझमाड़ की पहाड़ियों के पूर्व में अवस्थित है, जो बस्तर की पूर्वी सीमा तक फैला है। यह बस्तर की उच्चभूमि है। इसके अंतर्गत प्रमुख रूप से कोंडागाँव तथा जगदलपुर तहसीलें आती हैं। यह केशकाल के पास

लगभग 750 मीटर की ऊँचाई पर आहिस्ते से ढलवाँ हो जाता है।

(ङ) दक्षिणी पठारः 300 से 600 मीटर की ऊँचाई का एक अपेक्षाकृत निम्नतर पठारी क्षेत्र है, जो उत्तर-पूर्वी पठार के दक्षिण-पश्चिम तक वितत है। इसके अंतर्गत दंतेवाड़ा तहसील के साथ बीजापुर और कोण्टा तहसीलों के उत्तरी हिस्से आते हैं।

(च) दक्षिणी निम्नभूमि : सुकमा-निम्नभूमि का धरातल 150 से 300 मीटर तक का है और यह दक्षिण-पश्चिम की ओर जाकर कोण्टा की सीमा तक 25 किलोमीटर की पट्टी तक व्याप्त है। कोण्टा के बाद यह गोलापल्ली की पहाड़ियों से गुजरकर भोपालपट्टनम की ओर पुनः निम्नभूमि की रचना करता है।

बस्तर की जलसिंचन-प्रणाली इसे दो असमान भागों में विभाजित करती है—

(क) गोदावरी का बेसिन, तथा (ख) महानदी का बेसिन।

इंद्रावती, गोदावरी, शबरी, तेल, नारंगी, गुडरा, नेइभरत, कोतरी, दंतेवाड़ा तथा दूध आदि प्रमुख नदियाँ हैं, जो गोदावरी कछार की रचना करती हैं। इस कछार के अंतर्गत बस्तर का लगभग तीन-चौथाई भाग आता है। गोदावरी कछार की तुलना में महानदी कछार लघुतर है, जिसके अंतर्गत केवल काँकेर तहसील आती है। हमारे अनुसंधान का प्रमुख क्षेत्र गोदावरी कछार है, जहाँ मध्ययुग में हमें विभिन्न राजवंशों का उत्थान और पतन देखने को मिलता है।

महान् इंद्रावती जो राज्य के बीचोंबीच पूर्व से पश्चिम दिशा की ओर लगभग 240 मील तक बहती चली गयी है, वह राज्य को अपने-आप दो भागों में विभाजित करती है। यह नदी कालाहँडी (उड़ीसा) के रामपुर धूमल नामक स्थान से निकलती है और उड़ीसा प्रांत में 8 या 9 मील दूर से बहती हुई दक्षिण-पूर्व के 30 मील तक के क्षेत्र को प्रभावित करती हुई दक्षिण-पूर्व के नवरंगपुर तालुक के दक्षिण-पूर्व कोने से आगे लगभग 60 मील चलकर नवरंगपुर तथा जैपुर तालुकों को विभाजित कर बस्तर की जगदलपुर तहसील के पास आकर भास्केल के साथ संगम बनाती है। यह क्षेत्र जगदलपुर से 13 मील दूर है। फिर यह लगातार 24 मील राजपथ के किनारे से चलते हुए 35 मील का अगला सफर तय कर लेने के बाद जगदलपुर के निचले भाग तथा उत्तर-पूर्व में बस्तर-जैपुर में घोड़े की नाल का आकार ग्रहण कर सुंदर दुश्य का निर्माण करती है। तब यह 94 फुट की उँचाई से गिरकर विशाल 2000 फुट ऊँचे पठारों के बीच में से बहकर उनके किनारों को छूत हुई तेजी के साथ धँसती जाती है और अपनी निरंतरता बनाए रखते हुए विविध घाटियों, पुराने किलों के अवशेषों के साथ या उनके बीच में से बहती हुई जैपुर जमींदारी से जगदलपुर में धीमी गति के साथ प्रवेश करती हैं यहाँ पर इसका आकार अंग्रेजी के 'एस' (S) अक्षर-जैसा बनता है, जो हमेशा शालवनों और किनारे पर लगे अन्य वृक्षों व

वनस्पतियों को हरा-भरा बनाए रहता है। आगे चलने पर इसके पानी का रंग बदलने लगता है और गेरुए रंग का होने लगता है। इसका कारण यह है कि यहाँ इसकी तलहटी में लाल रंग की मिट्टी विशेषकर मुरम वाले क्षेत्र की अधिकता है। इस कारण यह क्षेत्र उपजाऊ नहीं है, न ही यहाँ पर जनसंख्या का निवास है। केवल चित्रकूट नामक स्थान है, जो यहाँ से दक्षिण दिशा में बसा है। वहाँ पर इंद्रावती एक रमणीय जलप्रपात बनाती है, जो पर्यटन की दृष्टि से प्रसिद्ध है। इस स्थान से यह सँकरी होकर कोलाब-शबरी नदी के द्वारा विभाजित होकर गोदावरी कछार में लगातार यात्रा करती है। गोदावरी नदी जो पूर्वी घाट से निकलती है, इसके साथ कोलाब नदी भी कुछ मील की दूरी से निकलकर इंद्रावती के बहाव को गति प्रदान करती है, किन्तु इसके साथ ही चित्रकूट प्रपात के ऊपर नारंगी भी आकर अपना अस्तित्व विलीन कर इंद्रावती में समा जाती है और ये दोनों नदियाँ मिलकर आगे 10 मील निचले स्थान पर जलप्रपात का निर्माण कर पूर्वी बस्तर के कोंडागाँव में मोड़ लेती है। चित्रकूट मे जैसे यह कुछ देर के लिए विश्राम-सी करती है, फिर भोपालपट्टनम जमींदार क्षेत्र में स्थित भद्रकाली नाम के स्थान पर पूर्वी सीमा में प्रविष्ट होकर दुर्गम जंगली स्थान में बहती है। किसी मैदानी या पहाड़ी नदी का इस प्रकार से दुर्गम क्षेत्र में बहना अत्यंत कठिन काम है। चित्रकूट से निकलकर नदी के पानी का गेरुआ रंग फिर खत्म हो जाता है और यह प्रपात का हिस्सा बन जाती है। नया प्रवाह अनेक अवरोधों को ठोकर मारता हुआ जंगली कोटरों से निरंतर प्रवाहित होता हुआ सारी रुकावटों को पार करता हुआ चलता रहता है, जिसके कारण इसमें गहरी भँवरें बनती जाती हैं। और इसके किनारे वनों या टापुओं पर जंगली जानवर जैसे भैंसे, साँभर, बाघ एवं छोटे-बड़े अन्य जीव निरंतर विचरण करते रहते हैं और किनारे लगे पेड़-पौधे निरंतर जीवन पाते हैं। बस्तर की प्रमुख नदियों में गुडरा, नेईभरत और कोतरी का नाम आता हे, जो बस्तर के उत्तर भाग में प्रवाहित होती हैं, जबकि दक्षिणी भाग के किनारों पर दंतेवाड़ा, बेरूडी, भोपालपट्टनम, चिंतावागु आदि महत्त्वपूर्ण हैं। ये नदियाँ अबुझमाड़ पहाड़ी के पास आकर एक-दूसरे से आलिंगनबद्ध होकर बहती हैं और छोटे पहाड़ों को कटने से बचाती हुई बहती चलती हैं। इसके अलावा गोइंदेर नदी झिल नामक स्थान से निकलकर हाँदावाड़ा के पास एक रमणीय जलप्रापत बनाती है। इसी के साथ कोमरा नदी बस्तर के मध्य भाग से निकलकर चाँदा जिले की सीमा-रेखा का निर्धारण करती है। गुडरा नदी गुलागोटाल, फरसीगोटाल, फरसाल, बरदाल तथा छोटा (चुडला) डोंगर नामक अबुझमाड़ के परगनों के साथ अंतागढ़ तहसील के अन्य परगनों को अभिसिंचित करती है। छोटा डोंगर अबुझमाड़ की पहाड़ियों की सँकरी घाटी व वन्यप्रान्तर में बसा हुआ एक आदिवासी गाँव हैं, जिसके किनारे बहने वाली नदी अत्यंत गहरी है तथा यहाँ पर बाँस और ओसमुण्डा वनस्पति के अतिरिक्त अन्य विविध प्रजाति के वानस्पतिक वृक्ष मिलते हैं। नेईभारत नदी अंतागढ़ के कड़ंगाल परगना में बहती है, जो

नारायणपुर से निकलकर उत्तर-पूर्व में सोनपुर के पूर्वी-भाग को सींचती हुई तपलीभूम (छोटी माड़) और बेहरामाड़ (बड़े माड़) जैसे माड़िया परगनों को आपस में मिलाने का काम करती है। यह नदी अहीरी जमींदारी के दक्षिण-पूर्वी कोने वाले भाग को चाँदा जिले में आकर इंद्रावती, कोतरी, परलकोट आदि नदियों से मिल जाती है। इस तरह से यहाँ पर जैसे त्रिवेणी-संगम का निर्माण होता है, जो प्राकृतिक रूप से मनोहारी दृश्य प्रस्तुत करता है। यहीं से अनगिनत धाराएँ विभिन्न क्रमों में निंरतर प्रवाहित होकर जंगलों, पहाड़ों को बिना नुकसान पहुँचाए 'भामरागढ़' के चट्टानी भाग में जाकर एकात्म हो जाती हैं। अंतागढ़ के माड़िया परगनों के अतिरिक्त यह हुक्कागोटाल तथा जाटवाड़ा परगनों को भी सींचती है। साथ ही यह अबुझमाड़ की पहाड़ियों वाले बस्तर के परगनों को भी भिगोती है। इंद्रावती की सहायक नदियों में कोतरी सबसे बड़ी है। इसकी प्रमुख धारा दूध उत्तर से निकलती है-र्दु जिले की पानाबरस जमींदारी से। काँकेर राज्य में गुडुमपारा के निकट काँदरा इससे मिल जाती है, जो काँकेर के संभलपुर-क्षेत्र को सींचती है। बस्तर के उत्तर-पश्चिमी छोर पर प्रतापपुर को भी कोतरी का जल मिलता है। यह मातलाघाट तथा रावघाट की पहाड़ियों से निकलती है और अंतागढ़ के उत्तरी क्षेत्र के साथ पदलीभूम (पातालदेश), तपलीभूम एवं बेहरामाड़ जैसे माड़िया परगनों को सींचती है। फिर यह दक्षिण-पूर्व चाँदा को पार का भामरागढ़ के पास नेईभरत और इंद्रावती से मिल जाती है।

जिस प्रकार ये उत्तरी सहायिकाएँ अबुझमाड़ के माड़िया परगनों को सींचती हैं, उसी प्रकार दक्षिणी सहायिकाएँ दांडामी माड़िया के उत्तरांचल को सींचती हैं। इंद्रावती और मांदेड़ (बारसूर के निकट) एक प्रकार से अबुझमाड़ तथा दंडामी माड़ की अस्पष्ट सीमा बनाती हैं। दक्षिण की प्रमुख सहायिका दंतेवाड़ा है, जो दंतेवाड़ा मंदिर के पास संकिनी और डंकिनी नदियों से मिल जाती है। संकिनी नदी बैलाडीला पहाड़ के नंदिराज शिखर से निकलती है तथा दंतेवाड़ा तहसील के अरनपुर, बचेली व दुगेली को सींचती है, जबकि डंकिनी नदी टाँगरी डोंगरी घाट से निकलती हैं। इसके उद्गम-स्थल किलेपाल तथा पकानार है। डंकिनी नदी अपने उद्गम-स्थल से निकलकर दंतेवाड़ा तहसील के कटेकल्यान व कुआकोण्डा नामक क्षेत्रों को सिंचित करती है। इंद्रावती की अन्य दक्षिणी सहायिकाओं को विवरण यहाँ नहीं दिया जा रहा। सिर्फ दंतेवाड़ा, बेरूडी, भोपालपट्टनम व चिंतावागु का उल्लेख किया जा सकता है। ये उसी प्रकार की लघु सरिताएँ हैं, जैसी चित्रकोट प्रपात के ऊपर की दक्षिणी सहायिकाएँ।

बस्तर के उत्तर-पूर्व में बहने वाली नदियाँ केशकाल के निकट तेलिनघाट की पहाड़ियों से निकलकर महानदी-सरित्प्रणाली के अंतर्गत आती हैं, जबकि दक्षिणी-पश्चिम में प्रवाहित नदियाँ तालपेर-चिंतावागु सरित्प्रणाली के अंतर्गत आती हैं, जो बैलाडीला

पहाड़ी की पश्चिमी तलहटियों के साथ बीजापुर तहसील को सींचती हैं और सीधे गोदावरी से मिल जाती हैं। दक्षिण बस्तर की अन्य सरित्प्रणाली कोलाब-सबरी की है। उक्त नदी को जैपुर में कोलाब कहा जाता है तथा बस्तर की कोण्टा तहसील एवं पूर्वी गोदावरी एजेंसी में इसे सबरी या शबरी कहा जाता है। यह पूर्वी घाट के कोरापुट पठार से 300° फुट की ऊँचाई से निकलती है और जैपुर तथा बस्तर के पठार में विचरण करती है। बाद में यह सुकमा जमींदारी में प्रवेश करती है और वहाँ से कोण्टा की ओर चली जाती है। कोण्टा के नीचे इसका सिलेरू से मिलन होता है। उक्त मिलन के पश्चात् यह आंध्र प्रदेश के भद्राचलम् तालुक की ओर मुड़ जाती है। कोण्टा एक प्रकार से सदियों से नदी बँदरगाह ट्ट (River Port) रहा है और जुलाई से जनवरी तक यहाँ छोटे-छोटे स्टीमर चला करते थे। इसीलिए दक्षिण-पूर्व बस्तर का व्यापार कोण्टा से ही होता था। यहाँ तेलुगु-प्रभाव का केन्द्र भी रहा है। कोलाब-सबरी कुल मिलाकर 202 मील लम्बी है। 77 मील तक तो यह बस्तर की सीमा बनाती है और 37 मील यह बस्तर के भीतरी भागों को अभिसिंचत करती है। तुलसीडोंगरी (3915 फुट) की ऊँचाइयों से जब यह सालमीगढ़ के पास गिरती है तो यह अपनी आरण्यक रमणीयता में इंद्रावती के समान लगती है। अपने दाहिने तट पर यह परजा-अँचल को पोसती है।

उपर्युक्त पृष्ठों में हमने बस्तर के सरित्प्रवाह की एक संक्षिप्त रूपरेखा प्रस्तुत की है, जिसके आधार पर उक्त अंचल का प्राकृतिक और प्रशासनिक ढाँचा समझा जा सकता है। पहली बात तो यह है कि यहाँ का विशाल उत्तरी-पूर्वी पठार तेलिंनघाट की पहाड़ियों (2500 फुट ऊँची) से लेकर टाँगरी डोंगरी तथा तुलसी डोंगरी नामक पर्वत-श्रेणियों तक फैला हुआ है, जो जगदलपुर तहसील को प्राचीन सुकमा जमींदारी और दंतेवाड़ा तहसील में विभाजित करती हैं। उक्त पठार पूर्व की ओर जैपुर तथा कालाहंडी तक व्याप्त है, जबकि पश्चिम की ओर मातलाघाट की पहाड़ियों और उन पहाड़ियों तक वितत है, जो कोंडागाँव-अंतागढ़ राजनांदगाँव सड़क पर बेनूर से दक्षिण में कारीकोट तक चली गयी है। आगे चलकर इंद्रावती चित्रकोट प्रपात के नीचे उक्त पठार को अंतागढ़ से विभाजित करती है। इस उत्तरी-पूर्वी पठार का उत्तरी अर्धांश कोण्डागाँव तहसील में पड़ता है, जब दक्षिणी अर्धांश जगदलपुर में। पठार की ऊँचाई उत्तरी किनारे पर 2500 से 2400 फुट तथा जगदलपुर के निकट दक्षिणी छोर पर 1800 फुट है। यह सदाबहार जंगलों का क्षेत्र है, जहाँ की खासियत रमणीय शाल वृक्ष हैं। गर्मी में तापमान शायद ही कभी 104° अंश से अधिक होता है, शीतकाल में जगदलपुर का पारा 40° अंश तक उतर जाता है। उक्त जंगल में शुभ्र-धवल कोहरा असामान्य नहीं है। कोण्डागाँव तहसील अविकसित तथा जंगली है। बीसवीं शताब्दी के प्रथम दशक में यहाँ तथा अंतागढ़ में छत्तीसगढ़ के गोंड आकर बस गए थे। दूसरी ओर जगदलपुर में उत्तम कोटि की धान की खेती मीलों में फैली हुई देखी जा सकती है और खुले मैदानी क्षेत्र में यहाँ जनसंख्या

का घनत्व भी पूरे बस्तर राज्य की तुलना में सबसे अधिक है। दंतेवाड़ा का संलग्न क्षेत्र भी धान की खेती के लिए प्रसिद्ध है। इसके दक्षिण पूर्व तथा दक्षिणी छोरों पर पहाड़ियाँ हैं, जो सघन वनों से घिरी हुई हैं और जहाँ आदिम परजाओं और दंडामी माड़ियों का आवास है।

राज्य का उत्तरी-पश्चिमी छोर अंतागढ़ तहसील है। इसका उत्तरी भाग छत्तीसगढ़-काँकेर के मैदान का सातत्य है, जो समुद्रतल से 800 या 900 फुट ऊँचा है। इसके पश्चिम और उत्तर में चाँदा और दुर्ग जिले हैं तथा प्राचीन काँकेर राज्य से घिरा हुआ है। यह मैदानी भाग बस्तर का दूसरा प्राकृतिक विभाग है। यहाँ आमाबेड़ा परगना के रास्ते केशकाल और अंतागढ़ पहुँचा जा सकता है। ग्लसफर्ड तथा अन्य योरोपीय यात्रियों ने अंतागढ़ के निवासियों को **झोरिया** माना था। आकृति की दृष्टि से उनमें तथा अबुझमाड़ के माड़ियों के बीच कोई खास भिन्नता नहीं थी। वे ही नृत्य के लिए पहनावे, वे ही रीति-रिवाज हो दोनों में समान, किन्तु निम्नभूमि में निवास व अन्य जनजातियों से संपर्क के कारण उक्त झोरिया अधिक परिष्कृत हो गए थे। नारायणपुर से एक पहाड़ी रास्ता पश्चिम की ओर नेईभरत की घाटी से होकर सोनपुर तक पहुँचता है। वहाँ से परलकोट और मरोड़ा तक के लिए मार्ग का विस्तार है। वहीं पर एक अन्य पहाड़ी रास्ता ताड़ोकी से अंतागढ़ के मैदान में निकल जाता है। सोनपुर, परलकोट तथा परलकोट-कालपाटी वास्तव में निम्नभूमि वाले परगने हैं, जो माड़ियों के उच्चभूमि वाले परगनों के मध्य में अवस्थित हैं। इनमें से तो अंतिम दो को उत्तरी अंतागढ़ का मैदान ही मानना होगा। सोनपुर परगने में अबुझमाड़ियों के अनेक गाँव हैं। कुछ छुटपुट गाँवों में हलबा तथा झोरिया भी रहते हैं।

नारायणपुर से अंतागढ़ जाने वाला मार्ग आतुरबेड़ा गाँव के पास रावघाट में उतर जाता है। आतुरबेड़ा नामक उक्त गाँव 2938 फुट ऊँची अबुझमाड़ की पर्वत-शृंखला तथा मातलाघाटी की पाहड़ियों के प्रक्षेत्र में है। उसके नीचे शाल वृक्षों से ढंकी हुई घाटी है, जिससे कोतरी नदी निकलती है। अंतागढ़ मैदान में अंतागढ़, कोलर, सुरेबाही, बोमरा, किडंगाल, कालपाटी तथा बंदादेश-जैसे मुरिया परगने हैं। इनके अतिरिक्त परलकोट तथा परलकोट-कालपाटी भी मुरिया परगनें हैं, जिनकी चर्चा पहले की जा चुकी है।

बस्तर राज्य का तीरा बृहद् प्राकृतिक विभाग अबुझमाड़-पवर्त-शृंखला है। मौटेतौर पर यह बस्तर के समूचे बीहड़ क्षेत्रों से मिलकर बना है और सारे के सारे 'वाइल्ड'। दक्षिण में इंद्रावती, उत्तर में अंतागढ़ का मैदान, पूर्व में झोरिया-अंचल व इंद्रावती तथा बरसूर के पास छोटा डोंगर से मंगनार तक फैली हुई गुडरा घाटी, पश्चिम में परतापपुर से कोतरी और इंद्रावती के संगमस्थल भामरागढ़ तक। यहाँ पहाड़ियों का उलझेड़ा मोटे तौर पर चतुर्भुजी है।

यद्यपि पहाड़ियों का यह प्रखण्ड कए समनुरूपी अंचल है, जहाँ पूरी तरह से अबुझमाड़िया बसते हैं, किन्तु प्रशासनिक लिहाज से यह विखंडति था। भामरागढ़ और लाहिर का दक्षिण-पश्चिमी छोर ब्रिटिश-टेरीटरी था, जो चाँदा जिले की अहीरी जमींदारी के अंतर्गत आता था। नेईभरत तथा गुडरा के मध्य के जलप्रवाह-क्षेत्र तथा गुडरा व अन्य नदियों के जलप्रवाह-क्षेत्र के अबुझमाड़ी परगने अंतागढ़ तहसील के अंतर्गत थे। चाँदा की सीमा से पूर्व की ओर का ढलान जो इंद्रावती की ओर उन्मुख था, इंद्रावती और दंतेवाड़ा-नदी को जो संगम क्षेत्र था, जिसमें कुटरूमाड़, भैरमगढ़, कुटरू जमींदारी के माड़ व आठ गाँवों का हिकुल-तोयनार-हंदावाड़ा समूह ये सब दंतेवाड़ा तहसील में थे और दक्षिण-पूर्व छोर के कतिपय गाँव भोपालपट्टनम जमींदारी के मंगनार परगना में शामिल थे।

इसी प्रकार प्रशासकीय दृष्टि से उत्तरी बस्तर के अंतर्गत अंतागढ़, कोंडागाँव व जगदलपुर तहसीलें आती थीं। दक्षिण बस्तर में दंतेवाड़ा, बीजापुर तथा कोण्टा तहसीलों के अतिरिक्त सुकमा, कुटरू, भोपालपटनम व कोतापल्ली-पामेड़ जमींदारियाँ थीं।

उत्तर बस्तर और दक्षिण बस्तर प्राकृतिक लिहाज से भिन्न-भिन्न हैं। अपने सदाबहार आर्द्र जंगलों के कारण उत्तर बस्तर की जलवायु आर्द्रता लिए हुए है। जल के प्रचुर स्रोत और जनसंख्या के घनत्व के कारण भी यह जाना जाता है। जबकि दक्षिण बस्तर जिसमें दक्षिण सुकमा, कोण्टा, पामेड़-कोतापल्ली जमींदारी और बीजापुर का अधिकांश भाग आता है, पूरी तरह गर्म क्षेत्र हैं, जहाँ पर्णपाती जंगल हैं, जहाँ पानी का स्रोत न के बराबर है और जनसंख्या का घनत्व विरल है। यहाँ की नदियाँ पहाड़ी हैं, जो वर्षा के ही दिनों में गोदावरी, टाकेर या कोलाब-शबरी से मिलती हैं तथा जनवरी के पहले सूख जाती हैं। सागौन यहाँ का विशेष इमारती वृक्ष है।

उपर्युक्त अध्याय में बस्तर की प्रशासनिक इकाई 'परगना' की अनेकश चर्चा हुई है। उक्त शब्द का सर्वप्रथम प्रयोग ग्लसफर्ड ने 1862 के प्रतिवेदन (परिशिष्ट-9) में किया था। तदनुसार बस्तर की 43 जमींदारियों से इतर विभाजन में उस समय 17 परगने थे तथा 26 गढ़ थे। ईलियट के 1855 ई. के प्रतिवदेन में 48 गढ़ों तथा 9 तालुकों के नाम मिलते हैं। एक समय जमींदारियों के विभाजन के अतिरिक्त उक्त विभाजन भी प्रचलित था। इनमें से कालांतर में 27 गढ़ तथा 9 तालुक जैपुर, काँकेर, बिन्द्रानवागढ़ और नागपुर में या तो विजय या किसी अन्य प्रबंध के अंतर्गत हस्तांतरित हो गए थे। इनमें से कुछ मोकासादन के रूप में भी हस्तांतरित हुए थे। इन दोनों सूचियों में कहीं भी संगति नहीं मिलती। हाँ, इतना तो लगता है कि ईलियट ने जिन्हें तालुक तथा स्वतंत्र ग्रामसमुदाय कहा, ग्लसफर्ड ने उन्हें परगना माना। यह कहना सुविधाजनक नहीं है कि कोई परगना या तालुक किसी गढ़ से किस प्रकार भिन्न था। यहाँ विल्स के मोनाग्राफ

'टेरिटोरियल सिस्टम ऑफ दि राजपूत किंगडम्स ऑफ मेडिएवल छत्तीसगढ़" का हवाला दिया जा सकता है, जिसमें उन्होंने सारांश में यह कहा था कि छत्तीसगढ के राज्यों का विभाजन पारंपरिक संख्या वाले गढ़ों या चौरासी में किया जाता था और ये गढ़ और चौरासी पुनः तालुक या बरहों में विभाजित होते थे। इनमें से प्रत्येक में बारह गाँव रहते थे, जहाँ गढ़पति (गढ़ेया) और तालुकेदार होते थे और ये सब पंचायत या ग्राम-प्रमुखों की समिति की सलाह से काम करते थे। यह "सामंतवाद का एक ऐसा 'सिस्टम' था, जो प्राचीनतर आदिवासी संगठन पर अध्यारोपित कर दिया गया था।" इसमें जो 'सामंती तत्व' था, वह राज्य के मुखिया (राजा) के अधीन था, यद्यपि राजा के अधिकारों पर ग्रामप्रमुखों की नजर होती थी। बस्तर के साम्प्रतिक परगनों की सूची ईलियट और ग्लसफर्ड से लम्बी है। ईलियट और ग्लसफर्ड दोनों ने अबुझमाड़ को **माड़ियान** नाम से एक तालुक या परगना माना था। आज तो अंतागढ़ तहसील में कुल मिलाकर 29 परगनें हैं, जिनमें 9 माड़िया परगने हैं। उक्त विवेचन से ऐसा प्रतीत होता है कि आधुनिक बस्तर के परगनों में कुछ पुराने गढ़, कुछ पुराने बरहों (यथा अंतागढ़ का बारागाँव परगना) और कुछ सुस्पष्ट तौर पर आदिम गोत्र-इकाइयाँ सम्मिलित हैं। इसके अतिरिक्त कुछ तो ग्रिग्सन के कार्यकाल में बने थे। बस्तर में आज परगने का प्रयोग तहसील के किसी भी उपविभाजन के लिए होता है, जिसमें गाँवों को एक समूह में रखकर 'परगना माझी' के अधीन माना जाता है।

मध्य युग में इन भौगोलिक कारकों का बस्तर के आदिवासियों के जीवन पर गहरा प्रभाव पड़ा है। गोदावरी तथा इंद्रावती यहाँ की प्रमुख अवरोधक थीं। इन नदियों ने इस अंचल के पिछड़ेपन में मदद की और बिना किसी नौकायन की सुविधा के छिंदक नागों के बाद बस्तर भारतीय इतिहास का **बैकवाटर** बना रहा (ग्रिग्सन, 1938, भूमिका)। समर्थ बलवाहिनी के अभाव में चालुक्यशासकों ने अपने-आपको ही नहीं, समूचे बस्तर को बाहरी दुनिया से काट दिया था। यहाँ के शासकों ने यहाँ के भौगोलिक पार्थक्य से आत्मसंरक्षण का भाव पाल दिया।

फिर भी बस्तर के आदिवासी अपने-आपमें आत्मनिर्भर बने रहे। प्रकृति की ताल और लय पर ये थिरकते थे, सोते थे, जागते थे और पीढ़ी-दर-पीढ़ी इनके आँसुओं को इंद्रावती और गोदावरी-जैसे सरिताएँ सँजोती रही हैं।

2

शोधप्रविधिःस्रोत-सामग्री

बस्तर के चालुक्यों के इतिहास की पुनर्रचना के लिए स्रोत-सामग्री अत्यन्त न्यून है। इसका कारण यह नहीं है कि बस्तर का उत्तरमध्यकाल स्मरणीय घटनाओं से सर्वथा शून्य रहा है, बल्कि सिद्ध तो यह है कि उसका उत्तरमध्यकाल वीरकृत्यों और चालुक्य-राजकुल के उत्थान-पतन से पूरित रहा है। परन्तु आश्चर्य है कि इन स्तुत्य घटनाओं का उचित विवेचन नहीं हुआ और ग्रिग्सन (1938 भूमिका) जैसे मानव-विज्ञानी यह कहने लगे कि बस्तर भारतीय इतिहास की एक **'सूखी नदी'** है। इस महत्त्वपूर्ण क्षेत्र की उपेक्षा का कारण ऐतिहासिक मेधा की कमी थी। संभव है कि इसका कारण बस्तर के प्रति उन इतिहासकारों की उपेक्षा रही हो, जिनका छत्तीसगढ़ के इतिहास-लेखन में काफी हाथ रहा है और जिन्होंने बस्तर के इतिहास-लेखन के कार्य को अश्रद्धा से देखा है। बस्तर ही नहीं समूचे भारतीय इतिहास के अनुशील में इस प्रकार का पूर्वाग्रह पहले भी था औश्र आज भी बना हुआ है। तभी तो अल्बेरूनी—जैसे इतिहास-भ्रमित रहे हैं और उन्होंने कहा था—**"हिन्दू घटनाओं के ऐतिहासिक क्रम के प्रति उदासीन हैं। तिथि के अनुक्रम के संबंध में वे अत्यन्त लापरवाह हैं। जब-जब उनसे कोई ऐसी बात पूछी जाती है, जिसका वे उत्तर नहीं दे पाते, तब-तब वे कहानियाँ गढ़ने लगते हैं** (सचाउ, **अल्बेरूनी का भारत, खण्ड** 2, पृ 10)।

किन्तु मैं बस्तर के उत्तर मध्यकालीन इतिहास को लेकर किसी कहानी को नहीं गढ़ रहा हूँ। मेरे पास अनेक सूचनाएँ ऐसी हैं, जिनके आधार पर बस्तर के चालुक्य-राजाओं के सम्बन्ध में प्रचुर जानकारी मिलती है। वर्तमान में जो स्रोतसामग्री उपलब्ध है, उसे इस ग्रंथ के माध्यम से सुधी पाठकों के समक्ष प्रस्तुत करने का प्रयास किया गया है। यह वह स्रोत-सामग्री है, जिसमें चौदहवीं शताब्दी के प्रथम चरण से अठारहवीं शताब्दी के अंतिम चरण के मध्य बस्तर के पर्वतीय अंचल में शासन करने वाले चालुक्यों का इतिहास पहली बार इतनी गंभीरता से प्रस्तुत किय जा रहा है। इससे पूर्व इस राजवंश पर मैंने 1988 में अंग्रेजी में तथा 1995 में हिन्दी में लिखा था। प्रस्तुत ग्रन्थ में नूतन सूचनाओं का

सम्बल लेते हुए पूर्व के ग्रंथों का परिष्कार है।

बस्तर के चालुक्य-राजवंश के प्रस्तुत इतिहास की पुनर्रचना चार स्रोतों से प्राप्त प्रमाणों के आधार पर हुई है—शिलालेख, साहित्य, मौदिवक साक्ष्य तथा पारम्परिक विवरण। इन उपलब्ध स्रोत-सामग्री को अधोलिखित कोटियों में वर्गबद्ध किया जा सकता है—

(क) अभिलेखीय प्रलेख,

(ख) समसामयिक साहित्य,

(ग) सम्पूरक स्रोत

(घ) मौखिक साक्ष्य

(क) अभिलेखीय प्रलेख : विविध चालुक्य-शासकों के कुल मिलाकर अब तक छह उत्कीर्ण लेख उपलब्ध हुए हैं, जिनमें से एक ताम्रपत्र है तथा शेष शिलालेख ताम्रपत्र दानपत्र है, जो राजपाल के द्वारा जारी किया गया था। शेष शिलालेख हैं। इन अभिलेखों का विवरण इस प्रकार है :—

1. जयसिंघदेव का केसरपाल-अभिलेख : चालुक्य-राजवंश का प्राचीनतम अभिलेख जयसिंघदेव (1534-1558 ई.) का केसरपाल-अभिलेख है, जिसकी खोज जी. एल. रायकवार ने अभी हाल में की है और जिसका मजमून खैरागढ़ से प्रकाशित **कलावैभव** (खण्ड 8-9, 1998-99) में प्रकाशित हुआ है। केसरपाल से प्राप्त उक्त अभिलेख नागरी लिपि में उत्कीर्ण है। अभिलेख की भाषा संस्कृत है। अभिलेख का माप है 142×86×13 सेंटीमीटर। उक्त अभिलेख सम्प्रति जिला-संग्रहालय जगदलपुर में प्रदर्शित हैं। यहाँ मूल पाठ के साथ अभिलेख का हिन्दी-अुनवाद प्रस्तुत है।

मूल पाठ

1. स्वस्ति श्री समस्त राजावलि पूर्व्व बबुध (विबुध) सामन्त कुले—

2. स्व (श्व) र राणक स्रि (श्री) जयसिंघ दत्त दान स्रि (श्री) तत्पुरुष जि (श्री) पादानुवास।

3. दीयन्ता जम्बुग्राम[2] (जम्बुग्राम) नाम सा (शा) सन स्रि (श्री) केसरपाधा[3] (केसरपाल) समावातृ छितु।

4. साहु प्रभृति समस्त महाजन पारिध्रान (प्रधान) संहिता (सहित) स्रि (श्री) दानेश्व[4]।

5. र देवडो[5] व (च) अर्थे ग्राम्दान (ग्रामदान) दीयन्ता। याव (द) चंद्रार्क तारक

अत्र विषय (ये)

6. यः अन्यथा करोति स व्र (कृ) मि हा भवतिः। ल्लिखितं विसुध[3] पंडितेन

7. (......) रीस[7] दी (दी) न कली (लि) समये (ग्राम) दान (दह गई) सही समेपका

भावानुवाद

1. स्वस्ति शुभ हो। समस्त राजागण, एवं सामन्त कुलों के–

2. अधीश्वर राणक श्री जयसिंघ देव के द्वारा दान में दिया गया। श्री तत्पुरुष शिव के चरणों का ध्यान करने वाला (ऐसा वह)–

3. जम्ब्रग्राम का दान शासन (पट्‌टा) सहित दिया। केसरपाल स्थल में सन्निवास कर, छितु–

4. साहू तथा अन्य समस्त महाजन, ग्राम प्रधान की उपस्थिति में

5. देवड़ा ग्राम के श्री दानेश्वर के अर्चना के लिये ग्रामदान दिया गया। जब तक सूर्य, चन्द्र तथा तारे स्थित हैं।

6. जो कोई भी इसका उल्लंघन करेगा वह कृमि होगा। विसुध पंडित ने इसे लिखा-

7. कलियुग के (...) तिथि में यह दान दी गई। हस्ताक्षर (...) के द्वारा किया गया।

टिप्पणीः

(क) इस अभिलेख में जयसिंघ देव की उपाधि राणक है। यह बस्तर के चालुक्य वंश के राजा जयसिंघ देव प्रतीत होते हैं, जिनका राजस्व काल ईसवी 1534 से 1558 रहा है। ग्रामदान के समय युवराजत्वकाल में ही संभवतः यह दान उनके द्वारा दिया गया होगा। अतः इनकी उपाधि "राणक" अंकित है।

(ख) आधुनिक जामगाँव अभिलेख का "जम्बुग्राम" है। यह केसरपाल ग्राम से लगभग 10 किमी की दूरी पर उत्तर-पश्चिम की ओर स्थित है।

(ग) केसरपाल ग्राम भानपुरी ग्राम जो राष्ट्रीय राजमार्ग पर जगदलपुर से 36 किमी़ की दूरी पर स्थित है, से लगभग 8 किमी. दूर उत्तर की ओर स्थित है।

(घ) यह शिव से संबंधित नाम है। इसे "त्वानेश्वर" भी पढ़ा जा सकता है।

(ङ) देवड़ा ग्राम राष्ट्रीय राजमार्ग पर स्थित सोनारपाल ग्राम के पास स्थित है। यहाँ शिवरात्रि के समय मेला भरता है।

(च) यह व्यक्तिवाचक नाम प्रतीत होता है।

(छ) दिन की गणना शब्दों में उत्कीर्ण है। यह शक संवत् का कोई दिवस है।

(ज) संभवतः यह अभिलेख उत्कीर्णक का नाम है।

विशेषः इस अभिलेख में दान-प्राप्तकर्ता का उल्लेख अस्पष्ट है।

2. दिग्पालदेव का दंतेवाड़ा से प्राप्त संस्कृत तथा हिन्दी अभिलेख, सम्वत् 1760 (1703 ई.) इपीग्राफिया इंडिका, खण्ड 12, पृ. 242

जिन दो प्रस्तरखण्डों पर उक्त अभिलेख उत्कीर्ण किए गए थे, वे दंतेवाड़ा के दन्तेश्वरी के मंदिर से मिल हैं। दंतेवाड़ा जगदलपुर से साठ मील दक्षिण-पश्चिम में शांकिनी और डंकिनी नदियों के संगम पर अवस्थित है। सबसे पहले इन शिलालेखों की खोज कर्नल ग्लसफर्ड ने 1862 ई. में की थी, जो उस समय अपने गोदावरी डिस्ट्रिक्रट के डिपुटी कमिश्नर थे और बस्तर उक्त 'डिस्ट्रिक्ट' के अन्तर्गत सम्मिलित था। अभिलेख की अंतिम पाँच पंक्तियाँ सुवाच्य नहीं हैं। संस्कृति और हिन्दी अभिलेखों के प्रतिलेख भी अत्यधिक दोषपूर्ण हैं (इपी० इंडिका, 9, पृ० 164)।

उक्त अभिलेखक दो स्वतंत्र शिलाओं पर उत्कीर्ण हैं तथा प्रत्येक शिला 21"x15" की है। संस्कृत अभिलेख 14 वर्ग इंच के स्पेश में आच्छादित है तथा इसमें कुल 23 पंक्तियाँ हैं। प्रथम पाँच पंक्तियों के अक्षरों का औसत आकर 0/10" है तथा शेष पंक्तियों में अक्षरों का औसत 7/10" है। हिन्दी अभिलेख 'हेमादपंथी' नाम से अभिहित है तथा इसमें भी 23 पंक्तियाँ हैं, जो 14"x 13 1/2 स्पेश को आच्छादित करती हैं। अक्षरों का औसत आकर 3/8" है। दोनों ही अभिलेखों में नागरी लिपि का प्रयोग हुआ है। दूसरा रिकार्ड प्रथम अभिलेख के हिन्दी-संस्करण का ही सारांश है, इस तथ्य के साथ कि कलियुग में संस्कृत जाने वाले कुछ ही लोग हैं।

अभिलेख-द्वय का लक्ष्य है दिग्पालदेव की 'कुटुम्बयात्रा' नामक सांयोगिक अनुष्ठान का लेखा-जोखा प्रस्तुत करना, जो दंतेश्वरी देवी के मंदिर में सम्वत् 1760 अर्थात् 1703 ई. में सम्पन्न हुआ था।

उक्त अभिलेख में दिग्पालदेव की वंशावली दस पीढ़ियों तक की वर्णित है। प्रथम पीढ़ी के प्रथम राजा अन्नम राज के साथ यह प्रारंभ होती है, जिन्होंने पहली बार बस्तर में आकर उपनिवेश स्थापित किया था। उनके बारे में कहा गया है कि वे पाण्डव अर्जुन के वंशज सोमवंशी काकतीय रुद्रप्रतापदेव के अनुज थे। परिवार का मूल आवास हस्तिनापुर में था, जहाँ से उक्त परिवार वारंगल गया था। वारंगल में उक्त परिवार ने मुसलमानों के आक्रमण तक शासन किया था। प्रतापरुद्रदेव के द्वारा समझाने-बुझाने पर

मुसलमानों से रक्षा के लिए अन्नमराज बस्तर भाग गए थे। यहाँ पर उन्होंने अपना राज्य स्थापित किया। अन्नमराज के प्रथम सात उत्तराधिकारियों के नाम के अतिरिक्त अभिलेखों में उनके बारे में कोई और सूचना नहीं मिलती। हिन्दी अभिलेख में मात्र एक राजमहिषी का उल्लेख है, जिसने मंदिर और बगीचे बनवाए थे। आठवीं पीढ़ी के वीरसिंघदेव के सम्बन्ध में उल्लेख है कि उन्होंने 67 वर्षों तक राज्य किया था और उनका विवाह चंदेल-राजकुमारी बदनकुमारी देवी से हुआ था। उन दोनों से दिग्पालदेव का जन्म हुआ। दिग्पालदेव ने भी वर्दी के चंदेलवंश के रावरतन राजा की पुत्री अजबकुमारी से विवाह किया था। इन दोनों से रक्षपालदेव का जन्म हुआ। वे अपने पिता के साथ दन्तेवाड़ा उस समय गए, जब उनकी आयु 18 वर्ष की थी। अभिलेख में कहा गया है कि दिग्पालदेव ने नवरंगपुर-दुर्ग को तहस-नहस कर दिया था तथा वहाँ एक उड़िया राजा को स्थापित किया था।

3. राजपालदेव का ताम्रपत्र लेख (ओ एच आर जे, खण्ड 10, संख्या 3, पृ. 57-60)

यह अभिलेख एक टूटे हुए ताम्रपत्र में खुदा हुआ है, जो जगदलपुर तहसील के सुकरूपाल गाँव के अर्जुन पाढ़ी के अधिकार में था, जो आज रायपुर के महंत घासीदास संग्रहालय में संग्रहीत है।

ताम्रपत्र दो हिस्सों में खण्डित है, किन्तु 'कोर्ट सील' के लुप्त अंश को छोड़कर शेष अभिलेख अपने-आपमें पूर्ण हैं। ऊपर की ओर दायाँ और नीचे की ओर दोनों कोने इसके विनष्ट हो गए। हैं, किन्तु उनसे पाठ या प्रतीकों को कोई हानि नहीं हुई। ताम्रपत्र की माप चौड़ाई में 30.8 सेंटीमीरट तथा ऊँचाई में 17.7 सेंटीमीटर है और इसका पूरा वजन 395 ग्राम है।

ताम्रपत्र के दाएँ शिखर पर नवचन्द्रकार के साथ प्रलम्बित हस्त के प्रतीक हैं। हस्त स्वस्तिवाचन का प्रतीक है, तो चन्द्र राजपरिवार के सोमकुल का वाचक है। इसका यह भी संकतार्थ है कि उक्त दान सोमकुल जब तक है, तब तक बना रहेगा, ताम्रपत्र में दुहरी पंक्ति के समकोण चतुर्भुज पर **'सही'** शब्द अंकित है, जिसका अर्थ है **हस्ताक्षरित**। शीर्षकोण के मध्य में राजकीय मुद्रा-अंकित थी, जिसका कुछ भाग लुप्त हो गया है। रायपुर म्यूजियम में संग्रहीत भैरमदेव (1853-1891) की रजतमुद्रा की मुद्रा से 'सील' की 'लीजैण्ड' को पुनः स्थापित किया जा सकता और इस प्रकार पढ़ा जा सकता है:

सबसे बाहर का चक्रः

(स्वस्ति श्री वस्त) र महानगरे शुभस्थाने महाराज प्र (रूढ-प्रतापचक्रवर्ती)

दो त्रिकोण से बने तारा से बाहर का चक्र

(श्री रा) जपालदेव (महाराज गोसांई)

तारा के त्रिकोण के अन्तर्गत

(श्री) मानके (श्वरी)

'सील' के बीचों-बीच एक व्याघ्र का 'मोनाग्राम' था, जिसका एक ही हिस्सा देखाई देता है।

उक्त ताम्रपत्र में केवल एक ही तरफ उत्कीर्णन है। उड़िया और हिन्दी नामक दो भिन्न भाषाओं में लिखित कुल छह पंक्तियाँ हैं। अक्षर सुनियोजित और गहराई तक खुदे हुए हैं। पाठक की भाषाओं के अनुसार अक्षर उड़िया और नागरी में हैं। समूचा प्रलेख गद्य में रचा गया है।

ताम्रपत्र का लक्ष्य है सौ पण्डा ब्राह्मणों के हेतु कतिपय अधिकारों की स्वीकृति और यह समझौता कि वे ब्रह्मपुरी को नहीं छोड़ेंगे। शायद यह ब्राह्मणों के लिए अलग बस्ती बनाने का मसौदा था, जब बस्तर ग्राम बस्तर राज्य की राजधानी थी। इन ब्राह्मणों की अपनी पारंपरिक कथा यह है कि जब वे सर्वप्रथम पपलाहंडी (अभिलेख की हिन्दी में पपलावाडि तथा उड़िया में पपलाडण्डी का संदर्भ) से बस्तर आए, तो सबसे करेकोट परगना के बिनता नामक गाँव में बसे थे।

यहाँ यह ध्यान देना रुचिकर होगा कि राजा रक्षपाल देव तथा ब्राह्मण-परिवारों के बीच उक्त समझौता दो भागों तथा दो भाषाओं (हिन्दी और उड़ीसा) में विभाजित है। राजा जिसकी अपनी भाषा हिन्दी थी, उसने अपनी प्रतिज्ञा उड़िया में खुदवायी थी, जब कि उड़ियाभाषी ब्राह्मणों के समझौते का अंश हिन्दी में था। इस प्रकार राजा के उड़िया भाषा के इस्तेमाल और उड़िया ब्राह्मणों के द्वारा हिन्दी भाषा के इस्तेमाल का प्रयोजन सुस्पष्ट था कि दोनों पार्टियों समझौते की शर्तों को पढ़ और समझ सकें। ब्राह्मणों को अपने राज्य में बसने के लिए प्रोत्साहन हेतु राजा (रक्षपालदेव) ब्राह्मणों को अधोलिखित रियायत देने की प्रतिज्ञा करता है–

अभिलेख के राजा वाले वंश में श्री जगन्नाथ, उनके अनुज श्री बलभद्र और उनकी भगिनी सुभद्रा को साक्षी के रूप में सौग्न्ध के पश्चात् यह प्रतिज्ञा मिलती है कि जब तक उनका **'चालकी'** नामक राजवशं जीवित है, पपलाहंडी (प्राचीन जैपुर राज्य, वर्तमान कोरापुट जिला, उड़ीसा) से ब्रह्मपुरा आने वाले तीन सौ ब्राह्मण-परिवार फौजदारी मुकदमों के दण्ड से विमुक्त रहेंगे। जब उनकी निस्संतान मृत्यु होगी, तब उनकी सम्पत्ति को राजसात्, नहीं किया जाएगा। जो लोग दण्डवत् क्षमता-याचना करेंगे, पर उन राजविधि द्वारा पारित दण्ड नहीं दिया जाएगा। अभिलेख में पुनः कहा गया है कि जो

भी इन विशेष सुविधाओं का उल्लंघन करेगा, उसका पिता सुअर तथा माता गर्दभी होगी। इस समझौते के साक्षी हैं चन्द्रमा, अष्ट लोकपाल और धर्मराज। अंतिम वाक्य व्याख्येय नहीं है।

ब्राह्मणों के द्वारा किए गए समझौते के अंश में यह कथन है कि जब तक बस्तर में चालुक्य राजवंश का राज्य रहेगा, वे ब्रह्मपुरा को नहीं छोड़ेंगे और यदि कोई पपलाहंडी वापस लौटता है, तो उसकी माता शूकरी और पिता गर्दभ होगा और अष्ट लोकपाल और धर्मराज उक्त समझौते के साक्षी हैं। अंतिम वाक्य उड़िया में है, जिसका अर्थ दुर्बोध है, किन्तु निश्चित रूप से उसमें ताम्रपत्र-लेखन की तिथि अंकित रही होगी।

इस प्रकार उक्त ताम्रपत्र की तिथि और वर्ष की जानकारी नहीं है, किन्तु जैसे ही कोई सक्षम अधिकारी उड़िया लिपि के अंतिम वाक्य का वाचन कर लेगा, तब दानपत्र का वर्ष उद्घाटित हो जाएगा। हम दंतेवाड़ा-शिलालेख से यह जानते हैं कि राजपालदेव के पिता दिग्पालदेव 1730 ई. में दंतेश्वरी मंदिर में दर्शन के लिए आए थे। उक्त तथ्य से यह सुस्पष्ट है कि उक्त ताम्रपत्र 1703 ई. के बाद जारी किया गया होगा। इस अविध में राजपालदेव एक युवराज थे और वे भी अपने पिता के साथ मंदिर आए थे। उस यात्रा की स्मृति में उस तिथि को हजारों भैंसों औश्र बकरों की बलि दी गयी थी, जिसके कारण संकिनी नदी का पानी पाँच दिनों तक कुसुम के फूल के समान लालरंग का बना रहा। उक्त तथ्यों से यह भी सुस्पष्ट है कि वर्तमान ताम्रपत्र 1703 ई. के बाद कभी जारी हुआ होगा। केदारनाथ ठाकुर (बस्तरभूषण, बनारस 1908) के अनुसार राजपालदेव बस्तर के राजसिंहासन पर शनिवार, कृष्णपक्ष 15, संवत 1706 (1649 ई) को बैठे होंगे। उस समय वे तेरह वर्ष के किशोर थे और उन्होंने 12 वर्षों तक शासन किया था। केदारनाथ ठाकुर की संकल्पना बस्तर के राजपरिवार के अभिलेख पर आधारित है, किन्तु उनका कथन (और राजपरिवार की वंशावली का भी कथन) सही नहीं है, क्योंकि हम ऊपर लिखित दंतेवाड़ा-शिलालेख (इपी. इंडिका, 12.242) से जानते हैं कि राजपालदेव के पिता दिग्पालदेव विक्रम संवत् 1760 में शासन कर रहे थे और उस वर्ष राजपालदेव 18 वर्ष के युवराज थे।

उक्त चर्चित ताम्रपत्र प्राचीनता की दृष्टि से बहुत अधिक महत्त्वपूर्ण नहीं है, क्योंकि वह मुश्किल से 250 वर्ष पुराना है, किन्तु अभिलेख में संदर्भित काकतीय वंश के स्थान पर चालुक्यवंश का प्रयोग महत्वाधायक है। ताम्रपत्र में यह सुस्पष्टतौर पर कहा गया है कि राजपालदेव चालुक्यवंश के थे। ठीक इसके विपरीत दंतेवाड़ा-शिलालेख तथा 'बस्तर-राजवंशावली' के संदर्भ हमें बताते हैं कि रावजंश काकतीय था। इस प्रकार की विसंगति वंश-परम्परा में नहीं होनी चाहिए।

ताम्रपत्र की 'सील' की 'लीजैण्ड' के अनुसार राजपालदेव के महाराजा की

उपाधि मिली थी और वे 'प्रौढ़ प्रताप चक्रवर्ती' थे। माणिकेश्वरी उनकी आराध्य देवी थीं। **'सील'** के मध्य में उन्हीं माणिकेश्वरी का वाहन व्याघ्र आरेखिक है। उक्त देवी दुर्गा की ही एक प्रतिरूप हैं और उन्हें दंतेश्वरी माना जा सकता है।

रिकार्ड में आए भौगोलिक नामों में **बस्तर** जहाँ से ताम्रपत्र जारी किया गया था, उसी नाम का आज भी गाँव है, जो जगदलपुर (प्राचीन नाम **जगतिगुण्डा**) से 18 कि. मी. दूर हैं। पपलाडडी या पपलावाड़ी जैपुर (उड़ीसा) का पपलाहंडी नामक वही गाँव हैं। ब्रह्ममपुरा बस्तरनंगर का एक पारा या मोहल्ला रहा होगा, जहाँ ब्राह्मण रहते थे, किन्तु बस्तर राज्य में रहने वाले उड़िया ब्राह्मणों का एक वर्ग, जिसे तीन सौ घरिया ब्राह्मण कहा जाता है और जो ब्राह्मणों के 300 परिवारों का समानार्थी है। वे कहते है कि जब वे पपलाहंडी से चले, तो वे करेकोट परगना के बिनता नामक गाँव में आकर बसे थे। इन ब्राह्मणों की पारंपरिक कथा यह है कि पपलाहंडी के राता के धार्मिक उत्पीड़न, अव्यवस्था और स्वैच्छाचारिता के कारण बस्तर का राजा पपलाहंडी के राजा से असंतुष्ट था। पपलांहडी के राजा ने इन ब्राह्मणों को बंदी बनाकर रखा था। तब बस्तर के राजा ने उससे युद्ध किया। उसके देश को जीता। बंदीगृह से ब्राह्मणों को छुड़ाया और उन्हें बस्तर ले आया। इन '300 घरिया ब्राह्मणों के प्रमुख परिवार को बस्तर में 'पाढ़ी' कहा जाता था। 'पाढ़ी' शब्द 'त्रिपाठी' से बना है। जगदलपुर का 'बड़ेगुड़ी' मंदिर इन्हीं '300 घरियां ब्राह्मणों का है और उसके पुजारी का चयन 'पाढ़ी' परिवार से ही होता है। 'बड़ेगुड़ी' मंदिर के रख-रखाव के लिए कतिपय गाँव भी दिए गए, थे। 1940 ई. में यहाँ के पुजारी को 7 रुपए मासिक भत्ता भी मिलता था। उसे रुपए या द्रव्य में 'भोग' और 'पूजा' के लिए कुछ राशि भी मिलती थी। उपर्युक्त मंदिर से लगा हुआ एक अन्य मंदिर 'जगन्नाथ मंदिर' भी है।, जिसे 'अमात्यगुड़ी' कहा जाता है। और उक्त मंदिर '60 ब्राह्मणों' का है, जो बस्तर के प्रमुख परिवारों में है।

4. दरयावदेव का डोंगर शिलालेख

डोंगर जगदलपुर से 60 मील दूर है। यहाँ दरयावदेव (1779-1800) के दो अभिलेख है, जिनमें संवत् 1835 अर्थात् 1779 ई. की तिथि अंकित है। दोनों में एक स्थानीय विद्रोह को दबाने के लिए राजा की यात्रा का उल्लेख है **(इपीग्राफिआ इंडिका,** खण्ड 9, पृ. 166)।

5. भैरमदेव का डोंगर-शिलालेख

उक्त अभिलेख में संवत् 1928 अर्थात् 1871 ई. की तिथि अंकित है। इसमे रुद्रप्रतापदेव (1891- 1921) के पिता भैरमदेव (1853-1891) के **'पट्टाभिषेक'** अनुष्ठान

का उल्लेख है (**इपीग्राफिआ** इंडिका, खण्ड 9, पृ. 1666)

6. तीरथगढ़ के शिलालेख

तीरथगढ़ जगदलपुर से 20 मील दूर है। यहाँ पर दो प्रतिमाएँ हैं तथा दोनों **'हिम्मतसिंह दीवान'** खुदा हुआ है (हीरालाल, 1916, पृ. 137)।

इस प्रकार इस अवधि में बस्तर में शासन करने वाले 16 राजाओं में से केवल पाँच राजाओं जयसिंघदेव, दिग्पालदेव, राजपालदेव, दरयावदेव तथा भैरमदेव के अपने अभिलेख है। विवेच्य अध्ययन से संबद्ध अभिलेख संस्कृत, संकर संस्कृत, हिंदी तथा उड़िया में लिखे गए है। इन अभिलेखों में कोई निश्चित क्रम देखने को नहीं मिला। केसरपाल का अभिलेख **'स्वस्तिश्री'** से प्रारंभ होता है, तो दंतेवाड़ा का एक अभिलेख दंतेश्वरी की स्तुति से प्रारंभ होता है। तदुपरांत राजपरिवार की वंशावली दी गयी है, जिसमें पूर्वजों के नाम उल्लिखित है। इसके पश्चात राजा का परिचय मिलता है। राजपालदेव का दानपत्र भी केसरपाल अभिलेख के समान 'स्वस्तिश्री' से प्रारंभ होता है। तब दान के 'फार्मूला, का विवरण है। अब तक इन अभिलेखों का उपयोग इतिहास के अध्ययन के लिए नहीं किया गया था। बस्तर पर इससे पहले जो भी ऐतिहासिक अध्ययन हुए हैं।, वे मराठा- शासन के दौरान तैयार की गयी 'राजवंशावलियों' पर आधारित है। इसीलिए सारे अध्ययनों में विसंगतियाँ है। वे सभी अयथार्थ और अप्रामाणिक है। प्रस्तुत लेखक ने पहली बार बस्तर के प्रामाणिक इतिहास को प्रस्तुत किया है।

(ख) समसामयिक साहित्य

उत्तर-मध्ययुगीन बस्तर के किसी भी पक्ष पर कार्य करना सदैव एक नया साहसिक कार्य है, जो अँधेरे में टटोलने जैसा है। बस्तर के उत्तर-मध्यकालीन इतिहास को जानने के लिए ऐसा कोई समसामयिक साहित्य भी उपलब्ध नहीं है, जिससे उसकी प्रासंगिकता को सिद्ध किया जा सके। इसलिए इस मामले मे अँधेरे में हाथ-पैर मारना जैसा ही प्रयास है। अगर कुछ जानकारियाँ है, तो वे आपस में इतनी विसंगतियों से भरी पड़ी हैं कि उनको क्रमबद्ध नहीं किया जा सकता। इस अंचल का रंग-बिरंगा इतिहास अभी हाल तक उपेक्षित हो रहा हैं। केवल 1819 ई० में और उसके बाद के वर्षों में बस्तर के इतिहास को तैयार करने का कार्य मराठा शासन-काल में अवश्य हुआ, जिसे ब्रिटिश-अधिकारियों ने संपन्न किया, उन ब्रिटिश-अधिकारियों में से आर. जेन्किन्स ने उक्त विषय पर 1827 ई. में एक प्रतिवेदन तैयार किया, जो उसी वर्ष (Report on the Territories of the Raja of Nagpur) के नाम से नागपुर से प्रकाशित हुआ। जे. टी. ब्लण्ड (1795), एग्न्यू (1820,1823), जेन्किन्स (1827), ईलियट (1855,

1856, 1861), टेम्पल (1862, 1863), ग्राण्ट (1870), बाल (1880), चैपमन (1898), रसेल (1906, 1908), ब्रेत (1909), विल्स (1919), ग्रिग्सन (1938) तथा अन्य योरोपीय और भारतीय विद्वानों ने बस्तर राज्य के रहस्य पर से पर्दा उठाने का प्रयास किया और छिपे हुए खजाने को उद्‌घाटित किया। इनके अलावा योरोपियों के विचार-सूत्रों को लेकर भारतीय विद्वानों ने भी बस्तर के भव्य अतीत को प्रस्तुत करने के लिए भी इस दिशा में कार्य किया और राजवंशावलियों के स्रोतों की खोज का प्रयास किया। इनमें लाल कालीन्द्र सिंह (1908), केदाननाथ ठाकुर (1908), रायबहादुर हीरालाल (1913, 1919, 1916), वेडिवेलु (1915), शील (1917) तथा भंजदेव (1956) ने बस्तर के इतिहास के प्रति लोगों में अपरिमित उत्साह जगाया। मैंने भी उस दिशा में 1969 ई. से कार्य करना प्रारंभ कर दिया था।

समबद्ध विषय पर सामग्री इकट्ठा करने में मुझे अनेक प्रकार की कठिनाइयों का सामना करना पड़ा। ऐसा स्वाभाविक था। स्रोत-सामग्री का पूरी तरह अभाव था। तब तक बस्तर के इतिहास पर कोई स्वतंत्र और विश्वसनीय इतिहास उपलब्ध नहीं था। अपने शासन की दीर्घकालिक अवधि (1324-1702) में बस्तर के किसी राजा को कोई गंगाधर मिश्र या बाबू रेवाराम नहीं मिल सका, जो चालुक्यों की उपलब्धियों और असफलओं पर विश्वसनीय विवरण लिख सकता। क्या इससे भी अधिक कोई 'नेमिसिस' (प्रतिषेध का कार्य) हो सकता है? यही कारण है कि बस्तर के राजाओं के इतिहास की पुनर्रचना करते हुए मेरे पूर्ववर्त्तियों को एकमात्र वंशावलियों पर विश्वास करना पड़ा।

वंशावलियाँ : बस्तर का उत्तर-मध्ययुगीन इतिहास अस्पष्ट है तथा राज-परिवारों की परम्पराएँ जो हस्तांतरित हुई हैं, उनका अभी तक सत्यापन नहीं हो सकता है। इसीलिए ऐसी प्राप्त वंशावलियों का यहाँ विश्लेषण किया गया है, जिससे पाठकगण बस्तर के इतिहास पर लिखे गए पूर्ववर्ती कार्यों का मूल्यांकन कर सके।

'बस्तर-राज-वंशावली' के नाम से हमारे पास तीन प्रकार की वंशावलियाँ हैं। प्रथम प्रकार की वंशावली को भैरमदेव (1853-1891) के समय में अंतिम रूप दिया गया था। पहली 'वंशावली' राजगुरु परिवार के द्वारा **'संस्कृत-वंशावली'** के नाम से तैयार की गयी थी। इस वंशावली को लोकनाथ ठाकुर ने 1853 ई. में संरचित किया था। दूसरी वंशावली को लाल दलगंजन सिंह ने **'राजा साहेब बस्तर की वंशावली'** के नाम से 1856 ई० में संकलित करवाया था।

रुद्रप्रातपदेव (1891-1921) के शासनकाल में बस्तर राज्य के दीवान पण्डा बैजनाथ ने भी **'बस्तर राज्य के राजवंशीय इतिहास'** में रुचि दिखायी थी। उस समय पण्डा बैजनाथ ने (Record of the Kakatiya Dynasty) पर एक पाण्डुलिपि तैयार

करवायी थी, किन्तु (1909) में जब ब्रेत छत्तीसगढ़ के माण्डलिक राजाओं पर गजेटियर तैयार कर रहे थे, तब उन्हें पण्डा बैजनाथ की उक्त पाण्डुलिपि नहीं मिली। किन्तु रुद्रप्रतापदेव (1891-1921) के शासनकाल की हमारे पास दो पाण्डुलिपियाँ मौजूद हैं—

(1) लाल कालीन्द्र सिंह : **बस्तर इतिहास** (हिंदी) **18** अगस्त, **1908** को लिखित, अप्रकाशित।

(2) मित्रनाथ ठाकुरः **महाराजा बस्तर की वंशावली (हिंदी), 4** **सितम्बर, 1908** **को रचित, अप्रकाशित।**

इस प्रकार हम बस्तर के राजाओं के इतिवृत्तों को अधोलिखित चार प्रमुख शीर्षकों में संक्षिप्त कर सकते हैं।

1. लोकनाथ ठाकुरः **बस्तर राजवंशावली** (संस्कृत), 1853, अप्रकाशित।

2. लाल दलगंजन सिंह : **राजा साहेब बस्तर की वंशावली** (हिंदी), 1856 अप्रकाशित।

3. लाल कालीन्द्र सिंहः **बस्तर का इतिहास** (हिंदी), 18 अगस्त, 1908, अप्रकाशित।

4. मित्रनाथ ठाकुरः **महाराज बस्तर की वंशावली** (हिंदी), 4 सितम्बर, 1908, अप्रकाशित।

ये सभी वंशावलियाँ जगदलपुर की जिला कचहरी में संग्रहीत हैं।

'बस्तर राजवंशावली' नाम से संबोधित उपर्युक्त पुरावृत्तांत भी सामान्य तौर पर उत्तर-मध्ययुगीन बस्तर के इतिहास के लेखन में बहुत अधिक सहायक नहीं हैं। यह भी सच है कि 1827 ई. से योरोपीय तथा भारतीय इतिहासकारों ने बस्तर के राजनैतिक इतिहास के लेखन में इन्हीं वंशावलियों को प्रामाणिक स्रोत के रूप में उपयोग किया था। योरोपीय विद्वान् जैसे जेन्किन्स (1827), ईलियट (1856), ग्लसफर्ड (1861, 1862), टेम्पल (1863), ग्राण्ट (1870), दि ब्रेत (1909), ग्रिग्सन (1938) तथा अन्य ने इन्हीं पुरावृत्तों के आधार पर बस्तर के इतिहास की पुनर्रचना का असफल प्रयास किया था। केदारनाथ ठाकुर (1908), जे. एन. शील (1917) तथा राय बहादुर हीरालाल (1916), जैसे नामी भारतीय इतिहासकार भी **'बस्तर रावंशावली'** की आख्यानात्मक प्रवृत्ति का परीक्षण नहीं कर पाए। जब 1936 ई. में गिब्सन को 'बस्तर के प्रामाणिक इतिहास' के लेखन का जिम्मा सौंपा गया। (उन्होंने फाइल गुमा दी और इस प्रकार फिर कभी प्रामाणिक इतिहास लिखा नहीं जा सका), तब गिब्सन के सुपुर्द अधोलिखित फाइलें कर दी गयी थीं—

(क) स्टेट गजेटियर की फाइल,

(ख) कैप्टेन ईलियट का 1856 का यात्रा-वृत्तांत,

(ग) 1861 ई. का कैप्टेन ग्लसफर्ड का प्रतिवेदन,

(घ) कोटपाड़-क्षेत्र के विवाद पर कैप्टेन ग्लसफर्ड का प्रतिवेदन,

(ड) सनद से संबद्ध फाइलें,

(च) 1891 ई. की यात्रा से संबद्ध एण्ड्र फ्रेजर (पोलिटिकल एजेण्ट) का प्रतिवेदन।

गिब्सन को उक्त फाइल भेजते वक्त हाइड ने आनुवांशिक इतिहासों में से एक पर अपनी टिप्पणी भी भेजी थी–"He should also try to obtain a copy of Pandit Kedarnath Thakur's book on Bastar. I understand from Mr. Grigson that his book contains a great deal of information which is either unreliable or impossible to verify and it must be accepted with caution."

(बस्तर कचहरी, रिकार्ड रूम, फाइल संख्या 40 इससे भी यह ध्वनि निकलती है कि उपर्युक्त वंशावलियों की विश्वसनीयता अत्यधिक विवादास्पद है।

'बस्तर राजवंशावली' 1703 ई. के बाद राजपरिवार, दीवानपरिवार व राजगुरु-परिवार में प्रचलित बस्तर के इतिहास का एक झरोखा है, एक परवर्ती परम्परा का आख्यान है। मुख्यतः यह सारा मामला राजपरिवार के दीवान और राजगुरु से संबद्ध रहा है। यद्यपि **'वंशावली'** अन्नमदेव से रुद्रप्रतापदेव तक के इतिहास को खोजन का दावा करती है, किन्तु दिग्पालदेव के पूर्वजों का सही विवरण नहीं दे पाती है, केवल एक का विवरण छोड़कर जो मराठा-युग में झूठमूठ से जोड़ा गया है। शिलालेख में बस्तर के राजाओं की जो आनुवांशिक तालिका पेश की गयी है, वह 'वंशावली' में वर्णित आनुक्रमिक राजाओं के नामों से मेल नहीं खाती। **'वंशावली'** में राजाओं के राजत्वकाल की जो तिथियाँ दी गयी हैं और जो 'शिलालेख' में दी गयी हैं, दोनों में चिंतनीय विसंगतियाँ हैं। मध्यकालीन इतिहासकारों ने तथाकथित काकतीय राजाओं की जो संख्या बतायी है और जो संख्या **'वंशावली'** के लेखकों ने दी है, उनके बीच भी विसंगतियाँ हैं। तत्समान संख्या दोनों में नहीं मिलती। उदाहरण के लिए **'संस्कृत-वंशावल'** बीस राजाओं की गणना करती है, तो **'हिंदी-वंशावली'** में सत्रह राजाओं के ही नाम मिलते हैं। इस प्रकार संक्षेप में यह कहा जा सकता है कि **'वंशावली'** पूर्ववर्ती काल से प्रचलित 'लीजैण्ड' (आख्यानकों) के घालमेल से अधिक कुछ नहीं है। बिना किसी अन्य विश्वसनीय स्रोत के उनका प्रयोग बस्तर के इतिहास-लेखन में इसलिए नहीं किया जा सकता, क्योंकि उन वंशावलियों में प्रचुर गलतियाँ और गलत बयानी है। इसलिए **''बस्तर राजवंशावली''** बस्तर के राजनैतिक इतिहास के अध्ययन में विश्वसनीय नहीं है। हाँ इतना अवश्य है कि बस्तर के आनुवांशिक इतिहास के अध्ययन में शायद उनका प्रयोग होशियारी के साथ किया जा सकता है, क्योंकि राजवंश से संबद्ध उनमें कतिपय

छुटपुट संदर्भ अवश्य मिल सकते हैं।

(ग) सम्पूरक स्रोतः

बस्तर के इतिहास से संबद्ध बाह्य **स्रोतों** से हमें प्रचुर मात्रा में सामग्री मिलती है। ये बाह्य स्रोत आंतरिक स्रोत के परिपूरक भी हैं और अनुपूरक भी। बाह्यस्रोत आपस में भी परिपूरण तथा अनुपूरण का काम करते हैं। बाह्यस्रोत को खोजने, संबद्ध करने, लुप्त कड़ियों को खोजने, उन्हें मिलाने, उन्हें संबद्ध करने और उन्हें प्रमाणित करने में हमारी सहायता करते हैं।

1. प्रोलय नायक का विलास-दानपत्र

इस अभिलेख में कोणमण्डल के ग्राम विलास को दान में दिए जाने का उल्लेख है। **कोणमण्डल** आंध्र प्रदेश के आधुनिक अमलापुरम तालुक (पूर्वी गोदावरी जिला) का वाचक है। विलास नामक ग्राम को **चतुर्थकुल** के मूसनूरि परिवार के प्रोलय नायक ने दान दिया था। यद्यपि दानपात्र में वर्ष का उल्लेख नहीं है, किन्तु दान की तिथि चौदहवीं शताब्दी का द्वितीय चरण अनुमानित है। इस दानपत्र में उल्लिखित **'कोणमण्डल'** ग्यारहवीं शताब्दी के बस्तर के नागराजा के अधीन था। (**साउथ इंडियन इंस्क्रिप्संस,** खण्ड 3, पृ. 468)। राजवंश की राजधानी रेकापल्ली थी, जो गोदावरी के नट पर अवस्थित थी। रेकापल्ली 1780 ई. तक बस्तर-राज्य के अधीन एक जमींदारी थी। तद्युगीन बस्तर के राजा दरयावदेव के अकुशल प्रबंधन के कारण इस जमींदारी को हैदराबाद के निमाज ने बस्तर के राजा से छीन लिया था और 1780 ई. से यह हैदराबाद-राज्य का अंग बन गयी (दि ब्रेत, 1909)। इसे यह सुस्पष्ट है कि अन्नमदेव के राजत्वकाल में यह जमींदारी बस्तर-राज्य के अधीन थी और वारंगल के पतन के पश्चात् वहाँ प्रोलय नायक शासन कर रहा था।

प्रोलय नायक अन्नमदेव का समसामयिक था। दस्तावेजों से हमें ज्ञात होता है कि अन्नमदेव के अग्रज वारंगल के प्रतापरुद्रदेव के प्रायः सभी योद्धा, सेनानायक, मंत्री तथा अधिकारी 1324 ई. की युद्ध भूमि में मुसलमानों के द्वारा मार डाले गए थे या बंदी बना लिए गए थे। उस भयंकर विपत्ति से केवल तीन सेनानायक ही बचे थे, जिनमें से एक प्रोलय नायक भी थे। बस्तर के दस्तावेज (इपीग्राफिआ इंडिका, खण्ड 12, पृ. 214) से हम जानते हैं कि प्रतापरुद्रदेव के अनुज अन्नमदेव भी जीवित बच गए थे और अग्रज के शेष बचे हुए तीन सेनापतियों की सहायता से वे बस्तर में बस गए थे। उनके बस्तरनिवास के अवसर पर तीनों सेनापतियों ने गोदावरी-क्षेत्र से उनकी पहरेदारी की थी। गोदावरीक्षेत्र उस जमाने में अन्नमदेव के लिए निरंतर का कारण था। आन्नमदेव के परामर्श से प्रोलय नायक को एक उपयुक्त सरदार की पदवी दी गयी थी, जो उस

समय की परिस्थितियों के लिए अनुकूल थीं। अन्य दो सेनापतियों के साथ प्रोलय नायक ने अन्नमदेव की यथासंभव सहायता की थी। 1323 ई. के पूर्व प्रोलय नायक की प्रसिद्धि नहीं थी। काकति प्रतापरुद्र की शासनावधि में उक्त तिथि से पहले उसका नाम किसी ने नहीं सुना था। इसलिए उसे जनता का विश्वास अपने-आप न मिलता, यदि अन्नमदेव ने उसे वहाँ स्थापित न किया होता। अन्नमदेव चूँकि प्रतापरुद्रेव का अनुज था, इसलिए अन्य जीवित बचे लोगों की तुलना में उसका अधिक प्रभाव था और उसने शनैः-शनैः प्रचुर शक्ति अर्जित कर ली थी।

इस प्रकार संदर्भित दानपत्र बस्तर के अन्नमदेव के शासनकाल के इतिहास की पुनर्रचना में सर्वाधिक महत्त्पूर्ण अभिलेख है (एम. एस. शर्मा, 1945, पृ. 46)।

2. अनितल्ली का कालुवचेरु दानपत्र

यह दानपत्र आंध्र प्रदेश के पूर्वी गोदावरी जिले के कोकनड तालुक के आर्यवटम गाँव से मिला था। इसका **प्रथम प्रकाशन 'जर्नल ऑफ दि तेलुगु अकादमी'** (ए. एस. पी. पी, खण्ड 4, पृ. 91-112) **में हुआ** था। इसमें उपर्युक्त आर्यवटम गाँव का दान वीरभद्र रेड्डी की पत्नी अनितल्ली करती है। वीरभद्र रेड्डी शक वर्ष 1345 अर्थात् 1423 ई. में राजमहेन्द्रवरम का राजा था। ऐसा अनुमान है कि उक्त वीरभद्र बस्तर के अन्नमदेव के पुत्र का कृपापात्र था। अर्थात् रेड्डी-राजा के राजाओं के प्रति स्वामिभक्ति रखते थे। यह ध्यातव्य है कि राजमहेन्द्रवरम के राजा और अन्नमदेव के पुत्र दोनों का नाम वीरभद्र था। उक्त दानपत्र के माध्यम से प्रतापरुद्र के परवर्ती गोदावरी-क्षेत्र का विस्तृत विवरण मिलता है। उक्त क्षेत्र तब बस्तर के राजाओं के अधीन था।

3. कापय नायक का प्रोलवरम दानपत्र

यह दानपत्र **जे.बी. ओ. आर.** (खण्ड 10, 1934, पृ. 260)। में प्रकाशित हुआ था। इसमें मलग्नी नदी के तट पर बसे हुए प्रोलवरम ग्रामदान का उल्लेख है। उक्त ग्रामदान कापय नायक ने अपने पुत्र प्रोलय नायक के गुणोत्कर्ष के लिए शक वर्ष 1267 अर्थात् 1345 ई. में दिया था। उस समय कापय नायक वारंगल में निवास कर रहे थे और संभवतः वे अन्नमदेव के समसामयिक थे और उनके अग्रज के जीवित बचे सेनानायकों में से एक थे। इसमें गोदावरी-क्षेत्र के प्रतापरुद्रदेवोत्तर काल का उद्घाटन है।

4. माधव ऊरव्य का वीरभानूदयकाव्य (संस्कृत)

उक्त काव्य एक महत्त्वपूर्ण स्रोत है, जिसमें रीवा (मध्य प्रदेश) के बघेल राजा वीरभानुदेव और बस्तर के राजा के बीच आपसी रिश्तों को दर्शाया गया है। यद्यपि

'वीरभानूदयकाव्य' रीवा के बघेल राजाओं की आधिकारिक वंशावली को (1556 ई. तक) प्रस्तुत करता है, किन्तु बस्तर के लिहाज से यह इसलिए उल्लेखनीय है कि इसमें वर्णित है कि बघेल-राज्य का बस्तर तक प्रसार हुआ था तथा बस्तर के राजा रीवा के बघेल राजाओं के माण्डलिक थे (द्र. **वीरभानूदयकाव्य,** लेखक माधव ऊरव्य, प्रकाशक नवल किशोर प्रेस, लखनऊ, 1938)।

5. माँदला पाँजी

पुरी के जगन्नाथ मंदिर का क्रानिकल माँदला पाँजी भी हमारे अध्ययन के लिए प्रमुख स्रोत है। इसमें ऐसे राजाओं का एक दीर्घकालिक इतिहास है, जो उड़ीसा में प्राचीन काल से लेकर सोलहवीं शताब्दी के भोई-राजवंश तक शासन करते रहे। इस इतिवृत्त में बस्तर के राजाओं का भी उल्लेख है। मूलरूप से यह एक पारम्परिक इतिहास है, किन्तु इसमें ऐतिहासिक तथ्यों के उपस्तर भी मिलते हैं, जिनका विवेचन यथास्थान किया जाएगा (**माँदला पाँजी,** ए.बी. मोहंती द्वारा सम्पादित, प्राची समिति, कटक, 1940)।

6. तारीखे फेरिस्ता या गुलशने इब्राहीमी

मुहम्मद कासिम हिंदूशाह फेरिस्ता की **'तारीखे फेरिस्ता या गुलशने इब्राहीमी** (नवल किशोर प्रेस, लखनऊ, 1884) बस्तर के विवेच्य इतिहास को समझने में अत्यंत महत्त्वपूर्ण है। लेखक ने 1606 ई. में अपनी कृति को समाप्त किया और उसकी एक प्रति अपने मालिक तथा संरक्षक को प्रदान की। बाद में लेखक ने अपने ग्रंथ का विस्तार किया तथा उसमें 1610 ई. तक की घटनाओं को समेटा। बस्तर के इतिहास की झलक भी उसकी उक्त रचना में मिलती है (द्र, जॉन ब्रिग्स, **हिस्ट्री ऑफ दि राइज ऑफ मुहम्मदन पावर इन इंडिया,** कलकत्ता, 1966, खण्ड 3)।

7. गंगाधार मिश्र का कोसलानन्द काव्य

गंगाधार मिश्र ने उक्त संस्कृत-महाकाव्य 1664 ई. में उस समय लिखा था, जब वे पाटणा राज्य के दरबारी कवि थे। 1660 ई. में राजा बलियार सिंह ने उन्हें **'कोसल का इतिहास'** लिखने के लिए प्रेरित किया था। तद्युगीन दस्तावेजों के आधार पर उन्होंने कोसल का एक काव्यमय इतिहास लिखा, जिसमें दसवीं शताब्दी से सत्रहवीं शताब्दी तक की घटनाओं का समावेश था। उन्होंने कोसल के चौहाण राजाओं का उसमें विस्तृत इतिहास प्रस्तुत किया है। उक्त इतिहास-लेखन के दौरान उन्होंने बस्तर-राज्य पर भी सामयिक संदर्भ दिया है। इन संदर्भों से बस्तर के इतिहास की लुप्त कड़ियों को जोड़ा जा सकता है। चूँकि लेखक ने कोसल के इतिहास के अनेक दस्तावेजों पर चिंतन किया

था, अतएव हम कोसलांनद के सोनपुर-पाठ की प्रामाणिकता पर विश्वास कर सकते हैं। उक्त पाण्डुलिपि का मैंने सम्पादन किया था और अब वह एक ग्रंथ के रूप में प्रकाशित है (दिल्ली, 2000)।

8. तारीखे-कुतुबशाही

'तारीखे कुतुबशाही' 1672 ई. में लिखी गयी थी और आज भी यह अप्रकाशित पाण्डुलिपि के रूप में हैदराबाद के निजाम के ग्रंथागार में उपलब्ध है। इसमें विवरण है कि 1610 ई. से 1672 ई. के मध्य बस्तर पर कुतुबशाही राजवंश के सदस्यों ने अनेक बार आक्रमण किया था और 1612 ई. 1672 ई. के मध्य बस्तर कुतुबशाही का एक करद राज्य था।

9. बाबू रेवाराम की तवारीख श्री हैहयवंशी राजाओं की

उक्त तवारीख 1858 में लिखी गयी थी, जो आज भी अप्रकाशित है। उसमें बस्तर के राजाओं पर समसामयिक टिप्पणियाँ पढ़ने को मिलती हैं।

10. पंडित रामनानंद शर्मा की 'जयपुरराजवंशावली'

उक्त वंशावली का प्रकाशन मद्रास से 1938 ई. में हुआ था। उक्त वंशावली जैपुर के सूर्यवंशी राजाओं के क्रमिक इतिहास को प्रस्तुत करती है। यह बस्तर के राजा अजमेर सिंह और दरयावदेव के बीच के संघर्ष का हवाला देती है, जिसमें दरयावदेव की सहायता जैपुर-नरेश तथा कंपनी-सरकार के प्रतिनिधि जानसन ने की थी। इस युद्ध की भयावहता का चित्रण उक्त काव्य में विस्तार के साथ हुआ है।

11. अर्जुन होता का 'बस्तरविजय-नाटक'

उक्त नाटक उड़िया में लिखा गया था तथा उसका पाटणा से 1941 ई. में प्रकाशन हुआ था। पाटणा के वत्सराजदेव (1358-1410) तथा बस्तर के राजा की कथा इसमें नाटकीय ढंग से प्रस्तुत की गयी है। नाटक में यह विवरण मिलता है कि वत्सराजदेव बस्तर-राज्य पर आक्रमण कर उसे जीतना चाहते थे, किन्तु जब ऐसा वे नहीं कर पाए, तब उन्होंने बस्तर की कुलदेवी दंतेवरी की आराधना कर उन्हें संतुष्ट किया और बस्तर पर विजय प्राप्त की। उस विजय के फलस्वरूप दंतेश्वरी पाटणा में भी पूजी जाने लगीं। उक्त नाटक पश्चिमी उड़ीसा के चौहाण राजाओं के पारिवारिक अभिलेखों पर आधारित है।

उपर्युक्त बहुविध स्रोतों के द्वारा व्यक्त तथ्यों के आधार पर इस ग्रंथ के माध्यम से मैंने बस्तर के चालुक्यवंश के इतिहास की पुनर्रचना की है। इस ग्रंथ में सर्वथा नूतन

व्याख्याएँ दी गयी हैं और आवश्यकतानुसार उन्हें वाचिक प्रमाणों के आधार पर भी पुष्ट किया गया है।

सेय समूचे तथा इसलिए प्रस्तुत किए गए हैं ताकि बस्तर के चालुक्यों के शासनकाल के बारे में इतिहास को वास्तविक रूप से समझा जा सके, जो वर्तमान स्थिति में या तो इधर-उधर अस्त-व्यस्त स्थिति में बिखरा हुआ है अथवा किस्से, कहानियों और किंवदंतियों के रूप में लोगों की जुबानी प्रचलित है।

(घ) मौखिक साक्ष्य

अपनी बात के समर्थन को अधिक प्रभावकारी बनाने के लिए मौखिक साहित्य की भी खोजबीन की गयी, जिससे वास्तविक रूप में ऐतिहासिक क्रम पर चिंतन-मनन करने का आधार प्राप्त हो सके और भली-भाँति उसका विश्लेषण हो सके। यह जो लोगों के बीच किंवदंतियों के रूप में इधर-उधर बिखरा हुआ है, वह कोई साधारण कहानी या घटनाक्रम तो नहीं हो सकता है जब उसमें ऐतिहासिक तत्व विद्यमान हों, तो उनका पुनर्मूल्यांकन व विश्लेषण अवश्य होना चाहिए। जो लोग अब तक किंवदंती या घटनाक्रम के रूप में पीढ़ी दर पीढ़ी विरासत के रूप में मुँहजुबानी इसे सौंपते आ रहे हैं वे मुण्डा हैं, परधान हैं, लोकगायक हैं, जिनके गीतों में पुरातन बस्तर के दिल की धड़कन अब भी धड़कती है और पुरातनता की छवि का आभास होता है। ये गीतकुरया या पाटापाड़नोड़ प्राचीन बस्तर के जीवंत 'लीजैण्ड' हैं। इसमें कोई संदेह नहीं कि अधिकांश कड़ियाँ समय और परिस्थितियों में विलुप्त भी हुई हैं, जिनका कोई अभिलेख नहीं मिल सकता, लेकिन उन्हीं विलुप्त कड़ियों को इस प्रकार से तलाशने की प्रक्रिया के अंतर्गत पुनरीक्षण और परीक्षण का कार्य तो किया ही जा सकता है, जो एकदम विलक्षणता से भरपूर है। मुंडा नामक पारंपरिक आदिवासी गायक जिन गीतों को गाते आ रहे हैं, उनमें चौदहवीं या पंद्रहवीं शताब्दी की झलक आज भी मिलती है। मुरिया गायकी में मराठ सेना की विध्वंसकारी गतिविधियों की चर्चा है, तो अबुझमाड़िया व भतरा 'भुमकाल' की घटना को गीतों में आज भी पिरोए हुए हैं। इतना लम्बा समय बीतने के बाद भी गीतों के मूल स्वर में कहीं कोई परिवर्तन नहीं आने पाया। लगता है कि वे अपने मूलस्वरूप में आज भी यथावत् हैं। मगर उन्हें जब तक विश्वसनीयता और विश्लेषणता का आधार नहीं दिया जाएगा और प्रामाणिकता के लिए पुरालेखों की मदद नहीं ली जाएगी, तब तक वास्तविक तौर पर बस्तर के इतिहास की जानकारी हमें नहीं हो पाएगी। उसी जानकारी को हासिल करने के प्रयास में बस्तर के जनमानस में रचे-बचे आख्यानकों और गीतों को हमने सँजोया है।

'बस्तर का इतिहास' और **'बस्तरिहा के इतिहास'** के बीच जिस भिन्नता का हमें अनुभव हुआ, उसी के कारण हमारा ध्यान यहाँ की मुंडा, धुर्वी, दंडामी माड़िया,

अबुझमाड़िया, मुरिया, हलबी तथा भतरी आदि के लोक-साहित्य में इतिहास को खोजने की ओर गया। उक्त बोलियों के लोक-साहित्य के विश्लेषण से हमने इतिहास के एक ऐसे पक्ष को उद्‌घाटित किया, जो अभिलेखविहीन है। इस प्रकार बस्तर के लोक साहित्य से हम वह स्रोत-सामग्री जुटा सके, जिसके आधार पर **'आदिवासी बस्तर का बृहद् इतिहास'** प्रस्तुत किया जा सका। यह इतिहास घटनाओं का विवरण मात्र नहीं है। इससे विकासक्रम में उनके सामाजिक और राजनैतिक संरचना का भी ज्ञान होगा।

ये वाचिक साक्ष्य तभी पूर्ण और प्रामाणिक होंगे, जब अभिलेखीय साक्ष्य भी पूरी तरह ढूँढ लिए जाएँ उनका वाचिका साक्ष्य के परिप्रेक्ष्य में परीक्षण कर लिया जाए। इस प्रबंध में हमने ऐसा ही करने का प्रयास किया है।

निष्कर्ष

इस प्रकार अभिलेखीय प्रलेख, समसामयिक साहित्य, सम्पूरक स्रोत तथा मौखिक साक्ष्य मध्य युगीन बस्तर के सामाजिक-राजनैतिक परिस्थितियों का हमें दिग्दर्शन कराते हैं। फिर भी इन स्रोतों के माध्यम से विवेच्य अवधि के जनजातीय जीवन के सभी पक्षों पर हमें पूरी सूचना नहीं देते। इसके अतिरिक्त स्रोतों की सापेक्षिक उपयोगिता भी भिन्न-भिन्न है।

बस्तर के आदिम समाज का इतिहास, इतिहास की भारतीय समझ के जैसा अस्पष्ट और धुँधलका है। हमारी पौराणिक परम्परा अनेक समस्याओं के समाधान में हमारी सहायता करती है। बस्तर की आदिम साम्य-व्यवस्था मानव के इतिहास में प्रथम सामाजिक-आर्थिक संरचना थी और वह ऐसी थी, जिसमें न तो वैयक्तिक सम्पत्ति, न ही विपरीत वर्गों और न ही राज्य शक्ति का उद्‌भव हुआ था। इसीलिए आज जो भी तथ्य उपलब्ध हैं, उनके आधार पर मैंने बस्तर के आदिम समाज के इतिहास को गढ़ने का प्रयास किया है। यहाँ मैं इस विश्वास के साथ आगे बढ़ा हूँ कि कोई भी सांस्कृतिक तत्व तभी ठीक से समझ में आ सकता हैं, जब उसे ऐतिहासिक-आनुवांशिक प्रसंग में परखें। केवल संरचनात्मक या प्रकार्यात्मक दृष्टि उसकी समझ के लिए नाकाफी होगी। संस्कृति के अनेक तत्व आदिम अतीत में जड़ीभूत हैं और वे ही बाद में अपने को रूपांतरिक करते रहते हैं।

जब हम बस्तर के आदिम समाज का इतिहास पढ़ते हैं, तो शोधप्रविधि और स्रोतों में अलगपन होना स्वाभाविक है, जबकि इतिहासविज्ञान के अन्य प्रभाग प्रमुखयता लिखित दस्तावेज पर आधारित होते हैं, तब आदिम समाज का इतिहास पूरी तरह प्राक्‌साक्षर स्थिति से वास्ता रखता है और भिन्न स्रोतों के माध्यम से पुनर्निर्मित किया जाता है।

समग्र इतिहासविज्ञान का अभिन्न अंग होने के कारण आदिम समाज का इतिहास

जिन उपविभाजनों पर आधारित होता है, उनमें है वह इतिहास जो प्राचीनतम सभ्यताओं के आविर्भाव की अवधि पर चर्चा करे तथा ऐसे समाज के इतिहास को बताए जो वर्ग-समाज के सह अस्तित्व में हो तथा सभ्यताओं के हासिए में हो।

उत्तरजीविताओं (बचे हुए तत्वों) की वर्तमान पद्धति उतनी सरल भी नहीं है, क्योंकि यदा-कदा उससे एक भिन्न और यदा-कदा मनमानी व्याख्या की संभावना पैदा हो जाती है। अतीत-संबंधी पुनर्रचना के लिए उत्तरजीविता की पद्धति के उचित प्रयोग के लिए जरूरी है कि दूसरी स्थिति में उनकी पुख्ता जड़ों का विश्लेषण कर लिया जाए।

किसी भी समाज के इतिहास की नींव है स्रोतों का मूल्यांकन। उक्त मूल्यांकन उस समय और भी अधिक विस्तारित हो जाता है, जब हम 'बचे-खुचों' (Survivals) की पद्धति को जातीय तुल्य रूप की पद्धति से परिपूरक बनाएँ। कतिपय अन्य संकुचित पद्धतियाँ हैं, जिनसे जातीय तुल्य रूप ऐतिहासिक अतीत में प्रवेश कर जाते हैं। उनमें से एक खास है वाचिक पपम्पराओं का अध्ययन, संबद्ध लोगों का ऐतिहासिक अतीत के बोर में दृष्टिकोण अर्थात् **आदिवासियों की वाचिक इतिहास की लेखनकला।**

3

वारंगल का पतन

150 वर्षों तक फलने-फूलने वाले पश्चिमी चालुक्यों का महान् साम्राज्य का बारहवीं शताब्दी के मध्य में पतन हो जाता है और उनके माण्डलिकों में से एक काकतीय अपने स्वामी की दुर्बलता को भाँपते हुए अपनी स्वतंत्र सत्ता को घोषित कर देते हैं।

'काकतीय' नाम की ठीक व्युत्पत्ति अज्ञात है। कभी तो इसका संबंध 'काका' अर्थ वाले 'काकत' शब्द से किया गया है कभी दुर्गा के स्थानीय नाम के साथ, परंतु ये दोनों अर्थ समीक्षा के सामने ठहर नहीं पाते। काकतीयों के पूर्वजों के संबंध में भी हमारा ज्ञान अत्यंत अस्पष्ट है। उनकी गल्पभरी वंशतालिका से, जिसमें रघुकुल के अनेक नाम मिलते हैं, विदित होता है कि संभवतः सूर्यवंशी क्षत्रिय थे, परंतु इसके विरुद्ध नेल्लोर जिले के अनेक अभिलेख उनको शूद्र कहते हैं।

ऊपर कहा जा चुका है किं काकतीय पहले परवर्ती चालुक्यों के सामंत थे और उनके पतन के पश्चात् तेलंगाना में अपनी शक्ति प्रतिष्ठित की। काकतीय राजकुल का संस्थापक कोई सूर्यवंशी 'चतुर्थकुल' का व्यक्ति दुर्जय था। इस शाखा का प्राचीनतम ज्ञाता राजा बेट प्रथम (1000-30 ई०) था, जो आधुनिक आंध्र प्रदेश के नलगोण्डा जिले के 'कोरविप्रदेश' का शासक था। बेट प्रथम के पश्चात् उसका पुत्र प्रोल प्रथम (1030-1075) राज्य का उत्तराधिकारी हुआ। उसको यह अवसर तब मिला, जब उसके स्वामी पश्चिमी चालुक्य सोमेश्वर प्रथम ने उसकी सैनिक सेवाओं के बदले उपर्युक्त उपहार दिया। पश्चिमी चालुक्य सोमेश्वर प्रथम ने उसे 'अम्मकोण्ड विषय' का अधिपति बनाया था। प्रोल प्रथम का उत्तराधिकारी उसका पुत्र बेट द्वितीय (1075-1110) हुआ, जो पश्चिमी चालुक्य विक्रमादित्य षष्ठ के अधीन था। बेट द्वितीय के बाद उसका पुत्र प्रोल द्वितीय (1010-1158) उत्तराधिकारी बना। उसने अपने स्वामी पश्चिमी चालुक्य षष्ठ के निधन से उत्पन्न राजनीतिक स्थिति का फायदा उठाया और अपने-आपको स्वतंत्र घोषित कर सैन्य कार्यवाहियों में संलग्न हो गया। प्रोल द्वितीय के पुत्र और

उत्तराधिकारी रुद्र प्रथम (1158-1196) ने वेलुनाटि राजाओं को पराजति कर अपने पिता की मृत्यु का बदला लिया, जिससे उन्हें विजयी काकतीय राजा को करनालु-क्षेत्र समर्पण करना पड़ा। रुद्र प्रथम के बाद उसका अनुज महादेव (1196-99) राज्य का उत्तराधिकारी हुआ, जो एक युद्ध में यादवनृपति जैतुगी के द्वारा मार डाला गया। महादेव का पुत्र काकतीय गणपति 1199 ई० में राजगद्दी पर बैठा। वह काकतीय राजवंश का सबसे बड़ा शासक था। उसने वारंगल को अपनी राजधानी बनाकर उसे एक रमणीय नगर के रूप में विकसित किया। गणपतिदेव की उत्तराधिकारिणी उनकी पुत्री रुद्राम्बा (1209-96) बनीं, जिसे गणपति ने पुत्र के रूप में पाला था। रुद्राम्बा का विवाह चालुक्य राजवंश के वीरभद्र के साथ हुआ, जो उस समय निरवड्यपोल या निडडवोले (पश्चिमी गोदावली जिले) का शासक था।

चालुक्य-परिवार का प्रतापरुद्र द्वितीय रुद्राम्बा का नाती था ओर निस्संतान होने के कारण रुद्राम्बा ने उसे गोद लेकर अपना उत्तराधिकार घोषित किया था। प्रतापरुद्र काकतीय राजवंश का अंतिम शासक था। उसने 1296 ई० से 1323 ई० तक राज्य पर शासन किया। इस भूमिका के साथ यहाँ विस्तार से काकतीयों पर विचार अपेक्षित है।

अन्नंदेव व उनके वंशज को भ्रमवश काकतीय मानने की बद्धमूल परम्परा

बस्तरीय इतिहासकारों व लेखकों ने अन्नंदेव व उनके परवर्ती शासकों को काकतीय वंशीय माना है तथा यह परम्परा इतनी अधिक बद्धमूल थी कि प्रवीरचंद्र भंजदेव भी अपने को 'काकतीय' मानते थे। मैंने पहली बार 1969 में इसका खण्डन किया था और यह स्थापित किया कि बस्तर में काकतीयवंश का कभी शासन नहीं रहा। जिन्हें हम 'काकतीय' कहते हैं वे चालुक्य थे। कुहासा घटा और आज सभी मेरे नामोल्लेख के बिना मेरी स्थापना को स्वीकार करते हैं। यहाँ अपनी बात को मैं पुनः दुहरा रहा हूँ। कीलहार्न (इपीग्राफिआए इण्डिका, 9, 165) रायबहादुर हीरालाल (Inscriptions of C.P. and Berar, मध्य प्रदेश का इतिहास), कनिंघम (Archaeological Reports, VII, 147), केदारनाथ ठाकुर (1908), दि व्रेत (1909), योगेन्द्रनाथ शील (1922), आर. वी. रसेल (1908), चीजम, वंस एग्न्यू, सी. यू. विल्स, हीवेट ए. वाडिवेलु (1915), इलियट (1856), टेम्पल (1862), ग्लसफर्ड (1862), ग्रिग्सन, रमाशंकर त्रिपाठी (1965) तथा एल्विन (1947) प्रभृति सभी लेखकों ने अन्नंदेव व उनके वंशजों को काकतीय ही माना है तथा एक भी लेखक ऐसा नहीं है, जिसने इस बद्धमूल परम्परा का विरोध किया हो। भ्रांति की स्थिति यहीं तक नहीं है और हमें उस समय और भी अधिक आश्चर्य होता है जब हम इसी वंश के एक अंतिम महाराजा प्रवीचंद्र भंजदेव

को काकतीय कहते सुनते हैं। यह भूल उस समय और भी अधिक ग्रंथिल प्रतीत होती है, जब हम देखते हैं कि रविशंकर विश्वविद्यालय के इतिहास-विभाग के विशेषज्ञों ने बस्तर के काकतीय वंश से संबद्ध विषय पर इसी शीर्षक से अनेक छात्रों को पीएच. डी. उपाधि के निमित्त प्रबंध लिखने की अनुमति दी।

काकतीयों का संक्षिप्त इतिहास

प्रस्तुत मत का खण्डन करने से पूर्व यहाँ सर्वप्रथम पूर्वपक्ष के रूप में काकतीय-वंश का संक्षिप्त इतिहास प्रस्तुत किया गया है। तदनन्तर इस भ्रांति के कारणों पर विचार किया गया है।

दुर्जय नामक पूर्वपुरुष काकतीयों को नेल्लोर जिले के अभिलेखों में शूद्र कहा गया है, किन्तु मिथकों से पूर्ण इनकी वंशावलियाँ इन्हें सूर्यवंशी क्षत्रिय मानती हैं। इसी प्रकार 'काकतीय' शब्द की व्युत्पत्ति कभी तो 'काक' से की जाती है और कभी 'काकति' अर्थात दुर्गा के एक स्थानीय नाम से। काकतीयों का विश्वास था कि उनका प्राचीन पुरुष करिकालचोल था, जिसने काकतिपुर को राजधानी बनाया था, किन्तु इस 'काकतिपुर' का प्रत्यभिज्ञान आज तक संभव नहीं हो सका।

इस वंश का प्राचीन ज्ञात पुरुष बेट प्रथम है, जो पल्लव राजा के अधीन एक सामंत था तथा संभवतः जिसे राजेन्द्रचोल के अभियान के अवसर पर भारी क्षति उठानी पड़ी थी। कालांतार में बेट प्रथम के अधीनसथ 'एर' ने चोल-शासक को पराभूत कर अपने राजच्युतुत स्वामी को पुनः सिंहासन पर बिठाया था। बेट प्रथम ग्यारहवीं शताब्दी के पूर्वार्द्ध में कोरवि-मण्डल का स्वामी था। कोरवि-मण्डल संभवतः हैदराबाद-प्रदेश के नलकोण्डा जिले का एक भाग था।

बेट प्रथम के पश्चात् उसका पुत्र महामण्डेलश्वर प्रोल राजगद्दी का उत्तराधिकारी हुआ। उसे चालुक्य नृपति सोमेश्वर प्रथम त्रैलोक्यवर्मन (1043 ई० 1068 ई०) की अधीनता स्वीकार करनी पड़ी थी। महामण्डलेश्वर प्रोल के कल्याण के चालुक्य की ओर से चक्रकोट के नागवंशी शासक नृपतिभूषण पर आक्रमण किया था, जिसकी विस्तृत चर्चा मेरी पुस्तक (1987) में है। ऐसा प्रतीत होता है कि प्राचीन बस्तर-विजय के पुरस्कार स्वरूप चालुक्य-नृपति ने उसे महामण्डलेश्वर बनाया था। ऐसा शिलालेखीय प्रमाण भी मिलता है कि 'अन्नकोण्ड-विषय' का वह महामण्डलेश्वर था। यह अन्मकोण्ड आंध्र प्रदेश के वारंगल जिले का आधुनिक हनुमकोण्डे है।

प्रोल के पश्चात् उसका पुत्र त्रिभुवमल्ल बेट-प्रथम राजसिंहासन पर आसीन हुआ, जिसने चालुक्य विक्रमादित्य चतुर्थ त्रिभुवनमल्ल (1076-1126) की अधीनता स्वीकार की थी। उसके पश्चात् उसका पुत्र प्रोल द्वितीय राजगद्दी का उत्तराधिकारी हुआ, जिसकी

अंतिम ज्ञात तिथि 1115 ई० है। प्रोल द्वितीय के काल में चालुक्य-सत्ता छिन्न-भिन्न हो रही थी तथा इस अवसर से लाभ उठाकर उसने अपने राजा से विद्रोह कर दिया तथा तेलंगाना व आंध्र-क्षेत्र के चालुक्यों के करद राजाओं पर आक्रमण किया। फलस्वरूप चालुक्य नृपति तैलप तृतीय (1151-1162) को इस विद्रोह को दबाने के लिए अन्मकोण्ड पर अभियान करना पड़ा तथा उसने काकतीयों को परास्त किया। उसने अन्मकोण्ड राजधानी को छीन लिया, किन्तु कालांतर में प्रोल द्वितीय ने पुनः शक्तिसंचय किया था। उसने अपनी लुप्त राजश्री को हस्तगत करने के पश्चात् तैलप तृतीय को बंदी बना लिया। चालुक्य-सेना को उस क्षेत्र से हटना पड़ा और फलस्वरूप उसने राजा को मुक्त कर दिया।

प्रोल द्वितीय के काल से काकतीयों का प्रादुर्भाव स्वतंत्र शासकों के रूप में हुआ तथा उनके मन में साम्राज्य स्थापित करने की उत्कट अभिलाषा जगी थी। प्रोल द्वितीय के दो पुत्र थे—रुद्र तथा महादेव तथा प्रोल द्वितीय के पश्चात् उसका पुत्र संभवतः 1158 ई० के लगभग राजगद्दी पर बैठा।

राजसिंहासनाधिरूढ़ होने के चार वर्ष पश्चात् 1162 ई० में रुद्र प्रथम ने तैलप तृतीय पर आक्रमण किया तथा चालुक्यों के बढ़ते हुए प्रभाव को उसने सदा के लिए समाप्त कर दिया। रुद्र प्रथम का शासन कठिनाइयों से भरा हुआ था तथा उसके शासनकाल में अनेक करद राजाओं ने उसके विरुद्ध विद्रोह भी किया था। उसने उन विद्रोहों को बहुत ही कठोरता के साथ दबा दिया था।

रुद्र के पश्चात् उसके अनुज महादेव ने 1195 ई० में शासनसूत्र को संभाला था, किंतु तीन वर्ष शासन करने के पश्चात् उसकी मृत्यु हो गई। तदनन्तर महादेव का पुत्र गणपति 1198 ई० में राजगद्दी पर बैठा। गणपति एक प्रतापी शासक था, संभवतः काकतीय वंश का सर्वशक्तिमान नृपति, जिसने बाँसठ वर्षों तक राज्य किया था तथा चोल, कलिंग, सेउण (यादव राज्य), कर्णाट, लाट व बलनाडु आदि राजाओं को परास्त किया था। ऐसा भी उल्लेख मिलता है कि गणपति ने आधुनिक मध्य प्रदेश के बिलासपुर जिले के तद्युगीन तुम्माण-नृपति को भी पराभूत किया था (गणपति का पाखाल-अभिलेख, Hyderabad Arch, Series, N_o4, IND, p. 52)।

ऐसा प्रतीत होता है कि चोलराज की दुर्बलता और तेरहवीं शताब्दी के द्वितीय चरण में दक्षिण भारत की विलुप्त राजनैतिक परिस्थिति के कारण गणपति को साम्राज्य-विस्तार में सफलता मिली होगी। गणपति ने राजधानी को भी परिवर्तित किया तथा उसने अन्मकोण्ड को छोडकर ओरगुंगलु (वारंगल) को अपनी राजधानी बनाई थी। गणपति के शासन की अंतिम ज्ञान तिथि 1265 ई० है।

काकतीय वंश की अंतिम महारानी रुद्राम्बा देवी (1261-1293)

गणपति के कोई पुत्र न था। उसकी दो पुत्रियाँ थीं-रुद्राम्बा तथा गणपाम्बा। उसने निस्संतान होने के कारण रुद्राम्बा को उत्तराधिकारिणी बनाया। चालुक्य-वंश के इतिहास की इस घटना की पुनरावृत्ति हमें ब्रिटिशयुगीन बस्तर की रानी प्रफुल्लकुमारी देवी में मिलती है। रुद्राम्बा देवी के शासकाल में देवगिरि के यादवों ने वारंगल पर अभियान किया था, जिससे काकतीयों की प्रतिष्ठा को बहुत आघात पहुँचा था तथा काकतीयों का राजनैतिक वर्चस्व एक प्रकार से समाप्त-सा हो गया था। रुद्राम्बा के शासनकाल में 'मार्कोपालो' नामक एक प्रसिद्ध यात्री ने 1293 ई० में काकतीय साम्राज्य में भ्रमण किया था तथा उसने रुद्राम्बा की प्रशासनिक नीतियों की भूरि-भूरि प्रशंसा की थी।

रुद्राम्बा देवी का विवाह-चालुक्य सामंत से

रुद्राम्बा देवी का विवाह चालुक्य-नृपति वीरभद्रेश्वर से हुआ था तथा इससे स्पष्ट होता है कि रुद्राम्बा देवी तक ही काकतीयों का वंश जीवित था। वीरभद्रेश्वर कौन-सा चालुक्य था, यद्यपि यह स्पष्ट नहीं है तथापि यह कल्पना की जा सकती है कि वह कल्याणी का पूर्वी चालुक्य रहा होगा, जिसके अधीन इससे पूर्व काकति नृपति थे।

दुर्भाग्यवश रुद्राम्बा देवी के भी कोई पुत्र न था, उसकी एकमात्र पुत्री थी मम्मडम्बा देवी, जिसका विवाह महादेव नामक किसी व्यक्ति से हुआ था। इसी मम्मडम्बा देवी व महादेव से प्रतापरुद्र का जन्म हुआ था। वारंगल के काकतीय-अभिलेखों व विद्यानाथ के **'प्रतापरुद्रीयम्'** नामक ग्रंथ में प्रतापरुद्र के किसी अन्य भाई का उल्लेख नहीं हुआ है, जबकि बस्तर के दंतेवाड़ा-अभिलेख (E1, IX, 165) ये यह ज्ञात होता है कि उसके अनुज का नाम 'अन्नंदेव' था।

प्रतापरुद्र रुद्राम्बा का दौहित्र न दत्तक पौत्र (1290-1326)

काकतीय-शासिका रुद्राम्बा देवी के कोई पुत्र न था। अतएव उसने अपनी पुत्री मम्मडम्बा देवी के पुत्र प्रतापरुद्र को दत्तक के रूप में स्वीकार किया तथा उसे काकतीय राजसिंहासन का अधिकारी घोषित किया। अभिलेखों से यह ज्ञात होता है कि 1290 ई० से प्रतापरुद्र शासन का कार्य करने लगा था। प्रतापरुद्र काकतीय वंश का अंतिम प्रभावशाली नरेश था, जिसे वैद्यनाथ ने **'प्रतापरुद्रीय'** नामक अलंकार-ग्रंथ समर्पित कर अमर कर दिया है। मुसलमान-इतिहासकारों ने इसे **'लहरदेव'** के नाम से संबोधित किया है। यह एक पराक्रमी शासक था तथा राजसिंहासन पर आरूढ़ होते ही खोए हुए राज्यों की प्राप्ति के लिए प्रयास में जुट गया। उसने दक्षिण के अनेक क्षेत्रों को हस्तगत किया

था तथा उसकी कीर्तिपताका क्षिप्रता के साथ दक्षिण की ओर बढ़ रही थी, किन्तु इस समय तक अलाउद्दीन खलजी की गिद्धदृष्टि दक्षिण पर थी तथा दक्षिण-विजय के लिए उसे यह आवश्यक था कि प्रतापरुद्र को पराभूत करे। परिणामस्वरूप 1309-10 ई० में अलाउद्दीन के सेनानायक मलिक काफूर ने वारंगल की ओर कूच किया। मलिक काफरू की सेना के साथ आरिज-ए-मुमालिक, सिराजुद्दीन तथा अन्य लोग भी भेजे गए थे। मलिक काफूर पहले देवगिरि गया तथा वहाँ प्रतापरुद्र के अशुभींचतकों ने शत्रु के मार्ग को प्रशस्त किया। देवगिरि से वारंगल पहुँचकर उसने दुर्ग पर आक्रमण किया। राजपूतों ने बड़ी बहादुरी से मुसलमानों का सामना किया। प्रारंभ में काकतीय सेना ने शत्रुओं के छक्के छुड़ा दिये थे, किन्तु अंत में काकतीय प्रतापरुद्र को मुसलमानों की अधीनता स्वीकार करनी पड़ी। मलिक काफूर की दृष्टि प्रारंभ से ही काकतीयों की अतुलित सम्पत्ति पर थी तथा ऐसा उल्लेख मिलता है कि वारंगल से प्राप्न धन को काफूर एक हजार ऊँटों में लदवाकर दिल्ली ले गया था।

वारंगल पर द्वितीय आक्रमण सुल्तान गियासुद्दीन तुगलक के आदेश से 1322 ई० में हुआ था। उस समय दिल्ली-सल्तनत को प्रतापरुद्र ने पूर्व-प्रतिज्ञानुसार खिराज देना बंद कर दिया तथा अपने-आपको स्वतंत्र घोषित कर उसने पुनः सैन्य-अभियान तेज कर दिया था। इस कारण वारंगल के शासक को गियासुद्दीन तुगलक का कोपभाजन बनना पड़ा। तुगलक ने प्रतापरुद्र को वश में करने के लिए अपने पुत्र 'जून' अथवा जौन खाँ के सेनापतित्व में वारंगल की ओर एक सशक्त सेना भेजी। जौन खाँ का एक अन्य नाम उलुख खाँ भी था।

उलुख खाँ देवगिरि के मार्ग से वारंगल की ओर बढ़ा। इस युद्ध में प्रतापरुद्र ने अत्यधिक सूझबूझ के साथ काम लिया। पड़ोसी क्षेत्र के प्रायः सभी हिंदू राजा सुल्तान-शक्ति के विरोध में एक हो गए थे तथा उन्होंने प्रतापरुद्र की यथाशक्ति सहायता भी की थी। इस संघशक्ति के फलस्वरूप महीनों की घेराबंदी के बावजूद उलुख खाँ दुर्ग पर अधिकर न कर सका। इसी बीच प्रतापरुद्र ने उलुख खाँ के सम्मुख संधि का प्रस्ताव रखा तथा यह भी वायदा किया कि अब से लेकर वह नियमित रूप से वार्षिक 'कर' दिया करेगा। इतना ही नहीं उसने प्रभूत हाथी व कोश देने का भी वचन दिया था, किन्तु जौन खाँ ने उस पर विश्वास नहीं किया, क्योंकि वह पहले भी अलाउद्दीन और मुबारक खाँ को नियमित 'कर' देने का वचन दे चुका था तथा कभी वचन का पालन नहीं किया। संधि-प्रस्ताव को ठुकरा देने का एक और भी मुख्य कारण था। वह यह कि वारंगल का शासक उसके लिएउ सर दर्द बन गया था। उसके पराजय के माध्यम से जौन खाँ दक्षिण के राजाओं को आंतकित करना चाहता था, ताकि वे कभी भविष्य में सिर न उठ सकें। जौन खाँ प्रतापरुद्र को पराजित कर व बंदी दिल्ली ले जाना चाहता था।

किन्तु इसी बीच मुसलमानों की सेना पर एक विपदा आ पड़ी। सेना के नायक युद्धभूमि को छोड़कर भागने लगे। ऐसा कैसा हो गया? इसका निर्णय ठीक-ठाक निकालना कठिन है। बरनी के अनुसार 'जौन खाँ का एक लंगोटिया यार उबैद भी सेना के साथ था। उसने मजाक ही मजाक में मुसलमान-सैनिकों के मध्य यह अफवाह फैला दी कि सुल्तान की मृत्यु हो गई है तथा दिल्ली की गद्दी पर अब एक नया सुल्तान बैठा है। उबैद ने सेना के सरदारों से यह भी कहा कि जौन उनका वध कर डालना चाहता है। इन अफवाहों पर विश्वास कर प्रायः सभी अमीर युद्धभूमि छोड़कर अपने साथियों के साथ भाग खड़े हुए (देखिए, **तारीख-ई-मुबारकशाही**)। इससे जौन खाँ की सेना में अराजकता फैल गई तथा सैनिक भी भागने लगे। इससे बंदी बनाए गए हिंदू सैनिकों को सुअवसर मिला तथा उन्होंने जौन खाँ के संपूर्ण धन को हड़प लिया। बेचारा जौन खाँ किसी प्रकार प्राण बचाकर देवगिरि की ओर भागा।

जौन खाँ के इस पराजयमूलक अपवाद को **इब्नबतूता** ने दूसरे ही ढंग से प्रस्तुत किया है। उसके अनुसार जौन खाँ अपने पिता के विरुद्ध जिहाद छेड़ने वाला तथा उसी ने उबैद को ऐसी मिथ्या सूचना प्रसारित करने को कहा था। उसका विचार था कि शायद ऐसा समाचार सुनकर सभी अमीर उसके पक्ष में होकर उसके प्रति स्वामिभक्ति प्रदर्शित करेंगे, किन्तु परिणाम उल्टा ही हुआ तथा अमीरों ने ही उसके विरुद्ध विद्रोह कर दिया। फलतः दस अवश्वारोहियों के साथ वह दिल्ली चला गया तथा उसने सुल्तान को अपनी विपदा सुनाई व अमीरों को कठोर सजाएँ दी गईं। सुल्तान उस पर विश्वास करता था। अतएव उसने अफवाहों पर ध्यान नहीं दिया।

प्रतापरुद्र पर तीसरा अभियान पुनः जौन खाँ ने सुल्तान के आदेश से 1324 ई० में किया था। इस बार मुसलमानों की सेना ने विशेष सतर्कता बरती तथा वारंगल के दुर्ग पर कब्जा कर लेने के पश्चात् प्रतापरुद्र को बंदी बना लिया एवं हाथी, कोश, संबंधियों व अधीनों के साथ उसे दिल्ली ले जाया गया। वारंगल का नाम बदलकर सुल्तानपुर कर दिया गया।

प्रतापरुद्र की मुक्ति

प्रतापरुद्र के बंदी बनाए जाने का समाचार जब राजप्रसाद में पहुंचा, तो प्रासाद में कुहराम मच गया। प्रतापरुद्र की माता मम्मडम्बा देवी तथा राजमहिषी शर्वाणी देवी पर जैसे वज्रपात हो गया हो। इस संकट की बेला में संस्कृत के विद्वान् साहित्यशास्त्री विद्यानाथ ने राजा व राजपविार की मुक्ति के लिए एक युक्ति निकाली। उसने एक तेलुगु कविता के द्वारा बंदी राजा को आश्वस्त किया कि हम आपके साथ हैं। आप चिंता न करें। धैर्य रखें शीघ्र ही विद्यानाथ कवि कुछ विश्वासपत्र लोगों के साथ तेलुगु व्यापारी

बनकर दिल्ली रवाना हो गए। कार्यसिद्धि के लिए वे अपने साथ पर्याप्त धनसम्पत्ति भी ले गए थे। विद्यानाथ के प्रयास से प्रातपरुद्र व उनका परिवार शत्रु के बंधन से मुक्त हुआ। **'साहित्यदर्पण'** के लेखक विश्वनाथ महापात्र प्रतापरुद्रदेव के आस्थानपण्डित थे। **'सौगन्धिकाहरण'** व्यायोग के सूत्रधार के कथन से यह बात पुष्ट होती है–'राजा प्रतापरुद्रेण संभावितैरशेषविद्यासारसार्वज्ञधौरेयमतिभिः सभासद्‌भिः सबहुमानमादिष्टोऽस्मि।

प्रतापरुद्र का बस्तरागमन

ऐसा प्रतीत होता है कि बंदी बनाए जाने से पूर्व की प्रतापरुद्र व उनकी माता ने अन्नंदेव को वारंगल छोड़ने के लिए कह दिया था, जिससे चालुक्य-वंश का दीप बुझने न पाए। अतएव (जैसा कि 'अन्नंदेव' शीर्षक के अंतर्गत स्पष्ट किया गया है) 1324 ई० में ही अन्नंदेव ने बस्तर पर अपना अधिकार कर लिया था। मुसलमानों के चंगुल से छूटने पर संभवतः सर्वप्रथम प्रतापरुद्र का परिवार बस्तर आया होगा। उसके पश्चात् बस्तर में अन्नंदेव को सुप्रतिष्ठापित करने के पश्चात् वह आध्रं की ओर चला गया होगा। प्रतापरुद्रदेव का 1326 ई० का एक अभिलेख गुण्टूर जिले में प्राप्त हुआ है, जिससे यह अनुमान होता है कि यह उस समय तक वहाँ शासन करता रहा होगा, किन्तु 1326 ई० के पश्चात् प्रतारुद्रदेव का क्या हुआ? कहा नहीं जा सकता। इस संबंध में केदारनाथ ठाकुर (1908, 130-35) के विचार द्रष्टव्य हैं–'चौदहवीं शताब्दी में अलाउद्दीन बादशाह दिल्ली में राज्य करता था। पहले-पहल दक्षिण में उसी के समय चढ़ाई हुई। मलिक काफूर जो हिजड़ा गुलाम था तथा एक ब्राह्मण का लड़का जो पीछे मुसलमान कर लिया गया था, दोनों बादशाह के बड़े विश्वासपात्र थे तथा वीर थे। उन्हीं दोनों के साथ असंख्य सेनाएँ दक्षिण विजय करने को भेज गयीं। उस समय दक्षिण में तीन नामी राजा थे, जैसा कि हण्टर साहब के इतिहास से जाना जाता है। इन तीनों में औरंगल के महाराज प्रातपरुद्रदेव मुख्य थे। इनके पास उस समय असंख्य कोष तथा पशु थे। जिस प्रकार भारतवर्ष में अलाउद्दीन बादशाह था, उसी प्रकार दक्षिण में प्रतापरूद्रदेव महाराज थे। मलिक काफूर तथा उत्तर खुसरो खाँ को यह बात अच्छी तरह मालूम थी कि नीतियुक्त युद्ध कर महाराजा को जीत नहीं सकेंगे। इसलिए फौज को विभक्त कर इध ार-उधर भेजने लगे।

'संमय के फेरं से पहाड़ होत माटी को' कथन बहुत उपयुक्त है। जब ईश्वर को किसी समाज, राज्य अथवा शक्ति को तोड़ना होता है, मौका भी उसी तरह दूसरों को मिल जाता है। यथार्थतः यदि संमुख नीतियुक्त युद्ध होता, तो किसी प्रकार मलिक काफूर व खुसरो खाँ महाराज प्रतापरुद्रद्रेव को नहीं पकड़ सकते थे, क्योंकि जितनी विदेशी शक्तियाँ आती थीं, उत्तर भारत के महाराजा लोग उनसे युद्ध करते थे। दक्षिण

में कभी किसी ने चढ़ाई नहीं की। लड़ाई होने पर असख्या सेना उन पर टूट पड़ती, पंरतु दैव की गति विचित्र है। जिस समय खुसरो खाँ तथा मलिक काफूर इस प्रकार का छल-प्रपंच कर औरंगल देश को अनाथ कर भारतवर्ष की स्वतंत्रता का गला घोंटना चाहते थे, महाराज प्रतापरुद्रदेव के परम चतुर मंत्री युगन्धर इस हाल को न जान कर पहले से ही रामेश्वर-दर्शन को गए थे और उनका छोटा भाई जर्नादन मंत्री का काम देखता था। जब मलिक काफूर पाँच हजार सेना लेकर औरंगल पहुँचा, उस समय खुसरो खाँ, वली खाँ, मुस्ताफा खाँ, फिरोज खाँ, इत्यादि अन्य-अन्य सेनापति अपनी-अपनी सेना को छितर-बितर कर आस-पास डेरा डाले हुए थे। युगंधर मंत्री के भाई जनार्दन को इनका आना मालूम हुआ। उस समय उन्होंने कहला भेजा कि तुम लोग बिना हुक्म के क्यों आए हो। यदि जल्द वापस न जाओगे तो लड़ाई करके निकाल दिए जाओगे। उस समय वली खाँ तथा खुसरो खाँ और दूसरे यवन-सेनापति लोग भी मलिक काफूर के कैम्प में मौजूद थे। उन लोगों ने विचार कर मंत्री को कहला भेजा कि हम आपके मित्र हैं। शहंशाह अलाउद्दीन ने महाराज के पास कुछ नज़राना भेजा है और हम महाराज को नजर देकर व दोनों राज्यों में भविष्यत् में मैत्री रहे, इसका प्रबंध करके चले जाएँगे। जब मुसलमानी फौज औरंगल पहुँची, महाराज प्रतापरुद्रदेव पंद्रह दिन पहले से शिकार खेलने को गये थे। जनार्दन मंत्री को जब इनका आना मालूम हुआ, उसी दिन महाराज तथा युगंधर मंत्री को दूत भेजकर बुलाया गया।

‘औरंगल शहर में उस समय चकमकी शास्त्री नामक ज्योतिषी रहते थे। कुछ कारणों से यह महाशय महाराज तथा मंत्री से रुष्ट था। मुसलमान लोगों ने जनार्दन मंत्री को पत्र लिखा कि हमारे कपड़े वगैरह मैले हो गए हैं तथा बाल बढ़ गए हैं। कृपा कर नाई, धोबी को भेज दें। इस पत्र के पाते ही कमलराव अर्थात् प्रतापरुद्रीय सेनापति तथा विश्वासराव मंत्री के सिरस्तेदार को मुसलमानों पर शक हुआ। उन्होंने लड़ाई का सब प्रबंध कर जगह-जगह तोप इत्यादि रखवा कर महाराज की ओर कुछ सेना रक्षा के लिए भेजी। नाई, धोबी को बहुत समझा कर उनके कैम्प में भेजा। स्वामिभक्त नापित तथा रजक मुसलमानों के बहुत कुछ लोभ देने पर भी घर का भेद नहीं बताया। नाई और धोबी के अतिरिक्त किसी को किले के बाहर जाने का हुक्म नहीं था। चकमकी शास्त्री ने किसी प्रकार यवनों की छावनी में जाकर तथा यवनों के बहुत लोभ देने पर उन्हें सब भेद बता दिया और यह भी कह दिया कि यदि चार दिन के भीतर महाराज को न पकड़ सके, तो फिर वे नहीं मिलेंगे। आजकल वे गोदावरी नदी के किनारे शिकार खेलने गए हैं तथा सेनापति भी कुछ सेना उधर रक्षा के लिए महाराज के पास भेजने वाला है। इतना सुनते ही वली खाँ तथा खुसरो खाँ उसी वक्त रवाना हो गए। पड़ाव का बंदोबस्त होने लगा। वली खाँ एक बारगी जाकर मध्याह्न समय में जब महाराज घोड़े को छोड़कर एक

वृक्ष के नीचे बैठे थे, उन्हें पकड़कर उसी समय गोदावरी पार कर गया। उधर औरंगल में भी लूटपाट होने लगी। फौज के छितर-बितर होने पर मुसलमान लोग राजधानी लूटकर तथा मलिक काफूर सेतुबंध रामेश्वर तक सब छोटे-छोटे राज्यों को शिकस्त देता हुआ जीतकर दिल्ली वापस हुआ। वली खाँ उसी समय महाराज को पकड़ सीधा दिल्ली रवाना हो गया।'

'इस समय राजमहल में प्रतापरुद्रदेव महाराज की माता श्रीमती मुम्मडम्बा तथा राजमहिषी श्रीमती शर्वाणी देवी थीं। पिद्यानाथ कवि को ज्यों ही मालूम हुआ कि महाराज गिरफ्तार हुए हैं, फौरन गोदावरी जाकर तेलुगु कविता द्वारा महाराज को समझाया कि हम लोग आपका पीछा नहीं छोड़ेंगे तथा आप अपना नाम लोगों से छिपाए रहेंगे। हम आपको **पेरी** नाम से पुकारेंगे।

'इस प्रकार युगंधर मंत्र के आने तक राजमाता तथा रानी को महाराज की गिरफ्तारी नहीं मालूम हुई। मंत्री के आने पर सबको महाराज का हाल ज्ञात हुआ। युगंधर मंत्री, विश्वासराव, कमलराव, विद्यानाथ कवि, विजयराम रेड्डी, नारायण राव जमींदार, अन्नमराय तथा नरसिंहामुलु इत्यादि लोग नाव में असंख्य द्रव्य, मोती, मूँगा, मणि इत्यादि रख त्रिलिंग देश के व्यापारी बन दिल्ली पहुँच बहुत उपाय कर महाराज को छुड़ा लाए, परंतु पीछे ही पीछे यवन-सेना भी जमीन की ओर से औरंगल जाने लगी। इध ार पड़वा में बैठाल राजा को ज्योंही राजधानी में लाए, मुसलमानों से घनघोर लड़ाई छिड़ी। लड़ाई से तंग आकर महाराज दो हजार सैनिकों के साथ पारवाल इलाके में चले गये।'

'लोग कहते हैं कि महाराज के पास पत्थर था, जिसे वे सदैव शिवलिंग की ताबीज में भरकर गले में डाले रहते थे। इसी को मुसलमान माँगते थे। यहाँ पर जाकर उन्होंने खाई खुदवाई तथा बड़े-बड़े तालाब बनवाये। परवाल को देखने वाले लोग कहते हैं कि उनके तीन ओर पड़ाव तथा एक ओर तालाब है। कुछ दिन यहाँ फिर मुसलमानी फौज चढ़ आई। यहाँ पर फिर लड़ाई हुई महाराजा के दस हजार सैनिक खेत आए। वहाँ से फिर महाराज तुम्मलचेरु आये, जो शंकरगिरि तालुका हुसैनीबाद के करीब है। यहाँ पर बारह बरस रहे। यहाँ उनका बनवाया किला तथा तालाब अब तक मौजूद हैं। यहाँ पर भी मुसलमानों ने हमला किया। महाराजा वहाँ से सुरेड़ को आए। वहाँ कुछ दिन रहकर चले गये।'

'सिंरोचा के नजदीक प्राणहिता पजंति नदी में महाराज प्रतापरुद्रदेव ने पारस पत्थर को फेंक दिया और गर्दिश में घूमते हुए वें भूपालपट्टनम में आये। उसी समय में भूपालपट्टनम नाम पड़ा। सो बस्तर में आते समय महाराज के साथ सिर्फ दो हजार सैनिक थे। भूपालपट्टनम से घाटी चढ़ वहाँ से छोटे राजाओं को जीत-जीत कर आगे

बढ़ते गये। बीजापुर नाम उसी समय रखा गया। जब पहले-पहल गंगवंशीय (नागवंशीय) राजाओं से लड़ाई में महाराज की सेना को विजय प्राप्त हुई। अर्थात् असल शब्द विजयपुर है, जो आज-कल बीजापुर कहलाता है।'

'इसी प्रकार छोटे-छोटे जमींदारों को शिकस्त करते हुए दंतेवाड़ा में आकर रहने लग। गंगवंशीय (नागवंशीय) राजाओं को परास्त करने के पश्चात् दंतेश्वरी का मंदिर बनवाया। लोग कहते हैं कि बारसूर के पत्थर और मूर्तियों को दंतेवाड़ा में लाते समय कई आदमी मर गये थे। ये मूर्तियाँ तथा पत्थर हाथ से उठाकर दंतेवांड़ा लाए गए। दंतेश्वरी की प्रतिष्ठा करने के पश्चात् तेलंगा जाति के कतियार को वहाँ का पुजारी बनाया। कुछ वर्षों के पश्चात् जीया लोग भी औरंगल से आए और अपने साथ रायगुड़ी बाजा भी लाये, जो आज तक दंतेवाड़ा में है। सिर्फ दीवाली के दिन इसे बाजते हैं। बाकी दिन इसका पूजन करते हैं। कई लोग कहते हैं कि दंतेश्वरी का मंदिर एक ही रात में बना है। यह असंभव है। इसके बाद प्रतापरुद्रेव औरंगल चले गये, जहाँ उनका स्वर्गवास हो गया।

'जिस समय बस्तर में महाराजा प्रतापरुद्रदेव आये, उस समय बस्तर-राज्य का क्षेत्रफल दुगुना था। सिहावा, कोटपाड़, मलकांगिरि का काँकेर-राज्य का कुछ भाग बस्तर के अधीन था। इसी प्रकार सिंरोचा तालुक व अपर गोदावरी डिस्ट्रिक्ट भी उस समय बस्तर महाराज के अधिकर में थे। प्राचीन समय में राजधानी निरंतर परिवर्तित होती रहती थी, जैसे चितापुर, राजपुर, दंतेवाड़ा, बड़ा डोंगर, राजनगर, बस्तर, जगदलपुर इत्यादि।'

उपर्युक्त अनुश्रुतियों पर ध्यान देते हुए यह मानना पड़ेगा कि वर्ष 1326 ई० ने वारंगल की नियति को पूरी तरह से बंद कर दिया, 'सील' कर दिया। मराठा राज्य के अंतिम पराभव के बाद मुसलमानों के आक्रमण का पूरा दबाव दक्षिण पर पड़ा और वारंगल के काकतीयों पर वे पिल पड़े। प्रारंभ में काकतीयों ने मुसलमानों के आक्रमणकारी सैन्य दलों के प्रचण्ड आघातों का बहादुरी के साथ सामना किया, किन्तु बार-बार दुहराए जाने वाले आक्रमणों से हिंदुओं का नैतिक बल पूरी तरह डगमगा गया और मुसलमानों की सफलता का मार्ग प्रशस्त हो गया। वारंगल के राज्य को अंततोगत्वा 1323 ई० में जीत लिया गया और वह उलुख खाँ के अधीन हो गया।

आंध्रभूमि पर स्वतंत्रता का सूर्य अस्त हो गयझ। वारंगल का अंतिम नरेश प्रतापरुद्रदेव, जो अपनी अगणित सेना को सेनानायक था, जिसने सुदूर दक्षिण के देशों पर सफल सैन्य कार्यवाही का अनेक बार संचालन किया था और जिसने अनेक दुर्दांत युद्धों को जीता था, वह मुगलसेना के द्वारा बंदी बना लिया गया।

बस्तरराजवंशावली (संस्कृत, 1853) में उसके शौर्य का चित्रण इस प्रकार हुआ

है।

नवलत्क्षधनुर्धराधिनाथे पृथ्वीं शासति काकतीयरुद्रे।
अभवत्परमाग्रहारपीडाकुचकुम्भेषु कुरंगलोचनानाम् ॥
प्रतापरुद्रदेवस्य पुरकांचनवर्षणम्।
यामार्धमहरत्कालं पुरा वै यज्ञहेतवे ॥
प्रतापरुद्रनृपतिस्साक्षाद् रुद्रांशसम्भवः।
शिवार्चनपरो भक्तो माणिकीशक्ति सेवितः ॥

"काकतीय राजवंश के रुद्र जब पृथ्वी पर शासन कर रहे थे और जिनके अधीन नौ लाख धनुर्धर थे, वे मृगाक्षी महिलाओं की पीड़ा को समाप्त करने में अग्रणी थे। मध्य युग में उन्होंने अद्भुत पराक्रम का परिचय दिया। उनके नगर में सोने की वर्षा होती थी और वे रात्रि का अर्द्धांश यज्ञों को सम्पादित करने में बिताते थे। वे स्वतः रुद्र के अवतार थे। वे माणिकेश्वरी के भक्त थे और शिवार्चन में कालयापन करते थे।"

प्रतापरुद्रदेव से संबद्ध बस्तर के विवरण मुसलमानों के दस्तावेजों पर आधारित लगते हैं। इसलिए उनमें प्रमाणों का अभाव है। मुसलमानी दस्तावेज यह विवरण देते हैं कि प्रतापरुद्र को बंदी बनाकर खजाने और संबंधियों के साथ दिल्ली ले जाया गया था। प्रोलय नायक के विलासदान-पत्र (द्र. शर्मा 1945 : 100-09) के अनुसार—"तुरुष्कों का स्वामी सुल्तान अहमद प्रतापरुद्र का बहुत बड़ा शत्रु था। जामदग्नि राम के वध से जो बचे थे, वह सुल्तान के द्वारा पूरी तरह विनष्अ कर दिए गए थे, वह सुल्तान जो राजाओं के लिए 'लयकाल' था। वीरों में उद्‌घट वीररूद्र, जिनके पास बहादुर सैनिक थे, उन्होंने सुल्तान को सात बार पराजित किया था, जिनके पास नौ लाख घुड़सवार सैनिक थे, किन्तु भाग्यचक्र के कारण वे तुरुष्कों के स्वामी के हाथ में आ गए। ऐसा महान् योद्धा जो राजनय में निष्णात हो, अत्यधिक शक्तिसाधन-संपन्न हो, अन्य राजाओं के द्वारा सहायता प्राप्त हो, उसका मुसलमान के द्वारा निग्रह नियति का ही तो खेल था। जब मुसलमानों की सेना से घिरे हुए वे दिल्ली ले जाए जा रहे थे, तब उन्होंने मार्ग में ही नर्मदा में कूदकर अपनी इहलीला समाप्त कर ली—

अथैवं शासता तेन तुरुष्काणामधीश्वरः।
अहंमदसुरत्राणों महद्वैरं समाचरत् ॥
भूपाललयकालेन येन निःशेषतां गताः।
जामदग्न्येन रामेण हतशेषा महीभृतः ॥
वीरोद्भटस्सोपि वीररुद्रः प्रतापवान्।
अजयत्सप्तकृत्वस्तं नवलक्षाश्वसाधन् ॥

नीतिप्रशस्तोऽपि बलाधिको सहाययुक्तोऽपि च वीरभद्रः।
भाग्यक्षतेर्मानुषमण्डलस्य तुरुष्कभर्तुवंशतामयासीत् ॥
स नीयमानो नगरीं स्वकीयां ढिल्लीं प्रयत्नाद्यवनेश्वरेण।
सोमोद्भवायाः सरितः प्रतीरे दैवादासीद् त्रिदशाधिवासम् ॥

हम इस विवरण से समझ सकते हैं कि बंदी बनाए गए प्रतापरुद्र मुगल-साम्राज्य की राजधानी दिल्ली नहीं पहुँचे, बल्कि गहरे दुःख और अत्यधिक अपमान से बेबस होकर दिल्ली के मार्ग में पड़ने वाली नर्मदा में छलांग लगाकर आत्महत्या कर ली थी।'

बस्तरराजवंशावली (1853) के कथन **'प्रतापरुद्रे त्रिदिवं गते'** की यही ध्वनि है—

प्रतापरुद्रे त्रिदिवंगते तदा तस्यानुजन्मान्नमदेवराजः।
ओरंगलशक्तियुतं विहाय सखड्गपाणिर्नृप बस्तरेऽगात् ॥

और उनके अनुज अन्नंमदेव ने वारंगल को त्यागकर हाथ में तलवार लेकर बस्तर चले गए। उपर्युक्त तथ्य **अनितल्ली के कलिवचेरु-दानपत्र** (तदेव) और **तारीखे फिरूजशाही** (सं. खण्ड 3, पृ. 367) से भी पुष्ट होता है, जिनमें कहा गया है कि जब सुल्तान मुहम्मद ने तेलंगाना के 'राय' (राजा) को दिल्ली रवाना किया, तो मार्ग में ही उनकी मृत्यु हो गयी।

तब उलुख खाँ अपनी विजय को दृढ़ीभूत करने व प्रदेश के प्रशासन को संगठित करने के लिए तेलंगाना में ही रुका रहा।

गोदावरी-क्षेत्र में मुस्लिम-शासन अत्यधिक दमनकारी, अतिक्रूर, असह्य तथा तानाशाहीपूर्ण था। वह कैसा था, इसका अंदाजा मुसनूरिकुल के प्रोलय नायक के विलासदान-पत्र शर्मा, 1945) को पढ़ने से लग जाता है। उक्त दानपत्र समकालिक था तथा उससे विजित देश के लोगों को दयनीय स्थिति का ज्ञान होता है।

केचिद्धनाढ्याः परिबाध्यमाना धनाय पापैर्विविधैरुपायैः।
केचिन्निरीक्ष्यैव च पारशीकान् पर्य्यत्यजन् प्राणनभस्वतोऽन्ते॥23
द्विजातयस्त्याजितकर्मबंधा भग्नाश्च देवप्रतिमास्समस्ताः।
विद्वद्वरिष्ठैश्चिरकालभुक्तास्सर्वेऽप्यहारिषताग्रहाराः॥24
आर्त्ते कर्षणलाभे पापैवनैर्बलात्कारात्।
दीनादीनकुटुम्बाः कृषीवलाः नाशमापन्नाः॥25
धनदारादिके नृणां कस्मिंश्चिदपि वस्तुनि।

स्वायत्ततामतिर्नाभूद् भुवि तस्यां महापदि॥26
पेया सुरा गोपिशितं च भोज्यं लीलाविहारो द्विजघातनं च।
अश्रांतमासीद्यवनाद्यमानां कथं नु जीवेद् भुवि जीवलोकः॥27
इत्थं तैर्य्यवनभटैः प्रवाध्यमानं तैलिंग धरणितलं सुरारिकल्पैः।
त्रातारं कमपि हृदाप्यविन्दमानं संतेपे वनभिव दाववह्निजुष्टम्॥28

"हजारों पाप भरे रास्ते पर चलने वाले धनवान् धन के खातिर कष्ट भोगते हैं। डर के कारण अनेक लोग हिंदू धर्म बदलकर मुसलमान हो गए, तो कई ने अपने प्राणों का उत्सर्ग कर दिया। ब्राह्मणों को उनके धार्मिक क्रियाकलाप प्रार्थना-पूजन करने से रोक दिया गया है। मंदिरों को ध्वस्त कर दिया गया है और मूर्त्तियों को तोड़ डाला गया है। मुसलमान न बनने पर अनेक प्रकार के कर लगाए गए हैं। जो विद्धान् व्यक्ति थे, वे तेलंगाना छोड़कर बाहर चले गए हैं। सभी छोटे-बड़े किसानों को परिश्रमपूर्वक उगाई गई फसलों से वंचित कर दिया गया है। उस कठिनाई भरी विपत्ति की स्थिति में कोई व्यक्ति अपनी सम्पत्ति को सहेज कर नहीं रख सकता था, इसलिए सम्पत्ति की आकांक्षा ही छोड़ दी। पत्नियों और अचल सम्पत्ति का भी कोई मूल्य नहीं रह गया था। मुस्तण्डे मुसलमान हमेशा शराब के नशे में धुत्त रहकर गाय का माँस खाते थे। खेल-खेल में ब्राह्मणों को मार डालते थे। जब देश की इतनी दुर्दशा हो, तो कोई भला वहाँ कैसे रह सकता था और संसार छोड़ देने की ही बात करता था। ये यवन-योद्धा इतने अनाचारी है कि सचमुच राक्षस प्रतीत होते हैं। ये मानवरूपी जंगल में आग लगाकर मानवों को भून डालना चाहते हैं।"

उपर्युक्त विवरण से वारंगल के पतन के पश्चात् गोदावरी-अंचल की वास्तविक स्थिति का ज्ञान होता है। संदर्भित तथ्यों की यदि निष्पक्ष समीक्षा की जाए, तो यह मानना पड़ेगा कि न तो उनमें अतिरंजना है और न ही असत्य का अंश। इससे यही निष्कर्ष निकलता है कि उस युग के मुस्लिम–शासक हिंदुओं के प्रति असहिष्णुता की नीति पर चल रहे थे। ऊपर वर्णित **विलासदानपत्र** के कतिपय तथ्य जियाउद्दीन बर्नी के अधोलिखित कथन से मिलते-जुलते हैं।

"The first project which the Sultan formed and which operated to the ruin of the country and the decay of the peope was that, he thought he ought to get ten or five per cent more tribute from the lands in the Doaba. To accomplish this he invented some oppressive **abwabs** (cesses) and made stoppages from the land-revenues untip the backs of the **Raiyats** were broken. The cesses were collected so rigorously that the **raiyats** were impoverished and reduced to beggary. Those who were rich and had property became rebels; the lands were ruined, and cultivation was entirely arrested" (H.M. Elliot: History of India, vol11, P. 238).

उपर्युक्त पंक्तियों से दोआब-अंचल के रैयत की स्थिति का आभास होता है। दोआब-अंचल की उक्त बातें गोदावरी-अंचल में भी लागू होती थीं।

गोदावरी-अंचल में सर्वत्र असंतोष और दुःख का वातावरण था। मुसलमान अमीर तथा अन्य अधिकारियों के आततायी शासन से लोग आतंकित थे। गोदावरी-क्षेत्र में यातना और दमनकारी घटना कहीं भी और कभी भी हो जाती थी। उसका कोई अंत नहीं था। अमीरों और अधिकारियों के पास लोगों के इन अत्याचारों के सुनने का समय नहीं था। इसकी वे आवश्यकता ही नहीं समझते थे। किसी भी राजकुल का कोई भी व्यक्ति हिंदुओं और उनकी सुरक्षा की गारंटी नहीं दे सकता था। काकतीयों का शक्तिशाली साम्राज्य ढह चुका था और राजकुल का एक सदस्य अन्नंमदेव मुस्लिम आक्रमणों की चुनौतियों को स्वीकार करता हुए सुरक्षित बचकर दण्डकवन में प्रवेश कर गया–

तस्य भ्राता अन्नमराजनामा यवनभयात् निजदेशं परित्यज्य दण्डकारण्यनिकटबस्तरदेशे राज्यं चकार (Dantewara Sanskrit and Hindi Inscription of Dikpaladeva: Samvat 1760, **Epigraphia Indica,** Vol. XII., 246).

4

चालुक्य-राजवंश का उदय

वे तथ्य और वे परिस्थितियाँ जिनसे चालुक्य राजवंश की उत्पत्ति हुई, आज तक प्रकाश में नहीं आ सकीं। प्राप्त सामग्री अपर्याप्त है तथा उसका भलीभाँति परीक्षण भी नहीं किया गया। इस राजवंश की स्थापना क्यों और कैसे हुई? लगता है कि यह राजवंश मध्ययुगीन गोदावरी-अंचल के राजनीतिज्ञों के प्रयास के फलस्वरूप अस्तित्व में आया। तब गोदावरी-अंचल में मुग़लों का आतंक बढ़ रहा था और समूचे क्षेत्र में राजनीतिक हलचल, विक्षोभ तथा अराजकता छाई हुई थी। ऐसी स्थिति में उक्त अंचल में शान्ति और व्यवस्था को कायम रखने के लिए वहाँ से मुसलमानों का निष्कासन अपरिहार्य हो गया था। उस संकट की घड़ी में चालुक्य राजवंश का उदय हुआ, जो आदिवासी धर्म और संस्कृति का संरक्षक बनकर अवतरित हुआ। इसके अवतरण का एक अन्य लक्ष्य था आदिवासी परम्पराओं तथा कर्मकाण्डों को पुनर्जीवित करना, जिन पर विदेशी शासन ने कठोर प्रहार किया था और जो लगभग मरणासन्न स्थिति में थीं। बस्तर राज्य से प्राप्त **टेमरा सती शिलालेख** (इपी. इंडिका, खण्ड 10, पृ. 40) को 1324 ई० में लिखा गया था। उक्त अभिलेख तथा उत्कीर्णन की तिथि न केवल बस्तर के जनजातीय इतिहास व नागोत्तर राज्यों के लिहाज से महत्त्वपूर्ण है, अपितु इसी तिथि के साथ बस्तर के इतिहास में एक नए युग का सूत्रपात होता है और छिन्दक नाग की राजलक्ष्मी सदा के लिए चालुक्यों के साथ चली जाती है।

बस्तर में चालुक्यों के शासनकाल में क्या हुआ? इस प्रश्न के विश्लेषण की जरूरत है, क्योंकि लोकप्रचलित चालुक्य आदिवासियों की गणतंत्रात्मक शासन-प्रणाली को ध्वस्त कर राजतंत्र-प्रणाली लेकर आए थे। यह बात इस अर्थ में सच है कि इस युग (1324-1777) के शासक-वर्गों ने पराभव, पतन तथा निर्धनता का ही प्रदर्शन किया था तथा महान् गोंडों की परम्परा (760-1324) को धूलि-धूसरित कर दिया था। इन्हीं चालुक्यों के काल से बस्तर में 'परदेशी' तत्वों का प्रवेश प्रारंभ हुआ तथा निर्दयी

सामंतवाद की नींव पड़ी, जिसने आगामी पाँच शताब्दियों तक पूर्ण अवरुद्धता और जड़ता को स्थापित किया। इस तरह के नकारात्मक विकास ने कालांतर में हलबा-क्रांति (1774-79) को जन्म दिया था।

चालुक्यराज के अंतर्गत से ही विदेशी और देशी व्यापार में गिरावट आना संभव हो गयी थी। इसके पूर्ववर्ती नागयुग में आरंभ हुई नगरीकरण की प्रक्रिया के स्थान पर आदिवासीकरण में वृद्धि हुई। शासक-वर्ग तक इससे प्रभावित हुआ। अतः स्वाभाविक था कि शिल्प और मुद्रा पर आधारित अर्थव्यवस्था की भी अवनति हुई। पूर्ववर्ती नाग (गोंड) परम्परा में स्वर्णमुद्राओं का प्रचलन था, तो चालुक्य-व्यवस्था में 'कौड़ियों' को प्रचलन हो गया।

दूसरी बात यह है कि बस्तर में पहली बार चालुक्यों के समय में ही जातिव्यवस्था पर आधारित ग्रामीण अर्थव्यवस्था पूरी तरह सुदृढ़ हो गयी थी और आदिवासी उस व्यवस्था से कट गए थे। इसी समय से बस्तर के जातिपरक ग्राम-समुदायों का स्वरूप इस तरह बन गया कि वह कार्ल मार्क्स के शब्दों में 'पूर्वी निरंकुशता की सुदृढ़ बुनियाद बना' **(पूँजी, प्रथम खण्ड, द्वितीय संस्करण, 1971195 ई०)**।

तीसरी बात यह है कि नागों के समय की असाधारण रूप से केन्द्रापसरित गणतंत्रात्मक व्यवस्था अन्नमदेव के समय में शिथिल हो गयी थी और उसे व्यवस्थित करना मुश्किल हो गया था। चारों तरफ बिखराब की स्थिति थी।

इन सभी कारकों ने उस समय की राजनीतिक सत्ता का सामंतीकरण किया। चालुक्यों के द्वारा प्रारंभ की गयी सामंती व्यवस्था बस्तर के इतिहास के परिदृश्य में पहली बार दिखायी पड़ी।

इसका परिणाम यह हुआ कि राजा ने अपने सामंतों को सैनिक एवं अन्य सेवाओं के बदले भूमि तथा प्रशासनिक, न्यायिक एवं वित्तीय अधिकार प्रदान किया (द्र. परिशिष्ट 1 तथा 2)। इसके अतिरिक्त मंदिरों और ब्राह्मणों को भूमि के बड़े-बड़े दान दिए गए, जिन्होंने अपने शासकों के प्रति निष्ठा प्रदर्शित करते हुए उनका आध्यात्मिक और राजनीतिक रूप से समर्थन किया। ब्राह्मणों और मंदिरों ने अपने विचारों में ईश्वरत्व का पुट देकर तत्कालीन चालुक्य-राजतंत्र को सुदृढ़ किया। ब्राह्मणों के पास सेना इत्यादि की सेवा प्रदान करने की सुविधा तो थी नहीं। अतः उन्होंने ईश्वरवादी चिन्तन से तत्कालीन राजतंत्र को मजबूत बनाया।

इस तरह की आर्थिक और राजनीतिक संरचना ने समस्त सामाजिक जीवन में दमघोटू वातावरण का निर्माण किया। प्रतिक्रियावाद के समस्त पहलू मसलन राजनीतिक उत्पीड़न, अधिकारियों की चाटुकारिता, दकियानूसी कर्म काण्ड, अज्ञान पर आधारित संकीर्णता, एक जाति और जनजाति से दूसरी जाति और जनजाति के बीच में त्रासद

अलगाव, विज्ञान और बौद्धिक क्रियाकलाप की अवरुद्धता, तर्क और व्यवहार से प्राप्त किए ज्ञान पर अंधविश्वास की उद्दण्डकारी सर्वोच्चता आदि बस्तर के समाज की जड़ता को प्रोत्साहित करने वाले चालुक्य-युग से ज्यादा से ज्यादा होने लगी।

शासकवर्ग पूरी तरह परजीवी बन गया। जनता उदासीनता और भावशून्यता के गहरे सागर में डूब गयी। उसे इस बात से कोई मतलब नहीं रह गया कि उसके ऊपर किसका शासन है। **'कोऊ नृप होय हमहिं का हानी।'** उसे इस बात से भी कोई मतलब नहीं रहा कि कौन किसकी गद्दी को छीन रहा है और कौन किसको राजसिंहासन दिला रहा है? मतलब यह है कि जनता में राजनीति के प्रति पूर्ण उदासीनता व्याप्त हो गयी थी।

उत्तर वैदिक-युग से लेकर नागयुग तक के लगभग दो हजार वर्ष के समय में सारे नकारात्मक पहलुओं के बावजूद बस्तर की जनता ने समस्त भौतिक, आध्यात्मिक और बौद्धिक क्षेत्र में अपना विकास जारी रखा था। संघर्ष और विरोध इन युगों में भी था, लेकिन बस्तर के समाज में ऐसी क्षमता थी कि उन सबको पचा लिया गया था। हम दूसरों से सीखते और सिखाते भी हैं। जब कोई दूसरों से सीखना बंद कर देता है, तो उसकी आगे विकास करने एवं सिखाने की क्षमता कुंद हो जाती है और यही सबसे बड़ी संकट की स्थिति होती है, जो किसी समाज के पतन का कारण बनती है। बस्तर में ये ही कारण चालुक्ययुग में हावी थे।

सामाजिक प्रगति के लिए सामाजिक संवाद प्राथमिक आवश्यकता है। जब एक समाज के भीतर और बाहर दोनों ही रूपों में संवाद के द्वार बंदकर दिए जाएँ, तो समझ लेना चाहिए कि उस समाज ने धीरे-धीरे अपने पतन को आमंत्रित कर लिया है। एक ऐसा समाज जो वैयक्तिक, सामाजिक, आर्थिक, सांस्कृतिक और बौद्धिक जीवन में विभाजित हो जाता है। वह वर्तमान में सारे आत्मविश्वास और भविष्य की आशा खो बैठता है। वह अंधकार और उदासीनता के गहन अंधकार में डूबा जाता है।

चालुक्ययुगीन बस्तर का समाज ऐसा ही था। हलबा-क्रांति से पहली बार उसका अंधकार घटा और उदासीनता दूर हुई थी।

आगे हम पृष्ठभूमि के रूप में चालुक्य-राज की प्रस्तुति के साथ अंत में हलबा-क्रांति की समीक्षा करेंगे।

काकतीय अथवा चालुक्यः

बस्तर के उत्तर-मध्ययुगीन राजवंश की उत्पत्ति को खोज पाना इसलिए कठिन है, क्योंकि उनके अभिलेखीय प्रलेखों में अत्यल्प सूचना मिलती है। तथापित दंतेवाड़ा-शिलालेख (इपी. इंडिका, खण्ड 12, पृ. 242) से प्राप्त **'सोमवंश'** शब्द से यह ध्वनि निकलती है

कि उक्त राजवंश सोमवंश या चन्द्रंवश का था। इसके अतिरिक्त राजपालदेव के ताम्रपत्र **(ओ एच ओर जे,** खण्ड 10, संख्या 3, पृ. 57-60) में भी प्रलम्बित हस्त तथा चन्द्र का प्रतीक भी उभरा हुआ है। प्रलम्बित हस्त स्वस्तिवाची है तथा चन्द्र सोमवंशी उत्पत्ति का आख्यापक है। बस्तर के राजाओं के राजध्वज में त्रिशूल तथा अर्धचन्द्र का अंकन भी उन्हें सोमवंश से जोड़ता है। बस्तर-राजपरिवार के प्रलेख भी यही इंगित करते हैं कि यह राजवंश **'पाण्डवार्जुनकुल'** के सोमवां से सम्बद्ध हैं, यथा

(क) सोवंशपाण्डवार्जुन कुले जातः। (इपी० इंडिका, 12-24)

(ख) श्री सोमवंशपाण्डवार्जुनकुले जातः (लाल दलगंजनसिंह, 1856)

(ग) श्री सोमवंशपाण्डव अर्जुन के सन्तान (मित्रनाथ ठाकुर, 1908)

इतना ही नहीं, रतनपुर-राज्य के दरबारी इतिहासकार रेवारम (1858) ने बस्तर के राजाओं पर चर्चा करते हुए उन्हें **'सोमवंशी'** कहा है।

उपर्युक्त अभिलेखों और वंशावलियों में **'सोमवंश'** के उल्लेख से यह तथ्य सुस्थापित होता है कि अध्येय राजवंश सोमकुल से सम्बद्ध था। प्राचीन भारत में अनेक राजवंश अपनी उत्पत्ति सूर्य या चन्द्र से जोड़ते थे। (कारूतीय भी आपने को सूर्यवंशी मानते थे) और ऐसी उत्पति के कारण अपने से क्षक्षियों से सम्बद्ध करते थे। टेम्पल ने अपनी ('Report or the Administrantion of the Central Provinces for the year 1862' के पृष्ठ 80 पर लिखा था कि यद्यपि बस्तर के राजा अपने को राजपूत कहते हैं, किन्तु वे संकर कुल गोंड तथा क्षत्रियों से उत्पन्न हुए हैं। चूँकि बस्तर के सोमवंशियों का दावा भी तत्समान है, इसलिए इन्हें क्षत्रिय माना जाना चाहिए।

बस्तर के सोमवंशियों की उत्पत्ति की खोज करते हुए अब हम उन्हें आसानी से सोमवंश की चालुक्य-शाखा से जोड़ सकते हैं। इस जुड़ाव का हमारे पास निश्चित प्रमाण है और हम जानते हैं कि इस वंश के राजपालदेव के ताम्रपत्र (तदेव) में यह सुस्पष्ट है कि वे चालुक्यवंश के थे-**श्रीरक्षपालदेव राजा चालकीवंशराज्यपरियन्त... जब लै श्री चालकीवंश राजा तब लै।** उक्त उदाहरण से यह असंदिग्ध है कि बस्तर के सोमवंशी **'चालकीवंश'** के थे।

बस्तर के इतिहास पर लाल कालीन्द्रसिंह ने जो विवरण दिया है, उसमें उन्होंने बस्तर में प्रचलित अधोलिखित गीत का भी हवाला दिया है (—रायबहादुर पण्डा बैजनाथ के द्वारा 'राजवंशावली' के पन्नों में भी अभिलिखित)

चालकीबंस राजा डिबडिबी बाजा,
पेंग परजा कोसरिया राउत।
पीता भतरा अँदकुरी महरा।

जाड़ा हलबा तेंदूमुड़ी पनिया लावा ॥

उक्त लोकगीत बस्तर के साक्षर तथा असाक्षर आदिवासियों के बीच प्रचलित है, विशेषकर दंतेवाड़ा, जगदलपुर तथा कोंडागाँव तसहीलों में।

बस्तर राज-परिवार दावा करता है कि वह सोमवंशी-राजा वीरभद्र की कुल-परम्परा से जुड़ा हुआ है (दलनगंजन सिंह 1856, कालीन्द्रसिंह 1908, मित्रनाथ ठाकुर 1908)।

वीरभद्रो महाराज बाणं त्यक्त्वा सशूलधृक।
आगत्य मथुरां श्रेष्ठा पुरीं चिरमपालयत् ॥2॥
ततः शूलं परित्यज्य सशक्तिवीरकेसरी।
तत्याज मथुरां पुण्यां सोऽयं जयपुरं ययौ ॥3॥

(बस्तरराज-संस्कृतवंशावली)

"महान् नृपति वीरभद्र शिव के बाण को छोड़कर त्रिशूल के साथ श्रेष्ठ पुरी मथुरा आए और वहाँ चिरकाल तक शासन किया। तदनन्तर त्रिशूल को भी छोड़कर राजा देवी के द्वारा संचालित शक्ति को धारण किया। वे नृपति योद्धाओं में सर्वश्रेष्ठ थे तब उन्होंने मथुरा को भी छोड़ दिया और जैपुर (उड़ीसा) आए।"

आन्ध्र प्रदेश के काकतीय राजवंश के इतिहास के अध्ययन से यह ज्ञात होता है कि चालुक्य-राजवंश के वास्तविक संस्थापक वीरभद्र ने जैपुर (उड़ीसा) से आगे बढ़कर पश्चिमी गोदावरी जिले नीरवड्यप्रोलु में अपने राज्य की स्थापना की थी। नीरवड्यप्रोलु सम्प्रति पश्चिमी गोदावरी जिले में **निड्डवोलु** के नाम से जाना जाता है और पूर्वी चालुक्य के काल में यहाँ एक दुर्भेद्य दुर्ग था। जब कुलोत्तुंग चोड प्रथम ने आन्ध्र से अपनी राजधानी द्रविड़देश में स्थानान्तरित की, तब परवर्ती चालुक्य-राजकुमारों में से प्रत्येक अपने-अपने गढ़ों के गढ़पति बन गए और बाद में अपनी-अपनी स्वतंत्र सत्ता स्थापित की। इन शासकों ने अपनी राजनैतिक स्थिति को मजबूत करने के लिए पड़ोसी राजाओं से वैवाहिक सम्बन्ध स्थापित किया, जैसे एक चालुक्य राजकुमार का विवाह कोणमण्डल की हैहयराजकुमारी से हुआ था (**एस आई आई**, 5, संख्या 124-25)। ये चालुक्य-राजकुमार काकतीय वंश के गणपति के पूर्वी अभियान के अवसर पर सामन्त की स्थिति में उतार दिए गए। राजा से माण्डलिक बना दिए गए। फिर भी विजित राजकुमारों के प्रति सामान्य नीति का अनुसरण करते हुए गणपतिदेव ने अपनी पुत्री रुद्राम्बादेवी का विवाह राजकुमार वीरभद्र से किया था (**इपीग्राफिकल कलेक्शन**, संख्या 343, वर्ष 1921)। उक्त वीरभद्र वही था, जिसकी चर्चा हमने पहले की थी जोर नीरवड्यप्रोल के चालुक्यवंश से सम्बद्ध था। इस प्रकार वीरभद्र को अपना दामाद बनाकर काकतीय गणपति ने भावी राजनीतिक प्रयासों और राज्य के प्रशासन के लिए

एक विश्वस्त मित्र तथा सहयोगी प्राप्त कर लिया। नीरवड्यप्रोल उस समय तक काकतीयों का एक मजबूत किला था, जब तक मुसलमानों के आधिपत्य में तेलंगाना नहीं चला गया। पश्चिमी गोदावरी जिले के तानुक तालुक के सोमेश्वर जूटिंग के देवालय के एक स्तम्भ में खुदा हुआ एक शिलालेख हमें यह सूचित करता है कि चालुक्यवंश के वीरभद्र ने काकतीय गणपति की पुत्री रुद्रम्मा महादेवी से विवाह किया था

श्रीमत्काकतिवल्लभाद् गणपतिक्षोणीशचूडाम्णेः।
जाता राज्यरमेव रुद्रमदेवी स्वरूपान्विता।
तां सौभाग्यबलाद् उदूह्य वीधिवच्चालुक्यवंशाग्रणीः
धात्रीभारधुंरधरो विजयते श्रीवीरभद्रेश्वरः ॥

(साउथ इंडियन इंस्क्रिप्संस, खण्ड 10, संख्या 3)

गणपति (1198-1209) के कोई पुत्र नहीं था, केवल दो पुत्रियाँ थीं। रुद्राम्बा और गणपाम्बा। इनमें से रुद्राम्बा का जन्म गणपति की बड़ी रानी सोमा से हुआ था।

कोन्नातनाडी विषयाधिनाथः श्रीकेतराजः XXX तस्यात्मजो रुद्रराज इति श्रुतः। तस्मात्...बेतभूपालसूर्यः वेतक्षमापतिशेखराय गणपक्षोणीश्वरेण दत्ता श्री गणपाम्बिका।

(गणपाम्बा का येनमण्डल-शिलालेख, इपी. इंडिका, 3.94) गणपति ने अपने बाद रुद्राम्मा के काकतीय राजय का शासक नामित किया। प्रतापरुद्रीयके. (सं. पी. त्रिवेदी, बाम्बे संस्कृत एण्ड प्राकृत सिरीज, सं. 55 पृ. 149) के एक विवरण से यह पुनः पुष्ट होता है कि पुरुष संतान न होने से गणपति ने यह निर्णय लिया कि रुद्राम्बा उनकी उत्तराधिकारिणी होंगी। तब उन्होंने रुद्राम्बा को पुरुषोचित नामकरण किया रुद्रदेव या रुद्रमदेव महाराज

मंत्रिणः एवमेतत्। अन्यथा कममीश्वरप्रसादृते निरंकुशं
स्त्रीव्यक्ति-विशेषस्य लोकाधिपत्यम्। एवं मानुषशम्भुना
गणपतिमहाराजेन अभ्यन्तरस्यावमहिम्नः। सदृशमत्र पुत्र इति
व्यवहारः कृतःनुम तदनुणा च रुद्र इत्याख्या।

काकतीय महारानी रुद्रमम्बा के शासन काल (1273 ई०) के कोटगिरि ताम्रपत्रों में अधोलिखित कथन मिलता है।

स्वस्ति श्रीकाकतीशो गणपतिनृपतिः तस्य सा रुद्रमाम्बा
पुत्री लोकवीराजनि रजनिपतेः निष्कलंका कलेव।

तस्यां पृथ्वीमुदग्रैः अरिदमनभयावर्जितैरर्जयन्त्यां
लोकोद्दीप्तैः प्रतापैरकृत सुकृतिनामग्रगीरग्रहारम् ॥

(हैदराबाद आर्कियोलाजिकल सीरीज, सं. 6)

"काकति के स्वामी गणपति थे। उनकी एक पुत्री थीं रुद्रमाम्बा, संसार की एकमात्र योद्धा और चन्द्रमा के समान निष्कलंक। जब वह अपनी उदग्र शक्ति से शत्रुओं के बीच शक्ति से प्रज्वलित थीं, शत्रु मृत्यु के भय से उनसे आतंरिक थे, तब धर्म ध्वजवाहकों में अग्रणी उन्होंने एक 'अग्रहार' की स्थापना की थी।" **अनितल्लि के कालुवचेरु** अभिलेख में यह विवरण है कि गणपति की मृत्यु के पश्चात् उनकी पुत्री रुद्रमदेवी ने अपने पिता के समान धरती की रक्षा की थी।

पितर्युपरते तद्वदरक्षदखिलां स्थितिम्।
वीररुद्रमदेवीति दुहिता महितागुणैः॥

रुद्रदेव अर्थात् रुद्राम्बा का 1261 ई० का **'मल्कापुरम' प्रस्तरस्तम्भ शिलालेख (जे ए एच आर एस, 4,: 3-4)** से ज्ञात होता है कि दान के समय रुद्राम्बा वस्तुतः शासन कर रही थीं।

शास्त्येष चतुरम्बुराशिरशना श्रीरुद्रदेवी भुवम्

हमने पहले ही कहा है कि रुद्राम्बा का विवाह पूर्वी चालुक्यनृपति वीरभद्र से हुआ था। यह वही वीरभद्र है, जिसे बस्तर के चालुक्य-वंश का संस्थापक (द्र. संस्कृतवंशावली) कहा गया है। रुद्राम्बा के दुर्भाग्य ने उनका पीछा नहीं छोड़ा और अपने पिता के ही समान उन्हें भी किसी पुरुष-संतान की प्राप्ति नहीं हुई। उनकी दो पुत्रियाँ थीं—रुय्यम्मा तथा मुमुडम्बा। उन्होंने अपने छोटी पुत्री रुय्यम्मा का विवाह दक्षिण कलिंग के शासक अन्नयदेव से किया। उनकी बड़ी बेटी मुम्मुडम्बा पूर्वी चालुक्य राजकुमार महादेव से ब्याही गयीं। महादेव और उनकी पत्नी मुम्मुडम्बा के दो पुत्र हुए—प्रतापरुद्र तथा अन्नमराज। यद्यपि लघु भ्राता अन्नमराज या अन्नमदेव का उल्लेख आंध्र प्रदेश से प्राप्त अभिलेखों में नहीं हुआ है, तथापित दिग्पालदेव की दन्तेवाड़ा शिलालेख (इपी. इंडिका, 12-242) में अन्नमराज का उल्लेख बस्तर के चालुक्यवंश के संस्थापक के रूप में हुआ है। उक्त अन्नमराज काकति प्रतापरुद्र का अनुज था।

काकती प्रतापरुद्रनामा औरंगलदेशे समभवत् XXX
तस्य भ्राता अन्नमराजा

बस्तर के पुरावृत्तों से भी यही समझ बनती है कि प्रतापरुद्र तथा अन्नमदेव दोनों ही मुम्मुडम्बा के पुत्र थे।

कौसल्यासीत्प्रथमा जननी देवीकी च द्वितीया
विष्णोर्भ्राता तदनुमहिता मुम्मुडम्बा तृतीया।
यस्त्रेतायां रघुपतिभूद्वापरे शौरिरासी-
त्पातुं क्षोणीं किल भुवि कलौ वीररुद्रावतारः ॥

(बस्तरराजसंस्कृतवंशावली)

"भगवान गजानन को प्रणाम करता हूँ। (रामावतार में) कौशल्या राम की माता थीं। दूसर बार (कृष्णावतार में) देवकी कृष्ण की माता थीं। इन दो के बाद तीसरी बार लोविश्रुत मुम्मडम्बा प्रतापरुद्र की माता थीं।"

प्रतापरुद्रे त्रिदिवं गते तदा तस्यानुजन्मान्नम देवराजः।
ओरंगलं व शक्तियुंत विहाय सखड्गपाणिर्नृप बस्तेरेऽगात् ॥

(तदेव)

"प्रतापरुद्र के निधन के बाद उसके अनुज अन्नमदेवराज ने शासन किया और वारंगल नगर को दुर्गीकृत कर दिया, किन्तु उसने नगर को छोड़ दिया और हाथ में तलवार लिए बस्तर आ गया।"

'प्रतापरुद्रीय' के अनुसार रुद्राम्बा की कोई पुरुष संतान नहीं थी और इसलिए अपने पिता की इच्छानुसार उन्होंने अपनी पुत्री मुम्मडम्बा देवी के पुत्र को गोद लिया-

स्वीकृते पुत्रभावेन दौहित्रे पितुराज्ञया।
अस्मिन् विधेहि धौरेये गुर्वीमुर्वी धुरामिति॥

इसलिए 1261 ई० में उत्कीर्ण 'रुद्राम्बा के मलकापुरम शिलालेख **(जेएएचआरएसए,** खण्ड 4, भाग 3-4) में 'पुत्र' का प्रयोग 'दत्तक पुत्र' के रूप में हुआ है। **'मलकापुरम शिलालेख'** (तदैव) में पुनः उल्लेख है कि रुद्राम्बा का एक (दत्तक) पुत्र था, जिसका नाम श्री रुद्रदेव था–

यस्याः काकतिवंश भौक्तिकमणेः श्रीरुद्रदेवः सुतः।
तस्याः किं कथयामि वैभवमतः श्रीरुद्रदेव्याः परम्॥

'मलकापुर शिलालेख' के उत्कीर्ण-नृ. वर्ष में गणपति और रुद्राम्बा का एक साथ उल्लेख है। इससे हम यह अनुमान लगा सकते हैं कि संभवतः 1261 ई० में रुद्राम्बा वैधव्य को प्राप्त हो गयी थीं और उनके बाद राज्य के उत्तराधिकारी के रूप में गणपति ने उन्हें अपने नाती को गादे में लेने के लिए मानाया होगा। दत्तक-ग्रहण की प्रक्रिया 1261 ई० से पूर्व संपन्न हो गयी होगी। इसीलिए उपर्युक्त अभिलेख में प्रतापरुद्र का

वर्णन रुद्राम्बा के पुत्र के रूप में हुआ है। यह भी सुस्पष्ट है कि उस समय प्रतापरुद्र बालक ही रहे होंगे। यदि ऐसा न होता तो गणपति अपनी पुत्री के बजाय उन्हें ही सिंहासन पर बैठाते और महिला की उत्तराधिकारिता से होने वाले संकटों से बच जाते।

और सच्चाई भी यही है कि विदेशी आक्रमण और आंतरिक विद्रोह के कारण राज्य संकटापन्न था। उसी समय काकतीयों के पारंपरिक शत्रु देवगिरि के यादवों ने सुअवसर पाकर राज्य पर आक्रमण भी कर दिया था। हेमाद्रि के **'व्रतखण्ड'** की भूमिका में हमें एक 'राजप्रशस्ति' मिलती है, जिसमें यह कहा गया है कि यादव-नृपति महादेव 1260 ई० में अपने अग्रज कृष्ण का उत्तराधिकारी बना। उसने कभी किसी महिला या बालक का वध नहीं किया, शरणागत किसी व्यक्ति का भी वध उसने नहीं किया। उससे आंध्र के लोग इतने आतंकित और भयभीत थे कि उन्होंने एक महिला को राजगद्दी पर बैठाया।

अयं शिशुस्त्रीशरणागतानां हन्ता महादेवनृपो न जातु।
इत्थं विनिश्चित्य ततोऽतिभीतेरन्ध्रैः पुरन्ध्री निहिता नृपत्वे ॥

प्रशस्ति में आगे कहा गया है कि युद्ध में यादव-नृपति ने राजा के हाथियों तथा पाँच सांगीतिक वाद्यों को तो ले लिया, किन्तु रुद्रम्मा नामक रानी को बख्श दिया, क्योंकि वह किसी स्त्री का वध नहीं करना चाहता था।

यस्तस्यैव रणे जहार करिणस्तत्पंचशब्दादिकान्।
यस्तत्याज वधूवधादुपरतः तद्भूभुंज रुद्रमाम् ॥

परम्परा के अनुसार रुद्रमा अस्सी साल तक जीवित थीं। निश्चित तौर पर यह कहा जा सकता है कि उनकी मृत्यु 1296 ई० में हुई थी **मार्को पोलो** का कथन है कि वारंगल चालीस वर्षों तक रानी के आधिपत्य में था—ऐसी महिला के संरक्षण में जो समझ-बूझ में श्रेष्ठतम थीं।

काकति प्रतापरुद्र के आरंभिक तथा प्राचीनतम अभिलेख की तिथि 1290 ई० है, जो रुद्रम्मा के सक्रिय कार्य से अलहदगी का वक्त है। 1290 ई० 1293 ई० में मध्य प्रतापरुद्र **कुमार रुद्रदेव** महाराज के नाम से जाने जाते थे। 'कुमार' उपाधि या तो उसकी तरुणावस्था या उसके प्रत्यक्ष उत्तराधिकारी होने का आभास देती है।

प्रतापरुद्रदेव ने अपने अनुज अन्नमदेव के साथ शास्त्र और शस्त्र दोनों में प्रशिक्षण प्राप्त किया था। **प्रतापरुद्रीयम्** में उनकी साहित्यिक उपलब्धियों पर भूरि-भूरि प्रशंसा मिलती है।

गोष्ठीभिः परितोषयन् बुधगणान् षड्दर्शनीसीममिः

तत्सारस्वतमार्गदर्शनचणैः सूक्तैः कवीन् प्रणीयन्।
संगीतोपनिछहस्यपि शूनैरातोद्ययोग्यक्रमै
धिन्वन् संसदि वैणिकान् विहरते श्रीकाकतीन्द्रो नृपः ॥
(प्रतापरुद्रीये नायक प्रकरणम् 21)

प्रतापरुद्र द्वितीय, मुम्मडम्बा के पुत्र अन्नमदेव के अग्रज और रुद्राम्बा के नाती वारंगल के काकजीय राजवंश के अंतिम नृपति थे। उन्होंने 1296 ई० से 1323 ई० तक वारंगल-राज्य पर शासन किया। चौदहवीं शताब्दी के प्रारंभिक वर्षों में सुल्तान अलाउद्दीन खिलजी के नेतृत्व में दकन में युद्ध की स्थितियाँ जोरों पर थीं, जो दकन के लिए एक खतनाक परिस्थिति थी। यद्यनि प्रारंभिक स्थिति में प्रतापरुद्र ने मुसलमान-सेनापति मलिक काफूर की दुष्टतापूर्ण आक्रमण की योजना को सफलतापूर्वक विफल कर दिया था, किन्तु अंततोगत्वा आंध्र की राजसत्ता विदेशी शासकों के कठोर हाथों में चली गई। वारंगल का पतन बस्तर के राजनैतिक इतिहास में एक मोड़ था। प्रतापरुद्र के अनुज अन्नदेव ने बस्तर के छिंदक नागवंश के ध्वंसावशेष में एक नए राज्य की स्थापना की।

यह एक प्रकार से कौतूहल का विषय है कि बस्तर के इतिहास पर विचार करने वाले जेन्किन्स (1827), ईलियट (1856:24-25), टेम्पल (1862), ग्लसफर्ड (1862:250-6), कीलहार्न (इपी. इंडिका, 9:165), रसेल (1908:20), दि ब्रेत (1909), आर. बी. हीरालाल (1913:242, 1916:135, 1939-40), शील (1922:40) ग्रिग्सन (1938:3-4) तथा एल्विन (1947) प्रभृति सभी विद्वानों ने एकमत से ये निकर्ष दिया है कि बस्तर के अन्नमदेव और उनके उत्तराधिकारी काकतीय राजवंश से सम्बद्ध थे। यहाँ तक कि इस राजवंश के अंतिम शासक प्रवीरचन्द्र भंजदेव (1956:4) भी यह मानते थे कि वे काकतीय वंश के थे। शायद इन पूर्ववर्तियों के सोच के पीछे यह भाव था कि चूँकि अन्नमदेव प्रतापरुद्र के अनुज थे और चूँकि प्रतापरुद्र वारंगल के एक काकतीय राजा थे, अतएव इस विचार पर कोई विवाद नहीं हो सकता कि अन्नमदेव भी एक काकतीय नृपति थे। संभवतः दिग्पालदेव का दंतेवाड़ा- शिलालेख (इपी. इंडिका, 12:242) इस (सं) भ्रांति का प्रमुख कारण है, जिसमें यह अभिलिखित है-

श्री सोमवंशपाण्डवार्जुनकुले काकती प्रतापरुद्र नामा राजा औरंगदेशे सम्भवत्।

पूर्वोक्त विद्वान और यहाँ तक कि राज-परिवार के एक उत्तराधिकारी भी इस निष्कर्ष पर पहुँच गए कि चूंकि प्रतापरुद्र एक काकतीय थे, इसलिए उनके अनुत जभी स्वाभाविक तौर पर काकतीय ही होंगे। इन्होंने दिग्पालदेव के पुत्र राजपालदेव का वह

ताम्रपत्र (**ओएचबारजे,** 10:3) नहीं देखा, जिसमें उन्होंने अपने को **'चालकी वंश'** का माना है। यह आश्चर्यजनक ही प्रतीत होता है कि पिता का वंश **'काकतीय'** हो और पुत्र का **'चालुक्य'**। इसमें निहित विसंगति को समझ लेने से समस्या का समाधान अपने आप हो जाता है। दिग्पालदेव का दंतेवाड़ा-शिलालेख एक प्रशस्ति है, जिसके रचनाकार राजगुरु थे। प्रशास्तिकार ने अन्नमदेव को काकतीय गौरव से जोड़ा, जो एक प्रशस्तिकार के लिए स्वाभाविक है, किन्तु राजपालदेव का ताम्रपत्र एक दान-पत्र है और उसमें राजा के हस्ताक्षर (सही) भी हैं। तब विवाद की स्थिति यह है कि राजगुरु सही थे या राजा। जाहिर है कि किसी अन्य व्यक्ति की तुलना में राजा को अपने राजवंश का सही ज्ञान होना चाहिए और खासकर जब कोई दस्तावेज उनके हस्ताक्षर से जारी हो रहा हो। इसलिए हम दंतेवाड़ा के प्रशस्तिकार के अभिकथन से सहमत नहीं हो सकते।

अन्नमदेव को चालुक्यराजवंश से सम्बद्ध करने का एक दूसरा कारण भी है। यदि हम अन्नमदेव को काकतीय राजवंश का मानते है। तो यह भी ध्यान देना होगा कि **काकतीय सूर्यवंशी थे, जबकि चालुक्य सोमवंशी** थे, जिस पर उपर्युक्त पृष्ठों में हमने विस्तार से विचार किया है। सच तो यह है कि अन्नमदेव और उनके उत्तराधिकारियों को काकतीय सिद्ध करने के कोई प्रमाण नहीं है, किन्तु विगत तीन सौ वर्षों से विद्वान टस से मस नहीं हुए और दंतेवाड़ा के अभिलेख की भ्रांत धारणा को सहेजे हुए हैं।

बस्तर के चालुक्यों का मूल स्थान

मुण्डा नामक चारण और बस्तर के पुरावृत्त चालुक्यों को 'पाण्डवकुल' से उत्पन्न मानते हैं। अपने प्रयोजन के अनुरूप वे एक कहानी भी कहते है, जो **'पाण्डवार्जुन-कुल'** के नाम से प्रचलित (इपी. इंडिका, 12:242) मिथक के रूप में दंतेवाड़ा के अभिलेख में मिलती है। उक्त कथा के अनुसार बस्तर के राजा सोमवंशी क्षत्रिय हैं। कथा के अनुसार उक्त परिवार अनेक पीढ़ियों तक हस्तिनापुर (दिल्ली) में निवास करता रहा। तब कुलदेवी ने राजा को आज्ञा दी कि वह मथुरा छोड़कर विजय-यात्रा के लिए जैपुर (उड़ीसा) प्रस्थान करे। तब लाखों लोगों के साथ विजय-यात्रा प्रारंभ की और एक राज्य की स्थापना की, जिसकी राजधानी वारंगल थी। बस्तर के राजाओं की वारंगल से सम्बद्ध घटनाओं का विवरण और मुसलमानों के द्वारा राज्य पर अधिकार बचकानेपन के संदर्भो से मिश्रित है (लाल दलगंजल सिंह 1856, लोकनाथ ठाकुर 1853, मित्रनाथ ठाकुर 1908, कालीन्द्रसिंह 1908, केदारनाथ ठाकुर 1908)।

अन्नमदेव के पिता महादेव का मूल तमावृत है। दंतेवाड़ा-अभिलेख (E1, 12, 242) के अनुसार वे सोमवंशी पाण्डव अर्जुन की संतान थे तथा हस्तिनापुर छोड़कर बस्तर आए थे। केदारनाथ ठाकुर (1908, 135-138) ने उनके मूल पुरुषों का इतिहास

इस प्रकार प्रस्तुत किया है, जो अनुश्रुतिमूलक है- 'हण्टर साहब ने अपने इतिहास में महाराज प्रतापरुद्रदेव को पाण्डुवंशीय राजा लिखा है। महाभारत सभापर्व में लिखा है कि जब सहदेव-दक्षिण-विजय करने को गए, उस समय पाण्डुवंशी क्षत्री दक्षिण में पराक्रमी राजा थे। उन्होंने सहदेव की खूब खातिर की तथा वे युधिष्ठिर महाराज के राजसूर्य यज्ञ में गये थे, परंतु महाराज की वंशावली में पाण्डव-वंशीय क्षत्री लिखा हुआ है तथा महाराज तथा सब लोग महाराज को सोमवंशीय क्षत्री मानते है। और कर्म भी उसी प्रकार होता है।

'महाराज की वंशावली में लिखा हुआ है कि प्रथम इन्होंने दिल्ली (हस्तिनापुर) में राज्य किया। उसके पश्चात् दक्षिण में औरंगल में राज्य कर बस्तर आए।'

'उक्त वंशावली में विजयी प्रतापरुद्रदेव महाराज हैं, जिससे पूर्वकाल में कौन राजा दिल्ली से मथुरा आये तथा मथुरा से दक्षिण आये, इसका पता नहीं चल सकता।'

'महाराज युधिष्ठिर के पश्चात् उनके वंश में कौन-कौन राजा हुए तथा कहाँ-कहाँ राज्य किया, इसका भी लेख वंशावली में नहीं है। श्रीमान् भारतभूषण भारतेन्दु बाबू हरिश्चंद्र ने अपने **'हरिश्चंद्रचन्द्रिका'** नामक पाक्षिक पत्र में तथा **'मोहनचंद्रिका'** में महाराज युधिष्ठिर के वंश के विषय में कुछ लेख निकाला है। **'हरिश्चंद्रचन्द्रिका'** का प्रकाशन बनारस से तथा मोहन-चन्द्रिका का प्रकाशन चित्तौड़गढ. (मेवाड़) से होता था'।

'सम्वत् 1782 का लिखा हुआ एक लेख था, जिससे सम्पादक महाशयों ने 1939 मार्गशीर्ष शुक्ल पक्ष 19 और 20 की किरण में छापा था तथा जिसका विवरण 'सत्यार्थ-प्रकाश' में हुआ है। वह यहाँ पाठकों के अवलोकनार्थ प्रस्तुत है।'

'वारंगल आए राजा जो दिल्ली (हस्तिनापुर) में राज्य करते थे अर्थात् युधिष्ठिर महाराज से लेकर पृथ्वीराज तक 124 राजा हुए तथा 4157 वर्ष 9 मास 14 दिन तक राज्य किया।'

'यहाँ पर वंश-विवरण के पहले यह भी लिख देना अनुचित न होगा कि संसार में सबसे पुरानी गद्दी जो एक पुश्त से चली आई है, चीन कही जाती है और इतिहासकारों ने लिखा है कि यह राज्य एक ही वंश में 2000 वर्षों से चला आया है। अंग्रेज, जो वर्तमान समय में इतिहास जानने में अत्यंत प्रवीण हैं, यदि प्रतापरुद्रदेव महाराज दक्षिणीय पाण्डुवंशी होते, तो इनके रहते चीन को कभी पुरानी बादशाहत नहीं लिखते क्योंकि महाराज युधिष्ठिर के समय से आदि पाण्डुवंशीय राजा दक्षिण में राज्य करते, तो आज 5000 वर्ष एक ही पुश्त में राज्य चला आता और यही सबसे पुराना कहलाता। विचारने के योग्य बात है कि 5000 वर्ष में राज्य चलाना नियमविरुद्ध तथा अप्रमाणिक ज्ञात होता है, जिससे अनुमान होता है कि प्रतापरुद्रदेव महाराज पाण्डुवंशीय थे। महाराज दोमक

हस्तिनापुर के पाण्डुवंशीय अंतिम महाराज थे तथा उनके मरने के पश्चात् उनके संबंधी शत्रुभय से मथुरा से भागकर दक्षिण चले आये और राज्य करने लगे। श्रीमान् युधिष्ठिर के वंशज 30 पीढ़ी अर्थात् 1770 वर्ष 11 महीने 10 दिन तक चक्रवर्ती साम्राट रहे—

नाम सम्राट	तादात वर्ष	मास	दिन
1. युधिष्ठिर	36	8	25
2. परीक्षित	60	0	0
3. जनमेजय	84	7	20
4. अश्वमेध	82	8	22
5. द्वितीयराम	88	2	8
6. छत्रमल	81	11	27
7. चित्ररथ	75	3	18
8. दुष्टशैल्य	75	10	24
9. राजा उग्रसेन	78	7	21
10. शूरसेन	78	7	21
11. भुवनपति	69	5	5
12. रणजीत	65	10	4
13. ऋक्षक	64	7	14
14. सुखदेव	62	0	24
15. नरहरिदेव	51	10	2
16. सुचिरथ	42	11	2
17. शूरसेन द्वितीय	10	8	58
18. पर्वतसेन	55	8	10
19. मेधावी	52	10	10
20. सोनचीर	50	8	21
21. भीमदेव	47	9	20
22. नृहरिदेव	45	11	23
23. पूर्णमल	44	8	7
24. करदवी	44	10	8
25. अलंमिक	50	11	8
26. उदयपाल	38	9	0
27. भुवनपाल	40	14	26
28. दभात	32	8	0
29. भीमपाल	58	8	0
30. दोमक	48	11	21

'राजा दोमक के प्रधान मंत्री विश्रवा ने दोमक को मार राज्य किया तथा 14 पीढ़ी अर्थात् 500 वर्ष 3 मास 17 दिन इनका राज्य रहा।'

'इस वंश का अंतिम राजा आदित्यकेतु हुआ, जिसे उसके प्रधान अर्थात् बीरमहा ने मारकर 16 पीढ़ी अर्थात् 445 वर्ष राज्य किया।'

'इस वंश का अंतिम राजा आदित्यकेतु हुआ, जिसे प्रयाग के धंरधर नामक राजा ने मारकर नौ पीढ़ी अर्थात् 375 वर्ष राज्य किया। इस वंश का अंतिम राजा राजपाल हुआ, जिसे सामंत महानपाल ने मार कर 14 बरस राज्य किया। राजा महानपाल पर राजा विक्रमादित्य ने अवन्तिकापुरी से चढ़ाई की तथा महानपाल को मार कर 93 बरस राज्य किया।'

'राजा विक्रमादित्य को शालिवाहन का उमराव समुद्रपाल ने मार कर 16 पीढ़ी अर्थात् 372 बरस राज्य किया।'

'इस वंश का अंतिम राजा विक्रमपाल हुआ' जिसे मलुखचंद ने मार कर 10 पीढ़ी अर्थात् 191 बरस राज्य किया। अंतिम राजा इस वंश में गोविंद चंद्र हुए, जिनके मरने पर इनकी महारानी पद्मावती ने राज्य किया। उनके मरने पर सब लोगों को लिख कर वंश न रहने के कारण हरिप्रेम को राज्य दिया। इसने 4 पीढ़ी अर्थात् 50 बरस राज्य किया। अंतिम राजा महाबाहु हुआ जो तप करने को चला गया। यह सुनकर बंगाल का राजा अधिसेन चढ़ाई कर राज्य करने लगा। 12 पीढ़ी अर्थात् 152 बरस इन्होंने दिल्ली में राज्य किया। इस वंश में अंतिम राजा दामोदर सेन हुए, जिन्हें उमराव दीपसिंह ने मार कर 6 पीढ़ी अर्थात् 108 बरस राज्य किया। इस वंश में अंतिम राजा जीवनसिंह हुए।'

'राजा जीवन सिंह ने किसी कारण से अपनी सेना उत्तर की ओर भेज दी। इस हाल को सुनकर वैराट के राजा पृथ्वीराज चौहान ने जीवनसिंह पर चढ़ाई की व उन्हें मारकर इंद्रप्रस्थ पर राज्य करने लगा। चौहान-वंशी राजाओं ने पाँच पीढ़ी अर्थात् 86 वर्ष राज्य किया। इसके पश्चात् मुसलमान लोग राज्य करने लगे।' चालुक्यों का वारंगल आगमन हुआ।

इस प्रकार बस्तर के चालुक्यों की उत्पत्ति कहीं गुमनामी में चली गयी है। दंतेवाड़ा-अभिलेख में उनका अनुश्रुतिमूलक विवरण उन्हें सोमवंशियों से जोड़ता है। राजवंश के पुरालेख भी यह दावा करते हैं कि चालुक्य दिल्ली से मथुरा आए, मथुरा से जैपुर (उड़ीसा) गए और अंत में वारंगल में बस गए, जहाँ से वे बस्तर आए।

उपर्युक्त संदर्भों से हम इस नतीजे पर पहुँचते हैं कि अन्य प्राचीन राजवंशों के ही समान चालुक्य भी अपनी उत्पत्ति सोमवंशी राजकुल से जोड़ना चाहते थे और उन्होंने अपने दस्तावेज में अपने चमत्कारपूर्ण उत्पत्ति को महाभारत के नायक अर्जुन से जोड़ लिया।

हमने उपर्युक्त पृष्ठों में एक परवर्ती परम्परा का भी उल्लेख किया है, जिसमें कहा गया है कि चालुक्य राजवंश के संस्थापक युधिष्ठिर थे और उनके उत्तराधिकारी दिल्ली में 1700 वर्ष, 11 महीने तथा 10 दिन तक शासन करते रहे (केदारनाथ ठाकुर, 1908:136-137)। उक्त कथा में कालदोष सुस्पष्ट है, क्योंकि दिल्ली का साम्राज्य इतनी दीर्घ अवधि तक जीवित नहीं था।

मुगलकाल से उत्तर भारत के राजपरिवार अपने साहस और शौर्य के लिए प्रसिद्ध रहे हैं। इसीलिए दिल्ली और मथुरा को क्षत्रियों का आवास माना गया और भारत के अनेक परिवार अपनी वंशावली को उदात्त बनाने के लिए राजपूतों से अपने को जोड़ा। ऐसी स्थिति में बस्तर के चालुक्यों की उत्तर भारत से जुड़ने की गाथा सत्य से परे है। सच तो यह है कि दक्षिण भारतीय अभिलेखों (**साउथ इंडियन इंस्क्रिप्शंस,** 10:360) के अनुसार वीरभद्र **"आदि चालुक्य"** हैं, जो निरयवाडि पर शासन कर रहे थे। निरयवाडि आंध्र प्रदेश के पश्चिमी गोदावरी जिले में था। बस्तर के चालुक्यों का यही आदि स्थान प्रतीत होता है।

5

बस्तर की चालुक्य-राजवंशावली

अभिलेख तथा वृत्तांत, अनुश्रुतियाँ तथा परम्पराएँ सर्वसम्मति से बस्तर में चालुक्य-शासन की स्थापना का श्रेय अन्नमराज या अन्नमदेव को देती हैं, जो **'आदि चालुक्य'** वीरभद्र का वंशज था। बस्तर के लोकगीतों में बस्तर पर शासन करने वाले आदि चालुक्य अन्नमदेव को **'चालकीबंसराजा'** कहा गया है, जो 'चालुक्यवंश' का ही अपभ्रंश है, किन्तु ऐसे असाधारण व्यक्ति के काल को लेकर बहुत अधिक विवाद है। बस्तर के चालुक्य-शासकों पर प्राप्त लाल दलगंजसिंह की पाण्डुलिपि (**बस्तर राजवंशावली,** 1856) हमारे भ्रम को और भी अधिक विवादग्रस्त बना देती है, जबकि यह कहती है कि अन्नमदेव सम्वत् 1370, वैशाख सुदी 8, बुधवार अर्थात् 1313 ई० में राजगद्दी पर बैठे, जबकि परवर्ती विद्वान् शील (1922 : 40) कहते हैं कि पैंतालीस वर्षों तक शासन करने के पश्चात् 1415 ई० में उनका स्वर्गारोहण हुआ। यदि हम पूर्ववर्ती तिथि को स्वीकार लें, तो अन्नमदेव प्रतापरुद्र के समकालिक शासक बन जाते हैं जो निस्संदेह स्वीकार्य नहीं हो सकता। प्रतापरुद्र के अनुज अन्नमदेव ने वारंगल को छोड़कर बस्तर में अपने राज्य की स्थापना की। वारंगल का 1323 ई० में पतन तथा बस्तर के छिन्दक नागनृपति की 1324 ई० में मृत्यु की घटनाएँ स्वतः स्पष्टीकरणात्मक हैं। बस्तर की वारंगल से निकटता, बस्तर में नागशासन के पतन की समकालिकता और बस्तर में चालुक्य-शासन की स्थापना आदि से हम यह विश्वास करने के लिए बाध्य होते हैं कि अन्नदेव को 1324 ई० में बस्तर के चालुक्य-नरेश के रूप में अभिषिक्त किया गया होगा। हम एडवर्ड जय (1970: 215) तथा अन्य लोगों के द्वारा प्रस्तावित इस विचार को स्वीकार नहीं कर सकते कि अन्नमदेव ने 1450 ई० में अपने को प्रथम महाराजा के रूप में स्थापित किया। जय के समान ईलियट (1856), ग्लसफर्ड (1862) तथा ग्रिग्सन (1938) आदि भी वारंगल की वारदातों व घटनाओं से अपरिचित हैं। के.सी. दुबे (1983:98) ने काकतीय तथा तेलुगु-चोड राजवंशों के विवरणों का घालमेल कर दिया है। और बिना किसी प्रमाण के यह सिद्ध कर दिया है कि काकतीय प्रातरुददेव 1424 ई० में अहमदशाह बहमनी से लड़ते हुए युद्ध भूमि में मारा गया था और अन्नमदेव ने बस्तर में 1424-25 ई० में अपना

राज्य स्थापित किया था।

अठारहवीं शताब्दी के प्रथम दशक से पूर्व बस्तर में अन्नमदेव से संबद्ध कोई भी दस्तावेज नहीं मिलता। **दंतेवाड़ा-शिलालेख** (इपी. इंडिका, 12:242) जिसका उत्कीर्णन 1703 ई० में हुआ था, उसके आधार पर अधोलिखित वंशावली की पुनर्रचना संभव है—

1. अन्नमराज, काकति प्रतापरुद्र के अनुज
2. हमीरदेव
3. भैरवदेव अथवा भैराजदेव
4. पुरुषोत्तमदेव
5. जयसिंह देव
6. नरसिंह देव (जिनकी महारानी लच्छमी देई ने अनेक तालाब खुदवाए व बागीचे लगवाये)
7. जगदीशरायदेव
8. वीरनारायणदेव
9. वीरसिंह दवे (चंदेल-कुमारी वदनकुमारी से विवाह)
10. दिग्पालदेव (चंदेल-राजकुमारी अजबकुमारी से विवाह, 1703 ई० में दंतेवाड़ा के दंतेश्वरी-मंदिर के दर्शन)
11. रक्षपालदेव कुमार (एक ताम्रपत्र में भी उल्लेख)

ऊपर वर्णित अभिलेख से दिग्पालदेव के परवर्ती राजाओं पर कोई सूचना नहीं मिलती। दिग्पालदेव के उत्तराधिकारियों के केवल तीन अभिलेख और पूर्वजों पर केवल एक अभिलेख (जयसिंहदेव का अभिलेख) मिलता है। इसी प्रकार रक्षपालदेव या राजपालदेव के उत्तराधिकारियों का क्रमिक रूप में कोई अभिलेख नहीं मिलता। स्थानीय परम्पराएँ और बस्तर की कचहरी में उपलब्ध दस्तावेजों से राजपालदेव के केवल तीन ही उत्तराधिकारियों की सूचना मिलती है और वह हैं दलपतिदेव, दरयावदेव (शिलालेखीय प्रमाण) तथा भैरमदेव (शिलालेखीय प्रमाण)। बस्तर को अंत में भोसलों ने 1777 ई० में जीत लिया था और उसी के साथ बस्तर में चालुक्य-शासन का अंत हो जाता है।

निष्कर्ष

बस्तर में अन्नमदेव का शासन 1324 ई० से स्थापित हुआ तथा 1936 ई० तक यहाँ चालुक्य-वंशी नरेशों की पीढ़ियाँ शासन करती रहीं। इस प्रकार यहाँ 613 वर्षों तक चालुक्य-नरेशों के नाम मिलते हैं। अंतिम चालुक्य-वंशी शासिका महारानी प्रफुल्लकुमारी देवी थीं। उनका विवाह मयूरभंज के भंजवश के प्रफुल्लकुमार से हुआ था। यद्यपि

प्रवीरचंद्र उनके पुत्र थे तथापि भंज-पिता के कारण उनका वंश परिवर्तित हो गया था। इसीलिए प्रफुल्लकुमारी ने प्रवीरचंद्र भंजदेव को गोद लेकर उनको चालुक्य-वंश के अंतर्गत सम्मिलित किया था। इस प्रकार कुछ मिलाकर चालुक्य-शासन यहाँ 624 वर्ष अर्थात् 1324 ई० से 1947 ई० तक माना जा सकता है।

अग्रिम अध्यायों में अन्नमदेव व उनके वंशजों का उत्तराधिकार-क्रम इस प्रकार प्रस्तुत किया गया है।

चालुक्य-शासन

1. अन्नमदेव (1324-1369)
2. हमीरदेव (1369-1410)
3. भैरवदेव (1410-1468)
4. पुरुषोत्तमदेव (1558-1534)
5. जयसिंहदेव (1534-1558)
6. नरसिंहदेव (1558-1602)
7. प्रतापराजदेव (1602-1625)
8. जगदीशराजदेव (1625-1639)
9. वीरनारायणदेव (1639-1654)
10. वीरसिंहदेव (1654-1680)
11. दिग्पालदेव (1680-1709)
12. राजपालदेव (1709-1721)
13. चंदेलशासक (1721-1731)
14. दलपतदेव (1731-1774)
15. अजमेर सिंह (1774-1777)

भोंसला-शासन

16. दरियावदेव (1777-1800)
17. महिपालदेव (1800-1842)
18. भूपालदेव (1842-1853)

ब्रिटिश-शासन

19. भैरमदेव (1853-1891)
20. प्रतापरुद्रदेव (1891-1921)
21. महारानी प्रफुल्लकुमारी देवी (1921-1936)
22. प्रवीरचंद्र भंजदेव (1936-1947)

क्या अन्नमदेव व उनके वंशज काकतीय थे?

प्रस्तुत अध्याय के प्रारंभ में यह संकेत दिया गया था कि अद्यावधि भ्रमवश अन्नमदेव व उनके वंशज को काकतीय मानने की परम्परा रही है। यहाँ एतद्विषक मान्यताएँ प्रस्तुत हैं (द्र. शुक्ल, 1988) -

अन्नमदेव के वंशज से सम्बद्ध अब तक चार शिलालेख तथा एक ताम्रपत्र प्रकाश में आए हैं। इनमें से भ्रांति का कारण दिग्पालदेव का दंतेवाड़ा प्रस्तराभिलेख (E1, IX,

165; E1, XII 242) प्रतीत होता है, जिसमें अधोलिखित पंक्तियाँ उट्टंकित है–

'सोमवंशी पांडव अर्जुन के संतान तुरुकान व हस्तिनापुर छाड़ि राजा भाए। ते वंश मह काकती प्रतापरुद्र नाम राजा भए। जै राजा के भाई अन्नमदेव महाराज भए।'

उपर्युक्त अंश में प्रतापरुद्रदेव के पूर्व 'काकती' शब्द के आधार पर विद्वानों ने बिना किसी परीक्षा के यह निर्णय दे दिया कि चूँकि प्रतापरुद्रदेव 'काकती' थे, अतएव उनके भाई अन्नमदेव किंवा उनके वंशज भी 'काकतीय', हैं, किन्तु अधोलिखित कारणों से स्पष्ट असंगतियाँ देखने को मिलती हैं–

(क) सभी विद्वानों ने यह तो स्वीकार किया है कि काकतीय सूर्यवंशी राजा थे, किन्तु अभिलेख का सम्पादन करते हुए किसी का ध्यान इस पर नहीं गया कि अभिलेख में वर्णित राजाओं को सोमवंशी कहा गया है।

(ख) इस अंतर्विरोध व विगत अध्ययन से यह स्पष्ट हो जाता है कि प्रतापरुदेव व अन्नमदेव मूलतः सोमवंशी क्षत्रिय राजा थे। काकतीय वंश के पुत्र होने से रुद्राम्बा देवी ने सोमवंशी क्षत्रिय राजकुमार को गोद लिया था। फलतः वह दत्तक-नियमानुसार काकतीय कहलाया, किन्तु अन्नमदेव के काकतीय होने का कोई प्रश्न ही नहीं उठता, क्योंकि वह काकतीय का दत्तक पुत्र था।

अन्नमदेव व उनके वशंज चालुक्य थे

'रुद्राम्बा देवी का विवाह' शीर्षक प्रकरण में यह कहा गया था कि उनके पति चालुक्य-नृपति वीरभद्रेश्वर थे तथा उन दोनों से केवल एक पुत्री का जन्म हुआ, जिसका नाम मम्मडम्बा था, जिसका विवाह महादेव नामक किसी व्यक्ति से हुआ था। मम्मडम्बा व महादेव के पुत्रों का नाम प्रतापरुद्र तथा अन्नमदेव था।

यह महादेव किस वंश का था? इसे काकतीय वंश का नहीं माना जा सकता, क्योंकि वैसी स्थिति में उसके पुत्र को दत्तक बनाने का प्रश्न ही नहीं उठता। यदि यह मान भी लिया जाए तो दूसरा प्रश्न यह है कि फिर उसे अभिलेख में सोमवंशी क्यों कहा गया है। काकतीय सूर्यवंशी थे। अतएव महादेव का पुत्र अन्नमदेव, जो सोमवंशी था, काकतीय नहीं हो सकता। इसी प्रकार अभिलेखों में काकतीयों को चतुर्थकुल (शूद्रजाति) का माना गया है, जबकि बस्तर के राजा अपने को क्षत्रियकुल का मानते हैं।

अन्नमदेव व उनके वंशज को काकतीय मानने के सिद्धांत के खण्डन के पश्चात् उनके वास्तविक वंश की जानकारी अपेक्षित है। इसकी जानकारी हमें बस्तर के महाराजा राजपालदेव के एक ताम्रपत्र से मिलती है, जिसकी अधोलिखित पंक्तियाँ ध्यातव्य हैं–

'श्री रक्षपालदेव चालकी वंश राज्यपरियन्त...।

जब ल श्री चालकी वंश राजा तब ल...॥'

इससे सुस्पष्ट है कि अन्नमदेव के वंशज रक्षपालदवे (1709-1721) 'चालकी' वंश के राजा थे तथा यह **सुस्थापित किया जा सकता है कि बस्तर के तथाकथित काकतीय राजा यथार्थतः चालुक्य वंश के थे।** प्रस्तुत ताम्रपत्र का सम्पादन करते हुए बालचंद्र जैन (1961) ने 'चालकीवंश' शब्द पर आश्चर्य तो व्यक्त किया था, किन्तु बद्धमूल भ्रान्तपरम्परा का वे विरोध नहीं कर सके थे तथा उनका भी यही मत था कि 'बस्तर का राजवंश काकतीय वंश के नाम से प्रसिद्ध है।'

चालुक्य-वंश की स्थापना में अन्य प्रमाण

ताम्रपत्रीय प्रमाण से बस्तर के राजवंश की चालकी अर्थात् चालुक्य-संसिद्धि के पश्चात् भी यहाँ कतिपय ऐसे प्रमाण दिए जा रहे हैं, जिससे उपर्युक्त विचारधारा पुष्ट होती है–

(क) दंतेवाड़ा के अभिलेख में अन्नमदेव को सोमवंशी कहा गया है तथा राजप्रासादीय पत्रों में भी उनका चंद्रवंश वर्णित है।

(ख) बस्तर के लोकगीतों में अन्नमदेव को 'चालकीबंसराजा' कहा गया है। यहाँ लोकगीतों की कतिपय पंक्तियाँ प्रस्तुत हैं।

चालकी बंस राजा, डिबडिबी बाजा
पेंग परजा, कोसरिया रावत
तेंदूमुंडी पनिया लावा

(कालीन्द्र सिंह द्वारा संग्रहीत, अप्रकाशित 1908)

उपर्युक्त लोकगीत का एक अन्य पाठ इस प्रकार है

चालकी बंस राजा, डिबडिबी बाजा
पेंग परजा कोसरिया रावत
पीता भतरा, अंदकुरी माहरा
जाड़ा हलबा, तेंदू मुंडी पनिया लावा।

यह लोकगीत लगभग एक शताब्दी से बस्तर अंचल में प्रचलित है। गीत में वर्णित जातियों को राजपरिवार से जोड़ने का आशय है कि चालुक्यराज में ये अत्यंत महत्वपूर्ण जातियाँ रही होंगी।

(ग) बस्तर में **'चालकी'** शब्द लघु परगनों के प्रमुख का वाचक है तथा बस्तर के समस्त परगने जनजातीय संगठन के वाचक हैं।

(घ) बस्तर के कतिपय परगनों व ग्रामों का नाम चालकी है।

(ङ) गोंडी-लोकगीतों में चालकी शब्द का अनेकशः प्रयोग हुआ है।

उपर्युक्त प्रमाणों से यह सिद्ध हो जाता है कि अन्नमदेव व उनके परवर्ती बस्तर-नरेश चालुक्य-वंश के थे।

क्या अन्नमदेव के पूर्वज गुजरात के चालुक्य थे

अन्नमदेव व उनके वंशज को चालुक्य स्वीकार कर लेने के पश्चात् पुनः यह समस्या उत्पन्न होती है कि वे कहाँ के चालुक्य थे; क्योंकि इतिहास में अधस्तन चालुक्य-वंश सुप्रसिद्ध हैं—

(क) बादामी के चालुक्य

(ख) कल्याण के चालुक्य

(ग) अन्हिलवाड़ के चालुक्य

अन्नमदेव की बादामी-चालुक्य होने की संभावना इसलिए नहीं है कि इससे पूर्व ही यह शाखा विलुप्त हो गई थी तथा कल्यान के चालुक्य होने की संभावना इसलिए नहीं है कि रुद्राम्बा देवी भी चालुक्य-पत्नी थीं और ऐसी स्थिति में अपनी पुत्री का विवाह किसी चालुक्य से करना उनके लिए सर्वथा प्रतिकूल था। ऐसी स्थिति में यह संभावना की जा सकती है कि अन्नमदेव के पिता अन्हिलवाड़ के चालुक्य थे।

ऐतिहासिक संदर्भों से अन्हिलवाड़ अथवा अन्हिलपाटन (गुजरात का वर्तमान पतन) का चालुक्य राजकुल मूलराज सोलंकी था। उसके वंश के भीम प्रथम (1021-1063), कर्ण (1063-1093), जयसिंह सिद्धराज (1093-1143), कुमारपाल (1143-1172), व अजयपाल प्रभृति नरेश प्रसिद्ध हैं। अजयपाल के ही समय (1197-98) में कुतुबद्दीन ऐबक ने अन्हिलवाड़ पर कब्जा कर लिया था, जिससे चालुक्य सत्ताहीन हो गए थे। ऐसा प्रतीत होता है काकतीय गजपति ने जब गुजरात पर आक्रमण किया होगा, उस समय चालुक्य महादेव का पिता उनके साथ वारंगल आ गया होगा व रुद्राम्बा ने महादेव के साथ अपनी पुत्री का विवाह किया होगा। महादेव व उनके पुत्र अन्नमदेव के गुजरात के चालुक्य होने की धारणा का समर्थन अधोलिखित तथ्यों से भी होता है।

(क) दन्तेवाड़ा-अभिलेख में कहा गया है कि अन्नमदेव के पूर्वज हस्तिनापुर-क्षेत्र के थे तथा तुरुकों के भय से वे वारंगल आए थे। इससे सिद्ध होता है कि अन्नमदेव के पूर्वज मूलतया उत्तर भारत के निवासी थे, न कि दक्षिण भारत के, जैसी की सामान्य धारण प्रचलित है।

(ख) अन्नमदेव व उनके वंशज के राजगुरु परम्परा से मैथिल ब्राह्मण ही होते हैं।

यह तभी संभव है जब उत्तर भारत से उनका पूर्वानुगत अनुराग हो।

(ग) अन्नमदेव व उनके वंशज अन्य नृपतियों का विवाह अधिकांशतया बघेलखंड की बघेलिन या चन्देलिन रानियों से हुआ है। यह ध्यातव्य है कि बघेलखंड के बघेल-राजाओं का मूल निवास गुजरात ही था (देखिये मेरी पुस्तक, **बघेलखंड की संस्कृति और भाषा**) तथा रीवा का प्रथम बघेल-राजा कार्णदेव भी अलाउद्दीन के आक्रमण के कारण वहाँ आया था। ऐसी स्थिति में यह कल्पना सहज की जा सकती है कि गुजरात में चालुक्यों तथा बघेलों का जो संबंध होता था, वह उस समय भी बना रहा जब चालुक्य बस्तर के अधिपति हुए तथा बघेल बघेलखंड के।

बस्तर और बघेलखंड में वैवाहिक संबंध

बस्तर के इतिहास में यह एक आश्चर्यजनक किन्तु विचित्र सत्य है कि यहाँ के अन्नमदेव से लेकर भैरमदेव तक (1324-1891) के सभी राजाओं का विवाह बघेलखंड से हुआ है, चाहे राजकुमारी चन्देलिन रही हो यह बघेलिन। प्रतापरुदेव के पूर्ववर्ती सभी राजा बघेलखण्ड से सम्बन्ध स्थापित करने में अपनी प्रतिष्ठा समझते थे तथा अनेक के जीवन में ऐसी भी घटनाएँ हुई हैं कि जब उन्हें राजघराने से कोई कन्या प्राप्त नहीं होती थी, तो वे किसी निर्धन-परिवार की कन्या के साथ ही विवाह कर लेते थे। इस प्रकार पटरानी का पद सदैव किसी-न-किसी बघेलखण्डी राजकुमारी को प्राप्त हुआ है। यह भिन्न बात थी कि यहाँ के नरेश एकाधिक विवाह भी कर लेते थे; किन्तु बघेलखंड का पटमहिषीत्व-पद सदा अक्षुण्ण रहा है।

बस्तर के चालुक्य-राजकुल की दो परम्पराएँ हैं। प्रथम है वारंगल से उनके आने की कथा और द्वितीय है राजस्थान के क्षत्रिय कुल से जोड़ने का मिथक। मैंने यहाँ मिथकीय विवरण दिया है। तथ्यात्मक विवरण मेरी अंग्रेजी पुस्तक (1988) में है।

अंग्रेज लेखक आर. टेम्पल (Report on the Administration of the Central Provinces for the year 1862, Nagpur, 1923, P. 80) का यह विचार कि–'बस्तर के राजा अपने को राजपूत तो कहते हैं, किन्तु वे गोंडों तथा राजपूतों के मिश्रित वंशज प्रतीत होते हैं। उनकी शक्ति का प्रारंभ वारंगल से हुआ। 1421 ई० में वारंगल बहमनी मोहम्मद राजा के अधिकार में आया तथा राजा अपने साथियों के साथ बस्तर आया' पूर्णतः भ्रामक व त्रुटिपूर्ण प्रतीत होता है, क्योंकि उपर्युक्त विवेचन से सुस्पष्ट है कि अपनी जातीय प्रतिष्ठा के कारण यहाँ के राजाओं ने बघेलखण्ड की कुमारियों से विवाह करने की एक परम्परा सी बना ली थी। टेम्पल की उक्त तिथि भी त्रुटिपूर्ण है।

ऐसी स्थिति में यह कल्पना सहज ही की जा सकती है कि 1324 ई० से 1891

ई० के बीच निरंतर 568 वर्षों के वैवाहिक संबंधों से बस्तर की राजकुलीय संस्कृति और भाषा में बघेलखण्डी प्रभाव अवश्यमेव आया होगा। इसका एक प्रभाव यह भी हुआ कि बस्तर के अंतःपुर तथा राजकुल की जो भाषा विकसित हुई, वह बघेलखण्डी थी, जिसे मैंने अन्यत्र 'बस्तरी' कहा है। बस्तर की इस बघेलखण्डी में दंतेवाड़ा का अभिलेख भी उत्कीर्ण हुआ था, जिसे छत्तीसगढ़ी के लेखक भ्रमवश छत्तीसगढ़ी का शिलालेख कहने के आदी हैं।

6

चक्रकोट में विप्लव और चक्रकोट का पतन

बस्तर में चालुक्य-राज्य की स्थापना की कालावधि में छिन्दक नागों (760-1324) का चक्रकोट-राष्ट्र व संलग्न क्षेत्र किन राजनैतिक परिस्थितियों से गुजर रहे थे, यदि हम इसका अध्ययन कर लें, तो चक्रकोट (बस्तर) के छिन्दक नागों के पतन तथा चालुक्यवंश के उदय का इतिहास हमारी समझ में आ सकता है।

1323 ई० में वारंगल के पतन के फलस्वरूप गोदावरी का संपूर्ण क्षेत्र दिल्ली के तुगलक बदशाहों के अधीन हो गया। उन्होंने इस नए हासिल किए गए सूबे के प्रशासन के लिए अमीरों, मलिकों तथा अन्य अधिकारियों की नियुक्ति की। गोदावरी-क्षेत्र के सभी प्रमुख केन्द्रों पर सेनाएँ बैठा दी गयीं। इस प्रकार समूचे अंचल में प्रशासन की प्रकृति सैन्याधारित थी। खेतिहरों पर अनेक अनुचित कर आरोपित किए गए और उन्हें चाबुक के बल पर उगाहा गया। बिना किसी आकलन के धनी व्यक्तियों से पैसा निचोड़ लिया गया। ब्राह्मण और गाय को चुन-चुन कर मारा जाने लगा। पूर्ववर्ती राजाओं के द्वारा प्रदत्त 'अग्रहारों' को विद्वानों से छीन लिया गया और उन्हें राजसात् कर दिया गया। ब्राह्मणों से सम्बद्ध सभी यज्ञों और अनुष्ठानों को अनिवार्यतः बंद करवा दिया गया। देवालयों को अपवित्र कर दिया गया और देवप्रतिमाएँ तोड़ डाली गयीं। शराब पीना, गोमाँस खाना, भोगविलास व कामाचार में आसक्ति बढ़ गयी। ब्राह्मणों का वध करना तो जैसे मुग़लों का धर्म बन गया। मुस्लिम-शासन भयावह अत्याचार और आतंक का पर्याय बन चुका था। मुस्लिम-अधिकारियों ने तो जैसे हिंदुओं और उनके धर्म के विरुद्ध पूर्णरूप से युद्ध छेड़ दिया था। इस संबंध में **विलास का ताम्रपत्रदान** (भारती, खण्ड 19 मार्च, 1942) अत्यधिक विलक्षण है। यह ऐसा एक अकेला दस्तावेज है, जो मुस्लिम-आधिपत्य वाले गोदावरी क्षेत्र का सुस्पष्ट चित्र प्रस्तुत करता है। मुसलमानों के इस क्रूर तथा अमानवीय कृत्यों से यहाँ के वनवासियों के मन को बेचैन कर दिया। उनमें एक बलवती लालसा जागी कि अपने जीवन की आहुति देकर वे गो-ब्राह्मण की रक्षा करें। मुस्लिम-प्रशासकों ने जिन विचारहीन नीतियों को अपना रखा था, उससे गोदावरी क्षेत्र

के वनवासी भड़क गए और समूचे अंचल में गहरा असंतोष फैल गया। ऐसी स्थिति में उक्त राजनैतिक पाश से मुक्त होने के लिए सभी आदिवासी एक हो गए। दन्तेवाड़ा-शिलालेख में उक्त **'यवनभय'** की चर्चा हुई है।

ये निरीह आदिवासी मुसलमानों के अधीन अधिक दिन तक नहीं रहना चाहते थे। उक्त विदेशी दासता को उखाड़ फेंकने और आदिम धर्म और संस्कृति की रक्षा के लिए बस्तर के गोदावरी-क्षेत्र में आंदोलन प्रारंभ हो गया। उस समय चक्रकोट-राष्ट्र के राजा हरिश्चंद्रदेव थे। उनके नेतृत्व को सभी आदिवासी नेताओं ने स्वीकारा और सबने मिलकर कूटमंत्रणा की। उन सबका समान लक्ष्य था और वह था चक्रकोट को बढ़ती हुई विदेशी गुलामी से बचाए रखना और फिर से नागसत्ता की सार्वभौमिकता की स्थापना करना। वारंगल के भीषण युद्ध से जीवित बचे रुद्रप्रतापदेव के कतिपय पुराने सेनानायक जैसे कोलनि प्रतापरुद्रदेव, अन्नमंत्री तथा अन्नमदेव भी हरिश्चंद्रदेव के उक्त अभियान में शामिल हो गए। ये अंतिम वारंगली राजा थे, जो आंदोलन के मार्गदर्शन के लिए आगे आए। उनकी यही चाहत थी कि चक्रकोट-राष्ट्र वाला गोदावरी-अंचल विधर्मियों की साजिश से मुक्त रहे। इसी बीच हरिश्चंद्रदेव मुगलसेना के हाथों मारे गए और उनकी मृत्यु के साथ चक्रकोट का पतन हो गया। संकट की इस घड़ी में अन्नमदेव को विद्रोही सेना का सर्वसम्मति से नेता चुना गया। बस्तर से प्राप्त 1324 ई० के शिलालेख से यह ध्वनि निकलती है कि उसी वर्ष से समूचा चक्रकोट मुस्लिम-अधिकारियों के विरुद्ध विद्रोह में शामिल हो गया और चक्रकोट को विदेशी शासन से उसने मुक्त कराया।

इस प्रकार अन्नमदेव गोदावरी-क्षेत्र के सर्वस्वीकृत महानायक बन गए। उन्होंने बस्तर के **मांधोता** को अपनी राजधानी बनायी और बस्तर में आदिवासियों के शासन की पुनः स्थापना की। उन्होंने राज्य में अमन और चैन का वातावरण बनाया और मुसलमानों के शासनकाल की बुराइयों को समाप्त किया।

महादेव के पुत्र तथा प्रतापरुद्रदेव के अनुज अन्नमदेव बस्तर में चालुक्य-राज्य के **'आद्य'** संस्थापक थे। वे म्लेच्छरूपी समुद्र के लिए वास्तविक अगस्त्य थे—**म्लेच्छाम्बुधि कुम्भोद्भवः।** उक्त कथन से यह सुस्पष्ट है कि मुसलमानों को चक्रकोट से भगाने में उनकी क्रियाशील और प्रमुख भूमिका थी। अन्नमदेव आदिम धर्म के प्रचण्ड पक्षपाती थे। अन्नमदेव ने चक्रकोट-राष्ट्र को मुक्त कराने के लिए मानव और वस्तु के रूप में सभी संसाधनों को प्रोलय नायक के अधीन कर रखा था। बस्तर की स्वतंत्रता के उक्त संघर्ष में अन्नमदेव की विजय होती है और मुस्लिम-परतंत्रता से बस्तर का गोदावरी-अंचल मुक्त हो जाता है। वे जानते थे कि आदिवासियों की शक्ति उनके संगठन में है और इसीलिए उनके साथ विविध गोत्रवर्गों और उपवर्गों के आदिवासी नेता थे। उन सबके सम्मिलित प्रयास से समवेत लक्ष्य पूरा हुआ। गोदावरी-क्षेत्र में वनवासी सर्वोपरिता दृढ़ता के साथ स्थापित हुई।

प्रतापरुद्रदेव के प्रायः सभी बहादुर सेनापति, मंत्री और अधिकारी, जिन्हें हम अभिलेखों के माध्यम से जानते हैं, वे युद्धभूमि में या तो मारे गए थे अथवा उन्हें बंदी बना लिया गया था। उनके अनुज अन्नमदेव के साथ केवल तीन सेनापति ही उस विपत्ति से बचे थे। वे थे **अन्नयमंत्री, कोलनि रुद्रदेव** अथवा प्रतापरुद्र एवं **रेचेर्ला सिंगम नायक** अथवा **सिंगमनेडु**।

प्रथम सेनापति का नाम **अन्नय** था, जो काकति प्रतापरुद्रदेव के **'गज-साहिनि** (हस्तिसेना के सेनाधिपति) थे। उनके बारे में कहा गया है कि "यवनों के समूलनाश में वे दावाग्नि के समान थे और तेलंगाना के **अध्यक्ष** के सिंहासन के संस्थापक थे (शर्मा 1945, परिशिष्ट)। यह भी कहा जाता है कि एक सूर्यग्रहण के अवसर पर कोलनि प्रतापरुद्र ने अरेडु नामक गाँव एक **अग्रहार** के रूप में दिया था। (श्रीनाथ, **भीमेश्वरपुराणम्** तेलुगू, सर्ग ।, परिच्छेद 5, श्लोक संख्या 49)। दूसरे सेनापति का नाम **कोलनि प्रतापरुद्र** था। 1323 ई० से पूर्व के यद्यपि उनके अभिलेख नहीं मिलते हैं, तथापि ऐसा प्रमाण मिलता है कि काकति प्रतापरुद्रदेव के कार्यकाल तक वे एक शक्तिशाली सेनानायक थे। **शिवयोगसारम्** नामक तेलुगु ग्रंथ के रचयिता कोलनि गणपतिदेव थे, जो इम्मड़ि रुद्रदेव के परपोते तथा कोलनि रुद्रदेव के भाई थे। उन्होंने उक्त ग्रंथ में अपनी वंशावली देते हुए अपने पूर्वजों के बारे में रोचक विवरण प्रस्तुत किया है, समूचे विस्तार के साथ। तदनुसार मूलरूप में लेखक का परिवार **'इदुलूरिकुटुम्ब'** के नाम से जाना जाता था। यह गणपतिदेव के शासनकाल में विख्यात हुआ, जब गणपतिदेव ने वेलनाडु और कलिंग के विरुद्ध सफल अभियानों का संचालन किया था। उस समय सोममंत्री काकति गणपतिदेव के सचिव थे। कहा जाता है कि वे वारंगल के पूर्वी अंचल पर शासन कर रहे थे और उन्होंने तब दक्षिणी कलिंग को जीता था। कोलनि रुद्रदेव सोममंत्री के नाती थे और अन्नमदेव के एक 'जूनियर' समकालिक थे। अन्नयदेव पेड गन्नय के पुत्र तथा सोममंत्री के अनुज थे।

कोलनि रुद्रदेव वारंगल के प्रतापरुद्रदेव के राज्य में **'बहत्तर दुर्गों'** के अधीक्षक थे। यह विवरण कि उन्होंने **'काकतेश'** के आदेश से वारंगल के प्रस्तरखचित दुर्ग की रक्षा की थी और यवन स्वामी को मार डाला था, पूरी तरह सुस्पष्ट रूप से यह सिद्ध करता है कि मुसलमानों के विरुद्ध लड़ी जाने वाली लड़ाइयों में उन्होंने कर्मठ रूप से भाग लिया था। वे उस घोर विनाश से भी बच निकले थे, जिसने वारंगल को तबाह कर दिया था। इसका प्रमाण उनके **संतमागुलार-शिलालेख (एन्वल रिपोर्ट आन साउथ इंडियन इपीग्राफी,** 1916, पैरा 53) से भी मिलता है, जो 1326 ई० (क्षयवर्ष) में उत्कीर्ण कराया गया था। उसमें काकति प्रतापरुद्र की श्रेष्ठता के उपलक्ष्य में उनके द्वारा दिए गए एक दान का उल्लेख है।

तीसरे सेनानायक थे रेचर्ला-वंश के **सिंघय नायक**। वे चालुक्य अन्नमदेव के समकालिक थे। रेचर्ला-वंश का उक्त राजकुमार काकतीय सेना का एक महान् सेनानायक नियुक्त हुआ था। उसने अनेक युद्धों में सम्मान हासिल किया था। राज्य में उसकी राजनैतिक शक्ति का लोग लोहा मानते थे और उनका राज्य में बहुत अधिक प्रभाव था।

काकति प्रतापरुद्रदेव के केवल ये तीन सेनानायक हमें ज्ञात हैं, जो उनके अनुज अन्नमदेव के साथ वारंगल की दुःखद दुर्गति के बाद जीवित बचे थे। नायकों की एक नयी पीढ़ी तब तक उभर नहीं पायी थी। युगीन परिस्थिति इतनी अधिक खतरनाक थी कि हिंदूधर्म को शेष बचे अन्नमदेव तथा तीन सेनानायकों में ही अपना योद्धा खोजना पड़ा और मुस्लिम-शासन से देश को मुक्ति दिलाने के लिए आंदोलन का रास्ता खोजना पड़ा। तब जनता पहले की तरह धुँधलके में कुछ टटोल रही थी। चारों ओर अँधियारा फैला हुआ था। जनता समझ नहीं पा रही थी कि आतंक तथा उत्पीड़न-भरे दिनों में क्या करें ? वह ऐसे शक्तिशाली नेता के तलाश में थी, जिसके साथ सभी असंतुष्ट क्षेत्रीय शक्तियाँ एक साथ हो जातीं और विद्रोह के स्तर को ऊँचा कर देतीं।

चालुक्य अन्नमदेव ने उक्त स्थिति पर विजय पाने का प्रयत्न किया और चक्रकोट में उभरते हुए असंतोष की गहराई का अंदाजा लगाया। घटनाएँ कुछ ऐसे मोड़ पर पहुँच गयीं कि उसने समझा कि केवल साहसिक मुकाबले और चतुराई भरे नेतृत्व की जरूरत है। उसने पाया कि चक्रकोट-राष्ट्र विदेशी जुएँ को उतार फेंकने के लिए आतुर है। ऐसी स्थिति में अपने पुराने साथी रुद्रदेव और अन्नमंत्री के साथ अन्नमदेव ने चक्रकोट के कोण्टा, सुकमा, हमीरगढ़, छींदगढ़ तथा कटेकल्यान आदि के वफादार माण्डलिकों को अपने साथ मिलाया। इन मण्डलों के अधिपतियों के अतिरिक्त मुसनूरिवंश के प्रोलय नायक, कोप्पुल-वंश के प्रोलय नायक, रेड्डीवंश के वेम्मा, रेचेर्ला वंश के सिंगम नायक एवं मंचिकोण्ड-वंश के गणपति नायक भी उनके साथ थे। कुल मिलाकर यह पुराने उत्कृष्ट लोगों का एक संघ था, जो परिस्थिति की गंभीरता से परिचित था और इसीलिए वे एक साथ हो चले। उन सबका एक समान प्रयोजन था—मुस्लिम-आधिपत्य से अंचल की मुक्ति तथा धर्म की रक्षा और उन्नति (**अनितल्ली का काकतीय-दानपत्र**, 1423 ई०)।

विलास-दानपत्र, प्रोलवरम-दानपत्र तथा **कलुवचेरु-दानपत्र** आदि सभी दानपत्रों की भाषा से यह ध्वनि निकलती है कि कालांतर में मुसनूरिवंश के प्रोलय नायक को नेता चुना गया था। यह स्पष्ट है कि वृद्धावस्था के कारण कोलनि रुद्रदेव तथा अन्नमंत्री ने नेतृत्व की इच्छा नहीं की होगी। उन सबकी एक ही चिंता थी कि अंचल को येनकेन प्रकारेण मुसलमानों की पकड़ से छुड़ाना और हिंदू धर्म की फिर से स्थापना करना। उस समय की परिस्थितियों के अनुसार संभवतः प्रोलय नायक उनको एक उपयुक्त नेता के

रूप में मिला था। जब एक बार नेता का चयन हो गया, तो सभी ने उसके साथ सहयोग दिया, हर संभव तरीके से। सेनापति के रूप में या सलाहकार के रूप में या मार्गदर्शक के रूप में। विलास और प्रोलवरम के दानपत्रों में यद्यपि अन्नमदेव का उल्लेख नहीं है तथापि काकति प्रतापरुद्र के अनुज के रूप में उसकी सलाह के बिना ऐसा निर्णय नहीं लिया गया होगा। हम यह भी जानते हैं कि 1323 ई० के पूर्व प्रोलय नायक की ख्याति नहीं थी। उस तिथि से पूर्व इसकी कोई भी हैसियत (जैसे सेनानायक अथवा मंत्री आदि) नहीं थी। इसलिए वह अपने तईं लोगों का विश्वास अर्जन तब तक नहीं कर सकता था, जब तक अन्नमदेव उसके समर्थन में न आते। केवल अन्नमदेव ही ऐसे थे, जो वारंगल के पतन के पश्चात् लोगों की सहानुभूति के पात्र थे। उनका सर्वाधिक प्रभाव था, उस समय के किसी अन्य व्यक्ति की तुलना में।

फिर भी यह अव्याख्येय है कि प्रतापरुद्र के अनुज अन्नमदेव के बजाय लोगों ने प्रोलय नायक को अपना नेता क्यों चुना? शायद इसमें निहित कारण यह है कि अन्नमदेव के बस्तर-पलायन पर प्रोलय नायक को नेता चुना गया (इपी. इंडिका, 9: 163)। अन्नमदेव ने सुझाया होगा कि प्रोलय नायक को तेलंगाना को मुक्त कराने के लिए गोदावरी पार से ही संघर्ष करना होगा। इस संबंध में उसे अन्नमदेव से निरंतर सुझाव मिलते रहे होंगे। जब दिल्ली से विन्ध्य के दक्षिण तक का समूचा देश मुसलमानों की जकड़न में था और किसी को उस दासता से मुक्ति की कोई आशा नहीं थी, यह अन्नमदेव ही थे कि उन्होंने सबसे पहले बस्तर से आजादी के परचम को फहराया और उसका सुखद अंत हुआ। बस्तर मुगलों के आधिपत्य में आने से बच गया।

7

चालुक्य-शासन के संस्थापक अन्नमदेव

(1324 ई०-1369 ई०)

कुल मिलाकर वारंगल क्षेत्र से मुग़लों के शासन को उखाड़ फेंकने की अनेक योजनाएँ बनायी जाती रहीं, जिन्हें कोई समझ नहीं पा रहा था, किन्तु अन्नमदेव ने जिस प्रकार की योजना बनायी थी, उस योजना का प्रभाव पर्वतों के शिखरों से आरंभ होकर घने जंगलों के बीच पड़ोसी क्षेत्रों और इंद्रावती नदी के किनारे तक जा पहुँचा और तब निश्चित हुआ कि विदेशी शासकों पर छापामार कार्यवाही की जाकर उन्हें विचलित किया जाए। उन पर घाटी के ऊपर से और नीचे से हमला करने की योजना बनायी गयी। इस योजना में हर प्रकार के लोगों से मदद लेने और उन्हें संगठित करने की नीति का भी अनुसरण किया गया। इस प्रकार से यह बस्तर-अंचल के लिए एक ऐतिहासिक क्षण बन गया। अन्नमदेव ने स्वयं को और अन्य लोगों को हिंदू-श्रेष्ठता का पाठ पढ़ाया और उसे वारंगल में पुनः स्थापित करने के लिए प्रोत्साहित किया। अंत में राजा के प्रयासों को सफलता मिलनी प्रारंभ हो गयी, जिससे उनमें ही नहीं, उनके साथ-साथ सामान्य जनता में भी नई प्रेरणा और आशा का संचार हुआ। आत्मविश्वास जागा। इन सबसे वे ऊर्जावान् बनकर दुश्मनों का मुकाबला करने के लिए तत्पर हो गए।

वारंगल की मुग़ल सरकार को पटकनी देने के लिए जो विविध प्रयास किए गए, जो नीतियाँ बनीं और उनका जिस प्रकार से क्रियान्वयन किया गया, उसकी जानकारी हमारे पास नहीं है। यह सच है कि अन्नमदेव ने गोदावरी और इंद्रावती के प्रतिवेश के वन्य प्रांतरों में अपनी समूची शक्ति लगा दी होगी, जिससे मुस्लिम-अधिकारियों का उन क्षेत्रों से संबंध कट गया होगा और वे अन्नमदेव का पीछा नहीं कर पाए होंगे। इतना ही नहीं, अन्नमदेव ने मुस्लिम आक्रांताओं को लगातार हैरान कर दिया होगा और ऐसा हुआ होगा घाट के ऊपर और नीचे के अंचल पर भयंकर अभ्याघात से, जिससे मुस्लिम-सेना सम्हल नहीं पायी होगी। अंचल की जनता ने गुप्तरूप से उन्हें पूरी सहायता पहुँचायी होगी। उन्हें सहयोग दिया होगा और उनकी सुविधा का ध्यान रखा होगा।

यथार्थतः बस्तर-अंचल के इतिहास का यह एक महत्वपूर्ण काल था। अंततोगत्वा अन्नमदेव के प्रयासों को सफलता मिली। लोगों में एक नया जोश जागा और दुश्मन से लड़ने के लिए सभी ने कमर कस ली। **विलासदान-पत्र** तथा **प्रोलवरम-दानपत्र** में इसके विपुल प्रमाण हैं कि उक्त हौसले के कारण बस्तर की जनता में नई प्राणशक्ति का संचार हुआ था –

तस्यापि तस्यां भुवि राजधानी महीभृतो माल्यवतस्समीपे।
गोदावरीप्रांतभुविप्रशस्तां यां रेकपल्लीति वदन्ति देश्याः।
दानभोगोपयोगाभिस्सर्वार्मिवसुभूरिभिः
यातिचक्राम नगरीमलकां चामरावतीम् ॥
मुक्ताफलैः विद्रुमभंगजालकैर्मणिव्रजेरुन्नतहेमराशिभिः।
ऋद्धापणा या सततं विराजते धनेश्वरस्यैव च भाण्डगेहभूः ॥
सतामधिष्ठाय पुरीं समृद्धां प्रोलक्षितीशः पुरुहततेजाः।
अयास्तवैरिक्षितिपाल लोकां प्रशास्ति पृथ्वीं निजशासनाकाम् ॥

0 0 0 0

स प्रोलभूपो मुसनूरिवंश्यस्तथाविधं यावनमाधिपत्यम्।
विश्वोपजीव्येन विशृंखलेन व्यनीनशब्दाहुबलेन वीरः।
नामास्य तेषां यवनाधमानां मंत्रः किमुच्चाटनकर्मकारी।
दीना यदुच्चारणमात्रतस्ते दुर्गाणि संत्यज्य कुतोप्यभूवन् ॥
याः प्रजास्समबाध्यन्त यवनैस्तामनूपमम्।
प्रभवन्तं तमेवागु निन्दाघार्ता इव ह्रदम् ॥
ये पीडितास्तुरुष्कैरनारतं मानुषा घोरम्।
ते तानेव निजघ्नुवलमाश्रयज महत् ख्यातम् ॥
इत्थं परास्य प्रबलं प्रपंचं यावनं वली।
नष्टमापदि कष्टायां धर्मं पुनरवीवृतत् ॥

"मुसनूरि-वंश के उस राजा प्रोल ने यवनों की यातनापूर्ण सार्वभौमिकता को अपने दुर्धर्ष हाथों से विनष्ट कर दिया, जो विश्व के पालक हैं। क्या उसका नाम यवनों के लिए उच्चाटनकारी मंत्र बन गया था? क्योंकि उसके नाम को सुनते ही वे निकृष्ट यवन दुर्गों को छोड़ देते थे और सभी आवासों से लुप्त हो जाते थे। जिस प्रकार सूरज की तपन से मारा हुआ कोई व्यक्ति झील के ठंडे पानी में शरण लेता है, उसी प्रकार जो लोग यवनों के द्वारा सताए हुए थे, वे शक्तिशाली राजा प्रोल की शरण में सुरक्षित थे। जिन लोगों

को पहले तुरुष्कों ने अनवरत सताकर अपने अधीन कर मार डाला था, ऐसे अनेक लोगों को प्रोल ने मुक्त करा कर अपने 'आश्रय' में लिया और वे मृत्यु के मुख से बच गए। इस प्रकार के शक्तिशाली यवनराज्य को सामाप्त कर प्रोलय नायक ने धर्म की स्थापना की थी, जो भयावह विपत्ति के समय लुप्त हो गया था।"

उक्त संदर्भ से यह ज्ञात होता है कि अन्नमदेव ने तेलंगाना को मुस्लिम गुलामी से मुक्त कराया था। लोकनाथ ठाकुर ने 'बस्तरराज संस्कृतवंशावली (1853, श्लोक 1) में इसका हवाला दिया है –

प्रतापरुद्रे त्रिदिवं गते तदा तस्यानुजन्मान्नमदेवराजः
ओरंगलशक्तियुतं विहाय सखड्गपाणिर्नृप बस्तरेऽगात् ॥

"अपने अग्रज प्रतापरुद्र की मृत्यु के बाद अन्नमदेव ने वारंगल को मुक्त कराकर शासन किया, किन्तु उन्होंने वारंगल को अपने माण्डलिकों के हवाले कर खड्ग धारण कर बस्तर चले आए।"

दन्तेवाड़ा-अभिलेख (इपी. इंडिका, 12-234) में भी इसकी चर्चा है तथा **'यवनभयात्'** बस्तर आने का उल्लेख है।

अन्नमदेव की बस्तर-विजय की नियत तिथि हमें ज्ञात नहीं है, किन्तु इतना निश्चित है कि यह 10 सितम्बर, 1324 ई० से बाद के समय की होगी, क्योंकि उक्त तिथि गियासुद्दीन तुगलक के **'राजमहेन्द्रवरम मस्जिद अभिलेख'** की है और वही तिथि छिंदक नाग हरिश्चंद्रदेव (इपी. इंडिका, 10 : 40) के निधन की भी तिथि है।

अन्नमदेव अनुकूल परिस्थिति की तलाश में अपना समय बिता रहे थे, जिससे कि वह हिमालय के समान कठोरता धारण कर मुस्लिम सेनाओं पर धावा बोल दें। ऐसा मौका उन्हें उस समय अपने आप मिल गया, जब गियासुद्दीन तुगलक की मृत्यु 'रविउल्लव्वल 725' (अर्थात् फरवरी-मार्च 1325 ई०) में हो गयी (**फरिस्ता,** खण्ड 1, पृ. 42627)। यह घटना तब घटी, जब वह बंगाल पर अभियान करने के बाद वापस लौटा था। उस समय युवराज उलुख खान आंतरिक परेशानियों में घिरा हुआ था और दक्षिण की घटनाओं पर उसका ध्यान नहीं था। अन्नमदेव ने इस मौके को जाने नहीं दिया। सुल्तान की मृत्यु से उत्साहित उसने प्रमुख ठिकानों की मुस्लिम सेनाओं पर धावा बोल दिया तथा अनेक स्थानों पर मुस्लिम सेना को हार का सामना करना पड़ा। उसने समुद्रतटीय क्षेत्र को जीत लिया और वहाँ हिन्दू धर्म और उसकी परम शक्तिमत्ता को पुनः स्थापित किया।

अन्नमदेव ने अपने समय में अनेक अपेक्षित कार्यों को महत्व देकर उन्हें श्रेष्ठता की ऊँचाई तक तेजी के साथ विस्तारित किया और मुस्लिम फौज पर निरंतर हमला करते रहे। हिन्दूधर्म के इस विलक्षण व्यक्तित्व पर इतिहास मौन है।

अन्नमदेव की इन विजयों को प्रमाणित करने वाला पहला शिलालेख **'मल्लवरम-शिलालेख'** (**इंस्क्रिप्शंस ऑफ नेल्लोर डिस्ट्रिक्ट,** बटरवर्थ तथा वेगुगोपाल चेट्टी के द्वारा प्रकाशित, खण्ड 3, सं. 3) है, जिसे प्रोलय रेड्डी के पुत्र वेम रेड्डी ने खुदवाया था। इसे 1325 ई० में रिकार्ड किया गया था। अन्नमदेव के काल का दूसरा अभिलेख कोलनि रुद्रदेव का 1326 ई० में उत्कीर्णित **'सन्त मागुलार अभिलेख'** (तदेव) है। अभिलेख से यह ज्ञात होता है कि कोलनि रुद्रदेव जनता में पुनः विश्वास जगाना चाहता था और उनकी भावनाओं को प्रतापरुद्रदेव के नाम से जगाना चाहता था। उन सुखद दिनों की याद दिलाना चाहता था, जो काकतीय शासन की अवधि में उन्होंने बिताया था। इससे यह भी स्पष्ट है कि प्रतापरुद्र के नाम में जादुई शक्ति थी और जनता उस नाम को सुनकर भक्तिभाव और वफादारी से जुड़ जाती थी। मुसलमानों से लड़ने के लिए ऐसी जादुई शक्ति का नामस्मरण काफी था। कुछ भी हो वारंगल के काकतीय प्रतापरुद्र का विलास तथा कलुवचेरु दानपत्रों व दंतेवाड़ा-शिलालेख में नामोल्लेख हमें यह समझने में मदद तो करता है कि प्रतापरुद्र का नाम उन दिनों कितना प्रिय था और प्रतापरुद्र लोगों के आँखों के तारा थे। लोग उन्हें जिस प्रेमानुराग से याद करते थे, वह आम जनता को आंदोलित कर देने के लिए काफी था। उनके नाम को सुनकर लोग धर्म के खातिर हमलावरों से जूझने, लड़ने, मारने, मरने के लिए तैयार हो जाते थे। कितना प्रभावशाली था उनका नाम कि लोग अंत काल में भी उसका आदरपूर्वक स्मरण करते थे।

इस प्रकार अन्नमदेव का वह आंदोलन विद्रोहों की कड़ी में पहला आंदोलन था, जो सुल्तान मुहम्मद बिन तुगलक के शासनकाल में फूट पड़ा था। छिन्दक नागवंशी हरिश्चन्द्रदेव के बाद वह बस्तर राज्य के प्रथम सर्वस्वीकृत शासक थे। **'बस्तरराजवंशावली'** (1856) से ज्ञात होता है कि गोदावरी तथा महानदी के मध्य का अंचल उनके प्रत्यक्ष नियंत्रण में आ चुका था। इसी प्रकार उनके माण्डलिक प्रोलय नायक गोदावरी तथा कृष्णा के मध्य अंचल पर शासन कर रहे थे (विलासदानपत्र)। प्रोलय नायक ने रेकापल्ली को अपनी राजधानी बनाया थी, जो माल्यवन्त पर्वत से लगी हुई गोदावरी के समीप थी (प्रोलय नायक की मृत्यु के बाद रेकापल्ली स्वाभाविक तौर पर बस्तर का एक अंग बन गयी, जो 1780 ई० तक बस्तर राज्य का एक तालुक थी)। रेकापल्ली आज भी उसी नाम से आन्ध्र प्रदेश (बस्तर से संलग्न) के भद्राचलम तालुक का एक गाँव है। यह माना जा सकता है मुसलमानों से संघर्ष के दौरान अन्नमदेव ने रेकापल्ली को सैन्य अभियान के एक अड्डे के रूप में इस्तेमाल किया होगा। प्रोलय नायक की जब 1340 ई० में मृत्यु हो गयी, तो अन्नमदेव को उस अंचल पर ध्यान देना पड़ा होगा। जब तक उनके सेनानायक प्रोलय नायक जीवित थे, अन्नमदेव निश्चिन्त थे, किन्तु अब उन्हें अपनी नीति पर पुनः विचार करना पड़ा होगा।

उक्त विवरण दक्षिणी गोदावरी-अंचल से प्राप्त अभिलेखों पर आधारित है। बस्तर के इतिहासकारों के पास तो कहने के लिए एक भिन्न इतिहास है। उनके अनुसार अन्नमदेव अपने अग्रज प्रतापरुद्रदेव की मृत्यु के बाद उत्तराधिकारी बने (लोकनाथ ठाकुर, 1853, श्लोक 9)। अनेक वर्षों तक जब उन्होंने वारंगल में शासन कर लिया, तब मुसलमान-सेना ने उन पर आक्रमण किया। अपनी कुलदेवी के आदेश में उन्होंने वारंगल से पलायन किया। उस समय भी मुगल-सेना उनका पीछा कर रही थी। अन्नमदेव के साथ विशाल सेना थी। उसकी तादात इतनी अधिक थी कि उनमें नौ लाख तो केवल धनुर्धारी सैनिक थे।

मुसलमानों ने गोदावरी के तट तक उनका पीछा किया। जैसे ही अन्नमराज की सेना ने गोदावरी पार किया, मुस्लिम-सेना फिर से उनके पीछे पड़ गयी। यह कहा जाता है कि वारंगल के राजा के पास पारसमणि थी, जिसका स्पर्श पाते ही कोई भी वस्तु सोना बन जाती थी और शायद मुगल-सेना के दुराग्रह का यही कारण था, जिससे वह अन्नमदेव का पीछा करती रही। अन्नमदेव ने देर तक पीछा किए जाने के परिणाम पर विचार किया और निश्चित किया कि अनिष्ट के स्रोत को ही ठिकाने लगा दिया जाना चाहिए। वे थोड़ा रुके, मुस्लिम-सेना से मुखातिब हुए और उसी के सामने पारसमणि को गोदावरी में फेंक दिया। इसके बाद वे बस्तर के घने जंगलों में प्रवेश कर गए। उनकी आशा के अनुकूल मुसलमानों ने उनका पीछा करना छोड़ दिया। उन्होंने पारसमणि को खोजने का बहुत प्रयास किया, किन्तु असफल रहे। केवल एक बार नदी की धारा में वह पारसमणि फंदे से टकराई और वह फंदा सोने में तब्दील हो गया।

अन्नमदेव ने अपनी कुलदेवी से सहायता की याचना की। उन्होंने अन्नमदेव से कहा कि मेरे पीछे-पीछे चलते रहो, लेकिन पीछे मुड़कर न देखना। मेरी घुँघरू की आवाज का तुम्हें पीछा करते रहना है। पायल की रुनझुन की आवाज पर ध्यान देना। राजा जब चल रहा था तो उसने महसूस किया कि कोई उसके साथ लगातार चल रहा है, जो उसके खड़े होने पर उसके पीछे ख़ड़ा हो जाता है, मगर जैसे ही उसने एक बार पीछे देखा, धूल के गुब्बार से कोई चीज दिखायी नहीं दी। तब वह अति आत्मविश्वास से भर कर फिर आगे की ओर चला। मगर उसने इतनी सतर्कता बरती कि पीछे से उस पर कोई आक्रमण न कर दे। राजा ने यह अनुभव किया कि उसकी पालकी ढोने वालों का मुखिया एक भला मानुष और बहादुर व्यक्ति था। उन्होंने प्रसन्न होकर उसे भोपालपटनम जमींदारी का अंचल उपहार में दे दिया। रास्ता दिखाने वाले चरवाहे को उन्होंने फुतकेल-जमींदारी उपहार में दे दी और अपने अधिकारियों को चिन्तलनार, भीजी तथा सुकमा नामक जमीदारियाँ न्यौछावर कर दीं।

केदारनाथ ठाकुर (1908 : 135) का विवरण भी इसी प्रकार कपोलकल्पित लगता

है–"इसके बाद प्रतापरुद्रदेव महाराज औरंगल गए और वहीं उनका स्वर्गवास हुआ। इस समय सुनने में आता है कि उनके कुटुम्ब में किसी प्रकार का खानगी झगड़ा पैदा हुआ। पश्चात् मुम्मुडम्बा देवी के समझाने पर सब लोग राजी हो गए। अन्नमदेव महाराज का कुछ धन बाँट (हिस्सा) दिए। उस समय दन्तेश्वरी माई ने उन्हें एक उत्तम वस्त्र दिया और आशीर्वाद दिया कि इन वस्त्र को पहनने से तू विजयी होगा। अन्नमदेव महाराज वस्त्र लेकर वापस यहाँ आए। महाराज के अन्य कुटुम्बगण वहीं रहने लगे। इसी वस्त्र से मालूम होता है कि राज्य का नाम बस्तर पड़ा हो।"

अन्नमदेव के राज्य-विस्तार के सम्बन्ध में प्रचलित एक किंवदंती का उल्लेख **'लोहंडीगुड़ा तरंगिणी'** में इस प्रकार हुआ है–"अन्नमदेव अपने बचपन में प्रतिदिन कागज में कुछ लिखकर देवी दन्तेश्वरी के सिर पर चढ़ाते थे। देवी ने प्रसन्न होकर उन्हें कुछ वर माँगने को कहा। अन्नमदेव ने अपने पिता से पूछकर देवी से राज्य की याचना की। देवी ने कहा राजा आगे-आगे चले और देवी पीछे-पीछे। राजा जहाँ तक पीछे मुड़कर नहीं देखेगा, उसका राज्य वहाँ तक विस्तृत होगा। राजा आगे बढ़ता गया। किन्तु पैरीनदी (राजिम के निकट) की रेत में देवी के पैर धँस जाने पर पायल की आवाज रुक गयी। कौतुहलवश राजा ने पीछे मुड़कर देख लिया। अतः राजा के राज्य की सीमा वहीं समाप्त हो गयी।"

अन्नमदेव का दन्तेवाड़ा अभिलेख में 'अन्नमराज' कहा गया है, जो प्रतापरुद्रदेव का अनुज था (Epigraphica Indica, Vol. XII, 264)। प्रतापरुद्रदेव के ही समान उसका लघु भ्राता 1324 ई० में वारंगल छोड़कर बस्तर पहँचा था। अन्नमदेव के वारंगल-परित्याग के सम्बन्ध में विद्वानों ने अनेक कल्पनाएँ प्रस्तुत की हैं। कुछ का कहना है कि अन्नमदेव काकतीय-कुटुम्ब में कलह उत्पन्न हो जाने के कारण मुम्मडम्बा देवी के समझाने-बुझाने पर बस्तर चला गया था (केदारनाथ ठाकुर, 1908, 134) तथा कुछ के अनुसार अन्नमदेव को उसके भाई ने निकाल दिया था (दि ब्रेत, 1909, योगेन्द्र शील, 255) एवं कतिपय विद्वान् यह मानते हैं कि मुसलमानों के आक्रमण के समय वह वारंगल से खदेड़ दिया गया था (आर.वी. रसेल, 1908, 450)। कुछ भी हो, अन्नमदेव बस्तर आया तथा उसने बस्तर के लघु राज्यों के राजाओं को पराजित किया व समूचे बस्तर का अधिपति बन गया। उसके सिंहासनाधिरूढ़ होने का समय वैशाख शुक्ल 8 दिन बुधवार संवत् 1370 माना जाता है (भंजदेव, 1963, 19)। इस प्रकार अन्नमदेव उत्तर मध्ययुगीन बस्तर के शासन का विधिवत् संस्थापक था।

राजा अन्नमदेव जिस समय सिंहासनाधिरूढ़ हुआ, उस समय उसकी आयु 32 वर्ष की थी। उसकी रानी का नाम सोनकुँवर चन्देलिन था। राजा अन्नमदेव एक वर्ष बारसूर में रह कर दन्तेवाड़ा में जा बसा। बारसूर से दन्तेश्वरी की प्रतिमा लाकर

दन्तेवाड़ा में प्रतिष्ठित की (भंजदेव, 1963, 19)। कुछ लोगों का कहना है कि दन्तेश्वरी की प्रतिमा दन्तेवाड़ा में पहले से ही स्थापित थी तथा अन्नमदेव माणिकेश्वरी को वारंगल से लेकर आया था (आर.वी. रसेल, 1908, 450, दि ब्रेत 1909)। स्मरणीय है कि नागवंशी-नरेशों की इष्टदेवी भी 'माणिकेश्वरी' थी। ऐसा अनुमान किया जा सकता है कि कालांतर में 'माणिकेश्वरी' देवी ही दन्तेश्वरी के नाम से परिणत हो गई।

अन्नमदेव के संबंध में एक दन्तकथा प्रचलित है कि देवी ने उसे आदेश दिया 'आगे बढ़ो और जहाँ तक बढ़ सको, बढ़ो परन्तु पीछे पलटकर मत देखना।' राजा आगे-आगे चला और इष्ट देवी पीछ-पीछे। अचानक देवी की पगध्वनि बन्द हो जाने पर राजा ने पलट कर जो देखा, तो देवी की पायल रेत में फँस गई थी। राजा ने देवी के आदेश की अवहेलना की थी। अतएव उसके राज्य की सीमा वहीं निर्धारित कर दी गई—राजिम के निकट पायरी नदी तक। चूँकि उस स्थान पर देवी की पायल उलझ गई थी, अतएव वहाँ से सीमांकन को बताने वाली पायरी नदी निकली (भंजदेव, 1963, 20)।

मान्धोता अन्नमदेव की राजधानी थी कालांतर में परवर्ती राजाओं ने बस्तर को अपनी राजधानी बनाया। अन्नमदेव ने लगभग 45 वर्षों तक शासन किया। इनके राज्य में 12 जमींदारियाँ, 48 गढ़, 12 मुकासा, 32 चालकी तथा 84 परगने थे (भंजदेव, 1963, 21-2)। अन्नमदेव के बाद बस्तर के राजा अपने अपको 'चंद्रवंशी' कहने लगे। बस्तर के हलबी-भतरी-मिश्रित लोकगीतों में अन्नमदेव को **'चालकी बंसराजा'** कहा गया है। इससे भी स्पष्ट हो जाता है कि बस्तर के इस वंश को काकतीय कहना एक भ्रांति है जो अद्यावधि दूर नहीं हो सकी। इस पर पुनर्विचार वांछनीय है।

अन्नमदेव ने बस्तर में 1324 ई० में चालुक्यवंश के शासन की नींव रखी। उनसे पहले नागवंशी शासक हरिश्चन्द्रदेव (1300-1324) चक्रकोट-राष्ट्र के शासक थे (इंपी. इंडिका, 10:40)। शक 1246-1324 ई० के **'टेमरा-सती-शिलालेख'** में उनका उल्लेख है। उक्त अभिलेख से यह जानकारी मिलती है कि उनकी पतिव्रता पत्नी उसी वर्ष अग्नि में प्रवेश कर अमर कीर्ति से जुड़ गयी थीं। कालीद्रसिंह (1908) का मानना है कि एक भयंकर युद्ध में हरिश्चन्द्रदेव अन्नमदेव के हाथों मारे गए थे, किन्तु अन्नमदेव के हिन्दू-ध्वजवाही और मुसलमान विरोधी के कारण ऐसा संभव नहीं लगता। हो सकता है कि चक्रकोट के विप्लव में वे किसी मुगलवाहिनी के हाथों शहीद हुए हों।

बस्तर के नेतृत्व को लेकर कहानी का एक दूसरा विवरण भी मिलता है। बस्तर की सुकमा जमींदारी, चिन्तलनार जमींदारी और भीजी जमींदारी के दस्तावेज कुछ और ही कहानी कहते हैं। सुकमा के पुराने जमींदार का यह दावा था कि चिन्तलनार तथा भीजी जमींदारियाँ सुकमा का ही भाग थीं और उनके पूर्वजों ने उन दोनों जमींदारियों को

अपनी कनिष्ठ शाखाओं को दे दिया था। सुकमा जमींदार का यह भी दावा था। कि यद्यपि उनकी जमींदारी प्राचीनकाल में वारंगल के अधीन थी और अन्नमदेव वारंगल छोड़कर जब बस्तर पहुँचे, तो उक्त जमींदारी पहले से ही मौजूद थी। उत्तर बस्तर में कर्ण राजा की परम्परा थी। जगदलपुर में कर्नाटक राजा की परम्परा थी, तो कुआकोण्डा व कटेकल्यान में विविध राजाओं की भी अनुश्रुतियाँ थीं। जगदलपुर के तीरथगढ़ के पूँछवाले राजा को कौन नहीं जानता था। यह भी कथा है कि अन्नमदेव ने परलकोट, भैरमगढ़ तथा बारसूर के राजाओं को परास्त करने के लिए कड़ी मेहनत की थी। दखिण बस्तर के कोया (दोर्ला) लोगों में यह परंपरा आज भी प्रचलित है कि उनके पूर्वज वारंगल के प्रतापरुद्र के दरबार में हाजरी लगाते थे। 250 वर्ष पहले तक गोदावरी के दक्षिण में बस्तर की अनेक जमींदारियाँ सही-सलामत थीं। इसी प्रकार आधुनिक आन्ध्र प्रदेश का भद्राचलम तालुक कभी बस्तर राजाओं के अधीन था। वहाँ के अनेक गढ़ों के गढ़ाधीश बस्तर के दीवानों के अधीन थे या फिर वे बस्तर की भोपालपटनम, सुकमा, कुटरू, कोतापल्ली और पामेड़ जमींदारियों के अधीन थे। इन सभी तथ्यों से यह संकेत मिलता है कि बस्तर में अन्नमदेव के आने से पूर्व समूचे बस्तर पर वारंगल का सामान्य आधिपत्य था। फिर भी वास्तविक सत्ता तो स्थानीय प्रमुखों अथवा प्राचीन आदिवासी संगठनों के पास थी। मध्ययुग के छत्तीसगढ़, छोटानागपुर तथा उड़ीसा के राज्यों की यही सुस्पष्ट विशेषता थी, जिसकी सी.यू. विल्स (**जे ए एस बी,** न्यू सिरीज, खण्ड 15, 1919: 197-262) ने विस्तृत रूपरेखा प्रस्तुत की है।

ऐसा प्रतीत होता है कि नागयुग (760 ई०) से बस्तर में तेलुगु का अन्तः प्रवेश प्रबल रहा होगा और यह वारंगल के पतन (1323 ई०) तक बना रहा होगा। अन्नमदेव का बस्तर में 1324 ई० में प्रवेश के साथ ही इस पर पर्दा पड़ गया, जो 1853 ई० तक उठा ही नहीं। भोंसला-मराठा राज्य के ब्रिटिश-सरकार में राजसात् होने के कारण यह ब्रिटिश सरकार के प्रत्यक्ष राजनैतिक सम्पर्क में आ गया और एक करद राज्य बन गया। तेलुगु के अन्तः प्रवेशन (infiltration) के अवशिष्ट प्रतीक के रूप में दंडामीमाड़िया-अंचल तथा कोया-अंचल में तेलंगाना के गाँवों के समूह हैं। ये तेलंगाना गाँव विशेषरूप से प्राचीन तेलुगु राज्यों के प्रशासनिक व धार्मिक केन्द्रों के पास हैं, जिनमें दन्तेवाड़ा, बारसूर, भैरमगढ़, बीजापुर तथा जगरगुण्डा प्रमुख हैं। जब चालुक्य राजाओं ने दक्षिण की माड़िया और कोया जनजातियों का उपयोग मुसलमानों के अवरोधक (बैरियर) के रूप में किया, तो वे तेलंगाना से पूरी तरह कट गयीं और मुगलसेना का रास्ता रोक लिया। वे तेलुगु को भूल गए और गोंडी अथवा हलबी का व्यवहार करने लगे। वे माड़िया रीतिरिवाज तथा उत्सव मनाने लगे। वास्तविक रूप में उनमें तथा माड़िया व कोया पड़ोसियों में तब कोई फर्क नहीं रह गया और वे सही तौर पर झाड़ी (जंगली) तेलंगाना जाति के रूप में सम्बोधित किए जाने लगे, जैसा कि रसेल तथा हीरालाल (**ट्राइब्स एण्ड**

कास्ट्स ऑफ सेन्ट्रल प्राविन्सेज, खण्ड 3, पृ. 23842) ने वर्णन किया है। फिर भी वे आज भी प्राचीन राजवंशों की कुलदेवियों, पुजारी और पुरोहित की व्यवस्था करते हैं— बारसूर में 'माणिकेश्वरी' के निमित्त और दन्तेवाड़ा में दंतेश्वरी और पेदम्मा के लिए भी। वे आज भी प्राचीन अनुष्ठानों को निम्नीकृत रूप में बनाए हुए हैं। अबुझमाड़-पहाड़ियों की माड़िया छत्तीसगढ़ की सर्वाधिक आदिम तथा अलग-थलग जनजाति है। यद्यपि उनका निवास स्थान तेलुगु-सभ्यता के पुराने केन्द्र से कुछ ही मील पहाड़ और जंगल के कारण असम्बद्ध है। स्पष्टतः अबुझमाड़ के माड़िया दिखने में पुरातनकालीन लगते हैं, किन्तु ये थे बहुत पहले तेलुगु नागरिकता के पुराने केन्द्र। अपनी जड़ों से कट जाने के कारण ये आज भी उपेक्षित हैं और इनके लोक-साहित्य में वारंगल के काकतीयों का सादर स्मरण मिलता है।

लाल कालीन्द्रसिंह **(1908)** ने दंतेश्वरी-कथा को यत्र-तत्र कतिपय परिवर्तन के बाद दुहराया है। उक्त कहानी के विविध पाठभेद मिलते हैं। एक पाठभेद ग्लसफर्ड (1862) ने बस्तरग्राम से संकलित किया था, जिसमें कहा गया है कि "अन्नमदेव ने तब एक बड़े नगर दन्तेवाड़ा की ओर कूच किया। वे उस स्थान के बहुत पास थे, जब कि डंकिनी नदी को पार करते हुए दंतेश्वरी के पैर रेत की गहराई में धँस गए। पायल की रुनझुन को न सुन पाने के कारण अन्नमदेव ने पीछे मुड़कर देखा। उनके ऐसा करने पर देवी बहुत असंतुष्ट हुईं और उनके विश्वास के अभाव पर उनकी भर्त्सना की। बाद में पश्चाताप करने पर उन्होंने अन्नमदेव से कहा कि आगे बढ़ो और पाँच दिन के भीतर समूचे अंचल को जीत लो, किन्तु उसके बाद वे अन्नमदेव के साथ नहीं गयीं और वहीं पर ठहर जाने की इच्छा व्यक्त की। अन्नमराज आगे बढ़ते गए। देवी उस समय से दंतेश्वरी नाम से जानी गयीं। उन्होंने एक भिखारिन का रूप धारण कर लिया और भण्डारी नायक के घर पहुँचीं। भण्डारी नायक से उन्होंने याचना की कि उन्हें अपने यहाँ काम करने की अनुमति दें। यह विश्वास करते हुए कि वे अनाथ और कंगाल हैं, नायक ने उनकी प्रार्थना को स्वीकार कर लिया। एक दिन जब वे परिवार के लिए ईंधन बीन रही थीं, तब उनके पास से चूड़ी बेचने वाला एक व्यक्ति गुजरा। दंतेश्वरी ने उससे कहा कि वह उनकी कलाइयों में चूड़ी पहना दे, जिसका मूल्य वह चुका देंगी। तब चूड़ी वाले ने उनकी कलाइयों में चूड़ियाँ पहनानी चाही, किन्तु सभी चूड़ियाँ पहिनाते समय टूट गयीं और अंत में चूड़ी वाले की सारी चूड़ियाँ समाप्त हो गयीं। आज भी दंतेवाड़ा के पास एक टीले को दिखाया जाता है और कहा जाता है कि वह टूटी हुई चूड़ियों का ढेर है। चूड़ीवाले को अत्यधिक दुःखी देखकर दंतेश्वरी ने कहा कि वह नायक के पास जाये और उसके कमरे के एक मिट्टी के पात्र में रखे रुपए माँग ले। चूड़ीवाले ने ऐसा ही किया। नायक अचंभे में था और उस कमरे में गया, बर्तन में हाथ डाला और उससे मुट्ठी भर सोने की मुहरें निकाल लीं। जब दन्तेश्वरी नायक के घर वापस लौटीं, तो उसने उनसे

पूछा कि वे सचमुच में हैं कौन? उन्होंने कहा कि परिचय देना व्यर्थ होगा, किन्तु वह जानने की जिद करने लगा। उसने यह भी कहा कि यदि वे अपना सही परिचय नहीं देतीं, तो वह समझेगा कि जादूगरनी हैं और उन्हें अपने घर से निकाल देगा। तब दंतेश्वरी ने नायक को अपना असली रूप दिखाया। उसे देखते ही नायक थरथरा कर काँपने लगा। उनके चरणों में गिर पड़ा और उनकी प्रार्थना की। भण्डारी नायक से दंतेश्वरी को जो सहानुभूति मिली थी, उससे वे द्रवित थीं। इसलिए उन्होंने स्वयं ही उसे एक महत्वपूर्ण कार्य के लिए नियोजित कर लिया। आज तक नायक के वंशज दंतेवाड़ा-मंदिर के संरक्षण में महती भूमिका का निर्वाह करते हैं।"

केदारनाथ ठाकुर ने **'बस्तरभूषण'** (1908) में उसी कथा को गढ़ कर पुनः सुनाया है। उनके अनुसार राजवंश का संस्थापक अन्नमदेव था, जो वारंगल के राजवंश से सम्बद्ध था। कुलदेवी की सलाह से वह वारंगल से पलायन कर गया, जिससे मुसलमानों के प्रकोप से बच सके। वह देवी के पायलों की गूढ़ रुनझुन की ध्वनि को सुनते हुए अलंघ्य क्षेत्रों की लम्बी यात्रा करते हुए आगे बढ़ता गया। देवी ने उसे स्वप्न के माध्यम से निर्देश दिया था कि जब तक रुनझन की ध्वनि सुनाई दे, कहीं पर रुके नहीं और न पीछे मुड़कर ही देखे। किन्तु एकाएक पैरी नदी तक पहुँचने पर ध्वनि सुनाई नहीं दी। पायल की ध्वनि इसलिए वह नहीं सुन पाया कि साथियों के पदचाप में वह दब गयी थी। तब से पैरी नदी काँकेर और बस्तर के बीच की सीमा बन गयी। दंतेश्वरी के साथ वंशानुगत पुजारी, कतिपय राजपूत परिवार और उनके अनुचर चल रहे थे। उनके साथ दंतेश्वरी की तलवार भी थी, जो आज भी दंतेवाड़ा के मंदिर में पूजी जाती है (देखिए, कालीन्द्रसिंह, 1908)। लोकनाथ ठाकुर (1853) ने माना है कि अन्नमदेव की शक्ति उसी तलवार में केन्द्रीभूत थी—

दिल्लीश्वरी श्री भुवनेश्वरी च, माणिक्यदेवी शुभदंतिकेश्वरी।
बाणं त्रिशुलं त्वथ शक्तिखड्गे, क्रमेण देव्याः प्रददुर्नृपाय ॥

(बस्तरराजवंशावली, श्लोक 10)

अन्नमदेव ने इस बीच समूचे क्षेत्र को जीत लिया और उन्होंने सबसे पहले मांधोता को अपनी राजधानी बनाया, जो जगदलपुर से पश्चिम की ओर है। इस तथ्य का सत्यापन अधोलिखित **मुण्डागीत** से भी होता है, जो बस्तर में चालुक्य-शासन के संस्थापक के सम्मान में पारंपरिक चारणों के द्वारा दशहरापर्व पर सदियों से गाया जाता रहा है—

वरंगा हस्तना ले उतरै महाराज
मंधोता में डेरा लिहिन आज

हुजूर प्रभु बाना बाँधे।
आधा गढ़ मंधोता टीकागढ़ डोंगर
छलेगढ़ कोटपाड़ गुरुघर माझीपाल
किलाघर बस्तर तुम्हार
हुजूर प्रभु बाना बाँधे ॥
गुड़ी दरबारा एबे बैठे महाराज
रंगीन के माहला लागै आज
होरे दरबार लागै आज
हुजूर प्रभु बाना बाँधे।
नेगी असा बैठे, जोगी असा बैठे
बैठे सैदार बैदार वहाँ बैठे
नेगी कपड़दार
हुजूर प्रभु बाना बाँधे ॥

मुगलसेना के साथ संघर्ष में अंतिम नागनृपति हरिश्चंद्रदेव की मृत्यु के पश्चात् अन्नमदेव ने चक्रकोट की सत्ता सँभाली। अन्नमदेव ने प्रजा के अनुरंजन के लिए उदारवादी नीति का सहारा लिया, किन्तु कुछ ऐसे लोग भी थे, जो अधीनता स्वीकार करने के लिए राजी नहीं थे। ऐसे लोगों को बलपूर्वक दबाया भी गया। दुहरीधार वाली नीति को अंगीकार कर उन्होंने अपनी स्थिति को ही सुदृढ़ नहीं किया, अपितु राज्य का विस्तार भी किया। ऐसा प्रतीत होता है कि ऐसा करने में उन्हें उड़ीसा के गंगनृपति भानुदेव तृतीय से संघर्ष भी करना पड़ा था; क्योंकि दोनों ही आपस में कट्टर शत्रु थे और अपने-अपने राज्यों का विस्तार करना चाहते थे।

अन्नमदेव के अधीन बस्तर राज्य के विस्तार की कोई निश्चित जानकारी हमें नहीं मिलती। दलगंजनसिंह (1856) का कथन है कि इसकी सीमा पश्चिम में महादेव की पहाड़ियाँ, उत्तर में पैरी नदी (मगरलोड तक), दक्षिण में गोदावरी (डमरूघाट तक) और पूर्व में नागुलमाड़ा से घिरी हुई थी। राज्य का कुल क्षेत्र 120 कोश था।

अन्नमदेव के समय की प्रशासनिक व्यवस्था के अंतर्गत कुल बारह जमींदारियाँ (मानिय), अड़तालीस गढ़, बारह मुकासी तथा बारह परगनों के प्रधान थे। परगनों की कुल संख्या चौरासी थी, जिनमें बारह माड़ियान परगने, बारह तगरान परगने एवं बारह झोड़ियान परगने प्रमुख थे (तदेव)।

अन्नमदेव ने स्वयं को बस्तर के आद्य (प्रथम) महाराजा के रूप में स्थापित किया और वहाँ पैंतालीस वर्षों तक राज्य किया। उनके बाद उनके कथित वंशजों ने भारत को आजादी मिलने के पूर्व तक शासन किया। 1324 ई० से 1853 ई० तक राज्य की स्वतंत्र हैसियत बनी रही, यद्यपि इस अवधि में पहले गंगों, कलचुरियों और मुगलों के अनवरत् राजनैतिक व सैनिक दबाव को झेलना पड़ा और बाद में मराठों के आक्रमणों से दुर्दिन देखना पड़ा (ग्रिग्सन 1938 : 5-6, ग्लसफर्ड 1862 : 25697, 272-3, इलियट 1856: 32)।

अन्नमदेव बस्तर-राज्य के संस्थापक थे। उनके सैनिक अभियानों से यह प्रतीत होता है कि वे महत्वाकांक्षी और साहसिक होने के साथ ही ओजस्वी थे। वे उच्चाकांक्षी थे। इसीलिए स्वयं की तलवार की शक्ति और दूरदृष्टि तथा चातुर्य से उन्होंने अपने लिए एक स्वतंत्र राज्य को बलपूर्वक स्थापित किया। विषम परिस्थितियों में भी उन्होंने सही व्यूहरचना की तथा उससे सफलतापूर्वक उठ खड़े हुए और अपने जीवन के सपने को साकार किया।

8

गंगों से संघर्ष

(1369 ई०—1534 ई०)

अन्नमदेव के पश्चात् बस्तर के चालुक्यों की वंशावली कुछ-कुछ भ्रमास्पद प्रतीत होती है। लोकनाथ ठाकुर के द्वारा प्रस्तुत 'संस्कृतराजवंशावली', लाल दलगंजन सिंह (1856), लाल कालीन्द्रसिंह (1908), मित्रनाथ ठाकुर (1908) तथा केदारनाथ ठाकुर की परवर्ती वंशावलियों की तुलना में भिन्न स्वरूप प्रस्तुत करती है।

दिग्पालदेव के 'दंतेवाड़ा-शिलालेख' (इपी. इंडिका, 12 : 242) से हमें ज्ञात होता है कि हमीरदेव अन्नमदेव का पुत्र था। ऐसी स्थिति में 'संस्कृतराजवंशावली' (श्लोक 11) का यह विवरण कि वीरभद्र अन्नमदेव का उत्तराधिकारी बना-**ततो महाबली वीरभद्रोभवन्नृपः**—उक्त शिलालेखीय विवरण से पुष्ट नहीं होता। यदि हम इस तथ्य को स्वीकार कर लें कि अन्नमदेव ने 1369 ई० तक शासन किया और परवर्ती शासक पुरुषोत्तमदेव युद्ध-भूमि में रायपुर के कलचुरिशासक माखन सिंह के द्वारा मार डाला गया था, तब हमें तीन राजाओं (शिलालेख के अनुसार हमीरदेव, भैरमदेव तथा पुरुषोत्तमदेव) के लिए 165 वर्ष नियत करने होंगे। अनमदेव के बाद उनमें से प्रत्येक ने पचपन वर्षों तक शासन किया होगा। यदि शिलालेखीय प्रमाण के आधार पर हम ऐसा मान लेते हैं, तो **संस्कृतवंशावली**' में आए हुए वीरभद्र के नाम को एक प्रक्षिप्त पाठ मानना होगा।

2. हमीर देव (1369-1410)

अन्नमदेव की मृत्यु के पश्चात् उनके पुत्र हमीरदेव ने 1369 ई० में शासन की बागडोर को सँभाली। उसने अपने अनुसार स्वतंत्र रूप से राज्य का संचालन किया। इस प्रकार **हमीरदेव** या **हम्वीर** या **हम्मीदराजदेव** अन्नमदेव का उत्तराधिकारी था।

हम्वीर एक महान् योद्धा था। उसने आक्रामक नीतियों का पालन किया और अपने राज्य के विस्तार के लिए अनेक लड़ाइयाँ लड़ीं। 'अपने अभियान के दौरान जब

मंदगति से आगे बढ़ता था, तब शत्रु उससे आतंकित हो जाते थे और वह तलवार का प्रयोग बेरहमी से करता था। वह क्षमा करना जानता ही नहीं था–

मुंचति मुंचति कोशं भजति भजति च प्रकम्पमरिवर्गान्
हंवरिवीरखड्गे त्यजति त्यजति क्षमामाश्रु ॥
(संस्कृतवंशावली, श्लोक 12)

हम्वीर के शासनकाल का आरंभिक भाग वह था, जब वह अपने राज्य की सीमा में शासन करने वाले छोटे राजकुमारों को पराभूत कर उनके क्षेत्र को अपने राज्य में मिला रहा था। इसी बीच उसने चौहानों के पाटणा राज्य (पश्चिमी उड़ीसा) को जीत लिया और अपने पुत्र भैरवदेव का विवाह पाटणानृपति वत्सराज की पुत्री से किया। पाटणा की उस राजकुमारी का नाम पद्मा था (अर्जुन होता, **बस्तरविजयनाटक,** 1941)। भैरवदेव ने मांधोता को छोड़कर बस्तर को राजधानी बनाया थी (होता, तदैव)।

वत्सराज (1385-1410) पाटणा का तीसरा शासक था। वह महालिंगदेव का उत्तराधिकारी था। गोदावरी-अंचल की आमंत्रक प्रकृति की राजनैतिक परिस्थितियों से वत्सराज जोश में था और चाहता था कि अनुकूल अवसर मिलने पर बस्तर पर अधिकार कर ले। तदनुसार अनुकूल समयानुसार उसने बस्तर पर अभियान का नेतृत्व किया। उसकी सेना इंद्रावती को पार कर दंतेवाड़ा पर आक्रमण करने के लिए आगे बढ़ी, जो उस समय बस्तर की राजधानी थी। **कोसलानन्दकाव्य** में उसके विजयाभियान की विस्तृत चर्चा है। **पाटणा-राज्य के चौहान उन दिनों गंगराजाओं के अधीन थे।** इस प्रकार चालुक्यराजा तथा चौहान राजा के मध्य यह प्रथम युद्ध था, जो इतिहास में दर्ज है। **कोसलानन्द** के साहित्यिक साक्ष्य से यह ज्ञात होता है कि उक्त युद्ध 1410 ई० में घटित हुआ था। बस्तरनृपति हमीरदेव 1410 ई० में ही युद्धभूमि में वत्सराज के हाथों मारे गए थे। (देखिए, अर्जुन होता, तदेव)।

हम्वीर के पुत्र भैरवदेव ने गंगों के माण्डलिक वत्सराज की सर्वोपरिता को स्वीकार कर लिया था (कोसलानंद, सर्ग 12, श्लोक 1618)। यह कहा जाता है कि वत्सराज बस्तर को तभी जीत सका, जब उसने दंतेश्वरी को संतुष्ट कर लिया, जो बस्तर की कुलदेवी थीं। बस्तर-विजय के बाद उसने अपने राज्य के अनेक गाँवों में दंतेश्वरी की पूजा का विधान किया (मल्लिक, **शार्ट हिस्ट्री ऑफ कोसल,** पृ. 99-103, एस.पी. दास, **एक्टेण्ट ऑफ पाटणा स्टेट एण्ड सम्भलपुरराज,** जर्नन ऑफ कलिंग हिस्टोरिकल सोसाइटी, जनवरी 1950, पृ. 240)।

पाटणा के चौहान-शासक वत्सराज ने तब बस्तर के साथ वैवाहिक संबंध स्थापित किया और अपनी पुत्री पद्मावती का विवाह मृत राजा हम्वीर के पुत्र भैरवदेव के साथ किया। बस्तर के चालुक्य वंश के अभिलेखों में इसकी चर्चा नहीं है और उनमें भैरमदेव

या भैराजदेव की दो पत्नियों का उल्लेख मिलता है—मेघई कुँवर (मेघावती) तथा जानकी कुँवर (सुकमा जमींदार की पुत्री)। कुछ भी हो, इतना तो स्पष्ट है कि उक्त घटना के साथ ही बस्तर गंगों की सर्वोपरिता की ओर धकेल दिया गया, क्योंकि उड़ीसा के गंगराजा पाटणा के चौहान-शासकों के प्रधान स्वामी या अधिपति थे।

इस प्रकार 1410 ई० में बस्तर में चौहान-गंग की सर्वोपरिता स्थापित हो गयी। इससे पाटणाराज्य की सीमा दक्षिण की ओर इंद्रावती नदी तक विस्तारित हो गयी। इससे पाटणाराज्य के तार प्राचीन हैदराबाद राज्य के बहमनी-राज्य से भी जुड़ गए (एस.पी. दास, **जे.के.एच.आर.एस.**, जनवरी 1950, पृ. 239)।

पाटणा के चौहान-राजवंश का इतिहास लिखते हुए सभी इतिहासकारों ने माना है कि 1410 ई० में बस्तर को पाटणा-संभलपुरराज में मिला लिया गया था और 1841 ई० तक यह एक गढ़ के रूप में बना रहा (एस.पी. दास, तदेव, पृ. 241)। इतना ही नहीं **'बंगाल एण्ड आगरा एन्वल गाइड एण्ड गजेटियर'** (खण्ड 2, 1841) अधोलिखित तथ्यों को रिकार्ड करते हुए इसे सुव्यक्त करता है—"1841 ई० तक संभलपुर दरबार की राजनैतिक शक्ति क्षीण हो चुकी थी और अनेक राजा संभलपुर की सीमा से बाहर हो गए थे और संभलपुर राज्य से अलग होकर अपनी स्वतंत्र सत्ता घोषित कर दी थी। संभलपुर के साए से मुक्त होने वाले अंचल थे बस्तर, पालहरा, रायगढ़ तथा सरगुजा।" यही विवरण हमें कोसलानंद (सर्ग 12, श्लोक 16-18) में भी मिलता है। अर्जुन होता (1941) भी यही सिद्ध करना चाहते हैं। इतना ही नहीं, पुरुषोत्तमदेव के काल में लिखित रीवा राज्य के रिकार्ड (**वीरभानूदयकाव्य,** लखनऊ, 1938, सर्ग 2, श्लोक 62-63) में भी हम यह देखते हैं कि 1540 ई० में चौहानवंश की एक शाखा बस्तर पर शासन कर रही थी, किन्तु बस्तर के रिकार्ड यह कहीं नहीं कहते कि बस्तर पर चौहानों की सर्वोपरिता थी।

निष्कर्ष : अन्नमदेव के उत्तराधिकारी हमीरदेव को हमीरुदेव (इपी.इंडिका, खण्ड 9, पृ. 165) या एमीराजदेव (केदारनाथ ठाकुर, 1908, 138) भी कहा गया है। प्रवीरचंद्र भंजदेव (1963 : 23) का यह कथन है कि "हमीरदेव 33 वर्ष की अवस्था में सिंहासनाधिरूढ़ हुआ। तदनुसार चैत्र कृष्ण 3 संवत् 1415 अर्थात् 1369 ई० इसके राज्याधिरोहण की तिथि निश्चित होती हे। इसने 21 वर्ष तक शासन किया। श्यामकुमारी बघेलिन इनकी राजमहिषी थीं।" उक्त कथन बस्तर राजघराने के रिकार्डों पर आधारित है और पूरी तरह तथ्यों से परे है। दुर्भाग्यवश बस्तर के परवर्ती लेखकों ने उक्त भ्रांतपूर्ण इतिहास को बार-बार दुहराया है और उसके परीक्षण का प्रयास नहीं किया।

हमीरदेव के संबंध में कतिपय जानकारियाँ उड़ीसा के इतिहास से भी मिलती हैं। श्रीरामचंद्र मलिक ने अपने उड़िया ग्रंथ **'संक्षिप्त कोशल इतिहास'** (मनमोहन प्रेस,

कटक, 1931, पृ. 99-105) में बस्तर तथा उड़ीसा के भवानीपाटणा के राजवंशों के साथ वैवाहिक संबंधों की चर्चा की है।

पाटणा के महाराज वत्सराजदेव (1385-1410) की एक पुत्री थी, जिसका नाम पद्‌मावती था। युवावस्था की प्राप्ति पर उसके लिए वर की तलाश प्रारंभ हुई। अनेक राजघरानों में वर की खोज के बाद अंत में बस्तर-युवराज भैरवदेव के साथ विवाह का प्रस्ताव पेश किया गया। विवाह के प्रस्ताव को सुनकर बस्तर राजा ने यह शर्त रखी कि यदि दहेज के साथ पाटणा-राजा उन्हें अन्नमदेव महाराज के "रमईखाँडा" को भी देना स्वीकार कर लें, तो राजनंदिनी का विवाह बस्तर के राजकुमार के साथ हो सकता है। यह सुनकर महाराज वत्सराजदेव दुःखित हुए, किन्तु इधर राजकुमारी का विवाह भी नहीं रोका जा सकता था। अतः खाँडा देने के लिए वे सहमत हो गए। विवाह-कार्य के शेष होने पर 'रमई खाँडा' को एक पालकी पर रखकर तथा दूसरी पालकी में राजकुमारी को बिठाकर विदा कर दिया। बस्तर पहुँचते ही बस्तर के राजा हमीरदेव तथा उनके पुत्र भैरवदेव खाँडा लेने के लोभ से पालकी के भीतर आकर पालकी का कपाट खोला और देखा कि खाँडा के निकट का बड़ा नागसर्प फण फैलाये मानो इनको काटने की चेष्टा कर रहा है। यह देखकर पिता-पुत्र दोनों ने भय से कंपित होकर पालकी का द्वार बंद कर दिया। "पाटणाराजा ने हमें मारने के उद्‌देश्य से पालकी में एक साँप फेंक दिया है।" यह कहकर निंदा की। यह सुनकर राजकुमारी अपमानित हुई। बहुत दिनों के पश्चात् पाटणा-महाराज को लज्जित करने के अभिप्राय से बस्तर-राजा ने दो कुत्ते पाले। एक कुत्ते का नाम 'वत्सराज' तथा दूसरे का नाम 'बलराम, (वत्सराज का भाई) रखा। वत्सराजदेव और बलरामदेव का नाम लेकर पुकारते ही दोनों कुत्ते राजा के पास दौड़ आते थे। इस प्रकार बहुत दिनों के पश्चात् पाटणा-राजा पाटणा के बहुत से भद्र लोगों के दायित्व में प्रभूत सामग्री राजकुमारी के पास भेजी। उन लोगों ने बस्तर पहुँचकर जो सब देखा, उससे अतिशय दुःखित होकर वापस लौटकर वत्सराजदेव को सूचित किया। यह सुनकर अत्यधिक क्रुद्ध होकर महाराजा ने भाई बलराम के हाथों पाटणाराज्य का शासनभार अर्पण कर विशाल वाहिनी लेकर बस्तर के विरुद्ध युद्ध यात्रा की। इनका गतिरोध करने के लिए बस्तर राजा ने अनेक सैन्यदल भेजे। गढ़ के बाहर घोर युद्ध हुआ। युद्ध में बस्तर राजा की सेना पराजित होकर गढ़ के भीतर भाग गयी। यह गढ़ अति दुर्भेद्य था। गढ़ का नाम "दंतवाड़ा गढ़" था। दंतेश्वरी देवी गढ़ की अधिष्ठात्री देवी थी। पाटणा के सैनिकों ने गढ़ के भीतर प्रवेश करने की अनेक चेष्टा की, पर वे असफलएँ रहे। गढ़ को रोक कर ये छावनी बनाकर रहने लगे। गढ़ की अधिष्ठात्री देवी प्रत्यह-प्रत्यह गौड़नी, मालनी, केवटनी, गुड़ियानी वेश में सैन्य-छावनी में गोरस, दही, मही, साग, तरकारी, लाई, मुर्रा, उखड़ा आदि विक्रय करने के लिए आती थी। जो व्यक्ति यह सब खरीद कर खाता, उसकी मृत्यु हो जाती थी। इस प्रकार पाटणा-सैनिकों में से

प्रतिदिन (प्रत्यह) अनेक सैनिक मरने लगे। इसी समय हीरा और मदन नाम के दो भाई नन्दपुर से पाटणागढ़ आए। वे दोनों मल्लविद्या में निपुण थे। राजा के भाई बलरामदेव ने उनके हाथ पत्र देकर उन्हें सेनापति-कार्य में नियुक्त करने के लिए भाई के पास बस्तर भेजा। महाराज वत्सराजदेव ने पत्र पढ़कर उन्हें उक्त कार्य में नियुक्त कर लिया। कई दिनों बाद हीरा और मदन ने देखा कि एक वृद्धा प्रतिदिन फलफूल-विक्रय करने के लिए सैनिकों के पास लाती है व सैनिक उसे खाकर ही मर रहे हैं। उन्होंने वृद्धा को गढ़ की देवी मानकर उसे अपने निवास में ले जाकर उसे सेवा व पूजा से संतुष्ट करना प्रारंभ कर दिया। कुछ लोगों ने जाकर राजा को यह सब बताया। महाराज ने हीरा और मदन को बुलाकर सारी बातें समझीं और संतुष्ट हुए तथा उन्हें उत्साहित किया। इस प्रकार कई दिनों के बाद एक दिन देवी ने प्रसन्न होकर कहा—"तुम क्या चाहते हो?" हीरा और मदन ने उत्तर दिया कि 'हम लोग यह गढ़ जीतना चाहते हैं।' देवी ने कहा कि 'तुम लोगों के गढ़ जीत लेने के पश्चात् मैं कहाँ रहूँगी।' इन्होंने कहा कि 'आप हमारे पाटणाराज्य में रहेंगी।' देवी ने कहा कि 'पाटणा में तो पाटणेश्वरी देवी है।' इन्होंने कहा कि 'वे गढ़ में रहेंगी, किन्तु आप पाटणाराज्य के समस्त गाँवों में पूजित होंगी।' देवी ने संतुष्ट होकर कहा 'कल सबेरे एक गर्भिणी स्त्री के द्वारा गढ़ खुलवाना। उसके बार-बार गढ़ के भीतर प्रवेश करने से पूर्व ही उसे मारकर तुम गढ़ के भीतर प्रवेश करना।' इतना कहकर देवी अदृश्य हो गयीं। हीरा और मदन ने आनंदित होकर लौट कर यह बात महाराजा को बतायी। महाराजा ने तत्क्षण सेना सज्जित कर अत्यंत सावधानी से तैयारी की। दूसरे दिन प्रातः एक गर्भिणी स्त्री द्वारा द्वार खोलते ही उसका वध कर गढ़ के भीतर प्रवेश किया। गढ़ के भीतर बस्तर-राजा के साथ अति भयंकर युद्ध हुआ। युद्ध में पाटणा-महाराज विजयी हुए तथा बस्तर के राजा मारे गए (शायद यह घटना 1410 में हुई होगी) पाटणा-राजा ने बस्तर राजा के भाई को बस्तर-राजसिंहासन पर पाटणाराजा के सामंतपद के रूप में अभिषिक्त किया तथा पाटणाराज्य को प्रति वर्ष कर देने के लिए टका स्थिर कर दिया। इसकी चर्चा संस्कृत-महाकाव्य **'कोसलानंदम्'** (अप्रकाशित) में भी मिलती है। यह 'टका' नियमित रूप से देने के लिए भिक्षानंद नामक वहाँ के एक दीवान को अधिकृत किया। बाद में राजा ने बस्तर से "रमई खाँडा" पुनः हस्तगत कर लिया और उसे पाटणा में स्थापित किया। महाराजा के आदेश से पाटणा के समस्त गाँवों में दंतेश्वरी देवी के 'आस्थान' बने और वहाँ देवी को स्थापित किया गया। **'बस्तरेन देवी'** के नाम से वह पाटणाराज्य के गाँव-गाँव में पूजित होती आ रही है। कुछ दिनों बाद बस्तर-राज्य के कुछ सेनापतियों ने कुछ सेना लेकर पाटणा-महाराजा के विरुद्ध युद्ध-यात्रा की। रात्रि में उन्होंने पाटणागढ़ को घेर लिया। पाटणागढ़ में स्थिति 'भूसागर की मेड़' को गढ़ की दीवाल समझकर मेड़ के उस पार रहकर बंदूकें चलायीं। दुल-दुल करके अनेक गोले फेंके। नैश-गगन काँप उठा। क्रम से समस्त गोलाबारूद समाप्त होने पर सबेरे देखा कि

उनके सभी गोले 'भूसागर' के जल में गिरकर नष्ट हो गए हैं। इससे वे अतिशय लज्जित होकर वापस चले गए। पाटणा-महाराज ने जब यह संवाद पाया, तो उन्होंने 'केन्दुमुंडी' नामक 'गढ़तेया' को आदेश दिया कि वापस लौटती हुई बस्तर सेना के साथ युद्ध करके विजय प्राप्त करे। आदेश पाकर 'गढ़तेया' ने अपनी सेना लेकर बस्तर की सेना से 'बेहरेन सिलेट' नामक गाँव के निकट युद्ध किया। कई सैनिक मारे गए। कुछ 'बुठी कुल्हाड़ी' नामक जंगल में छिप गए। इस प्रकार 'गढ़तेया' ने युद्ध में विजय प्राप्त की और वापस लौटा। यह दशहरा महीना था। पाटणेश्वरी देवी के बलिमुण्ड (बलि में चढ़ाये जाने वाले व्यक्ति) जब सालेपाली तथा गंगासागर के बीच स्थित जंगल में नाचते हुए जा रहे थे, उसी समय जंगल में छिपे हुए शत्रुओं (बस्तर के भगोड़े सैनिकों) ने बलिमुंड को काटकर बस्तर जाकर दंतेश्वरी देवी के सम्मुख स्थापित कर पूजा की। इधर धड़ नाचता हुआ पाटणागढ़ आया। मंदिर के भीतर प्रवेश न कर वह बाहर चंपा वृक्ष के नीचे पड़ा रहा। उसी दिन से "चम्पा-तलियेन" नाम से उक्त स्थान पर पाटणेश्वरी देवी की एक और पूजा होती आ रही है।

पाटणा के राजा के द्वारा बस्तर-विजय की उक्त कथा अर्जुन होता के उड़िया-नाटक "बस्तर-विजय-नाटक" (परलाखिमेंडी, 1941) में भी नाट्यरूप में मिलती है। इसमें दोनों ही पक्ष के योद्धा जादुई शक्तियों से एक-दूसरे पर प्रहार करते हैं।

3. भैरवदेव या भैराजदेव (1410-1468)

हमीरदेव के बाद उनके पुत्र भैरवदेव (1410-1468) बस्तर के शासक बने। चाँदाराजवंश का संस्थापक खण्डिक बल्लाल शाह (1437-62) उनका समकालीन था (Begbie, 1909, 38)। भैरवदेव के अन्य ध्वनि परिवर्तनयुक्त नाम भयराजदेव (इपी. इंडिका, 9, 165) तथा भैराजदेव (संस्कृतवंशावली, 1853, केदारनाथ ठाकुर, 1908:139) मिलते हैं। भैरवदेव पर प्रवीरचंद्र भंजदेव की अधोलिखित टीप सत्यता से परे है—

"हमीरदेव का पुत्र भैरवदेव संवत् 1436 में श्रावण मास रविवार के दिन सिंहासनासीन हुआ। उस समय उसकी अवस्था अठारह वर्ष की थी। भैरवदेव की दो रानियाँ थीं—मेघई अरिचकेलिन तथा जानकी कुँवर। मेघई को कहीं-कहीं मेघावती भी कहा गया है। कुछ लोगों का विचार है कि यह रानी कोषकुण्ड के राजा की पुत्री थी। संभवतः आधुनिक कुआकोण्डा ही तद्युगीन कोषकुण्ड था, जहाँ कोई मेघवंश का जमींदार रहता होगा। उल्लेखनीय है कि प्राचीन बस्तर के महामेघवंशी राजा जैन-धर्मावलम्बी थे। यह रानी आखेट-विद्या में निपुण थी तथा ऐसा कहा जाता है कि कोषकुण्ड-राजा ने बस्तर-राजा से पराभूत होकर भैरवदेव के साथ इसका विवाह किया था। इस महादेवी की स्मारिका-स्वरूप अनेक वस्तुएँ बस्तर में अद्यावधि विद्यमान हैं। कहा जाता है कि कालबान नामक बंदूक, जिसे दो व्यक्ति भी नहीं उठा सकते, उसी रानी की है, जिसे

लेकर वह आखेट के लिए निकलती थी। चित्रकोट के मंधोता में गाड़ी में बैठकर शिकार खेलने का नियम इसी का चलाया हुआ है। मेघी साड़ी मेघई गोहड़ी प्रभृति उसी के स्मृति-चिन्ह हैं। 'मेघई गोहड़ी' नामक शकटिका उस समय बनाई जाती थी, जब चित्रकोट में राजा शिकार के लिए निकलता था। मेघावती के अतिरिक्त दूसरी रानी जानकी कुँवर सुकमा-जमींदार की पुत्री थी (भंजदेव, 1863, 24-25)।

अपने शासन की दीर्घ अवधि में भैरवदेव पड़ोसी राज्यों से संघर्ष करता रहा और उसका जीवन सदैव युद्धों में ही बीता। अपने साहस और शौर्य के लिए वह जाना जाता था। "उसने अपनी प्रजा पर मँडराने वाले खतरे का सामना किया और शिव का कृपापात्र बन गया। वह शौर्य और उदारता का अक्षय कोष था–

भैराजदेवनृपतिर्प्रजाभयनिवारिकाम्।
शौर्योदारगुणागारा शिवभक्तिवशीकरोत्॥

(संस्कृत-वंशावली, श्लोक 13)

भैरवदेव पाटणा के चौहान शासक वत्सराजदेव का दामाद था। कोसलानन्दकाव्य से हमें यह ज्ञात होता है कि भैरवदेव के तद्युगीन पाटणाशासक बैजलदेव (1410-30) से आत्मीय संबंध थे और तब भी बस्तर पाटणाराज्य का एक माण्डलिक राज्य था। कोसलानंद भी यही समर्थन करता है–

बैजलो नृपशार्दूल : . . . .
बौद्धाधीशो खिमण्डीशो तथा वस्तरभूपतिः।

ऐसा अनुमान है कि भैराजदेव की तीन पत्नियाँ थीं। पहली पत्नी पद्मा पाटणा के चौहानराजवंश की राजकुमारी थी। दूसरी पत्नी सुकमा के जमींदार की पुत्री थी। सुकमारानी का नाम जानकी कुँवर धनी था। (कालीन्द्रसिंह, 1908)। तीसरी पत्नी मेघावती कोरकोण्ड राजा की पुत्री थी, जिसे राजा ने स्वयंवर-विधि से वरा था–

मेघावती महारानी भैराजस्य मनोरमा।
सुशीला सुंदरी सूक्ष्मा माणिकीशक्तिसाधिनी ॥4॥
भैरवं देवमन्याश्च प्रार्थयित्वा स्वयंवरे।
कोर्कण्डनृपतेः कन्या धर्मपत्न्याभवन्प्रभोः ॥5॥

(संस्कृतराजवंशावली,1853)

"भैराज की पत्नी मेघावती प्रतिभा-सम्पन्न थीं और भैराज से प्यार करती थीं। वे सुशील, सुंदर, सूक्ष्म और माणिक्यदेवी की साधिका थीं। कोर्कण्डनृपति की पुत्री ने स्वयंवर में उन्हें चुना था, किसी अन्य पर कभी उनका ध्यान ही नहीं गया।

कालीन्द्रसिंह के द्वारा प्रस्तुत आख्यानमूलक इतिहास के अनुसार मेघावती आखेटविद्या में निपुण थीं। उनके पास 'कालबान' नामक एक विशाल बंदूक थी, जो कालीन्द्र सिंह के काल तक सुरक्षित थी। लोगों का यह भी मानना है कि दंतेवाड़ा-मंदिर की 'मेघीसाड़ी' मेघई रानी ने ही देवी को चढ़ायी थी। ऐसा प्रतीत होता है कि वे भैरमगढ़ की एक राजकुमारी थीं। उक्त अंचल में आज भी उनकी पूजा का विधान है।

'संस्कृतवंशावली' का कोर्कण्ड या कोरुकोण्ड आंध्र प्रदेश में गोदावरी से संलग्न एक प्राचीन क्षेत्र है। यह 1357 ई० में मुम्मडि नायक की राजधानी थी (**इपीग्राफिकल कलेक्शन,** सं. 44, वर्ष 1912)। उक्त राजधानी राजमहेन्द्रवरम के पास थी। ऐसा प्रतीत होता है कि वारंगल के काकतीयों के पतन के पश्चात् कोरुकुण्ड-नृपति सत्ता में आए। **कोरुकोण्ड-शिलालेख** (इपी.इंडिका, 14, 88) में विवरण है कि कोसमी नायक ने पाण्ड्यों को पराजित किया था। चौदहवीं शताब्दी में कोरुकोण्ड क्षेत्र एक सुदृढ़ तथा दुर्जेय दुर्ग के रूप में रूपांतरित हो गया था, जो गोदावरी के उत्तरी तट पर था। **मेघावती** इसी नायक-राजवंश की राजकुमारी प्रतीत होती हैं। इससे यह भी प्रमाणित होता है कि भैरवदेव के राज्य की संलग्नता दक्षिण तक थी, नायकों के अधिराज्य तक।

इस समय उड़ीसा में गजपति-नृपति कपिलेन्द्र (1435-68) का शासन था। ऐसा अनुमान होता है कि कपिलेन्द्र यह नहीं सहन कर पाया कि भैराजदेव इंद्रावती और गोदावरी के मध्य की उर्वर घाटियों पर अपनी शक्ति का संचालन करे; क्योंकि सशस्त्र और अचानक आक्रमणों से भैराज बार-बार कपिलेन्द्र के स्वामित्व को चुनौती दे रहा था। इसलिए कपिलेन्द्र ने भ्रमरकूट के राजा के विरुद्ध एक अभियान का नेतृत्व किया और अपने एक विश्वस्त मंत्री गोपीनाथ महापात्र की सहायता से उसने भ्रमरकूट को अधिकृत कर लिया। उस युद्ध में भैरवदेव मारे गए (आर. सुब्रह्मण्यम, **दि सूर्यवंशी गजपतीज ऑफ उड़ीसा,** वाल्टेयर, 1957ए पृ. 32)।

भैरवदेव दंतेवाड़ा से शासन कर रहे थे। चौहान-राजाओं एवं गजपति-नृपतियों ने अनेक बार उनकी राजधानी को अधिग्रहीत किया था। **उपर्युक्त विवरण से यह सुस्पष्ट है कि कम-से-कम 1468 ई० तक बस्तर अपने पारंपरिक नाम 'भ्रमरकूट' से जाना जाता था** (द्र. बस्तर के इतिहास पर लेखक का तृतीय खण्ड)।

भैरवदेव को अपने शासनकाल में रेड्डियों के भी आक्रमणों का सामना करना पड़ा था। इस राजवंश के काटय वेम, अल्लाड और उनके पुत्रों ने अनेक बार बस्तर के चालुक्य राजाओं को जीत लिया था। वेम रेड्डी के **'वेमवरम-ताम्रपत्र'** (इपी. इंडिका, 13, 252-53) में अल्लाड (वेम रेड्डी के पिता) के विजयों का इस प्रकार उल्लेख मिलता है—

अल्लाडक्षितिपालवेमनृपतेस्फीतप्रतापनलैः
चूर्णः पूर्णशिता रटन्ति किटयः सापल्लवाः पल्लवाः।
लीनं मीनकुलं जले श्रितविला भोगश्च नागागुहा
गावो यान्ति त्रिणानना निविशते सन्धौ गजानांपति ॥

उक्त श्लोक में वेम के पराक्रम की अग्नि के सर्वविनाशी प्रभाव से बस्तर के राजकुमार के झुलस जाने की कथा का चित्रण है। उक्त श्लोक में आए हुए प्रस्तर, वराह, पल्लव, मीन, नाग, भोग, गो तथा गज आदि बस्तर के विविध जनजाति-वर्गों के प्रधानों के प्रतीक हैं। हम पूर्व-मध्ययुग के बस्तर के छिंदक नागों से पूरी तरह परिचित हैं (देखिए, मेरे ग्रंथ **'आदिवासी बस्तर का बृहद् इतिहास'** का तृतीय खण्ड)।

शक 1356 (1413 ई०) के अल्लय वेम के **'वेमवरम दानपत्र'** (इपी.इंडिका, 13ः 242) में विवरण है कि कलिंगविजय के पश्चात् उसने 'सप्त माडियनृपों' को जीत लिया था तथा सिंहाद्रि व पुरुषोत्तम (कटक) में विजयस्तंभों को स्थापित किया था-

जित्वा यः पटु सप्तमाडियनृपान्
क्रान्त्वा कलिंगक्षित्तिम्।
सिंहाद्रौ पुरुषोलमे
पटु जयस्तम्मान् संजृम्भन्यधात् ॥

'भीमेश्वरपुराणम्' और **'काशिखण्डम'** (1.69) नामक दो समकालीन तेलुगु रचनाएँ श्रीनाथ ने लिखी थीं। उन दोनों ग्रंथों में अल्लय वेम रेड्डी के द्वारा जीते गए देशों के विस्तृत विवरण हैं। यह भी उल्लेख है कि अल्लय वेम रेड्डी ने 'ओड्डे' अथवा उड़ीसा के गजपति को भी पराजित किया था—**ओड्डेधातृनाथ।**

भीमेश्वरपुराणम के अनुसार अल्लाड रेड्डी के मंत्री अरियेति लिंगम ने **'सप्त माडिय'** राजाओं को जीता था। 'सप्तमाडिय' के साथ उसने **'बारहदोण्टी'** व **'जंतुरनाडु'** को भी स्वाधीन किया था व रम्भा के नागकुल के पुलिंद राजाओं को आश्रय देने का प्रस्ताव भेजा था।

अल्लाड रेड्डी और उसके पुत्र वेम रेड्डी दोनों की यह प्रशंसा की गयी है कि उन्होंने **'सप्त माडिय'** जैसे दुर्धर्ष नृपों को जीता था-**जित्वा यः पटु सप्तमाडियनृपान्।** इन्हीं के साथ **बारहदोण्टी** पर भी उनका अधिकार हो गया था।

ये **'मान्ने सप्तमाडिय'** कौन थे? **बारहदोण्टी** कौन था? वे कहाँ अवस्थित थे? 'सप्त माडिय' या 'सप्त माडि' का अर्थ है सात माडिया। तेलुगु में एडु माडियमुलु या एडु माडेमुल। 'माडिय', **'मालिय'** या 'माल्य' शब्द संस्कृत शब्द 'माल' से व्युत्पन्न है,

जिसका अर्थ है पर्वत-**मालं उन्नतभूमिः** (अमरकोष)। बैलाडीला और अबुझमाड़ की अनियत शृंखला से निर्मित बस्तर की उन्नतभूमि को माडिय या माडियान कहा जाता है। वहाँ पर माड़िया नाम गोंड बसते हैं। अन्नमदेव के काल में माडियान के सात उपविभाग थे और वहाँ के सात मांडलिक थें तदनुसार वेमभूपालों ने उन्हें विजित किया था।

दानपत्र में **'झाडेशवन'** की भी चर्चा है, जो श्रीनाथ के द्वारा वर्णित 'झाडे' के समतुल्य है और कहा गया है कि उसे अल्लाड के पुत्र वेम ने विजित किया था। 'झाड़े' का अर्थ है एक 'महावन'। आज भी उत्तर बस्तर की जनजातियाँ 'झोड़िया' कही जाती हैं और उनके क्षेत्र का नाम है 'झाड़ियान' या 'झोड़ियान'। 'झाडेशवन' अथा 'झाडखंड' का समानार्थी 'समुद्रगुप्त की प्रयागप्रशस्ति' (फ्लीटः गुप्त इंस्क्रिप्शंस, 7.1.9) में उल्लिखित 'महाकांतार' भी है। तब संदर्भित 'झाडे' उत्तर बस्तर का उपलक्षक है। **'झाडे, जंतरुनाडु, सप्त माडिय, बारहदोण्टी** और **'ओड्डिं'** आदि का वशवर्तीकरण अल्लय वेम ने भी किया था, जिसकी चर्चा **'काशिखण्डम** एवं **शिवलीलाविलासम** (दोनों तेलुगु-ग्रंथ) में भी है। 'शिवलीलाविलासम' से हमें सूचना मिलती है कि अल्लय वेम ने **सप्त माडे** तथा **ओड्डि** को अपने अधिकार में ले लिया था एवं पल्लव राजाओं, नन्दपुर के राजाओं तथा रम्पा के राजाओं को पराजित किया था। **सप्त माडे** पर विजय का वर्णन **भीमेश्वरपुराणम, शिवलीलाविलासम, काशिकाखण्डम** एवं **भीमखण्डम** (सभी तेलुगु-ग्रंथ) में भी है। उस काल में डोंगर को ही झाडेशन कहा जाता था और वहाँ के शासक हलबा थे। अल्लाड रेड्डी और उसके पुत्र वेम रेड्डी ने झाडेशवन या डोंगर के जिस राजा को पराजित किया था, वह कोई हलबा राजा ही था, जिसके नाम का उल्लेख नहीं हुआ। अल्लाह रेड्डी ने 1425 ई० में अपने नाम की मुद्राएँ जारी की थीं। जिससे ज्ञात होता है कि उसने 1425 ई० से पहले कभी अज्ञातनाम हलबा राजा को पराजित किया होगा।

4. पुरुषोत्तमदेव (1468-1534)

पुरुषोत्तमदेव को एक राजा के रूप में अभिषिक्त करने के बाद 1468 ई० में भैरवदेव की मृत्यु हो गयी। यह ध्यान देना विस्मयकारी होगा कि उसी नाम के पुरुषोत्तम उसी अवधि में उड़ीसा में राज्य कर रहे थे। वे उड़ीसा के गजपति नृपति थे। उड़ीसा के गजपति पुरुषोत्तम ने लगभग तीस वर्षों तक (1468-97) शासन किया और अपने शासन के अंतिम वर्षों में उन्होंने अपने हारे हुए देश को पुनः जीत लिया। पुरुषोत्तम के बाद उनके पुत्र प्रतापरुद्र (1497-1538) उड़ीसा के गजपतियों के सिंहासन के उत्तराधिकारी हुए।

उस युग की परिस्थितियों को देखते हुए कटक में **गजपतियों,** सतारा में **नरपतियों,** बस्तर में **रथपतियों** तथा रतनपुर में **अश्वपतियों** की स्थापना की गयी थी, एक महासंघ के रूप में। इन सबने मुगलों के विरुद्ध एक साथ लड़ने के लिए इस प्रकार

की किलेबंदी की थी। इसके साथ प्रत्येक राजवंश का यह विशेषाधिकार था कि वह उक्त पदवी का प्रयोग सुविधानुसार कर सकता था। (पी. वंस एग्न्यू, **ए रिपोर्ट आन दि सूबा आर प्राविंस ऑफ छत्तीसगढ़**, 1820, पृ. 2)।

पुरी-उत्सव में रथपति की उपाधि गजपति पुरुषोत्तम ने चालुक्य पुरुषोत्तम को 1490 ई० में प्रदान की थी। गजपति-नृपति के द्वारा इस प्रकार की मान्यता की प्राप्ति से चालुक्यनृपति उनके मित्र बन गए और बस्तर गजपति की पराधीनता से मुक्त हो गया। मित्रों के इस त्रिदेव के साथ पुरुषोत्तम ने खोए हुए सभी प्रांतों को जीत लिया और ध्यानावस्थित होकर 'हरि' को भी जीत लिया। उन्होंने लवणसिंधु के तट पर तपस्या भी की–

पुरुषोत्तमदेवस्तु कृत्वा दिग्विजयं तदा
ध्यात्वा लवणसिन्धौ वै तपसा तोषन्हरिम् ॥

(संस्कृतवंशावली, श्लोक 16)

विष्णु ने प्रसन्न होकर उन्हें सौभद्र प्रदान किया और उन्हें बारह मंगलमय चक्रों से युक्त किया। तब उन्होंने बस्तर में बारह पहियों वाले रथ का निर्माण करवाया–अपनी रथपति उपाधि के अनुसार–

सौभद्रं दत्तवान् विष्णुश्चक्रद्वादशसंयुतम्
बस्तरे नगरे राजा साधितं स्यन्दनोत्तमम् ॥

(तदेव, श्लोक 17)

उन्होंने 'भारी, तथा 'हल्के' दोनों प्रकार के रथों का निर्माण करवाया और यह सब कुछ विष्णु की कृपा से हुआ। वे तथा उनकी पत्नी ने दुर्गोत्सव के अवसर पर पहली बार रथ पर आरोहण किया–

विष्णुशक्त्या तया तं वै कृत्वा लघुगुरून् द्विधा।
साधु दुर्गोत्सवे तस्य चारोहणमकारितः।

(तदेव, श्लोक 18)

इस प्रकार पुरुषोत्तमदेव बस्तर के **'रथयात्रा-महोत्सव'** के प्रवर्तक हैं और उन्होंने उक्त महोत्सव को 'देवीजात्रा' से जोड़ दिया था। उक्त महोत्सव 1490 ई० में दुर्गोत्सव के अवसर पर पहली बार आयोजित किया गया था। इस संबंध में केदारनाथ ठाकुर (1908 : 138) ने बस्तर के स्थानीय आदिवासियों में प्रचलित अनुश्रुति को रिकार्ड किया है, जिसके अनुसार पुरुषोत्तमदेव ने बस्तर (नगर) से पुरी तक की धार्मिक यात्रा अपने पेट के बल सरकते हुए की थी तथा जगन्नाथ की बहुमूल्य उपहारों से स्तुति की थी।

भंजदेव (1963:25) के अनुसार "उनकी रानी का नाम कंचनकुंवरि बघेलिन था। कहा जाता है कि पुरुषोत्तमदेव तीर्थयात्रा के लिए जगन्नाथपुरी को रवाना हुए थे तथा पेट के बल सरकते हुए पुरी पहुँचे थे। पुरी पहुँचकर उन्होंने जगन्नाथ का दर्शन किया और रत्नाभूषण आदि की भेंट चढ़ाई। "वहाँ उन्हें रथपित की उपाधि मिली तथा लौटकर उन्होंने बस्तर में रथयात्रा प्रारंभ किया (देखिए, केदारनाथ ठाकुर, 1908:139)। बस्तर में यह पर्व **गोंचा** के नाम से प्रसिद्ध है। आज भी यह पर्व जगदलपुर में प्रति आषाढ़ मास में मनाया जाता है। इस अवसर पर आदिवासी जनता बाँस की छोटी-छोटी नलियों की आवाज जगन्नाथ जी के स्वागत में बुलंद करती है। बाँस की इस नली को "तुपकी" कहा जाता है। हर तुपकी में मालकांगनी के फल गोलियों का कार्य पूरा करते हैं। **इस बात पर लोगों को बिल्कुल ही ध्यान नहीं गया कि बस्तर के 'रथ' और 'गोंचा' के पीछे तद्युगीन यवनों के विरुद्ध एक सांकेतिक अभियान था, तिलक के गणेशोत्सव के समान।** धार्मिक जात्रा से राजनैतिक स्वातंत्र्य तक का सफर था गोंचापर्व।

'गोंचा', गुण्डिचामहोत्सव तथा जगन्नाथ की रथयात्रा समानार्थक शब्द हैं। बाद में बस्तर का उक्त 'गोंचा तिहार' श्रीजगन्नाथ रथयात्रा या उड़ीसा के 'गुण्डिचा महोत्सव' का आदिवासी-संस्करण बन गया।

कहते हैं कि भतरा जनजाति की उत्पत्ति का इतिहास भी पुरुषोत्तमदेव की उक्त पुरी-यात्रा से जुड़ा हुआ है। कहते हैं कि तीर्थयात्रा पूर्ण होने के उपलक्ष्य में राजा ने उन राजमुरियों को जनेऊ पहनाकर सम्मानित किया और 'भद्र' संबोधित किया, जो उनके साथ तीर्थयात्रा पर गए थे। बस्तर के वे 'बलभद्र' प्रेमी वनवासी ही धीरे-धीरे 'भद्र' से भतरा बन गए।

नेल्सन के **'दुर्ग डिस्ट्रिक्ट गजेटियर'** (नागपुर 1901, पृ. 172) में यह कहा गया कि रतनपुर के राजा वाहर (1480-1525) ने गुण्डरदेही के मूल जमींदार को उक्त जागीर के साथ 'राय' उपाधि इसलिए प्रदान की थी; क्योंकि उसने 1525 ई० में बस्तर के राजा के द्वारा किए गए एक आक्रमण को विफल कर दिया था। इसका तात्पर्य है कि पुरुषोत्तम देव ने वाहर के कलचुरि-राज्य पर आक्रमण किया था, जिसमें वाहर की मृत्यु हो गयी, जैसा कि हम जानते हैं कि वाहर ने वहाँ केवल 1525 ई० तक शासन किया था। हैहयों की ज्येष्ठ शाखा को पराजित करने के बाद वह रायपुर की कनिष्ठ शाखा की ओर मुड़ा। उसने रायपुर-क्षेत्र पर आक्रमण किया। माखनसिंह ने पुरुषोत्तमदेव के आक्रमण को पीछे धकेल दिया। उसके इस कार्य से प्रसन्न होकर रायपुर के शासक ने गुण्डरदेही जमींदारी के 42 गाँव उसे (माखन सिंह को) जागीर के रूप में प्रदान किये थे। यह घटना 1534 ई० की है।

पुरुषोत्तमदेव का उत्तर की ओर अभियान अत्यधिक सफल था। रतनपुर के दस्तावेजों में इस अभियान की चर्चा है, किन्तु पुरुषोत्तमदेव की उक्त यात्रा का विस्तृत वर्णन उनमें नहीं मिलता।

गुण्डरदेही-जमींदारी से प्राप्त **'प्राचीन हस्तलिखित पोथी'** से यह ज्ञात होता है कि पुरुषोत्तमदेव ने रतनपुर तथा रायपुर के कलचुरि-राज्यों पर सफल अभियान किया था, किन्तु कालांतर में रायपुर पर जब उन्होंने आक्रमण किया, तो दोनों ही राजाओं की सम्मिलित शक्ति के सम्मुख पुरुषोत्तमदेव को झुकना पड़ा था।

(भंजदेव, 1963 रू 26)।

प्रश्न उठता है कि रायपुर-शाखा का कौन कलचुरि राजा था, जिसके अमात्य माखनसिंह ने युद्धभूमि में 1534 ई० में पुरुषोत्तमदेव का वध कर दिया था। राजा ब्रह्मदेव के पश्चात् रायपुर के कलचुरिवंश के किसी भी राजा का कोई अभिलेख प्राप्त नहीं हुआ। एकमात्र ताम्रपत्र अंतिम राजा अमरसिंह देव (1753 ई० में मृत्यु) का है, जो बहुत बाद का है। ऐसी स्थिति में यदि कनिंघम (**आर्कियोलाजिकल रिपोर्ट्स**, खण्ड 17, पृ. 80) पर विश्वास किया जाये तो उक्त अविध में चामुण्डसिंह देव रायपुर-घराने का राजा था।

इस प्रकार जिस समय पुरुषोत्तमदेव ने रायपुर पर आक्रमण किया, उस समय वहाँ कलचुरि राजा चामुण्डसिंह देव शासन कर रहा होगा। ऐसा लगता है कि पुरुषोत्तमदेव की सेना का मुकाबला करने के लिए रतनपुर के कल्याणसाय ने भी अपनी सेना भेजी होगी, क्योंकि पुरुषोत्तमदेव ने रतनपुर-अभियान के दौरान युद्ध में उसके पिता वाहरसाय का वध कर दिया था। जाहिर है कि कल्याण साय-जैसे महान् अश्वपति का मुकाबला पुरुषोत्तमदेव नहीं कर पाए और युद्धभूमि में ही शहीद हो गए।

माना जाता है कि उक्त युद्ध रायपुर के बूढ़ातालाब के किनारे लड़ा गया था। युद्ध में पराजित पुरुषोत्तमदेव जब हाथी में बैठकर भागने लगे तो सेनापति माखनसिंह की गिरफ्त में आ गए और मारे गये। कहा जाता है कि प्रतिवर्ष मनाए जाने वाले दशहरोत्सव में रथ पर खड़ा होकर एक व्यक्ति वस्त्रखण्ड को लगातार हाथ से दूर करने और समेटने की क्रिया संपन्न करता है। वह पुरुषोत्तमदेव की इसी मृत्यु की घटना का प्रतीक है।

पुरुषोत्तमदेव ने दंतेवाड़ा को छोड़कर बस्तर को अपनी राजधानी बनाया था। **मांधोता** तो अन्नमदेव की राजधानी थी, पुरुषोत्तमदेव की नहीं। भ्रमवश ग्लसफर्ड (1862, पैरा 158, 159) ऐसा मानते हैं कि पुरुषोत्तमदेव ने मांधोता को छोड़कर बस्तर नगर में अपनी राजधानी बनायी थीं।

पुरुषोत्तमदेव-जैसे तेजस्वी राजा की प्रारंभिक नीतियाँ सुचिंतित थीं और इसीलिए

चतुर्मुखी-सेना के वे एक घटक थे, जो मुस्लिम आक्रांताओं के विरुद्ध बनायी गयी थी– गजपति, नरपति, रथपति तथा अश्वपति। हमारे लिए यह एक समस्या है कि रथपति पुरुषोत्तमदेव ने अश्वपति वाहरेन्द्र पर क्यों आक्रमण किया? 1490 ई० में चारों दिशाओं के **पतियों** (पालकों) का जो महासंघ बना था, वह 1525 ई० में आकर क्यों टूट गया? इस पैंतीस वर्ष के अंतराल में रथपति और अश्वपति मित्र से शत्रु कैसे बन गए? यह खोज का विषय है। इसी के साथ दोनों के बीच की मैत्री टूट जाती है तथा पारस्परिक शत्रुता का युग प्रारंभ हो जाता है, जिसका विवेचन आगामी अध्याय में है।

इस प्रकार पुरुषोत्तमदेव 66 वर्षों तक शासन करते रहे। रायपुर की युद्धभूमि में 1534 ई० में उनकी मृत्यु हो गयी। उनके बाद उनके पुत्र जयसिंहदेव राज्य के उत्तराधिकारी बने, जिनके काल से बस्तर में कलचुरियों और बघेलों के आक्रमण प्रारंभ हो गए।

पुरुषोत्तमदेव के काल से संबद्ध एक घटना अविस्मरणीय है, जिसकी चर्चा उपर्युक्त पृष्ठों में नहीं हो पायी। अपुष्ट सूत्रों से ज्ञात होता है कि पुरुषोत्तमदेव के शासनकाल में 'कालापहाड़' ने बस्तर पर आक्रमण कर यहाँ के मंदिरों और देवप्रतिमाओं को नष्ट कर दिया था। 'कालापहाड़' पहले ब्राह्मण था। उसका जन्म पुरी में हुआ था। एक अन्य मत के अनुसार वह उत्तरी बंगाल के एक संपन्न ब्राह्मणकुल में जन्मा था। उसके पिता का नाम नयनचंद था। वे भादुड़ी ब्राह्मण थे। बाल्यावस्था में उसके पिता की मृत्यु हो गयी और उसके नाना ने उसका लालन-पालन किया। वयस्क होने पर उसने बंगाल के पठान बादशाह सुल्तान बाबेकशाह की फौज में नौकरी कर ली और परिश्रम से सेना के उच्च पद तक पहुँच गया।

इस बीच सुल्तान की कन्या दुलिमा से प्रेम हो गया। अनेक अड़चनों के बाद दोनों का विवाह हो गया, किन्तु पंडितों ने 'कालाचाँद' (पूर्वनाम) को हिंदूधर्म से बहिष्कृत कर दिया। क्रोधावेश में उसने इस्लाम कबूल कर लिया तथा अपना नाम बदलकर मुहम्मद कामूली रख लिया। उसने एक बड़ी सेना लेकर उड़ीसा, बस्तर, आंध्र, कामरूप, दीनाजपुर, रंगपुर, कूचबिहार, जौनपर तथा देवबनारस पर आक्रमण कर वहाँ के हिंदू मंदिरों तथा मूर्तियों को तोड़ डाला। दिल्ली का शासक बहलोल लोदी (1451-1488) उसका मित्र था। 'कालचंद्र' अपने क्रूर कृत्यों के कारण अनुश्रुतियों में 'कालापहाड़' के नाम से जाना जाता है (केदारनाथ ठाकुर, 1908)।

पुरुषोत्तमदेव के काल की एक अन्य घटना का उल्लेख दंतेवाड़ा मुकासा मे मैनेजर भ. लाल ने 1908 ई० में इस प्रकार किया था–

"हस्व मंशाय हुक्म दीनबंधु जिआ से मेघी साड़ी और गोहड़ी के निस्वत दरयाफ्त किया गया। जिया मजकूर की तहकीर वास्ते मोलाहजा इरसाल है, जिसमें मेघी साड़ी या

दीगर किस्सा का मालमू होना जाहिर नहीं करता।

मेघई रानी परसोत्तमदेव राजा की रानी थी, जो राजा बस्तर के थे। भानगढ़ के राजा रियासत हाजा में आकर रियाया को लूटते थे, जिसकी खबर जब मेघई रानी के पास पहुँची, तो उसने राजा के उनके रहते रियाया की लूट पर धिक्कार किया। जिस पर राजा ने तेल का चंदन लगाकर याने तेल को बतौर चंदन लगाकर भानगढ़ के राजा से लड़ाई करने का कसद कर 18 गढ़िया याने परगनियाँ और 12 मानियाँ याने जमींदारों को साथ लेकर भानगढ़ पर चढ़ाई की। भानगढ़ के किले के दरवाजे पर लोहे के किवाड़ व कील होने की वजह से दवाजा नहीं खोला (तोड़ा) जा सका और राजा को 3 साल तक डेरा डालकर भानगढ़ रहना पड़ा। इस अम्र की इत्तला राजा ने अपनी रानी मेघई को दिया। मेघई रानी को यह इत्तला मिलने पर ही उसने अपने नौकरों को बुलाकर मूँछ-दाढ़ी बनवाने का हुक्म दिया और सबको औरत की पोशाक पहनाकर अपने हमराह ले भानगढ़ को रवाना हो गयी। जब भानगढ़ के राजा ने देखा कि मेघई रानी आ रही है, तो अपने कादारों को हुक्म देकर दरवाजा खुलवा दिया और आगे आकर 'माई' कहकर स्वागत किया। जब इस तरह मेघई रानी के साथ भानगढ़ के राजा की माँ-बेटा की तरह बर्ताव हुआ, तो मेघई रानी ने कहा कि तुम्हारा बाप (राजा बस्तर) तीन साल से यहाँ पड़ा हुआ है। दरवाजा नहीं खोला। तब राजा भानगढ़ ने कहा कि मुझे तो तुमने दूध पिलाया न कि राजा ने। इसी वजह से दरवाजा नहीं खोला गया। भानगढ़ राजा से बहुत कुछ सत्कार होने पर मेघई रानी वहाँ रही। इस दरम्यान में जब मेघई रानी ने कामदारों को रानी से डर न हो लापरवाह पाया, भानगढ़ राजा भी उसके प्रति लापरवाह हो गया, तब रानी ने अपने आँचर याने धोती की ओली में हथकड़ी रखकर भानू मंत्री को हथकड़ी लगाकर गिरफ्तार कर लिया। भानू मंत्री के गिरफ्तार होने पर भानगढ़ को लूटकर रानी विजय का डंका बजाते हुए भैरम बंद (दंतेवाड़ा) पहुँची। भानगढ़ से रानी के साथ में दो गोहड़ी भैंस भी आयी थीं। बालपटे, टेकनार, दंतवोड़ा गाँव के मुखिया से मेघई रानी ने आँचर याने धोती की ओली में माटी माँगकर भैरमबंद बसाया। तराई खुदवाया। कुटिनहार-मनिहार नाम का आम का बगीचा लगवाया। कुटिनहार-मनिहार नाम क्यों पड़ा? सो बराबर नहीं बताया जा सकता। इन आमों की छाल को छेरी खाती हैं।

भैरमबंद मुकाम से ही रानी भानू मंत्री पर किसी वजह से खुश हो गयीं, जिस पर भानू की हथकड़ी निकलवा कर जिया को भीतरगढ़ का राजा बनाया और भानू को बाहरगढ़ का दीवान बनाया। भानू के खानदान में पोटिया समरथ है, जो पुरनतराई में रहता है। गंगैया दीवान साकिन सुकमा है व बीजापुर में पपैया पुजारी है।

मेघई रानी ने दंतेश्वरी मंदिर में काली साड़ी यानी मेघी साड़ी चढ़ायी थी, जिसकी कैफियत यह थी कि पानी में उसे धोकर चंदन-टीका लगाने पर मानिद टीका अबरक

काला जैसा चमत्कार होता है। यह साड़ी अब दंतेश्वरी माई में नहीं है। कोई कहते हैं कि नीलाम हुई तथा कोई कहते हैं कि टुकड़े-टुकड़े कर परसादी में दी गयी।

गोहड़ी भैंस जो भानगढ़ से आयी थी, उसमें हर एक गोहड़ी में सौ भैंसे बतलाई गयीं। ये ही दो बढ़कर 12 गोहड़ी में हुईं। एक गौड़साय के अधीन थीं व दूसरी सराधू रावत के पास। गौडसाय की गोहड़ी का नाम मेघा और सराधू की गोहड़ी का नाम मकड़ी है। छोटी-छोटी भूरी भैंस होने के सबब 'मकड़ी' नाम पड़ा (Unpublished letter of Manager, Dantewara mukasa to Diwan, Bastar State, dated 3.9.1903)।

9

कलचुरियों से संघर्ष

(1534 ई०–1602 ई०)

समूचे मध्यकाल में खालसा छत्तीसगढ़ में एक ही राजवंश के राजाओं का शासन रहा, जिन्हें हैहयवंशी या कलचुरि-राजवंश के नाम से जाना जाता है। छत्तीसगढ़ के मध्ययुगीन इतिहास एवं संस्कृति के निर्माण में कलचुरि-राजवंश का महत्वपूर्ण योगदान रहा है। इस राजवंश के राजाओं ने ग्यारहवीं शताब्दी के प्रारंभ से अठारहवीं शताब्दी के मध्य तक छत्तीसगढ़ पर शासन किया। संभवतः भारत के मध्ययुग में अकेले यही राजवंश था, जिनके शासन की सबसे लंबी अवधि (1000 ई० से 1750 ई०) थी, लगभग 750 वर्ष।

हैहयवंशी राजाओं को **'अश्वपति'** कहा जाता था, जबकि बस्तर के चालुक्यवंशी राजा **'रथपति'** के नाम से जाने जाते थे (एग्न्यू, 1820:2)। विवेच्य उत्तर-मध्ययुग छत्तीसगढ़ के हैहयों या कलचुरियों के पतन की पराकाष्ठा का युग है। वाहर या वाहरेन्द्र, जिसे पुरुषोत्तमदेव ने युद्ध में पराजित किया था, उसके समय के राजनैतिक इतिहास की जानकारी चार अभिलेखों से मिलती है—वाहर का कोसगई शिलालेख (सी.आई०आई०, 4 संख्या 103), ब्रह्मदेव का रायपुर शिलालेख (तदैव, संख्या 107), 1413 ई० का हरिब्रह्मदेव का खलारी शिलालेख (तदेव, संख्या 108) तथा रतनपुर महामाया मन्दिर शिलालेख (तदेव संख्या 109)। वाहरेन्द्र के शासनकाल में पठानों के आक्रमण के कारण शांति का अभाव था। इसके संदर्भ हमें अब्दुल्ला के **'तारीखे हौदी'** में मिलते हैं।

वाहर के उपर्युक्त अभिलेखों से यह सुस्पष्ट है कि चौदहवीं शताब्दी के अंतिम चरण में कलचुरियों का रतनपुर-राजवंश दो शाखाओं में विभाजित हो चुका था—रतनपुर-शाखा तथा रायपुर-शाखा। ज्येष्ठ शाखा रतनपुर में शासन करती रही, तो कनिष्ठ शाखा ने अपने को रायपुर में स्थापित किया (विल्स, 1919:198)। कनिष्ठ शाखा की प्रमुख राजधानी रायपुर थी, तो ज्येष्ठ शाखा की राजधानी बदलकर खल्वाटिका (खल्लारी) हो गयी।

उपर्युक्त अभिलेखों से हमें वराह (1480-1525) के उत्तराधिकारियों की राजनैतिक घटनाओं का इतिहास सुस्पष्ट तौर पर नहीं मिलता। उसके शासनकाल के कोसगई-शिलालेख से ज्ञात होता है कि पहले वाहरेन्द्र रतनपुर में निवास करता था (रत्नपुरप्रजाधिपः), किन्तु बाद में उसने अपनी राजधानी रतनपुर के बजाय कोसंग को बनाया और वहीं से वह पठानों के ठिकानों पर आक्रमण करता था। अभिलेख के अनुसार उसके मंत्री माधव ने पठानों पर विजय प्राप्त की थी। अभिलेख में यह कहा गया है कि "वाहर जब अपनी सेना के साथ बाहर निकला, तो प्रतिपक्ष को नष्ट करने में प्रचण्ड पठान पड़ाव छोड़कर शोण नदी की ओर भाग गए। माधव मंत्री ने पठानों को पराजित कर उनसे भूमि छीन ली।" यह घटना 1513 ई० की है। अभिलेख में उल्लिखित पठान अफगान ही थे, किन्तु अफगानों के बारे में कोई तथ्य उपलब्ध नहीं हैं। इस संबंध में मिराशी (**सी.आई०आई०** भूमिका, पृ. 131) का कथन है कि संभवतः उक्त पठान सिकन्दर लोधी था, जिसकी चर्चा अब्दुल्ला के **'तारीखे दौदी'** में है। वाहर के उत्तराधिकारियों के कोई अभिलेख नहीं मिलते। स्थानीय परम्पराएँ बाहर सहाइ के बारह उत्तराधिकारियों का उल्लेख करती हैं। यहाँ बाहर सहाइ सुस्पटतः राजा वाहर ही है। रेवाराम (1858) के अनुसार उक्त बारह उत्तराधिकारी इस प्रकार थे—कल्याण साय (1525-83), लक्ष्मी साय (1583-91), शंकरसाय (1583-91), शंकर साय (1591-1606), कुमुद/मुकुन्द साय (1606-1617), त्रिभुवन साय (1617-32), आदिल साय (1645-1659), रामजीत साय (1659-1685), तखतसिंह (1685-1689), राजसिंह (1689-1720), सरदार सिंह (1720-1732) एवं रघुनाथ सिंह (1732-1745)। उपर्युक्त वर्णित राजाओं में कल्याण साय जहाँगीर (1605-1627) का समकालीन था। तखतसिंह ने रायपुर के मेरसिंह को 1689 ई० में एक पत्र लिखा था। राजसिंह औरंगजेब (1658-1707) का समकालीन था।

वाहरेन्द्र के उत्तराधिकारी कल्याण सिंह पर प्रचुर सामग्री उपलब्ध है (द्र. चिशोमं, 1868)। उनके राजत्वकाल तक छत्तीसगढ़ मुगलों के अधीन हो गया था। वे 1564 ई० में अकबर बादशाह के दरबार में तलब किए गए थे और आठ वर्षों तक वहाँ रहने के बाद 1572 ई० में रतनपुर लौटे। दिल्ली तलब किए जाने का सबब यह था कि अधीनस्थ राजा होने के कारण उन्होंने नजराना (टकोली) नहीं दिया था। कल्याणसाय की दिल्ली-यात्रा का विवरण गोपालराय बिंझिया ने पद्यबद्ध किया था, जो उनका समकालीन था। उक्त घटना देवारगीतों में आज भी दुहराई जाती है।

रतनपुर-शाखा के अंतिम राजा थे रघुनाथ सिंह। उन्हीं के शासनकाल में रतनपुर राज्य को भास्कर पंत ने 1740 ई० में जीत लिया था और इसी के साथ छत्तीसगढ़ में भोंसलों के शासन का सूत्रपात हुआ। भास्कर पंत नागपुर के रघोजी भोंसला का ब्राह्मण सेना-नायक था।

कलचुरियों की रायपुर-शाखा के राजाओं के दो शिलालेख प्राप्त होते हैं (सी. आई०आई० खण्ड 4, संख्या 107, 108)। अभिलेखों से यह ज्ञात होता है कि ब्रह्मदेव (1402-1425) के पिता रामचंद्र (1375-1400) ने भोणिंगदेव नामक कालाहंडी के नागराजा को दण्डित किया था। क्रमिक अभिलेखों के अभाव में ब्रह्मदेव के उत्तराधिकारियों पर कोई प्रामाणिक सामग्री नहीं मिलती। इतनी जानकारी अवश्य मिलती है कि उसने खलारि में एक मोची को नारायण का मंदिर बनाने के लिए अनुमति दी थी। राजा ब्रह्मदेव के बाद रायपुर-शाखा के कलचुरियों में अंतिम राजा अमरसिंह देव का एक ताम्रपत्र अवश्य मिलता है। उक्त ताम्रपत्र की तिथि 1735 ई० है। अमर सिंह देव 1705 तक रायपुर के राजा थे। 1750 ई० में भोंसलों ने अमरसिंह से राजगद्दी छीन ली और उसी के साथ मैदानी छत्तीसगढ़ के एकमात्र स्वामी बन गए। अमर सिंह की 1753 ई० में मृत्यु हो गयी। उसके पुत्र शिवराज सिंह को दुर्दिन देखने पड़े। उसकी जागीर भी छीन ली गयी। कालांकर में बिम्बाजी भोंसला ने उसके भरण-पोषण के लिए 1757 ई० में **बड़गाँव** नामक गाँव को लगानमुक्त प्रदान किया (**रायपुर डिस्ट्रिक्ट गजेटियर,** 1909, पृ. 56)।

ऐसे संकेत मिलते हैं कि कल्याण साय (1525-1583) के नेतृत्व में 1536 ई० में बस्तर पर कलचुरि-सेना ने आक्रमण किया था और बस्तरविजय के बाद उसे एक माण्डलिक राज्य (ट्रिब्यूटरी) की स्थिति में लाकर उसे स्वाधीन कर लिया था। ऐसा स्वाभाविक था, क्योंकि पुरुषोत्तमदेव के हाथों कल्याण साय ने अपने पिता का वध होते हुए देखा था। उस अपमान को भला वह कैसे भूल सकता था ? हीवेट ने स्पष्टतः यह दर्शाया है कि 1536 ई० में बस्तर, संभलपुर तथा कालाहंडी के राजाओं का नजराना (ट्रिब्यूट) 5015 रुपए निश्चित किया गया था, जो इन्हें रतनपुर के कलचुरि राजा को देना होता था (विल्स, 1919 : 238-39)। चीशोम (रिपोर्ट, 1868, पैरा 56) भी यह स्वीकार करते हैं कि बस्तर रतनपुर राजाओं के अधीन था।

रतनपुर के वाहर या वाहरेन्द्र का पुत्र कल्याण साय एक शक्तिशाली राजा था। उसके अधीन अनेक माण्डलिक राज्य थे। उन माण्डलिक राज्यों में बस्तर, लाँजी, अम्बागढ़, काँकेर, खरियार, फुलझर, सारंगगढ़, खरोंड, सम्बलपुर, चंद्रपुर, सक्ती, कौड़िया तथा सरगुजा आदि का उल्लेख किया गया है। उसने दिल्ली और आगरा में बादशाह जहाँगीर के राजदरबार में हाजिरी दी थी, जिसके बार में **'जहाँगीरनामा'** में उल्लेख मिलता है। इन स्रोतों से यह ज्ञात होता है कि कल्याण साय के राजत्वकाल में रतनपुर-राज्य की वार्षिक आय 6.5 लाख रुपए थी। इसके अतिरिक्त कल्याण साय के पास 14 हजार योद्धाओं की एक विशाल सेना थी, जिनमें 2000 खड्गधारी, 5000 छुरिकाधारी, 3600 बंदूकधारी, 2600 धनुर्धारी, 1000 अश्वारोही तथा 116 गजारोही

थे। उक्त चौदह हजार की सेना के अतिरिक्त उसके पास प्रत्येक गढ़ में एक सुरक्षित सेना भी थी, जो दीवान के अधीन थी। दीवान को किसी भी क्षण बुलाया जा सकता था तथा राज्य की रक्षा के लिए उसे कोई भी काम सौंपा जा सकता था।

उपर्युक्त विवरण से यह प्रतीत होता है कि रतनपुर का राज्य मध्य भारत के राजनैतिक परिदृश्य पर छा गया था और क्षेत्र के अनेक बड़े और छोटे राज्यों से उसका अंतः संबंध और समझौता था।

5. जयसिंहदेव (1534-1558)

कलचुरियों की कनिष्ठ शाखा के राजा चामुण्डसिंहदेव के सेनानायक माखनसिंह के हाथों रायपुर के युद्ध में पुरुषोत्तमदेव की युद्धस्थल पर ही मृत्यु हो जाती है। स्वाभाविक तौर पर उनकी मृत्यु के बाद उनका पुत्र जयसिंहदेव राज्य का उत्तराधिकारी हुआ, किन्तु राज्य की स्वतंत्रता छिन चुकी थी और बस्तर के चालुक्यों ने कल्याण साय की प्रभुसत्ता को स्वीकार कर लिया था।

संस्कृत वंशावली (1853, श्लोक) के अनुसार पुरुषोत्तमदेव का उत्तराधिकारी जयसिंहदेव (1534-58) हुआ–

जयत्सिंहो जयी युद्धे नृसिंहो भूमिपालकः।

जयसिंहदेव का एक शिलालेख (द्र. द्वितीय अध्याय) अभी हाल में केसरपाल से मिला है, जो बस्तर के चालुक्य-राजवंश का आद्य अभिलेख है। इसमें जयसिंहदेव को 'राणक' कहा गया है, जो स्पष्टतः उनके माण्डलिक होने का उपलक्षक है। अभिलेख में 'जम्बुग्राम' को दान में दिए जाने का उल्लेख है। 'जम्बुग्राम' आज भी केसरपाल गाँव से लगभग दस किलोमीटर की दूरी पर उत्तर-पश्चिम की ओर स्थित है। अभिलेख में देवड़ा ग्राम के 'दानेश्वर' का भी वर्णन है। देवड़ा ग्राम सोनारपाल गाँव के पास राष्ट्रीय राजमार्ग पर स्थित है। उक्त शिलालेख के लेखक हैं विसुध पंडित।

उक्त अभिलेख से प्रतीत होता है कि जयसिंहदेव मात्र 'राणक' थे। उनमें सामर्थ्य का अभाव था। उनके शासनकाल में रीवा के बघेलराजा वीरभानु (1500-40) ने भी बस्तर पर 1540 ई० में आक्रमण किया था और बिना किसी युद्ध के ही जयसिंहदेव ने आत्मसमर्पण कर दिया था (वीरभानूदय-काव्य, सर्ग 2, श्लोक 63-67)। राजा चण्डहार ने भी (जयसिंहदेव) कर आरोपित कर दिया था। वीरभानु का उक्त आक्रमण कल्याण साय के आक्रमण के चार साल बाद हुआ था। इससे लगता है कि तब तक कल्याण साय की बस्तर पर पकड़ ढीली पड़ गयी होगी तथा बस्तर पाटणा राज्य के अधिकार में चला गया होगा। काव्य में यह सुस्पष्ट वर्णन है कि वीरभानु के आक्रमण के समय बस्तर पाटणा राज्य के अंतर्गत था। जयसिंह देव की स्थिति पराधीनता की ही नहीं, असुरक्षा

की भी थी। वह तीन शक्तिशाली शत्रुओं के बीच में था—रतनपुर के राजा, पाटणा के राजा तथा रीवा के राजा। जब वह कल्याणसाय की शक्ति से परिचित हुआ, तब अपनी स्थिति को सुदृढ़ करने के लिए पाटणा-राज्य की सहायता ली। उसकी रानी चंद्रकुँवर बघेलिन थीं, इसलिए रीवा के बघेलों की वह खुशामद कर सकता था, किन्तु कल्याण साय से उसको किसी प्रकार की अनुकम्पा की उम्मीद नहीं थी। उस काल का वही तो एक अजेय कलचुरि महानायक था।

6. नरसिंहदेव (1558-1602)

बस्तर-राजाओं की वंशावलियों के अनुसार "जयसिंहदेव का पुत्र नरसिंहदेव तेईस वर्ष की अवस्था में गद्दी पर बैठा। उसकी रानी का नाम लक्ष्मीकुँवर बघेलिन था, जिसे दंतेवाड़ा-शिलालेख (इपी.इंडिका, 12 : 214) में 'लक्ष्मी देई' कहा गया है। यह रानी बड़ी ही उदार मनोवृत्ति की थी तथा उसने अनेक तालाब खुदवाए थे व बगीचे लगवाए थे।"

अपने शासन के प्रारंभिक वर्षों में वह बहुत अधिक संकट में था; क्योंकि बार-बार उसे कलचुरियों, चौहानों तथा बघेलों के आक्रमणों को झेलना पड़ रहा था। चाँदा का गोंडराजा बाबाजी बल्लालशाह उसका समकालीन था (बेगबिए, 1909 : 38)। इन सभी आक्रमणकारी राजाओं में से रतनपुर के राजा का तो वह प्रत्यक्ष माण्डलिक था। 1583 ई० में कल्याण साय की मृत्यु के पश्चात् नरसिंहदेव ने राहत की साँस ली तथा अपने पिता के द्वारा खोए हुए गौरव (बस्तर राज्य का स्वतंत्र अधिपति) को उसने पुनः प्राप्त किया। इसके पश्चात् रीवा के बघेलराजा विक्रमादित्य (1597-1624) ने बस्तर पर आक्रमण कर दिया और बस्तर राज्य को उसकी अधीनता स्वीकार करनी पड़ी (रीवा **स्टेट गजेटियर,** 1907, पृ. 30)।

कल्याण साय (1525-83) छत्तीसगढ़ का एक पूर्ण सम्राट् था, जिसके पास अपरिमित शक्ति थी। कल्याण साय की मृत्यु 1583 ई० में हुई। मृत्यु से पूर्व लक्ष्मी साय (1583-91) को उसने अपना उत्तराधिकारी घोषित किया था। लक्ष्मी साय ने अपने को दुराचरण तथा प्रजापीड़न से जोड़ लिया और उसके शासन-काल में बस्तर रतनपुर-राज्य से अलग हो गया और राजा नरसिंहदेव ने अपने को स्वतंत्र घोषित कर दिया। जब लक्ष्मी साय का पुत्र शंकरसाय (1591-1606) राजगद्दी पर बैठा, तो उसने बस्तर के राजा को पाठ पढ़ाना चाहा और उसके विद्रोह को दबाने का उपक्रम किया। उसने बस्तर पर आक्रमण कर दिया तथा राजदुर्ग को अधिकृत कर लिया (रेवाराम, 1858) तथापि कलचुरि-सेना की सफलता अल्पकालिक थी तब पूरे छत्तीसगढ़ में विद्रोह की ज्वाला दहकने लगी। पाटणा के चौहाण राजाओं की ललचायी नजरें बस्तर पर थीं और वे कलचुरिनृपति के बस्तरविजय के अभियान को सहन नहीं कर पाए।

विगत अध्याय में यह संकेत किया गया है कि बलरामदेव ने अपने अग्रज नरसिंहदेव से संभलपुर-क्षेत्र को प्राप्त किया था, जहाँ उसने एक राज्य का निर्माण किया, जो पाटणा-राज्य से पूरी तरह स्वतंत्र था। बलरामदेव एक महान् योद्धा था तथा संभलपुर आने से पूर्व अपनी सैनिक गतिविधियों के लिए उसकी प्रसिद्धि हो चुकी थी। जब 1568 ई० में बंगाल के बयाजिद ने उड़ीसा पर आक्रमण किया था, तब बलरामदेव के पिता हाथीधरदेव ने उसे गजपति मुकुन्ददेव की सहायता के लिए भेजा था। तब वह एक ऐसी सेना का सेनापति था, जिसके अधीन 32000 पदातिसेना, 30 गजारोही तथा 70 अश्वारोही थे (**कोसलानंद,** पाटणापाठ, सर्ग 22, श्लोक 49-50)। उसने अपने अग्रज नरसिंहदेव को भी बहुमूल्य सैनिक सहायता दी थी, जब वह 1573 ई० में पाटणा-राज्य की गद्दी का उत्तराधिकारी बना था।

बस्तर के नरसिंहदेव ने उड़ीसा में सत्ता के हस्तांतरण पर लाभ उठाया और उसने अपने-आपको स्वतंत्र घोषित कर दिया। बस्तर के उक्त राजा ने चौहाणों के विरुद्ध संघर्ष किया तथा पश्चिमी उड़ीसा पर उसने अपना अधिकार जताया। इस प्रकार पाटणा-अंचल के अनेक भागों पर उसका स्वामित्व हो गया। नरसिंहदेव ने बीते दिनों की खोई हुई शक्ति और प्रतिष्ठा की पुनः स्थापना के लिए पूरी सक्रियता दिखलायी और उक्त अंचल पर छाता चला गया। उसने राज्यों को हड़पने को प्राथमिकता दी। एक ऐसा समय भी आया, जब वह चौहाणनृपति नरसिंह देव का प्रधान स्वामी बन गया।

बाद में चौहाणनृपति नरसिंहदेव ने अपने भाई की सहायता से बस्तर पर आक्रमण किया। अंततोगत्वा बस्तर के राजा ने पाटणा के नरसिंहदेव की शक्ति के सामने समर्पण कर दिया और फिर से पाटणा-राज्य की प्रभुता को स्वीकार कर लिया (**कोसलानन्द,** सोनपुर-संस्करण, सर्ग 20, 1-5)। नरसिंहदेव पाटणा का अंतिम चौहाण राजा था और उसके बाद राज्य की शक्ति का तेजी के साथ पतन हुआ। अपने शासनकाल में ही उसने राज्य का विभाजन अपने और बलरामदेव के बीच कर दिया था। उसने बलरामदेव को यह भी अनुमति दी थी कि वह संभलपुर के अर्ध-स्वतंत्र राज्य को नदी के पार विस्तारित कर ले, जिससे बस्तर के राजाओं के आक्रमणों को रोका जा सके।

समय के साथ (1590 ई०) जब पाटणा के राजा निर्बल हो गए, बस्तर के नरसिंहदेव ने अपने को पुनः एक स्वतंत्र राजा घोषित कर दिया। दक्षिण कोसल की दुर्व्यव्यस्थापूर्ण परिस्थिति को देखते हुए रीवा के बघेलराजा विक्रमादित्य (1597-1624) ने बस्तर पर आक्रमण किया और बस्तर के राजा को रीवा राज्य का करद सामंत बनने के लिए बाध्य कर दिया। बस्तर-राज्य 1602 ई० तक रीवा राज्य का एक करद राज्य बना रहा (गुरु रामप्यारे अग्निहोत्री, **रीवा राज्य का इतिहास,** भोपाल 1972, पृ. 57)। 1602 ई० में कुतुबशाही के आक्रमण के बाद बस्तर रीवा-राज्य के स्वामित्व से मुक्त हो

गया।

दंतेवाड़ा-शिलालेख (इपी. इंडिका, 12 : 242) के साक्ष्य से हम जानते हैं कि नरसिंहदेव की पटरानी का नाम लक्ष्मी देई था, जिसने अनेक सरोवरों और उपवनों को बनवाया था (हीरालाल, 1916 : 155)। इससे नरसिंहदेव की संपन्नता का बोध होता है और यह ज्ञात होता है कि उसके राज्य में बस्तर राज्य कितना श्रीसंपन्न था।

नरसिंहदेव का शासन 1602 ई० में समाप्त हुआ। नरसिंहदेव एक महान् योद्धा था। एक प्रकाण्ड विद्वान् था। एक यथेष्ठ निर्माता था। राजसिंहासन पर बैठने के क्षण से ही उसने बस्तर-राज्य के हितों की रक्षा के लिए कठिन संघर्ष किया। वह चाहता था कि बस्तर की अखण्डता और स्वतंत्रता बनी रहे। यद्यपि अपने राज्य की सरहद से बाहर अपने अधिकार को विस्तारित करने में वह सफल नहीं हो सका, तथापि उसने लगातार यह प्रयास किया कि जो राज्य उसे उत्तराधिकार में मिला है, उसको अविकल बनाए रख सके। जब चौहाणों, कलचुरियों और रीवा के बघेलों के बारम्बार अचानक आक्रमण हो रहे हों, तब तो सचमुच उसका यह बहुत बड़ा योगदान था कि उसने बस्तर की अस्मिता पर आँच नहीं आने दी, किन्तु उसने उसी अज्ञानता का परिचय दिया, जैसा कि उसके पूर्वजों ने दिया था और वह यह कि उसने बस्तर-राज्य का विभाजन अपने और डोंगर के हलबा-राजा के बीच कर डाला। इस विभाजन का परिणाम यह हुआ कि बस्तर-राज्य निर्बल हो गया और दो शक्तिशाली पड़ोसियों के लिए एक सहज शिकार। ये दो पड़ोसी थे कलिंग के गजपति तथा रतनपुर के अश्वपति, जिनकी सदा से ही बस्तर पर ललचायी हुई नजरें थीं। इस उभयविध संकट के बीच जब बस्तर के राजा ने उड़ीसा के गजपति नरसिंहदेव में मैत्री-संबंध स्थापित किया, तब गोदावरी पार के कुतुबशाही राजा ने बस्तर से बैर ठान लिया; क्योंकि कुतुबशाही उक्त मैत्री-संबंध को भयानक कृत्य मानता था और इसी बहाने बस्तर पर अधिकार करने का उसे एक बहाना मिल गया।

10

कुतुबशाही से संघर्ष

(1602 ई०—1680 ई०)

7. प्रतापराजदेव (1602-1625)

'दंतेवाड़ा-शिलालेख' (इपी. इंडिका, 12 : 242) की आनुवांशिक सूची में प्रतापराजदेव के नाम का उल्लेख नहीं है, किन्तु राजपरिवार के विवरणों से हमें ज्ञात होता है कि प्रतापराजदेव एक शासक नृपति थे। यह फरिस्ता और कुतुबशाही के विवरण से भी प्रमाणित होता है। ऐसा अनुमान लगाया जाता है कि चूँकि प्रतापराज एक हलबा-राजा था, इसलिए उसका नाम शिलालेख में स्थान नहीं प्राप्त कर सका। मुस्लिम इतिहासकार फरिश्ता ने अपने ग्रंथ में इनका नाम प्रतापशाह अंकित किया है और माना है कि वे एक 'गोंडराजा है (फरिश्ता, भाग 3 पृ. 481)। हमारे पास यह सिद्ध करने के लिए दूसरे स्रोत उपलब्ध नहीं हैं कि क्या वे गोंड थे अथवा चालुक्य अथवा हलबा ?

नरसिंहदेव के पश्चात् प्रतापराजदेव (1602-1625) राज्य के उत्तराधिकारी हुए, जिसे मुस्लिम इतिहासकार निरपवाद रूप में कभी प्रतापशाह (फरिश्ता) या कभी प्रतापराव या प्रताप (कुतुबशाही) कहते हैं। फरिश्ता (खण्ड 3, पृ. 481) प्रतापशाह को गोंडराजा मानने के आग्रही हैं।

प्रतापराजदेव अत्यधिक प्रतापी और बुद्धिमान् राजा थे—

प्रतापराजस्तु महान्प्रतापी बुद्धिमान्नृपः।

(संस्कृतवंशावली, श्लोक 19)

1602 ई० में प्रतापराजदेव गद्दी पर बैठे। उन्होंने डोंगर के आपपास के अठारह हलबा-गढ़ों को जीता था और उन्हें अपने अनुज को भरण-पोषण के लिए सौंप दिया था (शील, **हिस्ट्री ऑफ सेंट्रल प्राविन्सेज़ एण्ड बरार**, 1917, पृ. 115, दि ब्रेत 1909)।

24 जनवरी, 1612 ई० में कुतुबशाह की मृत्यु के पश्चात् उसका भतीजा मुहम्मद कुतुबशाह चूँकि उसका दामाद था, अतएव राजगद्दी का अधिकारी हुआ। उसकी बेगम का नाम हैयत बक्श था। इस शाह ने यद्यपि बस्तर पर सीधा आक्रमण नहीं किया तथापि इस कार्य में वह मलिक अम्बर का सहायक था। तदनुसार मलिक अम्बर को प्रेरित कर उसने बस्तर पर व्यवधान उपस्थित करने की नीति जारी रखी तथा उसने जैपुर राजा की सहायता से जैपुर से संलग्न बस्तर के कुछ क्षेत्र पर कब्जा कर लिया था। मुहम्मद कुतुबशाह की मृत्यु 11 फरवरी, 1626 को हुई तथा सिंहासन का अधिकारी उसका तेरह वर्षीय पुत्र अब्दुल्ला कुतुबशाह बना (**दि कैम्ब्रिज हिस्ट्री ऑफ इंडिया,** दिल्ली, 1963, खण्ड 4, पृ. 261)। अब्दुल्ला कुतुबशाह के काल तक जैपुर तथा बस्तर के हिंदू राजाओं पर मुसलमानों के अनेक धर्मान्धतापूर्ण युद्ध हुए (तदेव)। उक्त इतिहास की **कुत्बशाही** (पाण्डुलिपि, हैदराबाद) के आधार पर आगामी पृष्ठों में विस्तृत समीक्षा है।

सुल्तानक कुली कुतबुल मुल्क (1512-43) हमदान के राजवंश का संस्थापक था। वह तुर्किस्तान की कारा कुयुनलू (काली भेंड़) कबीले का एकमात्र बचा हुआ व्यक्ति था। परम्परा के अनुसार मुहम्मद कुली एक हिंदू महिला से जन्मा था, जिसका नाम भागीरथी था। मोहम्मद कुली (1580-1612) के शासनकाल में बस्तर के साथ संघर्ष चलता रहा। प्रधान सेना ने **बस्तोर** (बस्तर) को अधिकृत करने की योजना बनायी थी, जिसके दुर्ग की रक्षा नरसिंहदेव (1558-1602) का पुत्र प्रतापराजदेव कर रहा था। जब ऐसा लगा कि दुर्ग पर विजय प्राप्त करना असंभव है, तब गोलकुण्डा-अहमदनगर की सेनाएँ वापस लौट गयीं। एच.के. शेरवानी (**हिस्ट्री ऑफ कुतुबशाही डायनेस्टी,** दिल्ली, 1974, पृ. 294-95) के अनुसार–"मोहम्मद कुली की शाही फौज गोदावरी के उत्तरवर्ती राज्यों के विजय के लिए चल पड़ी। उसने अहमदनगर का अधिग्रहण कर लिया, किन्तु दूसरे क्षेत्र में शाही सेना की सफलता उतनी व्यवस्थित नहीं थी। 1610 ई० में बस्तर के राजा प्रतापशाह ने केन्द्रीय सत्ता के विरुद्ध विद्रोह कर दिया था। प्रतापशाह की शौर्यगाथा लोगों के दिलों को दहला देती थी। इसलिए कुतुबशाही ने प्रताप का मुकाबला करने के लिए **अश्वराव** को नियुक्त किया, जो प्रमुख सेनानायक था। उसके अधीन सय्यद हैदर, अमजदुल मुल्क तथा अन्य बड़े-बड़े सेनानायक थे। बस्तर की सेना तथा कुतुबशाही सेना के बीच भंयकर युद्ध हुआ। अश्वराव वैयक्तिक रूप से प्रतापराव का मुकाबला कर रहा था। दोनों आमने-सामने थे। स्थिति को अपने विरुद्ध भाँपकर प्रतापराव युद्धभूमि से भाग गया और बस्तर के दुर्ग में पनाह ली। **अश्वराव** के शताधिक सैनिक व अन्य सेनानायक युद्धभूमि में मारे गए थे। इसलिए उसने सुल्तान से और भी अधिक सहायता की माँग की। उसने एक पत्र के माध्यम से घटना की समूची जानकारी सुल्तान को भेजी। इतने प्रबल शत्रु को दुर्ग से बाहर निकालना उसके लिए आवश्यक हो गया था।

वह यह भी चाहता था कि दुर्ग की समूची सेना को घेरकर काट डाले, किन्तु प्रतापराव के रौद्र रूप के कारण वह भयभीत हो गया था। तब मुहम्मद कुली ने मीरजुमला को आदेश दिया कि वह एक विशाल सेना के साथ बस्तर की ओर कूच करे। मीरजुमला बड़े उत्साह के साथ बस्तर-अभियान के लिए निकला। उसकी विशाल फौज को देखकर लोग आतंकित हो उठे और मार्ग में किसी ने कोई विरोध नहीं किया, किन्तु वह प्रताप को दुर्ग से बाहर नहीं निकाल पाया; क्योंकि आकस्मिक वर्षा के कारण उसका बारूद और हौसला दोनों एक साथ पस्त होकर गल गए और उसे केन्द्र से यथावसर अतिरिक्त सहायता नहीं मिल पायी। इसलिए उसे वहाँ से बाध्य होकर हारे हुए मन से वापस लौटना पड़ा। चूँकि उस समय गोदावरी में बाढ़ आयी हुई थी, इसलिए बहुत मुश्किल से वह राजधानी पहुँच पाया।''

मोहम्मद कुली की 1612 ई० में मृत्यु हो गयी और उसका बस्तर-विजय का सपना अधूरा रहा। उसका उत्तराधिकारी हुआ उसका भतीजा सुल्तान मोहम्मद कुतुबशाह (1612-26)। वह एक आदर्श चरित्र का व्यक्ति था। वह एक पवित्र जीवन जीता था और नियमित तौर पर रोजा रखता और नमाज पढ़ता था। जब मोहम्मद गद्दीनशीन हुआ, तब राज्य संकटापन्न स्थिति से गुजर रहा था। ''यथार्थरूप में उसने एकमात्र सैनिक अभियान का आदेश दिया था और वह था बस्तर के विरुद्ध युद्ध का मोर्चा खोलना। यह अभियान थोड़ी सी अवधि का था। जुलाई 1612 ई० में कमालुद्दीन माजेन्द्रानी को उसने बस्तर के राजा प्रतापशाह के विरुद्ध लड़ाई के लिए भेजा था; क्योंकि उस समय अश्वराव के अधीन हैदराबाद की सेना गोदावरी में आयी हुई बाढ़ में फँस गयी थी। कमालुद्दीन के साथ सैय्यद हैदर अली, इज्जत खान, चीता खान जैसे सेनाध्यक्ष और एक विशाल सेना थी। जब उसकी सेना बस्तर की सीमा में पहुँची, तो प्रतापशाह ने बुद्धिमत्तापूर्वक हथियार डालने का निश्चय किया और एक सन्देश-वाहक कमालुद्दीन के पास भेजा, जिसने राजा की ओर से राजनिष्ठा की शपथ के साथ बहुमूल्य उपहार भेंट किया। तब हैदराबाद के नवाब को इसकी सूचना दी गयी और घटना के इस प्रकार के मोड़ से उसे अवगत कराया गया। मोहम्मद के विद्रोही राजा के अपराध को माफ कर दिया और उसे समूचा राज्य बिना किसी शर्त के वापस लौटा दिया, शर्त केवल इतनी थी कि वह सुल्तान मोहम्मद को अपना अधिराज स्वीकार करे'' (कुतुबशाही 316-7, और देखिए, शेरवानी, तदेव, पृ. 386)।

यह एक अकेली सैनिक कार्यवाही थी, जिसे सुल्तान ने अपने पन्द्रह वर्षों के शासनकाल में कबूल की थी। वह जहाँगीर के शासन के सातवें वर्ष में राजगद्दी पर बैठा था।

इस प्रकार सुल्तान मोहम्मद कुतुबशाह (1612-26) के शासनकाल में बस्तर कुतुबशाही का 'संरक्षित राज्य' बन गया तथा 1972 ई० तक—अब्दुल्ला कुतुबशाह

(1626-72) के शासनकाल तक—पराधीन बना रहा। **कुतुबशाही** नामक पांडुलिपि (317-18) इस तथ्य को प्रमाणित करती है।

"कैम्ब्रिज हिस्ट्री ऑफ इंडिया" (दिल्ली 1963, खण्ड 4, पृ. 267) के अनुसार कुतुबशाही के द्वारा बस्तर पर परोक्ष हस्तक्षेप किया गया। प्रताप की मृत्यु 1625 ई० के प्रारंभ में हुई। अपनी शक्ति और राजकौशल के कारण उसने अपने शत्रु कुतुबशाही को कभी अपने पर हावी होने का मौका नहीं दिया और न कभी उसने बस्तर की स्वाधीनता के झण्डे को झुकने दिया। उसने अपने शत्रुओं का मरते दम तक वीरतापूर्वक मुकाबला किया और बस्तर-राज्य को अखण्डित बनाए रखकर अपने को अमर कर दिया। बस्तर से प्राप्त गोंडों की अनुश्रुतियों में यह वर्णन है कि प्रतापशाह के साथ उन्होंने मुस्लिम-शासकों से कितनी लम्बी लड़ाई लड़ी थी और किस प्रकार मुस्लिम सेनाओं के भय से उन्हें बीहड़ों में जाना पड़ा था (पाडगी, 1952 : 25)।

8. जगदीश नारायणदेव (1625-39)

दंतेवाड़ा-शिलालेख (इंपी, इंडिका, 12 : 242) में जगदीशरायदेव को नरसिंह देवराज का पुत्र कहा गया है, जबकि राजपरिवार के रिकार्ड में उन्हें प्रतापसिंह का पुत्र कहा गया है। संस्कृतवंशावली (श्लोक 20) के अनुसार "जगदीश नामक भूपाल जगन्नाथ के समान थे। उनकी पत्नी 'लक्ष्मीदेवी साक्षात् लक्ष्मी के समान थीं—

भूपालो जगदीशस्तु जगदीशसमोऽ भवत्।
लक्ष्मीदेवी तस्य पत्नी साक्षाल्लक्ष्मीव लक्षणा ॥

हिन्दी-वंशावलियाँ भिन्नता रखती हैं और उनके अनुसार गोविंद कुँवर बघेलिन जगदीश की पटरानी थीं। किन्तु ऐतिहासिक साक्ष्य से यह सुस्पष्ट है कि इस समय तक बस्तर के राजाओं का रीवा के बघेलों या चन्देलों से वैवाहिक सम्बन्ध नहीं होता था।

जगदीश 1625 ई० में राजसिंहासन के उत्तराधिकारी बने। उन्होंने ही **जगदलपुर-नगर** की नींव रखी थी, जो अनेक वर्षों तक बस्तर की राजधानी थी (भंजदेव 1963 : 28)।

राजसिंहासन पर बैठने के साथ ही जगदीश को काँकेर के राजा के विरुद्ध एक युद्ध की घोषणा करनी पड़ी थी; क्योंकि काँकेर के राजा ने डोंगर को अधिग्रहीत कर लिया था, को कभी जगदीश के पिता के द्वारा बस्तर-राज्य में शामिल कर लिया गया था। जगदीश के बड़े डोंगर (वर्तमान कोंडागाँव तहसील) के अठारह गढ़ों या परगनों को काँकेर से पुनः छीन लिया था और तब उसने अपने राज्य का विस्तार सिहावा तक छत्तीसगढ़ की सीमा तक कर लिया। बड़े डोंगर के आसपास के गढ़ हलबा-जनजाति के सुदृढ़ दुर्ग थे, जिनका कुटुम नायक या कछुआ देव बड़े डोंगर के निकट चिंगनूर में निवास करता था। हलबा-जनजाति को संलग्न काँकेर रियासत में विशेषाधिकार प्राप्त था।

हलबा मुखिया ही प्रत्येक नए राजा को राजकीय पोशाक पहनाता था और मस्तक पर टीका लगाता था, जो राजा को अधिकारिता के पद पर अभिषिक्त करने का एक अनुष्ठान था। ऐसा प्रतीत होता है कि बड़े डोंगर के विजय के बाद अनेक हलबा बस्तर राजा की सेवा में आ गए और वे ही राजकीय सेना के लिए अधिकतर सैनिकों (पाइक) की व्यवस्था करते थे। उत्तर के प्रमुख हलबा-गाँव जैसे बड़े डोंगर, छोटा डोंगर, कोलर, सोनपुर, अन्तागढ़, परतापसुर और नारायणपुर पुराने गढ़ों या आधुनिक परगनों के मुख्यालय हैं और ये सब मुरिया गाँवों से द्वीपवत् घिरे हुए हैं। इसी प्रकार दक्षिण के तेलंगाना गाँव हैं। ये हलबा गाँव पाइक-सेना के प्राचीन गढ़ हैं।

जगदीश नारायणदेव की ऊँची उड़ानभरी मनोकामना थी कि समूचे छत्तीसगढ़ पर उनका अधिकार हो जाये। तदनुसार 1632 ई० की बरसात के मध्य में वे अपनी राजधानी से छत्तीसगढ़ की ओर बढ़े। उसी समय जगमोहन साय (1632-45) भी उनकी योजना को भाँप कर ससैन्य बस्तर की ओर बढ़ा। वह चाहता था कि जगदीश के परों को कतर दे। कलचुरि-सेना को आगे बढ़ती देख जगदीश अपनी राजधानी की ओर लौट गए। जगमोहन साय ने बस्तर के किले पर धावा बोल दिया। जगदीश ने स्थिति को जब अपने विरुद्ध पाया, तो वह भयभीत हो गया। उसने अपने एक अधिकारी के माध्यम से जगमोहन साय के पास संदेशा भेजा कि वह अपनी पुत्री का हाथ जगमोहन साय को देना चाहता है। जगमोहन साय ने जगदीश के प्रस्ताव को स्वीकार कर लिया और सैन्य कार्यवाही रोक दी। तदनन्तर जगदीश नारायणदेव ने अपनी पुत्री 'ज्योतिकुँवर' का विवाह कलचुरि-राजकुमार से विधिवत् सम्पन्न कराया। इस प्रकार कलचुरि-चालुक्य-युग्म का विकास वैवाहिक सम्बन्ध के माध्यम से हुआ (रेवाराम, 1858)।

9. वीरनारायणदेव (1639-45)

चालुक्य-इतिहास में पहली बार वीरनारायणदेव को 'महाराज' की उपाधि से सम्बोधित किया गया है (इपी. इंडिका, खण्ड 12, पृ. 252)। इससे यह सिद्ध होता है कि उसने अपने को एक स्वंतत्र महाराजा घोषित कर दिया था। उन्होंने गोलकुण्डा के कुतुबशाही की भी परवाह नहीं की, जिससे उसके पूर्वजों ने यह समझौता किया था कि बस्तर गोलकुण्डा के ही अधीन अपने को मानता रहेगा।

शिलालेखीय वीर नारायणदेव को वंशावलियों में अनेक नामों से सम्बोधित किया गया है। लोकनाथ ठाकुर (1853) उसे वीरशाह कहते हैं, जब कि दलगंजनसिंह (1856) उसे 'वीरनारायणदेव' कहते हैं। बाह्यस्रोतों में उसे वीरसिंह कहा गया है।

वीरनारायण जगदीशदेव के ज्येष्ठ पुत्र थे। वे 1639 ई० में बस्तर राज्य के सिंहासन पर बैठे। उनकी पटरानी का नाम नयनकुँवर बघेलिन था। 'बस्तरराजवंशावली'

के लेखक लोकनाथ ठाकुर के अनुसार वीरसिंह योद्धाओं में अग्रगणी थे। विवेकवान् थे, किन्तु ब्रह्महत्या के भय से उनका मन त्रस्त था—

वीरशाहस्तु वीररस्यासीद्वीरसिंहो विवेकवान्।
ब्रह्महत्याभयात् त्रस्तो विधेर्लेखानुसारतः॥

(श्लोक 27)

रतनपुर के कलचुरि-राजा जगमोहन साय ने जो विजय हासिल की थी, उससे बस्तर में विद्रोह की स्थिति बनी थी। वीरनारायणदेव ने कलचुरियों की अधीनता को स्वीकार करने से कना कर दिया और उसने उन्हें नजराना देना भी बंद कर दिया। उसने सारी तैयारियाँ कर ली थीं और किसी भी संभाव्य घटना से निपटने के लिए पूरी तरह सतर्क था। उसने रतनपुर के अनेक कुलीनों व सरदारों को अपने पक्ष में कर लिया था। अपनी सेना को सशक्त बनाने के पश्चात् उसने राजपुर-शाखा के कलचुरिराजा पर आक्रमण कर दिया था। दोनों सेनाएँ पुनः रायपुर के 'बूढ़ातालाब' के पास आमने-सामने हुईं और बस्तर का राजा पूर्ववर्ती नरेश के समान एक बार फिर पराजित हुआ। रायपुर-सेना का प्रमुख सेनापति चन्देल ठाकुर भोज उसका वध करने ही वाला था कि वीरनारायणदेव ने उसे अपना परिचय दिया। भोज ने वीर नारायणदेव को जीवनदान दिया और उसी के फलस्वरूप भोज की बस्तर में 'काछिनदेव' के नाम से पूजा होने लगी। ऐसा इसलिए कि रायपुर के सेनापति ने पहचान छिपाने के लिए बस्तर के राजा को युद्धभूमि में पहनने के लिए 'काछा' दिया था, जिसके कारण अन्य सैनिक भी उसे नहीं पहचान पाए और वह जीवित बच गया। उक्त 'काछा' ही बस्तर में 'काछिनदेव' के नाम से पूजा जाने लगा (लाल कालीन्द्रसिंह, 1908)।

जब बस्तर इस प्रकार की तनावपूर्ण परिस्थिति से गुजर रहा था, तब उत्तर-पश्चिम में एक अभिनव विद्रोह फूट पड़ा। उस समय राज्य में भीषण अकाल पड़ा था और राजा लोगों की परेशानियों को दूर करने में लगा था। अकाल मौतों को न होने देने का प्रयास कर रहा था। जनकल्याण की अनेक योजनाएँ बना रहा था, जिससे लोगों को राहत मिले। तभी चाँदा के गोंड-राजा ने बस्तर पर आक्रमण कर दिया और **1654 ई० के प्रचण्ड युद्ध** में वीरनारायणदेव चाँदा के गोंड-राजा के हाथो मारा गया।

10. वीरसिंहदेव (1654-8016)

वीरनारायणदेव की युद्धभूमि में आकस्मिक मृत्यु के बाद उसके दो पुत्रों के

बीच उत्तराधिकार को लेकर आंतरिक युद्ध की स्थिति बन गयी थी। **'संस्कृतवंशावली'** के अनुसार रणधीर तथा शस्यप्रताप नामक दोनों भाई बस्तर के राजा बन बैठे–

(क) सज्जन्यं बस्तरपुरे रणधीरवीरो

विद्वत्सरोजतरणिः शुचि सोमवंश्यः।

"रणधीर वीरदेव नामक राजा बस्तरपुर में निवास करता था, जो धन से सम्पन्न और विद्वानों की नगरी थी। वह सोमवंशी राजा पवित्र, निष्कलंक तथा कमदल के समान कान्तिमय था।"

(ख) शस्यप्रतापनृपवन्दितपादपद्मो

विद्वत्कुलैरभिहितः खलु धर्ममूर्तिः

"वहाँ शस्यप्रताप नामक राजा था, जिसके चरणकमल की अन्य राजा वंदना करते थे और जो विद्वत्कुल के धर्म का नया अवतार माना जाता था।"

किन्तु शिलालेखीय स्रोत (इपी. 12:242) और राजपरिवार के अभिलेखों से हमें ज्ञात होता है कि यह वीरसिंहदेव ही था, जो अपने पिता की मृत्यु के बाद बस्तर की राजद्दी पर बैठा।

ऐसा प्रतीत होता है कि 'शस्यप्रताप' वीरसिंह का दूसरा नाम था तथा रणधीर उसका अनुज था। उक्त मंतव्य इस तथ्य से भी पुष्ट होता है कि वीरसिंह निस्संतान था और उसने अपने अनुज रणधीर के पुत्र को गोद लिया था।

वीरसिंहदेव का दूसरा विवाह सुकमा-जमींदार की पुत्री से हुआ था (कालीन्द्रसिंह, 1908)। उनकी प्रथम पत्नी वदनकुँअर चन्देलिन वर्दी (सीधी जिला, मध्य प्रदश) के राजा की पुत्री थी (**रीवा स्टेट गजेटियर**, 1907)। दन्तेवाड़ा-शिलालेख (इंपी. इंडिका, 19:242) में वीरसिंह पर दिलचस्प तफसील मिलती है–

"समस्तप्रशस्तिसहित सुतसमपालित चातुर्वर्ण्य संतान चन्द्रवंशजमहाराजो वदनकुमारिदेवीसहित संचितकीर्तिवितान। श्रीविरसिंहदेवो महाराजः। सप्तषष्ठि वर्षावधि महीं परिपाल्य वैकुण्ठं जगाम।"

वीरसिंह को बस्तर राज्य के राजाओं में एक प्रतिष्ठित और गरिमामय राजा माना जाता है। दंतेवाड़ा शिलालेख (तदेव) के भगवान मिश्र उन्हें एक सुविख्यात राजा मानते हैं। उन्होंने 1680 ई० तक बस्तर में शासन किया। यह पूरी तरह असांभाव्य है कि अभिलेखानुसार उन्होंने 67 वर्षों तक शासन किया होगा। यह पूरी तरह संभाव्य है कि वे 1654 ई० में राजसिंहासन पर बैठे और 1680 ई० में उनकी मृत्यु हो गयी। उन्होंने अपने शासनकाल में राजपुर-दुर्ग का निर्माण करवाया था।

ऐसा प्रतीत होता है कि वीरसिंह ने डोंगर-अंचल के प्रशासन की जिम्मेदारी सैनिक जरूरतों के कारण अपने अनुज रणधीर को दे रखी थी। उस समय चालुक्य-राज्य का दक्षिणी इलाका कुबुतशाही-राजवंश के कारण भय का कारण बन गया था। ऐसा इसीलिए भी कि बस्तर की भीजी-जमींदारी ने बस्तर के राजा के विरुद्ध कुतुबशाही से मैत्री स्थापित कर ली थी। कुछ ही अन्तराल के बाद भीजी और बस्तर के बीच संघर्ष की स्थिति बन गयी तथा वीरसिंह ने भीजी पर आक्रमण कर दिया। भीजी के जमींदार का पक्ष कुबुतशाही ने लिया था तथा दोनों की सम्मिलित सेना ने बस्तर की सेना को पराजित कर दिया। उस समय सम्मिलित सेना का संचालन चूड़ामणि नामक सेनापति कर रहा था। वीरसिंह भी अपने ही मण्डलिक के द्वारा पराजित हुआ था। इसलिए उसमें काफी आक्रोश था। उसने दुबारा अभियान की तैयारी की। उसने स्वतः ही सेना की कमान संभाली ओर भीजी-जमींदार को पराजित कर दिया और युद्धभूमि को छोड़कर भाग गया। यह एक प्रकार से निर्णायक युद्ध था और इसी के साथ बस्तर 1672 ई० से कुतुबशाही की अधीनता से अपने को मुक्त कर लिया। जाहिर है कि उक्त युद्ध 1672 ई० में लड़ा गया था।

'वीरसिंहदेव' को दो बार युद्ध करने पड़े थे। उनमें से प्रथम युद्ध भीजी के जमींदार से हुआ था द्वितीय युद्ध चाँदा के राजा से करना पड़ा।

बस्तर के दशहरा-पर्व पर मुंडा जाति द्वारा गाए जाने वाले "चूड़ामणिगीत" से यह संकेत मिलता है कि वीरसिंहदेव के दीवान का नाम भी चूड़ामणि था। एक बार राजा ने चूड़ामणि को दरबार में बुलाकर पूछा 'क्या मेरे अधीन सभी जमींदार स्वामीभक्त हैं?' चूड़ामणि ने प्रत्युत्तर दिया– 'भीजी राजा को छोड़ कर सभी आपकी प्रभुसत्ता को स्वीकार करते हैं।' यह सुनकर राजा ने चूड़ामणि को जी पर आक्रमण करने का आदेश दिया तथा विशाल सेना के साथ चूड़ामणि भीजी-अभियान के लिए निकल पड़ा। भीजी के राजा का नाम देवचन्द्र तथा उसकी पत्नी का नाम जाली भवानी था। जगराज तथा मतराज नामक इनके दो पुत्र थे। जब इन्हें बस्तर-राज्य की सेना के आक्रमण की सूचना मिली, उस समय कबाड़ी का छद्मवेश धारण कर ये उसकी सेना में प्रवेश कर गए तथा मार्ग-निर्देशन करने लगे। अधिक रात्रि बीत जाने के कारण एक स्थान पर उन्होंने सेना के पड़ाव का सुझाव दिया एवं अर्धरात्रि में कुछ सैन्य दल के साथ बस्तर की सेना पर टूट पड़े। फलतः हड़बड़ाहट में चूड़ामणि की सेना हार गई। यह सुनकर वीरसिंहदेव ने पुनः आक्रमण किया तथा उसने भीजी-राज्य का समूल विनाश कर दिया (भंजदेव, 1963, 29-30)। इस घटना से सम्बद्ध एक गीत मुंडा लोगों द्वारा इस प्रकार गाया जाता है–

वरंगा हस्तना ले उतरैं महाराज
मंधोता में डेरा लिहिन आज
हुजूर प्रभु बाना बाँधे (1)

आधागढ़ मंधोता टीकागढ़ डोंगर
छले गढ़ कोटपाड़
गुरुघर माझीपाल
हुजूर प्रभु बाना बाँधे (2)

मुड़ी दरबारा एबे बैठे महाराजा
रंगीन के माहला लागै आज
होरे दरबार लागै आज
हुजूर प्रभु बाना बाँधे (3)

नेगी असा बैठे जोगी असा बैठे
बैठे सैदार बैदार वहाँ बैठे
नेगी कपड़दार
हुजूर प्रभु बाना बाँधे (4)

अपने घर को सुरक्षित कर देने के बाद वीरसिंह की दूसरी योजना थी चाँदा के गोंडराजा बल्लाल शाह से बदला लेने की, जिसने चैनसिंह के विश्वासघात के कारण उसके पिता का वध किया था। स्पष्ट तौर पर यह कहा जा सकता है कि—

"वीरसिंहदेव का दूसरा युद्ध अपने पिता के अपमान का बदला लेने से प्रेरित था; क्योंकि उसे यह ज्ञात हुआ था कि चैनसिंह नामक व्यक्ति के विश्वासघात से उसके पिता की चाँदा के राजा बल्लालशाह ने हत्या की थी। फलस्वरूप फरसराम नामक व्यक्ति की सहायता से उसने बल्लालशाह पर आक्रमण किया तथा उसे पराजित किया, किन्तु फरसराम को अपने पक्ष में मिला कर चाँदा के राजा बल्लालशाह (या बैलार साय) ने पुनः बस्तर पर आक्रमण किया। युद्धभूमि में पड़ाव के अवसर पर फरसराम ने राजा को दूध के साथ भाँग पिला दिया जिससे बैलार साय ने बेहोशी की अवस्था में राजा को कैद कर उसका वध कर दिया'' (भंजदेव, 1963, 31-32)।

भंजदेव के उपर्युक्त विवरण से यह स्पष्ट है कि बल्लालशाह के साथ वीरसिंह को दो बार युद्ध करना पड़ा था। पहले युद्ध में बल्लालशाह पराजित हुआ था तथा उसे बस्तर की अधीनता स्वीकर करनी पड़ी थी। कुछ अंतराल के बाद बल्लालशाह

ने अपनी सेना को सशक्त बनाया और उसने बस्तर के राजा पर आक्रमण कर दिया। बल्लालशाह ने बस्तर के राजा के एक आत्मीय व्यक्ति को अपने पक्ष में कर लिया, जिसके कारण वीरसिंह बेहोश हो गया और बल्लालशाह ने उसे मार डाला। उक्त घटना 1680 ई० की है। बल्लालशाह बाबाजी बल्लालशाह (1527-97) का पुत्र था (बेगबी, **चाँदा डिस्ट्रिक्ट गजेटियर,** 1909:38)।

वीरसिंह की कोई सन्तान नहीं थी। इसलिए उसके अनुज रणधीर का पुत्र दिग्पालदेव राजसिंहासन पर बैठा। कुतुबशाही के जुएँ को उतार फेंकने के बाद वीरसिंह के ही जमाने में बस्तर एक बार फिर 1675 ई० में पाटाणा के राजवंश का एक भाग बन गया था। उस समय पाटणाराज्य का अधिपति बलियारसिंह (1660-1669) था। वह एक विस्तृत भूभाग का एकमात्र स्वामी था, जिसके अन्तर्गत बस्तर-सहित अठारह गढ़ आते थे (**कोसलानंद,** पाटणा-पाडुलिपि, सर्ग 22, श्लोक 43-54 : ओ माले. **सम्बलपुर डिस्ट्रिक्ट गजेटियर,** पृ. 22)।

11

चालुक्य-शासन का उत्तरकाल

(1680 ई०—1774 ई०)

वर्ष 1672 ई० गोलकुण्डा के कुतुबशाही-राजवंश की वास्तविक समाप्ति पर मोहर लगा देता है। गोलकुण्डा के भीतर और आसपास अस्त-व्यस्तता और परिभ्रान्ति थी। कुतुबशाही में खलमली मची हुई थी औ राजनीति अनिश्चयात्मक बिन्दु पर थी। कुतुबशाही का वैभव लुप्त हो गया था और सल्तनत की प्रतिष्ठा धूल में मिल गयी थी।

इस प्रकार के हलचल भरे वातावरण के मध्य बस्तर का 'चन्द्र' वंश शनैः-शनैः अपनी शीतल रश्मियों के साथ राजनैतिक क्षितिज पर छा गया था और समूचे दक्षिणापथ में प्रसिद्ध हो गया था। बस्तर के चालुक्य-नृपति शताब्दियों तक चलने वाले संघर्ष और घात-प्रतिघात से उभर चुके थे और शांति तथा समन्वय के साथ राजधर्म का पालन करना चाहते थे। शायद ही किसी अंचल ने लगातार अनेक पीढ़ियों तक अपने को सुरक्षित रखरने के लिए इतना लम्बा संघर्ष किया हो।

यह पहले ही कहा जा चुका है कि वीरसिंह की कोई औलाद नहीं थी, इसलिए उनके अनुज का पुत्र चालुक्य-सिंहासन का वारिस बना। अपनी मृत्यु के कुछ ही वर्षों पूर्व वीरसिंह ने दिग्पालदेव को अपना उत्तराधिकारी घोषित किया था। तद्नुसार उनकी मृत्यु के बाद दिग्पालदेव राजगद्दी पर बैठे, किन्तु राज्यारोहण के कुछ समय बाद ही उन्होंने पाया कि वे विपत्तियों के सागर में गोता लगा रहे हैं। वे महत्वपूर्ण, महत्वाकांक्षी तथा साहसिक योजना बनाकर आग बढ़े। 1680 ई० में उन्होंने नवरंगपुर (उड़ीसा) के दुर्ग पर आक्रमण किया और कूटनीति के तहत उस किले को गजपति-शासक से छीन लिया। वे बस्तर के पहले शासक हैं, जिन्होंने रीवा-राज्य से वैवाहिक संबंध स्थापित किया। इस संबंध के कारण परवर्ती राजाओं की सभी पटरानियाँ या तो वर्दी (सीधी जिला) की चंदेलिन होती थीं अथवा सोहागपुर (शहडोल जिला)

की बघेलिन। इसी के साथ रीवा तथा बस्तर के बीच सांस्कृतिक समीकरण में एक पराकोटि का मोड़ परिलक्षित हुआ और बस्तर राजप्रसाद की संस्कृति ने एक प्रकार से रीवा-राज्य की संस्कृति को सँभाल कर रखा। बस्तर की जिला-कचहरी में सुरक्षित राजपरिवार के अभिलेख बघेलखण्डी-हिन्दी में ही हैं। 'बस्तरी' राजकुल की भाषा बन गयी, जो बघेलखण्डी का ही एक रूप थी। यहाँ तक कि दिग्पालदेव के द्वारा जारी किया गया दंतेवाड़ा-शिलालेख (इपी. इंडिका. 12:242) भी बघेलखण्डी-प्रभाव को लिए हुए है।

11. दिग्पालदेव (1680-1709)

जयसिंहदेव (1534-38) के **केसरपाल-शिलालेख** के उत्कीर्ण होने से लगभग डेढ़ सौ वर्षों के अंतराल के बाद चालुक्य-राजवंश का दूसरा शिलालेख दिग्पालदेव के द्वारा 1703 ई० में जारी किया गया था, जिसे हम 'देतेवाड़ा-शिलालेख' (इपी. इंडिका. 12:242) के नाम से जानते हैं। 1703 ई० के उक्त शिलालेख के माध्यम से ही हमें बस्तर का कालक्रमिक इतिहास मिलता है। 1324 ई० से लेकर 1702 ई० तक की अवधि के बीच केवल जयसिंहदेव का शिलालेख मिलता है, जिसमें चालुक्यराजवंश का कोई उल्लेख नहीं है।

दिग्पालदेव-चाँदा के गोंडराजा रामसाय (1672-1735) के समकालीन थे (बेगबी, तदेव, 1909:38)। दिग्पालदेव रणधीर के पुत्र थे और वे 1680 ई० में वीरसिंह के उत्तराधिकारी बने। चूँकि वीरसिंह की कोई औलाद नहीं थी, इसलिए उन्होंने दिग्पालदेव को गोद लिया था। दंतेवाडा-शिलालेख (तदेव) में उन्हें वीरसिंहदेव का पुत्र कहा गया है। दिग्पालदेव का विवाह अजबकुमारी देवी से हुआ था (दंतेवाड़ा-शिलालेख, तदेव) और वंशावलियों के अनुसार वे वर्दी के चंदेल-जमींदार रावरतन राजा की पुत्री थीं। वर्दी सीधी जिले की देवसर तहसील के अंतर्गत एक गाँव है और रीवा-राज्य के समय में एक जमींदारी थी।

वर्दी के चंदेलों के विषय में बहुत कम सामग्री मिलती है। ज्ञात होता है कि दक्षिणी बुंदेलखण्ड के चंदेल मुस्लिम-सत्ता के आ जाने पर यत्र-तत्र बिखर गए और रीवा-राज्य में आश्रय प्राप्त किया। रहमान अली ने **तवारीखे बघेलखण्ड** में लिखा है कि महोबा के चंदेल राजा परमर्दिदेव के चौबीसवें पुश्त में मीरसाह हुए, जिन्होंने सोन और गोपद नदी के संगम में पास वर्दी को अपनी जागीर बनाय। उन्नीसवें पुश्त में राजा रामसिंह ने वर्दी के किला की बुनियाद डाली, मगर उसकी जिंदगी में किला तैयार न हो सका। उसके बेटे रावरतन ने किला पूरा किया (**तवारीखे बघेलखण्ड**, पृ. 448)। इसी रावरतन की पुत्री का विवाह दिग्पालदेव से हुआ था।

दिग्पालदेव ने महत्वाकांक्षा और कुशाग्रता के संयोजन से बस्तर राज्य को उस उँचाई तक पहुँचा दिया, जो उनसे पूर्व के शासक शायद ही कर पाए थे। गजपति की गिरती हुई शक्ति के प्रति वह सतर्क था और उत्सुक था कि गजपति के राज्य को बस्तर के अधीन कर ले। वह चौहाणों के सांकेतिक अधिराज्यत्व को मान्यता देकर संतुष्ट था, बशर्ते कि उसे व्यावहारिक मामलों में स्वायत्तता की छूट हो, किन्तु चौहाणों के युद्धों ने उस पर एक गहरा प्रभाव डाला था और उन युद्धों से उसने एक ही शिक्षा ली थी और वह यह कि यदि उसे ऐसी स्थिति प्राप्त करना है और उसे बरकरार रखना है, तो उसके पास ऐसी सेना होनी चाहिए जो चौहाणों की परिपाटी में सुसज्जित तथा दक्ष हो। उसने इसीलिए पूरी तैयारी के साथ सबसे पहले गजपति पर आक्रमण किया था और उसके नवरंगपुर दुर्ग को जीत लिया था, ऐसी दुर्ग जो उड़ीसा के गजपतियों का एक सुरक्षित गढ़ था। ऐसा अनुमान है कि उस अभियान का उसने स्वतः संचालन किया था। **दंतेवाड़ा-शिलालेख** (तदेव) के अनुसार एक प्रचण्ड युद्ध लड़ा गया था और उसने खेल-खेल में नवरंगपुर-दुर्ग को जीत लिया था—**हेलया गृहीतनवरंगपुरदुर्गम्**। यह ज्ञात नहीं हुआ कि दुर्ग को छीन लेने के बाद रथपति और गजपति के बीच कैसा समझौता हुआ, किन्तु इतना तो सुस्पष्ट है कि उसने किले को जीत लिया, सैनिकों को बन्दी बना लिया। यहाँ तक कि गजपति की पटरानी भी उसकी बंदिनी थीं (हीरालाल, 1913:242)।

संस्कृत-वंशावली (1853) के लेखक लोकनाथ ठाकुर ने उक्त घटना का काव्यमय वर्णन किया है—

शत्रून्विमथ्य चिरभावितवांश्च धीर-
स्संरक्षिताश्रितवरान् शरणारिवर्गान्।
दंतेश्वरीचरणपङ्कजमादधानो
दिग्पालदेव इति विश्रुतिमाजगाम

(श्लोक 23)

"शत्रुओं को पराजित कर उस धैर्यवान् नृपति ने दीर्घकाल तक शासन किया। ऐसे शत्रुओं को संरक्षण दिया, जो उसकी शरण में आए। ऐसे श्रेष्ठ लोगों को भी शरण दिया, जो उसका आश्रय चाहते थे। दंतेश्वरी के चरणकमल की धूलि को अपने माथे में लगाकर वह लोकप्रसिद्ध हो गया।"

विजगापट्टम जिले के 'वेस्टर्न एजेंसी' भाग में नन्दपुर शीलवंशी राजाओं की राजधानी थी। नन्दपुर पोत्तंगि तालुके के अंर्तगत आता था। यह कहा जाता है कि जैतपुर-राज्य (उड़ीसा) शीलवंशी राजाओं का एक भाग था। उक्त शीलवंश-राजकुल का अस्तित्व उन छह या सात अभिलेखों से ज्ञात होता है, जो इन राजाओं के दान

का उल्लेख दो धार्मिक स्थलों पर करते हैं–विजगापट्टन जिले में सिंहाचलम तथा गंजाम जिले में श्रीकूर्मन। इन अभिलेखों में अधोलिखित शासकों के नाम आए हैं–

(क) गंगराज का पुत्र विश्वनाथराज, 1333 ई०

(ख) अक्कमदेवी का पुत्र भैरवराज, 1370 ई०

(ग) भय्यराज की पुत्री भच्छलदेवी, 1396 ई०

(घ) भैरव का पुत्र गंगराज, 1427 ई०

(ङ) विश्वनाथराज, 1427 ई०

(च) गंगराज, 1435 ई०

राजा दिग्पालदेव ने दंतेवाड़ा में स्थित दंतेश्वरी का दर्शन किया था और अपनी यात्रा को सार्वजनिक बनाने के लिए उसने वहाँ द्विभाषी एक अभिलेख खुदवाया था। इनमें से एक संस्कृत में था तथा दूसरा बस्तरी में अनुवाद था (इपी. इंडिका, 12:242)। बस्तरी वाले अभिलेख में कुछ जोड़ के साथ संस्कृत वाला ही पाठ था। उक्त अभिलेख के बस्तर-राज्य के राजगुरू मैथिल पण्डित भगवानमिश्र ने लिखा था। मिश्र के उत्तराधिकारी बस्तर के राजाओं के राजकीय पुरोहित थे।

अभिलेख का लक्ष्य सुस्पष्ट था। इसमें कुटुम्बयात्रा के नैमित्तिक अनुष्ठान का उल्लेख है, जिसे दिग्पालदेव ने दंतेश्वरी के पावन स्थान पर संवत् 1760 अर्थात् 1703 ई० में संपन्न किया था। दंतेवाड़ा उस समय नरबलि के लिए कुख्यात था। फिर भी यह चुभने वाली बात है कि उक्त अभिलेख 'कुटुम्बयात्रा' के असामान्य अनुष्ठान का उल्लेख करता है, जिसमें देवी को प्रसन्न करने के लिए हजारों भैंसों व बकरों की बलि दी गयी थी–

> **तेन चैकदाश्वपुरवासिजनेन सह दंतावलीं समागत्य कुटुम्बजात्रा कृता। तत्र बहुसहस्रमहिषद्दागशरीरसंघातनदी शोणितो दान करोत**
>
> (इपी. इंडिका, तदेव)।

अभिलेख दिग्पालदेव को एक असाधारण राजा के रूप में चित्रित करता है–**दिग्पालदेवसममः सहस्रो भूपो न भविता कलौ** (तदेव)। शिलालेख में यह भी वर्णन है कि 'जात्रा' के समय 1703 ई० में उसका पुत्र रक्षपालदेव भी उसके साथ था, जिसकी आयु उस समय अठारह वर्ष की थी–**पृथुराजावतार अष्टादशवर्ष वयप्राप्त रक्षपालदेव कुमार** (तदेव)।

इसका तात्पर्य है कि रक्षापालदेव का जन्म 1685 ई० के लगभग हुआ होगा। 'जात्रा' के पाँच वर्षों के बाद ही वह बस्तर के राजसिंहासन पर बैठा था।

दिग्पालदेव अनेक राजकीय विरुदों का स्वामी था–

तस्य पुत्रो विविधविरुदावली विराजमान मानोन्नत। समरसादसी कमल्ल। तरवारि विदारित प्रतिमही गल्ल। प्रचंडदोर्दण्काकृष्ट कोदंडप्रखण्डित रातिवर्ग्ग (तदेव)।

दिग्पालदेव ने उक्त राजकीय विरुदों को अपने चाचा वीरसिंह की मृत्यु के बाद धारण किया होगा। उस समय जब वह बस्तर के पर्वतीय प्रदेश का राजा बना। उसने अपनी राजधानी बस्तरनगर को सुसज्जित किया, जो घने जंगलों और द्रुत वेगवाली नदियों से घिरी हुई थी। उससे 'गुरिल्ला युद्ध' के लिए बस्तर को एक आदर्श केन्द्र बनाया था। सत्रहवीं शताब्दी में आदिवासी राजा बस्तर से ही कुतुबशाही के विरुद्ध गुरिल्ला-युद्ध का नेतृत्व करते थे। उक्त अंचल मुसलमानों के संघर्ष से पहले और बाद में भी सैन्यसंचालन का प्रारंभिक स्थान था। दिग्पालदेव के बस्तर में **'लॉ एण्ड आर्डर'** की पुनः स्थापना की और विजेताओं के द्वारा किए गए गलत कामों को ठीक करने में समूची शक्ति लगा दी। अपने पुत्र रक्षपालदेव या राजपालदेव को बस्तर के राजसिंहासन पर बैठाकर वह सार्वजनिक जीवन से अलग हो गया।

12. रक्षपालदेव या राजपालदेव (1709-1721)।

राजपालदेव का जन्म 1685 ई० में हुआ था। जब वह अपने पिता दिग्पालदेव के साथ दंतेवाड़ा गया था, तब उसकी आयु 18 वर्ष की थी और वह युवराज था (इपी. इंडिका, 12:242)।

पपलाहंडी की अपनी विजय (राजपालदेव का ताम्रपत्र) के पश्चात राजपाल ने उड़ीसा मे विजयोल्लास के साथ प्रवेश किया था। उसने 'गोसांई' तथा 'श्रीमानूकेसरी' जैसी उपाधियों को धारण किया (तदेव) तथा बस्तर व जैतपुर-क्षेत्र पर शासन किया, जिसकी राजधानी बस्तर नगर थी। राज्य की सत्ता संभालने के बाद उसने अपनी स्थिति को सुदृढ़ करने के लिए अपने रिश्तेदारों व ब्राह्मण-परिवारों को जागीरें प्रदान कीं। वे सब ऐसे लोग थे, जो उसके प्रति वफादार थे और बस्तर के स्वातंत्र्य युद्ध में तहेदिल से उसे सहयोग दे रहे थे।

राजपालदेव ने अपने चचेरे भाई को डोंगर का दीवान नियुक्त किया था। इस समय दकन की राजनैतिक घटनाएँ अप्रत्याशित मोड़ ले रही थीं। हमें यह ज्ञात होता है कि 1718 ई० में सतारा का राजा दिल्ली के बादशाह से बस्तर की सुपुर्दगी के लिए प्रयास कर रहा था और उसी वर्ष उसने कान्होजी भोंसला को बस्तर पर आक्रमण करने के लिए भेजा था। राजपालदेव के सामने उसकी दाल नहीं गली और उसे पराजित होकर वापस सतारा लौट जाना पड़ा (**बेगबी,** 1909:50)।

कान्होजी भोंसला से पहले मुस्लिम-सेना ने बस्तर पर आक्रमण किया था। उस समय वह रक्षात्मक प्रबंधों में लगा हुआ था। जब मुसलमानों ने बस्तर पर आक्रमण किया, तब राजा की पत्नी रुद्रकुँवर बघेलिन गर्भवती थीं और उस नाजुक वक्त में उन्होंने एक चालुक्य ब्राह्मण के घर में शरण ली थी। वहीं पर दलपतिदेव का जन्म हुआ था। ब्राह्मण की उस सदाशयता से प्रसन्न होकर राजा ब्राह्मण के प्रति कृतज्ञता से भर गया और उसे अपना आध्यात्मिक गुरु बना लिया। इस अप्रत्याशित आंक्रमण के कारण कुछ अवधि के लिए उसने बस्तर को छोड़कर राजपुर को राज्य की राजधानी बना लिया था (भंजदेव, 1963:35)।

दिग्पालदेव का पुत्र राजपालदेव भी अल्पायु में सिंहासन पर बैठा। राजपालदेव को राजप्रासादीय पत्रों (भंजदेव, 1963, 35) में रक्षापालदेव भी कहा गया है। जगदलपुर तहसील के सुकरापाल नामक गाँव से प्राप्त तथा रायपुर के महंत घासीदास-स्मारक-संग्रहालय में सुरक्षित एक ताम्रपत्र के अनुसार राजपालदेव ने पपलाहंडी के तीन सौ पण्डा ब्राह्मण-परिवारों को कुछ विशेष सुविधाएँ प्रदान कर अपने राज्य में बसाया था। ये ब्राह्मण-परिवार करेकोट परगने के बिनता नामक गाँव में आबाद हुए। ताम्रपत्रलेख उड़िया तथा बस्तरी दोनों ही भाषाओं में हैं। राजा ने उड़िया भाषा में जगन्नाथ, बलभद्र और सुभद्रा को साक्षी रखकर वचन दिया था कि "जब तक चालकी (चालुक्य) वंश रहेगा, तब तक पपलाहंडी से आकर ब्रह्मपुरा में बसे इन तीन सौ परिवारों को मृत्युदण्ड नहीं दिया जाएगा। उन्हें न तो किसी प्रकार का शारीरिक दण्ड दिया जएगा और न ही निस्संतान होने की दशा में उनकी सम्पत्ति को जब्त किया जाएगा।" उक्त ब्राह्मण-परिवारों ने भी बस्तरी विभाषा में अष्ट दिग्पाल और धर्मराज को साक्षी रखकर वचन दिया कि "जब तक चालकी वंश है, वे ब्रह्मपुर नहीं छोड़ेंगे।" भावावेश में दोनों पक्षों ने यह भी घोषित किया था कि जो अपनी प्रतिज्ञा का उल्लंघन करेगा, उसकी माता शूकरी और पिता गधा होगा (Balchandra Jain, Copper Plate inscription of Kakatiya Rajapaldeva, The Orissa Historical Reseach Journal, 1961, Vol. X, No.3)।

ऐसा कहा जाता है कि पापलाहंडी के राजा ने इन ब्राह्मणों पर अत्याचार किया था, जिससे बस्तर के राजा ने पापलाहंडी राजा पर चढ़ाई कर उसे पराजित किया था तथा इन नजरबंद ब्राह्मणों को बस्तर लाया था (भंजदेव 1963, 37.8)।

राजपालदेव के समय कुछ मुसलमानों ने भी बस्तर पर आक्रमण किया था। उस समय राजा राजधानी से कहीं बाहर गया हुआ था। मुगलों से आक्रांत राजधानी के समाचार सुनकर पटरानी रुद्रकुँवरि ने एक चालुक्य ब्राह्मण के यहाँ शरण ली थी। उस समय रानी के प्रसव की वेला निकट थी। मुसलमानों ने जब राजप्रसाद में रानी को नहीं पाया तो वे खोजते हुए ब्राह्मण के घर पहुँचे, जहाँ रानी को आश्रय मिला

था। मुसलमानों के जाँच-पड़ताल करने पर ब्राह्मण ने उनसे कहा कि यह स्त्री मेरी बहू है। इस प्रकार रानी की उसने रक्षा की। ब्राह्मण के घर में ही रानी ने दलपतदेव को जन्म दिया। जब राजपालदेव वापस आए, तो उन्हें संपूर्ण समाचार विदित हुआ। इस उपकार के बदले उन्होंने ब्राह्मण को अपना गुरु बनाया। इस प्रकार अब तक राजवंश के गुरु का गोत्र अत्रि था तथा नए गुरु के बनने पर वह कश्यप गोत्र हो गया (भंजदेव 1963, 35)।

राजपालदेव का ताम्रपत्र-लेख (1703 ई० के पश्चात्)

रायपुर के महंत घासीदास-स्मारक-संग्रहालय में बस्तर के राजवंश से सम्बद्ध एक महत्वपूर्ण ताम्रपत्र है, जो बस्तर के कलेक्टर से प्राप्त हुआ था। पत्र टूटकर दो टुकड़ों में विभाजित है। उसकी चौड़ाई लगभग 31 से.मी., ऊँचाई लगभग 18 से. मी. और वजन 375 ग्राम है। उसके ऊपरी दायें भाग पर अर्धचन्द्र और पंजे की आकृतियाँ हैं, किन्तु बाएँ भाग के प्रतीक खंडित हो चुके हैं। ताम्रपत्र के निचले भाग में बीचोंबीच दुहरी रेखाओं से बने वर्ग में नागरी अक्षरों में सही-सही शब्द उत्कीर्ण हैं तथा उपरले भाग में राजमुद्रा का अधिकांश भाग खंडित है। किन्तु वंश के अन्य राजा भैरमदेव की मुद्रा के आधार पर प्रस्तुत ताम्रपत्र की मुद्रा का लेख पूरा करके इस प्रकार पढ़ा जा सकता है–

"स्वस्ति श्री वसतरमहानगरे
शुभस्थाने
महाराजप्रौढ़प्रतापचक्रवर्ती
श्रीराजपालदेव
महाराज गोसाई श्री मानकेश्वरी"

उपर्युक्त मुद्रालेख से विदित होता है कि महाराज राजपालदेव प्रौढ़प्रताप-चक्रवर्ती की उपाधि धारण करते थे और माणिकेश्वरी देवी के भक्त थे। माणिकेश्वरी दुर्गा का ही एक रूप है। उसके वाहन सिंह की आकृति भी मुद्रा के मध्य में उत्कीर्ण है। ऐसा अनुमान किया जाता है कि दंतेवाड़ा की सुप्रसिद्ध दंवतेश्वरी को माणिकेश्वरी भी कहा जाता था।

ताम्रपत्र पर छह पंक्तियों का एक लेख उड़िया और नागरी अक्षरों में उत्कीर्ण है। वह इस प्रकार है–

उड़िया लिपि में ताम्रपत्र का अंश

(1) श्री जगन्नाथ, श्री बलभद्र सहित एहि किति निमित्त कोही साक्षी। श्री रायपालदेव चालकीवंश राजपरि–

(2) यंत पपलाडण्डि ब्रह्मपुरा घर तीनी शए जीवंत दण्ड नाही मरण मुसानी नाही शरण भार नाही ए बोलन्ते न पाल–

(3) ईताहार सुअर माउ गधा बाप ए बोललन्कथ चंद्र सूर्य जग लोकपाल धर्मराज साक्षी वारि घरे मेलिया बांचे–

नागरी लिपि में ताम्रपत्र का अंश

(4) जब लै श्री चालकी वंश राजा तबलै ब्रह्मपुरा छाड़नो नाहि ए बोल छाडि के पपलावडि आ जाइ-

(5) तो सुअर माइ बाप गादह अष्टलोकपाल धर्मराज साक्षि।

उड़िया लिपि में

वसाल सूर्य रवान कूपघो

(6) मच्छ से जहींकार एहि रेखा।

लेख से विदित होता है कि रक्षापालदेव (राजपाल) ने पपलाहंडी के तीन सौ (ब्राह्मण) परिवारों को कुछ विशेषाधिकार देकर अपने नगर में बसाया था। राजा ने जगन्नाथ, बलभद्र और सुभद्रा को साक्षीपूर्वक वचन दिया था कि जब तक चालकी-वंश का राज्य होगा, तब तक पपलाहंडी से आकर ब्रह्मपुर में बसे तीन सौ परिवारों को जीवन-दण्ड नहीं दिया जाएगा। यदि उनमें से किसी की निस्संतान मृत्यु हो जाती है, तो राज्य उनकी सम्पत्ति नहीं लेगा तथा शरण में आए हुए लोगों को शारीरिक दण्ड नहीं दिया जाएगा। बस्तर में आकर बसे उपर्युक्त ब्राह्मणों ने भी अष्ट दिग्पाल और धर्मराज को साक्षीपूर्वक वचन दिया कि जब तब बस्तर में चालकी-वंश राज्य करेगा, तब तक वे लोग ब्रह्मपुर नहीं छोड़ेंगे। दोनों ही पक्षों ने इस शापवचन को भी स्वीकार किया था कि उपर्युक्त प्रतिज्ञा के पालन न करने वाले व्यक्ति की माता शूकरी और पिता गधा होगा।

ज्ञातव्य है कि प्रस्तुत ताम्रपत्र-लेख दो भाषाओं और दो लिपियों में है। हिन्दी-भाषी राजा की प्रतिज्ञा उड़िया-भाषा में और उड़ियाभाषी ब्राह्मणों की प्रतिज्ञा-हिन्दी-भाषा में है, ताकि प्रत्येक पक्ष समझौते की शर्त पढ़कर समझ सके। ताम्रपत्र-लेख में कोई तिथि नहीं दी गई है, किन्तु उसमें चालकी-वंश के राजा रक्षपालदेव का उल्लेख है। यह रक्षपाल (तथाकथित) काकतीय-वंश के राजपाल-देव हैं। ता़म्रपत्र की मुद्रा में उनका नाम राजपालदेव ही दिया गया है। राजपालदेव दिग्पालदेव के पुत्र और उत्तराधिकारी थे।

दिग्पालदेव का उल्लेख विगत पृष्ठों में विवेचित दंतेवाड़ा के शिलालेख में मिलता है। उस यात्रा के समय राजपालदेव युवराज थे और अपने पिता के साथ दंतेश्वरी देवी के दर्शन के लिए गए थे। इस आधार पर यह अनुमान किया जा सकता है कि 1073 ई० के पश्चात् ही राजपालदेव बस्तर के राजसिंहासन पर बैठे होंगे।

बस्तर का राजवंश (तथाकथित) काकतीय वंश के नाम से प्रसिद्ध है, किन्तु इससे यह सिद्ध हो जाता है कि वह वंश चालुक्य ही है (बालचंद्र जैन, बस्तर के महाराजा राजपाल देव का ताम्रपात्र-शासन, नईदुनिया, बस्तर परिशिष्टांक, (Copper Plate inscription of Kakatiya Rajapaldeva, The Orissa Historical Reseach Journal, Vol. X, No.3, 196)।

'संस्कृत–वंशावली' राजपालदेव को एक 'शक्तिशाली' राजा के रूप में निरूपित करती है–

दिग्पालदेवजनितो रजपालदेवः।
सूर्यप्रतापतुलितः प्रथितः पृथिव्याम् ॥

(श्लोक 24)

राजपालदेव की दो रानियाँ थीं–रुद्रकुँवर बघेलिन नामक सोहागपुर (रीवा राज्य) के जागीरदार शिवराज सिंह की पुत्री तथा वर्दी (रीवा राज्य) के जागीरदार की पुत्री चंदेलिन। बड़ी रानी (बघेलिन रानी) से उनके दो पुत्र उत्पन्न हुए–दलपतिदेव तथा प्रतापसिंह। छोटी-रानी चंदेलिन से दक्किनसिंह का जन्म हुआ। चंदेलिन रानी बघेलिन रानी व उसके पुत्रों से बहुत अधिक जलती थी। जब राजपालदेव की मृत्यु हो गयी, तो उसने अपने भाई को षड्यंत्रपूर्वक बस्तर की राजगद्दी पर बैठा दिया और गद्दी के कानूनी वारिस दलपतदेव को बस्तरनगर से खदेड़ दिया।

13. चालुक्य-शासन पर चंदेल मामा की अधिकार (1721 ई०-1731 ई०)

राजपालदेव की दो पत्नियाँ थीं–एक बघेलिन तथा दूसरी चंदेलिन। बघेलिन रानी रुद्रकुँवरि से दलपतदेव व प्रतापसिंह का जन्म हुआ तथा चंदेलिन रानी रामकुँवरि से दखिनसिंह पैदा हुए। अंग्रेज लेखक (दि ब्रेत, 1909) तथा उनके अनुवादक भारतीय लेखकों (शील, 1922) ने विपरीत मत ही प्रस्तुत किया है। उनके अनुसार बघेलिन रानी के पुत्र दखिनसिंह तथा चंदेलिन रानी के पुत्र दलपतदेव व प्रतापसिंह थे। राजप्रासाद से प्राप्त सामग्री से इसकी अप्रामाणिकता सिद्ध होती है। इसके अतिरिक्त प्रतापसिंह का कालांतर में सोहागपुर राजा के पास जाना (जो बघेल-राजा था) इस बात का द्योतक है कि सोहागपुर का बघेल राजा उसका सगा मामा था। यदि

प्रतापसिंह चंदेलिन रानी से उत्पन्न होता, तो शत्रु-राजा के पास क्यों जाता? वस्तुस्थिति तो यही है कि पटरानी बघेलिन के पुत्र दलपतदेव वे प्रतापसिंह थे एवं चंदेलिन का पुत्र दखिनसिंह था।

चंदेलिन रानी बघेलिन रानी से जलती थी तथा उसकी यह हार्दिक इच्छा थी की राजगद्दी के वास्तविक अधिकारी बघेलिन रानी के पुत्र के स्थान पर उसका बेटा राज्य का उत्तराधिकारी हो। राजपालदेव का इस छोटी रानी चंदेलिन पर अधिक स्नेह था तथा वृद्धावस्था में वे उसके हाथ का एक खिलौना बन गए थे। ऐसी स्थिति में बघेलिन के दोनों ही पुत्रों को उसने राजपालदेव से दूर करना चाहा। तदनुसार दलपतदेव को कोटपाड़-परगने का शासक नियुक्त किया गया तथा प्रतापसिंह को पश्चिमोत्तर बस्तर अर्थात् अन्तागढ-मुकासा का अधिपति बनाकर भेज दिया गया। इस प्रकार ज्येष्ठ पटरानी के दोनों पुत्र राजधानी से दूर राज्य के दो छोरों में नियुक्त कर दिए गए। अंतागढ़-क्षेत्र में ही प्रतापसिंह ने अपने नाम से एक नगर बसाया था, जिसे आज परतापपुर कहा जाता है।

उस समय राजपालदेव भी बस्तर छोड़कर प्रायः राजनगर में रहता था, जिसे उसने राज्य की दूसरी राजधानी बनाया था और जहां उसकी समाधि उद्यावधि विद्यमान है। ऐसी स्थिति राजपालदेव की अनुपस्थिति में छोटी रानी अपने भाई व पुत्र के सहयोग से बस्तर पर एक प्रकार से शासन कर रही थी। वस्तुतः चंदेलिन रानी की यह एक सुविचारित योजना थी तथा वह चाहती थी कि जैसे ही बूढ़े राजपालदेव की मृत्यु हो, उसका बेटा दखिनसिंह राजा बन जाए।

किन्तु दुर्भाग्यवश दखिनसिंह भयंकर रूप से बिमार पड़ा और जब सभी उपचारों से राजपालदेव उसके जीवन की आशा खो बैठा, तो अंत में उसे दंतेश्वरी देवी के शरण में ले गया। मृत्यु से बचाने के लिए राजपालदेव ने अपने पुत्र दखिनसिंह को दंतेश्वरी देवी की मूर्ति के साथ बाँध दिया, किन्तु मृत्युकाल में भला किसको कौन बचा सकता है? जब मृत्यु निकट आ गई, तो रस्सी के बंधन टूटे और दखिनसिंह भूमि पर गिर कर मर गया। यह घटना 1720 ई० की है। पुत्रशोक में एक वर्ष पश्चात् सन् 1721 ई० में राजपालदेव भी परलोक सिधार गए।

चंदेलिन रानी ने राजा की मृत्यु की सूचना दलपतदेव ब प्रतापसिंह को नहीं दी तथा उसने छलपूर्वक अपने सहोदर की राजगद्दी पर बिठा दिया। राजगद्दी को प्राप्त करते ही चंदेल राजा ने प्रतापसिंह और दलपतदेव से क्रमशः अंतागढ़ व कोटपाड़-परगनों को छीन लिया। फलतः प्रतापसिंह रीवा चले गए तथा वहाँ से सोहागपुर (बघेलखण्ड का प्राचीन राजघराना, सम्प्रति शहडोल जिले में एक नगर व तहसील का वाचक) पहुँचे (भंजदेव, 1963, 44) दलपतदेव भी कोटपाड़ को छोड़कर जैपुर-चले गए (दि ब्रेत, शील)। उस समय जैपुर के शासक विश्वम्भरदेव (1713-52) थे।

इस प्रकार बस्तर के इतिहास में यह प्रथम घटना थी, जबकि बस्तर का शासन एक घुसपैठिए मामा के हाथों में चला गया। यह चंदेल मामा दस वर्षों तक शासन करता रहा, किन्तु इस बीच दलपतदेव भी चुपचाप नहीं बैठा। सर्वप्रथम उसने जैपुर-राजा से मैत्री स्थापित कर खोए हुए कोटपाड़-परगना को पुनः प्राप्त किया तथा कोटपाड़ में रहकर वह बस्तर के राजदरबारियों को अपनी ओर मिलाने का प्रयास करता रहा। जब राजकीय अधिकारी उसके पक्ष में हो गए, तो उसने मामा के पास संदेश भेजा कि मुझे आपकी अधीनता स्वीकार्य है तथा मैं पुरानी बातों को भुलाकर आपसे संधि करना चाहता हूँ। चंदेल मामा का इस समाचार से खुश होना स्वाभाविक था, क्योंकि राजशासन का वास्तविक अधिकारी स्वयमेव उसके मार्ग को निष्कण्टक बनाना चाहता था। दलपतदेव रक्षा-बंधन के शुभ मुहुर्त पर राखी का नेग लेकर चंदेल राजा के दरबार में हाजिर हुआ। राखी बँधवाने के लिए घुसपैठिए चंदेल मामा ने सिंहासनाधिरूढ़-स्थिति में जैसे ही अपना हाथ बढ़ाया, उसने वैसे ही राजसिंहासन पर उसका वध कर डाला। इस प्रकार लुप्त राजश्री उसे पुनः प्राप्त हुई (दि ब्रेतः शील, भंजदेव, 1963, 45)।

पहले ही यह कहा गया है कि उसके पश्चात् दलपतदेव ने एक अद्‌भुत तथा महत्वाकांक्षी योजना बनायी, जिसमें कूटनीतिक तौर पर आक्रमण करना भी शामिल था। 1725 ई० में उसने कोटपाड़ दुर्ग पर आक्रमण किया और जैपुर के राजा की सहायता से उसे छीनने में सफल रहा। दि ब्रेत (1909) के अनुसार जब दलपतदेव ने कोटपाड़ परगना पर पुनः अधिकार कर लिया, तब उसने बस्तर के राजदरबार के लोगों को अपने पक्ष में कर लिया और उनकी सहायता से रक्षाबंधन के दिन उसने उसका वध कर दिया। इस प्रकार दस वर्षों के आरोपित वनवास के बाद दलपतदेव राज्य का राजा बन सका।

14. दलपतदेव (1731-1774)

दलपतदेव के शासनकाल में संपूर्ण पार्श्ववर्ती क्षेत्र भौंसलों के आक्रमण से संत्रस्त थे। पार्श्ववर्ती छत्तीसगढ़ के रतनपुर का शासन भी 1741 ई० में हैहयवंश-राजा रघुनाथ सिंह के हाथों से जाता रहा (**Chisolm Report,** Para 63) तथा भास्कर पण्डित के नेतृत्व में मराठा-सेना ने उस पर अधिकार कर लिया था। रतनपुर-राज्य (छत्तीसगढ़) को अपने अधिकार में लेने के पश्चात् 1770 ई० में मराठा-सेना ने नीलू पण्डित (दि ब्रेत, शील) या नीलू पंथ (भंजदेव) के अधिनायकत्व में बस्तर पर आक्रमण किया था, किन्तु रतनपुर के रघुनाथ सिंह के समान बस्तर का चालुक्य-नरेश दलपतदेव निर्वीर्य न था (Chisolm Report, para 63) तथा उसने मराठा-सेना का डटकर मुकाबला किया। बस्तर के रणबाँकुरों के समक्ष मराठा-सेना को घुटने टेकना पड़ा।

चालुक्य-आदिवासी सेना ने मराठा-सेना को काट डाला। परिणामस्वरूप नीलू पंडित ने एक बंजारे से प्राणों की भिक्षा माँगी। बंजारे ने नीलू पंडित को एक बोरे में सिलकर बैल पर लाद कर बस्तर से बाहर पहुँचाया (ग्रिग्सन, मिचेल)। आदिवासी तथा उनके राजा बंजारों पर विश्वास करते थे। अतएव बिना अवरोध के वह नीलू पंडित की प्राण-रक्षा में सहायक हो सका।

ऐसा प्रतीत होता है कि नीलू पंडित जैपुर की ओर भाग गया था। कालांतर में मराठा-नेता ने संगठित होकर पुनः एक दिन बस्तर पर अचानक आक्रमण कर दिया। उस समय बस्तर की सेना पराजित हुई। राजा तो भाग गया, किन्तु नीलू पंडित ने पटरानी को कैद कर लिया तथा उसे अपने साथ जैपुर के मार्ग से पुरी ले गया। पुरी में थोड़े ही दिनों के बाद पश्चात् रानी की मृत्यु हो गई (दि ब्रेत, 1909, 36-38)।

भोंसला यद्यपि महान् शक्ति के रूप में बस्तर के पार्श्ववर्ती क्षेत्रों में स्वीकृत हो चुके थे तथा तद्युगीन अनेक राजाओं ने भोंसलों की अधीनता स्वीकार कर ली, किन्तु दलपतदेव ने अपने शासन-काल में अनेक विपत्तियों के बावजूद भोंसलों की अधीनता स्वीकार नहीं की थी। दलपतदेव के अनुज ने मराठों से मिलकर उन्हें बस्तर पर आक्रमण करने के लिए उकसाया था। दलपतदेव प्राण बचाकर भागा था, किन्तु पुनः मराठों से जीत गया था (ग्लसफर्ड, पैरा 159)। उसने बस्तर को छोड़कर जगदलपुर को राजधानी बनाया था। जगदलपुर का महल मिट्टी का बना हुआ था। नगर के चारों ओर ईंट की दीवालें थीं तथा तीन दरवाजे थे।

बस्तर से जगदलपुर : राजधानी का परिवर्तन

भोंसला-आक्रमण से भयभीत होकर दलपतदेव ने 1770 ई० में बस्तर को छोड़कर जगदलपुर को राजधानी बनाया (R.K.M. Battye, A Halbi Grammar, 1945)। इस घटना के तीन वर्ष पश्चात् ही दलपतदेव की मृत्यु हो गयी।

राजधानी-परिवर्तन के संबंध में बीसवीं शताब्दी के प्रथम चरण में अनेक किंवदंतियाँ प्रचलित थीं। इनमें से एक किंवदंती की चर्चा केदारनाथ ठाकुर ने अपने 'बस्तरभूषण' (1908, 139) में इस प्रकार की है–'कहा जाता है कि महाराज दलपतदेव अक्सर शिकार खेलने जाते थे। उनके पास दो अच्छे-अच्छे शिकारी कुत्ते थे। एक बार अपने साथियों सहित उन दोनों कुत्तों को लेकर महाराज इंद्रावती नदी के दक्षिण किनारे पर शिकार खेलने गए। जंगल में उन्हें एक खरगोश मिला। दोनों कुत्ते शरगोश के ऊपर झपटे, परंतु दैवयोग से उस खरगोश ने दोनों कुत्तों को डरा दिया। महाराज को यह देखकर अत्यंत आश्चर्य हुआ तथा राजधानी वापस आने पर

उन्होंने सभासदों के इस घटना की चर्चा की। सभासदों ने उस क्षेत्र की जलवायु व प्रभाव को विलक्षण बताया। तद्नुसार महाराज ने निश्चय किया कि राजधानी उसी स्थान में परिवर्तित कर दी जाए व बस्तर को छोड़कर जगदलपुर को राजधानी बनाया गया।

बस्तर में सभ्यता की प्रथम किरणें

उत्तर-मध्ययुगीन बस्तर अज्ञानान्धकार से आप्लावित था, किन्तु दलपतदेव के समय से यहाँ बंजारों द्वारा वस्तुविनिमय-व्यापार प्रारंभ किया गया तथा नमक और गुड़ के प्रति आदिवासियों की रुचि मे जैसे ही संवर्द्धन होने लगा, वैसे ही ये अंधकार से प्रकाश की ओर बढ़ने लगे। इस प्रकार अगस्त्य के पश्चात् दूसरे यात्री बंजारे हैं, जिन्होंने व्यापार के माध्यम से इस क्षेत्र को सुसंस्कृत बनाने का उपक्रम किया। कैप्टेन जे.टी. ब्लंट ने अप्रैल 1795 ई० के अपने यात्रा-वृत्तांत में इस तथ्य का उद्घाटन किया है।

1770 ई० से बंजारों का बस्तर में व्यापार और नमक-सभ्यता का प्रसार

अप्रैल 1995 में ब्लण्ट जब बैरागढ़ में बस्तर-राज्य के उपरिचर्चित भोपालपट्टनम् में प्रवेश करना चाहते थे, तो राज्य की सेना ने उनका खुलकर विरोध किया था तथा उन्हें वापस लौटने के लिए बाध्य होना पड़ा था। ब्लण्ट ने अपने यात्रा-विवरण में भोपालपट्टनम के संबंध में अपना संस्मरण इस प्रकार किया है–"यह अत्यधिक पहाड़ी प्रदेश है तथा इसमें बहुत से ऐसे दर्रे हैं, जो ढलवां और सीधे हैं। इन मार्गों से केवल एक ही यात्री दल जाने का साहस कर सका है और वह है बंजारा। बंजारों को भी इस जंगली क्षेत्र में प्रवेश करने के लिए अत्यधिक कठिनाइयों का अनुभव करना पड़ा है। यहाँ के निवासी अन्य गोंड जातियों की तुलना में अधिक बर्बर प्रकृति के हैं। स्त्री-पुरुष दोनों ही नंगे रहते हैं तथा जंगलों की पैदावार पर ही उनकी आजीविका निर्भर है। ऐसे क्षेत्र जो मराठा-प्रभाव से कुछ सभ्य हो गए हैं, वहाँ के लोग भी वर्ष के केवल तीन महीनों में ही अन्न खाते हैं और शेष नौ महीने वे वृक्षों की जड़ों व फलों पर बिता देते हैं। बंजारों ने भी इन गोंडों तक जाने के लिए उस समय तक जोखिम नहीं उठाया, जब तक उनकी सुरक्षा की अत्यधिक सत्यनिष्ठ प्रतिज्ञा नहीं की गई थी। तथापि ऐसे अनेक उदाहरण मिलते हैं, जहाँ वे लूटे गए। उनका भी अपहरण हुआ है। बरार का राजा (भोंसला) इन यात्री व्यापारियों का अत्यधिक ऋणी है तथा उसने इन गोंडों को बहुत अधिक समझाया भी था। उसने अनेक जंगली लोगों को

सभ्य बनाया था, जिससे वे उसकी वस्तुएँ बंजारों के माध्यम से खरीद सकें। इन वस्तुओं में नमक तथा गुड़ प्रधान वस्तुएँ थी। इस प्रकार इसने इनके मन में आरामदायक अनेक वस्तुओं के प्रति रुचि उत्पन्न कर दी थी, जिन्हें अब ये सरलता से छोड़ नहीं सकते। इन वस्तुओं की प्राप्ति के निमित्त अब इन्हें इन जंगलों में अधिक परिश्रम करना पड़ता था। इस प्रकार लाख तथा लौह-अयस्क आदि को वस्तु-विनिमय-व्यापार योग्य प्राप्त करने के लिए इन लोगों को उन वस्तुओं को जंगलों में इकट्ठा करना पड़ता था, जिससे ये अधिक परिश्रमी होते गए। इस प्रकार कालांतर में इन जंगली लोगों ने बंजारों की रक्षा का भार खुद अपने ऊपर ले लिया था। इस व्यापार के दौरान, जिसके अब पच्चीस वर्ष बीच चुके हैं, नमक तथा गुड़ के प्रति इन लोगों के रुचि में अत्यधिक वृद्धि हुई है तथा अन्य साधनों की तुलना में इस व्यापार से उनकी सभ्यता पर अत्यधिक प्रभाव पड़ा है। जब तक गोंडों ने इन वस्तुओं का स्वाद नहीं चखा था या जब तक ये वस्तुएँ इनको सुस्वादु नहीं लगती थी, कोई भी व्यक्ति उनके बीच जाने का जोखिम नहीं ले सकता था। सूचक ने मुझे विश्वास दिलाया कि मराठों की सम्पूर्ण शक्ति की तुलना में बस्तर के राजा का प्रभाव अत्यधिक था, जिससे ये दुर्धर्ष गोंड शासन के प्रति आज भी वफादार बने हुए हैं (J.T. Blunt, **Early European Travellers in Nagpur Territories,** p. 151-3)।

समीक्षाः 'दलपतिदेव' नाम कुछ लोगों के द्वारा 'भुवनेश्वरदेव' (रेवाराम, 1858) तथा 'वलिपत' (संस्कृतवंशावली) आदि के प्रयोग से भ्रमपूर्ण बन गया है—

तस्मादभूद्वलिपतिर्नरराजराज-
सदिमिर्निवेककुलशंसितसत्प्रतापः।

(संस्कृत वंशावली)

"वलिपति राजपालदेव का पुत्र था और राजाओं का राज़ा था। उसके यश, विचारशीलता और उच्चकुलत्व की विद्वान् प्रशंसा करते है।"

दलपतिदेव की सात रानियाँ थीं। पटरानी (सीनियर रानी) काँकेर के राजा हरपालसिंह की पुत्री थी। काँकेर राजा ने उक्त विवाह के उपलक्ष्य में दलपति देव को सिहावा परगना दहेज में दिया था (दि ब्रेत, 1909:72)। उक्त पटरानी से अजमेरसिंह का जम्म हुआ था। उसकी दूसरी रानी रामँकुवर वर्दी के चंदेल जागीरदार राजपासिंह की पुत्री थी। उनकी तीसरी रानी सुकमा जमींदार की पुत्री थी और उसे कुकानार परगना दहेज में मिला था। उस रानी के दो पुत्र हुए—गजराजसिंह और उमरावसिंह (दलगंजन सिंह, 1856)। उसकी चौथी रानी सोहागपुर (रीवा राज्य) के बघेल जमींदार की पुत्री थी, जिससे दो पुत्र हुए—दरयावदेव तथा लाल बख्तसिंह (भंजदेव, 1963:56)।

दलपतदेव ने अपनी पुत्री पदुमकुँवारी का विवाह रतनपुर-राज्य के राजा रघुनाथ सिंह (1732-1745) से किया था (रेवाराम, 1758)।

दलपतिदेव के समय में उसके छोटे भाई ने उसके खिलाफ साजिश रची थी और भोंसलों के साथ उसने संधि की थी कि यदि वे उसके भाई पर आक्रमण कर उसे गद्दी से हटा देंगे और उसे राजगद्दी पर बिठा देंगे, तो वह उनकी अधीनता स्वीकार कर उन्हें नजराना देगा। "दलपतिदेव उस साजिश (षड्यंत्र) से अनभिज्ञ था। भोंसला-सेना बस्तर नगर से कुछ दूरी पर आकर डट गयी। उसे उसकी सूचना 1750 ई० में मिल पायी। वह उसके लिए पहले से बिल्कुल ही तैयार नहीं था। उस सेना का नेतृत्व नागपुर के रघुजी भोंसला का ब्राह्मण सेनापति नीलू पण्डित कर रहा था। नीलू पण्डित ने एकाएक आक्रमण कर बस्तर नगर पर अधिकार कर लिया था। कुछ ही अंतराल के बाद दलपतिदेव ने अपनी सेना को संगठित किया और एकाएक वह भोंसलों की सेना पर टूट पड़ा। उसके सैनिक रंगबिरंगी पोषाकों को धारण किए थे, किन्तु अंदर से पूरी तरह सुरक्षित। भोंसलों की सेना जब तक कछ समझ पाती, उसने समूची सेना को काट डाला। तब केवल सेनाध्यक्ष नीलू पण्डित एक बंजारे की सहायता से बच पाया, क्योंकि बंजारे ने उसे अपने बोरे में रखकर बोरे को बाहर से सिल दिया था और उसे अपने बैल पर लाद दिया था। ऐसा लगता है कि नीलू पण्डित जैपुर राज्य भाग गया था। जैपुर राज्य में तैयारी करने के बाद नीलू पण्डित ने बस्तर पर पुनः आक्रमण किया और नगर में राजा को न पाकर काँकेर की राजकुमारी हरपालसिंह की पुत्री व अजमेर सिंह की माता को बंदी बनाकर पुरी ले गया, जहाँ रानी की मुत्यु हो गयी (दि ब्रेत, 1909:37)।

यह वह अवधि थी, जब भोंसलों की ललचायी नजरें समूचे अंचल में लगी हुई थीं। इससे पहले भोंसलों के एक सेनापति भास्कर पंत ने 1745 ई० में रतनपुर-राज्य पर अधिकार कर लिया था और 1750 ई० में रायपुर शाखा के अमरसिंह को भी पदच्युत कर दिया था। इसी अवधि में उन्होंने चाँदा पर भी आक्रमण किया था, जहाँ पर नीलकण्ठ शाह का शासन था। 1749 ई० में भोंसले की सेना चाँदा पहुँच गयी थी। चाँदा का पतन हो चुका था, बिना किसी युद्ध के। बस्तर के पराभव की जो युक्ति भोंसलों ने बनायी थी, वह चाँदा में काम आयी और नीलकण्ठ शाह के किसी विश्वस्त को अपना विश्वासपात्र बनाकर भोंसलों ने शाह को गिरफ्तार कर लिया। शााह को बंदीगृह में डाल दिया गया और 1751 ई० में वहीं उसकी मृत्यु हो गयी।

भोंसलों की बस्तर पर निगाह तो 1718 ई० से ही थी (देखिए, राजपालदेव का विवरण), पर बस्तर के राजाओं पर उनके षड्यंत्र का कोई प्रभाव नहीं पड़ा। यह

आश्चर्यजनक है कि जब छत्तीसगढ़ के 750 वर्ष पुराने राज्य को भोंसलों ने एक ही ठोकर में समाप्त कर दिया, बस्तर के रणबाँकुरे उनसे लोहा लेते रहे तथा समर्पण नहीं किया।

दलपतिदेव आसन्न खतरे से वाकिफ थे और जानते थे कि भविष्य में भोंसलों के प्रचण्ड आक्रमण होंगे। उन्होंने विचार किया तो पाया कि बस्तर नगर राजधानी के रूप में उतना सुरक्षित नहीं है और बिना किसी प्राकृतिक अवरोध के विविध राजवंशों की सेनाएं कभी भी वहाँ धावा बोल देती हैं; इसीलिए उन्होंने राजधानी बदलने की सोची। इंद्रावती का दक्षिणी भाग उन्हें इसके लिए उपयुक्त लगा और जगदलपुर को नई राजधानी के लिए चुना। जगदलपुर राजधानी तक किसी की पहुँच सरल नहीं थी, क्योंकि महान् इंद्रावती एक अवरोधक के रूप में बीच में पड़ती थी। उत्तर की ओर से आक्रमण करने वाले भोंसलों के प्रवाह को इंद्रावती स्वतः सँभाल लेती। पहले बस्तर नगर को दक्षिण के मुसलमानों के भय से राजधानी के रूप में चयन करना पड़ा था, तो उस समय उत्तर के भोंसलों के आतंक से बचने के लिए राजधानी को बेहतर जो जगदलपुर स्थानान्तरित करना पड़ा था। इस प्रकार दलपतिदेव ने 1770 ई० में जगदलपुर-दुर्ग को राजधानी का केन्द्र बनाया। (आर.के.एम. बेट्टी, **ए हलबी ग्रामर,** 1945, भूमिका)। तब से जगदलपुर बस्तर राज्य की राजधानी बना, दलपतिदेव की मृत्यु से तीन वर्ष पहले।

1770 ई० में जब जगदलपुर का दुर्ग बनकर तैयार हुआ, तब एक मुस्लिम-सेना प्रकट हुई और उसने दुर्ग के चारों ओर घेरा डाल दिया। मुस्लिम-सेना का आक्रमण सकारण था। बस्तर राज्य के दक्षिण की जमींदारियाँ तब अपने-आपमें पूर्ण स्वतंत्र थीं और ये कभी भी गोदावरीपार मुस्लिम-प्रांत पर अमर्यादित आक्रमण कर देती थीं। हैदराबाद ने नवाब में अनेक बार बस्तर के राजा से इसकी शिकायत की थी, किन्तु राजा ने कभी कोई ध्यान नहीं दिया। इसीलिए जगदलपुर-दुर्ग पर आक्रमण उनकी बदले की कार्यवाही थी। जगदलपुर में आकर मुसलमानों ने जिस स्थान पर दुर्ग को ध्वस्त करने के लिए तोपखाना लगाया था, उसे लोग आज भी दिखाते हैं और वह **मुगलों का टीला** कहा जाता है। मुगल महल पर कब्जा करने में असफल रहे। तभी सभी सैनिक बीमार पड़ गए। उनकी भोजन सामग्री खत्म हो गयी। लाचारी में उन्होंने महल से घेरा उठा लिया और वापस लौट गए (ग्लसफर्ड 1862, चीशोम-रिपोर्ट, 1868, पैरा 63, दि ब्रेत 1909:36-38, ग्रिग्सन 1938:6)।

दलपतिदेव ने बाहरी आक्रमणों के कारण अपनी सेना को सुदृढ़ बना लिया था और दिनोंदिन वह शक्तिशाली हो रहा था। आंतरिक युद्धों में उसकी भूमिका प्रायः निर्णयात्मक होती थी। इन सभी कारणों से पड़ोसी राजाओं के मन में दलपतिदेव का आतंक छा गया था। ऐसी स्थिति में विजयनगरम के राजा ने आसपास के

राजाओं को संगठित किया और बस्तर के विरुद्ध एक संगठित युद्ध के लिए मोर्चा खोलने के लिए चरणबद्ध प्रयास किया। विजयनगरम के राजा ने सबसे पहले दलपतिदेव के पास एक राजदूत भेजा और उसके माध्यम से माँग रखी कि जैपुर-राजा को वह सौंप दे, जिसे अब तक पनाह दे रखी है। विजनगरम के राजा का यह तर्क था कि जैपुर-राजा को शरण देकर उसने पूर्ववर्ती संधियों को तोड़ा है, जो विजयनगरम और बिस्तर के राजाओं के बीच हुईं थीं। बिस्तर के राजा ने उसकी बात नहीं मानी। तब दोनों राज्यों के राजा अपनी-अपनी सेनाओं के साथ जैपुर की युद्धभूमि में आमने-सामने हुए। दोनों सेनाओं के बीच घमासान युद्ध हुआ, जिसमें बस्तर की सेना पराजित हुई। पराजय के बाद बस्तर के सैनिकों का सामूहिक कत्लेआम हुआ। इसके बाद पुनः दोनों राजाओं के बीच संधि हुई, जिसके तहत बस्तर के राजा को जैपुर के राजा को विजयनगरम को सौंपना पड़ा। वी. बाल (**जंगल लाइफ इन इंडिया**, लंदन 1880, पृ. 607) के अनुसार "1652 ई० के आसपास विजयनगरम-राज की स्थापना हुई और उसका इस तेजी के साथ सम्वर्धन हुआ कि 1773-74 में सीतारामराज (विजयनगरम राजा के दीवान का अनुज) ने सिपाहियों की दो बटालियनों के साथ जैपुर के राजा को बाहर निकाल लिया, जिसने बस्तर में शरण ले रखी थी। बाद में उसे लगा कि जैपुर राज्य को प्रत्यक्ष तौर पर वह व्यवस्थित नहीं रख सकता। इसलिए उसने जैपुर राजा को राजगद्दी लौटा दी और यह आदेश दिया कि वह प्रति वर्ष चालीस हजार रुपए विजयनगरम को 'रेवेन्यू' के रूप में पटाता रहे। यह स्थिति 1794 ई० तक बनी रही। तभी विजयनगरम में राजा की मृत्यु हो गयी और राज्य में विद्रोह होने लगे। पूरे विजयनगरम कें अराजकता छा गयी। जैपुर के राजा ने उस अराजकता की स्थिति का लाभ नहीं उठाया और न ही उसने विद्रोहियों का साथ दिया। उसके इस कार्य से प्रभावित होकर लॉर्ड होबार्ट ने जैपुर के तत्कालीन राजा रामचंद्रदेव को सनद मंजूर की थी।"

अन्नमदेव के द्वारा स्थापित बस्तर राज्य के एक योग्य राजा थे दलपतिदेव। अनेक उलटफेर और घुमाव, अनेक रुकावटों व अड़चनों के बाद भी वे शक्ति के ध्रुव तक पहुँचे थे। उनके जैसा यशस्वी शायद ही कोई अन्य भूपति महानदी और गोदावरी के मध्यांचल में उस समय रहा हो। जब छत्तीसगढ़ अंचल भोंसलों के पैरों तले रौंदा जा रहा हो और नागपुर के भास्कर पंत 1740 ई० में कलचुरियों को श्रीहीन कर रहे हों, उस समय दलपतिदेव सिंहगर्जना कर भोंसलों पर टूट पड़ा था और भोंसलों की सेना को धूल चटा दिया था। भोंसलों के सेनापति नील पण्डित को बंजारे के बोरे में छिपकर अपनी जान बचानी पड़ी। उसमें ही यह साहस था कि उसने मुगल सेना से लोहा लिया तथा विजयनगरम के राजा के घमण्ड को तोड़ा था।

अपने समय की इन तीन बड़ी शक्तियों से लड़ते हुए उसने बस्तर को झुकने नहीं दिया और किसी भी राजवंश के स्वामित्व की छाया नहीं पड़ने दी। सचमुच यह एक अद्भुत उपलब्धि थी, किन्तु समृद्धि, वैभव और सम्पन्नता के ऐसे दिन चिरस्थायी नहीं रहे। उसके पुत्रों–अजमेरसिंह तथा दरयावदेव–के बीच राजगद्दी के लिए झगड़ा हो गया। उसके नालायक बेटे दरयावदेव ने षड्यंत्र किया और बस्तर के गौरव को नष्ट कर दिया। 450 वर्षों के चालुक्य-शासन का पुत्रों के कारण पतन हो गया। इसका विवेचन आगामी अध्याय में है।

जब हम यहाँ यह उल्लेख कर सकते हैं कि उत्तर-मध्ययुग में 'राजनैतिक संगठन' और 'सामाजिक बनावट' में कोई संगति नहीं थी। कृषि की तकनीकी का रूपांतरण नहीं हुआ था। दस्तकारी की तकनीकी नहीं बदली थी। सामुदायिक उत्पादन में भी कोई परिवर्तन घटित नहीं हुआ था, जो चालुक्य-राजवंश के उत्थान और पतन का कारक था। किसी भी सामंती व्यवस्था में जाति-वर्ग तथा राज्यतंत्र के बीच संगति का न होना विवाद का विषय नहीं होता। ऐसा तो स्वाभाविक है। जहाँ बड़ी इकाइँया छाया में रहती हैं और छोटी विखंडित इकाइँया राजनीतिक मंच पर होती हैं।

12

चालुक्य-शासन का पतन

(1774–1777)

दलपतदेव ने युवावस्था में ही पटरानी के पुत्र अजमेरसिंह को डोंगर का अधिकारी बना दिया था। जब दलपतदेव की मृत्यु हई, उस समय अजमेर सिंह डोंगर में था तथा दरियावदेव ने अनधीकृत रूप से राजा बनने के विचार से अजमेर सिंह पर चढ़ाई कर दी। दोनों के मध्य भीषण संघर्ष हुआ (दि ब्रेत, 1909, शील 1923) तथा दरियावदेव पराजित होकर जगदलपुर भाग गया। राजगद्दी के वास्तविक अधिकारी अजमेर सिंह ने अपने मामा काँकेर के राजा से सैनिक सहायता प्राप्त कर जगदलपुर पर आक्रमण किया, जहाँ पुनः पराजित दरयावदेव जैपुर की ओर भाग गया। इस प्रकार 1774 ई० में ही अजमेर सिंह बस्तर के राजसिंहासन पर बैठा। अजमेर सिंह ने दो वर्षों तक काँकेर के राजा की सहायता से शासन को सुचारू रूप से चलाया, किन्तु तीसरे वर्ष किसी कारणवश काँकेर के राजा से उसकी अनबन हो गयी तथा वह काँकेर लौट गया (भंजदेव, 1963)।

दरियावदेव ने जैपुर जाकर वहाँ के राजा विक्रमदेव (1758-81) से मित्रता कर ली तथा उसी के माध्यम से नागपुर के भोंसले व कंपनी-सरकार के अधिकारी जानसन से संपर्क किया था। गुप्त मंत्रणाओं के पश्चात् कुछ शर्तों के सहित तीनों ही ताकतों ने अजमेर सिंह के विरुद्ध दरियावदेव की सहायता करने का वचन दिया तथा तदनुसार 1777 ई० में कंपनी-सरकार के प्रमुख जानसन व जैपुर की सेना पूर्व से व भोंसला के अधीन नागपुर की सेना ने उत्तर दिशा से जगदलपुर को घेर लिया। फलस्वरूप अजमेर सिंह परास्त होकर जगदलपुर से भागकर डोंगर चला गया। इस घटना को संस्कृत-काव्य 'जयपुर-राजवंशावली' (मद्रास, 1943) के लेखक पण्डित रामनाथनन्द शर्मा ने टीका सहित एक श्लोक में इस प्रकार प्रस्तुत किया है—

निजानुयातस्य विराज्य सम्पदो
विदर्भराजस्य च याचको भवन्।
प्रकल्पयामास रणाध्वरे पशुं
द्विषत्तमस्याजगरं जघन्यम् ॥

(श्लोक 184ए पृ. 140)

संस्कृतटीकाः "स विक्रमदेवः विगता राज्यसम्पत् यस्य तस्य कनिष्ठभ्रात्रापहृत-राज्य सम्पत्तेः अतएव निजानुयातस्य स्वकीयानुयायित्वं प्राप्यस्य स्वसेविन इति यावत् विदर्भाणां जनपदानां राजा विदर्भराजः तस्य बस्तराधिपतेः **दरियादेवस्य इत्यर्थः। विदर्भमण्डलमेवेदानीं बस्तरदेशनाम्ना** व्यवह्रियते इति जनश्रुतिः। रणाध्वरे युद्धयज्ञे याजयतीति याजकः स्वयमृत्विक्भवन्। वृताः कुर्वन्ति यं यज्ञ-मृत्विजो याजकाश्च त इति कात्यः तथा च तेन वृतो रणयंज्ञ कुर्वन्निति अर्थः। अस्य विदर्भराजस्य द्वेष्टीति द्विषन् ज्येष्ठभ्रातृद्रोहिणं इत्यर्थःजघन्यजं कनिष्ठभ्रातरमित्यर्थः। जघन्यजे स्युः कनिष्ठयवीयोर्विरजानुजा इत्यमरः। **अजगरं अजगरदेवनामानं** पशुं प्रकल्पयामास अध्वरे। पशुमिव रणे तं निजघानेत्यर्थः। अत्रेदमवधेयम।

तदानीं किल बस्तराख्ये जनपदे **दरियारदेवनामा** राजा अस्ति स्म। तस्याप्येकः कनिष्ठभ्राता **अजगरदेवनाम** आसीत्। कदाचित् कुतश्चित् कारणात् तयोः भ्रात्रोर्वमनस्यं जातम्। तदा कनिष्ठोऽजगरदेवः स्वबुद्धया प्रकृतिप्रजावर्गं स्वीयत्तीकृत्य बलात्स्वयं राजसिंहासनारूढो ज्येष्ठभ्रातरमपि दरियादेवमवमेने। तदवमानपीड़ितो दरियारदेव जयपुरमागत्य विक्रमदेवं स्वराज्यप्राप्तयेझुसृतवान्। एवं गच्छति काले तदनुकूलोऽसौ विक्रमदेवः प्रबलबलैः सह बस्तरदेशं गत्वा बहुसैन्यैः सुसन्नद्धमपि **तमजगरदेवं** युद्धे जितवान्। तदानीमस्य विक्रमस्य सैन्ये युद्धपारंगमाः दन्तिन पंचदश (15), सप्तत्युत्तरशतपरिमिता अश्वाः (170), सेनापतयः पंचाशत् (50), शस्त्रधारिणो पदातयो द्वादशसहस्रम् (12000), शतध्नयः द्वादश (12)। एवमनेकैः शस्त्रास्त्रैः सह सम्भूय विशति सहस्रपरिमिताः (20000) जैत्रयात्रिणो बभूवुरिति।"

उपर्युक्त विवरणों के आधार पर यहाँ अधस्तन बातों की ओर संकेत किया जा सकता है।

(क) पण्डित रामनाथनन्द ने जनश्रुति के आधार पर बस्तर को विदर्भ-मण्डल कहा, किन्तु साम्प्रतिक विद्वान् बरार-क्षेत्र को संज्ञा देते हैं।

(ख) श्लोक में दरियावदेव को दरियारदेव तथा अजमेरसिंह को अजगरदेव कहा गया है।

(ग) काव्य से यह ध्वनित होता है कि दरियावदेव अग्रज था, किन्तु जगदलपुर के चालुक्यवंशी प्रमाणों से अजमेरसिंह ही अग्रज सिद्ध होता है तथा

बस्तर-राजगद्दी का वही वास्तविक अधिकारी था, क्योंकि वह पटरानी का पुत्र था।

(घ) टीका में अजगरदेव द्वारा दरियारदेव की अवमानना का संकेत है और यह अपमान युद्धमूलक है।

(ड) दरियारदेव ने जयपुर के राजा विक्रमदेव से अपने अग्रज के विरुद्ध सैन्य सहायता प्राप्त की थी तथा जैपुर राज्य की सेना में 15 हाथी, 170 अश्व, 50 सेनापति, 12000 शस्त्रास्त्रधारी व 12 तोपें थीं। इसी प्रकार की सैन्य सहायता दरियावदेव को भोंसलों से प्राप्त हुई थीं। परिणामस्वरूप 'बहुसैन्यं सन्नद्ध' होने पर भी अजमेर सिंह की पराजय हुई। वह दुहरी (या तिहरी दरियावदेव सहित) मार को सह नहीं सकता।

(च) युद्ध में अजगरदेव (अजमेरसिंह) के वध का उल्लेख है, किन्तु अभिलेखीय प्रमाण (Epigraphia Indica, IX, 166) से यह ज्ञात होता है कि वह डोंगर भाग गया था।

हल्का-विद्रोह (1774-1777) तथा चालुक्य-राज्य का पतन

जब-जब बस्तर के इतिहास में विभिनन जनजातियों के महत्वपूर्ण क्रांतिकारी उथल-पुथल के अवसर आये, तब-तब डोंगर ने महत्वपूर्ण भूमिका निभायी है। 1910 ई० में जनजातीय स्वतंत्रता-अभियान के अंतर्गत यह एक मुख्य कार्य-क्षेत्र रहा है। दो शताब्दी पूर्व चालुक्यों की अवनति में इसका महत्वपूर्ण स्थान था।

डोंगर वह क्षेत्र है, जहाँ हल्बा-क्रांति प्रारंभ हुई थी। चालुक्य हलबा-क्रांति को कभी रोक नहीं पाए और जब उन्होंने ऐसा प्रयास किया तो चालुक्य-शासन का पतन हो गया था। उनकी स्वतंत्रता छिन गई और वे कंपनी-सरकार के षड्यंत्र से मराठों के पराधीन हो गये। डोंगर में हलबा-विद्रोह कई कारणों से भड़का था। इसमें भौगोलिक सीमा, अनिश्चित वर्षा, आवागमन के कठिन साधन तथा कृषि-योग्य सीमित भूमि प्रमुख कारण रहे हैं।

इसका परिणाम यह हुआ कि जब-जब बस्तर के क्षेत्र ने प्रगति की दिशा में कदम उठाये, तब-तब उसके सहारे परोक्ष रूप से हल्का-फुल्का प्रभाव वहाँ की आर्थिक, सामाजिक स्थिति को सुधारने पर पड़ा। यह सदा से ही पिछड़ा क्षेत्र रहा है। इस क्षेत्र में इंद्रावती-घाटी में कृषि तकनीक में क्रांतिकारी परिवर्तन, हस्तशिल्पकला के बढ़ावे एवं आर्थिक क्षेत्र में प्रगति का कोई भी प्रभाव नहीं पड़ा है।

1770 ई० में केन्द्रीय शासन और भास्कर पंत के बीच शांति का सुलहनामा हुआ, तो उसमें केन्द्र-शासन ने इस बात की सहमति प्रदान की कि डोंगर-क्षेत्र में एक नमक

का बाजार खोल दिया जायेगा, किन्तु उस क्षेत्र को इसका भी अधिक लाभ प्राप्त न हुआ। इस क्षेत्र में जीविकोपार्जन के साधन बड़े ही दुर्बल रहे हैं। वहाँ के लोगों को केवल इतनी सामग्री प्राप्त हुई, जिससे वे जीवित रहें। अचछी फसल के पश्चात् खाद्य-संग्रह किया जाना एक आम बात है, किन्तु इस क्षेत्र में ऐसी स्थिति कभी नहीं आई। परिणामतः यहाँ पर प्राकृतिक आपदायें एवं अकाल का बोल-बाला रहा है। अकाल की स्थिति यहाँ के लोकगीतों में भी देखने को मिलती है--

निमारे वेके दातोन रवनानि, डोरि बूमि दातोन दादाले।
बूति दुकार दुकार रोय दादाले, बूति ते दुकार अरितरोय दादाले ॥
हिकाल हुरो भइसो रोय दादाले, सरपरने भइसो अरित रोय दादाले।
पोदोर पुंगार रोय दादा ले, सरपने दोयो अरतु रोय दादा ले ॥
पुहले देलात रवनात रोय दादा ले, वेतले मराते कवराल रोय दादा ले।
कवर बोकर इंत रोय दादा ले, रइयक रेवोन कवराल रोय दादा ले।

यहाँ की भौगोलिक एवं आर्थिक स्थिति के कारण जो राजनैतिक आपदायें निर्मित हुईं, उनको यहाँ की राजनीति तथा मिलिटरी ने भी बढ़ाने मे योगदान दिया है।

विभिन्न स्रोतों से प्राप्त जानकारियों में बड़ी समानता पाई जाती है, जो इस बात का साक्ष्य देती है कि डोंगर कभी हल्बाओं का स्वतंत्र राज्य रहा था, जो कि बाद में बस्तर का एक हिस्सा बन गया। हल्का-राज्य के अन्तर्गत 18 गढ़ थे और इनके द्वारा बस्तर राज्य की विभिन्न तरीकों से सेवा की जाती रही। इसको बस्तर की राजधानी कहा जाता था। बस्तर के राजा अपने कनिष्ठ बेटों को इस उप-राजधानी का गवर्नर बनाया करते थे। इसके पीछे एक कारण यह भी रहता था कि वे शासन के वास्तविक अधिकारी बेटे के रास्ते में न आयें। जब दलपतदेव (1731-1774) बूढ़े हो गये, तो वे अपने छोटे बेटे दरियावदेव को बस्तर का शासक नियुक्त करना चाहते थे। उस समय उन्होंने अजमेरसिंह, जो कि गद्दी का सही वारिस था, को डोंगर का गवर्नर नियुक्त कर दिया। दलपतदेव के इस कार्य को हल्बाओं ने नापंसद किया और वे इस बात से नाराज हो गये; क्योंकि यह न्याय सही नहीं था। अजमेरसिंह की माँ काँकेर के राजा की बेटी थी और हल्बाओं के हृदय में काँकेर के राजा के प्रति सम्मान था। काँकेर के राजा भी हल्बाओं का सम्मान करते थे और उनके आशीर्वाद से ही वे काँकेर के सिंहासन पर बैठते थे। पहला टीका हलबा करते थे।

जगदलपुर में दरियावदेव एक कुख्यात किन्तु साहसी आदमी था और प्रभावशाली शासन-व्यवस्था में सक्षम था। इसकी सशस्त्र सेना व्यवस्थित नहीं थी। इसका कारण यह था कि वह भोंसलों, कंपनी-सरकार तथा जैपुर के राजाओं की चापलूसी करता रहता था।

1774 ई० में जब दरियावदेव सिंहासन पर बैठा तो उसने डोंगर-क्षेत्र को नजरअंदाज कर दिया। आर्थिक रूप से इसे बहुत कमजोर बना दिया। साथ ही उसने डोंगर के गवर्नर अजमेरसिंह पर अनावश्यक धमकी भरा दबाव डालना शुरू कर दिया।

1774 ई० में ऐसी घटना घटी, जिसने डोंगर में उन संभावनाओं को बढ़ावा दे दिया, जो वहाँ पर गंभीर कष्ट पैदा करने वाली थीं। 1774 ई० के बसंत ऋतु में भयानक अकाल प्रारंभ हुआ, जो शीघ्र ही अधिकाशं क्षेत्रों में फैल गया। शीत ऋतु प्रारंभ होते ही इसने इतना विकराल रूप धारण कर लिया कि संपूर्ण क्षेत्र में विस्तृत पैमाने पर अराजकता फैलने लगी। मराठा-रिकार्ड्स (नागपुर 1779 ई०) इस अकाल का वर्णन करते हुए कहते हैं कि अकालग्रस्त पुरुष अपनी पत्नियों को बेच रहे थे। बच्चों को बेआसरा छोड़कर भाग रहे थे। अपनी भूख शांत करने के लिए घास-फूस, पेड़-पौधों की पत्तियाँ और छाल खा रहे थे। भूख से मरने वालों को लोग सामूहिक रूप से दफना रहे थे। चारों ओर अराजकता का बोल-बाला था। ताकतवर आदमी दूसरे कमजोर आदमी को मार कर उसका मांस भी खाने लगे थे।

कोई व्यक्ति इस मराठा-रिकार्ड पर संदेह कर सकता है, फिर भी इस बात पर अविश्वास करने का कोई कारण नहीं है कि यह विनाश अपने-आप में चरम सीमा पर था। दूसरी ओर कुछ स्रोत ऐसी टिप्पणी भी करते हैं, जो यह दर्शाती हैं कि यह अकाल इतना भयानक नहीं होता, यदि ऐसी विकट स्थिति में दरियावदेव उस क्षेत्र पर हमला न करता। इस प्रकार दरियावदेव का हमला इस विनाश का प्रमुख कारण रहा है। इस अकाल में उसने आग में घी का काम किया था।

इस दुर्भिक्ष एवं आक्रमण का अपयश दो प्रमुख गुटों को जाता हैः—

(1) बस्तर के हल्बा और

(2) जगदलपुर के सिपाही

इन्होंने इस विनाश-लीला में सक्रिय योगदान दिया था। इनमें से कुछ जगदलपुर से डोंगर के क्षेत्र में चले गये थे, जहाँ हल्बा-सैनिक 10 वर्षों से कष्टों को झेल रहे थे। हल्बा लोग अधिकांशतः अकाल-पीड़ित थे। वे अजमेरसिंह के प्रति की गई बेइज्जती से भी दुःखी थे। हल्बा पाइकों के उद्देश्य भी बड़े उलझे हुए थे, जिसमें अपने गवर्नर के प्रति शिकायतें, राशन और वेतन न मिलने के खिलाफ उत्तेजनाएँ प्रमुख थीं।

दो प्रमुख कारणों के अतिरिक्त अन्य तत्व भी थे, जिन्होंने दो विरोधी गुट बना रखे थे। प्रमुख कारण थे पूर्व में हल्बा और काँकेर के राजा, दलपतदेव ओर डोंगर के गवर्नर के बीच के संबंध, जिसमें मराठा-सरदार नीलू पंडित के द्वारा ज्येष्ठ रानी को अपने कब्जे में करना, बाद में उस रानी की पुरी में मृत्यु होना और राजरानी का काँकरे के राजा की बहन और अजमेरसिंह की माँ होना और दलपतदेव के द्वारा अजमेरसिंह को गद्दी से

उतारने के लिए डोंगर का गवर्नर बनाकर भेजने की योजना बनाना तथा पुराने स्थापित मराठा-डाकुओं के गुट, कंपनी-सरकार और जैपुर के सिपाहियों का सीमा पर होना। काँकेर के राजा ने इस अवसर पर महत्त्वपूर्ण कार्य किया। यह सर्वविदित था कि काँकेर के राजा ने हल्बा-विद्रोहियों को एक सीमित समय तक आर्थिक मदद भी दी थी, ताकि सीमा के भीतर बस्तर के रिहायशी ठिकानों पर हमले किये जा सकें।

ये तथ्य काँकरे-राज्य के पारिवारिक दस्तावेजों मे उपलब्ध हैं। ऐसी घटनाएँ वर्ष 1777 ई० के आखिर में हुई थीं तथा चालुक्यों के विद्रोह में काँकरे की भागीदारी अधिक महत्वपूर्ण नहीं रही।

हल्बा-पाइक एवं बस्तर के सैनिकों का कुछ हद तक आपस में मिलन भी हो गया था, किन्तु वे अपनी अलग पहचान रखते थे। उन दिनों दक्षिण में सिपाहियों का गुट अधिक शक्तिशाली तथा खतरनाक था; क्योंकि उनके पास मिलिटरी का अनुभव था। कंपनी-सरकार की शह थी। चालुक्यों की क्रांति से संबंधित दस्तावेजों में हल्बा-गुटों में युद्ध-प्रशिक्षण के गुणों का समुचित उल्लेख मिलता है।

भौगोलिक फैलाव में डोंगर के उत्तरी भाग की अधिक महत्ता रही है। इंद्रावती-घाटी तथा दक्षिण में अधिक महत्वपूर्ण घटनाएँ हुई थीं, जबकि उत्तरी दंतेवाड़ा में छुट-पुट तथा कम घटनाएँ हुई थीं।

जहाँ तक दोनों गुटों की शक्ति-संतुलन का प्रश्न है, वे एक दूसरे के प्रति अधिक खूँखार-रूप तथा बैर-भाव नहीं रखते थे। दोनों में से कोई भी गुट अधिक बड़ा नहीं था और उन गुटों की तादाद अधिक से अधिक कुछ हजार तक सीमित थी। हल्बा लोग आमतौर से जो हथियार रखते थे, वे केवल पत्थर के बने होते थे। मराठा-दस्तावेजों में से एक दस्तावेज के लेखक का कहना है कि इन विद्रोहियों के साहस का अंदाजा इस प्रकार लगाया जा सकता है कि किसी एक अधिकारी के साथ केवल 100 आदमी की तादाद पहुँच जाती थी, तो ये विद्रोही भाग जाते थे। इसी साहस के कारण डोंगर-समूह में उथल-पुथल मचा देना और अड़चनें पैदा कर देना इनके लिए आसान था। दरियावदेव के बारे में यह सर्वविदित था कि वह विद्रोहियों की किसी भी उठाती हुई ताकत से नफरत करता था और स्थानीय अधिकारी कभी-कभी ऐसे समाचार उस तक आने से पहले रोक देते थे।

उस समय की सूचना इकट्टी करने वाली संस्था काफी कमजोर थी, क्योंकि विद्रोहियों के कार्यक्रम उनकी गतिविधियों तथा उनके नेता के बारे में जो सूचनाएँ प्राप्त होती थीं, वे काफी हद तक भ्रम पैदा करती थीं। परिणामस्वरूप उस समय की स्थिति इतनी ऊलजलूल थी कि वे अधिकारी जिनको दस्तावेजों को रखने का काम सौंपा गया था, वे भी पूरी स्थिति का सही चित्रण नहीं की पाते थे। निर्विवादरूप से उस समय

अजमेरसिंह का विशेष महत्व था। यह सर्वविदित है कि अजमेरसिंह दरियावदेव का सौतेला बड़ा भाई था। इस विद्रोह के पीछे अजमेरसिंह की महत्वपूर्ण भूमिका थी।

वस्तुतः वही बस्तर के राजसिंहासन का असली हकदार कहा जाता था। दरियावदेव ने डोंगर की डगमगाती हुई रियासत की मदद नहीं की। हाँ, मदद करने की प्रतिक्रिया को आवश्यक दर्शाया करता था।

केन्द्रीय सरकार भी राज्य में अव्यवस्था फैलने को नहीं रोक सकी। यद्यपि उसके सम्मुख भोंसलों की धमकियाँ तथा दरियावदेव के राज्य प्राप्त कर लेने के कारण आंतरिक राजनीतिक समस्याओं जैसी अन्य ज्वलंत समस्याएँ थी। जगदलपुर में इस बाबत् शीघ्र ही निर्णय लिया गया तथा 1774 ई० के बसंत ऋतु के प्रारंभ में दरियावदेव को इस विद्रोह को दबाने के लिए प्राधिकृत किया गया था। कंपनी-सरकार और दरियावदेव का गुप्त समझौता था और उन दिनों जैपुर कंपनी-सरकार के चंगुल में था।

दरियावदेव हाल ही में राजा बनाया गया था तथा तुलनात्मक दृष्टि से उसे सेना-संबंधी अनुभव नही था और वह इन विप्लवों को दबाने के लिए काफी कमजोर था। दरियावदेव के डोंगर पर हमला कर उसे हस्तगत करने का मानस बनाया था। तदनुसार उसने कंपनी-सरकार तथा माड़िया लोगों की विशाल सेना के साथ डोंगर पर आक्रमण कर दिया। इस समय डोंगर की सहयता के लिए काँकरे की सेना आ गई और घमासान युद्ध हुआ। दरियावदेव परास्त हुआ और वह किसी भी प्रकार अपने माड़िया साथियों के साथ जगदलपुर भागने में सफल रहा।

इस समय तक विद्रोहियों की संख्या काफी बढ़ चुकी थी तथा उन्होंने संपूर्ण बस्तर को अपने हाथ में लेने की योजनाएँ बनाई थीं। वे नहीं चाहते थे कि कंपनी-सरकार की साजिश से दरियावदेव बस्तर का अहित करता। उन्होंने अपनी शक्ति को पुनः संचित किया और जगदलपुर (बस्तर की राजधानी) की ओर प्रस्थान किया। उन्होंने स्वयं को इंद्रावती नदी के किनारे वाले क्षेत्र तक सीमित नहीं रखा। वे आगे बढ़ते गये और राज्य के दक्षिण क्षेत्र तक विपक्षियों को खदेड़ा। अधिकतर लोगों की यही मान्यता है कि जगदलपुर मे दरियावदेव बिना तैयारी की स्थिति में पाया गया और उसकी सेना को विद्रोही-समूह के सम्मुख समर्पण करना पड़ा। दरियावदेव ने बस्तर की सीमा पार करके अपने प्राण बचाये तथा जैपुर राज्य में शरण ली, जहाँ कंपनी–सरकार का अधिकार था। यह राज्य बस्तर का कट्टर शत्रु था। इस प्रकार विद्रोही–समूह के नेता अजमेरसिंह का विद्रोहियों ने बस्तर के राजा के रूप में राजतिलक किया। विप्लवकर्ताओं में अधिकतर ने अपनी सफलता का उत्सव मनाया। कारण था कि उनका नेता तब बस्तर के सिंहासन कार स्वामी हो गया था और उन्होंने कंपनी-सरकार के षड्यंत्र का कड़ा जवाब दिया था। 1776 ई० के ग्रीष्म ऋतु तक इस बात के स्पष्ट चिह्न दिखाई देने लगे थे कि अजमेर सिंह

विद्रोहियों तथा सेना के व्यक्तियों के साथ उचित व्यवहार नहीं कर रहा है। यहाँ तक कि वह अपने मामा (काँकरे के राजा), जिन्होंने उसे यह राज्य प्राप्त करने के लिए समस्त सहायता की थी, का भी अपमान करने से नहीं चूका। काँकरे का राजा शामसिंह भी अपने भतीजे के व्यवहार से असंतुष्ट होता जा रहा था। इस कारण वह अपनी सेना के साथ जगदलपुर से लौटकर काँकरे आ गया।

इस समय तक दरियावदेव विक्रमदेव (1758-81) तथा कंपनी-सरकार से मित्रता बढ़ा रहा था। विक्रमदेव जैपुर का राजा था। कंपनी-सरकार के जानसन के अधीन वह दरियाव देव से यह चाहता था कि वह उससे सहायता माँगेग तथा उसके साथ व मराठों से मिलकर विद्रोहियों द्वारा छीनी गयी सत्ता को पुनः हासिल कर ले। जैपुर-राज्य में रहकर दरियावादेव अपनी खोयी हुई सैनिक शक्ति को फिर से बढ़ाने का प्रयास करने लगा।

विद्रोह की प्रारंभिक अवस्था में अजमेरसिंह की विद्रोही गतिविध्यिों की शुरुआत का पता चलता है। उसे लगातार महत्व प्राप्त होता है। उसकी पृष्ठिभूमि और उसके कार्य के प्रारंभिक दौर पर चर्चा यहाँ आवश्यक है।

अजमेरसिंह के प्रारंभिक जीवन से संबंधित जानकारी अपर्याप्त तथा परस्पर विरोधी है। इस व्यक्ति का डोंगर-क्षेत्र से प्रत्यक्ष संबंध बहुत ही कम या नगण्य था, किन्तु हल्बा-जनजाति से इसने मधुर संबंध उस समय स्थापित कर लिये थे, जब इसके पिता दलपतदेव ने इसे इस क्षेत्र का गवर्नर बनने के लिए मजबूर किया था। ऐसा इसलिए कि दलपतदेव दरियावदेव को बस्तर के राजा के रूप में प्रतिष्ठित करना चाहता था।

अजमेरसिंह का जन्म बस्तर में हुआ था। उसके जन्म का वर्ष संभवतः 1731 ई० था। बड़े होकर अजमेरसिंह ने असाधारण शक्ति का प्रदर्शन किया और कहा जाता है कि उसमें निम्नानुसार शारीरिक विशेषताएँ थीं, जैसे ऊँचा-दुबला शारीरिक ढाँचा, लम्बी तथा कमानीदार भौहें, मजबूत जबड़े और विशेष रूप से गोरा रंग-लिये तथा अत्यधिक बाल। ये समस्त चिह्न संभव प्रतीत होते हैं और विद्रोहियों के रंग-रूप के बारे में इतिहासकारों की जो कल्पना है, उसके अनुसार उसकी शरीरयष्टि उसके अनुरूप नहीं थी।

अजमेरसिंह की पारिवारिक पृष्ठभूमि के संबंध में केवल इतना ही ज्ञात है कि वह दलपतदेव का ज्येष्ठ पुत्र था। उसकी माता काँकरे के राजा हरपालसिंह की बहिन थी तथा काँकरे के राजा सोमवंशी थे। एक स्रोत से उस घटना का विस्तृत विवरण मिलता है, जब अजमेरसिंह ने अपने क्रूर स्वरूप का उस समय प्रदर्शन किया था, जब उसकी माँ वर्ष 1760 ई० में पकड़कर बंदी बना ली गई थी। उसकी माँ की मृत्यु भोंसलों के बंदी

के रूप में पुरी में हुई थी। उस समय अजमेरसिंह इतना उग्र हो गया था। वह अपने पिता से भी इसी कारण घृणा करने लग गया था कि उसने उसकी माँ की जान नहीं बचाई। उसका पिता उस बघेलिन रानी को चाहता था, जो दरियावदेव की माँ थी। उसके पिता ने जब ऐसा व्यवहार किया कि मानो कि कुछ हुआ ही नहीं। अजमेरसिंह के परिवार के संबंध में संभावित अत्यंत विश्वसनीय जानकारी यह है कि वह अपने पिता के द्वारा डोंगर का गवर्नर बनाया गया और यहाँ यह स्पष्ट रूप से प्रतीत होता है कि उसकी ओर दुर्लक्ष्य किया जा रहा था।

स्रोतों से यह भी पता चलता है कि सीमाओं पर उसने बहादुरी से युद्ध किया तथा आदिवासियों के मुखियाओं से प्राप्त होने वाले नजरानों के कारण काफी समृद्ध हो गया था। बाद में दरयावदेव ने उस पर यह मिथ्या आरोप लगाकर कि उसकी इच्छा बस्तर का राज्य हड़पने की है, उसे नाराज कर दिया। इन अनुचित आरोपों के कारण अंततः वह विद्रोही बनने के लिए मजबूर हो गया। वह विद्रोही इसलिए भी था कि दरियावदेव कंपनी–सरकार के प्रतिनिधि जानसत्ता का गुलाम हो गया था।

अजमेरसिंह द्वारा विद्रोह प्रारंभ करने की संभावित तारीख वर्ष 1774 ई० की ग्रीष्म ऋतु ही थी, जबकि वह दरयावदेव की सेना से अल्पकाल में ही भाग निकलने में सफल हुआ था। उसने हजारों व्यक्तियों को एकत्र कर बस्तर-क्षेत्र के ग्रामों पर हमला करना प्रारंभ कर दिया था। उसने विद्रोहियों की परम्परा के अनुसार 'अजगर' के नाम से अपना नाम धारण कर लिया था। **"जयपुर-राजवंशावली"** (मद्रास 1943, श्लोक 284) में उसे इसी नाम से संबोधित किया गया है।

विद्रोही आंदोलन में अजमेरसिंह की प्रारंभिक स्थिति सामान्य ही थी। निश्चयात्मक रूप से उसकी ऐसी कोई विशाल योजना नहीं थी कि वह चालुक्य-वंश को उखाड़ फेंके। फिर भी अपने कई सौतेले भाइयों के समान उसका महत्व नगण्य नहीं था, बल्कि कालांतर में अधिक महत्वपूर्ण काम करने के लिए वह जीवित रहा।

विद्रोहियों का स्थान-परिवर्तन : जगदलपुर में पड़ाव

डोंगर से विद्रोहियों के जगदलपुर-प्रस्थान के कई कारण हैं। प्रथमतः दरयावदेव था, जिसने डोंगर में विद्रोही सेना पर हमला किया था और जो हारकर जगदलपुर भाग गया था। उसका पीछा करने के उद्देश्य से विद्रोही डोंगर से जगदलपुर आये। इसके अतिरिक्त विद्रोही नेता नये प्रदेशों को हस्तगत कर अन्न-धान की अधिकता चाहने लगे थे तथा केन्द्रीय सरकार के राज्य को हस्तगत करने की ओर भी आकर्षित हो रहे थे। वे निश्चयात्मक रूप से यह भी जानते थे कि उनके विरुद्ध सैनिक कार्यवाही करने में कुछ समय लगेगा ही। वर्ष 1774 ई० के अंत तक विद्रोहियों का दक्षिण कूच पूर्ण हो चुका

था। इस नये क्षेत्र में विद्रोहियों ने बस्तर तथा जगदलपुर के शहरों को पराजित कर महत्वपूर्ण विजय प्राप्त कर ली थी। जगदलपुर पर अधिकार जमाना इस कारण विशेष महत्व का था कि वह उस राज्य की राजधानी थी, जहाँ दरयावदेव राज कर रहा था और उसे तीन ताकतों से सहायता मिली हुई थी। यदि पुराने विवरणों को सच माना जाये तो यह कहा जाता है कि इन विद्रोहियों ने लगातार आठ दिन तक राजधानी की घेराबंदी की थी और तब तक राजधानी की सहायता के लिए कोई भी सहायक सेना नहीं पहुँच सकी थी। केन्द्रीय सरकार भी इस तथ्य से अनभिज्ञ नहीं थी कि विद्रोही डोंगर से आगे बढ़कर ऐसे क्षेत्र में पहुँच गये थे, जो अधिक महत्व का था। वास्तव में वे उतने ही अंतर पर थे, जहाँ राजधानी पर आसानी से हमला किया जा सकता था। आगे क्या किया जाये, इस संबंध में सलाहें आना शुरू हो गई थीं कि दरयावदेव को राजधानी छोड़कर जैपुर में शरण लेनी चाहिए जो कि उस समय भोंसला के राज्य के अधीन था और कंपनी-सरकार का भक्त था। कंपनी-सरकार और भोंसलों दोनों की 1740 ई० से ही बस्तर पर विशेष गिद्ध दृष्टि रही है। दरयावदेव ने जैपुर के लिए प्रस्थान किया तथा विद्रोहियों ने अजमेरसिंह को बस्तर का राजा चुन लिया।

विद्रोहियों में फूट

दरयावदेव के पतन से विद्रोहियों की खुशी की कोई सीमा नहीं थी। विद्रोहियों की ओर से दृष्टिपात करने पर यह स्पष्ट होता है कि 1775 तथा 1776 ई० के दौरान उनमें अत्यधिक मतिभ्रम था। यद्यपि अजमेरसिंह को बस्तर के नये राजा के रूप में चुन लिया गया था, फिर भी उसके मामा हरपालसिंह स्वतंत्रतापूर्वक कार्य कर रहे थे। अजमेरसिंह के आंदोलन में कोई योजनाबद्ध कार्यक्रम नहीं था तथा वह समय पर सूँघने वाली वृत्ति के अनुसार मनमाने ढंग से कार्य करता था। हल्बा-सैनिकों में से अधिकांश डोंगर इस सोच के साथ लौट गये कि उन्हें किसी बाहरी आक्रमण की आशंका नहीं थी। अजमेरसिंह के अधीन कार्य कर रही सेना में माड़िया-क्षेत्र से भरती की जा रही थी, जो डोंगर के विरुद्ध थे। ये सेनापति अपने नये स्वामी के प्रति स्वामिभक्ति नहीं रखते थे। तुलनात्मक दृष्टि से उनकी आस्था दरयावदेव के प्रति अधिक थी, जो जैपुर-राज्य में रहकर चालें चल रहा था। हल्बा तथा माड़िया सेनानियों के बीच घातक भेद निर्मित हो रहा था। राज्य की सेना की अनुशासनहीनता से जगदलपुर पर अधिक जोश तथा शक्ति के साथ हमले ने दरयावदेव का रास्ता सुगम बना दिया। अजमेरसिंह की सेना ने भरती-संबंधी-योजना से रुष्ट होकर हरपालसिंह जगदलपुर छोड़कर काँकेर वापस आ गया था।

विद्रोहियों का पतन (1777-79)

स्पष्ट रूप से झूठे वायदे के साथ दरयावदेव हमेशा के लिए बस्तर से विदा हो रहा

था। दरयावदेव ने 4 जून सन् 1774 को प्रातःकाल शहर त्याग दिया था। इसने जैपुर राज्य-क्षेत्र में प्रवेश किया । वहाँ उसने अर्द्धसैनिक बल संगठित किया और कंपनी-सरकार के जानसन व जैपुर के राजा विक्रमदेव से प्रार्थना की कि वे उसकी स्थिति को मजबूत करें। वहाँ उसने जैपुर के राजा के साथ एक संधि भी की। आज भी जैपुर राज्य के नंदपुर बगीचे के प्रवेश द्वार पर पत्थर पर उत्कीर्ण एक शिलालेख है, जिसमें दो हाथ आपस में मिलते हुए दर्शाए गए हैं, जो जैपुर के राजा विक्रमदेव और दरयावदेव के बीच सन् 1777 ई० में हुई संधि की घटना के साक्षी हैं (कोरापुट जिला गजेटियर, पृ. 242) इस संधि के अनुसार दरयावदेव को बस्तर के पाँच गढ़ जैपुर को सौंपना था—कोटपाड़, चुरुचुंडा, पोड़ागढ़, ओमरकोट और रायगड़ा—जो उसे अजमेरसिंह के विरुद्ध दी गई सैनिक सहायता के बदले में देना था (ए. वेदीवली द्वारा लिखित, **दि रूलिंग चीफ्स, नोबेल्स एण्ड जमींदार्स ऑफ इंडिया,** जिल्द 1, मद्रास 1915, पृ. 460)। 'जयपुर-राजवंशावली' में इसका उल्लेख है—

तदन्तरे ते दरियासंज्ञके नृपासनेऽस्मिन्नभिषेच्यन् तं ततः।
सकोटपार्यादिकदुर्गपंचकं सुलेखपूर्व समवापदक्षिणाम् ॥ **(श्लोक 285)**

उसने त्र्यंबक अवीर राव के सामने बिम्बाजी भोंसला (1758-87) के पक्ष में एक संधि पर भी हस्ताक्षर किया था, जिसमें उल्लेख था कि यदि वह पुनः राज्य पा जाता है तो बस्तर मराठा-साम्राज्य का एक अंग हो जाएगा। उसने जानसन को भी वचन दिया था कि वैसी स्थिति में वह कंपनी-सरकार का ही होगा। इस प्रकार बस्तर की स्वतंत्रता का बलिदान करके दरयावदेव ने इन तीन राजाओं से सैनिक सहायता चाही। "जयपुर-राजवंशावली" के अनुसार विक्रमदेव के प्रभार में बस्तर की ओर जाने वाली जयपुर की सेना में 15 हाथी-सवार, 170 घुड़सवार, 50 जनरल, 12,000 सशस्त्र सैनिक तथा 12 तोपें थीं। त्र्यंबक के सेनापतित्व में भोंसला-सेना भी काफी बड़ी थी। बस्तर पर हमला करने वाली सेना में कुल 20,000 सैनिक थे। "जयपुर-राजवंशावली" में इस घटना का उल्लेख है—

निजानुयातस्य विराजसम्पदो
विदर्भराजस्य च याचको भवन्।
प्रकल्पयामास रणाध्वरे पशुं
द्विषन्तमस्याजगरं जघन्यजम्।

(श्लोक 284)

जगदलपुर में विद्रोहियों की पराजय एक ऐसी अंतिम हार थी कि उसके बाद उनका पुनरुत्थान असंभव हो गया।

डोंगर पर नियंत्रण

जगदलपुर में विद्रोहियों की पराजय के बाद भी अजमेरसिंह जीवित था। उसने अपने सेनानियों की छिन्न-भिन्न सेना के साथ डोंगर में अल्पकाल के लिए विश्राम किया। विद्रोही सेनाओं को यहाँ पुनः एकत्र होने के लिए कहा गया था। जगदलपुर पर दरियावदेव का कब्जा होने के पश्चात् उसने पुनः वर्ष 1777 में डोंगर में एक विद्रोही राज्य की स्थापना की थी। दरयावदेव ने भोंसलाओं तथा जैपुर के सूर्यवंशियों की सेना के साथ उसका पीछा किया। उस घमासान युद्ध के पश्चात् अजमेरसिंह मारा गया (इपी. इंडिका, खण्ड 9, 166, हीरलाल, 1916, 168) इस घटना का भी उल्लेख एक मुरिया-लोकगीत में मिलता है।

मुलिर-मुलिर इन्तोनी कारी गुर्टी अगा दा,
मुलिर कारी गुर्टी।
रइनीगढ़ दा मुलिर दादा, हुरिंग मुलिर दादा (2)
डोंडेरा कयांग तरवार दादा, टोरमेण्ड टोरमेण्ड,
पूजा रोय कारी गुर्टी (3)
मिण्डाक टोरा रेयन्दु रोय कारी गुर्टी लुवुर मीनु,
कुवनाह रोय कारी गुर्टी (4)
नारि मीनु तर्गनाह रोय कारी गुर्टी मुलिर मुलिर,
इन्तोनी कारी गुर्टी (5)

सन् 1776 ई० में अजमेरसिंह की मृत्यु के पश्चात् उसकी हल्बा-सेना को बर्बरता के साथ मौत के घाट उतार दिया गया। समस्त हल्बाओं को कुटिलता के साथ मार डाला गया। केवल एक हल्बा अपनी जान बचा सका। इस हादसे का उल्लेख रसेल तथा हीरालाल (लंदन, 1916, तृतीय खण्ड, हल्बा) ने इस प्रकार किया है—

"Traditions also remain in Bastar of a Halba revolt. it is said that during Raja Daryao doe's reign, about 125 years back, the Halbas rebelled and many were thrown down a water fall ninety feet high, one only of these escaping with his life. The eyes of some were also put out as a punishment for the oppression they had exercised, and a stone inscription at Dongar records the oath of felty taken by Halbas before the image of Danteshwari, the tutelary deity of Bastar, after their insurrection was put down in Samvat 1836 or A.D. 1779. The Halbas were thus a caste of considerable influence since they could attempt to subvert the ruling dynasty."

इतना बड़ा नरसंहार विश्व के इतिहास में कभी नहीं हुआ, जहाँ पूरी की पूरी जनजाति का ही सफाया कर दिया गया हो। इस प्रकार अजमेरसिंह की मृत्यु और हल्बा-क्रांति के पतन को बस्तर में चालुक्य-राज्य की समाप्ति माना जा सकता है। इसी के साथ बस्तर भोंसलाओं के अधीन हो गया और बस्तर में चालुक्य वंश का राज्य समाप्त हो गया।

निष्कर्ष

सन् 1774 ई० में हल्बा-विद्रोह डोंगर में अल्प परिणाम में प्रारंभ हुआ। कई स्थितियाँ और विभिन्न परिस्थितियों के कारण उसकी उन्नति हुई। सन् 1740 ई० में भोंसला-आक्रमण से उस क्षेत्र में राजनैतिक स्थिरता को कोई महत्त्व नहीं दिया गया। आर्थिक तथा सामाजिक दृष्टि से वह क्षेत्र अलग—थलग पड़ गया था तथा भौगोलिक दृष्टि से सीमाएँ निर्धारित हो गई थीं। आर्थिक दृष्टि से जो उन्नति जगदलपुर-जैसे क्षेत्र में दिखाई दे रही थी, उसका इस क्षेत्र को कोई लाभ नहीं मिला।

नैसर्गिक विपत्तियों और सैनिक स्थितियों ने राजनैतिक अस्थिरता को बढ़ाया तथा दुर्भाग्यपूर्ण सामाजिक स्थिति को बढ़ावा मिला। सेना का खतरा प्रारंभिक रूप से उस स्थिति से बना, जो हल्बा सैनिकों के असंख्य दलों में बागवत की भावना के रूप में विद्यमान था। उनके उस असंतोष रूपी आग में उनके गवर्नर को पदच्युत करने की घटना ने आग में घी डालने का काम किया। विद्रोह की स्थिति में वृद्धि इस कारण से हुई कि उस क्षेत्र में भोंसला-सेना विद्यमान थी। कंपनी-सरकार का आंतक था। परिणामस्वरूप हल्बा-विद्रोह हुआ। हल्बा-विप्लव को मुख्य दो भागों में बाँटा जा सकता है।

असंगठित रूप में हमला और वंशगत महत्वाकांक्षा। विद्रोहियों का उद्देश्य जीवित रहने और ऐश करने तक ही सीमित था। अत्यंत महत्वाकांक्षा रखने वाले अजमेरासिंह की भी कोई निश्चित योजना नहीं थी। सिवाय इसके कि वह दरयावदेव को उखाड़ फेंके और अपना वर्चस्व स्थापित करे।

भौगोलिक विस्तार की दृष्टि से असंगठित हमले के प्रारंभिक दौर में विद्रोही डोंगर तक ही सीमित थे। दो माह में वे बस्तर पहुँच गए और आगामी तीन वर्षों में उन्होंने जगदलपुर पर अतिक्रमण कर दिया। सन् 1777 ई० तक विद्रोहियों को इंद्रावती नदी के उत्तर में धकेल दिया गया था और आगामी दो वर्षों में विद्रोही जत्थे फिर से डोंगर के आस-पास इकट्ठे हो गए थे।

सेना की शक्ति के आधार पर अजमेरसिंह 1774 ई० में सिंहासन पर बैठे तथा उन्होंने विद्रोही आंदोलन में अपनी स्थिति मजबूत कर ली। आदिवासी-शासन स्थापित

करने की उनकी उत्कृष्ट इच्छा थी, अजमेरसिंह के नेतृत्व की स्थिति उसी वर्ष चरम सीमा तक पहुँच गई थी। जब उन्होंने दरयावदेव की सेना को नष्ट कर दिया था और उसे बस्तर छोड़ने के लिए मजबूर कर दिया था। उन्होंने गवर्नर के स्थान पर राजा की उपाधि धारण कर ली थी।

विद्रोहियों द्वारा अपनी सत्ता स्थापित करने की अभिलाषा उस समय तक बनी रही, जब तक कि सन् 1779 ई० में अजमेरसिंह की मृत्यु नहीं हो गई। अजमेरसिंह उस समय तक अजेय बना रहा, जब तक उसका मुकाबला दरयावदेव की संयुक्त शक्ति से नहीं हुआ। कोई यह पूछ सकता है कि उसका और संपूर्ण हल्बा-क्रांति का ऐसा शीघ्र और अपमानजनक अंत क्यों हुआ? आदिवासी-असंतोष की प्रक्रिया के रूप में यदि इस पर संपूर्ण दृष्टि से विचार किया जाये, तो हल्बा-विद्रोह की सबसे बड़ी कमजोरी यह थी कि उसमें उत्साह निर्माण करने की शक्ति और करिश्मे का अभाव था। वह आदिवासी 'एथॉस' को यह पूरी तरह जगा नहीं पाया। अधिक सामान्य रूप से दृष्टि डालने पर यह स्पष्ट होता है कि विद्रोहियों की पराजय का मूल कारण यह था कि अन्य आदिवासी दलों का इसे समर्थन नहीं मिल सका, विशेषकर दंडामी माड़ियों का। केन्द्रीय शक्ति को हस्तगत करने का प्रयास करने से पूर्व डोंगर-क्षेत्र में उन्होंने अपनी स्थिति को सुरक्षित बनाने का प्रयास नहीं किया। आदिवासी समूहों का समर्थन आकर्षित न कर पाने का प्रमुख कारण था कि विद्रोही नेताओं की सीमित पार्श्वभूमि थी। यदि विद्रोहियों में एक से अधिक नेता होते और यदि यह नेतृत्व अधिक फैला होता, तो अन्य आदिम जाति-समूह के लिए यह संभव होता कि वे अपना प्रभाव डाल पाते। यह भी कारण है कि यदि अजमेरसिंह डोंगर में अधिक समय तक अपनी स्थिति बनाये रखता था, तो उसे समस्त आदिवासियों का समर्थन प्राप्त करने में अधिक सफलता मिलती।

ठोस राजनैतिक ढाँचा न होने के कारण तथा कोई आधारभूत क्षेत्र न होने के कारण शीघ्र ही हल्बा-विद्रोहियों (चार सेनाओं के द्वारा—भोंसला, जैपुरी, कंपनी और दरयादेव की सेना) का नाश हो गया। अजमेरसिंह की विद्रोही सैनिक शक्ति का प्रभाव केवल दरयावदेव की सेना से मुकाबले तक ही सीमित था। समान रूप से यह भी महत्वपूर्ण है कि भोंसला, कंपनी-सरकार तथा जैपुर की सेना की सहायता से दरयावदेव ने एक अजेय सेना तैयार कर ली थी और बाद में स्वयं को एक अत्यंत शक्तिशाली कमांडर के रूप में प्रस्तुत कर सका। फिर भी इस विद्रोह से चालुक्य-राज्य का अंत हो गया। परिणामस्वरूप बस्तर का भाग्य बदल गया। बस्तर पर मराठों के आगमन के लिए मार्ग प्रशस्त हो गया। कंपनी—सरकार के खूनी पंजे बस्तर पर गड़ने लगे।

13

आदिवासी सरदारों और सामंतों की भूमिका

बस्तर-राज्य के अधिकतर अंचल वन्य, सुनसान, दर्दांत, उन्मत्त, स्वच्छंद, बेलगाम तथा पहाड़ी प्रकृति के थे, जिनके कारण विक्रांत सरदारों के अनेक छोटे-छोटे राजवंशों का यहाँ उद्‌भव और विकास हुआ। इन छोटे-मोट सरदारों ने विवेच्य मध्ययुग में स्थानीय तौर पर अत्यधिक शक्ति और प्रभाव का प्रदर्शन किया था। इन परिवारों में से प्रत्येक के स्वामित्व का प्रसार सीमित था और इनके शासक छोटे-मोटे सरदार थे, फिर भी वे हट्टे-कट्टे और सहासी थे और उनकी शक्ति उनके ऐसे गढ़ों तक सीमित थी, जो अलंघ्य व अभेद्य थे। ये आमतौर पर **गिरिदुर्ग** या **वनदुर्ग** की कोटि में आते थे। उन दिनों इन्हें माड़िया-सरदार कहा जाता था और ये धनुर्विद्या तथा पर्वतीय युद्धविद्या में दक्ष थे। इनमें से किसी एक भी **गिरिदुर्ग** या **वनदुर्ग** पर विजय उन दिनों एक बहुत बड़ी उपलब्धि मानी जाती थी और विजेता की 'जयजयकार' होती थी। विजेता बड़ी लम्बी-चौड़ी उपाधियाँ धारण करता था और पराजित सरदारों के तमगे लगाकर शान से घूमता था। ये माड़िया सरदार अपने पड़ोसी राजाओं के सीमांत क्षेत्रों पर लगातार खतरा बने रहते थे। जब पड़ोसी राजाओं के क्षेत्र में कोई गृहयुद्ध होता या जब वे निर्बल शासक सिद्ध होते, तब और भी अधिक दुगुने उत्साह के साथ इनके आक्रमण होने लगते और संबद्ध राज्य की जनता त्राहि-त्राहि करने लगती।

क्षेत्र की दुर्गम प्रकृति को पहचान कर ही अन्नमदेव ने कतिपय प्रशासनिक सुधारों को लागू किया था तथा प्रशासकीय मशीनरी को पुनर्गठित किया था। राज्य के कल्याण के लिए विभिन्न भागों में उन्होंने बीस आदिवासी सरदार नियुक्त किए थे। अन्नमदेव उन आदिवासी सरदारों की सलाह से ही राज्य के शासन को संचालित करते थे।

बस्तर के स्थानीय कबीले का प्रत्येक सरदार अपने क्षेत्र पर एक स्वतंत्र हैसियत से शासन करता था, जैसा कि स्थानीय दस्तावेजों से पुष्ट होता है। अपने दस्तावेजों में वे अपने सर्वसत्ताधिकारी राजा को न तो अहमियत देते हैं और न ही उसका उल्लेख

करते हैं। हमें कहीं भी यह सूचना नहीं मिलती कि इन आदिवासी सरदारों और बस्तर के चालुक्य-राजाओं के बीच राजनीतिक संबंधों का क्या स्वरूप था? हाँ, इतना अवश्य है कि इन स्थानीय सरदारों में से ही **'द्वादशपात्रों'** (इपी. इंडिका, 12:242) यहा बारह मंत्रियों का चुनाव होता था या नियुक्ति होती थी। परम्पराओं से यह भी ज्ञात होता है कि संकट की घड़ी में ये सरदार चालुक्य-राजाओं को सैनिक सहायता मुहैया कराते थे। परम्पराओं से यह भी ज्ञात होता है कि इन सरदारों की पुत्रियों का विवाह भी बस्तर के चालुक्य-राजकुमारों से होता था और ऐसी संतान 'कुँअर' कही जाती थी। पटरानी भले ही किसी क्षत्रिय घराने की हो, किन्तु एक रानी अवश्यमेव इन कबीलों की बेटी होती थी। इस प्रकार यहाँ एक प्रकार की 'नातेतारीपरक राजनीति' का आभास मिलता है, जिसमें राजा और प्रजा दोनों ही रक्तसंबंधी होते थे। प्रशासन का यह एक सुदृढ़ तरीका था और शायद इसी परम्परा का अवशेष बस्तर में आज भी हैं, जिसके अनुसार यहाँ किसी आदिवासी को **'मामा'** संबोधन से पुकारा जाता है, जिसका सांकेतिक अर्थ है 'उसकी पुत्री का पति बनने की आदिम इच्छा'। इसी कारण यहाँ के आदिवासी कबीलों को व्यावहारिक तौर पर पूर्ण स्वतंत्रता मिली हुई थी और उनके आंतरिक प्रशासन में राजा भी दखल नहीं दे सकता था।

इन आदिवासी सरदारों तथा सामंतों ने विवेच्य युग के बस्तर में अपनी प्रभावकारी भूमिकाओं का निर्वाह किया था। इनकी जमींदारियों पर यहाँ संक्षेप में विचार किया गया है।

1. रेकापल्ली जमींदारी

काकतीय प्रतापरुद्रेव के सहायक अधिकतर सेनापति या तो युद्धभूमि में मारे गए अथवा वहाँ से भागकर उन्होंने अपनी जान बचायी। केवल तीन पुराने सेनापति उस विनाश से बच पाए। उनमें से एक था कोलनि रुद्रदेव। कोलनि रुद्रदेव की मृत्यु के पश्चात् प्रोलय नायक ने उक्त राजकीय पद को धारण किया और आंध्र प्रदेश के समुद्रतटीय जिलों में शासन करने लगा। उसने खम्मम जिले के भद्राचलम तालुक के अंतर्गत रेकापल्ली में अपनी राजधानी स्थापित की, जैसा कि **विलासदान-पत्र** (तदेव) से प्रमाणित होता है। उक्त राजधानी पूर्वी घाट के पहाड़ी क्षेत्र में थी, जिसके चारों ओर घने जंगल तथा दुर्गम नदियाँ थीं। इस प्रकार रेकापल्ली 'गुरिल्ला युद्ध' के लिए एक आदर्श केन्द्र थी। इसी केन्द्र से आदिवासी सरदार उन्नीसवीं शताब्दी में ब्रिटिश-शासन के विरुद्ध गुरिल्ला युद्ध का नेतृत्व करते रहे हैं।

मूसनूरि-वंश का प्रोलय नायक एक युवा तथा साहसी सरदार था, जो **चतुर्थकुल** (शूद्र जाति) में पैदा हुआ था। वह पोत का नाती व पोचक नायक का पुत्र था। वह अन्नमदेव का समाकलिक रहा होगा। मुसनूरि-सरदार बहुत बड़े योद्धा थे। रेकापल्ली में

उनके शासन का अंत 1367 ई० में हो गया था, अन्नमदेव की मृत्यु से दो वर्ष पहले। उसके बाद अन्नमदेव ने रेकापल्ली को बस्तर-राज्य के अंतर्गत मिला गया। रेकापल्ली अजमेरसिंह के शासनकाल तक बस्तर की ही एक जमींदारी थी, किन्तु दरयावदेव के काल में रेकापल्ली के जमींदारी ने अपने को बस्तर से अलग कर लिया था और जमींदारी को स्वतंत्र घोषित कर दिया था।

2. चेरला जमींदारी

चेरला-जमींदारी का संस्थापक सिंगमननायक अन्नमदेव का समकालिक था और प्रातपरुद्र का सेनापति था। रेचर्लावंश का एक शक्तिशाली सेनानायक जिसका नाम दामनयूडु था, उसे काकतीय राज्य का संस्थापक कहा गया है—**काकतिराज्य प्रतिष्ठापनाचार्यः**। उक्त दामन राजा का उल्लेख मुरिया-लोकगीतों में हुआ है, विशेषकर घोटुलगीतों में वह बार-बार आया है। दामनराजा के वंशज को रेचर्ला रेड्डी या केवल रेड्डी नाम से जाना जाता है। वे गोदावरी के दक्षिणी तट पर 1448 ई० तक शासन करते रहे। उक्त तिथि के बाद उनका राज्य बस्तर राज्य का एक भाग बन गया और भैरवदेव के काल में वह जमींदारी में संकुचित हो गया। उक्त जमींदारी 1779 ई० तक बस्तर के अधीन थी।

3. माडिय जमींदारी

रेचेर्ला राजा अपने क्षेत्र के विस्तार में भी व्यस्त थे। रेचेर्ला-परिवार के **अनावोत नायक द्वितीय** ने 1369 ई० में बस्तर पर सैनिक आक्रमण किया था और इस अंचल के 'सप्तमाडिय राज्य' एवं 'बारहदोण्टी राज्य' को जीत लिया था। 'माडिय' या 'माड' संस्कृत शब्द 'माल' से व्युत्पन्न है, जो बस्तर की उन्नतभूति वाले क्षेत्र का वाचक है—**मालमुन्नतभूमिः**। आज भी माड़िया उक्त उन्नभूति वाले माड़क्षेत्र में निवास करते हैं। इससे यह ध्वनित होता है कि अन्नमदेव के काल तक सात गोत्रचिह्नों वाले माड़िया माड़ अंचल के अलग-अलग क्षेत्रों पर शासन कर रहे थे—-**सप्तमाडियनूप**। इस सात 'माडियनृपों' की चर्चा इस ग्रंथ के आठवें अध्याय में है। इन 'सप्तमाडियनृपों' का उल्लेख माड़िया-लोकगीत में भी मिलता है—**सातु जाड़, राजालोर बूबा, राजान लाड़ने केरक बूबा**। "पिता जी, हमारे सात राजा थे। उनके कारण मैं यह पहनूँगा"

4. बारहदोन्ति जमींदारी

'बारह' का अर्थ 'द्वादश'। तदनुसार 'बारहदोन्तिनृपों का संकेतितार्थ है बस्तर राज्य के बारह क्रमिक राज्यों के शासक, जिन्हें अन्नमदेव ने स्वाधीन किया था (बस्तर-राजपरिवार के दस्तावेज)। 'दोन्ति' शब्द 'क्रमिक' के अर्थ में है, जिसका भावार्थ

है कि वे बारह राज्य एक-दूसरे से सटे हुए थे जब अल्ल्य वर्मा ने कालाहंडी तक सशस्त्र युद्ध किया था, तब उसके दानपत्र में बस्तर के इन क्रमिक राज्यों की भी चर्चा थी। तब ये बस्तर के माण्डलिक राज्य थे (अल्लयवर्मा का दानपत्र)। राजमहेन्द्रवरम के रेड्डी राजकुमार ने बारहदोन्ति था सप्तमाड़ियनृपों को संरक्षण दिया था—**बलवद् बारहदोन्ति मान्ने धरणीपालावरोधांगना विलसन्-मंगलसूत्र-रक्षणकलविख्यातकारुण्य—**

अन्नमदेव के राजवंशावलीमूलक दस्तावेजों में 'बारह मान्य' का संदर्भ आता है, जो इस अभिलेखीय तथ्य की ओर संकेत करता है (**एस. आई० आई०,** खण्ड 4, संख्या 798)।

5. झाडेश जमींदारी

इस ग्रंथ के आठवें अध्याय में जिस 'झाडेश' का उल्लेख हुआ है, वह बस्तर के झोड़ियान क्षेत्र का वाचक है (**साउथ इंडियन इंस्क्रिप्शंस,** तदेव) और इससे संकेत मिलता है कि चौंदहवीं शताब्दी में झोड़िया झोड़ियान क्षेत्र के शासक थे। उस समय 'सप्तमाड़िया' दक्षिण के माड़ियान के शासक थे, जबकि 'झोड़िया' उत्तर बस्तर के पहाड़ी अंचल में शासन कर रहे थे। आज भी झोरिया गीतों में उसका संदर्भ मिलता है—

मुटका हिलाय वायतोना, नना झोरिया लयोर।
नाके हुर्से वरिन्तु, नाना झोरिया लयोर।
पिचाल टंगिया कंजतोना, नना झोरिया लयोर।
करिया कोट करतुना, नना झोरिया लयोर
मण्डा हेइ वाइतोना, नना झोरिया लयोर
"मैं उससे लड़ने आया हूँ, झोरिया युवक हूँ।
मुझे देखकर वह भयातुर है, मैं झोरिया युवक हूँ।
मैंने एक टँगिया ले रखी है मैं हूँ झोरिया युवक।
मैंने युद्ध का काला पोशाक पहना है, मैं झोरिया युवक हूँ।
मैंने उसे युद्धमण्डप में जीत लूँगा, झोरिया युवा हूँ।"

6. भोपालपटनम जमींदारी

भोपालपटनम का प्राचीन इतिहास अंधकारमय है। मुझे उक्त संबंध में कोई दस्तावेज भी नहीं मिला। उक्त जमींदारी के संबंध में एक पारंपरिक अनुश्रुति मिलती है, जिसमें कहा गया है कि भोपालपटनम जमींदार के पूर्वज अन्नमदेव के उस समय पालकी—वाहक थे, जब वह अनेक अनुयायियों और मित्रों के साथ वारंगल से बस्तर

आया था। यह भी कहा जाता है कि जब अन्नमदेव गोदावरी पार कर रहा था तो हवा के एक प्रचण्ड झोके ने उसके दल पर आक्रमण कर दिया था। कहानी में यह भी वर्णन है कि हवा के उस बवण्डर से एक भयावह 'ड्रैगन' (अजगर) प्रकट हुआ था, जिसने दल को परेशान करना प्रारंभ कर दिया और किसी में साहस नहीं था कि वह अजगर के माथे पर प्रहार करता। तब पालकी-वाहकों में से एक ने हिम्मत जुटायी और उस भयावह अजगर का सामना किया तथा उसे भाले से वहीं मार डाला। अन्नमदेव की सेना तब आगे बढ़ी। अन्नमदेव उस पालकी ढोने वाले पर बहुत प्रसन्न हुए और जब उन्होंने बस्तर-राज्य की स्थापना की तो पालकी ढोने वाले को भोपालपटनम-जमींदारी उसके पराक्रम के बदले प्रदान की थी। इस प्रकार एक पालकी ढोने वाला जमींदार बन गया। यदि उक्त कथा में सत्यांश है, तब मानना होगा कि उसकी विरुद **"गालिवीर पामभोई"** सही है, जिसका अर्थ है "ऐसा पालकी—वाहक जिसने बवण्डर के अजगर का वध किया। उक्त पद में गालि (हवा), वीर (बहादुर), पाम (अजगर) तथा भोई (पालकी-वाहक) शब्द तेलुगु शब्द हैं। इसके बाद उन्होंने विरुद को बदल लिया तथा परिवर्तित विरुद **"कृष्णपामभोई"** हो गयी। इससे प्रतीत होता है कि भोपालपटनम के जमींदार के लिए कुख्यात थी।

पामभोई के वैवाहिक संबंध कुटरू तथा अहीरी के जमींदारों से हुए थे। भोपालपटनम जमींदारी एक जमाने में लूटपाट तथा डकैती के लिए कुख्यात थी।

यह बस्तर की प्रमुख जमींदारियों में से एक थी। कालांतर में यह चार भिन्न-भिन्न परगनों में विभाजित हो गयी—भोपालपटनम परगना, लिंगापुर परगना, मद्देड़ परगना तथा चंदूर परगना (महाराष्ट्र।

यह जमींदारी 18^0-37^0 व 19^0-12^0 उत्तरी आक्षांश तथा 80^0-18^0 व 80^0-45^0 पूर्वी देशांश के मध्य अवस्थित थी। जमींदारी का कुल क्षेत्रफल 722 वर्गमील था, जिसके अंतर्गत 139 गाँव थे, जिनमें 14 जनशून्य थे। यहाँ की कुल जनसंख्या 9055 थी (दि ब्रेत, 1909, 323)। जमींदारी के अंतर्गत प्रवाहमान प्रमुख नदियाँ इंद्रावती, गोदावरी व चिंतावागु हैं।

भोपालपटनम्-जमींदारी बहुत प्राचीन मानी जाती है। यहाँ के जमींदार अपनी वीरता के लिए प्रसिद्ध थे। ब्लंट ने 1795 ई० के अपने यात्रा-वृत्तांत में यहाँ के गोंडों व उनके राजा का विस्तृत चित्र उपस्थित किया था, जिसका विवेचन चतुर्थ अध्याय में किया गया है। ब्लण्ट (1795) व दि ब्रेत (1909, 51) ने यहाँ के जमींदारी को गोंड जाति का माना है तथा केदारनाथ ठाकुर (1908, 123) ने इन्हें 'भोई' जाति का माना है। चूँकि गोंडों की ही एक उपशाखा 'भोई' है, अतएव उपर्युक्त लेखकों की उक्ति विरोधपूर्ण नहीं है।

भोपालपटनम के जमींदारों के संस्मरणों के अनुसार इनके पूर्वजों ने वारंगल-नृपति प्रतापरुद्र की बहुत सेवा की थी तथा जब मुगलों ने वारंगल के विरुद्ध आक्रमण किया था, उस समय इनके पूर्वजों ने मुगलों के छक्का छुड़ा दिए थे। प्रतापरुद्रदेव ने प्रसन्न होकर इन्हें इस क्षेत्र का जमींदार बना दिया था। विवरणों से यह ज्ञात होता है कि वारंगल के काकतीयों का अधिकार गोदावरी के तट तक था। अतएव ऐसी संभावना सहज ही की जा सकती है कि प्रारंभ में ये गोदावरी के दक्षिण में प्रशासक रहे होंगे व कालांतर में बस्तर की नाग-सत्ता की दुर्बलता के कारण इन्होंने दक्षिण-पूर्व बस्तर का बहुत अधिक भाग हस्तगत कर लिया होगा।

वारंगल के शासक पर जब दुबारा विपत्ति आयी, उस समय भी भोपालपटनम जमींदार के पूर्वजों ने अपनी स्वामिभक्ति प्रदर्शित की थी। प्रतापरुद्रदेव को तो मुगल-शासक बंदी बनाकर दिल्ली ले आए थे, किन्तु उनके अनुज अन्नमदेव की इन्होंने रक्षा की थी तथा अन्नमदेव को पालकी में बैठाकर बस्तर लाए थे (केदानराथ ठाकुर, 1908, 123, दि ब्रेत 1909, 51)। यह भी संभावना की जा सकती है कि बस्तर में चालुक्य-वंश की स्थापना में इन्होंने अन्नमदेव की सैन्य सहायता की होगी। ये चिरकाल तक बस्तर-राज्य के स्वामिभक्त बने रहे और यही कारण है कि चालुक्य-नृपतियों ने समय-समय पर इनकी वीरता से प्रसन्न होकर इन्हें ग्रामदान से पुरस्कृत किया था। 1901 ई० तक ये जगदलपुर के निकट अनेक गाँवों के स्वामी थे।

इस जमींदारी का इतिहास भारतीय स्वाधीनता-संग्राम की दृष्टि से भी अमर है। 1857 ई० में यहाँ के यादोराय नामक एक तालुकेदार ने अंग्रेजों के विरुद्ध झण्डा उठाया था तथा चाँदा जिले की अहीरी जमींदारी के अंग्रेजी शासकों की आँख का काँटा बन गया था। उस समय यादोराय—जैसे प्रचण्ड गोंड सेनानी को पकड़ने का किसी को साहस नहीं हुआ था तथा भोपालपटनम के जमींदार ने ही उसे वश में किया था व बंदी बनाया था। भोपालपटनम जमींदार के इस कार्य से प्रसन्न होकर अहीरी-जमींदार के अंग्रेज प्रशासकों ने उसे मल्लमपल्ली नामक परगना 1859 ई० में उपहार के रूप में दिया था, जो पहले अहीरी जमींदारी के अंतर्गत था। 1908 ई० में नए नियम के अनुसार मल्लमपल्ली-परगना पुनः अहीरी जमींदारी में मिला दिया गया, किन्तु भोपालपटनम के जमींदार का वहाँ से भूमिकर (मालकाली) वसूल करने का अधिकार सुरक्षित रहा (केदारनाथ ठाकुर 1908, 123)। 1918-19 ई० में इस जमींदारी का अस्तित्व 'कोर्टस् आफ वार्डस्' के अधीन था। इस जमींदारी का अस्तित्व 1947 ई० तक रहा तथा स्वतंत्रता-प्राप्ति के पश्चात् यह बस्तर-जिले में विलीन हो गई।

ब्रिटिश-शासनकाल में भोपालपटनम जमींदारी नौ परगनों में विभक्त थी, जिनमें 8 माझी परगने व 1 चालकी परगना था। जमींदारी का तीन चौथाई भाग जंगली व पहाड़ी थी। अतएव जमींदारी के आय के प्रमुख साधन सागौन आदि इमारती लकड़ियाँ

रही हैं। लकड़ी का निर्यात इंद्रावती व गोदावरी नामक दो नदियों से होता था। जमींदारी की मिट्टी बालुकामय है। यहाँ चावल अधिक पैदा होता था।

1904 ई० से भोपालपटनम से कोरंडम निकालने का कार्य प्रारंभ किया गया था (केदारनाथ ठकुर, 1908, 19)।

भोपालपटनम का मुख्यालय भोपालपटनम था, जहाँ 1908 ई० के पूर्व राजमहल, अस्तपाल, स्कूल, पोस्ट आफिस, पुलिस आफिस, इंजीनियर आफिस व तहसीली कार्यालय थे (केदारनाथ ठाकुर, 1908, 123)। भोपालपटनम इस समय तक सड़क-मार्ग से जगदलपुर से जुड़ गया था।

जमींदारी के मुख्यालय के अतिरिक्त मद्देड़ भोपालपटनम जमींदारी का उस समय एक प्रमुख गाँव था, जो भोपालपटनम से बारह मील की दूरी पर स्थित है। 1901 ई० की जनगणना के अनुसार यहाँ की जनसंख्या 812 थी। गाँव में जंगल नाका, पोलिस-थाना, पोस्ट आफिस तथा वर्नाक्यूलर मिडिल-स्कूल की स्थापना 1909 ई० से पूर्व हो चुकी थी (दि ब्रेत, 1909, 342)।

1887 में यहाँ के जमींदार नारायन राजकुमार थे।

7. फुतकेल जमींदारी

फुतकेल-जमींदारी की ऐतिहासिकता भोपालपटनम जमींदारी से जुड़ी हुई है। दोनों ही अन्नमदेव के अनुचर थे, भोपालपटनम पालकी-वाहक तो फुतकेल चरवाहा। इसलिए इन दोनों जमींदारों की उपाधियाँ उपहार से जुड़ी हुई हैं। फुतकेल जमींदार के पूर्वज अन्नमदेव के बस्तर आने से पूर्व यहाँ विद्यमान थे और भूमि के स्वामी थे। यह जमींदारी 375 वर्गमील में फैली हुई थी तथा इसके अंतर्गत 30 गाँव थे। 1862 ई० में यहाँ का जमींदार नागुल दोरा था, जाति से तेलंगा तथा ग्वाला (ग्लसफर्ड 1862)। इस जमींदारी पर हैदराबाद के निजाम तथा बस्तर के पड़ोसी राज्यों से हमले होते रहते थे।

फुतकेल-जमींदारी 18^0-24^0 व 18^0-36^0 उत्तरी अक्षांश तथा 80^0-47^0 व 81^0-2^0 पूर्वी देशांश के मध्य अवस्थित थी। यहाँ का कुल क्षेत्रफल 155 वर्गमील था तथा गाँवों की कुल संख्या 22 थी, जिनमें 2 जनशून्य थे। 1901 ई० की जनगणना के अनुसार यहाँ की कुल जनसंख्या 1566 थी। इस जमींदारी में तालपियर नामक नदी बहती है। उपर्युक्त विवरण से स्पष्ट है कि फुतकेल क्षेत्रफल की दृष्टि से सबसे छोटी जमींदारी थी। यहाँ के जमींदार जाति से रावत (दि ब्रेत, 1909, 51) या धनगर अर्थात् चरवाहे (केदारनाथ ठाकुर, 1908, 126) थे। उसका परिवार वारंगल का निवासी था। केदारनाथ ठाकुर 1908-126 के अनुसार ये महाराज बस्तर के साथ वारंगल से ढोर चराते आए थे एवं दि ब्रेत (1908, 52) के अनुसार यह परिवार वारंगल-राजा का पानी भरता था।

"फुतकेल-जमींदार के पूर्वज प्रचण्ड योद्धा थे, किन्तु वे लूट-पाट व पड़ोसी क्षेत्रों पर आक्रमण करने में अभ्यस्त थे। ये जंगल में छिपकर मुसाफिरों का वध कर डालने के पश्चात् उनकी सम्पत्ति हो हथिया लेते थे। (केदारनाथ ठाकुर, 1908, 126)।"

फुतकेल-जमींदारी यद्यपि बस्तर की जमींदारियों में क्षेत्रफल की दृष्टि से लघुतम थी, तथापि तद्युगीन अन्य जमींदारियों; यथा–चिंतलनार व कोतापाल से अधिक महत्त्वपूर्ण थी। जमींदार ब्राह्मणों का भक्त था। अतएव 1878 ई० अनेक ब्राह्मण व दक्षिण भारतीय यहाँ आकर बस गए थे। 1887 ई० में इस जमींदारी को सनद प्राप्त हुई थी। जमींदार का नाम मल्लुदुरा था।

1908 ई० में जमींदारी का मुख्यालय एक प्रकार से उजाड़ हो गया था तथा वहाँ तीन या चार मकान से अधिक न थे। जंगल-नाका व एक बृहदाकार सरोवर उस समय आकर्षक थे (केदानाथ ठाकुर, 1908, 126)।

रुद्रप्रतापदेव के समय 1908 ई० में यह जमींदारी 'कोरट' हो गई थी। अर्थात् जमींदार की अल्पवयस्कता के कारण जमींदारी का प्रबंध राज्य के अधीन था। टीकासहित 1908 ई० में प्रदत्त यहाँ की टकोली 824 रुपए 6 आने 6 पाई थी। ग्रिगसन (1938) के पूर्व इस जमींदारी को समाप्त कर बस्तर-राज्य में मिला लिया गया था–

"For watn of sufficient status, the feduatory Chief with the previous sanction of political Agent resumed the estate on 25.8.1909. Since then the estate was given on quit-rent tenure. In 1920 December Phulkel Mafidar died of influenja without heir and full revenue is now collected by the State (Jagdalpur Records, upublished)."

8. बीजापुर जमींदारी

बीजापुर जमींदारी भोपालपटनम से पूर्व में स्थित थी तथा इसका क्षेत्रफल 1700 वर्गमील था। यह एक तेलंगा के अधिकार में थी। यह व्यापारिक मार्गों से हैदराबाद से पूरी तरह जुड़ी हुई थी।

9. कोतापल्ली जमींदारी

यह राज्य के दक्षिण-पश्चिम कोने में स्थित सबसे छोटी जमींदारी थी। उत्तर में बीजापुर के गाँव तथा भोपालपटनम जमींदारी की लिंगागिरि परगना, पश्चिम में मद्रास प्रेसीडेंसी तथा दक्षिणी-पूर्व में कोण्टा से यह घिरी हुई थी। इसके अंतर्गत दो परगने थे–पामेड़ परगना तथा कोतापल्ली परगना, जिनके अंतर्गत कुल 28 गाँव थे। यहाँ का जमींदार तेलंगा था।

10. पामेड़-जमींदारी

यहाँ के जमींदार माड़िया थे तथा ये अन्नमदेव के समय में मशालची थे। वे अन्नमदेव के साथ वारंगल से बस्तर आए थे (दि ब्रेत, 1909)।

कोतपल्ली-पामेड़-जमींदारी

इस जमींदारी को कोतपाल, कोतपल्ली तथा पामेर आदि विविध नामों से पुकारा जाता था। स्पष्टतः इसमें कोतपल्ली व पामेर नामक लघु जमींदारियाँ मिली हुई थीं। यह जमींदारी पहले भीजी-गणराज्य (व कालांतार में उससे पृथक) का ही एक भाग थी। यह 18^0-12^0 व 18^0-26^0 उत्तरी आक्षांश तथा 81^0-15^0 व 81^0-46^0 पूर्वी देशांश के मध्य अवस्थित थी, जिसका क्षेत्रफल 228 वर्गमील था। 1901 ई० जनगणना के अनुसार इसकी जनसंख्या 1080 थी।

यद्यपि कोतपल्ली का इतिहास भीजी वे चिंतलनार प्रभृति जमींदारियों से संबद्ध हैं, जिससे अन्न्मदेव के आने से पूर्व इसकी स्थिति का आभास होता है तथा ज्ञात होता है कि यहाँ के जमींदार माड़िया थे, तथापि यहाँ के जमींदार-परिवार के लोगों ने केदारनाथ ठाकुर (1908, 126) से कहा था कि वे बस्तर-महाराज अन्नमदेव के मशालची थे। दि ब्रेत (1909, 51) ने इन्हें राजगोंड कहा है।

यह जमींदारी गोदावरी के निकट बस्तर के दक्षिणी हिस्से में अवस्थित थी। 1887 ई० में बस्तर के राजा ने इस जमींदारी को विधिवत् सनद प्रदान की थी। उस समय यहाँ के जमीदार लिंगैय्या थे। 1908 (केदारनाथ ठाकुर, 126) तथा 1909 (दि-ब्रेत, 339) में यहाँ का जमींदार नाबालिग था तथा जमींदार का प्रबंध उसकी विधवा माँ कर रही थी। इस जमींदारी से बस्तर-राज्य को प्रति वर्ष 527 रुपए टकोली के रूप में मिलते थे।

जमींदारी में कोई स्थल दर्शनीय न था तथा जमींदारी के मकान माड़ियों (1908 ई० में इन्हें मुरिया कहा जाता था) के समान ही थे। यह जमींदारी भी अपेक्षाकृत सम्पन्न न थी। केवल गाय, बैल व भैंस के अतिरिक्त कोई सम्पत्ति न थी (केदारनाथ ठाकुर, 1908, 126) तथा जमींदार का सागौन व शाल जैसे मुल्यवान् वृक्षों पर भी अधिकार न था। वे बस्तर-राज्य के स्वामित्व में थे।

इस जमींदारी के संबंध में केवल एक बात यह उल्लेखनीय है कि यहाँ के एक गाँव **पुजेरी काँकेर** में प्रति माघ मास एक विशाल मेले का आयोजन होता था, जिसे "पंचपाण्डव" का मेला कहा जाता था (केदारनाथ ठाकुर, 1908, 126)।

यह जमींदारी 1947 ई० तक कायम रह कर प्राचीन भीजी-राज्य का स्मरण दिलाती रही है। 1948 ई० में यह जमींदारी बस्तर-जिले के अंतर्गत बीजापुर-तहसील में विलीन हो गई।

11. भीजी जमींदारी

यह 855 वर्गमील में फैली हुई थी तथा इसके अंतर्गत 100 गाँव थे। यहाँ के जमीदारों के चिंतलनार के जमींदारों से वैवाहिक संबंध थे।

भीजी-राज्य

अन्नमदवे के बस्तरागमन से पूर्व भीजी (या भेजी या बीजी या बेजी) दक्षिण बस्तर का एक शक्ति संपन्न राज्य था। इसका विवरण केदारनाथ ठाकुर (1908, 125) ने इस प्रकार दिया है– 'यहाँ के जमींदार कोरकोण्डा वंश के हैं। किंवदंती है कि रासएलका नामक एक जंगली मूसा था। उसको एक पुत्र की प्राप्ति हुई। उस बालक को सोयम बाड़ू माड़िया ने लाकर पाला और माड़ियों ने यह समझा कि ईश्वर के अनुग्रह से उन्हें राजा प्राप्त हुआ है। फलतः उसे राजा बना दिया तब से कोरकोण्डा अर्थात् उस दत्तक बालक व राजा के वंशज यहाँ राज्य करते रहे। भीजी एक विशाल राज्य था तथा कालांतर में कोरकोण्डा वंशीय राजा के छह पुत्र हुए। राजा ने अपने राज्य को अधोलिखित छह संभागों में बाँट कर अपने पुत्रों को वहाँ का शासक बनाया।' वे छह राज्य इस प्रकार थे-

(क) चिंतलनार,	(ख) कोतापाल,	(ग) सुकमा,
(घ) भीजी,	(ड) कोत्तागुड़म्,	(च) रेकापल्ली ।

इन उपराज्यों का निर्माण नागयुग में ही हो चुका था। इनमें से तीन लघु राज्य अर्थात् जमींदारियों का विवरण अग्रिम परिच्छेद में किया गया है। यहाँ शेष मण्डलों की चर्चा है।

भीजी-जमींदारी

भीजी राज्य चालुक्य-नृपति वीरनारायणदेव (1538-1553) तक स्वतंत्र था तथा चालुक्य-वंश पर इसकीसदा निगाह लगी रहती थी। वीरनारायणदेव के समकालिक भीजी-राजा का नाम देवचन्द्र तथा उनकी पत्नी का नाम जाली भवानी था। इनके जगराज तथा मतराज नामक दो पुत्र थे। ऐसा उल्लेख मिलता है कि देवचन्द्र चुड़े-वंश का एक गोंड-राजा था तथा वह सर्वप्रथम कोरकोण्डावंशीय भीजी-राजा का दीवान बनकर आया था व कोरकोण्डा-राजा की निस्संतान मृत्यु के कारण स्वयं राजा बन गया था (केदारनाथ ठाकुर, 1908, 125-6)। इसकी बढ़ती हुई शक्ति के कारण वीरनारायणदेव (1538-1553) ने इस पर आक्रमण किया था। प्रथम अभियान में तो वे पराजित हुए तथा उनके सेनानायाक को भीजी-राजा ने बंदी बना लिया, किन्तु पुनः अभिक्रमण पर उनकी विजय हुई तथा भीजी चालुक्य-शासन का करद मण्डल बन गया (देखिए, प्रस्तुत ग्रंथ, तृतीय अध्याय, वीरनारायणदेव)।

जगराज के पश्चात् क्रमशः छेनमराज, तिमाराज वे रामराज प्रभृति चुड़ेवंश के शासकों का भीजी पर अधिकार रहा। रामराज प्रायः फौजी ठाठ के साथ रहता था। उसने कई रुहिल्लों को अपनी सेना में नियुक्त कर रखा था। वह प्रायः रंफा इलाके में जाकर लूटपाट करता था। वह इतना शक्तिशाली था कि उसने दो बार तेलंगाना के रेड्डियों को खुली लड़ाई में जीता था। उसके पास चार सौ सैनिक निंरतर रहते थे (केदारनाथ ठाकुर, 1980, 125-26)।

चुड़े-वंश के शासकों की निस्संतान मृत्यु के कारण वहाँ उनका दीवान शासक बना। 1896 ई० तक भीती की सत्ता एक स्वतंत्र जमींदारी के रूप में थी। उसके पश्चात् ब्रिटिश-शासन ने उन्हें जमींदारी का पद दिया। 1908 ई० में वहाँ के जागीरदार को उबारीदार का पद दिया गया था। कोण्डराज बाबू उबारीदार थे। 1908 ई० में भीजी-उबारीदारी के अंतर्गत आठ गाँव थे, जो आंशिक जमा पर दिए गए थे (दि ब्रेत, 1909, 52)।

इस प्रकार भीजी का राज्य से जागीर, जागीर से उबारदारी में परिवर्तित होने का इतिहास है। इन विविध क्रमों में भीजी ही यहाँ का मुख्यालय बना रहा। उन्नीसवीं शताब्दी में भीजी कोण्टा-तहसील का मुख्यालय था। 1908 ई० तक भीती में एक प्राथमिक पाठशाला व पुलिस-चौकी की स्थापना हो चुकी थी। 1901 ई० की जलगणना के अनुसार यहाँ की जनसंख्या 731 थी। भीजी के अनेक सरोवर व पंदरि आज भी इस क्षेत्र की प्राचीनता के मूक उद्घोषक हैं।

गोदावरी नदी के दक्षिण की जमींदारियाँ : कोत्तागुड़म तथा रेकापल्ली

भीजीः राज्य के अंतर्गत गोदावरी के दक्षिण में कोत्तागुड़म तथा रेकापल्ली नामक दो जमींदारियाँ थी। इस प्रकार अठारहवीं शताब्दी के अंतिम चरण तक आधुनिक आंध्र प्रदेश के खम्मम व पश्चिमी गोदावरी जिलों का अधिकांश भाग बस्तर के अंतर्गत था।

'भीजी के राजा ने जब रेकापल्ली के राजा के साथ अपनी कन्या का विवाह किया, उस समय उसने-दहेज में गोदावरी से लेकर कुल मौंजे व जमीन रेकापल्ली-राजा को दे दी थी। दोनों राजाओं के मध्य एक नई सरहद निश्चित की गई थी। अद्यावधि वहाँ **'मुजरी इप्पा'** नामक स्थान पर तीन वृक्ष ऐंठे हुए व एक दूसरे से मिले हुए हैं तथा एक तिकोन पत्थर गड़ा हुआ है (केदारनाथ ठाकुर, 1908, 125.26)।' जब भेजी-राजा ने सोलहवीं शताब्दी के मध्य में चालुक्य-वंश की अधीनता स्वीकार कर ली थी, उस समय रेकापल्ली का राजा भी बस्तर-शासन के अधीनस्थ हो गया था। इस प्रकार

अठारहवीं शताब्दी के तृतीय चरण तक रेकापल्ली-राज्य के अंतर्गत अधोलिखित तालुक थे, जो चालुक्य-शासन की अधीनता में रहे हैं—

(क) भद्राचलम तालुक, (ख) रेकापल्ली तालुक, (ग) कोत्तागुड़म तालुक,
(घ) चेरला तालुक, (ङ) बंगरू तालुक।

दरियावदेव के शासन-काल में यहाँ के राजा ने बस्तर के विरुद्ध संघर्ष छेड़ दिया था। दरियावदेव विपत्तियों में उलझे हुए थे। अतएव यहाँ के तालुकेदारों को वश में न कर सके तथा कालांतर में ये क्षेत्र हैदराबाद के निजाम के अधिकार में आ गए। इस प्रकार बस्तर का एक विशाल क्षेत्र यहाँ के राजा के पारिवारिक संघर्ष के कारण सदा के लिए आंध्र प्रदेश का अंग बन गया।

ये क्षेत्र 1860 ई० तक निजाम के अधीन रहे तथा 1860 ई० से **सेन्ट्रल-प्राविन्स** में सम्मिलित किए गए थे। पंद्रह वर्ष तक सेन्ट्रल-प्राविन्स में रखने के पश्चात् 1874 ई० में ब्रिटिश-शासन ने इन्हें मद्रास-प्रेसीडेन्सी के गोदावरी जिले के अंतर्गत सम्मिलित कर दिया था (केन, जान, 1876, 301)। 1876 ई० से 1947 ई० तक ये मद्रास-प्रेसीडेन्सी के ही अंतर्गत थे, किन्तु स्वतंत्रता-प्राप्ति के पश्चात् ये आंध्र प्रदेश के खम्मम व पश्चिमी गोदावरी जिलों में सम्मिलित कर दिए गए, जिन पर ऐतिहासिक साक्ष्यों के आधार पर छत्तीसगढ़ का दावा होना चाहिए था।

उपर्युक्त तालुकों के संबंध में 1876 ई० का जॉन केन का विवरण

उपर्युक्त तालुकों के संबंध में जॉन केन (The Bhadrachallam and Rekapalli Talukas, Godawari District, South India, **The indian Antiquary**: Oct. 1876, pp. 301, 303) ने 1876 ई० में जो विवरण दिया था, उससे अनेक ऐतिहासिक रहस्यों का उद्‌घाटन होता है। केन के अनुसार—"गोदावरी जिले के अंतर्गत सम्मिलित होने के पूर्व इन तालुकों में लूटखसोट विद्यमान थी तथा ये लघु तालुक परस्पर संघर्षरत रहते थे। इन युद्धों के कारण इस क्षेत्र में गाँव निर्जन हो गए हैं।"

"ये तालुक चौदहवीं शताब्दी के आरंभ में हसनाबाद-संकागिरी जमींदारी के अंग थे तथा तद्युगीन जमींदार अनापा आसव राव को एतदर्थ मुगल-बादशाह से सनद भी प्राप्त थी। इन तालुकों का राजनैतिक इतिहास **"सेन्ट्रल प्राविन्सेज गजेटियर"** तथा **"रेवेन्यू सेटलमेण्ट रिपोर्ट"** में मिलता है।

"ब्रिटिश-शासन की अधीनता से पूर्व भद्राचलम का जमींदार सदैव रोहिल्लाओं की सेना रखता था। इन रोहिल्लों की सेवा के बदले बहुत कम वृत्ति निर्धारित थी तथा ये आसपास के क्षेत्र के लूट के माल पर ही अपनी आजीविका चलाते थे। रोहिल्लों की सेवा

में एक सौ **'कोई'** तथा एक सौ **'माडिग'** (चकलार) नियुक्त थे। पच्चीस "कोई" ग्रामों को मिलाकर एक समुतु बनता था भद्राचलम तालुक में दस समुतु थे। नदी के दूसरी ओर भी दस समुतु थे, जो आसव राव परिवार के ही अधीन थे। बारी-बारी से प्रत्येक समुतु को एक महीने के लिए सौ "कोई", देना पड़ता था, जो रोहिल्लों की सेवा में रहते थे तथा बोझ आदि ढोने का कार्य करते थे। इसके अतिरिक्त प्रत्येक समुतु को प्रतिमास सौ "माडिग" भी देने पड़ते थे, जिन पर घोड़ों की सुरक्षा का भार होता था। इस प्रकार की नियुक्ति की अवधि में उन्हें अपने भत्ते पर ही निर्भर करना पड़ता था। उनकी सेवा के प्रतिदान में उन्हें कुछ भी नहीं प्राप्त होता था।"

"अलबाका, येरला, नागर, बिज्जी व चिंतलनार के क्षुद्र जमींदारों के पास भी नायकों व 'कोई' की अपनी स्वतंत्र सेनायें होती थीं तथा ये भी निरंतर लूटने-पाटने व झीनने-झाटने का कार्य करते रहे हैं। "कोई सर्वभक्षी थे तथा इन्हें जो भी वस्तु मिलती, इनका आहार बन जाती थी। यहाँ तक कि ये अपनी औरतों की लंगोटी को भी खा लेते थे। 'कोई' जनजाति के लोगों ने प्रायः मुझसे यही कहा है कि वे रात्रि में चैन की नींद कभी नहीं ले पाए। कभी प्रातः काल तक उनका घर जला दिया जाता, उनकी झोपड़ियों को तहस-नहस कर दिया जाता व उनकी सम्पत्ति छीन ली जाती थी। ऐसी स्थिति में वे अपना धनधान्य या तो गुफाओं में छिपा देते थे अथवा वृक्ष के कोटरों में रख देते थे।

"चरेला राजा (जो अद्यावधि जीवित है) का टोना व जादू (अभिचार कर्म) करने वालों से सहज विरोध था, किंतु क्षुद्र जमींदार सदैव इस जमींदार पर वैसा अभियोग लगाकर उसका शत्रुता का बदला लेते थे।"

"इस क्षेत्र में सबसे बड़ा डाका 1859 ई० में पर्णशाला-ग्राम के पास पड़ा था। चूँकि अब ये तालुक ब्रिटिश-प्रशासन के अंतर्गत है। अतएव बस्तर के क्षुद्र जमींदारों में यह दूरदर्शिता आ गई है कि वे सीधे ब्रिटिश-शासन से न उलझें। अब बस्तर के जमींदार इस क्षेत्र में खुल्लम-खुल्ला डाका डलवाने का साहस नहीं करते।"

गोदावरी के दक्षिण की आदिवासी जनता

जॉन केन (**Indian Antiquary,** Sept. 1876, pp. 357-58) ने उपर्युक्त जमींदारियों की आदिम प्रजातियों पर अधोलिखित टिप्पणी प्रस्तुत की है–"रेकापल्ली तालुक की जनजातियों में सर्वप्रथम मैं "कोई" का विवरण दे रहा हूँ। इस जाति के संबंध में इसके पूर्व कैप्टेन ग्लसफर्ड व कर्नल हाग ने अपनी बस्तर-यात्रा के प्रसंग में विस्तृत जानकारी दी थी तथा 1871 ई० की जनगणना में भी इसका उल्लेख है। यह जनजाति बस्तर की इंद्रावती नदी से लेकर निजाम-राज्य कम्मामेट (सम्प्रति खम्मम जिला) तक व्याप्त है। इस जाति के मैदानी क्षेत्र के निवासियों में आज यह अनुश्रुति मिलती है कि

दो सौ वर्ष पूर्व (अर्थात् 1676 ई०) तक जब बस्तर में निरंतर युद्ध व अकाल की स्थिति बनी रहने लगी, तो वे इस क्षेत्र में या तो खदेड़ दिए गए थे अथवा स्वेच्छया चले आए थे। उनके इस बात की पुष्टि बस्तर के **"गुट्टा कोई"** या "पहाड़ी कोई" जनजाति के विवरण से भी हो जाती है। ये **"गुट्टा कोई"** बस्तर के पर्वतीय अंचलों में निवास करते हैं। अब तक मेरा साक्षात्कार "गुट्टा कोई" से नहीं हो पाया तथा यहाँ भद्राचलम तालुक की "कोई" जनजाति का ही रीतिरिवाज प्रस्तुत है।

"कोई" सामान्यतया युवावस्था में ही विवाह करते हैं, किन्तु बालविवाह भी अज्ञात नहीं है। यदि भावी वर अपेक्षाकृत समृद्ध होता है, तो वह वधू के माता-पिता के शांतिपूर्ण समझौतों से वधू को शीघ्र ही प्राप्त कर लेता है, किन्तु यदि वह ऐसा अपनी निर्धनता के कारण नहीं कर पाता, तो वह अपने माता-पिता व मित्रों की सम्मति से किसी निश्चित तिथि को अपने पिता, मित्रों व गांव के मुखियां को भावी जीवनसंगिनी के निवास स्थान पर भेजता है। कुछ रुपयों के न्यायपूर्ण व उदार दान से वह प्रस्तावित विवाह के लिए कन्या के अभिभावक से सम्मति प्राप्त कर सकता है। कभी-कभी वर पक्ष के लोग इस ताक में रहते हैं कि कब कन्या पानी या लकड़ी लेने गाँव से बाहर जाएगी या कब वह घर में अकेली होगी। ऐसा अवसर पाते ही वे उसका बलात् अपहरण कर लेते हैं। अभी कुछ सप्ताह पूर्व दुम्मागुडेम से संलग्न एक समृद्ध माझी की विधवा का अपहरण हुआ था तथा जब गृहस्वामी ने अपहरण करने वाले को रोका, तो उन्होंने उसके साथ मारपीट की थी। ऐसी स्थिति में सामान्यतया वर अपहृता की बेचैनी के साथ प्रतीक्षा करता होता है तथा संध्या-वेला में उससे विवाह-संस्कार होता है। इसके पूर्व वधू के माता-पिता को यथोचित सूचना भी भेज दी जाती है।

"कुछ कोई" बहुतपत्नीवादी है। प्रायः यह देखने में आया है कि पति के मृत्युजनित शोक के कारण विधवा के विलाप का दूसरा या तीसरा दिन ही होता है कि उसका अपहरण कर लिया जाता है। वर-वधू के विवाह का एक सहज संस्कार यह है कि वूध अपना सिर नीचे झुका लेती है व वर उसके ऊपर झुक जाता है। उस समय मित्रगण वर के सिर में पानी डालते हैं, जो बहकर वधू के सिर में भी पड़ता है। इस प्रकार दोनों का विवाह हो जाता है तथा उन्हें पति-पत्नी माना जाता है।"

"विवाह की एक अन्य विधि यह भी है कि दोनों को एक साथ बिठा दिया जाता है तथा वे एक-दूसरे के प्रति निष्ठावान् होने की शपथ लेते हैं व उसके पश्चात् उन्हें दूध पीने को दिया जाता है। इसके पश्चात् उनके समक्ष चावल का ढेर लगा दियां जाता है तथा वे पुनः अटूट मैत्री का परस्पर विश्वास दिलाते हैं। इसके पश्चात् वे घर से बाहर चले जाते हैं, जहाँ उनके निमित्त पहले से ही पण्डाल (मण्डप) बना होता है। मण्डप के नीचे मध्य से राशीभूत मिट्टी के ढेर की वे परिक्रमा करते हैं। इस परिक्रमा की अवधि में वे कुछ गाना भी गाते चलते हैं। इसके उपरांत वे अपने बड़े-बूढ़ों को प्रणाम कर "सुखी

रहो" "चिरमैत्री हो" आदि रूप में आशीर्वाद प्राप्त करते हैं। इसके पश्चात् सभी लोग भोजन व पान करते हैं। इसी के साथ विवाह-संस्कार समाप्त हो जाता है। यदि वर-वधू समृद्ध होते हैं तो यह उत्सव अनेक दिनों तक चलता रह सकता है।"

"कुछ "कोई" किसी अन्य की पत्नी को भगाकर ले जाना विरोधमूलक नहीं मानते। आज भी इस क्षेत्र में वधू के अपहरण के इतने अधिक उदाहरण मिलते हैं कि ब्रिटिश-शासन इसे रोकने में असमर्थ है।"

मृत्यु-संस्कार

शिशुओं व युवक-युवतियों के शरीर को गाड़ा जाता है। यदि शिशु की मृत्यु जन्म से एक महीने के अंतर्गत हो जाती है तो प्रायः उसे घर से लगे हुए स्थान में गाड़ा जाता है, जिससे वर्षा का स्वर्गीय जल शवाधि (कब्र) पर पड़ता रहे व जिससे माता-पिता को दूसरी संतान मिल सके। उपर्युक्त अपवादों को छोड़कर मृत्यु का प्रायः दाहसंस्कार किया जाता है। मृतक को किसी खाट में लिटा दिया जाता है तथा मृत पशु के अनुपयोगी अंश को उस पर रख दिया जाता है। यदि उस अवसर पर कोई पुजारी या "कोई" उपस्थित रहता है, तो वह मृतक के कपड़े या वस्तुओं की माँग करता है। इसके पश्चात् मृतक शरीर को ले जाकर उसका दाहसंस्कार किया जाता है। वंशता वेर्न (Vansta vern) का कहना है कि ऐसे अवसरों पर उन्होंने देखा है कि पशु के यकृत (कलेजे) को मृतशरीर के मुख में रख दिया जाता है। तीन दिन के पश्चात वे **"चोलम"** का दान लेकर लौटते हैं तथा एकाधिक पशुओं का वध करके द्वितीय मृत्युभोज का आयोजन करते हैं। उनके भोज बहुत स्वास्थ्यकर नहीं कहे जा सकते, क्योंकि उनमें माँस के अतिरिक्त रक्त भी परोसा जाता है तथा "कोई" उसका विरोध नहीं करता।

"कोई" की सामान्य धारणाा यह है कि मृतक की आत्मा "पिशाच" के रूप में वनों में विचरण करती है।

"वे ऐसा कादपि नहीं स्वीकार करते हैं कि लोगों की मृत्यु स्वाभाविक रूप से होती है। वे ऐसा मानते हैं कि लोगों की मृत्यु अभिचारकर्म (जादू आदि) से होती है तथा उसके लिए मृतक के शत्रु या मित्र जिम्मेदार होते हैं। इसीलिए कुछ वर्षों पूर्व तक यहाँ यह परम्परा थी कि पता लगाया जाता था कि मृतक की मृत्यु किस शत्रु के अभिचारकर्म से हुई है। जब उस संदेहास्पद व्यक्ति का निणर्य हो जाता था, तो मृतक के मित्र मृतशरीर को अपराधी के घर के सामने ले जाते थे तथा अपराधी को वास्तविकता बताने के लिए पुकारा जाता था। सामान्यतया अपराधी से उबलते हुए तेल या पानी में हाथ डुबाने के लिए कहा जाता था। अभी विगत दो वर्षों के अंतर्गत मैंने देखा है कि यहाँ के अनेक गाँवों की जनता गाँव छोड़कर इसलिए दूसरे क्षेत्रों में जा रही है कि इसे किसी की मृत्यु का अपराधी न घोषित कर दिया जाए। अपराधी सामान्यतया उसी व्यक्ति को घोषित

किया जाता था, जिसका मृतक से मधुर संबंध नहीं होता था।"

"खून का बदला खून" से लेने की भावना यहाँ आज भी है तथा बस्तर-देश में तो यह पूरी तरह बिना किसी अपवाद के विद्यमान है।

"अभिचारकर्म यहाँ अत्यधिक प्रचलित है तथा उसे घृणित कर्म माना जाता है। ऐसे कर्म करने वालों को प्राणदण्ड देने का ब्रिटिश-कानून निश्चित रूप से अन्यायपूर्ण है।"

"तीन महीने पूर्व भद्राचलम से निकटवर्ती बस्तर के बेज्जी तालुक में निवास करने वाले एक "कोई" को बाध्य किया गया था कि वह अपने एक सगे-संबंधी (स्त्री) का इसलिए वध कर दे, क्योंकि वह काला जादू करती है।

जन्म-संस्कार

"कोई" स्त्रियाँ परिश्रमशील व अपने शरीर के बारे में लापरवाह होती हैं। शिशुजन्म के पश्चात् भी वे कभी खाट पर नहीं सोंती तथा सामान्य रीति के अनुसार भूमि में ही शयन करती हैं। शीतल जल से स्नान करती हैं। वे सामान्य प्रचलित भोजन करती हैं। जब शिशु का जन्म होता है तो उसे खाट पर लिटा दिया जाता है तथा माता सामान्य दिनों की भाँति पानी, लकड़ी व पत्तियाँ लाने के लिए वन की ओर चली जाती है। सातवें दिन शिशु को को स्नान कराया ज़ाता है तथा पड़ोसी व सगे–संबंधी उस दिन शिशु के नामकरण के लिए एकत्र होते हैं। खट्वारूढ़ कराने के पश्चात् वे उसके हाथ में महुए की पत्ती रख देते हैं तथा ऐसे नामों का उच्चारण करते हैं जो उनके अनुसार शिशु के लिए उपयुक्त होंगे। यदि शिशु चिल्लाता है तो वे यह मान लेते हैं कि उन्हें किसी अन्य नाम का उच्चारण करना है। ऐसी स्थिति में महुए के पत्ते को फेंककर दूसरा महुए का पत्ता दूसरे नाम के लिए उसके हाथ में रखते हैं। शिशु जब तक रोना बंद नहीं करता, तब तक यह क्रिया जारी रहती है और जिस नाम के साथ वह रोना बंद कर देता है, वही उसका नाम रख दिया जाता है।

"प्राचीन काल में वर्ष की किसी निश्चित तिथि को "कोई" औरतें गाँव के समस्त पुरुषों को शिकार के लिए गाँव से बाहर खदेड़ देती थीं तथा वे उस समय तक गाँव वापस नहीं आ सकते थे, जब तक कुछ शिकार नहीं प्राप्त कर लेते थे। बस्तर क्षेत्र के "कोई" में यह रिवाज अेद्यावधि विद्यमान है।

"कोई"-जनों का कहना है कि अधोलिखित देवी-देवता शूद्रों के थे–

(क) मुत्तेलम्मा (ख) मरिदिमहालक्ष्मी (ग) पोतुराजू (घ) कोरराजुलु

तथा अधस्तन देवता "कोई" जनजाति के आराध्य थे–

(क) कोम्मलम्मा (ख) कातूरदु (ग) अदमराजु।

मामिलि या "लेले देवी" फसल की देवी है तथा वह नरबलि चाहती है। इस वर्ष दुम्मगुडेम गाँव के पास के दो लोगों की नरबलि देवता की संतुष्टि के लिए की गई थी। इसमें कोई संदेह नहीं है कि बस्तर क्षेत्र में प्रति वर्ष अजनबी लोगों की इसी प्रकार बहुत अधिक बलि दी जाती है।

"कोई" अपने को पाँच वर्गों या जातियों में विभक्त मानते हैं–

(क) पेरुम्बोयुदु (ख) मडोगट्ट गोत्र (ग) पेरेगट्ट गोत्र

(घ) माटमुप्ययो गोत्र (ङ) विदोगट्ट गोत्र

"दोलोल्लु (आधुनिक दोली) एक दूसरी ही जाति है, जो एक प्रकार से पुजारी वर्ग की कही जा सकती है। ये "कोई" के यहाँ पुजारी का कार्य करते हैं। ये हाथ में एक लंबे बाँस में एक लंबी पताका लगाये रहते हैं। वे उसे लेकर ढोल बजाकर पताका के चतुर्दिक नृत्य करते हैं।

"प्रायः सभी "कोई" पंच पाण्डवों को बहुत आदर की दृष्टि से देखते हैं तथा उनमें भी अर्जुन तथा भीम इनके विशेष आराध्य हैं। ऐसा माना जाता है कि जंगली कुत्ते या "ढोल" इन पाण्डवों के "दूत" हैं। दीर्घाकृतिक कीड़े जो ग्रीष्मकाल में निकलते हैं, उन्हें ये पाण्डव-वंश का मानते हैं। वस्तुतः वे कभी भी किसी भी कीमत पर ढोल (वन्य कुत्ता) को नहीं मारना चाहते, भले ही वह उनका कितना ही अहित करता हो। वे जब पशुभोज करते हैं, उसमें भी इन श्वान की वर्जना नहीं होती।

"कोई" अत्यंत अधीर व अशांत प्रकृति के लोग हैं।

12. सुकमा जमींदारी

यह निश्चिततौर पर एक उत्तम कोटि की जमींदारी थी। राज्य की दक्षिण-पूर्व सीमा पर अवस्थित थी। जमींदारी का संस्थापक रंगराज था। इसका बस्तर के राजाओं के साथ वैवाहिक संबंध था। जमींदारी में चार परगना थे–छींदगढ़, हमीरगढ़, कोर्रामन्का तथा केरलापाल। सुकमा की पुरानी पीढ़ी 1870 ई० में समाप्त हो गयी थी।

सुकमा प्राचीन बस्तर की एक दक्षिण-पूर्वी जमींदारी थी। यह 18^0-12^0 व 19^0-45^0 उत्तरी अक्षांश तथा 81^0-30^0 व 82^0-2^0 पूर्वी देशांश के मध्य अवस्थित थी। 1908 ई० जमींदार का कुल क्षेत्रफल 648 वर्गमील था व 1947 ई० में 650 वर्गमील। 1901 ई० की जनगणना के अनुसार यहाँ की जनसंख्या 24844 थी। यहाँ कुल 128 गाँव थे, जिनमें 9 जनशून्य थे।

बस्तर की जमींदारियों में एक मात्र सुकमा-जमींदारी ही ऐसी हैं, जहाँ के शासक क्षत्रिय राजा रहे हैं, जबकि अन्य जमींदारियों के शासक गोंड थे। इस जमींदारी के संस्थापक रामराज थे। भीजी-राज्य के विवरण में हमने देखा है कि प्रारंभ में सुकमा

भीजी-राज्य के अंतर्गत थी तथा वहाँ कोरकोण्डा-वंश के आदिवासियों का शासन था। केदारनाथ ठाकुर का यह मत उचित प्रतीत होता है कि वर्तमान सुकमा-जमींदार के पूर्वजों ने आदिवासियों से युद्ध कर सुकमा-क्षेत्र पर विजय प्राप्त की होगी। यह कथन इससे भी प्रमाणित होता है कि 1905 ई० के पूर्व सुकमा-जमींदार का कदीमी जमींदार वहाँ का दीवान था तथा उसका सुकमा जमींदारी पर 2 आने अर्थात् अष्टमांश का अधिकार था। (केदानाथ ठाकुर, 1908, 124-26)। इससे स्पष्ट है कि रामराज नामक सुकमा-जमींदार के पूर्वजों ने भीजी-राज्य की शाखा सुकमा पर आक्रमण किया होगा तथा दोनों में यह समझौता हुआ होगा कि विजयी चौदह आने व विजित दो आने का अधिकारी रहेगा। यह क्रम बस्तराधिपति रुद्रप्रतापदेव के शासनकाल तक विद्यमान था। ऐसी स्थिति में ग्रिग्सन (1938, 5) का यह कथन कि चिंतलनार व भीजी जमींदारियाँ पहले सुकमा के अंतर्गत थीं व सुकमा के जमींदार ने उन्हें आदिवासी-संगठनों को दिया था, उचित प्रतीत नहीं होता।

सुकमा-जमींदारों का यह दावा रहा है कि उनका परिवार बस्तर में अन्नमदेव से ही पहले आकर बस गया था (दि ब्रेत, 1909, 51)। सुकमा के जमींदार अपने को चालुक्य-वंशी क्षत्रिय कहते हैं। तदनुसार तृतीय अध्याय के प्रमाणों के आधार पर यह कहा जा सकता है कि सुकमा के जमींदार 1324 ई० से पूर्व कभी विजयनगरम् से आये होंगे तथा प्रतापरुदेव के समय में मौका पाकर इन्होंने सुकमा पर आधिपत्य किया होगा। संभवतः ये कल्याणी के चालुक्य थे।

सुकमा-जमींदारों का चालुक्य क्षत्रिय होना इससे भी सिद्ध है कि इस परिवार ने अनेकशः बस्तर राजपरिवार से वैवाहिक संबंध किये हैं तथा ऐतिहासिक संदर्भों से हमें ज्ञात है कि बस्तर-नरेश बघेलखण्ड की क्षत्रिय राजकन्याओं को ही वैवाहिक संबंधों में वरीयता देते थे। ऐसी स्थिति में प्रवीरचंद्र भंजदेव (1962, 25) का यह कथन पूर्वाग्रहपूर्ण लगता है कि सुकमा-जमींदार उनके पूर्वजों का जूठन उठाते थे।

केदारनाथ ठाकुर का अभिमत है (1908, 140) कि सुकमा-जमींदार के यहाँ से बस्तर के महाराजाओं ने नौ लड़कियाँ कन्यादान के रूप में ली थीं। इनके अधिकतर विवाह सुकमा जमींदारी में ही होते थे। इन नौ रानियों का विस्तृत विवरण मुझे उपलब्ध नहीं हो सका।

सुकमा-जमींदार की प्रथम कन्या का नाम जानकी कुँवरि था, जिसका विवाह बस्तर-नरेश भैरमदेव (1379-1407 ई०) से हुआ था। इसके अतिरिक्त दलपतदेव (1731-1774 ई०) की तीसरी रानी सुकमा-जमींदार की कन्या थी, जिससे गजराजसिंह और उमरावसिंह पैदा हुए थे। कुकानार-परगना पहले सुकमा जमींदार के अधीन था तथा उन्होंने वह परगना दलपतदेव को दहेज के रूप में दिया था।

सुकमा-जमींदार रामराज के पिता के समय में 1857 ई० में सुकमा-जमींदारी में भयंकर दुर्भिक्ष पड़ा था तथा उन्होंने मुक्तहस्त से जनता की सेवा की थी। रामराज कुमार जमींदार ने 1903 में सुकमा में राजमहल का निर्माण करवाया था। उनकी मृत्यु 1905 ई० में हुई मृत्यु के समय उनके पुत्र रंगराज सिंह नाबालिग थे। अतएव जमींदारी का प्रबंध दस वर्षों तक ब्रिटिश-शासकों के अधीन था। इस अंतराल में 1907-8 में जगदलपुर तथा सुकमा के बीच पक्की सड़क बनाने का कार्य पूर्ण हुआ था। 1915 ई० में रंगराजसिंह की जमींदारी के पद पर अभिषेक हुआ था। इन्हीं के कार्यकाल में 1925 में शबरी में भयावह बाढ़ आई थी तथा अनेक गाँव बह गए थे। रंगराजसिंह की मृत्यु 1931 में हो गई। पुत्र की अल्पवयस्कता के कारण जमींदार का प्रबंध 1945 ई० तक ब्रिटिश-अधिकारियों के हाथ में रहा। 1945 ई० में वर्तमान जमींदार को अधिकारी बनाया गया तथा 1948 ई० में यह जमींदारी बस्तर जिले में विलीन हो गई। प्रारंभ में इसे दंतेवाड़ा-तहसील के अंतर्गत रखा गया था। सम्प्रति यह कोण्टा-तहसील के अंतर्गत है।

सुकमा-जमींदारी को 1908 ई० तक बस्तर-राज्य को प्रतिवर्ष 9084 रुपए 8 आने टकोली के रूप में देने पड़ते थे। 1909 ई० तक यहाँ भूमि का कोई बंदोबस्त नहीं था।

जमींदारी का मुख्यालय सुकमा नामक गाँव शबरी नदी के तट पर बसा हुआ है। 1901 ई० की जनगणना के अनुसार यहाँ की जनसंख्या 1297 थी। दक्षिण की ओर शिवरी नदी तथा उत्तर की ओर एक बड़ा तालाब है। राजप्रासाद नदी के अत्यंत निकट ही बना हुआ है। जमींदार का परिवार आज भी उसी में रहता है। 1908 ई० तक सुकमा में एक प्राथमिक पाठशाला, पोस्ट-आफिस तथा पुलिस-स्टेशन की व्यवस्था थी। सुकमा-जमींदारी का मुख्यालय यद्यपि जगदलपुर से दक्षिण में चौसठ मील की दूरी पर था, परंतु जमींदारी की सीमा जगदलपुर से तीस मील की दूरी पर लग जाती थी।

दि ब्रेत के अनुसार (1909, 353) सुकमा के प्रमुख निवासी मुरिया व परजा हैं। वैसे यह दोर्लाओं का गढ़ माना जाता है।

सुकमा-जमींदारी की यह विशेषता रही है कि तेरहवीं शताब्दी से ब्रिटिश-युग तक वहाँ के राजा का नाम कुछ भी हो, यदि पिता का नाम रंगराज हो तो पुत्र को रामराज कहा जाता था।

सिंगावरम (सुकमा) के तहसीलदार ने 25 अगस्त, 1908 को पण्डा बैजनाथ के पास सुकमा जमींदारी का अधोलिखित विवरण भेजा था—"जमींदारिन साहिबा तथा लोगों से पूछने से मालूम होता है कि सुकमा में ही भीजी और चिंतलनार जमींदारियाँ प्रथम शामिल थीं, जिसकी दंतकथा यह है कि लगभग पाँच सौ वर्ष हुए कि रंगाराज, जमींदार सुकमा के चार पुत्र हुए-रामराज, मोतीराज, सुब्बाराज तथा रामचंद्रराज। इन

चारों को रंगाराज ने क्रमशः सुकमा, भीजी, राकापल्ली और चिंतलनार बाँट कर यह शाप भी दिया कि राज्य को चार पुत्र होने से चार भागों में बाँटना पड़ा। इससे अब सुकमा की गद्दी में केवल एक ही पुत्र बचेगा और नाम दो ही रखे जाएँगे। एक रामराज और दूसरा रंगाराज। ऐसा नियम कर आप सुकमा से कुवाकोण्डा चले गए। तब से यही होना प्रचलित है। इसके बाद जब बस्तर महाराजा का आगमन हुआ, तब से बस्तर नरेश से संबद्ध कर नौ बाबी (राजकुमारी) सुकमा से दिए। साथ में क्रम से नौ गाँव दहेज में दिए, जो इस प्रकार थे—कुवाकोण्डा, कटेकल्यान, प्रतापगिरि, छिंदावाड़ा, टहकवाड़ा, कोकापाड़ा, कनकपाड़, कुकानार और कोड़ता। इनके सिवाय सालमीगढ़ भी दिया। इससे यह ज्ञात होता है कि भीजी और चिंतलनार सुकमा में शामिल थे। पीछे वे वे भाई लोग अलग हो गए। यहाँ तक कि दो तो बस्तर के ही अधीन रहीं। तीसरी जमींदारी राकापल्ली वाले निजाम में शामिल हो गई। 1908 ई० में जनकैया बाबू सुकमा के दीवान थे।"

हमें **"सुकमा जमींदार की वंशावली"** (अप्रकाशित) का अधोलिखित विवरण सुकमा जमींदार से प्राप्त हुआ था।

"वंशावली राजखानदान जमींदारी सुकमा जे औरंगाल से आए हैं संवत् 1308 में जब रामचंद्रराज औरंगाल में थे। उनको रात में महादेव जी ने स्वप्न दिया कि तुम दक्षिण प्रदेश के शबरी नदी के तीर में राजा होगे। यह स्वप्न देखकर रामचंद्रराज हमराज चार आदमियों के सवंत् 1308 में सुकमा इलाका से सट्टी ग्राम में वैश्यण के रूप में दिखाई दिए। उस वक्त उनकी उमर 25 साल की रही। सट्टी ग्राम के माझी धुरुवा पेदा लोग इन्हें राजा जानकर दिल में विचार करके नजदीक पास के चार-पाँच ग्राम के धुरुवा पेदा मिलकर इनके पास आए। इन्होंने इन सबको तसल्ली करके अपना स्वामी माना। उन्हीं पाँच-छह गाँव के रामचंद्रराज राजा हुए। उस वक्त ये कुल गाँव सुकमा इलाका के अंदर थे। उस वक्त उस तालुक में **सेमलराजू** नामक आदमी वहाँ पर राजत्व करता था, जो सुपनार ग्राम में रहा करता था। रामचंद्रराज के आने पर उस राजा ने शत्रु का आगमन माना और अत्यधिक भयभीत हुआ। रामचंद्रराज ने अपना एक विश्वास पात्र आदमी उस राजा के पास भेजा। उस आदमी ने पुराने राजा से मोहब्बत बनाकर गुप्तभाव से उस राजा का कत्ल करवा दिया। यह कार्य कराकर रामचंद्रराज समूचे इलाके के राजा बन बैठे और अपना निवास स्थान पुराने **रामाराम** को बनाया, जो सुकमा कहलाया। यहाँ सुकमा घराने के राजाओं के नाम, शासन-अवधि, संतानों के नाम, उनकी पुत्रियों के पति और दहेज आदि का विवरण है—

1. राजाओं के नाम	2. शासन-अवधि	3. संतानों के नाम	4. पुत्रियों का विवाह	5. दहेज गाँव	6. कैफियत
रामचंद्रराज	10 वर्ष	रंगाराज	x	x	x
रंगाराज	36 वर्ष	श्यामसुंदरराज	x	x	x
श्यामसुंदरराज	35 वर्ष	नरसिंगराज	x	x	x
नरसिंगराज	39 वर्ष	(क) जगन्नाथराज			
		(ख) जानकी कुँवर	भैराजदेव, बस्तरराजा	कोवाकोण्डा	x
जगन्नाथराज	32 वर्ष	नरहरिराज	x	x	x
नरहरिराज	32 वर्ष	(क) कृष्णराज			
		(ख) जैनकुमारी	जैसिंहराजदेव, बस्तर के महाराजा	कटेकल्यान	x
कृष्णराज	36 वर्ष	(क) ब्रजसुदरराज			
		(ख) चंद्रकुमाश्री	नरसिंहदेव, बस्तर महाराजा	प्रतापगिरि	x
ब्रजसुंदरराज	34 वर्ष	वृन्दावनराज	x	x	x
वृन्दावनराज	30 वर्ष	रंगाराज	x	x	x
रंगाराज	15 वर्ष	(क) रामराज (ख) रामचंद्रराज (ग) मोतीराज (घ) सुब्बाराज			ये चार पुत्र इस रियासत के चार हिस्से किए। बड़ा पुत्र रामराज सुकमा हमीरगढ़, छींदगढ़ का राजा। दूसरा पुत्र रामचंद्र-राज चिंतलनारु, जगरगुंडा का राजा-तीसरा पुत्र भोतीराज भीजी, दोरनापाल, किगोली, गोलापल्ली, पो-टकुवल्ली का राजा। चौथा पुत्र

					सुब्बाराव रेकापल्ली का राजा हुआ।
		कंचन कुमारी	वीरनारायण राजदेव, बस्तर-राजा	छिंदावाड़ा	
रामराज	22 वर्ष	रंगाराज			
		सुबनकुमारी	वीरसिंहदेव बस्तर महाराजा	टाहकावाड़ा	x
रंगाराज	34 वर्ष	रामराज			
		अनूपकुमारी	द्रगपालदेव बस्तर महाराजा	कोकावाड़ा	x
रामराज	32 वर्ष	रंगाराज	x	x	x
रंगाराज	34 वर्ष	रामराज अंबरीश कुमारी	दलपतदेव-बस्तर राजा	कुनमापाल	x
रामराज	32 वर्ष	चिन्नी कुमारी	दरियावदेव-बस्तरमहाराजा	कुकानार	x
रंगाराज	30 वर्ष	रामराज	x	x	x
रामराज	34 वर्ष	रंगाराज फूलकुमारी	लाल दलगंजन सिंह-बस्तर के दीवान	धर्ना कोड़ता	x
रंगाराज	32 वर्ष	रामराज	x	x	x
रामराज	34 वर्ष	रंगाराज	x	x	x
रंगाराज	32 वर्ष	x	x	x	x

13. चिन्तलनार जमींदारी

यह जमींदारी एक राजपूत के अधिकार में थी, जो मुख्य सड़क पर लोगों को लूट लेने के लिए कुख्यात था। इसका भीजी जमींदारी से वैवाहिक संबंध था। यह जमींदारी 486 वर्गमील में व्याप्त थी। चिंतलनार तथा जगरगुंडा जमींदारी के दो प्रमुख गाँव थे। वंश में किसी पुरुष संतान के न होने से यह जमींदारी 1912 ई० में राजसात् हो गयी।

चिंतलनार जमींदारी 18^0-10^0 व 18-30^0 उत्तरी अक्षांश तथा 81^0-2^0 व 81^0-31^0 पूर्वी देशांश के मध्य अवस्थित थी। जमींदारी का कुल क्षेत्रफल 434 वर्गमील था तथा यहाँ के कुल ग्रामों की संख्या 63 थी, जिनमें तीन जनशून्य थे। 1901 ई० की जनगणना के अनुसार यहाँ की जनसंख्या 5112 थी।

यह एक माड़िया-जमींदारी थी तथा प्रारंभ में भीजी-राज्य का एक अंग थी। दि ब्रेत (1909, 51) का यह कथन कि यहाँ का जमींदार क्षत्रिय था, भीजी-राज्य के पूर्व

विवरण से उक्त कथन उचित प्रतीत नहीं होता। बस्तर-राज्य के ब्रिटिश-शासन के अधीन होने पर 1887 ई० में इस जमींदारी को सनद प्राप्त हुई थी। इस जमींदारी के संस्थापक रामचन्द्रराय थे। यहां जमींदारी पूर्णतः पहाड़ी थी तथा 1908 ई० में बहुत ही निर्धनता की स्थिति में थी। जुआरी के अतिरिक्त यहाँ कुछ पैदा नहीं किया जाता था। जमींदारी में कोई दर्शनीय स्थल भी नहीं हैं, किन्तु टूटे-फूटे किले भीजी तथा चिंतलनार आदि सभी स्थानों में प्राप्त होते हैं (केदारनाथ ठाकुर, 1908, 126)।

जमींदारी का मुख्यालय जगरगुंड़ा में था तथा जमींदार को प्रतिवर्ष बस्तर-शासन को 1526 रुपए 10 आने 3 पैसे भूमिकर के रूप में देना पड़ता था (दि ब्रेत, 1909, 326)। 1908-9 ई० में यह जमींदारी 'कोरट' थी तथा उस समय राज्य के प्रबंध में थी। ऐसा प्रतीत होता है कि 1912 में ये जमींदारी समाप्त कर दी गई- For want of male heir in the family the Zamindari lapsed to the State vide recommendation of Diwan dated 8th January 1912 and the feudatory chief's approval dated 10th January 1912 (Jagdalpur, Records, unpublidsed)।

14. कुटरू जमींदारी

यह जमींदारी बस्तर-राज्य की सबसे बड़ी जमींदार थी तथा यह एक माड़िया गोंड जमींदारी थी, जो भोपालपटनम व अहीरी की जमींदारी से संबद्ध थी। पहले यह माड़िया गोंड-परिवार अहीरी जमींदारी के अंतर्गत आन वाले सूरजगढ़-तालुक का स्वामी था, किन्तु जब मराठों ने इसे खदेड़ दिया, तो बस्तर आ गया। इसका क्षेत्रफल, 1072 वर्गमील था तथा इसके अंतर्गत लगभग 150 गाँव थे।

यह राज्य के पश्चिमी भाग के मध्य में स्थित थी तथा पूर्व की ओर बैलाडीला की पहाड़ियों तक इसका प्रसार था। पारंपरिक जमींदारी की सीमा के भीतर 1919 ई० में कुटरू जमींदारी के भीतर चार उपजमींदारियाँ थीं, जो तथाकथित सिकमी-जमींदार के अधिकार में थी। इस जमींदारी के अंतर्गत आठ परगने थे—मिंगाचल, अलवर, डूडेपाल, कुटरू, भैरमगढ़, माड़ियान लंका, फरसगढ़ तथा पेसेवाड़ा। फरसगढ़ का उप-जमींदार कुटरू जमींदार का सगा भाई था, जिसको 1905 ई० में कुटरू ने गोद लिया था। उसके पहले वह पेसेवाड़ा का निवासी था। तोयनार, गुदमा तथा फरसगढ़ नामक उप-जमींदारियाँ पहले स्वतंत्र जमींदारियाँ थी।

ब्रिटिशयुगीन बस्तर की सबसे बड़ी जमींदारी कुटरू 18° 81^0 व 19°- 28^0 उत्तरी अक्षांश तथा 80°-25^0 व 81°-15^0 पूर्वी देशांश के मध्य अवस्थित थी, जिसका 1909 ई० में कुल क्षेत्रफल 1362 वर्गमील था। 1901 ई० में यहाँ की कुल जनसंख्या 11676 तथा 1921 ई० में 14000 व 1941 ई० में 19000 थी।

इंद्रावती तथा उसकी सहायिकाएँ कोकी व बेरुडी इस क्षेत्र को सींचती हैं। जमींदारी का उत्तर-पूर्वी भाग पहाड़ी है।

यहाँ के जमींदारों का कहना था कि वे नागपुर के गोंड-राजाओं के वंशज हैं (दि ब्रेत, 1901, 51) तथा केदारनाथ ठाकुर इन्हें राजगोंड मानते है। (1908, 123)। यहाँ के जमींदार अपनी शूरवीरता में प्रसिद्ध थे। केदारनाथ ठाकुर ने इन्हें 'कट्टर लड़ाकू' कहा है। 1887 में यहाँ के जमींदार केसरी सहाय थे। 1904 ई० तक यह जमींदारी "कोर्ट आफ वार्डस्'' के अधीन थी तथा उसी वर्ष निजाम शाह को शासनाधिकार प्राप्त हुआ था। 1911 ई० में निजाम शाह **"देहली-दरबार''** महोत्सव में गए थे तथा वहाँ अंग्रेजी शासन ने उन्हें **''सरदार बहादुर"** की उपाधि प्रदान की थी। इस प्रकार ब्रिटिश-लेखों में उन्हें **सरदार बहादुर निजाम शाह** कहा गया है (मिचेल, 1942, 67)। 1920 ई० में निजाम शाह की मृत्यु के समय उनके पुत्र की अवस्था एक वर्ष की थी। अतएव 11 वर्षों तक यह जमींदारी बस्तर-दरबार के प्रबंध में रही। निजामशाह के पुत्र केशरी शाह की शिक्षा-दीक्षा जगदलपुर में हुई थी तथा वहीं उन्हें शासनतंत्र सिखाया गया था। सितम्बर 1941 ई० में नई सनद देकर उन्हें जमींदार के पद पर अभिषिक्त किया गया था। उनका अभिषेक मिचेल के द्वारा संपन्न हुआ था। मिचेल ने कुटरू जाकर उनको सम्मानित किया था। इस अवसर पर मिचेल द्वारा दिए गए भाषण का अंग्रेजी पाठ प्रस्तुत है, जो मिचेल के A Grammar of Maria Gondi (जगदलपुर, 1942, 68-69) में अनूदित दोर्ला-पाठ के साथ प्रकाशित हुआ था–

This is an occasion both for solemn thoughts and for rejoicing. It is an occasion for solemn thoughts because at the age of 25, you are now entering into full control of Zamindari which became your's on the death of your late father Sardar Bahadur Nizam Shah, 21 years ago. Your late father was man of great distinction, on whom was bestowed by the British Government the title of 'Sardar Bahadur' after the great Darbar of His Majesty the King Emperor at Delhi in 1911 to which he was invited as a guest. He was well bestowed by the people of Kutru Zamindari and he left the affairs of the Zamindari in good order. It is my duty to exhort you to follow in his footsteps, and it is yours duty to attempt to do the same all the days of your life. During the last 21 years your estate has been under the management of the Darbar, during which time the administration has been carried out carefully foor the benefit of your subjects and for the benefit of yourself. Its financial position is sound, and its possesses on a small scale all the departments and institutions which exist in the state itself. It is the biggest Zamindari in area in this State, and its population is now about 19000. It is an indication of the progress of the Zamindari in the past 20 years that the population has increased by more in that time, and though it has not been possible to effect much improvement in the income, careful administration has resulted in the accumulation of very satisfactory reserves. Today you are being invested with full authority to manage this great estate in accordance with the terms of the Sanad which I shall give you, and with the undertaking which you have made. Remember that authority and dignity carry with them the responsibility for the happiness and welfare of many thousands of people, and that though the task may be hard your reward must lie not in the enjoyment of wealth and lumury but in the gratitude and love of your people.

This is an occasion for rejoicing because after many years during which you were first at school and later under training in Jagdalpur, the people of Kutru are today seeing once more their own land-lord with suitable ceremonial and celebration. It gives me great pleasure that I have been selected as the Government Representative to conduct this investiture, and to be able to congratulate you as my ward and my friend before this audience of your own people and of people from all over the State on your accession. I hope that this day may be remembered by you and by all of them not only as a single day of rejoicing, but as the day which marked the beginning of a long and happy enjoyment by you and by your people of your position as the Zamindar Sahib of Kutru. This day has already been declared one of good omen by the Rajguru. On your way to this place you gave worship to God in due form. The religious aspect of this occasion has thus been fully observed. I now hand to your this, the Sanad of your investiture, and so conclude and set the seal upon this Ceremony."

कुटरू-जमींदारी के ही अंतर्गत भैरमगढ़ के हनुमान प्रसाद समरथ का हलबा परिवार 40 गाँवों का मालिक था। हनुमान प्रसाद समरथ 1909 तक एक संपन्न हलबा-परिवार था (दि. ब्रेत, 1909)। 1910 के भुमकाल में उसने अंग्रेजों का साथ दिया था।

केशरी शाह के पुत्र दृगपाल शाह अभी जीवित हैं। उनके दो भाई व दो बहनें हैं। पाटाड़ी नामक गायक कुटरू जमींदारी के भाट हैं और कुटरू-जमींदारी के वैभव का गायन करते हैं।

8-11 चार लघु जमींदारियाँ

कुटरू-जमींदारी के अधीन 1908 ई० तक पाँच अन्य लघु जमींदारियाँ भी सम्मिलित कर दी गई थीं, जो कभी स्वतंत्र थीं। ये अधोलिखित थीं—

(क) भैरमगढ़ (ख) तोयनार (ग) गुदमा (घ) नयमेर (ड) पासेवाड़ा।

इनमें से भैरमगढ़ के विषय में संक्षिप्त जानकारी प्रस्तुत है। शेष तीन जमींदारियों के सम्बन्ध में सामग्री अनुपलब्ध है। भैरमगढ़ पर कतिपय ज्ञातव्य इस प्रकार हैं—

भैरमगढ़

1909 ई० में भैरमगढ़ का इलाकेदार हनुमान सिंह कुटरू-जमींदारी के अधीन था। इस लघु जमींदारी के अंतर्गत कुल 120 गाँव थे। जमींदारी का मुख्यालय भैरमगढ़ था। 1909 ई० के पूर्व प्राथमिक पाठशाला, पुलिस-चौकी आदि की स्थापना हो चुकी थी। कालांतार में यह लघु जमींदारी समाप्त कर दी गई तथा उसे सदा के लिए कुटरू-जमींदारी के साथ मिला दिया गया। यह ध्यातव्य है कि पूर्व-ब्रिटिश-युगीन बस्तर की यह एकमात्र हलबा-जमींदारी थी तथा यहाँ के हलबा अपने को नागवंशी मानते थे। आज भी यही परम्परा है।

भैरमगढ़ चाँदाराजमार्ग पर जगदलपुर से 69 मील दूर है। 1909 में यहाँ (मुख्यालय) की कुल जनंसख्या 731 थी।

कुटरू जमींदार में सागौन के वृक्षों की प्रचुरता थी, किन्तु उनकी निकासी के लिए आवागमन के साधन न होने के कारण जमींदार को उनसे होने वाली आय बहुत कम थी।

कुटरू-जमींदार का मुख्यालय कुटरू था, जो जगदलपुर के पश्चिम 110 मील की दूरी पर अवस्थित है। 1909 ई० तक यहाँ के जमींदार के रहने के लिए कोई राजप्रसाद न था, अपितु यह अबुझमाड़ियों के ही समान झोपड़ी बनाकर रहता था। 1909 ई० के पूर्व यहाँ एक छोटे-से टीले पर कचहरी बनाई गई थी। कचहरी के किनारे तालाब व तालाब के किनारे किसी सती का चबूतरा बना हुआ था (केदारनाथ ठाकुर, 1908, 123-24)। इस प्रकार 1909 ई० तक कचहरी के सिवाय यहाँ अन्य कोई दर्शनीय भवन न था। पुलिस थाना, प्राथमिक व पोस्ट-आफिस की व्यवस्था यहाँ 1909 ई० के पूर्व हो चुकी थी।

कुटरू का जमींदार 4600 रुपए टकोली के रूप में देता था। यह जमींदारी 1947 ई० तक विद्यमान रही व आजादी के बाद बस्तर जिले का अंग बन गई।

15. भैरमगढ़-जमींदारी

यह एक हलबा-जमींदारी थी तथा 1908 ई० में यह कुटरू की उप-जमींदारी बना

दी गई। दि ब्रेत (1909) के अनुसार उस समय हनुमान प्रसाद समरथ भैरमगढ़ का एक प्रमुख परिवार था, जिसके अधीन कुटरू जमींदारी में 40 गाँव थे।

16. परलकोट-जमींदारी

परलकोट-जमींदारी उत्तर बस्तर में 19°.38° व 20°.2° उत्तरी अक्षांश 80°-27° व 81°-10° पूर्वी देशांश के मध्य अवस्थित थी। 1908 ई० में इसका क्षेत्रफल 640 वर्गमील था तथा 1901 ई० की जनगणना के अनुसार यहाँ की जनसंख्या 5920 थी। यहाँ कुल 165 गाँव थे, जिनमें 98 जनशून्य थे। जमींदारी का मुख्यालय परलकोट गाँव था, जिसकी 1901 ई० में 224 जनसंख्या थी (दि ब्रेत, 1909, 346)।

दि ब्रेत के अनुसार परलकोट के जमींदार अपने को सूर्यवंशी राजपूत मानते हैं तथा उसकी उपाधि "भुमिया" राजा की है (1909, 51), किन्तु केदारनाथ ठाकुर (1910, 127) के अनुसार यहाँ के जमींदार माड़िया गोंड हैं। वस्तुतः यहाँ का राजा अबुझमाड़िया जाति का था। केदारनाथ ठाकुर के अनुसार "परलकोट सबसे पुरानी जमींदारी है। जब से माड़िया लोग पैदा हुए, तब से यह राज्य है, ऐसा लोग कहते हैं। रियासत के अत्यंत पश्चिमी हिस्से में यह जमींदारी है। वीरान इलाका है। चाँदा जिले से मिला हुआ है। सागौन की आमदनी अच्छी होती है। कोई मकानात देखने लायक नहीं है।"

परलकोट की प्रमुख नदी कोतरी है तथा राजधानी में तीन नदियों का संगम है। 1905 ई० में नारायणपुर व परलकोट के मध्य फॉरेस्ट रोड बनवा कर इस जमींदारी में प्रथम संचार-व्यवस्था लागू हुई थी।

परलकोट का जमींदार राजा को प्रतिवर्ष 836 रुपए टकोली देता था। 1910 ई० में यहाँ का राजकुमार नाबलिग था व राजकुमार कालेज, रायपुर में शिक्षा प्राप्त कर रहा था (केदारनाथ ठाकुर, 1910, 127)। अतएव जमींदारी बस्तर-राज्य के प्रबंध में थी।

परलकोट के मैनेजर ने 23 जनवरी, 1916 को बस्तर राजा के नाम जो पत्र भेजा था (रिकार्डस् रूम, जगदलपुर) उसके अनुसार "परलकोट के जमींदार चेतनसिंह अफीमची थे। उनके घर में हमेशा नाच-गाना होता रहता था। वे औरत का स्वांग बनाकर खुद नाचते थे। औरत का पूरा श्रृंगार करते थे।"

ग्रिग्सन (1938) ने परलकोट की जमींदारी का उल्लेख नहीं किया। अतएव ऐसा प्रतीत होता है कि 1910 ई० से 1930 ई० के मध्य यह जमींदारी समाप्त कर दी गई होगी तथा वह बस्तर राज्य का अंग बन गई होगी। इस प्रकार जमींदारी भूभाग अंतागढ़-तहसील में समाहित हो गया।

परलोट का जंगली इलाका राज्य के उत्तर पूर्वी किनारे पर पड़ता था। इसके उत्तर

में अंतागढ़ मुकासा का प्रतापपुर परगना, पूर्व में अंतागढ़ माड़, दक्षिण में अहीरी जमींदारी और पश्चिम में चाँदा राज्य की लघु जमींदारियाँ थीं। जमींदारी का क्षेत्रफल अनुमानतः 640 वर्गमील था और कुल गाँव 170 थे। जमींदारी का सिंचन कोतरी नदी करती थी, जो चाँदा के पानाबरस जमींदारी से निकलकर जमींदारी में प्रवेश करती थी। दूसरी महत्वपूर्ण नदी निबरा, नारायणपुर की तरफ से आती थी। उत्तर-पश्चिम के खुले भाग को छोड़ दिया जाये तो शेष जमींदारी में माड़िया निवास करते थे, जिनकी जनसंख्या दो तिहाई थी। परलकोट जमींदार की प्राचीन 'लाइन' 1873 ई० में समाप्त हो गयी थी।

17. बारसूर-जमींदारी

यह पहले छिन्दक नागों की राजधानी थी। चालुक्य शासनकाल में यह एक नाग-जमींदारी थी। वैवाहिक संबंधों के कारण ये नागशासक बाद में हलबा हो गए। दि ब्रेत (1909) के अनुसार "Another old family is that of Husendi Negi of Bastar. They claim to have been Halbas and are now considered to belong the latter caste."

18. कुतुतुगुड़म-जमींदारी

चालुक्य-राजवंश के वीरनारायणदेव (1639-1654) तक यह एक माड़िया जमींदारी थी।

19. भद्राचलम-जमींदारी

1779 ई० तक यह बस्तर राज्य के अधीन थी।

20. बंगरू-जमींदारी

जमींदार माड़िया थे और अन्नमदेव के काल के मशालची थे। दरयावदेव (1779 ई०) के समय में यह बस्तर से अलग स्वतंत्र जमींदारी बन गयी।

21. तोयनार-जमींदारी

1908 ई० से पूर्व यह एक स्वतंत्र माड़िया जमींदारी थी, किन्तु बाद में कुटरू में विलीन हो गयी।

22. गुदमा-जमींदारी

यह एक स्वतंत्र माड़िया जमींदारी थी और 1908 ई० में कुटरू से जोड़ दी गयी।

23. पसेवाड़ा-जमींदारी

यह भी एक माड़िया जमींदारी थी और 1908 ई० कुटरू जमींदारी का एक भाग बन गयी।

24. डोंगर राज्य

परम्पराजदेव के **काँकेर-ताम्रपत्र** (इपी. इंडिका, खण्ड 9, पृ. 166) अभिलेख को 1213 ई० उत्कीर्ण किया गया था। इसमें पहली बार **'हलबा-पट्टी'** का उल्लेख हुआ है। 'पट्टी' का अर्थ है 'भूभाग' तथा **'हलबी पट्टी'** का अर्थ है हलबाओं के स्वामित्व वाला डोंगर राज्य। लाल कालीन्द्रसिंह ने 'डोंगर राजघराना' पर चर्चा करते हुए अपने 18 अगस्त, 1908 के बयान (पाण्डुलिपि, कचहरी, जगदलपुर) में अधोलिखित बातें दर्ज करायी थीं–"डोंगरगढ़ और उसके आसपास के अठारह गढ़ पुराने जमाने में राजा के भाइयों को परवरिश होने के लिए बतौर जागीर दिए गये थे। जगदीश राय राजा के समय से जबकि एक दिन के लिए निव्वू (देखिए, **कोसलानंद,** 18) देश का राजा हुआ, यह प्रथा प्रचलित हुई जगदीश राय के भाई को जीतकर राज्य करने को वह दिया गया और तब से यह प्रथा प्रचलित हुई।"

"जगदीश राय (1625-1639) के भाई ने डोंगर जीता और वहाँ राज्य किया। तीन पुश्त के अंदर किसी एक ने दंतेश्वरी देवी के झाड़ के फूल तोड़ने के अपराध में अपनी राजकुमारी काँकेर की ऊँगली काट डाली। रानी ने कटी हुई ऊँगली के खून से चिट्ठी लिखकर डोंगर पर चढ़ाई करने के लिए काँकेर के लोगों को बुलाया। चढ़ाई करने का और वापस आने का रास्ता रानी ने उन लोगों को बता दिया था। राजा को ये सब बातें मालूम हो गई तो वे चुपचाप खड़े होकर जैसे-जैसे लोग आते गए, वैसे-वैसे मारते गए। एक नगाड़ची भी मारा गया। उसके नगाड़े की आवाज सुनकर लोग भाग गए। रानी इस चालाकी पर मार डाली गयी और वहाँ उसकी कब्र बनायी गयी। वहाँ उस कब्र को महिपालदेव (1800-1842) ने खुद खुदवाया। बस्तर राजा के संतान नहीं होने के कारण डोंगर के राजा आकर बस्तर की गद्दी में बैठे और तब से डोंगर व बस्तर दोनों राज्य एक में मिल गए।"

उपसंहार

उपर्युक्त विवरण से स्पष्ट है कि चालुक्य-शासन की स्थापना से पूर्व बस्तर में अनेक लघु राज्यों का उदय हो गया था तथा ये आदिवासी राज्य क्षुद्र स्वार्थों के लिए आपस में लड़ते रहते थे। कालांतर में जब इन आदिवासी राज्यों की शक्ति क्रमशः क्षीण होती गयी, तो ये चालुक्य-शासन की अधीनता को स्वीकार करते गए तथा चालुक्य-नरेशों

ने भी इनके राजकीय सम्मान की रक्षा के लिए इन्हें जमींदारों का पद दे दिया। इस प्रकार की चौबीस जमींदारियों का संक्षिप्त इतिवृत्त यहाँ प्रस्तुत किया गया है।

इन जमींदारियों का क्रमशः ह्रास होता गया है। सबसे पहले तो दरियावदेव (1779) की गलत नीतियों से गोदावरी के दक्षिण की जमींदारियाँ बस्तर से निकल गयीं और फिर 1908 ई० का भुमकाल हुआ और जिन जमींदारों ने भुमकाल में भाग लिया था, उनकी जमींदारियाँ ब्रिटिश-सरकार ने छीन लीं।

ऐतिहासिक संदर्भों से हमें ज्ञात होता है कि अन्नमदेव के काल में अधोलिखित बारह जमींदारियाँ थीं—भीजी, चिंतलनार, कोतापल्ली-पामेड़, सुकमा, फुतकेल, भोपालपटनम, कुटरू, भैरमगढ़, तोयनार, गुदमा, नयमेर तथा परलकोट। 1910 ई० तक इनमें केवल भोपालपटनम, कुटरू, चिंतलनार, फुतकेल, कोतापल्ली, सुकमा व परलकोट का ही इतिहास मिलता है तथा 1939-47 के बीच केवल भोपालपटनम, सुकमा कुटरू एवं कोतापल्ली-पामेड़ ही बची थीं।

1887 ई० में बस्तर-राज्य ने जमींदारों को नयी सनद प्रदान की थी, जिसके अनुसार पहली बार वनों को केन्द्रीय प्रशासन के अंतर्गत लेने की बात की गई थी। अनेक जमींदारों ने तो सनद में उल्लिखित शर्तों को स्वीकार कर लिया था, किन्तु सुकमा तथा परलकोट के जमींदारों ने उसे स्वीकार कर राजा का विरोध किया था। कालांतर में यह निश्चय हुआ कि वनों के स्वामी जमींदार ही रहेंगे, किन्तु किसी इमारती लकड़ी को गिराने से पूर्व उन्हें राजकीय स्वीकृति लेनी पड़ेगी (द्रि ब्रेत, 1909, 57, 59)।

जमींदारियों के भूस्वामित्व के संबंध में दि ब्रेत (1909, 65) ने अधोलिखित विवरण दिया है—"सुकमा, भोपालपटनम, कुटरू परलकोट, चिंतलनार, कोतपाल तथा फुतकेल जमींदारियाँ अविभाज्य हैं, अहस्तांतरणीय हैं व ज्येष्ठाधिकारक्रम से प्राप्त होती हैं। स्त्रियों को जमींदारी का अधिकार नहीं मिल सकता। उत्तराधिकार प्राप्त करने पर नए जमींदार को राजा को नजराना देना आवश्यक होता है। जमींदार अपनी कोई भूमि या गाँव न तो बदल सकता, न बेच सकता, न दान में दे सकता और न रेहन रख सकता है। इसके लिए उसे राजा से स्वीकृति लेनी पड़ती है। वह राजा की पूर्वानुमति के बिना किसी को 'दत्तक' भी नहीं बना सकता। यह भूमि-कर चुगी (उत्पादनकर) व वन का प्रबंध करता है, किन्तु पुलिस या नाके के प्रबंध उसके अधिकार में नहीं है। 1903 ई० में जमींदारों द्वारा राजा को नजराना देने की रकम पंद्रह वर्षों के लिए निश्चित की गई थी।"

उपर्युक्त विवरण से अब हम यहाँ यह निष्कर्ष निकाल सकते हैं कि जब अन्नमदेव ने बस्तर को जीता था, तब यहाँ सात माड़िया राज्य थे। बारह संलग्न राज्य थे और एक झोड़िया राज्य था। अन्नमदेव ने इन बीस राजाओं को राज्यपाल के रूप में नियुक्त किया, जिन्होंने बाद के वर्षों तक बस्तर की सीमाओं की रक्षा की थी।

योद्धा-प्रकृति के ये आदिवासी मुस्लिमों की अधीनता को कभी भी स्वीकार नहीं किया और न ही मुस्लिम आक्रांता चिरकाल तक इन्हें अपने पैरों के तले रौंद पाए। अन्नमदेव के नेतृत्व में इन्होंने एक दुर्धर्ष संघर्ष किया, जिससे वह विदेशी सत्ता को उखाड़ फेंके और अपने धर्म और संस्कृति की रक्षा कर सके। बस्तर में रहने वाले सभी आदिवासी नेताओं ने अन्नमदेव से मिलकर एक महासंघ बनाया। इन सबका एक ही समान लक्ष्य था—बस्तर को विदेशी खूनी पंजे से छुटकारा दिलवाना और बस्तर में आदिवासी सार्वभौमिकता की पुनः स्थापना करना। उक्त आंदोलन का नेतृत्व करने के लिए अन्नमदेव सामने आए और वे बस्तर की नियति के रहनुमा बन गए। रेकापल्ली के प्रोलय नायक 1325 ई० में एक महानायक थे। अन्नमदेव के साथ मिलकर वे मुसलमानों के विरुद्ध एक साथ विद्रोह के लिए उठ खड़े हुए और अपने अंचल को विदेशी दासता से मुक्त करवाया। ऊपर के पृष्ठों में जिन जमींदारियों की चर्चा है, उन सबका सहयोग अन्नमदेव को मिला था। उनके विवरण से यह भी आभास मिलता है कि अन्नमदेव का राज्य कितना विशाल था। सिहावा से लेकर भद्राचलम तक शासन करने वाले अन्नमदेव निश्चित रूप से पूर्व-मध्ययुग के महानायक थे। आज सब उनके कृतित्व से पर्दा उठा है, तो हम दाँतों तले अँगुला दबाने के लिए बाध्य होते हैं। उनकी संगठन—क्षमता के प्रति नतमस्तक हो जाते हैं। हमें दुःख है कि अब तक इतिहासकारों ने उन्हें पहचाना नहीं और ग्रिग्सन (1938, भूमिका) जैसे लोग यह मानते रहे कि Baster is the backwater of Indian history और बस्तर के गौरवमय अतीत को अँधे कुएँ में धकेल दिया गया।

विदेशी गुलामी से बस्तर की मुक्ति ने स्वाभाविक तौर पर देश के विविध भागों के हिंदू नेताओं में उत्साह का संचार किया होगा और इससे हिंदू राजाओं के रवैए और दृष्टिकोण में परिवर्तन आया होगा। इसका प्रमाण है कि उक्त अवधि के चार राजाओं ने देश की रक्षा (पतित्व) की संहति को अमली जामा पहनाया और चार 'पति' (पातयति इति रक्षकः) संगठित हुए—गजपति, अश्वपति, नरपति तथा रथपति। उक्त चार सुरक्षास्तंभों में से एक बस्तर भी था। जब समूचा देश मुगलों के आक्रमणों से किंकर्तव्यविमूढ़ हो गया था और चारों ओर अँधेरा घिर आया था, तब बस्तर ने ही रथारूढ़ होकर भारतीय जनता को मशाल दिखाया था। भारतीय इतिहास उक्त घटना से बेखबर है।

जैसे ही आदिवासी सरदारों के सहयोग से बस्तर को आजादी मिली, वैसे ही पूर्व में एकता की जो भावना थी, जिस भावना ने लोगों की कल्पना को जगाया था, जिस भावना के कारण लोगों में एका आया, लोग संगठित हो गए, उस भावना ने पुनः उन्हें उत्साहित नहीं किया।

दिल्ली के बादशाह की सेनाओं पर विजय ने उनमें उत्साह को संचारित कर दिया था। उनके दिलों में आत्मविश्वास तथा अपने पर भरोसा का भाव भर दिया था। उनमें

देशभक्ति का एक स्वतंत्र भाव जागा था। इन आदिवासी सरदारों ने जो विजय हासिल की थी, उससे उनके मन में प्रतिष्ठा और शक्ति का मिथ्याभाव जागा, जो स्वभावतः पारस्परिक असहमति और फूट का कारण बना। जिस आदर्श के लिए वे संगठित हुए थे और साथ-साथ विदेशी शत्रु से लड़े थे, वह पल भर में ओझल हो गया और प्रत्येक सरदार अपनी सर्वाधिकारिता के लिए लड़ने लगा। राजाओं की भी यही परिणति थी। एक-दूसरे के खिलाफ साजिश रची जाने लगी तथा आकस्मिक युद्धों और लूटपाटों का सिलसिला प्रारंभ हो गया। परिणाम यह हुआ कि सरदारों की जमींदारियाँ स्वतंत्र राज्यों के रूप में विकसित होने लगीं और आपस में शत्रुता बढ़ने लगी। आदिवासी सरदारों के इस रवैए से अन्नमदेव बस्तर में अपनी शक्ति को पूरी तरह दृढ़ीभूत नहीं कर पाए और यही कारण है कि उसकी पीढ़ियों का सारा जीवन संघर्षों में ही बीता। कभी गंगों से संघर्ष, कभी चौहाणों से संघर्ष, कभी बघेलों से संघर्ष, कभी चाँदा के गोंडराजाओं से संघर्ष, तो कभी गोलकुण्डा की कुतुबशाही से संघर्ष। समूचा चालुक्य-शासन आदि से अंत तक संघर्ष में ही बढ़ा और संघर्ष में ही ढहा।

पूर्व-मध्ययुग में उपर्युक्त आदिवासी समुदाय हेकड़ी भरे संघर्ष के पुराने दिनों की याद दिलाते हैं। ये संघर्ष केन्द्रीय सरकार तथा स्थानीय अधिकारियों के बीच खेतिहर संबंधों को लेकर हो रहे थे। इन संघर्षों ने आदिवासियों को 'घेटो' (भुखमरी) में ढकेल दिया, उन्हें कर की वसूली तक के संबंधों से जोड़ दिया। ग्रामसुदाय पर कहर ढाया जाने लगा।

उक्त प्रकार के सामंतवाद से खेतिहर सामाजिक उत्पादन की क्रियाओं से दूर होते गए और ये अपने जनजाति—वर्ग या गोत्रवर्ग तक ही सीमित हो गए। इससे क्षेत्र के लोग फिर संगठित नहीं हो पाए और उनके प्रति बर्बरता का व्यवहार होने लगा। इन सामंतों ने जनजातियों को एक-दूसरे से अलग—थलग कर दिया, जिससे आदिवासियों का सामाजिक विरोध कमजोर पड़ गया और उनकी शताब्दियों पुरानी सोच में बदलाव आ गया।

14

मुकासों और जागीरों की भूमिका

विगत अध्याय के अंतर्गत यह निरूपित किया गया है कि बस्तर की जमींदारियों का इतिहास बस्तर में अन्नमदेव से आगमन के पूर्व का है तथा ये जमींदार कभी उस क्षेत्र के प्रभुतासंपन्न राजा थे, किन्तु मुकासों व जागीरों का इतिहास किसी राजवंश या उसके किसी राजा से संबद्ध है, जिन्हें दानभूमि, उपहारभूमि या सेवाभूमि आदि नामों से भी अभिहित किया जा सकता है। जमींदारियों का इतिहास प्राचीन इतिवृत्तों को उद्‌घाटित करने में सहायक है, जबकि मुकासों व जागीरों का इतिहास बस्तर में बाहरी लोगों के आगमन व उनके बसने का इतिहास है।

दानभूमि दैवतस्थानों व ब्राह्मणों को प्राप्त होती थी तथा उपहारभूमि राजा के निकट के संबधियों के अधीन थी। इन्हें मुकासा नाम से संबोधित किया जाता था तथा ये मुकासे सभी प्रकार के 'करों' से मुक्त थे। केदारनाथ ठाकुर ने इन्हें **माफी जागीर** (1908, 144) कहा है। एस. सुंदरराज आयंगार ने Land Tenure in Madras Presidency नामक ग्रंथ में मुकासे की व्याख्या इस प्रकार की है–

"Mokhasa was a well known term in the Northern Sirkars and that the term itself implied that it was a tenure subject to service. It took this form when it was granted to servants and military chiefs in lieu of pay; sometimes it was granted to men of high position and influence, whose tenure was of a honorary of almost nominal nature."

मुकासो की तुलना में जागीरें कर-मुक्त थीं तथा ये मुसलमानों को प्राप्त थीं। यहाँ कुछ आदिवासी जागीरों का भी उल्लेख है। उनमें से कुछ प्राचीन जमींदारियों का लघु स्वरूप है तथा कुछ सेवा के रूप में प्राप्त हुई थीं।

मुकासों और जागीरों की संख्या

तृतीय अध्याय के अंतर्गत यह विवरण प्रस्तुत किया गया है कि अन्नमदेव के काल में बस्तर में कुल 12 मुकासे थे। चूँकि बस्तर का चालुक्य-राजवंश ब्रिटिश-काल तक चलता रहा, अतएव 1897 ई. तक प्राप्त मुकासों व जागीरों की संख्या में कोई ह्रास नहीं हुआ, क्योंकि अपने पूर्वजों द्वारा प्रदत्त भूमि को कोई भी राजा किसी व्यक्ति से उस समय तक नहीं छीनता था, जब तक उस व्यक्ति के कार्यकलाप राजा के लिए अहितकारिक सिद्ध नहीं होते थे। ऐसी स्थिति में यदि यहाँ 1897 ई. तक सैकड़ों माफी जागीरों का उल्लेख मिलता है (केदारनाथ ठाकुर, 1908, 122) तो कोई आश्चर्य नहीं होना चाहिए।

दीवान आलमचंद द्वारा अनेक माफी-जागीरों की समाप्ति

'1897 ई. तक संपूर्ण बस्तर में छोटी-छोटी बहुत सी जमींदारियाँ थीं। सैकड़ों लोग माफी पाए हुए थे (केदारनाथ ठाकुर, 1908, 122) रुद्रप्रतापदेव के समय में आलमचंद यहाँ दीवान होकर आए तथा उन्होंने 1898 ई. में एक नियम बनाकर अनेक माफी-जागीरों को राज्य के अंतर्गत मिला लिया था (तदेव)।

मुकासों की भूमिकर-व्यवस्था

दि ब्रेत (1908, 60) ने यह उल्लेख किया है कि 1909 ई. में राज्य में भूमिकर से मुक्त अनेक दानभूमियाँ थीं तथा इनसे प्राप्त आय 52000 रुपए आँकी गयी थी। राजपरिवार के सदस्यों के पास 3000 रुपए लगान की भूमि थी। दंतेश्वरी तथा अन्य मंदिरों को भूमिकर से 16000 रुपए प्राप्त होते थे।

वर्गीकरण

यहाँ प्रायः उन्हीं मुकासों व जागीरों की चर्चा है, जिसमें से अधिकांश की स्थिति ब्रिटिश-काल तक रही है। सुविधा के लिए इन्हें अधोलिखित वर्गों में विभाजित किया जा सकता है—

(क) दैवत भूमि,
(ख) ब्राह्मण-मुकासे,
(ग) राजपरिवार से सम्बद्ध मुकासे,
(घ) आदिवासी जागीरें,
(ङ) मुसलमान जागीरें।

(क) दंतेवउड़ा-मुकासा

बस्तर-राजवंश दंतेश्वरी का भक्त था तथा ऐसा अनुमान है कि चालुक्य-वंश की 'दंतेश्वरी' पूर्ववर्ती नागवंश की 'माणिकेश्वरी' का ही परिवर्तित स्वरूप है। दंतेश्वरी का

मंदिर दंतेवाड़ा नामक स्थान पर डंकिनी और संखिनी नामक दो नदियों के संगम पर बना हुआ है। मंदिर में अनेक मूर्तियाँ हैं तथा ऐसी अनुश्रति है कि ये बारसूर से लाई गई थीं। दंतेश्वरी की मूर्ति काले पत्थर की है। उसकी आठ भुजाएँ हैं। उसे 'महिषासुरमर्दिनी' भी कहा जाता है (दि ब्रेत, 1909, 327)।

चालुक्य वंश के अनेक राजाओं ने समय-समय पर दंतेश्वरी-मंदिर पर अनेक गाँव चढ़ाए थे। यह एक सामान्य परम्परा थी कि जब-जब बस्तर के महाराज दर्शन के लिए दंतेवाड़ा जाते थे, तब-तब वे देवी के नाम पर गाँव चढ़ाते थे। इस प्रकार बढ़ते-बढ़ते दंतेश्वरी के गाँवों की संख्या 1909 ई. में 144 हो गई थी। इस प्रकार दंतेवाड़ा 'मुकासा' या 'माफी-जागीर' में सम्मिलित हो गया था।

दंतेश्वरी-मंदिर और जिआ परिवार

दंतेश्वरी-मंदिर का प्रबंध 'जिआ'-परिवार के अधीन था तथा वंशानुक्रम से उसी परिवार के सदस्य इस मंदिर के पुजारी होते रहे हैं। **'दंतेवाड़ा माफी'** के अंतर्गत आने वाले गाँव इस प्रकार थे—गुदेली, कुपेर, अलनार, गीदम, दूमम, चितालूर, भैरमबंद, आवलनार, दुगेली, तोयलंका, पूरन तरई, मुलसनार, चेरपाल, पाहुनार, कुंदेली, चीता लंका, खास दंतेवाड़ा, भोगम, चोंलनार, करली, हरम, भांसी, तुमनार, गामावाड़ा, कोपानार, कलेपाल, खास कटेकल्यान, कोदरी, तोंगपाल, बनियागाँव, सिमोड़ा, झारागाँव, सोनारपाल, डिलमिली, कुरुसपाल, मावलीगुड़ा, करंजी, दहीकोंगा तथा टोडरेपाल। इस परिवार के लोगों में बलराम जिया तथा श्यामसुंदर जिआ के नाम उल्लेखनीय हैं। श्यामसुंदर जिया रियाया को बहुत तंग करता था व हमेशा शराब के नशे में धुत्त रहता था। (दीवान बस्तर, 30 दिसम्बर, 1918 का प्रतिवेदन, अप्रकाशित)। 1908 ई. में जिआ जमींदार (कुछ लोग, यथा, केदारनाथ ठाकुर, 1908, 127 इसे जमींदारी ही मानते हैं) जगदलपुर में अध्ययन कर रहा था तथा मुकासा 'कोर्ट आफ वार्ड्स' के अधीन था। देवी के पुजारी होने के नाते जिआ-परिवार बस्तर के आदिवासियों में बहुत अधिक सम्मानित था। जगदीश देव के पिता प्रलयराजदेव के समय दंतेश्वरी के पुजारी का नाम रामसिंह जिआ था। जगदीश देव के समय जिआ का नाम रामचंद्र जिआ था (लाल कालेन्द्रे सिंह, तदेव)।

दंतेश्वरी और नरबलि

दंतेश्वरी-मंदिर में नरबलि कराए जाने की घटना का उल्लेख 'मेरिया-विद्रोह' के अंतर्गत मिलता है। प्रायः यह सामान्य धारणा रही है कि बस्तर में नरबलि की प्रथा प्रचलित थी। 1842 ई. की नागपुर-राजा की कार्यवाही भी उड़ीसा के खोंड-क्षेत्रों की

सूचनाओं पर आधारित थी, जिनमें यह कहा गया था कि बस्तर से बाहर के लोगों की बलि के निमित्त पकड़ा जाता था व बस्तर में प्रायः एक साथ 20 व्यक्तियों की बलि दी जाती थी। नरबलि की कुख्यात घटना 1826 ई. की कही जाती है, जब नागपुर-राजा को भेंट के लिए प्रस्थान करने से पूर्व बस्तर के राजा ने 25 से 27 लोगों की बलि चढ़ाई थी। ऐसा भी कहा जाता है कि यह नरबलि काँकेर व पार्श्ववर्ती गोंड-बहुल छत्तीसगढ़ में भी प्रचलित थी तथा वहाँ लोग नरमांस का भक्षण भी करते थे। उड़ीसा के पर्वतीय क्षेत्रों के एजेण्ट कैप्टेन जे. मैकविकार ने 1855 ई. में बस्तर की यात्रा की थी। वह राजा व लाल साहेब से मिला था एवं वस्तुस्थिति की जानकारी के लिए दंतेवाड़ा भी गया था। उसने यह अनुभव किया था कि जिन-जिन क्षेत्रों में वह गया, वहाँ दंतेश्वरी का भयावह आतंक था। उसके पड़ाव में एक आदमी ने यह भी स्वीकार किया था कि अभी हाल में नरबलि के आयोजकों ने उसे बलि के निमित्त पकड़ना चाहा था। इसी प्रकार वे एक औरत को भी पकड़ना चाहते थे। उसी के अनुसार छह वर्ष पूर्व लाल दलगंजन सिंह के आदेश से एक आदमी की बलि चढ़ाई गई थी। इतना होते हुए भी मैकविकार के पास कोई ठोस प्रमाण न थे। लेफ्टिनेंट सी. इलियट (रायपुर डिप्टी कमिश्नर) ने यद्यपि इस पर अधिक पूछताछ नहीं की किन्तु उन्होंने पुराने सुरक्षा-दलों के स्थान पर जगदलपुर व दंतेवाड़ा में नए सुरक्षादल की नियुक्ति की थी, जिनमें पूर्णतया मुसलमान आरक्षी थे। इसके अतिरिक्त उसने राजा को प्रत्यक्षरूप से यह चेतावनी भी दी थी कि नरबलि को समाप्त करे व प्रशासन की एक न्यायोचित पद्धति को अपनाए। 1859 ई. में वही अधिकारी कैप्टेन इलियट ने बस्तर के राजा को यह सूचना दी कि नागपुर के कमिश्नर उड़ीसा की खोड़ पहाड़ियों के समान बस्तर में भी नरबलि की विद्यमानता विषयक जानकारी के लिए एजेण्ट की नियुक्ति करना चाहते हैं, जिसका सदा की तरह बस्तर के राजा ने विरोध किया। तदनुसार इलियट ने कमिश्नर को यह सूचना दी थी कि ब्रिटिश-शासन से पूर्व बस्तर में नरबलि भले ही प्रचलित रही हो, किन्तु ब्रिटिश शासनकाल से इसके संबंध में कभी कोई सूचना नहीं मिली। इससे प्रतीत होता है कि फिर कोई कार्यवाही नहीं की गई। इसी प्रकार का मत ग्लसफर्ड ने भी व्यक्त किया था तथा उसका कथन था कि मंदिर के सुरक्षादल के अतिरिक्त नरबलि-विषयक अन्य कोई व्यवस्था आवश्यक नहीं है। यह सुरक्षादल 1863 ई. से समाप्त किया गया तथा उसके पाँच वर्षों पश्चात् सेन्ट्रल प्राविन्सेज के चीफ कमिश्नर ने भारत की अंग्रेज-सरकार को यह सूचना दी थी कि जहाँ तक यहाँ के लोगों की याद है, यहाँ नरबलि कभी भी प्रचलित नहीं थी।

इस प्रकार बस्तर में नरबलि की अफवाहें तो अवश्य थीं, किन्तु उसके प्रचलन के संबंध में कभी प्रमाण नहीं मिला। ऐसी सारी कहानियों को जैपुर में भी गढ़ा जाता था, जहाँ का राजा बस्तर के राजा का शत्रु था। वस्तुस्थिति तो यह है कि बस्तर के राजा ने

अनेकशः यह आरोप लगाया था कि जैपुर का राजा ही इस प्रकार के मिथ्या प्रचार करवाता है।

1885-86 ई. में नरबलि-विषयक प्रकरण की पुनः तेजी से गूँज हुई, क्योंकि जैपुर की मद्रास-पुलिस ने यह खबर दी कि बस्तर के **'मेलेया'** दंतेवाड़ा के मंदिर में बलि के निमित्त लोगों की तलाश में घूम रहे हैं। रायपुर के पुलिस अधीक्षक सरदार रतनसिंह ने प्रारंभिक जाँच की तथा उन्होंने अपने प्रतिवेदन में यह कहा कि ये सूचनाएँ मनगढ़ंत हैं। बस्तर में जाँच चल ही रही थी। उसी समय मद्रास के अधिकारियों ने एक दूसरी सूचना दी कि बस्तर की सीमा से एक चुंगी नौकर को पकड़ लिया गया है तथा शीघ्र ही यह निवेदन किया कि बस्तर में शीघ्र ही सुरक्षा और सैनिक-दल भेजे जावें।

जैपुर-पुलिस-अधीक्षक पचास सैनिकों के साथ छत्तीसगढ़-राज्य के पोलिटिकल एजेण्ट का समाचार पाते ही बस्तर की ओर कूच कर गए। ऐसे अनेक बयान लिए गए, जिनमें यह कहा गया था कि लोगों को बलि के लिए पकड़ कर उस समय तक गुप्त रखा जाता था, जब तक बलि का दिन नहीं आता था। यह भी बताया गया था कि बारह गाँव कर-मुक्त हैं, जहाँ की रैय्यत का कार्य है कि वह बलि के लिए लोगों को पकड़े तथा उस सेवा के बदले उन्हें भूमिदान मिली थी। इन आरोपों के आधार पर कोई प्रमाण नहीं मिल सके तथा ऐसा एक भी स्थान नहीं खोजा जा सका, जहाँ नरबलि के लिए किसी को छिपाया गया हो। इस जाँच के अवसर पर यद्यपि राजा भैरमदेव को राज्य से बाहर कर दिया गया था, किन्तु इस कार्य में उनके फंसने की कोई बात नहीं मिली। इसका भी कोई प्रमाण नहीं मिला कि जैपुर से नरबलि के लिए किसी व्यक्ति का अपहरण किया गया था।

श्यामसुंदर जिआ की गिरफ्तारी

अनेक बयानों के परिप्रेक्ष्य में श्यामसुंदर जिआ पर यह अभियोग लगाया गया कि उसने एक परजा आदिवासी का वध किया था, जो बस्तर के एक गाँव से 1883 ई. में लापता हो गया था। यह भी कहा गया कि जिआ ने उस अपराध को स्वीकार कर लिया था।

उल्लेखनीय है कि जिआ दंतेवाड़ा के दंतेश्वरी-मंदिर का आनुवांशिक पुजारी था तथा परम्परा के अनुसार यह अन्नमदेव के साथ वारंगल से आया था।

छत्तीसगढ़ के कमिश्नर चीजम ने सेशन जज के रूप में उस 'केस' को चलाया था। जिआ ने अदालत में कभी भी यह स्वीकार नहीं किया कि उसने नरबलि की थी तथा उसने यह भी कहा कि पूर्व में उसने जो बयान दिया था, वह पुलिस के आतंक के कारण था। अन्य साक्षियों ने भी यही बयान दिया कि जाँच में दिए गए बयान मिथ्या

हैं तथा वैसे बयान जैपुर की पुलिस की कठोर प्रताड़ना के कारण दिये गए थे। जज का यह निर्णय था कि साक्षियों ने जानबूझ कर झूठे व कल्पित बयान दिये हैं तथा ऐसा उन्हें धमकियों के कारण करना पड़ा है। इस प्रकार नरबलि के अभियोग यह अपराध सिद्ध नहीं हो सका।

जिआ की मुक्ति

ऊपर यह उल्लेख किया गया है कि श्यामसुंदर जिआ दंतेश्वरी माता का पुजारी था तथा उस समय दंतेवाड़ा-मुकासे पर यह आरोप लगाया था कि वहाँ नरबलि होती है। जैपुर की पुलिस नरबलि के प्रचलन की स्वीकृति के लिए यह चाहती थी कि जिआ स्वीकार कर ले। इसका एक दूरगामी लक्ष्य था और वह यह कि जैपुर का राजा चाहता था कि इसी आरोप पर चालुक्य-वंश से अंग्रेज बस्तर का शासन छीन लें और वह निष्कण्टक बस्तर-क्षेत्र को अपने राज्य के अंतर्गत मिला ले, किन्तु जिआ ने कुछ बयान नहीं दिया, यद्यपि जैपुर की पुलिस ने उसे बहुत कष्ट दिया था। अंत में कालाहंडी आदि घुमाते हुए उसे रायपुर ले जाया गया था तथा न्यायाधीश ने उसके विरुद्ध प्रमाण न पाकर उसे बरी कर दिया (केदारनाथ ठाकुर 1908, 142)।

चीजम का चीफ कमिश्नर को प्रतिवेदन

चीफ कमिश्नर को प्रस्तुत किए गए अपने प्रतिवेदन में चीजम ने यह लिखा था कि राजा को गलत ढंग से दोषी निरूपित किया गया है तथा इसके लिए कोई प्रमाण नहीं है कि अभी हाल में बस्तर में नरबलि प्रचलित थी। इसके अतिरिक्त ऐसा एक भी प्रमाण नहीं मिलता, जिसके आधार पर शंका भी की जाए।

चीफ कमिश्नर का दृष्टिकोण

चीफ कमिश्नर चीजम के विचार से सहमत तो था, किन्तु जहाँ तक जिआ का प्रश्न है, वह उसके प्रति संदिग्ध था तथा उसका विचार था कि जिआ ने अनेक कष्टों के बावजूद अपनी चतुराई के कारण अपराध को स्वीकार नहीं किया।

ग्रिग्सन का मत

ग्रिग्सन ने अपने समय का अनुभव लिखते हुए कहा है कि दंतेवाड़ा के लोग आज भी यह बताते हैं कि पुलिस ने नरमुण्डों की प्राप्ति के लिए दंतेवाड़ा-मंदिर के आसपास किस जगह निरर्थक खुदाई की थी व उसे निराश होना पड़ा था। प्रायः अनेक गाँवों के लोगों का यही कथन था कि इस प्रकरण को लेकर राजा को बहुत कष्ट दिया गया था।

आज भी कोई ऐसा व्यक्ति नहीं है, जो यह कह सके कि प्राचीन काल में यहाँ नरबलि प्रचलित थी। इस प्रकार निसंदिग्ध रूप से कहा जा सकता है कि बस्तर में नरबलि की कुप्रथा कभी भी विद्यमान न थी (ग्रिग्सन, 1938, पृ. 9, पाद टिप्पड़ी)।

1913 की घटना

पुरानी किंवदन्तियाँ या दंतकथाएँ सरलता से समाप्त नहीं होतीं तथा ऐसी ही एक घटना 1913 ई. की है, जब मद्रास-पुलिस की रुचि पुनः इस विषय पर हुई तथा एक इंस्पेक्टर ने अपने वैयक्तिक विश्वास के आधार पर यह कहा कि राजा रुद्रप्रतापदेव जब कभी दंतेवाड़ा जाते हैं, उस समय नरबलि होती है। चूँकि 1913 तक राजा को कोई पुत्र नहीं था। अतएव, लोगों का कथन था कि पुत्र-प्राप्ति के लिए वे इस वर्ष नरबलि करेंगे। यह घटना उस समय की है जबकि 1910 ई. के विद्रोह के फलस्वरूप राजा से सारे अधिकार छीन लिए गए थे तथा उसे एक यूरोपीय दीवान की सलाह मानने के लिए बाध्य होना पड़ा था (ग्रिग्सन, 1938, पृ. 9, पादटिप्पणी)।

ग्रिग्सन की धारणा

यद्यपि सेन्ट्रल प्रोविन्सेज के 'पोलिटिकल डिपार्टमेंट' की यह बलवती धारणा थी कि दंतेश्वरी बस्तर की समग्र जनता की एक प्रमुख व सर्वाधिक भयावह देवी है व उसका पुजारी माड़िया-जनजाति में सर्वाधिक पूज्य है व प्रभावशाली है, तथापि वह दंतेवाड़ा से संलग्न कतिपय अबुझमाड़िया गाँवों को छोड़कर शेष अबुझमाड़-क्षेत्र में अपरिचित है। इतना ही नहीं दंतेवाड़ा-तहसील के अनेक दंडामी माड़िया नाममात्र को ही उसकी प्रतिष्ठा करते हैं। जहाँ दंडामी-माड़ियेतर बाद में बसने वाले लोगों ने उसके लिए एक घासफूस की झोपड़ी बना रखी है, वहाँ जिआ का प्रभाव दंतेवाड़ा-तहसील के झाड़ी तेलंगा और हलबाओं पर अवश्यमेव हो सकता है, किन्तु माड़ियों पर उसका कोई प्रभाव नहीं है। वस्तुस्थिति तो यह है कि अबुझमाड़िया या दंडामी माड़िया दंतेवाड़ा को नाम से भी नहीं जानते, किन्तु वे उससे प्राचीनतर व पूर्व-दंतेश्वरी नाम जाटवाड़ा से परिचित हैं (ग्रिग्सन, 1938, 10)।

1. मठ-मुकासा

चैपमैन (तदैव) ने उल्लेख किया है कि बस्तर के राजा ने नीमानन्द बैरागी नामक महंत को जगदलपुर से बाहर स्थापित मठ के संचालन के लिए एक सनद दी थी तथा कतिपय गाँव उसके अधिकार में थे। इस महंत को 'तुमासारी' एकत्र करने का अधिकार था। वह 'तुमा' लेकर राज्य के कोने-कोने में विचरण करता था तथा 'सारी' अर्थात् चंदा वसूल करता था, जिससे मठ चलता था।

2. नारायनपाल-माफी-जागीर

नारायनपाल 1909 ई. तक एक माफी गाँव था, जो इंद्रावती के तट पर स्थित है। गाँव में विष्णु का मंदिर दर्शनीय है (दि ब्रेत, 1909, 345)।

(ख) ब्राह्मण-मुकासे

1. राजगुरु-मुकासे

राजगुरु-परिवार मैथिल-ब्राह्मण है तथा परिवार के सदस्यों का कहना है कि वे बिहार के दरभंगा राजवंश के हैं (दि ब्रेत, 1909, 52)। गुरु-खानदान हमेशा 'दादा गुरु' कहलाता था (लाल कालेन्द्र सिंह, बस्तर-राजवंश, 1908, अप्रकाशित)।

वर्तमान राजगुरु के वंशज अरुणकुमार का कथन है कि उनके पूर्वज अन्नमदेव के काल में बस्तर आए थे। ऐतिहासिक साक्ष्यों से इनके पूर्वज भगवान मिश्र का नाम सर्वप्रथम मिलता है, जो दिग्पालदेव (1620 ई. 1649 ई.) के समकालिक थे। इनके पश्चात् इनका वंशवृक्ष इस प्रकार है—

भगवान मिश्र (1620-1649 ई.)
↓
लोकनाथ ठाकुर (1853-1891 ई.)

गोकुलनाथ ठाकुर → गंभीरनाथ ठाकुर → तीर्थनाथ ठाकुर

मित्रनाथ ठाकुर (रुद्रप्रताप के समकालिक) → विद्यानाथ ठाकुर

मित्रनाथ ठाकुर (1908) ने राजगुरुवंशावली के वंशवृक्ष को इस प्रकार प्रस्तुत किया था—

गोपाल ठाकुर
↓
हरिपाल
↓
शिवपाल
↓
प्रभुपाल
↓

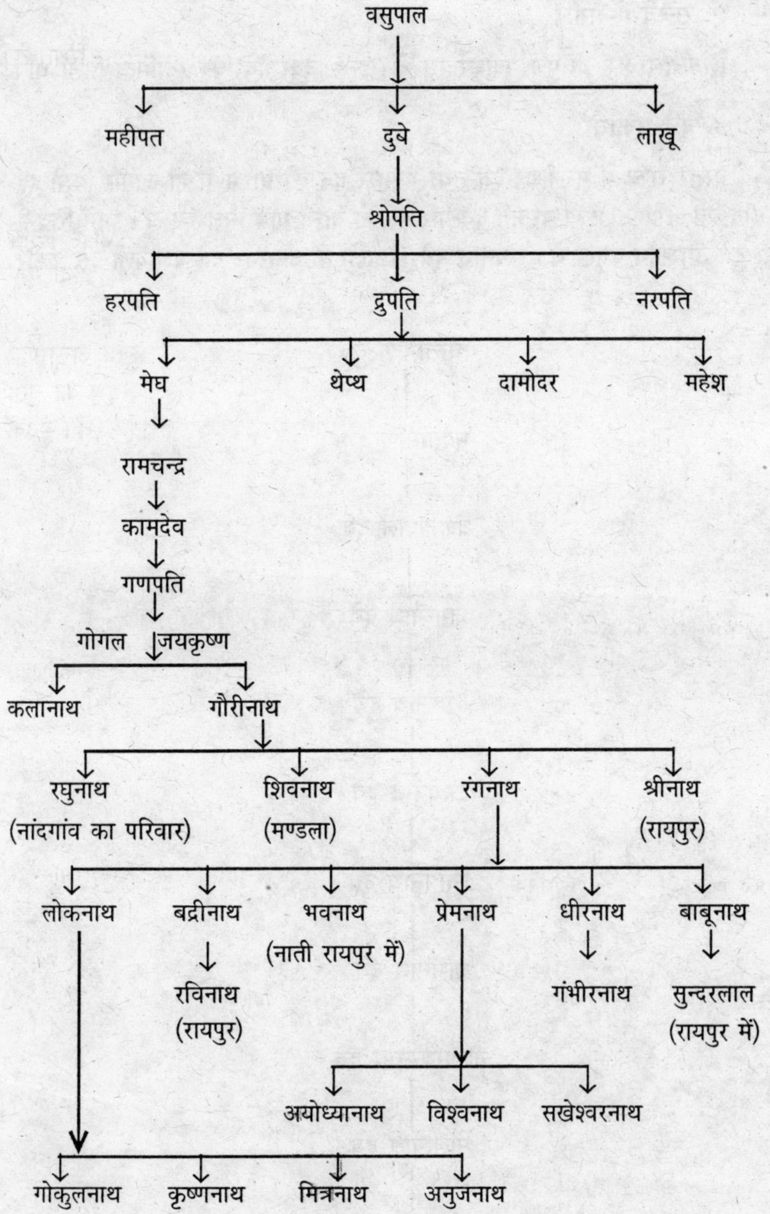
वसुपाल
महीपत
दुबे
लाखू
श्रोपति
हरपति
द्रुपति
नरपति
मेघ
थेप्थ
दामोदर
महेश
रामचन्द्र
कामदेव
गणपति
गोगल
जयकृष्ण
कलानाथ
गौरीनाथ
रघुनाथ
(नांदगांव का परिवार)
शिवनाथ
(मण्डला)
रंगनाथ
श्रीनाथ
(रायपुर)
लोकनाथ
बद्रीनाथ
भवनाथ
(नाती रायपुर में)
प्रेमनाथ
धीरनाथ
बाबूनाथ
रविनाथ
(रायपुर)
गंभीरनाथ
सुन्दरलाल
(रायपुर में)
अयोध्यानाथ
विश्वनाथ
सखेश्वरनाथ
गोकुलनाथ
कृष्णनाथ
मित्रनाथ
अनुजनाथ

2. राजवैद्य-जागीर

शिवलाल दास के पुत्र गदाधरदास थे। इन्हें 'देवुरगाँव' का स्वामित्व मिला था।

3. दुबे-मुकासा

बस्तर राज्य में मुरलीधर दुबे तथा गंगाधर दुबे को प्रारंभ से ही जागीर मिली हुई थी (दि ब्रेत, 1909, 52)। परवर्ती दुबे-परिवार को बारह गाँव मिले हुए थे। इनमें सिवनी तथा दुबे-उमरगाँव प्रमुख थे। रामनाथ दुबे (1908) के अनुसार दुबे-वंशावली इस प्रकार थी—

चिन्तामणि दुबे
↓
मुक्तामणि दुबे
↓
बंशगोपाल दुबे
↓
जगन्नाथ दुबे
↓
धीरनाथ दुबे
↓
शिवनाथ दुबे
↓
श्यामनाथ दुबे
↓
शंभुनाथ दुबे
↓
नीलाम्बरनाथ दुबे
↓
भोलानाथ दुबे
↓
केदारनाथ दुबे

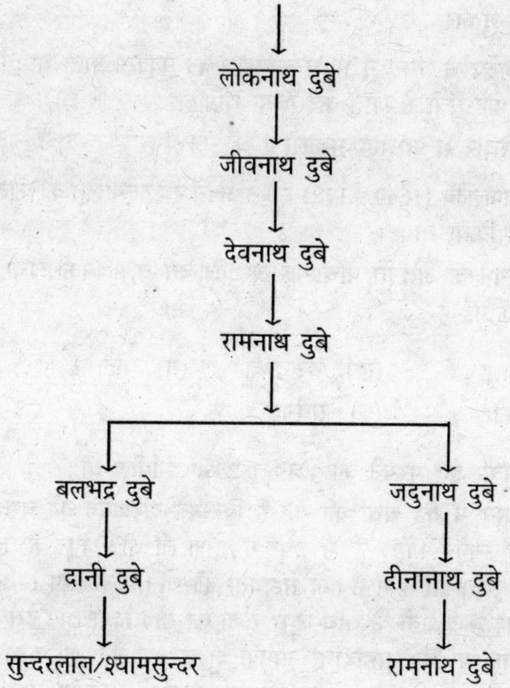

4. पण्डा-मुकासा

प्रस्तुत प्रबंध के तृतीय अध्याय में यह विवरण दिया गया है कि चालुक्य-राजा राजपालदेव (1649-1721 ई.) ने जगदलपुर-तहसील के करेकोट-परगने के अंतर्गत जैपुर के पपलाहंडी गाँव के पण्डा-ब्राह्मणों को बिनता नामक गाँव दान में देकर बसाया था। इस प्रकार मध्ययुग में उड़ीसा से आकर बस्तर में बसने वाला यह प्रथम ब्राह्मण परिवार था। बिनता एक माफी-गाँव था।

5. चपका-जागीर

जगदलपुर से सत्रह मील दूर चपका एक प्राचीन ब्राह्मण-जागीर थी। यहाँ से अनेक सती-अभिलेख प्राप्त हुए हैं। 1909 ई. तक यह जागीर विद्यमान थी (दि ब्रेत, 1909, 325)। उस समय यहाँ प्रतिवर्ष फाल्गुन में एक विशाल मेले का आयोजन होता था।

6. ब्राह्मण—मुकासा

राजा दरियावदेव के समय में भी एक ब्राह्मण को मुकासा प्राप्त था। जिसके गाँव को दरियावदेव के भाट-मंत्री ने जप्त कर लिया था।

(ग) राजपरिवार से सम्बद्ध मुकासे

सर्वप्रथम राजपालदेव (1649 ई.1721 ई.) ने अपने पुत्र दलपतदेव को कोटपाड़-मुकासे का शासक नियुक्त किया था।

कोटपाड़-परगने के अंतर्गत पाँच गढ़ अधोलिखित थे, जिनकी चर्चा तृतीय अध्याय के अंतर्गत की गई है—

(क) कोटपाड़ (ख) चुरुचुण्डा (ग) पोड़ागढ़

(घ) उमरकोट (ङ) रायगढ़ा

इनको मिलाकर इस परगने का क्षेत्रफल 2500 वर्गमील था।

तृतीय अध्याय में यह चर्चा की गई है कि जब दरियादेव को बस्तर से बाहर खदेड़ा गया था तो उन्होंने 1777 ई. में जैपुर में शरण ली थी। जैपुर के तद्युगीन राजा विक्रमदेव प्रथम ने राज्य-प्राप्ति में उनकी सहायता की थी। फलस्वरूप 6 अप्रैल, 1778 ई. को उन्होंने ये गढ़ कुछ शर्तों के साथ जैपुर राजा को सौंप दिया था। इस संधि में यह स्वीकार किया गया था कि **'महादान'** नामक शुल्क को लेने का बस्तर राजा को अधिकार होगा। 1782 ई. में बस्तर तथा जैपुर के राजाओं के मध्य संघर्ष छिड़ गया, क्योंकि जैपुर राजा ने 'महादान' कर वसूल करने के बस्तर राजा के अधिकार समाप्त कर दिया था। बस्तर-राजा की विजय हुई तथा उन्होंने तीन गढ़ों को छीन लिया। इस समय बस्तर मराठा-शासन के अधिकार में था तथा यहाँ के शासक ने मराठों को टकोली नहीं दी थी। फलतः 1811 ई. में मराठा-सेनानायक रामचंद्र वाघ ने बस्तर पर आक्रमण किया तथा उसने पाँच गढ़ों को नई सनद के साथ जैपुर राजा को दे दिया। इस प्रकार 1811 ई. से आज तक ये गढ़ जैपुर-क्षेत्र के ही अधीन रहे हैं। इससे बस्तर-राजाओं को सदैव मानसिक पीड़ा रही है और तब से लेकर ब्रिटिश-युग तक जैपुर-राज्य से उनकी सदैव अमैत्री थी। सुरक्षा की दृष्टि से जैपुर के राजा ने इन पाँच गढ़ों में उड़िया-पाइकों की भी व्यवस्था की थी। परगने से संबंध अंतिम निर्णय 1862 ई. में लिया गया था तथा 1823 ई. में ब्रिटिश-शासन ने यह निर्देश दिया था कि परगने पर अधिकार जैपुर-राजाओं का होगा, किन्तु बस्तर महाराजाओं को **'महादान'** के बदले जैपुर राज्य से तीन हजार रुपए वार्षिक मिला करेंगे।

तीन हजार रुपए बहुत दिनों तक बस्तर-राज्य को मिलते रहे। यह राशि विजागपट्टणम के अधिकारी सेंट्रल प्राविन्स के अधिकारियों को देते रहे हैं, किन्तु बस्तर-राजा को समूची राशि नहीं मिलती थी। सेंट्रल प्राविन्स उन्हें केवल दो हजार रुपए

ही देता था तथा शेष एक हजार रुपए 1819 ई. के अधिनियम के अनुसार आने पास खर्च के लिए रख लेता था। इस प्रकार जैपुर-राज्य के भारत-गणराज्य में विलयन के काल तक 3000 रुपयों की यह राशि जैपुर-राज्य को चुकता करनी पड़ती थी। 1819 ई. से 1947 ई. के मध्य भी दोनों राज्यों में संघर्ष होते रहे हैं, जिनका प्रत्यक्ष परिणाम हुआ कि महिपालदेव के समय में जैपुर के राजाओं ने बस्तर के सालमीगढ़, आँवरी, भैंसाबेड़ा व बागेदरी परगनों को भी हस्तगत कर लिया था। इस संघर्ष से बस्तर राजाओं को ही निरंतर हानि हुई तथा उनकी भूमि के बहुत अधिक भाग पर जैपुर के राजाओं का स्वामित्व हो गया था।

2. अतागढ़-मुकासा

1721 में राजपालदेव के पुत्र प्रतापसिंह को अंतागढ़-मुकासे के रूप में प्राप्त हुआ था। प्रतापसिंह ने वहाँ अपने नाम पर एक गाँव भी बसाया था, जो सम्प्रति परतापपुर के नाम से जाना जाता है। गृहकलह के कारण प्रतापसिंह उस क्षेत्र पर अधिक दिनों तक शासन नही कर पाए व रीवा चले गए (दे. तृतीय अध्याय)। अठारहवीं शताब्दी के तृतीय चरण में भी वह मुकासा बस्तर-शासन के अधिकार में आ गया।

3. कुँवर-मुकासा

केदारनाथ ठाकुर (1908, 123) ने कुँवर-जागीर को बृहत्तम जागीरों में से एक माना है। कुँवर-जागीरदारी का प्रारंभ भोपालदेव के समय से हुआ था। भोपालदेव की दो पत्नियाँ थीं। प्रथम पटरानी के पुत्र तो राजगद्दी के अधिकारी हुए, किन्तु छोटी रानी के पुत्र दुर्जनसिंह को मुकासा मिला। दुर्जनसिंह के पुत्र अर्जुनसिंह थे तथा अर्जुनसिंह के दो पुत्र थे-बलराम सिंह व गणेश सिंह। सम्प्रति गणेशसिंह जीवित हैं (1973 में सर्वेक्षण के

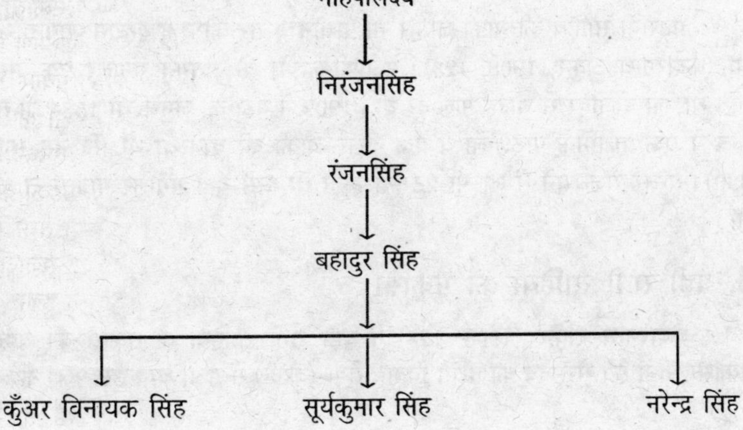

समय)। नारायणपुर का आमाबेड़ा इन्हीं के अधीन था। इनके अधीन अन्य 66 गाँव भी थे। कुँअर रंजनसिंह के अधिकार में सतलाव, करंजी, राजपुर, सिंघनपुर तथा करपली आदि थे। इनका वंशवृक्ष इस प्रकार है—

कुँअर-घराने में कुँवर बालमुकुन्द के पिता कुँवर बहादुर सिंह का नाम उल्लेखनीय है, जिन्होंने 1910 ई. के आदिवासी-विद्रोह में बस्तर की प्रजा का साथ दिया था तथा अंग्रेज-शासकों ने इस महान सेनानी को कारावास दिया था। कुँवर बहादुर सिंह के बड़े पुत्र कुँवर विनायक सिंह अभी जीवित हैं (1973 में सर्वेक्षण की अवधि में)।

4. लाल साहब की माफी-जागीर

तृतीय अध्याय में यह विवरण प्रस्तुत किया गया है कि महिपालदेव (1800-1842) की तीन पत्नियाँ तथा तीन पुत्र थे—भूपालदेव, दलगंजनसिंह तथा निरंजन सिंह। भूपालदेव (1842 ई. 1853 ई.) तो बस्तर के राजसिंहासन पर आरूढ़ हुए, किन्तु प्रारंभ में उनके अनुज लाल दलगंजनसिंह तारापुर-परगने के अधिकारी हुए। दलगंजन सिंह का विवाह सुकमा जमींदार की बेटी से हुआ था और सुकमा-जमींदार से कोड़ता गाँव उन्होंने दहेज में पाया था। भूपालदेव तथा दलगंजन सिंह के पारस्परिक संघर्ष की कहानी पहले ही दी गई है। लाल दलगंजन सिंह के पुत्र का नाम लाल कालीन्द्रसिंह था। ये एक बहुत बड़ी जागीर के स्वामी थे। दि ब्रेत (1909, 338) के अनुसार लाल कालीन्द्रसिंह के पैंतीस गाँव कोण्डागाँव-तहसील के अंतर्गत भूमिकर-मुक्त थे। 1909 ई. में उन गाँवों को ठेकेदारी पर दे दिया गया था। 1910 के विद्रोह में भाग लेने के कारण उनके सारे गाँव जप्त कर लिए गए थे तथा उन्हें देश निकाला मिला था।

5. पटरानी साहिबा की माफी-जागीर

पटरानी साहिब की माफी-जागीर भी प्राचीन बस्तर की एक बृहत्तम जागीरों में से थी (केदारनाथ ठाकुर, 1908, 123)। मुआफी-जागीर के अंतर्गत गंगालूर एक प्रसिद्ध गाँव था, जो बीजापुर से चौदह मील दूर था। 1909 में यहाँ की जनसंख्या 1584 थी तथा गाँव में एक प्राथमिक पाठशाला व एक पुलिस-चौकी की व्यवस्था थी (दि ब्रेत 1909, 330)। बस्तर राजघराने में जो भी पटरानी होती थी, उसे यही गंगालूर गाँव प्राप्त होता था।

6. बड़ी रानी साहिबा का मुकासा

केदारनाथ ठाकुर (1908, 123) ने बड़ी रानी साहिबा के मुकासे को बृहत्तम मुकासा माना है। भैरमदेव का प्रथम विवाह रीवा (बरदी) में हुआ था। उस पत्नी से कोई

संतान न थी। रीवा की इस रानी को जो मुकासा प्राप्त था, उसे रानी साहिबा का मुकासा कहा जाता था।

7. छोटी रानी साहिबा का मुकासा

केदारनाथ ठाकुर (1908, 123) के अनुसार छोटी रानी साहिबा का मुकासा बृहत्तम मुकासों में से एक था।

8. माछमारा-जागीर

यह एक बड़ी जागीर थी, जिसका उल्लेख केदारनाथ ठाकुर (1908, 123) ने किया है। माछमारा-जागीर का निर्माण रुद्रप्रतापदेव (1908) के समय में हुआ था। एक बार मुकुन्ददेव माछमारा जैपुर से जगदलपुर आए थे तथा उनकी कनिष्ठा भगिनी का विवाह रुद्रप्रतापदेव से हुआ था। फलस्वरूप उन्हें बस्तर का जागीरदार बना दिया गया था। माछमारा को कैकागढ़-परगना तथा बड़े मारेगा की जागीर मिली हुई थी।

(घ) आदिवासी जागीरें

1. बारसूर की हलबा-जागीर

भैरमगढ़ के हलबा-परिवार के अतिरिक्त बस्तर का दूसरा प्राचीन हलबा-परिवार 1909 ई. में हुसेण्डी नेगी का था। दि ब्रेत के अनुसार 'इनका कहना है कि पहले ये नागवंशी क्षत्रिय थे। कालांतर में चूँकि इनका वैवाहिक संबंध हलबाओं से हुआ, अतएव ये हलबा माने जाने लगे (1909, 52)।' ऐसा संभव है कि बारसूर का नेगी-परिवार पूर्ववर्ती नागवंश से सम्बद्ध हो (शुक्ल, 1987)।

2. हलबा जागीर—भैरमगढ़

1909 ई. में बस्तर का प्रमुख हलबा-परिवार भैरमगढ़ का हनुमान प्रसाद संमरथ था, जिसके पास कुटरू जमींदारी में 40 गाँवों का स्वामित्व था। जमींदारियों के इतिहास में यह उल्लेख मिलता है कि भैरमगढ़ पहले राज्य स्तर का था व कालांतर में वह जमींदारी में परिणत हो गया। बीसवीं शताब्दी के प्रथम दशक में वह जागीर की स्थिति में आ गया था।

3. सिरहा-जागीर

केदारनाथ ठाकुर द्वारा यह उल्लेख किया गया है कि जगदलपुर के सीरासार के सिरहा को भी पहले जागीर प्रदान की गई थीं, जो जाति का हलबा था। 1898 ई. में इस जागीर को जप्त कर लिया गया था (1908, 122)।

4. धाकड़-जागीर

'चेरपाल' एक धाकड़-जागीर थी तथा 1899 ई. में रामनाथ धाकड़ यहाँ का मालगुजार था (केदारनाथ ठाकुर, 1908, 2)। 1910 के विद्रोह में भाग लेने के कारण इसकी जागीर छीन ली गयी और इसे कारावास मिला। यह जागीर दंतेवाड़ा-तहसील के अंतर्गत थी। चेरपाल-पाहुरनार अर्थात् करगाँव-गाँव के निकट एक पहाड़ से एक छोटी नदी निकल कर चेरपाल के पास इंन्द्रावती में मिल जाती है। करका और चेरपाल के बीच नदी के भीतर महादेव का लिंग व पार्वतीकुण्ड है। नदी के पश्चिम में एक छोटा सा पहाड़ है, जो 2500 फुट ऊँचा होगा। केदारनाथ ठाकुर (1908, 2) के समय वहाँ राख का ढेर जमा हुआ था तथा तद्युगीन चेरपाल-निवासियों का कथन था कि वहाँ प्रत्येक रात्रि को साधुओं की धूनी लगती थी।

5. भीजी-जागीर

भीजी-राज्य के जमींदारी में परिवर्तन के इतिहास को विगत अध्याय में प्रस्तुत किया गया है। कालांतर में दि ब्रेत के काल (1909, 323) में वहाँ के जमींदार को 'उबारीदार' की पदवी मिली थी, जो जमींदारी से छोटी थी।

भीजी-जागीर बस्तर जिले के कोण्टा-तहसील के एक गाँव भीजी तक ही सीमित थी। 1901 ई. में भीजी ग्राम की जनसंख्या 114 थी। उन्नीसवीं शताब्दी में भीजी ग्राम कोण्टा तहसील का मुख्यालय था।

(ङ) मुसलमान-जागीर

शेखलाल-जागीर

भैरमदेव ने शेखलाल को व्यवसाय के लिए बस्तर बुलाया था व उन्हें मालगुजार बना दिया था। 1908 ई. में उनके पास दो सौ से अधिक गाँव थे। ये बूट का व्यापार करते थे। केदारनाथ ठाकुर ने इन्हें अपने समय का सबसे बड़ा आसामी कहा है (1908, 83)। शेखलाल का असली नाम हाजी दिलावर खाँ था। उसके पुत्र का नाम अब्दुल रहमान खाँ था। 'पेश्तर सिपाही में नौकर था और भेजी से कम्बल लाकर यहाँ बेचा करता था और इस तरह बढ़ा। वह पचास-साठ हजार का आसामी था। उसका भतीजा दिलावर खाँ और भाँजा शेखलाल। दिलावर खाँ बड़ा आदमी था। स्टेट को गाँव देना जरूरी था, तो गोपीनाथ कपड़दार ने उसे डोंगर-इलाका दे दिया। शायद 23-24 सम्वत् के बंदोबस्त में' (लाल कालेन्दसिंह, बस्तर का इतिहास, 1908, अप्रकाशित)।

15

प्रशासन

चालुक्यों की शासन-सत्ता के बहुत कम विवरण मिलते हैं—केन्द्रीय सत्ता और उसके सामंत, दोनों के बीच से पारस्परिक संबंधों, प्रशासनिक तंत्र की कार्यप्रणाली, राज्य के विभिन्न अधिकारी और उनके कर्त्तव्य व विशेषाधिकार आदि पर सामग्री का अभाव है। उक्त अवधि के अभिलेख यथा ताम्रपत्र या शिलालेख या राजवंशावलियाँ हमें सम्बद्ध विषय पर जानकारी नहीं देती। यदि उनमें कोई सूचना दी गयी है, तो वह भी अपर्याप्त और अपरिभाषित है। उदाहरण के लिए दशहरा-उत्सव के समय अन्नमदेव की दरबार-पद्धति (सम्पति मुरिया-दरबार) का आशय देने वाले **मुंडागीत** अधोलिखित पंक्तियों से प्रारंभ होते हैं—

वरंगा हस्तना ले उतरै महाराजा
मंधोता में डेरा लिहिन आज
हुजूर प्रभु बाना बाँधे ॥1॥
आधागढ़ कोटपाड़ टीकगढ़ डोगंर छलेगढ़ मंधोतागुरुधर माझीपाल
हुजूर प्रभु बाना बाँधे ॥2॥
गुड़ी दरबारा एबे बैठे महाराजा
रंगीन के माहला लागै आज
हुजूर प्रभु बाना बाँधे ॥3॥
नेगी असा बैठे, जोगी असा बैठे
बैठे सैदार बैदार वहाँ बैठे
नेगी कपड़दार
हुजूर प्रभु बाना बाँधे ॥4॥

इस प्रकार की कविताएँ राज्य के बारे में हमें कोई स्पष्ट संकेत नहीं देती हैं, न तो कविता में आए हुए अधिकारियों के कर्त्तव्य के बारे में हमें ज्ञान होता है। गीत की ये पंक्तियाँ राज्य के कर्मचारियों के उत्तराधारक्रम की हमें सूचना मात्र देती हैं।

समसामयिक साहित्य से हम यह अनुमान लगा सकते हैं कि प्रशासन की **'चालकी व्यवस्था'** सामंती संरचना पर आधारित थी। शिखर (शीर्ष बिंदु) पर राजा था, जो सत्ता का शीर्षस्थ केन्द्र था और जिसे पूर्ण शक्ति मिली हुई थी–दीवानी तथा फौजदारी दोनों। वह सर्वोच्च सेनापति भी था और स्वयं युद्धभूमि तथा सेना का नेतृत्व करता था। इस प्रकार प्रशासन की चालुक्यीय व्यवस्था में राजा सभी शक्तियों का मूल स्रोत था। वह नागरिक, सैन्य तथा न्यायिक अधिकार में सर्वोपरि था। कवियों और पुरावृत्तों ने उसे 'देवी व्यक्तित्व' के रूप में निरूपित किया है। दिग्पालदेव अपने शिलालेख (इपी. इंडिका 12:242) का रिकार्ड अधोलिखित पंक्तियों से करता है– **श्री दंलावला देवी जयति**। जयसिंघदेव अपने को **'सामंतकुलेश्वर'** कहता है, तो राजपाल **दंतेश्वरी की कृपा (ओ. एच.आर.जे.** खण्ड 10 संख्या 3, पृ. 57-60) का बखान करता है। प्रतापरुद्र को तो शिव का अवतार ही माना गया है–**पातुं क्षोर्णी किल भुवि कलौ वीररुद्रावतारः** (संस्कृत वंशावली)। इस प्रकार भारत के अन्य राजाओं के समान यहाँ भी **'दैवी उत्पत्ति का सिद्धांत'** गहराई तक उतरा हुआ था।

कोसलानंद (पाटणा संस्करण, सर्ग 25, श्लोक 8-9) में राजा के अधोलिखित गुणों का विवरण दिया गया है–"राजा वह है जिसका दृष्टिकोण गौरवशाली हो, जिसका व्यक्तित्व प्रभावशाली हो, जो शस्त्रसंचालन में कुशल हो, जो शास्त्रों में विदग्ध हो, उदार हो, साहसी हो, सत्यनिष्ठ हो, ब्राह्मणों का आदर करता हो और अपनी प्रजा के संरक्षण में सदैव तत्पर रहे।" राजा अपने राजमहल में उत्तराधारक्रम से अधोलिखित अधिकारियों को नियुक्त करता था–**दफेदार, सिपाही, कपड़दार, बहीदार, मालदार, खवास, मर्दनिया, सुअरा, मशालची, मोहरेया** तथा **पुजारी**।

मंत्रिपरिषद्

यद्यपि चालुक्य राजाओं के पास असीमित शक्ति और अधिकार थे, किन्तु वे धर्मशास्त्रों के विधिनियमों का पालन करते थे और मंत्रिपरिषद् के अनुमोदन और सहयोग से ही राज्य का संचालन करते थे। **कोसलानंद** (सर्ग 15, श्लोक 11) ने मंत्रियों को राजा के दो हाथ तथा दो पैरों के रूप में वर्णन करता है। "वे राज्य के स्थायी निवासी **(चिरस्थायिनः)** होते थे, यथासंभव गोंडों तथा हलबाओं की योद्धा जाति के होते थे, उनमें बौद्धिक कुशाग्रता होती थी।" हमें किसी भी स्रोत से चालुक्यों के अधीन मंत्रियों की संख्या का ज्ञान नहीं है। संभवतः समय-समय पर उनमें संख्या-भेद होता था। राज्य

के मुख्य मंत्री को **दीवान** कहा जाता था, जिसे अपार शक्ति मिली होती थी और कतिपय प्रतिबंधों के साथ वह राजा के अधिकारों तथा न्यायालयीन विधियों का इस्तेमाल कर सकता था। उसके अधीन सामान्य प्रशासन होता था। वह वित्त-विभाग का अध्यक्ष होता था। और राज्य की सेना उसके नियंत्रण में होती थी। सामान्य-प्रशासन की प्रत्येक शाखा उसके दृष्टिक्षेत्र में होती थी। राजा से लेकर भृत्य तक के प्रत्येक व्यक्ति को उससे सीधे संवाद करना होता था। इस प्रकार के बहुमुखी कार्यों के लिए राज्य के 'रेवेन्यू' के अनुसार उसे तड़क-भड़क के साथ जीवन निर्वाह के लिए भत्ता दिया जाता था। **तीरथगढ़ शिलालेख** (हीरालाल, 1916: 157) से ज्ञात होता है कि **हिम्मतसिंह दीवान** ऐसा ही एक शक्तिशाली दीवान था। उसकी इतनी प्रसिद्धि थी कि तीरथगढ़ में उसकी दो मूर्तियाँ खड़ी की गयी थीं, जिनमें से एक में '**हिम्मत सिंह दीवान**, खुदा हुआ है। समूचे चालुक्य-शासन में यह एकमात्र उदाहरण है, जब कहीं किसी व्यक्ति की प्रतिमा बनायी गयी हो। निस्संदेह हिम्मतसिंह एक प्रतापी दीवान था, किन्तु अभिलेख से हमें यह ज्ञात नहीं होता कि वह किस राजा के कार्यकाल में हुआ था?

अन्य मंत्रियों में से **बख्शी** का उल्लेख किया जा सकता है, जो राज्य का वित्तमंत्री होता था। उसकी अनुमति के बिना वेतन-भत्तों का भुगतान नहीं हो सकता था। बख्शी राज्य की सारी चल-अचल सम्पत्ति, धन-दौलत आदि का हिसाब-किताब रखता था। वह सही मायनों में श्रेष्ठ 'भाण्डागारिक' था और वह राजपरिवार के प्रबंधन के लिए भी अधिकृत था। प्रमुख कोषाध्यक्ष होने के अलावा बख्शी को ही यह अधिकार था कि वह सेना में नयी भर्ती करे। प्रभावकारिता की दृष्टि से वह दीवान के बाद आता था।

केन्द्रीय शासन के अधिकारी

ऊपर के पृष्ठों में उद्धृत 'चूड़ामणि-गीतों' के अनुसार बस्तर की देशी प्रशासनिक व्यवस्था में छोटे-छोटे अधिकारियों का एक विस्तृत उत्तराधारक्रम मौजूद था, जो महाराजा के प्रति जवाबदेह होते थे। उनका उत्तराधारक्रम इस रूप में था—

दीवान (मुख्यमंत्री)

↓

नेगी

↓

जोगी

↓

सैदार

↓

बैदार (लेखाधिकारी)

↓

भंडारी (कोषाध्यक्ष)

↓

लस्कर (भृत्य)

संपूर्ण राज्य 48 (अथवा 84) परगनों में विभाजित था, जिनमें बृहत्तर पाँच परगने विशिष्ट प्रशासकों के द्वारा शासित थे, जिन्हें **दीवान** कहा जाता था। एक अन्य वर्ग 'रेवेन्यू आफिसर' का था, जिसे **थानादार** कहा जाता था, जो जंगली तथा दूरस्थ परगनों से लगान की वसूली करता था। **थानादार** के अधीन **नेगी** तथा **हिकमी** नियुक्त होते थे। इनको अधिकार था कि ये **पाइक** नामक सेवकों को नियुक्त कर सकते थे। ये **पाइक** ही वास्तव में गाँवों में जाते थे और भुगतान प्राप्त करते थे (चैपमन, 1898: 51-52)। अबुझमाड़ में आज भी 'बाहरी व्यक्ति' को **'पाइक'** कहा जाता है, जो प्रारंभिक प्रशासनिक संस्था की ऐतिहासिक उत्पत्ति से जुड़ा हुआ है। ग्लसफर्ड (1862: 278-9) ने प्रशासनिक ढाँचे को भिन्न प्रकार से प्रस्तुत किया है—"प्रत्येक गढ़ का प्रबंधक एक **कामदार** होता था। यह एक ऐसा व्यक्ति था, जो पढ़-लिख सकता था और हिसाब-किताब को संभालकर रखता था। वह हिसाब-किताब से सम्बद्ध सभी कार्यों को दीवान की निगरानी में करता था। आमतौर पर वह अपने अधिकार-क्षेत्र की सीमा में रहता था। उसका वेतन अनिश्चित था, उसे सेवा के बदले अनाज ही मिलता था, जो शायद दस रुपए से अधिक नहीं होता था। उसके अधीन एक नेगी होता था, जिसका अधिकार-क्षेत्र कतिपय ग्राम-समुदाय तक सीमित था। वह लगान आदि की उगाही में सीधे **कामदार** के अधीन होता था, जिन स्थानों पर **नेगी** पर काम का बोझ अधिक होता था, वहाँ उसके अधीन **हिकमी** नियुक्त किए जाते थे। हिकमी के अधीन गाँव प्रधान होते थे, जिन्हें **पटेल** कहा जाता था। ये **पटेल** ही गाँवों से लगान वसूल कर अपने उच्च अधिकारी तक पहुँचाते थे।"

प्रशासनिक विभाग

राज्य के प्रशासन को सुचारु रूप से चलाने के लिए राज्य का विभाजन विविध प्रशासनिक विभागों में किया गया था, जिनमें **राज्य, गढ़, परगना** तथा **ग्राम** होते थे। इनमें **गढ़** तथा **परगना** नए विभाग थे। **'नाडु'** का क्षेत्रीय विभाजन 1324 ई. तक प्रचलित था। प्रारंभ में छिन्दक नागराजाओं के शासनकाल में **नाडु** को एक सामाजिक-भौगोलिक इकाई के रूप में माना जाता था। यह एक प्रकार का भौगोलिक विभाजन था। नागशासकों ने 'नाडु' के इस्तेमाल से तेलुगु प्रभाव को आधार माना था। चालुक्यों के शासनकाल में 'नाडु' को 'गढ़' कहा गया। 'गढ़' अर्थात् दुर्ग राज्य के सैनिक

अधिकारी के अधीन होता था। प्रत्येक गढ़ अनेक परगनों या चालकों में उपविभाजित थे। प्रत्येक **परगना** या **चालका** के अंतर्गत अनेक गाँव होते थे। प्रत्येक गाँव एक प्रशासनिक इकाई था। स्थानीय अभिलेखों से हमें यह ज्ञात होता है कि अन्नमदेव के शासनकाल में बस्तर में कुल मिलाकर 48 गढ़ और 84 परगने थे। गढ़ के प्रधान को **गढ़तिया** कहा जाता था। परगने का प्रधान **माझी** होता था तथा **चालका** का मुखिया **चालकी** के नाम से जाना जाता था। इस प्रकार चालुक्य राजाओं ने बस्तर में एक नए राजनैतिक विभाजन की आधारशिला रखी, जो उनसे पूर्व छिंदक नागों के काल में अविद्यमान थी। संभवतः राज्य की नई राजनीतिक स्थिति के कारण ऐसा विभाजन जरूरी हो गया था। समय के साथ उक्त विभाजन लोक में प्रचलित हो गया। 1909 ई. के रिकार्ड के आधार पर उस समय बस्तर में 105 परगने थे, जिनके प्रधान माझी और चालकी थे—

क्षेत्र	माझी-परगना	चालकी-परगना
नारायणनपुर	21	4
कोंडागाँव	12	5
जगदलपुर	12	9
दंतेवाड़ा	6	1
बीजापुर-कुटरू	14	2
भोपालपटनम	8	1
सुकमा	4	1
कोण्टा	4	1
कुल परगने 105	**82 माझी**	**23 चालकी**

चालुक्यवंश के राजाओं ने राज्य को अनेक गढ़ों में विभाजित किया था। प्रत्येक गढ़ का स्वामी गढ़तिया होता था। बाद में गढ़ के बजाय परगना ही प्रमुख राजनीतिक विभाजन हो गया (शुक्ल, 1985:63-115)।

प्राप्त सामग्री के आधार पर हम राज्य के अधिकारियों को सामान्यतौर पर तीन भिन्न-भिन्न वर्गों में विभाजित कर सकते हैं, जो प्रादेशिक और स्थानीय प्रशासन को नियंत्रित करते थे—

(क) सामंत प्रमुख या जमींदार

(ख) माण्डलिक अथवा मुकासदार,

(ग) अन्य अधिकारी।

सामंतप्रमुख ऐसे राजपाल थे, जो किसी सीमित क्षेत्र में सैनिक सेवावधि के लिए नियुक्त होते थे। उनकी सेवावधि की प्रकृति व अन्य विवरणों का विवेचन 'सैन्य संगठन' के अंतर्गत किया गया है। करदाता या माण्डलिक या मुकासदार कर देने वाले या आकलित मूल्य वाले एक या अनेक गाँवों के स्वामी होते थे, जो राजा के द्वारा निर्धारित नजराना प्रतिवर्ष अदा करते थे। अन्य राज्य के अधिकारी थे, जो उक्त दोनों कोटियों में नहीं आते। हमारे पास जो स्रोत सामग्री है, उसके आधार पर इन अधिकारियों के संबंध में विस्तार से कुछ नहीं कहा जा सकता।

ग्राम-संगठन

गाँव के अधिकारियों का अपना एक अलग ही वर्ग था। उनके और केन्द्रीय सरकार के बीच की कड़ी बहुत मजबूत नहीं थी। आमतौर पर गाँव भूमि का वह खण्ड था, जहाँ अनेक घर होते थे। यह एक सम्मिलित-परिवार-जैसा था, जिसकी बड़े-बूढ़े देखरेख करते थे। प्रत्येक गाँव के अंतर्गत अनेक अनुचर होते थे, जो 'ग्राम संघ' की सहायता करते थे और सेवाओं के लिए उन्हें पारिश्रमिक मिलता था। उन लोगों को आमतौर पर **ग्रामभट** या **गौंटिया** या **पटेल** कहा जाता था। पटेल गाँव का प्रधान होता था। प्राचीन काल में वह राजा के द्वारा नियुक्त किया जाता था। मध्ययुग में जब खेतिहर परिवार के किसी वर्ग ने जंगल को साफ कर लिया और वहाँ रहने के लिए एक गाँव बसाया, तब प्रक्रिया बदल गयी। ऐसा व्यक्ति जिसका परिवारों के बुजुर्गों पर अधिक प्रभाव होता, वह उपहारों के सहित राजा के पास पहुँचता। राजा उसे ग्राम के प्रबंधन के लिए स्वीकृति दे देता। तब वह गाँव में राजा का प्रतिनिधि होता। उससे उसके कर्त्तव्य बढ़ जाते। वह तब ग्रामसंघ के द्वारा राजा को देय लगान की वसूली करता। वह लगान वस्तु या मुद्रा दोनों में हो सकती थी। आमतौर पर वह समूचे रेवेन्यू को 'धान' के रूप में ही इकट्ठा करता था। उक्त धान को—**'राजगादे'** में रखकर उसे सरंक्षित और सुरक्षित करता। उक्त राजगादे (Royal-granary) गाँव में ही होती थी। वह राजगादे गाँव के उपर्युक्त मुखिया की ही देख-रेख में रहती थी। उसके माध्यम से सरकार के स्थानीय व्यय को वहन किया जाता था, जो नागरिक और सैन्य दोनों ही प्रकार के हो सकते थे। खर्च से बची हुई धान को बाद में उचित मूल्य पर बेंच दिया जाता था। एक-एक गाँव में, प्रत्येक गाँव के लिए **राजगादे** होती थी, जो अनिवार्यतः एक प्रशासनिक इकाई थी।

प्रत्येक गाँव में एक हिसाब-किताब रखने वाला होता था, जिसे **करन** कहा जाता था। उसका काम बहुत विस्तृत था। वह आमतौर पर अधोलिखित बातों का लेखा-जोखा रखता था—

(क) कृषियोग्य तथा पड़ती जमीन,

(ख) जुती हुई तथा ऊसर भूमि,

(ग) करदेय तथा करमुक्त भूमि,

(घ) संवर्धित फसल का आकलन,

(ङ) पूर्ववर्ती तथा वर्त्तमान सरकारों के अधीन शुष्क तथा अशुष्क फसलों का आकलन,

(च) ब्रह्मम देश तथा देवदेय भूमि का कुल विस्तार

(छ) ग्राम से सम्बद्ध सेवाएँ,

(ज) ग्राम-प्रशासन से सम्बद्ध प्रत्येक इकाई तथा

(झ) सार्वजनिक कार्य

करन तथा **पटेल** गाँव के प्रमुख अधिकारी होते थे। रैय्यत के नाम भूमि करने तथा रैय्यत से राजा का अंश ग्रहण करने के लिए दोनों साथ-साथ काम करते थे। बिना उनकी अनुमति के गाँव के नाम पर किया गया कार्य न तो वैध माना जाता था और न ही प्रामाणिक।

पुजारी या **गायता** ग्राम समुदाय का एक महत्वपूर्ण सदस्य था। **पाँजियार** (ज्योतिषी) की महत्ता भी कम नहीं थी। आदिवासी समाज का प्रत्येक व्यक्ति अनंतकाल से इस बात के लिए अभ्यस्त था कि किसी भी कार्य को वह मांगलिक अवसर पर संपन्न करे तथा इसके लिए वह **पाँजियार** से पूछताछ करता था। नए वर्ष में नए सामाजिक संबंध बनाने, खेत जोतने, बीज बोने, किसी यात्रा पर जाने, किसी भी प्रकार के कार्य को करने से पहले, चाहे वह सार्वजनिक हो या व्यक्तिगत, चाहे मांगलिक हो या अमांगलिक, प्रत्येक व्यक्ति **गुनिया** की सलाह लेता था। (अनेक मानवविज्ञानियों ने इस बात का भी समर्थन किया है कि अभिचार या जादू-टोने के भय से उस समय लोग बस्तर में नहीं रहना चाहते थे)। **गुनिया** ही वह व्यक्ति था, जो गाँव वालों को शकुन या अपशकुन की जानकारी देता था। वह बताता था कि शुभ समय कौन-सा है। किसी काम या व्यवसाय को शुरू करने का कौन-सा मुहूर्त अच्छा है। समय-समय पर **'मेढ़ा गंतिया'** की तकनीक से लोगों के लिए भविष्यवाणी भी करता था। गाँव में वह एक अति महत्वपूर्ण व्यक्ति था। सही मायनों में वह **पुजारी** की भूमिका का निर्वाह करता था।

प्राचीन काल में पुलिस का काम गाँव के मुखिया किया करते थे, किन्तु गाँवों तथा उनकी जनसंख्या की वृद्धि के साथ उनका प्रशासन ग्रामप्रधान के वश में न रहा। इसीलिए पुलिसिया काम के लिए **कोटवार** या **तलवार** की नियुक्ति होने लगी। **कोटवार** के कार्यकलापों की देख-भाल ग्राम प्रधान ही करता था और उसे ग्राम-प्रधान के ही

अधीन काम करना होता था। **तलारी** गाँव का सिपाही होता था।

गाँव का एक अन्य पुलिस-अनुचर **अठपहरिया** होता था। प्राचीन काल में प्रत्येक गाँव के चारों तरफ 'बाउंड्री वाल' (परिखा या प्रहरी) होती थी। उस परिखा पर दरवाजे और 'वाच टावर' होते थे। प्राचीन काल में बस्तर वनों से आच्छादित था। जंगली जानवरों का आश्रय था। गाँव की जंगली जानवरों तथा बाहरी शत्रुओं से रक्षा के लिए दरवाजों तथा पहरा-चौकी (वाच टावर) के साथ गाँव के चारों ओर विभाजक दीवाल (बाउण्ड्री वाल) भी बनायी जाती थी। अठपहरिया को यह ड्यूटी दी गयी थी कि वह आठों पहर (दिन और रात) जंगली जानवरों तथा बाहरी शत्रुओं से गाँव की रक्षा करता रहे। आमतौर पर वह 'वाच टावर' में रहता था और जब-कभी गाँव पर शत्रुतापूर्ण आक्रमण होता, तो ढोल बजाकर वह ग्रामीणों को उस घटना की जानकारी दे देता था। ग्राम की सीमांकित दीवाल के चारों ओर कृषि योग्य बंजर भूमि के अतिरिक्त चारागाह होते थे। अठपहरिया की यह भी 'ड्यूटी' थी कि वह जंगली जानवरों तथा चोरों से खेतों की रक्षा करे।

गाँव के अन्य अनुचरों में लोहार, कुम्हार, धोबी तथा नाई आदि थे। प्रत्येक गाँव की माँग के अनुसार कतिपय गाँवों में कुछ अन्य अनुचर भी होते थे। इस रूप में प्रत्येक गाँव आर्थिकतौर पर एक स्वतंत्र इकाई था। वह अपने निवासियों के जीवन की प्रत्येक जरूरतों की पूर्ति करता था, जिससे कोई एक गाँव दूसरे गाँव पर निर्भर नहीं रहता था। ग्राम-समुदाय एक सुसम्बद्ध इकाई थी। गाँव के ही लोग गाँव के मामलों को आपस में सुलझा लेते थे। बस्तर का आदिवासी-समाज सम्पत्ति का संग्रह नहीं करता था, अपितु उसका उपभोग करता था, दूसरों को देता था, उसे जोखिम भरे कामों में लगाता था या उसे फेंक देता था। सभी को अन्न के भण्डारण की तकनीक की जानकारी थी, किन्तु उस तकनीक का उपयोग यदा-कदा ही किया जाता था।

इस प्रकार के सहज संघवादमूलक सरकार में गाँव के निवासी सुख और समृद्धि का जीवन बिताते थे। ग्रामीणों का अपने निवास स्थान से इतना अधिक लगाव होता था कि यदि दुर्भिक्ष या युद्ध से गाँव उजाड़ हो जाते, तो भी वे जनशून्य नहीं होते थे, अबुझमाड़िया गाँवों को छोड़कर।

बस्तर के राजा गाँवों के मामलों में तब तक कोई दखलंदाजी नहीं करते थे, जब तक लगान की पूरी चुकती होती रहे और गाँवों से राजा के लिए निर्धारित भाग नियमतः पटाया जाता रहे। राजा के अधिकारी भी गाँवों पर अपने अधिकारों का प्रयोग नाममात्र के लिए ही करते थे। इस प्रकार व्यावहारिकतौर पर प्रत्येक गाँव अपने-आपमें स्वतंत्र था। संभवतः वर्षों बाद कोई बदलाव आता था, जब सार्वभौम सत्ता में परिवर्तन घटित होता, तब ग्राम-प्रधान राजा का प्रतिनिधि होने के नाते एक बार राजधानी की यात्रा

करता और नए राजा को नजराना पेश करता तथा नया राजा ग्राम-प्रधान के पद पर अपनी सहमति की मुहर लगाता। यह संभव है कि राजा के अधिकारी समय-समय पर गाँवों की यात्रा करते रहे होंगे, तब से गाँव के हिसाब-किताब की जाँच करते। गाँवों के बीच के सीमा-विवाद को हल करते, कटने से पहले फसल का पूर्वानुमान करते। इसी प्रकार के अन्य काम सरकारी यथावसर निपटाते रहते थे।

ग्राम-प्रशासन की उक्त व्यवस्था से बस्तर के गाँव छोटे-छोटे गणराज्यों की शक्ल में परिवर्तित हो गए, किन्तु कालांतर में इस गणराज्य में कठोरता आती गयी, जिसके कारण ऐसे अनेक तत्वों का विकास बाधित हुआ, जो ग्राम-समुदाय को संरचित करते थे। तब पुरातन सामाजिक रीति-रिवाजों ने पवित्रता के प्रभामण्डल के साथ ग्राम-समुदाय को घेर लिया। इससे परम्परा और रूढ़ि को अत्यधिक शक्ति मिली और अतीत से किसी प्रकार के विचलन की कोई गुंजाइश नहीं रही। विविध व्यवसायों तथा आजीविकाओं ने जातियों एवं समुदायों में अपने-आपको ढाल लिया, जो या तो **'एग्जागेमस** (असगोत्री) हो गए अथवा **'एण्डोगेमस'** (सगोत्री) बन गए। समय के बीतने के साथ व्यवसाय पुश्तैनी (वंशानुक्रमिक) बन गए। गाँव के हित में किया जाने वाला कोई भी सार्वजनिक काम या तो पारस्परिक सहयोग से संपन्न होता रहा या फिर स्वतंत्र या बंधुआ मजदूरी में परिवर्तित हो गया। यह वही काल था, जब बस्तर में जात-पात (Caste) का बोध आया, जात-नाइक (Caste headman) बनने लगे, भूति (labour), भुतयार (labourer), कबाड़ी (Farm servant), बेठेया (Forced labour without payment), आदि का संस्तरीकरण हुआ।

गाँवों की आर्थिक सम्पन्नता का परिणाम यह हुआ कि गाँव आपस में एक-दूसरे से अलग होते चले गए। गाँव के निवासियों ने कभी उक्त स्थिति से उबरने की चेष्टा नहीं की। इसीलिए उन्होंने सड़कों का निर्माण नहीं किया, जो एक गाँव को दूसरे गाँव से जोड़ती हों। उन्होंने संचार और यात्रा के साधनों को सुधारने की कभी सोची ही नहीं। राष्ट्रभक्ति या स्वेदशानुराग धीरे-धीरे घटता गया और किसी ने भी अपने गाँव की सीमा से बाहर देखने का प्रयास नहीं किया। स्वदेशानुराग ग्रामानुराग में बदल गया। उचित संचार-साधन के अभाव में यात्रा कठिन हो गयी और दूरस्थ स्थानों तक लोगों से संपर्क पूरी तरह कट गया। इस प्रकार पूरे समुदाय का सामाजिक विकास एक प्रकार से थम गया। प्राचीनकाल के बस्तर के गाँव धर्म, परम्परा व व्यवहार के केन्द्र थे, किन्तु मध्ययुग तक आते-आते वे अंधविश्वास और जादू-टोने के केन्द्र बन **गए—ते हि नो दिवसा गताः**। आज भी पुराने दिन नहीं लौटे और मध्यकालीन जकड़न से बस्तर मुक्त नहीं हुआ।

प्रशासनिक न्याय

जहाँ तक 'प्रशासनिक न्याय' का संबंध है, चालुक्यों के अधीन विधिनियमों की कोई लिखित नियमावली नहीं थी। राजा सभी प्रकार के न्याय का उत्स्रोत होता था। वही 'अपील' का भी अंतिम 'कोर्ट' था। उसके इस काम में **दीवान** तथा कुछ न्यायाधीश सहायक होते थे। गाँवों की प्रशासनिक न्याय की जिम्मेदारी जमींदारों, गढ़तियों तथा पटेलों के अधीन थी, जो अपने सीमा-क्षेत्र के किसी भी मामले का निर्णय कर सकते थे और इस कार्य में ग्राम पंचायत भी उनकी मदद करती थी। जमींदारों और जागीरदारों के नियम संहिता में आदिवासी-समुदाय की हैसियत का निर्धारण वैयक्तिक सामंती कानून के मूल्यों के अधीन होता था। इन मूल्यों को ये सामंत खुद ही बनाते थे। इन भूमिस्वामियों ने आदिवासियों के शोषण के लिए विविध विधिनियमों का आविष्कार कर रखा था, जिससे वनों पर उनका अधिक और भी अधिकार सुदृढ़ हो। इससे स्पष्ट होता है कि उत्तर-मध्ययुगीन बस्तर में प्रशासनिक न्याय को लेकर भू-स्वामियों के बीच एकरूपता नहीं थी और वे **'जंगल के न्याय'** का ही पालन करते थे।

पंचायती व्यवस्था ने हमारी सभ्यता के सभी चरणों में एक महत्वपूर्ण भूमिका निभायी थी और चालुक्यों के शासनकाल में उसके महत्व में कोई कमी नहीं आयी।

विविध जातिसंघ और जनजाति-वर्गों का भी अपना ही पंचायती स्वरूप था और सबकी अपनी अलग-अलग पंचायतें थीं, जो जाति या जनजातिगत विवादों को निपटाती रही हैं। अंतर्जातीय या अंतर्जनजातीय विवाद राजा को भेज दिए जाते थे, जो सभी जाति-जनजाति-संघ का मुखिया होने के नाते अपना अंतिम फैसला सुनाता था।

चालुक्यराज में बस्तर आर्थिक संरचना की दृष्टि से अलग-थलग नहीं हुआ था। बस्तर अन्य क्षेत्रों के समान कभी व्यापारिक नहीं बना। यहाँ के अलग-अलग कृषि क्षेत्रों की अलग-अलग नीति थी। यहाँ पर समय-समय पर आने वाले बंजारा, गोसाई तथा बैरागी व्यापार के माध्यम बन गए थे और उनके माध्यम से सूचनाओं व विचारों का आदान-प्रदान होने लगा था। इसके अतिरिक्त बस्तर के निवासी मैदानी क्षेत्र के लोगों के अधीन नहीं हुए थे। अठारहवीं शताब्दी व उससे पूर्व वे मैदानी क्षेत्रों पर बार-बार हमला करके अपनी प्रभावशीलता का एहसास भी कराते थे (ब्लण्ट, 1795)। इस बात से भी इंकार नहीं किया जा सकता कि पहाड़ी तथा मैदानी क्षेत्र के बीच के लोगों में पारस्परिक पूर्वाग्रह था या मैदानी क्षेत्र के लोग बस्तर के लोगों को असभ्य मानते थे (थापर, **दि इमेज ऑफ बारबेरियन इन अर्ली इंडिया,** 1978)।

सैनिक संगठन

चालुक्य-शासक राज्य के सैन्य संगठन पर बहुत अधिक ध्यान देते थे। कोसलानंद (पाटणा संस्करण, सर्ग 15, श्लोक 38) अधस्तन एक प्रकार का एक रोचक विवरण

प्रस्तुत करता है—"जिस प्रकार किसी व्यक्ति का आकार-प्रकार मर्दानी दाढ़ी के बिना सुंदर नहीं दिखता, उसी प्रकार कोई राज्य बिना संगठित सेना के सुंदर नहीं लगता।" उस युग में दुर्ग सैन्य संगठन के केन्द्र थे और चालुक्य-राज्य में ऐसे अनेक दुर्ग बनवाए गए थे। वे दुर्ग व्यूहरचना के स्थानों पर खड़े किए गए थे। अठारह राज्यों के मुख्यालय इन्हीं अभेद्य दुर्गों में थे। अन्नमदेव के काल में 48 दुर्गों का निर्माण करवाया गया था, जिसमें तीरथगढ़, कोटगढ़, तीतलगढ़, वारकोट, वडीलगढ़, अंतागढ़, बेड़माकोट, भैरमगढ़, दंतेवाड़ा, बस्तर तथा डोंगर आदि प्रमुख दुर्ग थे।

यद्यपि राजा सेना का प्रमुख सेनापति होता था, किन्तु उसके अधीन अनेक सेनापति भी होते थे, जो बाहरी युद्ध और गृहयुद्ध के समय उसकी सहायता करते थे। चालुक्य–सेना के चार डिविजन थे—पदातिसेना, अश्वसेना, हस्तिसेना तथा नौसेना। राज्य के निवासी बहुसंख्यक कुडुख नौसेना में भरती किए जाते थे और उनकी उपाधि थी—**दण्डसेना** की। अजमेरसिंह पर आक्रमण करने वाली दरयावदेव की सेना में **पाइक, पागासवार** (अश्वारोही), **सरदार, जामादार** (छोटे अधिकारी) तथा **मुरताब** (प्रतिष्ठित व्यक्ति) सम्मिलित थे। **पागा** एक नियमित अश्वसेना थी और उसमें **सिलेदार** (एक सैनिक, जिसके अपने घोड़े और आयुध थे) प्रमुख था। पागा की शक्ति सिलेदार की तुलना में 'सुपीरियर' होती थी। सिलेदार पागा के अधीन काम करते थे।

बेहतर कोटि के शस्त्र राजा के अनुचरों के पास ही होते थे। जनसंख्या के अनुपात में सशस्त्र लोगों का समूह बहुत कम था। आमतौर पर धनुष-बाण, टँगिया, फरसा तथा भालों का ही प्रयोग होता था।

निष्कर्ष

निष्कर्ष में कहा जा सकता है कि यद्यपि चालुक्य-प्रशासन एक राजनैतिक संगठन था, तथापि वह जनता के सामाजिक जीवन से भी पूरी तरह जुड़ा हुआ था। यद्यपि यह एक सामंती व्यवस्था थी, किन्तु उसके भीतर आदिवासी संगठन गहराई तक समाया हुआ था। सच तो यह है कि चालुक्य-प्रशासन राजसत्ता और आदिवासी जीवन के बीच एक प्रकार का समझौता था, जो चालुक्य-विजय से संभव हो पाया था। यह संभव था, क्योंकि राजा से लेकर नीचे तक के सभी अधिकारी प्रत्यक्ष नियंत्रण के अत्यंत सीमित क्षेत्र से संतुष्ट थे और वे अपने से नीचे के समाज को पनपने का पूरा मौका देते थे। यह समुदाय की सहभागिता की मात्रा से जुड़ा हुआ था। प्रबंधन भी उनकी जमींदारी व जागीरदारी की भूमिका से सम्बद्ध था। कौन राजा के प्रति कितना वफादार है? जनता की आर्थिक दशा को सुधारने के लिए कौन कितना जागरूक है? कौन सामाजिक परम्पराओं का संधारक है? कौन अतः सामुदायिक संबंधों के प्रति संवेदनशील है? ये

सभी कारक राजा को भू-स्वामियों और जनता से जोड़ते थे।

इस आदिवासी व्यवस्था के अधीन भू-स्वामी आदिवासियों के आंतरिक जीवन में दखल नहीं देते थे। वे केवल वित्तीय लेनदारी के प्रति रुचि लेते थे। उन्होंने अपनी जमींदारियों या जागीरों का समूचा प्रबंधन गाँव के चुने हुए लोगों के हवाले कर रखा था ऐसी व्यवस्था आदिवासी समुदाय के लिए अत्यधिक अनुकूल थी। इससे आर्थिक, प्रशासनिक, न्यायिक तथा दैनन्दिन कार्यों में खुलापन था। इसीलिए ये आदिवासियों के स्नेहभाजन थे।

16

अर्थव्यवस्था

भूमि व्यवस्था

बस्तर का समग्र क्षेत्र विविध शासक-परिवारों में विभाजित था, जिन्होंने सामंती अधिनायकों, अधिकारियों और मंदिरों को भूमि दान में दे रखी थी, जिससे बस्तर में भूमि के विखण्डन की स्थिति आयी।

प्रत्येक गाँव में विस्तृत बंजर भूमि थी। मुस्लिम-इतिहासकारों, अभिलेखों तथा स्थानीय दस्तावेजों से हमें जानकारी मिलती है कि भूमि का बहुत बड़ा भाग जंगलों से आच्छादित था और कृषियोग्य भूमि आज की तुलना में बहुत कम थी। बस्तर के जंगलों के कटने और वहाँ गाँवों के बसने की कहानी हमें अधोलिखित मुरिया-लोकगीत से सुनने को मिलती है–

हारे नारु उर्सिमा केसे मरयूम, परचाबीती नारु केसो मरयूम।
मदुमसुमारी नारु रोय मरयूम, कोसुर कोयतोर वायनूर मरयूम ॥
'काटिय लावो' इंदानूर केसो मरयूम, काटिय इंदा पुन्वी केसो।
'चावल लावो' इन्दानूर केसो, चावल इन्दा पुन्वी केसो।
नुकांग इंदा पुतोन केसो ॥
'दाल लावो' इंदानूर केसो, दाल इंदा पुन्वी केसो।
दारिंग इंदा पुतोन केसो ॥
'नमक लावो' इंदानूर केसो, नमक इंदा पुन्वी केसो।
हवोर इन्दा पुतोन केसो ॥
'हल्दी लावो' इंदानूर केसो, हल्दी इंदा पुन्वी केसो।
कमका इन्दा पुतोन केसो।

'घी लावो' इंदानूर केसो, घी इंदा पुन्वी केसो।
नेयी इंदा पुतोन केसो।
'प्याज लावो' इंदानूर केसो, प्याज इंदा पुन्वी केसो।
गोंदरी इंदा पुतोन केसो।
"मामा राजमार्ग के पास घर मत बनाना
वहाँ कुछ न मिलेगा रसीदों व सेंसस फार्म के अलावा
वहाँ चपरासी और मालवाहक आएँगे
वे कहेंगे खाट लावो
हम भला खाट को क्या जानें
वे कहेंगे चावल ले आवो
हमें तो मालूम नहीं कि चावल क्या होता है
हम तो 'वजिंग' को जानते हैं
वे कहेंगे दाल लावो
हम दाल क्या जानें
वे कहेंगे नमक लावो
हमें पता ही नहीं नमक क्या है
वे कहेंगे हल्दी चाहिए
भला हल्दी को हम क्या समझें
वे घी लाने के लिए कहेंगे
घी क्या होता है, कौन जाने
वे प्याज लाने के लिए कहेंगे
हमें तो पता ही नहीं कि प्याज क्या है
इसलिए मामा, बार-बार कहता हूँ
सड़क के किनारे कभी घर न बसाना।"

उक्त कविता में अतीत और वर्तमान के दोराहे पर दो सभ्यताओं के सीधे टकराव का भाव है। ब्रिटिश अफसरशाही व हिंदुस्तानी नौकरशाही के दंश को मुरियाकवि जिस प्रकार झेल रहा था, उसी का चित्रण है और बाहरी सभ्यता के शोषणकारी रवैए का चित्रण है। आदिम संस्कृति के वैभव को नवोदित ब्रिटिशराज किस प्रकार समाप्त कर रहा था, उसका निदर्शन है। सरकारी मशीनरी का हर छोटा-बड़ा पुर्जा उसे लूटना-खसोटना

अपना अधिकार समझता था। यही है लोककवि की वेदना। लालफीताशाही शोषण की हर परिधि को किस प्रकार लाँघ गयी थी। इसका ऐतिहासिक विवेचन पाँचवें खण्ड में है।

चालुक्ययुगीन बस्तर में भूमि पर किसी का वैयक्तिक और स्थायी अधिकार नहीं था। राजा की कोई भी प्रजा खाली जमीन को जोत सकती थी। अन्य क्षेत्रों के प्रवासी को राजा की अनुमति के बिना भूमि पर स्वामित्व का अधिकार नहीं था, जो दानपत्रों आदि के माध्यम से हस्तांतरित हो सकता था।

प्रत्येक जमींदार ने भूमि के व्यापक हिस्से को कृषि-योग्य बनाया और कृषि-योग्य भूमि का रकबा धीरे-धीरे बढ़ता गया। विवेच्य अवधि तक बस्तर महाकांतार था। मैदानी और पहाड़ी दोनों ही क्षेत्रों में घने जंगल थे, जहाँ लोगों को जाने में भयोत्पादक स्थितियों का सामना करना पड़ता था। प्रथम अध्याय में इसकी विस्तृत विवेचना है। जगदलपुर के आसपास का क्षेत्र घने जंगल से आच्छादित था। इसलिए कृषि का प्रसार नहीं हो पाया था और वह वनशून्य थोड़े ही क्षेत्र में की जाती थी।

किस क्षेत्र में कौन-सी फसल उगानी है, उसका निर्धारण मिट्टी के प्रकार एवं जलवायु की स्थिति से होता था। वर्षा भी उसमें एक प्रमुख कारक थी। धान और कोदो प्रमुख फसलें थीं। ग्लसफर्ड (पैरा 59) के अनुसार" The rice-embankment hindered the little drainage there might be, and the soil being principally clay, got thoroughly saturated by the water standing on it for two or three months and retained moisture for a considerable period.

विवेच्य अवधि में प्रमुख फसलें इस प्रकार थीं–धान, गेहूँ, जोंदरा, जोंदरी, उड़ीद, मूँग, काँदुल (अरहर), कोदा (कोदों), कोसरा (कुटकी), गटका, मंडेया, सरसुन (सरसों), राई, तिल, अरसी, कापनी (करंगा), झिपा (पसहर), जुआरी (ज्वार), चिकमा, करकी, जाड़ा (अंडी), कुल्थी, धूप, कमेला, तीखुर आदि। धान बस्तर राज्य की प्रमुख फसल थी। दक्षिण की जमींदारियों में कपास उगाया जाता था। जगदलपुर के आसपास गन्ने की खेती की जाती थी। फल बहुत कम पैदा किए जाते थे। प्रकृतिप्रदत्त फलों और कंदों में अधोलिखित प्रमुख थे–

आंबा (आम), अंबोड़ी (अंबाड़ी), कोसम, केरा, नढ़ेर (नारियल), लिमहू (नींबू), कमला या टेमाहा (संतरा या नारंगी), अमली या तेतर, फनस (कटहल), माकड़तेंदू, सुपारी, बोर (बेर), कइठ (कठबेल), चीतापाक (सीताफल), रामपाक (रामफल), लंका फनस (अनन्नास), तुतपाक (शहतूत), मूँगफली, जाम (जामुन), डूमर (गूलर), काटाकुली, आँवरा, बेहेड़ा, हिरला (हर्रा), केरमेता (करमेटा), लंका भेलवां (काजू), चार, बेलोती (अमरूद), दाड़िम (अनार), कदम, कावरा कांदा (काली मूसली), कोरकोटी काँदा (सफेद

मूसली), टिखुर (तीखुर), भेंडा (अंबाड़ी), अरनपपेया (पपीता), डाँडा (गन्ना), करोंदा तथा गुंज प्रमुख थे। घटिया किस्म का संतरा सुकमा में पैदा किया जाता था तथा उन्नत कोटि का संतरा दंतेवाड़ा में पैदा किया जाता था। राज्य के पूर्वी भाग और मध्यवर्ती भाग में आम बहुतायत में मिलता था (ग्लसफर्ड, पैरा 137)।

कृषिकर्म

चालुक्ययुगीन बस्तर की जमीन और खेती के औजारों की चर्चा ठाकुर पूरनसिंह (1937:32-33) ने की है, जो हलबी-भाषियों में प्रचलित थे। भुंई (जमीन), गभार या धार (गहरी या झिलान धनाई खेती), माल (समान या सम धनाई खेती), टिकरा (ढालू धनाई खेती), कली (कन्हार), मरान (भर्री), भाटा (मैदान), डाई (डाही), कियारी या डोली (क्यारी), बेड़ा (खेत), मूंडा (बाँध), तरई (तालाब), चुआँ (कुआँ), टार (टार), पुटान (मुही), तुम (डाँड़), डोबरा (डाबरा), बाड़ी, हिरीपारी (मेड़पार), पार, खपई (एकसरी), दुहुड़ा (दून), बुनई (बोना), रोपा, अकोरा (जरई), बियासी, कटई (कटाई), मिंडई (गाहनी), निंजानी (निंदाई), गोम (रास), नांगर (हल), फार (फाल), जोआंड़ी (जुआ), जोता (जुआ रस्सी), दावां (गेरवां), बेसन (नाथ), पगाम (कांसरा), बरही (रस्सा), डोरी (रस्सी), आरी (तुतारी), कोपर, गोठान, बतर (बोनी का समय), ईरा (हँसिया), टंगेया, कुढ़ार (कुल्हाड़ी), बारसी (बसूला), कुस (सब्बल), ढेटायक (चौथाई नागर), पटक (आधा नागर), कोर, मोड़ायक (सौ गज)।

सामान्य शुष्क फसलों, चावल तथा बागवानी की खेती के अतिरिक्त बस्तर में डाही अथवा **पेण्डा** नामक कृषिकर्म भी होता था, जो दो प्रकार का था—एक तो मैदानी भागों पर तथा दूसरा पहाड़ियों की ढलानों पर। अक्टूबर में वृक्ष तथा झाड़ियाँ काटी जाती थीं और उन्हें सूखने के लिए छोड़ दिया जाता था। फिर मई में उन्हें जला दिया जाता था। मई या उसके बाद जब पहली वर्षा होती थी, तब वहाँ राख पर बीज फेंक दिया जाता था। मैदानी क्षेत्रों में बड़े-बड़े पेड़ों के तनों को छाँट दिया जाता था और उन्हें खड़े-खड़े सूख जाने के लिए छोड़ दिया जाता था। **दहिया** के इन भूखण्डों में धान, मडेया तथा पहाड़ी जोवारी को छिड़क दिया जाता था, जहाँ लगातार दो वर्षों तक फसल होती थी। जब जमीन कमजोर पड़ जाती, तब इस प्रकार किसी दूसरे खण्ड में उक्त प्रकार की खेती की जाती।

बस्तर में उक्त दहिया-खेती हजारों साल से चल रही थी। दहिया के प्रचलन के कारण शाल के अनेक उत्तम कोटि के वनों को बहुत नुकसान पहुँचा था। पहाड़ियों पर जो **दहिया** खेती की जाती थी, वहाँ मैदानी क्षेत्र के समान बड़े पेड़ नहीं होते थे। इसीलिए वह उसी स्थान पर तीन वर्षों तक नियमिततौर पर चलती रहती थी। वैसे यह भी मिट्टी की उर्वरा पर निर्भर करता था। जब दूसरा भूखण्ड चुना जाता था, तो फिर से

जंगल को काटा जाता, उसे जलाया जाता और मोटे अनाज जैसे कोसरा आदि को पैदा किया जाता (ग्लसफर्ड, पैरा 138)। बस्तर में तालाब तो कुछ थे, किन्तु बाँध एक भी नहीं था (तदेव)।

पेंदा-कृषि

बस्तर में ग्रामीण समुदाय की रचना चौदहवीं शताब्दी में हलबाओं के आगमन के साथ प्रारंभ हुई। इस प्रकार वन्य-समुदाय से ग्राम-समुदाय में परिवर्तित होने का यह पहला चरण था। हलबाओं ने भी प्रारंभिक स्थिति में परिवर्तित कृषि पर जोर दिया, जिसके कारण पुष्कल क्षेत्र कृषियोग्य बना। कृषि योग्य जमीन को बनाने के साथ ही सामुदायिक श्रम का विचार सामने आया और हल के आ जाने से कृषि के क्षेत्र में क्रांति हो गयी।

इस युग के अनंतामात्य (चौदहवीं शताब्दी) के द्वारा लिखित तेलुगु-ग्रंथ **"भेजराजीयम्** में 'पोडुचेनु' का उल्लेख एक विशेष संदर्भ में मिलता है। एक ब्राह्मण जब हेमवटपुरम नामक अपने गाँव को जा रहा था, तो वह रास्ता भूल गया। तब उसे एक **वनचर** (आदिवासी) मिला। ब्राह्मण ने उससे अपने गाँव का मार्ग पूछा। उस समय **वनचर** उसे अपने पोडु-चेनु (Podu-field) में ले गया (सर्ग 6, श्लोक 242)। इस तेलुगु-ग्रंथ से पहली बार 'पोडु' का ज्ञान होता है। 'पोडु' वनेचरों के खेत थे, जो दाही कृषि के ही पर्याय थे। उक्त कृषि-पद्धति अबूझमाड़ में आज भी पेंदा खेती के नाम से प्रचलित है। तेलुगु-ग्रंथ में इसके प्रयोग से यह ज्ञात होता है कि दाहीकृषि का प्रयोग बस्तर के आदिवासी पिछले छह सौ वर्षों से करते आ रहे हैं।

पशुधन

कृषि से सम्बद्ध पशुधन को भी समृद्ध करने की परम्परा थी। राज्य की उत्तरी सीमाओं में गायों का प्रयोग हल में किया जाता था। घोड़ों की संख्या बहुत कम थी और उन्हें पाला भी नहीं जाता था। घोड़े केवल जगदलपुर में पाए जाते थे और वे भी केवल जमींदारों के यहाँ। सेना में घोडों का इस्तेमाल तो होता था, किन्तु आम आदिवासी उसके प्रति भयाक्रांत था। गाय के दूध को पीने का रिवाज नहीं था और बछड़ों के लिए छोड़ दिया जाता था। बंजारों के लदान भरे बैलों से तो आदिवासियों का परिचय था, किन्तु वे बैलों का उपयोग सामान ढोने में नहीं करते थे। बस्तर की संपर्क भाषा हलबी में विविध पशुओं के नाम इस प्रकार मिलते हैं—बैला (बैल), गाय, बाछा (बछड़ा), ओसर (कलोर), भैंसा, भइंस, पाड़ा, पाड़ी, घोड़ा, घोड़ीए बगार (गाय का बछड़ा), बछेरा, बछेरी, हाथी, हथनी, कुकूर, कुतरी, मेंढा, मेंढी, बोकड़ा, छेरी, बोकड़ी, पाठी, रक्सी, बुझा, बिलई,

लमहा, कोडरी, चीतर, सामर, बाग, बगनी, डुरका, डुरकी, भालू, कोग, छींदभालू, रान बराहा, धुसरा, बेंदरा, बेंदरी, कोलेया, सिपाड़ी कोलेया, लोखड़ली, धुमा, रोजनी, गौंर, बायँका आदि।

उद्योग और व्यवसाय

चूँकि उत्तर-मध्ययुगीन लोगों की जरूरतें अत्यधिक सीमित थीं और समुदाय प्रमुख रूप से खेतिहर था, इसलिए बृहद् मात्रा में उद्योगों के विकास का बहुत कम अवसर था। खेती के कारबार में कुछ महीने अत्यंत व्यस्त होते थे। उसके बाद के महीने फुरसत के थे। चूँकि लोगों के पास खाली समय बहुत अधिक था। ऐसी स्थिति में प्रत्येक हस्तशिल्प ने धीरे-धीरे लघु उद्योग का रूप ले लिया और प्रत्येक शिल्पी या कारीगर एक कलाकार बन गया। तब औद्योगिक कारखाना एक सामान्य कार्य था, जिसमें सामान्य औजारों (उपकरणों) का प्रयोग होता था।

बुनकर एक मोआ-सा कपड़ा बनाते थे। **महरा** अथवा **परिहा** एक घटिया-से कपड़े के टुकड़ों को तैयार करते थे, जो मुरिया, माड़िया तथा अन्य जनजातियों की **लँगोटी** के लिए प्रयुक्त होता था। **घसिया** पीतल के पुराने बर्तनों से नया बर्तन बनाते थे। **लोहारों** का काम था कच्चे लोहे (लौह धातु) को खोदकर विविध प्रकार के औजार बनाना। यह विश्वास करने के कारण मौजूद हैं कि कच्चे लोहे को गलाकर उससे स्थानीय जरूरतों के अनुसार विविध औजार बनाए जाते थे। माड़-क्षेत्र के अनेक स्थानों पर कच्चा लोहा मिलता था तथा लोहारों ने छोटी-छोटी धमन-भट्टियाँ ईजाद कर ली थीं और बस्तर से बाहर भी उसका व्यवसाय होता था।

व्यापार की चहल-पहल कम और निष्क्रिय थी। आंतरिक संचार भी बहुत कठिन था; क्योंकि अनेक पहाड़ी नदियाँ थीं, जिन्हें पार करना मुश्किल था। अच्छी सड़कों का पूरी तरह अभाव था तथा नदियों पर पुल नहीं बने थे। इंद्रावती, शबरी तथा गोदावरी जैसी नदियों को पार करना संभव ही नहीं था। ऐसी स्थिति में वर्षा के दिनों में व्यापार संभव ही नहीं था। व्यापार के लिए उपयुक्त था सूखे या गर्मी का समय। यह समय व्यापार के लिए व्यस्ततम समय होता था। ग्रीष्म ऋतु में पहाड़ी नदियाँ सूखी होती थीं। अतएव इसी मौसम में समूची व्यापारिक हलचल बनी रहती थीं

पूरे राज्य में एक भी ऐसी सड़क नहीं थी, जिसका निर्माण किया गया हो यह भी सही है कि राज्य की आकृति और मिट्टी का प्रकार सड़क बनाने के लिए अनुकूल था, बनिस्पत इसके कि गाड़ियों के लिए निर्बाध मार्ग बनाए जाते। समूचे बस्तर में केवल एक ही मार्ग था—**महान् बंजारा मार्ग,** जो रायपुर जिले के दक्षिणी भाग से प्रारंभ होकर राज्य से होकर गुजरता था और हैदराबाद तथा चाँदा तक चला जाता था। इसी महत्वपूर्ण मार्ग

से प्रतिवर्ष प्रचुर मात्रा में गेहूँ बाहर भेजा जाता था, उसका निर्यात होता था। इसी मार्ग का अनुसरण कुतुबशाही ने किया था और इसी मार्ग से होकर वे बस्तर पर आक्रमण करते रहते थे।

राज्य के अंतर्गत प्रवाहित होने वाली नदियों के माध्यम से संचार की सुविधा न के बराबर थी, यद्यपि इंद्रावती, गोदावरी तथा शबरी आदि विशाल नदियों को पार करने के लिए एक प्रकार की 'चौकोर बास्केट बोट' की व्यवस्था थी, जिसे **पुट्टी** कहा जाता था। आंतरिक यातायात लदान वाले जानवरों तथा गाड़ियों के ही माध्यम से होता था।

जगदलपुर से 15 या 20 मील की परिधि को छोड़ दें, तो अन्यत्र कोई **बाजार** नहीं था। जगदलपुर के उत्तर-पश्चिम तथा भोपालपटनम के निकट 'नारायण-कृष्ण गोटु' के तीर्थस्थान पर **जात्रा** या उत्सव आयोजित होते थे, जहाँ पर थोड़ा-बहुत व्यापार होता था और बस्तर के उत्पादनों की अदला-बदली कपड़ों तथा मूंगों के लिए होती थी। राज्य में ताँबे के सिक्कों का प्रचलन नहीं था। केवल कौड़ी का प्रचलन था। कौड़ियों को प्राप्त करने में आने वाली कठिनाइयों के कारण अधिकांश व्यापार वस्तुविनियम (बार्टर) पद्धति से ही होता था। उक्त वस्तुविनियम का प्रमुख आधार धान ही था।

उन दिनों विभिन्न प्रकार के नापतौल के तरीके प्रचलित थे। नमक, तम्बाखू तथा हल्दी आदि के नाप के लिए सेर, पसेरी, मन तथा बोझा (8 मन के बराबर) प्रचलित थे। सुनारों द्वारा उपयोग में लाए जाने वाले माप थे—माशा तथा तोला। सोली, पायली, कट्टा, खण्डी तथा पुटकी सूखे माल में प्रयुक्त होते थे। द्रव्य तत्वों की माप कुचा, पायली तथा खण्डी से होती थी। उपर्युक्त नापतौल के तरीके बस्तर के आदिवासियों में आज भी प्रचलित हैं। अधोलिखित मापतौल के प्रमाण बाँस से बने हुए आज भी मिलते हैं—सोली (एक चौथाई पायली का मान), पैली (पायली, 2 सेर का मान), मान (काठा, 2 पैली का मान)। मापन (Measurement) के लिए नाप शब्द प्रचलित था, जबकि तौल (Weight) के लिए जोख का प्रचलन था। ब्याज के लिए **कंतर** का प्रयोग होता था। **गाहाना** गिरवी का उपलक्षक है। बीस के लिए कोड़क या एक कोड़ी, एक सौ के लिए पाँच कोड़ी, एक हाथ के लिए **हातक** तथा एक बालिश्त के लिए **भिताएक** का प्रयोग आज भी होता है। प्रभाजन (Fraction) के विविध खण्ड एक प्रकार से प्रचलित रहे हैं—पाव या सुका (1/4), आधो (1/2), पउन (3/4), सवा (1-1/4), डेढ़ (1-1/2), अढ़ाई (2-1/2) तथा औठ (3-1/2)।

निर्यात करने की प्रमुख वस्तुओं में लाख, राल, मोम, वृक्षफेन, सींगें, कमलारंग, तीखुर, गुड़, सागौन, ककून, इमली, शहतूत, बास्ता, रचना (पीपरा जड़ी) आदि थीं। निर्यात की तुलना में आयात विशेषकर अधिक होता था। नमक का आयात पहली बार 1770 ई. में प्रारंभ हुआ। नमक के अतिरिक्त कपड़े, बर्तन, नारियल, कालीमिर्च, मसाले

तथा अफीम का भी आयात होता था। ये समूची वस्तुएँ समुद्र तटीय क्षेत्रों से आती थीं। गेंहूँ तथा कालीमिर्च का आयात रायपुर से होता था। समुद्रतअीय वस्तुएँ जैपुर, सुकमा तथा कुल्लैर से आती थीं। पश्चिमी भाग में कपड़े, तम्बाखू तथा अफीम का आयात हैदराबाद से होता था।

चालुक्य-शांसकों ने व्यवसायी वर्ग को प्रोत्साहित किया था। प्रत्येक गाँव में विविध व्यवसाय वर्ग के लोग रहते थे। वे या तो सहकारिता के आधार पर अथवा बाजार के नियमों के आधार पर व्यवसाय करते थे। शिल्प और कला के विकास के लिए अनुकूल परिस्थितियाँ थीं। स्थानीय लोगों की जरूरतों के हिसाब से अनेक लघु उद्योग पनप रहे थे।

विवेच्यकाल में कृषि ही प्रमुख उद्योग था। सभी वर्गों का कृषि से कोई न कोई वास्ता था, चाहे खेतिहर के रूप में या भुतियार (श्रमिक) के रूप में हो।

चालुक्य-राज्य में आंतरिक तथा बाह्य दोनों प्रकार का व्यापार तेजी से बढ़ रहा था। आंतरिक व्यापार के प्रमुख केन्द्र थे साप्ताहिक बाजार (हाट), जो प्रायः प्रत्येक बड़े गाँव में प्रचलित थे। इसी प्रकार जात्रा-जैसे वार्षिक मेले भी आंतरिक व्यापार के केन्द्र थे। 1770 ई. से बंजारों ने वाणिज्य का काम सँभाल रखा था तथा उनकी पहुँच बस्तर के प्रत्येक गाँव तक थी।

राजस्व-प्रशासन

चालुक्यों के शासनकाल में बस्तर का राजस्व-प्रशासन प्राचीन भारतीय परम्परा पर आधारित था। गाँव **पटेल** या **गौंटिया** के अधीन थे, जो सामान्य-प्रशासन के साथ गाँव के राजस्व की वसूली के लिए उत्तरदायी थे।

कतिपय गाँवों को मंदिरों के गुजारे के लिए सौंप दिया गया था, जिन्हें **देवोत्तर** या **मुकासा** कहा जाता था। राज्य में एक **'देवोत्तर-विभाग'** होता था, जो राज्य के प्रत्यक्ष प्रबंधन में आने वाले मंदिरों की देखभाल करता था। राज्य में 'कुमारी दान' भी थे, जहाँ लगानमुक्त गाँव राजपरिवार के सदस्यों के अधिकार में होते थे। प्रतिवेदनों में इन्हें **'मुआफी'** कहा गया है।

इनके अतिरिक्त **सिंदूरटाक** भी थे। ये ऐसे ग्रामसमूह थे, जो विवाह के अवसर पर रानियों को उपहार स्वरूप दिए गए थे। **सिंदूरटाक** के अलावा ऐसी **जागीरें** भी थीं, जो राजा की अवैध संतानों या रिश्तेदारों को मिली हुई थीं। ऐसे भू-स्वामियों को जागीरदार कहा जाता था।

गौंटिया से हैसियत व दर्जे में उच्चतर होते थे गढ़तिया और जमींदार जो सम्पदा के स्वामित्व का उपयोग करते थे। उनको यह स्वामित्व सैनिक सहायता के लक्ष्य से मिला

हुआ था (**सेटलमेण्ट रिपोर्ट ऑफ बस्तर,** 1876, पृ. 44)। वे राजाओं को राजस्व का बहुत कम हिस्सा देते थे, जिसे **'टकोली'** कहा जाता था। इनमें से कुछ तो राजपरिवार से सम्बद्ध थे और कुछ को राजपरिवार की सहायता के बदले जमींदारी प्रदान की गयी थी। इनके अतिरिक्त राज्य की सीमांचलों में माड़िया, हलबा तथा अन्य जमींदार थे, जो बस्तर में चालुक्यों के आगमन से पहले मौजूद थे और चालुक्य-शासन ने इनके साथ कोई छेड़-छाड़ नहीं की थी। **गढ़तिया** के सैनिक अधिकारिता में आने वाले गाँवों या ग्राम-समूहों में अधिकतर **हलबा पाइक** निवास करते थे। इन अधिकारियों और वहाँ स्थापित **पाइकों** के वेतन-भत्ते की अदायगी की जिम्मेदारी उन गाँवों की सेवाभूमि से होती थी, जहाँ ये निवास करते थे। एक समय बस्तर में 96 **गढ़तिया** तथा 24 **जमींदार** थे।

राजा के राजस्व का प्रमुख स्रोत उसका **भाग** या उत्पाद का हिस्सा था, जो समय-समय पर बदलता रहता था। बहुप्रचलित परम्परा के अनुसार राजा को जमीन की जो लगान पटायी जाती थी, वह अधोलिखित सूत्र में वर्णित थी—**"मरसुंग चाउल हेटेर दाउल"** अर्थात् चार आना प्रति कुल्हाड़ी तथा दो आना प्रति हँसिया। राजा को जंगलों तथा आबकारी आदि से भी आय होती थी। इनके अतिरिक्त विविध राजप्रमुखों से नजराने की रकम भी प्राप्त होती थी। राजस्व की वसूली आधिकारिक उत्तराधिकार-क्रम का प्रमुख काम था। दूसरा महत्वपूण्र काम था राजा और उसकी प्रजा के बीच संपर्क की स्थापना। राज्य की जनता पर महाराजा के कतिपय मौलिक अधिकार थे और राज्य के विकास से सम्बद्ध कार्यों को प्रजा तक पहुँचाने के लिए कोई तरीके जरूरी था। महाराजा गाँवों से सम्बद्ध कतिपय सूचनाओं से भी अवगत होना चाहता था।

इन लक्ष्यों की पूर्ति के लिए प्रशासनिक पदानुक्रम अनिवार्य था। उक्त पदानुक्रम के माध्यम से राजा राज्य के विविध समुदायों से जीवंत सम्बन्ध में रहता था। उदाहरण के लिए, यदि राजमहल में कोई विवाह सम्पन्न किया जाता था, तो महाराजा दीवान को सूचित करता। दीवान कामदार को सूचित करता ओर कामदार के पदानुक्रम से अन्य अधिकारी सूचित होते और अंतिम सूचना जनता तक पहुँच जाती। प्रत्येक अधिकारी का यह कर्त्तव्य था कि वह अपने अधीनस्थ को किसी भी प्रकार के विवरण की सूचना दे और उन्हें यह बता दे कि ग्रामीणों से क्या चाहता है। निस्संदेह प्रत्येक गाँव का योगदान अपरिहार्य होता था। इसी के साथ किसी भी उत्सव या संस्कार में परगना-प्रमुख माझी या चालकी की उपस्थिति अनिवार्य थी।

महाराजा के अन्य अधिकारों में अधोलिखित अन्य बातें सम्मिलित थीं (चैपमन, 1895, 55-58)—

(क) यज्ञोपवीत (जनेऊ) पहनने का विशेषाधिकार किसी को देने या हटा लेने का अधिकार। बिना राजा की अनुमति के कोई यज्ञोपवीत धारण नहीं

कर सकता था और उसके लिए उसे निश्चित शुल्क राजकोष में जमा करना होता था।

(ख) विधवाओं के पुनर्विवाह के फैसले का अधिकार राजा का था; क्योंकि वे राज्य की सम्पत्ति मानी जाती थीं।

(ग) महाराजा के महल के लिए निश्चित जातियों की सेवा लेने का अधिकार, जिसे **बेठी** या **बेगार** कहा जाता था और जो एक प्रकार का 'स्वतंत्र-बलात् श्रम' था।

(घ) परगना के माझियों की नियुक्ति का अधिकार, जो अपने परगना के अधीन गाँवों के शासक होते थे।

(ङ) जाति से बहिष्कृत किसी व्यक्ति को जाति में पुनः वापस लाने का अधिकार।

चालुक्य शासन की अवधि में करों की विविधता थी। ओ. बाल (**जंगल लाइफ इन इंडिया**, लंदन, 1880) ने उस युग में होने वाले अधोलिखित अमानवीय कृत्यों की चर्चा की है–

(क) एक बहुत बड़े तालुक में बालिका-शिशु हत्या भी आय का एक प्रमुख स्रोत थी। जब किसी व्यक्ति को किसी मादा शिशु को खत्म करने की इच्छा होती थी, तो वह उस **अमीन** से 'लाइसेंस' प्राप्त करता था, जिसके अधीन वह तालुक होता था। अमीन उक्त 'लाइसेंस' से प्राप्त शुल्क को राजकोष में जमा कराता था (पृ. 608)।

(ख) जब कोई व्यक्ति किसी गोंड, सुंडी, डोम या भतरा की विधवा से विवाह करना चाहता था, तब उसे राजा को फीस देनी पड़ती थी; क्योंकि इन महिलाओं को 'राजा की वैधव्य प्राप्त पुत्रियाँ' माना जाता था (पृ. 608)।

(ग) इससे कोई संदेह नहीं कि बस्तर में 'मेरिया-बलि' प्रचलित थी और पूरी संभावना है कि वह आय का स्रोत थी। यहाँ के संपन्न वर्ग के लोग लड़कों तथा लड़कियों को खरीद लेते थे और उन्हें 'मेरिया-बलि' के लिए पालते-पोसते थे। ऐसे वध्य लोगों को क्रमशः **दूरा** तथा **दूरी** कहा जाता था। हमारे पास यह मानने के अनेक कारण है कि वर्तमान **राजा भैरमदेव (1853-1891) जब अपने पिता की मृत्यु के पश्चात् 1861 ई. में सिंहासन पर बैठा, तब उसने दंतेवाड़ा के दंतेश्वरी मंदिर में तेरह वर्ष की एक कन्या की बलि दी थी (पृ. 608)।**

(घ) इस प्रकार हमारे पास उपलब्ध प्रमाण यह बताते हैं कि **'दाहोमी राज्य'** के समान कतिपय रीति-रिवाज भारत के इस भाग में 1870 ई. तक

अत्यधिक अमानवीय थे और कुख्यात थे। यहाँ के राजा व्यावहारिकतौर पर डाकुओं तथा चोरों के संरक्षक थे और यह काम वे अपने अधिकारियों के माध्यम से करवाते थे। इनके माध्यम से राजा को डकैती या चोरी के माल का एक हिस्सा मिलता था और यह प्रथा समूचे **'सेंट्रल इंडिया'** में विद्यमान थी (पृ. 608)।

ईलियट (1856, पृ. 22, 23) ने 'बाजार टैक्स' तथा 'लैण्ड टैक्स' की भी चर्चा की है। बाजार टैक्स था प्रति जोत (प्लाउ) आठ आने तथा 'लैण्ड टैक्स' था प्रति जोत एक रुपया। भूमि के एक जोत का मान था 10 से 12 एकड़ (चैपमन, 1898, पृ. 52-3)। चैपमन (1898:55-9) ने **ठोटा** नामक 'हाउस टैक्स' की भी चर्चा की है, जो ऐसे ग्रामवासियों पर लगता था जो केवल 'दहिया' खेती करते थे। **'पानी पिया'** नामक एक प्रमुख कर (हेड टैक्स) का भी विधान था, प्रत्येक व्यक्ति पर यह टैक्स लगता था, क्योंकि पानी तो सभी पीते हैं। चैपमन यह निश्चितरूप से नहीं कहते कि यह राज्य के प्रत्येक व्यक्ति पर लागू होता था। चैपमन ने **तुमासारी** के रिवाज का भी उल्लेख किया है। **तुमासारी** टैक्स किसी ऐसे मठ के संचालन के लिए होता था, जो राजा के द्वारा संरक्षण प्राप्त था। इस टैक्स का संग्रह हाथी पर सवार एक व्यक्ति समूचे राज्य में घूम-घूम कर करता था। **'तूमा'** का अर्थ है 'खोखली लौकी'। **'सारी'** का अर्थ है 'टैक्स'। हाथी पर सवार व्यक्ति जब किसी गाँव में पहुँचता था, तब वह 'तूँबे' को फूँकता था, जिससे लोग समझ जाते थे कि मठ के लिए कर देना है। एक अन्य टैक्स था **हल्दीसारी** अर्थात् 'हल्दी पर कर'। यह तब आरोपित होता था, जब राजमहल में कोई विवाह संपन्न हो रहा हो। इसी प्रकार जब राजा एक नया 'राजकीय हाथी' खरीदने की इच्छा करता, तब यह आशा की जाती थी कि गाँवों के सभी लोग अपना अंशदान करेंगे। अनेक पुजारियों तथा राजा के अनेक वैध व अवैध पुत्रों को राज्य के कतिपय क्षेत्रों में मुआफी या जागीर मिली हुई थी और ये लोग अपना ही टैक्स जनता पर आरोपित करते थे। इस प्रकार की जागीरें महाराजा ने उनको भी दे रखी थीं, जिन्होंने राजा की बहुमूल्य सेवा की थी। प्रत्येक जागीरदार को एक रुपए की टोकन फीस तथा एक बकरा महाराजा को जगदलपुर में प्रति वर्ष आयोजित होने वाले दशहरा-उत्सव में देना पड़ता था। राजा के व्यक्तिगत अनुचरों यथा पालकी ढोने वालों, नाइयों, साइसों, पान देने वालों आदि की आजीविका के लिए गाँव दान में मिले हुए थे। इनके अतिरिक्त कतिपय सेवक जातियाँ जो राजमहल में तेल, मछली व बर्तन आदि की व्यवस्था करती थीं, उन्हें भी उक्त सेवा के एवज में गाँव दान में मिले हुए थे।

निष्कर्ष

चालुक्य-शासनकाल में विविध प्रकार के करों के कारण आम आदमी का जीवन

विपन्न था और वह गरीबी की मार से दुःखित था। आदिवासियों के बीच उत्पादन का तरीका स्वाभाविक तौर पर विलम्बित था। रोपा लगाने तथा फसल काटने के बीच सप्ताहों, महीनों या यदा-कदा वर्षों के बीच की अवधि होती थी, जिसमें लोग अपने श्रम का प्रयोग करते थे और जब परिश्रम का फल उत्पादन के रूप में मिलता था, तब वह नाकाफी होता था। विलम्ब के कारण मूलभूत संगठनात्मक जरूरतें पूरी नहीं होती थीं, क्योंकि सरकारी आदेश बाधक थे और माँग तथा पूर्ति का ध्यान नहीं रखा जाता था। आदिवासी समाज के सदस्य दीर्घ अवधि में वचनबद्धता से आनाकानी करते थे और इसीलिए वे अपने श्रम का प्रयोग नहीं करते थे। वे न तो अन्न के गोदाम बनाने में रुचि लेते थे और न ही किसी प्रकार के भौतिक संग्रह में उनकी रुचि थी। इतना ही नहीं, भोजन तथा अन्य जरूरतों के लिए उनके पास जो औजार, हथियार या अन्य तकनीकी इकाइयाँ थीं, वे सभी अनगढ़ थीं और जिनके बनाने में बहुत अधिक समय की आवश्यकता नहीं होती थी। यहाँ मैं इस बात पर बल देना चाहता हूँ कि 'विलम्बित वापसी पर आधारित' 'आर्थिक व्यवस्था' तथा तात्कालिक वापसी पर आधारित आर्थिक व्यवस्था—दोनों की व्यवस्थाएँ आदिवासी समाज में प्रचलित थीं, किन्तु किसानों के बीच केवल 'विलम्बित वापसी की ही व्यवस्था' अस्तित्व में थी। इससे किसान घाटे की अर्थव्यवस्था से जुड़ गया था।

17

समाज

चालुक्य राजाओं का क्षेत्र अधिकतर जनजातियों का क्षेत्र था। पर्वत-शृंखलाओं की गोद में कलरव करते हुए झरने, नदी-नाले। ऊँचे सघन वृक्षों का झंकारमय संगीत तथा बाँस की झुरमुटों में पवन की बजती बाँसुरी, किसी शिकारी (देखिए, प्रथम अध्याय) को भले ही विमुग्ध कर लेती हो, किन्तु बस्तर के आदिवासियों के लिए इन बातों में कोई नवीनता नहीं लगती थी। बाहरी व्यक्ति के प्रति इतना अविश्वास और भय शायद ही मध्ययुग में भारत के किसी कोने के निवासियों में था, जितना ब्लण्ट (1795) के अनुसार बस्तर के आदिवासियों में था। आवाज देने पर इन आदिवासियों में ऐसी भगदड़ मच जाती, जैसे कुतुबशाही की सेना के आने से।

विवेच्य युग में बस्तर के लोगों की अपनी अलग एक दुनिया थी। दूसरी दुनिया से बिल्कुल अलग-थलग रीति-रिवाज, अलग रहन-सहन। सीमित जरूरतें, मर्यादित आकांक्षाएँ। आदिम युग से तनिक भी आगे नहीं। अपने-आपमें अलमस्त, वहीं दूसरों से सशंक। न संग्रह के प्रति लगाव न सम्पत्ति से मोह।

चालुक्य-राजाओं ने इन लोगों के सामाजिक जीवन को उन्नत बनाने के लिए अथक प्रयास किया और इसी क्रम में उन्होंने बस्तर में ब्राह्मणों तथा अन्य उच्च जाति के अप्रवासियों को बसाया भी। निस्संदेह चालुक्य-शासन से पूर्व नलों और नागों के काल में अनेक ब्राह्मणों व अन्य जातियों को यहाँ संरक्षण मिला था, किन्तु चालुक्यों ने उत्तर भारत तथा उड़ीसा-सहित आंध्र प्रदेश के जाति वर्गों को विविध सुविधाएँ दी थीं तथा उन्हें ग्रामदान भी दिया था। उन्होंने स्थानीय आदिवासियों को सत्ता में भागीदारी दी थी और चाहते कि एक स्वस्थ सामाजिक जीवन और परम्पराओं का विकास हो। उन्होंने आदिवासियों को हर प्रकार की सुरक्षा दी थी और उन्हें अपने परिवार से जोड़ा भी था। इस प्रकार समूचे उत्तर मध्ययुग में आदिवासी तत्व अधिक जीवंतता के साथ राज्य के साथ था और गैर-आदिवासी तत्वों के संपर्क से एक नयी प्रकार की सामाजिक चेतना

का विकास हो रहा था। आदिवासी समुदाय धीरे-धीरे सामंती सामाजिक व्यवस्था से जुड़ रहा था और उसे अनेक अधिकार मिले हुए थे।

बस्तर की सामाजिक संरचना पर ठाकुर पूरन सिंह ने जगदलपुर से प्रकाशित **'अंगारा'** पाक्षिक (दि. 16.11.1950) के चिट्ठी-पत्री के कालम में एक टिप्पणी प्रकाशित की थी, जिसके आधार पर बस्तर की जातियों व जनजातियों को समझा जा सकता है। तदनुसार—"बस्तर की समूची जनसंख्या में बस्तर की मूल निवासिनी प्रजा (जिन्हें हम आदिवासी नाम से संबोधित करते हैं) की जनसंख्या तीन चौथाई से अधिक है। इन लोगों को साधारणतया हम दो श्रेणियों में विभाजित कर सकते हैं— (क) प्रथम श्रेणी में वे लोग हैं, जो संवत् 1370 में वर्तमान बस्तर-राजवंश के पूर्व पुरुष महाराजा अन्नमराज देवजू द्वारा बस्तर-राज्य निर्माणकाल के पहिले से इस भू-भाग में विद्यमान हैं तथा (ख) द्वितीय श्रेणी में वे हैं, जो वारंगल से उक्त महाराजा के साथ सैनिक, सेवक, कर्मचारी आदि रूप में इस भू-भाग में आए और तत्कालीन यातायात की कठिनाइयों, अड़चनों के कारण बस्तर में ही सीमित रहकर काल-प्रभाव से क्रमशः अपना इतिहास, अपनी विद्या और संस्कृति भूल गए। इस द्वितीय वर्ग को हम अर्ध-मूल निवासी भी कह सकते हैं, परंतु इनके क्रमवार इतिहास के अभाव में इनके शुद्ध वर्गीकरण में कठिनाई है। जो हो, वर्तमान में निम्नांकित मुख्य जातियाँ बस्तर में रहती हैं—

(1)	ब्राह्मण (सुआर ब्राह्मण)	(2)	धाकड़
(3)	हलबा	(4)	पनारा
(5)	कलार	(6)	राउत
(7)	केंवटा	(8)	ढींवर
(9)	कुडुक	(10)	कुंभार
(11)	धोबी	(12)	मुण्डा
(13)	जोगी	(14)	सौंरा
(15)	खाती	(16)	लाहोरा
(17)	मुरिया	(18)	पाड़
(19)	गदबा	(20)	घसेया
(21)	माहरा	(22)	मिरगान (पनका)
(23)	परजा	(24)	धुरवा
(25)	भतरा	(26)	सुण्डी
(27)	माड़िया	(28)	झोड़िया
(29)	दोरला	(30)	गोंड

उपर्युक्त मुख्य जातियों में न. 1 से 22 तक की जातियों की 'हलबी' मातृभाषा है और शेष जातियों की 'हलबी' मध्यवर्ती भाषा (Inter-communication language) है। कुछ जातियों की अपनी निजी बोलियाँ भी हैं, जैसे क्रमांक 23 और 24 की बोली 'परजी', क्रमांक 25 और 26 की भतरी और क्रमांक 27 से क्रमांक 30 तक की बोली 'माड़ी' है तथा गोंडी कहलाती है, परंतु ये लोग 'हलबी भाषा' अच्छी तरह बोल और समझ सकते हैं। इस प्रकार हलबी भाषा बस्तर भू-भाग की मातृभाषा कहलाती है।

शेष जातियों को छोड़कर केवल 'सुआर ब्राह्मण' वर्ग को ही लीजिए। कहा जाता है कि सप्तर्षि कुल के ब्राह्मण लोग बस्तर महाराजा के साथ पुरोहित, सुआर तथा मंत्री के रूप में वारंगल से आए थे। इनके पुरोहित वंशज आज तक जगदलपुर तहसील के मौजा बाघनपाल में रहते हैं। ये अधिकांश ब्राह्मण अफीम के चंगुल में फँस कर नष्टप्राय हो गए हैं और निरक्षर भट्टाचार्य होकर प्रभातचंद्र की तरह निस्तेज होते जा रहे हैं। इनकी 'मातृभाषा' भी हलबी है।

मूलनिवासी : आदिवासी

यद्यपि इस समय बस्तर में आदिवासियों की जनसंख्या बहुत अधिक तथा विविध है, किन्तु विवेच्य अवधि के बस्तर के अभिलेखीय रिकार्डों में केवल शबर, गोंड, माड़िया, झोड़िया, तगरा तथा हलबाओं का ही चित्रण है। भाषावैज्ञानिक आधार पर उन्हें अधोलिखित वर्गों में रखा जा सकता है।

1 मुण्डावर्गः

शबरों का प्राचीनतम संदर्भ **ऐतरेय ब्राह्मण** (8.18) में मिलता है, जिसमें कहा गया है कि विश्वामित्र के ज्येष्ठ पुत्रों को यह शाप दिया गया था कि वे शबर-जैसी नीचात्माओं वाली प्रजातियों के प्रजनक बनें। ऐतरेय ब्राह्मण के उक्त पद का आशय यह है कि शबर अनार्य लोग थे, जो **दक्षिणापथ** में कहीं निवास कर रहे थे। रामायण के अनुसार वे मध्य प्रांत में राम से मिले थे। एक तापस शबर महिला बस्तर की किसी झील के पास राम से मिली थी (शुक्ल, 1974)। शबरों का उल्लेख करने वाले प्राचीनतम अभिलेखों में **उदयेदिरम-दानपत्र** है, जो पल्लव-नरेश नन्दिवर्मन पल्लवमल्ल (नौंवी शताब्दी) ने उत्कीर्ण किया गया था। राजा ने अपने शासन के इक्कीसवें वर्ष में उक्त दानपत्र को खुदवाया था। कहा जाता है कि नंदिवर्मन पल्लवराज ने शबर राजा उदययन को पराजित किया था। उसने निषादों के राजा पृथ्वीव्याघ्र को भी पराभूत किया था (एस. आई. आई., 1, 365)।

पश्चिमी गंगराजा मरसिंह द्वितीय की संस्कृत तथा कन्नड़ प्रशस्तियों में भी शबरों का उल्लेख है। मारसिंह द्वितीय राष्ट्रकूट-नृपति कृष्ण तृतीय के अधीन था। इस प्रशस्ति

में यह उल्लेख है कि मारसिंह द्वितीय (963-74 ई.) ने शबर प्रमुख नगर को पराभूत किया था। (इपी. इंडिका, खण्ड 5, पृ. 176)। बाणभट्ट के **हर्षचरित** तथा वाक्पतिराज के **गउडवहो** (बनर्जी, एच. ओ. प्रथम खण्ड, पृ. 20-21) में भी शबरों का उल्लेख मिलता है। इस प्रकार पूर्व मध्ययुगीन स्रोतों में शबरों के अनेक संदर्भ हैं (द्र. शुक्ल, 1977)।

साहित्यक और अभिलेखीय संदर्भों से यह ज्ञात होता है कि शबर मध्य भारत में निवास करते थे। स्वाभाविक तौर पर बस्तर के **सौंरा** उन्हीं के उत्तराधिकारी प्रतीत होते हैं।

बस्तर की **गदबा जनजाति** प्राचीन शबरों की ही एक उप शाखा प्रतीत होती है। राजप्रसाद के बोझ को ढोने के कारण ये **गात्रवाहक** से गदबा बन गए। गदबाओं के गोत्रचिह्न पशुओं के नाम पर होते थे और इनमें बहिर्विवाह की प्रथा थी। कोई भी गदबा घोड़े की सवारी नहीं कर सकता था, अन्यथा उसे जाति से बहिष्कृत कर दिया जाता था। **चर्यापदों** और **कथासरित्सागर** से हमें शबरों व गदबाओं की जीवनचर्या पर जानकारी मिलती है।

भाषावैज्ञानिक आधार पर बस्तर की गदबा जनजाति मुंडारी या कोलवर्ग से सम्बद्ध रही है। मिचेल ने 'गदबा' शब्द का अर्थ 'भार-वाहक' किया था। ऐसे लोग जो अपने कंधों पर बोझा ढोते थे। विवेच्यकाल में उक्त जनजाति अपने को 'गुताउ' कहती थी। उनका मूल आवास विजगापट्टम में था और वहीं से वे अन्नमदेव के साथ बस्तर आए थे। पहले जत्थे के रूप में 700 गदबा विजगापट्टम से आए थे (ग्लसफर्ड, 1863)। बस्तर के गदबाओं का जनजातीय संगठन बहुत कठोर नहीं रहा तथा कोई भी भतरा, परजा या मुरिया या किसी उच्च जाति का व्यक्ति दो या तीन रुपयों के खर्च से गदबा बन सकता था। जब विजातीय को गदबा-समुदाय में प्रवेश दिया जाता था, तो सबसे पहले उसका मुंडन किया जाता था, चाहे वह किसी भी लिंग का हो। इसके पश्चात् गंगाजल से पके हुए भात का उसे भोजन कराया जाता था। इसके पश्चात् पूरी जनजाति के सहभोज का विधान था, जिसमें अनिवार्य रूप से एक सुअर की बलि दी जाती थी। गदबाओं के टोटेमिक बहिर्विवाही 'सेप्ट' होते थे। उनके गोत्रचिह्न को गुताल (कुत्ता), अंगवान (भालू), डुंगरा (कछुआ), सुरंगई (चीता), गुमाल (सर्प) और इसी प्रकार अन्य। प्रत्येक घराने के व्यक्ति को यह मनाही थी कि वह अपने गोत्र-चिह्न का अपकार करे।

गदबा जनजाति में **पैसामुंडी** तथा **उपलिया** आदि की विवाह विधियाँ प्रचलित थीं। यदि किसी उच्च जाति के पुरुष से किसी गदबा महिला का संबंध होता, तो किसी प्रकार के दण्ड की व्यवस्था नहीं थी, किन्तु यदि निम्नकुल के व्यक्ति से गदबा युवती का संबंध होता, तो दण्डविधान की व्यवस्था थी।

गदबा बूढ़ी माता या ठकुरानी माता की पूजा करते थे। भण्डारिन कृषि की देवी थीं और धरनी अच्छे स्वास्थ्य की देवी। भरवाँ पशुओं के रक्षक थे और **दण्डदेवी** जंगली पशुओं से रक्षा करती थी। गदबाओं में स्वर्ग, नरक तथा पुनर्जन्म की अवधारणा थी। **माटीदेव** आखेट का देवता था।

उत्सवों के दिनों में पुरुष और महिलाएँ तुरही तथा ढोल के साथ नृत्य करती थीं। **रिपोर्ट आन डिपेण्डेंसी ऑफ बस्तर** (1840) के अनुसार "Sometimes they form a circle, holding long poles, and jump backwards and forwards to and fro and from the centre by means of pole; or the women dance singly or in pairs, their hands resting on each other's waists."

गदबा जनजाति के लोग खेतिहर व श्रमिक थे। कुछ गाँव की चौकीदारी के लिए नियुक्त थे तथा कुछ आनुवांशिक तौर पर राजा की पालकी ढोने का काम करते थे। पालकी वाहकों को निःशुल्क भूमि मिली हुई थी। ये 'शिफ्टिंग कल्टीवेशन' करते थे, जिसे हमने **दहिया** खेती के रूप में निरूपित किया है। 1876 ई. तक ये कुरिंग वृक्ष की छाल पहनते थे तथा इन्हें वस्त्रों की जानकारी नहीं थी (रिपोर्ट आन दि डिपेण्डेसी ऑफ बस्तर, तदेव)।

गदबा अन्य जातियों के अवशिष्ट भोजन को खा सकते थे। जिस प्रकार बस्तर से बाहर मेहतर व घसिया लोगों को अछूत माना जाता था, उसी प्रकार बस्तर के गदबा भी कायस्थों को अछूत मानते थे। वे किसी कायस्थ के हाथ का पानी या खाना नहीं खाते थे (रसेल तथा हीरालाल, खण्ड 3)।

2 द्रविड़ वर्ग

विवेच्य युग के द्रविड़-वर्ग के आदिवासियों में गोंड, माड़िया, झोरिया, तगर तथा खोंड विशेष उल्लेखनीय हैं।

गोंड द्रविड़ वर्ग की एक शाखा से सम्बद्ध थे तथा बस्तर के पूर्व मध्ययुग में 'छिंदक नागों' के वंश के रूप में ये बस्तर के शासक भी थे (द्र. तृतीय खण्ड)। बोनाई-ताम्रपत्र (जे.बी.ओ.आर.एस., खण्ड 6, पृ. 239) तुंग-शासक विनीततुंग को **'अष्टादशागोण्डमहाधिपति'** (अठारह गोंड राजाओं के अधिपति) उपाधि से संबोधित करता है। इसी प्रकार सुल्की-शासक कुलस्तम्भदेव के आज्ञा पत्र में उसे **'सकलगोण्ड-महाधिनाथ'** (तदेव, खण्ड 2, पृ. 401) कहा गया है। इन दानपत्रों में वर्णित दोनों शब्द इस बात के साक्षी है कि विवेच्य अवधि में गोंड एक महत्वपूर्ण घटक थे।

चौदहवीं शताबदी में बस्तर में गोंडों की दो प्रमुख शाखाएँ थीं। अभिलेखों में एक शाखा को 'माड़िया' कहा गया है तथा दूसरी शाखा झोड़िया थी (द्र. द्वितीय अध्याय)।

माड़िया की सात उपशाखाएँ थीं, जिनका उन दिनों बस्तर में स्वतंत्र राज्य था। अन्नमदेव के काल में बस्तर में बारह माड़िया राजाओं का शासन था। (ग्लसफर्ड, 1862, 87-90) ने इन माड़ियों का विस्तृत विवरण प्रस्तुत किया है—

"माड़िया बस्तर की अधिसंख्यक जाति है। वे चिंतलनार, भोपालपटनम तथा कुटरू तालुकों में निवास करते हैं। वे बीजापुर के बहुत बड़े क्षेत्र में बसते हैं, जो कुरीकोट, नागकोट, अम्बाभेर तथा कुआकोण्डा तक व्याप्त है। दंतेवाड़ा की ओर उन्हें माड़िया कहा जाता है, किन्तु दंतेवाड़ा से आगे पश्चिम में उन्हें गोटिवार कहा जाता है। मुझे सूचना मिली है कि ये दोनों वर्ग एक ही हैं। वे अत्यंत घने जंगलों में रहते हैं और बहुत ही शर्मीले प्रकृति के हैं। अजनबियों के संपर्क से बचते हैं और थोड़ी सी आहट से पहाड़ियों की ओर भाग जाते हैं। देखने में ये मुरिया, भतरा, हलबा, परजा तथा तगरा आदि से भी अधिक असभ्य हैं। यद्यपि ऊँचाई में समानता है, किन्तु ताकत और योग्यता में कहीं श्रेष्ठतर हैं। उनका पहनावा इस बात पर निर्भर करता है कि वे सभ्यता से कितनी दूरी पर हैं तथा जिस स्थान पर निवास करते हैं, वह पहुँच से कितनी पास या दूर है भोपालपटनम तथा बीजापुर के आसपास वे बेहतर वस्त्र पहनते हैं, किन्तु अपेक्षाकृत जंगली और दूरस्थ अंचलों तथा बैलाडीला की घाटियों, इंद्रावती की ओर तथा कुटरू तालुक में उनका पहनावा न के बराबर होता है। उनके अस्त्र-शस्त्र हैं— ध ानुष-बाण तथा भाले।"

माड़ी (अबुझमाड़िया) पर विचार करते हुए वह पुनः कहता है— "माड़ी माड़ियान देश में बसते हैं वे सागौन के पत्तों का परिधान पहनते हैं। वे उनसे कभी नहीं मिले, जो उनके शासक रहे हैं या जिनको वे लगान पटाते रहे हैं। जो लगान इकट्ठा करने आते हैं, उनसे भी उनका कभी कोई संबंध नहीं रहता। वे तो लगान के रूप में अनाज को इंद्रावती की घाटी में रख देते हैं, जिसे उनके चले जाने पर सरकारी अधिकारी उठाकर ले जाते हैं।"

अभिलेखीय (द्र. प्रथम अध्याय) प्रमाणों से हमें यह ज्ञात होता है कि जब अन्नमदेव इस भू-भाग पर आए, तो यहाँ पहले से 'सप्तमाडियानृपों' का शासन था। इन सप्तमाडियनृपों ने अन्नमदेव को संरक्षण दिया और हिंदू धर्म की पुनः स्थापना के लिए मुस्लिम सेना से युद्ध किया था। अन्नमदेव ने जब बस्तर में चालुक्य-शासन स्थापित किया, तो उन माड़ियानृपों पर कभी बाधा नहीं डाली और उनके उत्तराधिकारियों को परवर्ती चालुक्य नरेशों ने 1947 ई. तक जमींदारों के रूप में सम्मान दिया।

दूसरी आदिम जनजाति अभिलेखों के अनुसार 'झाडेशवन' में निवास कर रही थी। उक्त क्षेत्र बाद में **झोड़ियान** के नाम से प्रसिद्ध हुआ। अन्नमदेव के बस्तर-अभियान के समय ये झोड़िया भी उत्तर बस्तर के शासक थे (द्र. अष्टम अध्याय)। ग्लसफर्ड

(1862, पैरा 86) के अनुसार "झोड़िया आमतौर पर उत्तरी-पश्चिमी भू-भाग में नारायणपुर तथा प्रतापपुर के आस-पास मिलते हैं और आगे काँकेर तक फैले हुए हैं। ये बहुत अधिक संख्या में हैं। इनकी आजीविका आंशिक रूप में खेती तथा आंशिक रूप में आखेट पर निर्भर करती है। ये जंगलों के फलफूल और कंद मूल से भी जीविका चलाते हैं। इनका पहनावा माड़िया लोगों के पहनावे के समान है।"

अन्नमदेव के दस्तावेजों में एक अन्य जनजाति **तगरा** का भी उल्लेख मिलता है, जो उन दिनों बारह परगनों के स्वामी थे। ग्लसफर्ड (1862, पैरा 83) का कथन है कि "तगरा तथा परजा नामक ये दोनों जातियाँ जगदलपुर से दक्षिण के भू-भाग में मिलती हैं, जो चीतापुर से सुकमा तक व्याप्त हैं। ये अत्यंत निर्धन कबीले हैं और ये आंशिक रूप से खेती तथा आखेट पर निर्भर हैं। ये मुरिया, भतरा या हलबा के समान ठीक से कपड़ा नहीं जुटा पाते। ये जो भी मिल जाये, सब कुछ खा लेते हैं। साँप और छिपकली भी। ये उत्सवों के अवसर पर गदबा के ही समान नृत्य करते हैं।"

अप्रैल 1795 ई. में बस्तर के आस-पास के क्षेत्रों की यात्रा करते हुए कैप्टेन जे. टी. ब्लण्ट (**एशियाटिक रिसर्चेज**, खण्ड 8, पृ. 153, **दि हिंदूज**, खण्ड 2, लंदन पृ. 135-159) ने बस्तर के गोंडों तथा खोंडों का एक अन्य चित्र ही प्रस्तुत किया था—"इसी प्रकार गोंडों के गांव पहाड़ों के शिखरों पर या पहुँच से दूर जंगलों के घने बियाबानों में स्थित हैं। ये कँवरों से भी अधिक असामाजिक हैं। किसी अपरिचित के पहुँचने पर गाँव को छोड़कर भाग जाते हैं और आसपास मँडराते रहते हैं तथा थोड़े ही अंतराल में चट्टानों और वृक्षों पर प्रकट हो जाते हैं। इन्हें कितना ही समझाया जाये, कितना ही प्रलोभन दिया जाए, गाँव वापस नहीं आते। यदा-कदा कोई यात्री जबर्दस्ती या समझाने-बुझाने के बाद इन्हें 'गाइड' बनने के लिए राजी कर लेता है, किन्तु ये असभ्य लोग एक ही 'ट्रैक' पर ज्यादा देर नहीं ठहरते। तब या तो ये चुपके से भाग जाते हैं या सहयोग करने से मना कर देते हैं।"

इस प्रकार 1795 ई. में एक अँग्रेज अधिकारी जब वीरान भू-भाग से प्रचुर कुमुक के साथ गुजर रहा था, तब वह इन गोंडों के अनिश्चित स्वभाव के कारण लगातार उत्पीड़ित हुआ था (इसका विस्तार के साथ विवेचन पंचम खण्ड में है)। रसेल तथा हीरालाल (1916, तीन खण्ड) ने अपने ग्रंथ **'दि कास्ट्स एण्ड ट्राइब्स ऑफ सेंट्रल इंडिया'** में गोंडवर्ग के अंतर्गत अगरिया, ओझा, परधान, परजा, कोया, भतरा, माड़िया एवं मुरिया को परिगणित किया है, यद्यपि इनमें से अगरिया, परधान, परजा व भतरा पर स्वतंत्र लेख भी उपर्युक्त ग्रंथ में हैं। यह खेदजनक है कि माड़िया तथा मुरिया पर उसमें पृथक से सूचना नहीं है, ऐसा होना इसलिए भी आवश्यक था; क्योंकि माड़िया तथा मुरिया के रीति-रिवाज अन्य गोंडों की तुलना में बहुत अधिक भेदक थे। इसीलिए इन

जनजातियों पर जो फुटकर सामग्री उन्होंने अपने ग्रंथ में प्रस्तुत की है, वह भ्रमास्पद हैं शारीरिक तौर पर भी मुरिया तथा माड़िया इतर गोंड-उपवर्गों की तुलना में बहुत अधिक भिन्न प्रतीत होते हैं। हिस्लप के गोंडों के जिस विवरण को रसेल तथा हीरालाल ने उद्‌धृत किया है, वह माड़िया-पुरियापरक होने से उस निराशाजनक स्थिति से रसेल तथा हीरालाल को बचा लेता है, किन्तु स्थिति तब भी भिन्न है।

इतर गोंडों की तुलना में माड़िया अपेक्षाकृत अधिक आकर्षक हैं। भौतिकमानव विज्ञान के अनुसार इनमें लेप्टोराइन आकृति प्रकार (Leptorrhine type) अधिक मिलता है तथा टेढ़ी नासिका (Aquiline) भी कम देखने को मिलती है। गोंडों से भिन्न माड़िया लोगों में मिलने वाली यह विषमता यह सूचित करती है कि माड़िया जनजाति में **"आर्यन स्टाक"** से अंतर्विवाह कभी अवश्यमेव हुआ होगा, यद्यपि ये आज सर्वाधिक शर्मीले तथा आदिम लोग हैं। मैं वहाँ दौड़ना नहीं चाहता, जहाँ देवदूत भी पादक्षेप में भयातुर हैं तथा अपनी अविशेषज्ञ दृष्टि भी विशेषकर उनके सामने प्रस्तुत नहीं करना चाहता, जो मँजे हुए मानव विज्ञानी हैं, किन्तु मैं यह अनुभव करता हूँ कि माड़िया तथा गोंडों में जो विरोधी बातें मिलती हैं, वे अत्यधिक विलक्षण हैं तथा उन्हें अपरिपक्व व्यक्ति भी नजर अंदाज नहीं कर सकता। ऐसी स्थिति में मैं माड़िया को अन्य गोंडों से भिन्न ही रखना चाहता हूँ। इस मत के औचित्य-समर्थन में मैं पुनः यह कह देना चाहता हूँ कि–

(क) माड़िया-मुरिया बूढ़ादेव की पूजा नहीं करते, जो कि अन्य गोंडों का एक सार्वदेशिक देवता है।

(ख) माड़िया-मुरिया का मृतक-संस्कार भी अन्य गोंडों से भिन्न है।

(ग) माड़िया-मुरिया बस्तर के छिंदकनागों के उत्तराधिकारी (द्र. तृतीय खण्ड) माने जाते हैं।

(घ) 'सप्तमाड़ियानृपों' की बस्तर में शासन-व्यवस्था से भी यह प्रमाणित होता है कि कंभी राजसत्ता से जुड़े रहने के कारण क्षत्रियकुलों से इनका वैवाहिक संपर्क हुआ और इस प्रकार इनकी आनुवांशिकी के कारण इनकी अन्य गोंड जनजातियों से शारीरिक भिन्नता है।

3. आर्य वर्ग

विवेच्य काल में आर्यभाषापरिवार के अनेक वर्ग थे, किन्तु हलबा सबसे प्रमुख थे। हलबा बारहवीं शताब्दी में राजसत्ता में आए और वे सोलहवीं शताब्दी तक डोंगर के शासक थे। इससे पूर्व हलबा काँकेर राज्य से सम्बद्ध थे, किन्तु उन्होंने बस्तर राज्य में भी अपनी शक्ति का प्रसार किया। हलबा अपनी उत्पत्ति जगन्नाथपुरी (उड़ीसा) से

मानते हैं। काँकेर-राज्य में उनके आने की अनुश्रुति के अनुसार वे सबसे पहले सिहावा के जंगल में आकर बसे थे। हलबाओं की सैनिक सहायता से काँकेर के सोमवंशी राज्य के संस्थापक अधिपति बने। हलबा काँकेर राजपरिवार के घरेलू नौकर थे। वे कपड़दार का काम करते थे। काँकेर राज्य में जब कोई राजा सिंहासन पर बैठता था, तो उसका अनुष्ठान हलबा ही करते थे। कपड़दार नए राजा को 'दरबार की पोशाक' पहनाता था। उसकी टीका करता था और गुलाब के सुगंधित जल से उसका स्नान कराता था। इसीलिए काँकेर राज्य में कपड़दार परिवार का सम्मान था तथा उसे भूमि दान में मिली हुई थी। हलबा सिहावा के मंदिर के पुजारी होते थे। काँकेर के प्रथम राजा के कुष्टरोग का निवारण हलबाओं ने सिहावा के मंदिर में ही किया था।

हलबाओं का संबंध बस्तर के राजा से भी था और परम्परानुसार ये पहले तेलुगु-अंचल के निवासी थे और वारंगल से अन्नमदेव के साथ बस्तर आए थे। इनके साथ अन्य जातियाँ भी थीं, किन्तु अन्नमदेव से बस्तर आने के अधोलिखित मुडालोकगीत में हलबाओं का नाम नहीं आया—

चालकीबंस राजा, डिबडिबी बाजा
कोसरिया रावत, पीता भतरा ॥
पेंग परजा, राजा मुरिया।
तेंदूखुटी, पनिया लावा ॥

"राजा चालकी वंश का था। ढोल का नाम डिबडिबी था। कोसरिया रावत, पीता भतरा, पेंग परजा तथा राजमुरिया नामक चार जातियाँ राजा के साथ आयीं। राजा को तेंदू की लकड़ी की बनी कंघी तथा एक लावा नजराने के रूप में दिया जाता था।" उक्त कविता में अन्नमदेव के बस्तर-आगमन की परिस्थितियों का प्रत्यास्मरण है। हलबा राजा के साथ नहीं आए, क्योंकि बस्तर में अन्नमदेव के आने से पूर्व हलबा-पट्टी (द्र. तृतीय खण्ड) का उल्लेख 1213 ई. के एक अभिलेख में मिलता है।

हलबाओं का राज्य जब चालुक्य-राजवंश के राजाओं के अधीन हो गया, तब हलबा बस्तर के राजाओं के सुरक्षा सैनिक (पाइक) बन गए। दशहरा-उत्सव में एक हलबा राजकीय छत्र लेकर चलता था, तो दूसरा हलबा नंगी तलवार लेकर सुरक्षा के लिहाज से राजा के साथ चलता था। हलबाओं की विधवाओं को (अन्य प्रजातियों की विधवाओं के समान) कभी राजकीयतौर पर बेंचा नहीं जाता था और हलबाओं की अंतर्राज्यीय सम्पत्ति को राजा राजसात् भी नहीं करता था।

इस प्रकार बस्तर में हलबाओं की तुलनात्मक दृष्टि से सम्माननीय स्थिति थी। ब्राह्मणों को छोड़कर वे सर्वाधिक प्रतिष्ठित वर्ग के थे। प्रतिष्ठा में ब्राह्मणों के बाद उनका ही दूसरा स्थान था। इसका कारण यह है कि उत्तर बस्तर में शताब्दियों तक उनका राज्य

था और वे एकछत्र राजा थे। हमने बारहवें अध्याय में यह लिखा है कि बस्तर में एक हलबा-विद्रोह हुआ था। राजा दरयावदेव (1777-1800) के शासनकाल में हलबाओं ने विद्रोह किया था। विद्रोह को दबाने के बाद उनमें सभी को नब्बे फुट ऊँचे जलप्रपात में फिंकवा दिया गया था, जिनमें से एक ही हलबा जीवित बच पाया था। कुछ हलबाओं की दण्ड के बतौर दोनों आँखें निकाल ली गयी थीं। डोंगर में 1779 ई. के दो शिलालेख (इपी. इंडिका, 9, 166, हीरालाल, 1916, 168) यह रिकार्ड करते हैं कि शेष बचे हलबाओं ने दंतेश्वरी की प्रतिमा के समक्ष राजा के प्रति वफादारी की कसम खायी थी। यह घटना सम्वत् 1836 अर्थात् 1779 ई. की है, जब दरयावदेव ने उनके विद्रोह को कुचल दिया था।

इस प्रकार हलबा यथेष्ट प्रभाव रखने वाले आदिवासी थे और उन्हीं में यह सामर्थ्य था कि वे शासक राजवंश की सत्ता को चुनौती दे सकें और उन्होंने उसे उलट देने का प्रयास भी किया था।

हलबा महान् सैनिक थे और वे बस्तर राजा की सेना में विविध पदों पर आसीन थे। इसीलिए अधोलिखित हलबी कहावत में उन्हें राज्य का आधार स्तम्भ कहा गया है—

हलबा धाकड़ पाठ पिछौरी।

कालांतर में हलबा खेतिहर तथा कृषि-मजदूर के रूप में परिवर्तित हो गए तथा बस्तर के अनेक हलबाओं का पलायन छत्तीसगढ़ के रायपुर तथा काँकेर में भी हुआ। उनमें से कुछ महाराष्ट्र के भंडारा चले गए। अपनी उत्पत्ति को लेकर हलबाओं में अनेक कहानियाँ प्रचलित रही हैं। धमतरी के तहसीलदार गोकुल प्रसाद (पाण्डुलिपि 1908) के अनुसार 'एक उड़िया राजा ने अपने खेत में कौआ उड़ाने वाले चार पुतले खड़े किए थे, जिससे खेत पर पक्षियों का आना न हो। एक रात जब महादेव और पार्वती धरती पर घूम रहे थे, तब 'कौआ उड़निहा' को देखा। महादेव ने उन पुतलों में जान डाल दी तथा वे दो पुरुष तथा दो स्त्री बन गए। दूसरी प्रातः को वे राजा के समक्ष उपस्थित हुए और पूरी घटना का ब्यौरा दिया। तब राजा ने उनसे कहा कि अब तुम धरती पर आ ही गए हो, तो महादेव से जाकर पूछो कि तुम्हारी जाति क्या होगी? वे महादेव के पीछे दौड़े और अपनी जाति जाननी चाही। महादेव ने कहा कि चूँकि हवा में हिलने या हलने से तुमने पार्वती का ध्यान अपनी ओर खींचा था, इसलिए 'हलना' (हिलने) के कारण तुम हलबा हुए।" कथा के आगे के भाग में यह वर्णित है कि जगन्नाथ के राजा को जब कोढ़ हुआ, तो वह सिहावा के जंगल में आ गया। उसके साथ ये हलबा भी आए हुए थे। राजा ने सिहाबा के एक झरने में स्नान किया और उसका कोढ़ जाता रहा। तब उड़ीसा का राजा वापस लौटना चाहता था, किन्तु हलबाओं ने उसे वहीं रुकने की सलाह दी। तब उक्त सोमवंशी राजा ही काँकेर-राज्य का संस्थापक बना। तब से हलबा काँकेर राजप्रासाद के

अनुचर के रूप में प्रतिष्ठित हुए। किसी भी काँकेर राजकुमार के सिंहासन पर बैठने से पूर्व हलबा ही उसकी टीका करता है तथा 'दरबार की पोशाक' पहनाता है। ऐसे हलबाओं को कपड़दार कहा जाता था।

हलबा रतनपुर-राज्य में भी सैनिक थे। उनमें से अनेक चाँदा के गोंडराजा की सेना में भी थे। भण्डारा की ओर जाकर इन्होंने बुनाई का कार्य प्रारंभ किया तथा कोष्टी नाम से विख्यात हुए (रसेल तथा हीरालाल, 1916, खण्ड 3)।

विवेच्यकाल में हलबा तीन प्रमुख राजकीय पदों में नियुक्त होते थे—नाइक, चालकी तथा भंडारी। इनमें नाइक (नायक) सर्वोच्च था। चालकी और भंडारी नाइक के सहायक होते थे। नाइक की नियुक्तियों के प्रमाण राजपरिवार के नियुक्ति-पत्रों में मिलते हैं। नियुक्ति की यह परम्परा चालुक्य-राजवंश के स्थापनाकाल (1324 ई.) से प्राप्त होती है; उदाहरणार्थ—अन्नमदेव के शासनकाल में नीलकण्ठ नाइक था, जो हमीरदेव के काल तक बना रहा। हमीरदेव के पुत्र भयराजदेव के समय नीलकण्ठ का पुत्र नाइक था। भयराजदेव के पुत्र जयसिंहदेव के समय भी लाला नाइक ही सेवारत था। जयसिंहदेव के समय लाला नाइक का पुत्र चूड़ामन नाइक के पद पर था। प्रतापदेव के समय सोनाधर था और जगदीश राय के समय सोनाधर का पुत्र बनसिंह नाइक बना। वीरनारायणदेव के समय सोनाधर के दो बेटे नाइक के पद पर सेवारत थे। उनके नाम थे हरदास और गुरुदास। दिग्पालदेव के समय सबल, राजपालदेव के समय दशरथ, दलपतिदेव के समय मुरहा, दरियावदेव के समय लछिनधर, महिपालदेव के समय कुलधर और भोयालदेव के समय कुलधर के दो पुत्र—अनतू तथा सुदर्शन नाइक बने। भैरमदेव के समय अनतू नाइक के तीन पुत्र सोनाधर, राजधर और सुरत नाइक बनाए गए। रुद्रप्रतापदेव के समय सोनाधर नाइक के दो बेटे बंशीधर तथा सुकुलधर नाइक नियुक्त किए गए और प्रफुल्लकुमारी देवी के समय सुकुल नाइक का पुत्र बलराम नाइक बना। अंत में बलराम ने कन्हई को नाइक का पद सौंप दिया, जिसे प्रवीरचंद्र भंजदेव ने पगड़ी पहनाकर नाइक बनाया। इस प्रकार बस्तर में राजाओं की तरह नाइक का पद भी वंशानुगत होता था, जिससे बस्तर के प्रशासन में हलबाओं के प्रभुत्व और प्रतिष्ठा का ज्ञान होता है। नाइकों, चालकियों और भंडारियों के वंशज बड़ांजी, सरगीपाल और महकापाल आदि गाँवों में आज भी आबाद मिलते हैं (लाला जगदलपुरा, 1994, पृ. 86)।

बस्तर में हलबा जनजाति की दो उपशाखाएँ थीं—पुरित तथा सुरित। पुरित अपने को सुरित से श्रेष्ठ मानते थे। बस्तर-अंचल में तब तक हलबा-जनजाति की अनेक उपजातियाँ बन गयी थीं, जैसे नेंगी, जोगी, हिकमी, नाइक, चालकी, पातर, बेसरा, सरिया, सिबनिया और समरथ आदि।

हलबा जनजाति के व्यापक प्रभाव का अंदाजा इसी बात से लगता है कि उनकी

जातीय बोली हलबी कालांतर में समूचे बस्तर की 'लिंग्वा फ्रैंका (संपर्क भाषा) बन गयी थी और ब्रिटिश-सरकार की विज्ञप्तियाँ हलबी में ही प्रसारित होती थीं।

आर्यभाषापरिवार से सम्बद्ध विवेच्य काल में बस्तर की दूसरी जनजाति भतरा थी। भतरा की उत्पत्ति के सम्बंध में प्रचलित एक किंवदंती (रविशंकर, बंदोबस्त अधिकारी, बस्तर राज्य, 1908 की पाण्डुलिपि) के अनुसार भतरा वारंगल से अन्नमदेव के साथ आए थे। 'भतरा' शब्द का अर्थ है 'भृत्य' तथा उक्त जनजाति गाँव के प्रहरी तथा घरेलू अनुचर का कार्य करती थी। भतरा की तीन उपशाखाएँ थीं—पीत भतरा, अमनैत भतरा तथा सान भतरा। भतरा की **'मेंढ़ गंतिया'** पर बहुत अधिक आस्था होती थी, जो एक अपढ़ ग्रामीण ज्योतिषी होता था। **मेढ़ा गंतिया** ही वर्षा की प्रकृति की सूचना देता तथा फसल बुवाई व कटाई का शुभ मुहूर्त बताता। भतरा जनजाति माटीदेव की पूजा करती थी। **बीजपुटनी** (फसल का पर्व) के अवसर पर चैत में सांस्कारिक आखेट की परंपरा थी।

भतरा ग्राम के पुजारी भी थे और इससे ज्ञात होता है कि वे बस्तर के पुराने वाशिंदे थे, शायद गोंडों से भी पहले के। भतरा यज्ञोपवीत धारण करते थे और इसके लिए राजा उनसे चार या पाँच रुपए टैक्स के रूप में लेते थे (द्र. रसेल तथा हीरालाल, 1916)। इस प्रकार भतरा जनजाति ने सामाजिक प्रतिष्ठा को खरीद लिया था।

निस्संदेह बस्तर के पूर्व मध्ययुगीन आदिवासी अपनी वीरता और युद्ध-कौशल में अप्रतिम थे और इसीलिए ये सेनानायक से सैनिक के पदों पर प्रतिष्ठित थे। चूँकि इन्हीं के भग्नावशेष पर चालुक्य-राज्य की स्थापना हुई थी, इसलिए चालुक्यनृपति इनकी उपेक्षा करने का साहस नहीं कर सकते थे। इन आदिवासियों के बिना कोई भी राजकार्य संपन्न नहीं होता था। ये दंतेश्वरी के पुजारी से लेकर ग्रामपुजारी तक होते थे। "They were placed in the higher positions and became kings, commanders in chief or prime ministers (Shukla 1988, 238)।"

अन्य जाति-वर्ग

ठाकुर पूरनसिंह ने बस्तर के जिन तीस जाति वर्गों का उल्लेख किया है, उनमें से जनजाति-वर्ग का परिचय उपर्युक्त पृष्ठों में दिया गया है। यहाँ जाति वर्ग के धाकड़ तथा घसिया का परिचय है।

पण्डा बैजनाथ के अनुसार (पाण्डुलिपि, 1908) धाकड़ों की जनसंख्या बस्तर में सीमित थी और वे पूरी तरह बस्तर के ही निवासी थे। उनमें पुरुषों की तुलना में स्त्रियों की जनसंख्या दोगुनी थी। पण्डा बैजनाथ के अनुसार "The term Dhakar connotes a man of illegimate descent and is applied to the Kirars of the Central provinces and perhaps to other castes of mixed Rajput origin. But in Bastar it is the special designation of a considerable class of persons who are the descendants of alliances between Brahman and Rajput immigrants and women of the indigenous tribes." हलबाओं के ही समान धाकड़ दो वर्गों में विभाजित थे—पुरइत (विशुद्ध) तथा सुरइत (मिश्र)। किसी ब्राह्मण या राजपूत पिता व किसी राउत या हलबा माँ का पुत्र **पुरइत** था, तो मुरिया, मरार, नाई या कलार माँ से जन्मा पुत्र **सुरइत** था। पण्डा बैजनाथ के समय में अधिक सम्मानित धाकड़ अपने को राजपूत कहने लगे थे।

पण्डा बैजनाथ के अनुसार उनकी उत्पत्ति का एक आख्यान इस प्रकार है—"बस्तर का पहला धाकड़ बस्तर के राजा के एक ब्राह्मण रसोइए का पुत्र था, जो कोसरिया राउत माँ से पैदा हुआ था।" धाकड़ों की एक निम्नकोटि भी बस्तर में थी, जिसे **चिकरासार** कहते थे। दशहरा-उत्सव में ये ही लोग राजा के लिए कुटिया का निर्माण करते थे।

धाकड़ों का प्रमुख पेशा खेतिहार मजदूरों का था। हलबाओं के समान कच्चे लोहे को गलाना ये पाप मानते थे तथा किसी धातु को देखना पुण्य मानते थे। यदि दो धाकड़ एक-दूसरे को जूते से पीटते थे, तो दोनों को जाति से बहिष्कृत कर दिया जाता था।

घसिया को **सईस** भी कहा जाता था। कन्हैयालाल (नागपुर, 1908) के अनुसार यह द्रविड़ जाति थी, जो घास काटने, घोड़ों को पालने और गाँव के संगीतज्ञों के रूप में जानी जाती थी। 'घसिया' शब्द 'घास' से बना है, जिसका अर्थ है घास काटने वाला। बस्तर में इन्हें छोटी जाति माना जाता था, जो घोड़ों को पालने के साथ पीतल के बर्तन बनाने में दक्ष थी। (सेंट्रल प्राविन्सेज गजेटियर, 1871, पृ. 273)। कुछ लोगों का मानना है कि घसिया दक्षिण भारत के परिहा ही हैं (डिस्क्रिप्टिव एथनोलॉजी ऑफ बंगाल, पृ. 325)। घसिया जाति की निर्धनता का बयान अधोलिखित कहावत करती है—

घसिया चो जिनगानी हसिया।

'घसिया की जिंदगी हँसिया तक सीमित है।'

गदबा जनजाति के समान घसिया जाति को भी कायस्थों से विचित्र किस्म का विद्वेष था। ये कायस्थों के हाथ का भोजन व पानी ग्रहण नहीं करते थे और न ही उनका बिस्तर छूते थे। ये कायस्थों के यहाँ सईस का काम भी नहीं करते थे। कायस्थों से उनकी आनुवांशिक शत्रुता के पीछे एक कहानी है, जिसे मुंशी प्यारेलाल (1908, पाण्डुलिपि) ने इस प्रकार प्रस्तुत किया है—"एक समय रतनपुर-राजा के कायस्थ मंत्री का पुत्र घुड़सवारी पर निकला, जिसके पीछे-पीछे एक घसिया सईस चल रहा था। उक्त युवक बहुमूल्य गहने पहने हुआ था। उसे देखकर घसिया को लालच आयी और उसने उस युवक को मार डाला। उसके गहने उतार लिए और मृतक को एक कुएँ में फेंक दिया।

हत्या का पर्दाफाश हुआ और बदले में कायस्थ मंत्री ने रतनपुर-राज्य के सारे घसियाजनों को मरवा दिया, जिनमें पुरुष, महिला तथा शिशु आदि सभी शामिल थे। वहाँ से केवल दो गर्भवती महिलाएँ बचकर भागीं तथा एक गोंड के यहाँ शरण लीं उनसे क्रमशः एक लड़का और लड़की का जन्म हुआ और बस्तर के घसिया उन्हीं के वंशज हैं। इसीलिए कोई भी घसिया किसी गोंड के जूठन को खा लेगा, किन्तु कायस्थ के हाथों से कुछ भी स्वीकार नहीं करेगा।"

बस्तर में उड्रजाति के संदर्भ उत्तर मध्ययुग से मिलने लगते हैं। गंगाधर सामंत (प्राचीन कलिंग या खाखेल, वीरप्रेस, बिजनौर, 1927, पृ. 12-14) के अनुसार—"उत्कल या कलिंगदेश में प्रथम आर्य बस्ती उड्र जातीय लोगों के द्वारा ही प्रारंभ है। उड्र जनों को मनुसंहिता में पतित क्षत्रिय कहा गया है और इनकी समानता पौण्ड्र तथा द्रविड़ जातियों से की गयी है, किन्तु उड्र यह नाम पाया नहीं जाता। रामायण में उड्र, कलिंग और उत्कल ये तीनों नाम पाए जाते हैं। इससे यह ज्ञात होता है कि रामायण के पूर्व उड्र जाति ने कलिंग में निवास किया। उड्र लोग आर्य क्षत्रिय थे, किन्तु बहुकाल से कलिंग के अनार्यों के साथ रह जाने से पौण्ड्र और द्रविड़ लोगों के संपर्क में रहने से उनका धर्म और सभ्यता बहु परिणाम में मिश्रित हो गयी। इसीलिए मनु ने उनको संस्कारविहीन पतित क्षत्रिय कहा है। xxx उड्र लोग क्षत्रिय थे और युद्धविद्या में निपुण थे। xxx उत्कल देश जब स्वाधीन था, उस समय उड्र लोग इस देश के प्रधान सैनिक थे और विशेषकर मुसलमानों के साथ युद्धरत थे। इसीलिए मुसलमानों ने इस देश का नाम उड़ीसा रखा। xxx कालांतर में उड्र जातीय लोग प्रताड़ित होकर पश्चिमांचल में निवास करने लगे और इस तरह से वर्तमान जैपुर, बस्तर और रायपुर-अंचल उड्र लोगों का निवास स्थान बना। xxx इन उड्र लोगों की कृषि और युद्धविद्या-प्रधान जीविका थी। कालांतर में गंगवंशीय राजा समग्र कलिंग के राजा बने, जिससे उड्र सेना उत्कल में आयी और **भोई वंशी** राजाओं के समय **खुरदा** राजधानी होने से उड्र लोग वहीं निवास करने लगे। इस समय भी उड्र जाति के लोग जैपुर, गंजाम, बस्तर प्रभृति स्थानों में पाए जाते हैं।"

उत्तर मध्ययुग की यायावर जातियों में बंजारा महत्वपूर्ण घुमक्कड़ जाति थी और इन्हीं के कारण बस्तर में अंतर्राज्यीय व्यापार का विकास हुआ। इन्हें आंध्र में 'लम्बाडी' के नाम से जाना जाता था। आंध्र प्रदेश (तेलंगाना) के लम्बाडी चारण-वर्ग के थे, जिनकी पाँच उपशाखाएँ थीं—राठोर, मँवार, चौहान, पुरी, बुढ़िया या जादो। इनमें से राठोर तथा जादो बस्तर में विचरण करते थे।

उत्तर भारत के बंजारा ही तेलंगाना में लम्बाडी के नाम से जाने जाते थे। बंजारा महिलाएँ स्थानीय आदिवासी महिलाओं से वस्त्राभूषण की दृष्टि से बिल्कुल पृथक् व आकर्षक दीखती थीं। पुरुष बंजारा स्थानीय आदिवासियों के ही समान वस्त्र धारण

करते थे। अधिकतर बंजारा साढ़े पाँच फुट से 5 फुट 7 इंच तक कद के होते थे। गौरवर्ण होने के कारण उन्हें सामान्य आदिवासी जनता से सरलता के साथ अलग पहचाना जा सकता था। स्त्रियाँ अपने पारंपरिक रंगीन वस्त्रों से एकदम पहचान ली जाती थीं। रंग-बिरंगे लहँगे, चुस्त चोली जिसमें दर्पण के लघुकण गुँथे रहते थे, नूपुरों की ध्वनि, हाँथी दाँत की बनी चूड़ियाँ व अन्य चाँदी के आभूषण से बंजारा स्त्रियाँ अनुपम शोभा को धारण करती थीं।

हर्बर्ट रिजले ने इन्हें द्रविड़ वर्ग के अंतर्गत माना था (द **प्यूपिल ऑफ इंडिया,** पृ. 399)। तेलुगु ग्रंथ **विज्ञानसर्वस्वम्** के लेखक ने उन्हें काकेशस-जाति का माना था (क्रमांक 3, लम्बाडी, 9) तथा उसका विचार था कि यह एक नार्डिक जाति थी।

बंजारों की उत्पत्ति को लेकर भिन्न-भिन्न लोगों ने अपने भिन्न-भिन्न मत दिए हैं। आर. प्रकाश राव के अनुसार 'इन संजीदे लोगों की उत्पत्ति को लेकर अनेक विवरण प्रस्तुत किए जाते हैं, किन्तु ये अपने शारीरिक सौष्ठव, वस्त्रालंकरण व भाषा की दृष्टि से इतने अधिक भिन्न हैं कि उनमें किसी प्रकार का सादृश्य खोजना कठिन है, किन्तु यह सभी स्वीकार करते हैं कि वे उत्तर भारत के मूल निवासी हैं तथा उनका मूल आवास मेवाड़ रहा होगा। वे अपने को क्षत्रियों का वंशज मानते हैं (**ईस्टर्न एंथ्रोपोलाजिस्ट,** खण्ड 7. पृ. 3)।

यह स्पष्ट है कि बंजारा उत्तर भारत के निवासी हैं तथा उन्होंनें वहाँ से प्रव्रजन किया है। बंजारा अपने मिथकों में अपने को पृथ्वीराज चौहाण का वंशज मानते थे।

ईसा पूर्व चौथी शताब्दी के ग्रंथ **'अरियान'** (Arrian) में बंजारों का उल्लेख है (बरार सेंसस रिपोर्ट, 1881, पृ. 150)। उनके बारे में कहा गया है कि 'यह वनेचर जाति तम्बुओं में रहती थी तथा सवारी आदि के निमित्त पशुओं को किराए पर देती थी।' किन्तु रसेल तथा हीरालाल (पृ. 163) ने उक्त मत का खण्डन किया था। क्रुक का विचार था कि मुगल-इतिहास में बंजारों का प्रथम उल्लेख 1504 ई. में धोलपुर पर सिकंदर के आक्रमण के समय मिलता है। ब्रिग्स का मत है कि मुसलमानी सेनाओं के लिए रसद ढोने का काम करने वाले बंजारों का इतिहास में प्रथम उल्लेख मुहम्मद तुगलक (1340 ई.) के समय में हुआ था।

बस्तर में बंजारा संभवतः सर्वप्रथम दक्षिण की मुगलसेना के साथ आए थे। मोहम्मद कासिम फरिश्ता ने दक्षिण में मुसलमानों की विजय का उल्लेख करते हुए कहा है कि खानखाना ने बंजारों की बैलों की एक लम्बी कतार को पकड़ लिया था। खानखाना फिरोजशाह बहमनी का भाई था तथा उसने 1417 ई. में विद्रोह किया था और अपने भाई से गुलबर्गा की गद्दी छीननी चाही थी। फरिता ने बंजारों को अनाज का व्यापारी कहा है, जो देश के एक छोर से दूसरे छोर तक यात्रा करते थे (एल.के.ए.

अय्यर, दि मैसूर ट्राइब्स एण्ड कास्ट्स, खण्ड 2, 1928, पृ. 138-9)। दफन में आने वाले प्रथम बंजारे चारण-सम्प्रदाय के थे (बरार सेंसर रिपोर्ट, 1885, पृ. 151)। रसेल तथा हीरालाल (पृ. 14) के अनुसार चारण बंजारों का दकन में सर्वप्रथम आगमन आसफ खाँ के साथ 1630 ई. में हुआ था। इन बंजारों की सुव्यवस्थित आजीविका के लिए आसफ खाँ ने एक ताम्रपत्र भी जारी किया था, जो इस प्रकार था–"

राजन का पानी

छप्पर का घास

दिन के दिन खून मियाफ

अउर जहाँ आसफ खान के खोरे

वतन भंगी ठंगी के बैल ॥

भंगी और ठंगी बंजारों के नायक थे। इन दोनों के पास एक लाख अस्सी हजार लदान थे। ये रसद की पूर्ति के लिए सेना में काम करते थे। जादोवर्ग के भगवानदास के पास बावन हजार लदान थे।

ग्रिग्सन (1938, अप्रकाशित) ने अपने एक नोट में बस्तर की जातियों पर अधोलिखित टीप दी है–

"In the statement prepared by Kalindar Singh about Bastar history and recorded in Raj family papers by R.B. Panda Baijnath, the following song is sung."

चालकीबंस राजा, डिबडिबी बाजा।

पेंग परजा, कोसरिया रावत

तेंदु मुण्डी पनिया लावा ॥

"The above song is revised as such:

चालकीबंसराजा, डिबडिबी बाजा।

पेंग परजा कोसरिया रावत

पीता भतरा, अँधकुरी माहरा

जाड़ा हलबा, तेंदु मुण्डी पनिया लावा ॥

"This song is very popular and known to literate as well as litterate aborigines in Bastar, especially in Dantewara, Jagdalpur and Kondagaon tahsils.

The gist of the song appears to me that the people of the castes referred to were either had to perform some service for the ruler of Bastar or they may be considered as important one."

विवाह

विधवा-विवाह, तलाक तथा बहुविवाह समाज में मान्य थे। विधवा का विवाह आमतौर पर मृत पति के छोटे भाई से होता था, किन्तु वह ऐसा करने के लिए बाध्य नहीं थी। ब्राह्मण विधवा-विवाह के पक्ष में नहीं थे। बहुविवाह आम बात थी। कोई भी जमींदारी के अधिकार से जुड़ जाता था, तब उस अवसर को यादगार बनाने के लिए वह विवाह करता था, भले ही उससे पहले उसकी दर्जन पर पत्नियाँ हों। राजपरिवारों में भी बहुपत्नी-प्रथा विद्यमान थी। राजपरिवार में विवाह के समय नववधू के साथ उसकी दर्जनों सहेलियाँ या युवतियाँ आती थीं, जो उसके पति की रखैल के रूप में सेवा करती थीं।

समाज में बाल-विवाह असामान्य नहीं था। हलबा-जैसी जनजातियाँ कौमार्य आने से पूर्व अपनी पुत्रियों का विवाह कर देती थीं। यदि किन्हीं कारणों से वैसा संभव न हो सका, तो उसका विवाह धनुष-बाण से कर दिया जाता था और वर-प्राप्ति पर वास्तविक विवाह होता था, किन्तु अन्य आदिवासियों में लड़की का विवाह कौमार्यवस्था के बाद ही होता था। लड़की को अपने पति को चुनने का अधिकार था। यदि माता-पिता कहीं पर उसके विवाह-संबध पर बात करते, तो उसके लिए पुत्री की अनुमति पहले से ही ले ली जाती थी।

गोंडों में बलात् विवाह की पहले परम्परा थी, किन्तु ब्रिटिश शासन-काल में इसे बंद करवा दिया तथा ऐसे विवाह को अपराध की संज्ञा दी गयी (आर.बी. हीरालाल, **सेंसस ऑफ इंडिया,** खण्ड 1, भाग 3, शिमला, 1935, पृ. 71)।

खान-पान

खान-पान से सम्बद्ध हलबी-शब्दावली विवेच्य युग में इस प्रकार थी—भात (भात), साग (तरकारी), पेज (पेज), पसेया (माड़), चरन (चरोहन), झोर (कढ़ी), तरवाँ (सूखी सब्जी), आमट (अम्मट), लाई (लाई), चिवड़ा (चिवरा), पिसान (आटा), मंद (शराब), हापू (अफीम), गंजई (गाँजा), लदा (चावल की बियर), गोरस (दूध), लवनी (मक्खन), घीव (घी), मही (मठा), दही (दही), मांज (नशा), मोहोरा (विष)।

पहाड़ी जनजातियाँ तथा दुर्दांत आदिम जनों को पशुओं को मारने तथा खाने में कोई हिचकिचाहट नहीं थी। सच तो यह है कि किसी भी प्रकार का गोश्त हो, वे उसे खा लेते थे, चाहे स्वाभाविकतौर पर मृत पशु हो या अनेक दिनों पहले मारा गया जानवर हो। जगदलपुर के आसपास मुरिया और भतरा ने प्रायः गोमांस खाना छोड़ दिया था और निम्न जाति के लोग ही गोमांस खाते थे। एक ऐसा भी उदाहरण मिलता है, जिसमें एक टोनही को गोमांस खाने को बाध्य किया गया था, जिससे उसको जाति से बाहर कर

दिया जाये। इतना ही नहीं, जगदलपुर-अंचल के दण्डामी माड़िया और दंतेवाड़ा की ओर के अबुझमाड़ पहाड़ियों के माड़ी भी गोमांस न खाने के हिंदुओं के विचार से प्रभावित हुए थे। अबुझमाड़ी गोमाँस तभी खाते थे, जब गाय की बलि उनके गोत्र-देवता को दी गयी हो या जब किसी मृत व्यक्ति के सम्मान में प्रस्तर खण्ड स्थापित किया गया हो, तब गाय की बलि अनिवार्य थी और वे सांस्कृतिक विधि से उसके मांस को खाते थे। राज्य के अधिकतर हिंदू भी उन दिनों कुछ सीमा तक तथा कुछ अवसरों पर बकरे तथा मुर्गियों का मांस खाते थे। दशहरा के अवसर पर भैंसों की बलि दी जाती थी और उसके मांस को हलबा, महरा तथा अन्य निम्न जातियाँ खाती थीं, किन्तु जैसे-जैसे बस्तर की जनसंख्या हिंदूमय होने लगी, वैसे-वैसे मांस का भक्षण भी कम होने लगा।

उन दिनों बस्तर के निवासियों का भोजन भिन्न-भिन्न था। वह जरूरत, साधन और उनके निवास स्थान से निर्धारित होता था। आमतौर पर अधिकतर जनसंख्या का भोजन चावल तथा मूँग की दाल आदि था। महुआ के फूल भोजन के एक प्रमुख पदार्थ थे। पेज पर एक प्रकार का जूस या फिरनी थी, जिसे मध्य और निर्धन वर्ग लेते थे।

चार प्रकार की शराब बनायी जाती थी और उसे प्रायः सभी वर्गों के लोग पीते थे।

मोटेतौर पर संपूर्ण अनुसूचित जनजातियों की जीवन-प्रणाली लगभग एक जैसी थी। बस्तर में मांस-मदिरा का सेवन प्रायः सभी जनजातियाँ करती थीं। पेज-भात और सीमित कपड़ों में गुजारा करने के लिए सभी अभिशप्त थे।

खेलकूद और मनोविनोद

किसी भी समुदाय के प्रिय खेलकूदों और मनोरंजन के साधनों से यह संकेत मिलता है कि उस समुदाय की संस्कृति का क्या आदर्श है और उसकी रुचियों और कल्पनाओं की कितनी उँचाइयाँ हैं। चालुक्य युग की जनजातियों के खेलकूद तथा मनोविनोद रुचिकर अध्ययन के विषय हैं। इनकी जड़ें इतनी गहरी रही हैं कि ग्रामीण परिवेश में इनका आनंद आज भी लिया जा सकता है। युगों के सामाजिक अंतराल के बाद यद्यपि अनेक तत्व आज लुप्त हो गए हैं, किन्तु आज भी दूरस्थ अंचलों में अनेक तत्व जीवित हैं। सामंतवाद के विनाश, शहरों के विकास, रेलवे लाइन व सड़कों के जाल, सिनेमा व दूरदर्शन के प्रभाव व पश्चिमी सभ्यता के प्रसार से आज मनोविनोद के अनेक बहुमूल्य पक्ष समाप्त हो गए हैं।

उस युग में मनोविनोद के प्रमुख साधनों में संगीत और नृत्य थे, जिनकी विस्तार से चर्चा मैंने अपने ग्रंथ **"आदिवासी संगीत"** (भोपाल, 1982) में की है। आखेट राजाओं, सरदारों का ही मनोविनोद का साधन नहीं था, आदिवासियों के लिए भी

आमोद-प्रमोद का साधन था। जानवरों का युद्ध भी समय बिताने का एक अच्छा साधन था। मुर्गों की लड़ाई तो सुविख्यात थी ही।

निष्कर्ष

संक्षेप में, **'एन्थ्रोपोजेनेसिस'** तथा **'सोशियोजेनेसिस'** दोनों ही अभेद्य हैं। तदनुसार 'प्रस्तरधातु-युग' (चाल्कोलिथिक एज) भी प्राक् समाज का युग था। 'प्रोटोसोसाइटी' (प्राक् समाज) का अर्थ है निर्माणधीन समाज, जिसे निर्माणधीन आदिम समाज भी कह सकते हैं। आदिम समुदाय के विकास के आरंभिक दिनों में विवाह दुहरे गोत्र का संधारक था-अनार्थिक तथा अस्थानीय प्रकृति वाला। चूँकि यह आदिम समुदाय गोत्र से एकीभूत हो गया था, इसलिए मातृसत्तात्मक स्थिति का प्रादुर्भाव हुआ। ऐसे समुदाय को **'मोनोक्लैन'** समुदाय कहा जा सकता है। व्यक्तिगत विवाह की परम्परा के उद्भव के साथ तथा 'यूनीलोकल' विवाह में इसके विकास के साथ समुदाय ने अनेक गोत्रों का अपने में समायोजित करना प्रारंभ कर दिया, एक गोत्र के बजाय। परिणामस्वरूप अब गोत्र-सदस्य अनेक समुदायों के सदस्य बन गए, एक समुदाय के बजाय। इस व्याख्या के आधार पर अबुझमाड़िया **'मोनोक्लैन'** की स्थिति में रहे, तो शेष जनजातियाँ **'मल्टीक्लैन'** में बदल गयीं।

बस्तर के आदिवासियों का सामाजिक संगठन अपने निर्माणकाल में उपर्युक्त विशेषताओं के साथ विकसित हुआ था। इन आदिवासियों की अपनी भूमि पर लगाव की गहरी अनुभूति थी—यह उनकी सामुदायिक भूमि थी। यह इस कारण भी था कि उनके पवित्र टोटेमिक केन्द्र उसी भूमि पर स्थित थे। इस प्रकार अपने 'होमलैण्ड' के प्रति लगाव की अनुभूति के पीछे एक धार्मिक आनंद भी था। भूमि के प्रति यह रहस्यानुभूति केवल वर्गगत चरित्र न थी, अपितु यह व्यक्तिगत चरित्र भी थी—जन्मस्थान के साथ संबंध।

ये आदिवासी कोई अमूर्त्त प्राणी नहीं थे, जो किसी प्रकार के सामाजिक संगठन को शून्य में निर्माण कर रहे थे। ये ऐसे लोग थे जिन्हें जीवन-निर्वाह के लिए साधन चाहिए था। ये वास्तविक ऐतिहासिक तथा भौगोलिक परिस्थितियों में जी रहे थे। उन्हीं के आधार पर इन्होंने अपने को ढाला और जब जरूरी हुआ अपने सामाजिक ढाँचे को नए साँचे में ढाला। यही है बस्तर के समाज के अनवरत विकास का स्रोत। आदिम समाजों के इतिहास की मूलभूत समस्याओं को सुलझाने में बस्तर की सामाजिक व्यवस्था का उपर्युक्त अध्ययन उपयोगी होगा।

18

भाषा और कला

ग्रिग्सन (1938:4) ने बस्तर राज्य के बारे में कहा था कि "वह भारतीय इतिहास की लगभग एक अज्ञात प्रतिगामी धारा है" (an almost unknown backwater of indian history)। 'उस अज्ञात प्रतिगामी धारा' की खोज में मैं चालीस वर्षों तक जुटा रहा और मुझे प्रसन्नता है कि उल्टी धारा में बहकर मैंने बस्तर के क्रमिक इतिहास को छह खण्डों में सँजोया है। उसी कड़ी में प्रस्तुत ग्रंथ चौथा खण्ड है।

अन्नमदेव व उनके उत्तराधिकारियों को सभी इतिहासकारों ने एकमत से काकतीय घोषित किया है और मेरे पूर्ववर्ती ग्रंथों के बावजूद उनका मिथक आज भी नहीं टूटा है। कुछ विद्वान् मेरे बार-बार लिखने के बाद आज विवेच्यच वंश को 'काकति-चालुक्य' कहने लगे हैं, जो उनके संशयपरक शोध का नतीजा है। प्रस्तुत ग्रंथ को इसीलिए मैंने हिंदी में लिखा है, जिससे हिंदी-पाठकों का संशय समाप्त हो सके।

ग्रिग्सन (तदेव) ने यह माना है कि दक्षिण के मुसलमानों के बार-बार आक्रमण के कारण 1323 ई. से बस्तर पर तेलुगु का प्रभाव दिनोंदिन बढ़ा और उसी समय से यहाँ तेलुगु का प्रवेश प्रारंभ हो गया था। अबुझमाड़िया या मुरिया पर तेलुगु या हिंदी का प्रभाव नहीं पड़ा, आठ शताब्दियों के व्यतीत हो जाने पर भी दण्डामी माड़िया तेलुगु से प्रभावित नहीं हुए। आज तक बस्तर एक 'आइसोलेटेड' (अलग-थलग) क्षेत्र बना हुआ है। उत्तर और उत्तर-पूर्वी सीमाओं पर रायपुर तथा कोरापुट से संपर्क बढ़ा है, किन्तु इससे भी दण्डामी माड़िया अप्रभावित हैं। पूर्व में कोरापुट के संपर्क में आने की स्थिति से उनमें बदलाव नहीं आया है, क्योंकि कोरापुट भी अविकसित क्षेत्र है। पश्चिम और दक्षिण में गोदावरी के पार के लोगों (चाँदा, निजामिस्तान, मद्रास प्रेसीडेंसी) से भी अधिक संपर्क नहीं था; क्योंकि बस्तर **'बफर स्टेट'** के रूप में अवरोधक बन गया था। 1350 वर्गमील में फैले बस्तर अंचल में संचार-साधनों का पूरी तरह अभाव था। अतएव एक कबीले से दूसरे कबीले के बीच सम्प्रेषण भी असंभव था। चालुक्य-युग में बस्तर की

संचरणशीलता कितनी कम रही होगी, इसका अनुमान जे.टी. ब्लण्ट (1795 ई.) के यात्रा-विवरण से हो जाता है।

इन सभी कारणों से कबीलों में भौतिक परिवर्तन घटित हुए होंगे और उनकी भाषाएँ भी प्रभावित हुई होंगी। विवेच्य युग में बस्तर में तीन भाषापरिवार जीवित थे–मुण्डाभाषा परिवार, द्रविड़ भाषापरिवार तथा आर्यभाषा परिवार।

बस्तर में चालुक्य-शासन की स्थापना के साथ अन्नमदेव (1324-69) के काल तक तेलुगु-प्रभाव हावी रहा होगा, किन्तु अन्नमदेव के पश्चात् बस्तर में आर्यभाषाओं का पराच्छादन हुआ था। हम जानते हैं कि इतिहास के अलग-अलग कालखण्डों में यहाँ गंग (1369-1534), कलचुरि (1534-1602), कुतुबशाही (1602-1680) तथा मराठों (1779-1853) का प्रभाव था। इस प्रकार तेलुगु, उड़िया, छत्तीसगढ़ी तथा मराठी के संपर्क के कारण यहाँ भाषाओं के पिजिनीकरण की स्थिति आयी और उसी का परिणाम है कि यहाँ **हलबी नामक क्रियोल** का विकास हुआ। बस्तर की भाषाई विविधता के कारण कालांतर में हलबी ही 'जनसंपर्क की भाषा' बनी; क्योंकि इसमें बस्तर में प्रचलित सभी भाषाओं का सम्मिश्रण था।

बस्तर-राज्य की बोलियों के संबंध में पहला विवरण ग्रियर्सन (1900) का मिलता है। ग्रियर्सन के बाद ग्रिग्सन तथा मिचेल ने भी उन पर विचार किया था। ग्रिग्सन ने मिचेल की दण्डामी माड़िया की भूमिका (18 अप्रैल, 1942) की प्रस्तावना में बस्तर की दण्डामी माड़िया पर चर्चा करते हुए यह लिखा है कि हिंदू तथा मुसलमान आक्रामक व यात्री जिस भूमि को 'गोंडवाना' नाम से संबोधित करते थे, वहाँ की वन्य जाति सामान्यतया गोंड कही जाती है तथा गोंड लोग अपने को 'कोइतोर' कहते हैं। इसी के 'कोई' या 'कोया' स्थानीय भेद हैं। अतएव हमें उनकी पश्चात्‌जीवी भाषा को वास्तव में 'कोइतोर' कहना चाहिए। यदि हम ऐसा करते हैं, तो आज हम कोइतोर-भाषा के लिए विविध स्थानीय वर्ग हिंदी नामों के साथ, यथा माड़िया, मुरिया, कोया, गायतोर, नाइक आदि नाम उनकी बोलियों को बताने के लिए प्रयुक्त करते हैं, तो हमारी कुछ भ्राँति भी दूर हो सकती थी। सभी कोईतोर-बोलियों का आधार एक ही है; यद्यपि विस्तृत भू-भाग में ध्वनिपरिवर्तन मिलते हैं तथा उच्चारण, स्वराघात व विभक्ति के सुस्पष्ट भेद विद्यमान हैं। यदि आप उत्तर में बैतूल से गोंड-भूमि में क्रमशः नागपुर व वर्धा जिलों को पार करते हुए यवतमाल तथा आदिलाबाद में प्रवेश करें और प्राणहिता को पार कर चाँदा पहुँचें एवं चाँदा तहसील से चाँदा जमींदार के माड़िया-देश से होते हुए अबुझमाड़ की पहाड़ियों को पार करते हुए नीचे की ओर दण्डामी की भूमि में जाएँ-तो बीच में मिलने वाली विविध बोलियाँ एक-दूसरे से धीरे-धीरे इतना मिल जाएँगी कि उनके प्रत्येक परिवर्तन को अनुभवगम्य करना कठिन होगा। केवल एक ही परिवर्तन इंद्रियग्राह्य होगा–एकाएक

मिलने वाला पराकोटि का कामलतालव्यीकरण व काकल्य स्पर्श, जो अबुझमाड़िया की बातचीत की विशिष्टता को बतलाता है। चाँदा की माड़िया तथा अबुझमाड़ की काकाश्रय बोली में सर्वाधिक अंतर है। यद्यपि चाँदा-उपविभाग के अबुझमाड़िया (और संलग्न क्षेत्र अंतागढ़ तहसील तथा बस्तर की कुटरू जमींदारी के अबुझमाड़िया) अत्यधिक संख्या में मैदानी क्षेत्र में उतर रहे हैं तथा 'सेंट्रल प्राविन्सेज' के वनविभाग के निमित्त अल्लापल्ली के निकट कार्य कर रहे हैं। इस कारण **पहाड़ी बोली** (hipp dialect) का कंठ्यत्व अविचल रूप से मैदानी क्षेत्र की माड़िया-जैसा कोमलत्व प्राप्त कर रहा है। इतना ही नहीं, खुद मैदान-निवासी माड़िया भी अविरत रूप से भण्डारा जिले की गोंडी के साथ अपनी बोली को समीकृत कर रहे हैं। भण्डारा जिले की गोंडी जिले के उत्तर की बालाघाट व नागपुर की गोंडी से अपेक्षाकृत कम भेदक है। वस्तुतः यह ट्रेंच के व्याकरण की बैतूल की गोंडी के ही समान है।

मिचेल का सुझाव था कि दडामी भाषा बस्तर के उत्तर-पश्चिम की हिलमाड़िया तथा उत्तर की मुरिया व झोरिया के समान है। चारों एक-सी हैं। मौलिक रूप में वैसा संभव है, वास्तविक भी है, किन्तु अपनी भूमिका के परिच्छेद 14 में वे "इन बोलियों के उच्चारण में स्पष्ट अंतर मौजूद होने का संकेत देते हैं, जिससे कि अत्यधिक निकट की पड़ोसी वन्यजातियों के लिए भी एक-दूसरे को समझना असंभव हो जाता है।" ग्रिग्सन ने बस्तर में प्रायः देखा था कि दंतेवाड़ा के दंडामी माड़िया अबुझमाड़िया को नहीं समझ पाते थे तथा उन्हें एक-दूसरे से यदाकदा बातचीत करने के लिए **हलबी** माध्यम का सहारा लेना पड़ता था। अबुझमाड़ तथा उससे लगी हुई तलहटी या गिरिपाद में ही अधिक मात्रा में अंतर मिलता था तथा मैदानी बाजारों में प्रयुक्त गोंडी से ये दोनों भिन्न थीं, किन्तु ये प्राचीन भेद अब शीघ्रता से विनष्ट हो रहे हैं। भेदों के मिट जाने का जहाँ एक कारण सड़कों व मार्गों का प्रसार है, वहीं दूसरा कारण इनकी घुमक्कड़ी प्रवृत्ति भी है। ये लोग बस्तर व चाँदा में आते-जाते रहते हैं। इसी प्रकार व्यापारिक या रोजगार-केन्द्रों; यथा—दुम्मागुड़ेम, वारंगल, अल्लापल्ली, चाँदा, कोरापुट, रायपुर आदि जाते रहते हैं। बस्तर में गोंडी की आदर्श बोली दण्डामी माड़िया ही प्रतीत होती है—कम-से-कम मध्य व दक्षिण की दण्डामी माड़िया। बस्तर में यदि माड़िया या मुरिया बोली का अल्पज्ञान नहीं है, पल्लवग्राही ज्ञान ही सही, तो वास्तव में कोई अपना काम ठीक से नही संपन्न कर सकता। यदि आप यहाँ की माड़िया या मुरिया जानते हैं, तो ये आदिवासी आपके सामने खुल जाते हैं। जरा उनसे गोंडी में बात करके देख लिजिए, ये आपके मुरीद हो जाएँगे। तब से विश्वसनीय बन जाते हैं, बातूनी हो जाते हैं तथा चीजों को बहुत ही सत्यनिष्ठता और स्पष्टता से आपको समझाते हैं। तब इनके साथ या इनके निमित्त काम करना या खेलना अत्यधिक आल्हादजनक होता है।

बस्तर के तद्युगीन भाषायी परिदृश्य को मिचेल ने अपनी व्याकरण (जगदलपुर, 1942) में इस प्रकार प्रस्तुत किया था "अनुमान के तौर पर कहा जा सकता है कि माड़िया-क्षेत्र के अंतर्गत तीन चरण आते हैं। **पहला निम्नतम चरण** है, जिसके अंतर्गत चिंतलनार व जगरगंडा परगना एवं सुकमा जीमंदारी आती है।" यह पट्टी समुद्रतल से कवेल छह या सात सौ फुट ऊँची है। **द्वितीय चरण** का प्रतिनिधित्व उनके क्षेत्र का प्रमुख पश्चिमी भाग करता है, जो कि समुद्रतल से लगभग एक हजार वर्ग फुट ऊँचा है। **तीसरे चरण** के अंतर्गत बस्तर राज्य के उत्तरी पठार का वह भाग आता है, जो इंद्रावती नदी के दक्षिण में स्थित है। दण्डामी माड़िया-देश के उत्तर-पश्चिम में अबुझमाड़ की पहाड़ियों का सघन पुंज है। इंद्रावती नदी के दक्षिण में जो पठार है (जिसके दक्षिणी सीमा में ढलवाँ पहाड़ियाँ हैं, जो सुकमा जमींदारी व दंतेवाड़ा तहसील से ऊर्ध्वोत्थित होती हैं), वह उस बिंदु तक फैला हुआ है, जहाँ कि उसके उत्तरी सीमा में ढलवाँ पहाड़ियाँ काँकेर से प्रारंभ हो जाती हैं। नदी के उत्तर की जनसंख्या मुरिया-लोगों की है। उत्तर में यह पठार जैपुर जमींदारी तक फैला हुआ है तथा यह धीरे-धीरे पूर्वी घाट के शिखर से लग जाता है। जैसी कि संभावना की जानी चाहिए थी, पूर्व में किसी भी प्रकार की सुस्पष्ट भौगौलिक सीमा के अभाव के कारण दूसरी भाषाओं का अंतः प्रवेश हुआ है, विशेषकर जगदलपुर की ओर जाने वाली प्रमुख सड़क के आसपास। आज व्यावहारिक दृष्टि से कोई भी माड़िया गोंडी यहाँ नहीं बोली जाती। केवल पठार के दक्षिण-पश्चिमी क्षेत्रों में कोंडागाँव तहसील में मरकी नदी के दक्षिण में तथा जगदलपुर की प्रमुख सड़क के पूर्व में तथा राज्य के उत्तरी सीमाप्रांतों में इसका व्यवहार होता है। इतना ही नहीं, जगदलपुर तथा कोंडागाँव के बीच प्रमुख सड़क से पश्चिम में दूर तक 20 मील के क्षेत्र में कोई माड़िया गोंडी नहीं बोली जाती।

इस प्रकार, दण्डामी माड़िया अनुमानतः अर्धवृत्त में फैली हुई है। दक्षिण में कोलाब नदी के तट से प्रारंभ होकर उत्तर व उत्तर-पश्चिम में यह अबुझमाड़ की पहाड़ियों तक चली जाती है और उसके पश्चात् यह उत्तर व पूर्व की ओर दोलायमान स्थिति में रहती है तथा राज्य के पूर्वी-उत्तरी सीमा पर जहाँ रायपुर, जैपुर व बस्तर की सीमाएँ साथ-साथ चलती हैं, इसका पर्यवसन हो जाता है। इस अर्धवृत्त के अंतर्गत मराठी की एक बोली हलबी व्यापक रूप से प्रचलित है, जिसकी शब्दावली गोंडी, हिंदी, उड़िया तथा मराठी शब्दों के कारण संश्लेषणात्मक है। गदबा तथा धुरबा के कुछ गाँव भी इस अर्धवृत्त के अंतर्गत मिलते हैं। हिंदी शिक्षित वर्ग की भाषा है तथा राज्य की **राजभाषा** है। पश्चिमी और दक्षिण की माड़िया बोली से दोरली बोली की ओर त्वरितगामी संक्रमण के उदाहरण के रूप में एक भाषण प्रस्तुत किया जा रहा है, जो सितम्बर 1941 में कुटरू-जमींदार के राज्याभिषेक के अवसर पर दिया गया था। भाषण की उक्त भाषा

इंद्रावती नदी के दक्षिण में बोली जाती थी, जो कि माड़िया की पश्चिमी सीमा से केवल 30 मील पश्चिम की ओर थी तथा अबुझमाड़-पर्वतश्रृंखला के दक्षिण में थी। जैसे-जैसे हम पश्चिम की ओर आगे बढ़ते हैं, वैसे-वैसे अंततः हम उस क्षेत्र में पहुँच जाते हैं, जहाँ लिण्ड के व्याकरण में वर्णित माड़िया बोली जाती है। वैसे बस्तर की सीमा में इस प्रकार के नमूने कम मिलते हैं। मैंने जिसे 'माड़ियादेश' का **निम्नतम चरण** (lowest step) कहा है, वह है दक्षिणी सीमा, जहाँ अनेक लोग तेलुगु तथा माड़िया बोलते हैं। यदि इस क्षेत्र को निकाल दिया जाए तथा पठार के उस क्षेत्र को भी छोड़ दिया जाए, जो दूसरी भाषाओं के द्वारा आक्रांत है, तब माड़िया का सामान्य वितरण पहाड़ी प्रदेश में होगा, जो कोण्टा तहसील, भोपालपटनम जमींदारी, चाँदा, दुर्ग जिला तथा काँकेर व रायपुर के विविध बोलियों वाले निचले क्षेत्रों से घिरा हुआ है। भौगोलिक दृष्टि से उक्त संपूर्ण क्षेत्र समजातीय है। ग्रिग्सन ने माड़िया तथा उसके उत्तर-पश्चिम के पड़ोसियों के बीच जो जातीय भेद गिनाए हैं, वे उतने अधिक प्रबल नहीं हैं, जितने अधिक माड़िया तथा उसके पश्चिम-दक्षिण के पड़ोसियों में प्रबल हैं। जातिविज्ञान की दृष्टि से मुरिया उनसे स्पष्टतौर पर भिन्न प्रतीत होते हैं, किन्तु पठार के उत्तर-मध्य के झोरिया-मुरिया (जो एल्विन के अनुसार उत्पत्ति से अबुझमाड़िया ही थे) माड़िया ही हैं, जो आज भी वे ही त्यौहार मनाते हैं, उसी प्रकार का पहनावा पहनते हैं तथा आज भी अबुझमाड़ के कुछ परिवारों के साथ विवाह करते हैं। बचे हुए तीसरे मुरिया संभवतः सैकड़ों वर्षों पूर्व यहाँ उत्तर से आए थे। ये तीनों ही वर्ग आज प्रायः एक-दूसरे को समझ नहीं पाते हैं। किसी तीसरे भिन्न व्यक्ति के लिए जो इनकी भाषा जानता है, यह समझना आसान है कि तीनों में बोधगम्यता की कठिनाई प्रमुख तौर पर उच्चारण के कारण है।

एमेन्यू ने भी मिचेल के उक्त कथन का समर्थन किया था (जर्नल ऑफ अमेरिकन ओरियण्टल सोसाइटी, खण्ड 53, 1942, पृ. 132)– "लिंग्विस्टिक सर्वे ऑफ इंडिया में गोंडी-बोलियों के विषय में जो भ्रांति है, उसको स्पष्ट कर ग्रिग्सन हमारी प्रचुर सहायता कर रहे हैं। उनका यह कथन है कि एक अबुझमाड़िया तथा एक दंडामी माड़िया आपस में वार्तालाप नहीं कर सकते तथा उसके लिए उन्हें हलबी माध्यम का सहारा लेना पड़ता है–यह इस दृष्टि से महत्वपूर्ण है कि संभवतः गोंडी एक भाषा नहीं है, अपितु व्यापक रूप से भेदक बोलियों का एक वर्ग है।"

राज्य की द्विभाषा-नीति

बस्तर में चालुक्य शासन-काल में नागशासन के समय की 'द्विभाषा-नीति' यथावत् जारी थी (द्र. तृतीय खण्ड), किन्तु उत्तर की प्रवासी भाषाओं के कारण तेलुगु का महत्व घट गया था और 1703 ई. से तेलुगु के स्थान पर हिंदी राज्य की प्रथम भाषा बन

गयी (इपी. इंडिका, खण्ड 12, पृ. 242)। इस युग के शासकों ने यह अनुभव किया कि राज्य में संस्कृत के जानकार नहीं हैं। इसलिए राजपालदेव (1709-21) के काल में संस्कृत से उड़िया में भाषांतरण हुआ। उक्त राजा के द्वारा जारी किए गए ताम्रपत्र से भी यह सिद्ध हाता है (ओ.एच.आ.जे., खण्ड 10, पृ. 57-60)। इस प्रकार हिंदी तथा उड़िया विवेच्य काल में राजकीय भाषाएँ थीं। इनके साथ दर्जनों आदिवासी बोलियाँ भी आमजन में प्रचलित थीं, जिनकी चर्चा पहले की जा चुकी है।

चालुक्य युग में अभिवादन की रीति-रिवाज

बस्तर के आदिवासियों में प्रचलित अभिवादनों के विश्लेषण से यह ज्ञात होता है कि बहुसंख्यक आदिवासी जब किसी से मिलते हैं, तब वे **'जोहार'** तथा 'राम-राम' के प्रयोग से सहज ही अभिभूत हो जाते हैं। उक्त दोनों पद ऐतिहासिक तौर पर रोचक हैं और बस्तर में इनकी शुरुआत के इतिहास को हम खोज सकते हैं।

'जोहार' शब्द अभिवादक का एक प्रकार है। मराठा-साम्राज्य के संस्थापक शिवाजी के इतिहास में उक्त अभिवादन को महत्वपूर्ण शासकीय मान्यता मिली हुई थी। शिवाजी के समकालीन संत रामदास ने उक्त अभिवादन को मराठा-साम्राज्य से हटा देने के लिए अपने प्रभाव का इस्तेमाल किया था। परम्परा से यह ज्ञात होता है कि रामदास ने शिवाजी को इस बात के लिए समझाया था कि मराठा-साम्राज्य में प्रचलित **जोहार** के अभिवादन के विरुद्ध राजाज्ञा जारी करें और लोगों से कहें कि उसके स्थान पर वे आपस में मिलते समय अभिवादन के बतौर **जोहार** के स्थान पर 'राम-राम' का प्रयोग करें। **बखर** में इस प्रस्तावित परिवर्तन से सम्बद्ध अनेक विवरण मिलते हैं। एक विवरण के अनुसार राजा तथा संत की शक वर्ष 1573 अर्थात् 1651-52 ई. में एक मुलाकात हुई थी। संत ने राजा से कहा था कि उक्त परिवर्तन को राज्य भर में लागू करें। उनके अनुसार किसी हिंदू-साम्राज्य में ऐसा करना धर्म सम्मत है, क्योंकि उनके अनुसार यह हिंदू धर्म के विरुद्ध है कि लोग आपस में मिलते समय मुसलमानों के समान 'जोहार' की अभिवादन-शैली का प्रयोग करें। हिंदुओं को वास्तव में आपस में मिलते समय अभिवादन के बतौर "राम-राम" कहना चाहिए और लेखन में भी उसी अभिव्यक्ति को तरजीह देनी चाहिए। इसलिए अधम वर्ग के हिंदू को छोड़कर आज अगस्त, 1652 ई. से कोई भी हिंदू म्लेच्द शब्द 'जोहार' का प्रयोग न करे। कहा जाता है कि राजा ने संत के सुझाव को मान लिया था और उक्त तिथि को एक राजाज्ञा प्रसारित करवायी थी कि आज से साम्राज्य के सभी हिंदू 'राम-राम' कहेंगे। शूद्रों को 'जोहार' कहने की छूटे थी। 'जोहार' बस्तर में प्राचीन काल से प्रचलित अभिवादन प्रणाली थी, किन्तु रामदास के सुझाव पर बस्तर में उसके स्थान पर 'राम-राम' कहने की परम्परा का विकास हुआ। सच तो यह है कि

'जोहार' एक देशी शब्द था और मुसलमानों के रीति-रिवाज से उसका कोई भी संबंध नहीं था, किन्तु भ्रमवश रामदास उक्त ऐतिहासिक तथ्य को समझ नहीं पाए और उसे 'मलेच्छ' शब्द घोषित कर दिया। गाथासप्तशती (बेवर द्वारा सम्पादित) 200 ई. की एक रचना है तथा उसमें अधोलिखित प्रयोग मिलता है—**न होत्ति देवाणं जोक्कारा** अर्थात् देवताओं का 'जोहार' से अभिवादन नहीं किया जाता। बेवर ने एक टीकाकार को उद्धृत करते हुए **जोक्कार** की परिभाषा दी थी-**जोक्कारा नमस्कारा जोहारा इति वा। आवश्यक** की शिलांक व्याख्या में हमें एक कहानी पढ़ने को मिलती है—**दिट्ठो जोहारिज्जइ जं जं सोभणइ तंच कायत्वं** अर्थात् किसी व्यक्ति को देखने के साथ उससे 'जोहार' करना चाहिए और तत्पश्चात् अपनी मनोकामना व्यक्त करनी चाहिए। चूँकि **शिलांक** 870 ई. में जीवित थे, इसलिए यह मानना होगा कि उक्त अभिवादन नौवीं सदी में प्रचलित था। भीमकवि के कन्नड़-ग्रंथ **बसवपुराण** की रचना चौदहवीं शताब्दी में हुई थी। उसमें 'जोहार' तथा उसके विविध परिवर्त्य बार-बार प्रयुक्त हुए हैं। उदाहरण के लिए **आतन कंडु जोहारेंदु पोड मडेलु** (पृ. 45-46) अर्थात् 'साधु ने उससे 'जोहार' कहा और फिर साष्टांग दण्डवत् किया'। इसी प्रकार **जनपनेंदनु केडनकै येन्न जोहरव** अर्थात् 'राजकुमार ने उससे कहा कि तुम मेरे 'जोहार' पर ध्यान क्यों नहीं दे रहे हो।' उक्त विवरणों के आधार पर यह निष्कर्ष निकलता है कि 'जोहार' एक संस्कृत शब्द है तथा इतिहास के प्रारंभ से ही यह बस्तर के आदिवासियों में विस्तार के साथ प्रचलित था। इस प्रकार यह एक प्राकृत शब्द था, जिसकी उत्पत्ति संस्कृत से हुई थी। पूर्व के विवेचन में भी कहा गया है कि बेवर ने जो उदाहरण दिया था, उसमें **जोक्कार, नमस्कार** तथा **जोहार** पर्यायवाची शब्द थे। उसने एक पाण्डुलिपि का भी हवाला दिया था, जिसमें **जोक्कार** शब्द की व्युत्पत्ति **जयकार** से की गयी है। मेरा स्पष्ट विचार है कि उक्त शब्द संस्कृत के **जोषकार** से व्युत्पन्न है और वैदिक संस्कृत का एक प्रचलित संबोधन था। **'डिक्शनरी ऑफ ट्राइबल लैंग्वेजेज** (दिल्ली, 1987, 121) में इसे 'जयभार' या 'जयत्कार' से व्युत्पन्न माना गया है। हलबी की एक पहेली-**"तुमी दिले, आभी देउंदे"** (तुम दोगे, तो हम देंगे), जिसका संकेतार्थ है—**जोहार**। हलबी में सलामी को **जोहारनी** कहा जाता है। इससे यह ज्ञात होता है कि बस्तर में **जोहार** का प्रचलन वैदिक संस्कृत के प्रभाव के कारण हुआ है, न कि मुसलमानों के प्रभाव से। समर्थ रामदास उक्त पहेली को समझ नहीं पाए। कुछ भी हो, उनके साथ बस्तर में **जोहार** के साथ 'राम-राम' का प्रचलन हुआ। कालांतर में 'राम-राम' पुरुषों के बीच अभिवादन बना, जबकि 'सीताराम' स्त्रियों के बीच प्रचलित हुआ।

कला

कला और स्थापत्य के क्षेत्र में चालुक्य-युग सोचनीयता की स्थिति तक पहुँच

चुका था। चालुक्य सदैव पड़ोसी राज्यों से संघर्ष करते रहे और इसलिए उनमें रचनात्मकता के विकास और समझ का ज्ञान ही नहीं विकसित हो पाया। पूर्ववर्ती छिंदक नागों के समान वे वास्तु का कोई भी एक ऐसा नमूना नहीं दे पाए, जिस पर परवर्ती पीढ़ियों को फक्र होता। इतना ही नहीं, कलात्मक ज्ञान के अभाव में इन्होंने नागवंशी अनेक मंदिरों को ध्वस्त भी करवा दिया था। दि ब्रेत ने इसके लिए महिपाल देव की भर्त्सना भी की है। उसी के अनुसार– "At Barsur there is a Shiva temple with 12 stone pillars carved on the outside with sculptures of nude figures in damaged state. It is said that Mahipal Deo and his queen Padma Kumari were offended at the indecency of the figures and caused them to be defaced (Chhattisgarh Feudatory States Gazetteer, Nagpur, 1909, p. 9)."

बस्तर राज्य की राजधानियों में समय-समय पर परिवर्तन होता रहा है। बारसूर, दंतेवाड़ा, मांधोता, कुरुषपाल, राजपुर, बड़े डोंगर, बस्तर तथा जगदलपुर आदि स्थानों पर चालुक्य-युगीन स्थापत्य के कतिपय नमूने खोजे जा सकते हैं। केसरपाल गाँव में दंतेश्वरी का एक अधूरा मंदिर जीर्णशीर्ण स्थिति में है। मंदिर में भैरव, गणेश, शंकर, पार्वती, हनुमान तथा दंतेश्वरी की प्रतिमाएँ हैं। इसी प्रकार बस्तर गाँव में भी अनेक मंदिर और मूर्तियों के अवशेष मिलते हैं। बस्तर गाँव का दंतेश्वरी मंदिर प्रसिद्ध है, किन्तु वह भी आज जीर्णशीर्ण स्थिति में है। बाहर एक शिला पर गणेश की मूर्ति है। अनेक सती प्रतिमाएँ भी यहाँ स्थापित हैं। मंदिर के पास ही 'भीमादेव' की गुड़ी है और आगे प्राचीन किले के ध्वंसावशेष हैं। आगे 'माटीदेव गुड़ी' है। वहीं पर द्वारपाल की तीन मूर्तियाँ भी हैं। बस स्टैण्ड से दो किलोमीटर की दूरी पर एक शिवमंदिर है। उसके पीछे 'बाणसमुंद' नामक तालाब है। केसरपाल और बस्तर की तुलना में जगदलपुर के चालुक्य-युगीन पुरावशेष अधिक महत्वपूर्ण हैं, जिनकी चर्चा हमने प्रबंध के अंतर्गत की है।

काल की करालगति के कारण पूर्व चालुक्य युग के चित्र आज हमारे सामने नहीं है, किन्तु चित्रकला का विवेच्य युग में पूर्ण विकास हुआ था और वह आज भी जीवित है। लोक-चित्रकला की अभिव्यक्ति धार्मिक तथा सेकुलर क्षेत्र में पूरी तरह से थी। दशहरा, जात्रा तथा ककसाड़-जैसे उत्सवों में बस्तर के कलाकार विविध देवी-देवताओं और उनके वाहनों का चित्रण करते थे। शीतला षष्ठी उत्सव के समय भैरव, नंदी तथा व्याघ्र का चित्रण होता था तथा शिव-पार्वती वर-वधू के पहनावे में चित्रित किए जाते थे। दशहरा के उत्सव के अवसर पर दंतेश्वरी की मृर्लिकामय मूर्तियाँ बनाने का प्रचलन था। इसी प्रकार रामनवमी तथा रथयात्रा में स्थानीय कलाकार राम, लक्ष्मण, सीता, हनुमान, जगन्नाथ, बलभद्र तथा सुभद्रा की मूर्तियाँ बनाते थे और पारंपरिक तरीके से उन्हें चित्रांकित करते थे।

सेकुलर चित्रकला के अंतर्गत राजा तथा जमींदारों के साथ संपन्न लोगों के घरों में भित्तिचित्रों की परम्परा थी। जगदलपुर के राजमहल की भित्तियों पर ऐसे अनंत चित्र थे। गोंड जमींदारों के घरों की दीवालें जंगली जानवरों से चित्रित रहती थीं, जिनमें व्याघ्र, चीता, हाथी, योद्धा, ढाल तथा तलवार आदि प्रमुख थे। आदिवासियों के मृतकस्तम्भों के चित्रांकन की एक सुदीर्घ परम्परा मिलती है।

मृत्तिकाशिल्प में बस्तर के कुम्हार दक्ष थे। **पोला** के अवसर पर प्रतिवर्ष बैल, हाथी, घोड़ा, बंदर और चूहे बनाए जाते थे। 'कोंढ़ी-बूची' नाम से बालिकाओं के खेल के लिए मिट्टी का पात्र भी बनाया जाता था। काष्ठकला का उत्तमोत्तम उदाहरण प्रतिवर्ष तैयार किया जाने वाला लकड़ी का रथ था। तम्बाखू रखने की काष्ठनिर्मित चुनौटी आकार-प्रकार व रंगसज्जा में कलात्मकता का अनुपम उदाहरण होती थी। धातु-शिल्प के अंतर्गत घड़वा-शिल्प विकसित हो चुका था। लौहशिल्प लोहारों से सम्बद्ध था। लोहार गाँव की आवश्यकतानुसार चाटू, चूल्हा, हँसिया, टँगिया, फरसी, तीर, साँकल आदि बनाते थे। पत्तों से भी कलात्मक डिजाइनें तैयार की जाती थीं और उनके लिए छींद (खजूर) तथा सियाड़ी के पत्तों का उपयोग होता था। पत्तों की कलाकृतियों में चेंडू तथा चिपटा प्रमुख थीं। घास से मसनी, सेला पुटका तथा रस्सी-बटाई का काम होता था। बाँस से भिन्न-भिन्न वस्तुएँ बनती थीं, जैसे ढूटी (मछली रखने का पात्र), दाँदर (मछली पकड़ने का फंदा), पेलना (त्रिकोण जाल), छतोड़ी (छतरी), फड़की, सूप, टोकने, चटाइयाँ, टट्टे, कड़ेगी, थापा, झाँपी, बाँसुरी आदि बनायी जाती थीं। आदिवासियों के अनुसार उस समय बस्तर में बाँस की कुल नौ किस्में पायी जाती थीं— घर बाँबस, बरहा बाँवस, पानी बाँवस, डोंगर बाँवस, पोड़सी बाँवस, रान बाँवस, माल बाँवस, सुंदर कोया बाँवस तथा बोंगू बाँवस। इनका प्रयोग सुपरिभाषित था।

बस्तर के कलाकार समुद्रतटीय कलाकारों के समान जातियों में परिवर्तित हो गए थे और वे उड़ीसा की पारम्परिक कला से अत्यधिक प्रभावित थे, यद्यपि उन्होंने अपनी कुछ विशेषता भी अर्जित कर ली थी। विशेषकर 'लीनियर' लय में इन्होंने 'लाइफ' और 'फार्म' को नए ढंग से सँवारा था। कला का वही रूप छत्तीसगढ़ और उड़ीसा में भी प्रचलित था। 'घड़वा कला' बस्तर की निजता थी और उसने अपना एक भिन्न सम्प्रदाय स्थापित कर लिया था।

19

धर्म

चालुक्य-युग का धार्मिक इतिहास छिंदक नाग-युग (देखिए, तृतिय खण्ड) का ही एक प्रकार से अनुवर्तन है। इस युग का भी प्रभविष्णु धार्मिक सम्प्रदाय तंत्रवाद था और परिव्याप्त देवता दंतेश्वरी ही थीं। तंत्रवाद ने इस युग की आम जनता के जीवन और क्रियाकलाप को जिस प्रकार अत्यधिक रूप से प्रभावित किया था, वैसा उस युग में प्रचलित अन्य मत-मतांतर नहीं कर पाए। वास्तविकता तो यह है कि तंत्रवाद राजपरिवार का धर्म था। चालुक्य-नृपति दंतेश्वरी के उपासक थे और उनके अधीनस्थ सभी जमींदार तथा जागीरदार भी उक्त धर्म को मानते थे।

उच्च कुल के हिंदू बस्तर में अपेक्षाकृत विरल ही थे और उड़ीसा से आकर बसने वाले ब्राह्मण भी धार्मिक मामलों में अत्याधिक अंधविश्वासी थे। हिंदू तथा गोंड दोनों ही व्यावहारिक तौर पर वनों, पहाड़ियों, वृक्षों तथा भूमि की मृतात्माओं और देवियों की पूजा करते थे। दोनों ही दंतेश्वरी के उपासक थे। दंतेश्वरी के बाद जगन्नाथ को अत्यधिक प्रतिष्ठा मिली हुई थी। उड़ीसा से बस्तर की संलग्नता और पुरुषोत्तम देव (1468-1534) की जगन्नाथ के प्रति प्रतिबद्धता के कारण जगन्नाथ के प्रति बस्तर में अतिरिक्त भक्तिभाव था और बस्तर में जगन्नाथ-संस्कृति का विकास हुआ।

विवेच्य अवधि में बस्तर में तांत्रिक संस्कृति के प्रचलन के साक्षी यहाँ से प्राप्त विविध अभिलेख भी हैं (इपीं. इंडिका, खण्ड 12, पृ. 242, ओ.एच.आर.जे., तदेव)। तंत्रों में शिव की स्त्रीतत्व रूपी शक्ति (दंतेश्वरी या दुर्गा) की पूजा का विधान है। उक्त पूजा चूँकि रहस्यात्मक चक्रों में प्रमुख रूप से केन्द्रित रहती है, इसलिए उसे **चक्रपूजा** या **भैरवतंत्र** कहा जाता है। **उक्त चक्रपूजा** में मद्य, मांस, मत्स्य, मैथुन तथा मुद्रा का उन्मुक्त प्रयोग होता था। इस प्रकार की पूजा करने वालों को **कौल** कहा जाता था और वे जिस रीति-रिवाज को संपन्न करते थे, उसे **कुलाचार** कहा जाता था। तंत्र के उक्त **कुलाचार** के संस्थापक सिद्ध मीननाथ थे (जे.ए.एस.बी., न्यू सीरिज, खण्ड 19, 1923, पृ. 75)।

इस सम्प्रदाय के गुरुओं या आचार्यों का चालुक्य-युग की जनता में बहुत अधिक प्रभाव था। बस्तर के राजगुरु-परिवार के सदस्य मिथिला से आव्रजित ख्याति प्राप्त तांत्रित थे। वे बस्तर के चालुक्य-राजकुल के गुरु थे। मैथिल पण्डित भगवान मिश्र को हम एक अभिलेख (इपी. इंडिका, खण्ड 12, पृ. 242) के माध्यम से जानते हैं। राजपरिवार के सदस्यों के बीच वे दादागुरु के नाम से जाने जाते थे (कालीन्द्र सिंह, 1908)। इस कुल के उत्तराधिकारी बस्तर में आज भी हैं।

राजगुरु-परिवार के अलावा दंतेवाड़ा में जिआ-परिवार भी था, जो दंतेवाड़ा की दंतेश्वरी का वंशानुगत पुजारी था। जिआ के पारिवारिक दस्तावेजों के आधार पर हम उनकी वंशावली को इस प्रकार प्रस्तुत कर सकते हैं–

1. लीगा जिया (1324-1369),
2. शिवनाथ जिया (1369-1410),
3. देवनाथ जिया (1410-1468),
4. भोलानाथ जिया (1468-1534),
5. नारायण जिया (1534-1558),
6. धनसिंह जिया (1558-1602),
7. रामसिंह जिया (1602-1625),
8. सीताराम जिया (1625-1669),
9. वंशीधर जिया (1639-1654),
10. किसुन चंद जिया (1639-1654),
11. नीलाभ जिया (1654-1680),
12. गिरधर जिया (1680-1709),
13. रामचंद्र जिया (1709-1731),
14. केसा जिया (1731-1774),
15. माकन जिया (1774-1779),
16. श्याम सुंदर जिया (1853-1891)।

इनके अतिरिक्त अन्य गुरु भी थे, जो बस्तर की यात्रा अपने धर्म-प्रचार के लिए करते थे।

वीरपूजा तथा वीरप्रस्तरों की पूजा लोक-धर्म की एक प्रमुख रीति थी। सामयिक साहित्य में पुष्पों तथा अन्य अर्ध्यों के द्वारा वीरपूजा का विधान मिलता है। विविध स्थानों पर विविध स्थानीय नायकों के सम्मान में प्रति वर्ष उत्सवों का आयोजन होता

था। वीर नायकों की याद में संगीत और नृत्य का आयोजन होता था, जिनमें उनके वीरतापूर्ण कार्यों की चर्चा होती थी। कतिपय समुदायों के लोग इन वीरगाथाओं के आनुवांशिक गायक थे। उदाहरण के लिए बस्तर के मुण्डा चालुक्यों का गुणकीर्तन करते थे, तो उत्तर बस्तर के मुरिया अपने जातीय नायक की प्रशस्ति में **घोटुलपाटा** का गायन करते थे। कुटरू जमींदार ने भी अपने पारम्परिक चारणों को नियुक्त कर रखा था। इस प्रकार बस्तर के नायकों पर संपन्न होने वाले वार्षिक उत्सव धर्मसंस्कार-युक्त मनोरंजन के अवसर थे, जो मृत नायकों की याद को चिरस्थायी ही नहीं बनाते थे, अपितु आम जनता में वीरत्व के गुणों को भी जगाते थे।

सामाजिक रीति-रिवाज

बस्तर का आदिवासी अपनी इच्छानुसार किसी भी समय कोई भी अनुष्ठान करने के लिए स्वतंत्र नहीं था, चाहे वह पारिवारिक हो अथवा सार्वजनिक।

विवेच्य काल में यह धर्म का एक नूतन विन्यास था, जिसने आदिवासी समाज को विघटन से बचा लिया, अन्यथा मुसलमानों के तीव्र वज्राघात और आक्रमणों के कारण यह विध्वंस हो जाता। आदिवासियों ने अन्य हिंदू जातियों से बंधुभाव विकसित कर लिया था, जिन्होंने आदिवासी समुदाय के संस्थापन में महत्वपूर्ण योगदान दिया था। आदिवासी समुदाय के सदस्य यह अनुभव करने लगे थे कि हिंदू धर्म उनका भी उतना ही अपना धर्म है, जैसा कि वह उच्च कुल के हिंदुओं का है और इसलिए हिंदुओं के सारे रीति-रिवाज आदिवासी समाज के सदस्यों के बीच विकसित हो गए थे। विविध प्रकार के उत्सव, महोत्सव, धार्मिक कर्मकाण्ड, दान, व्रत तथा शुभ मुहूर्त्त आदि आदिवासी जनता की सार्वजनिक सम्पत्ति बन गए थे। शिव और शक्ति के ग्राम्य रूप विकसित हुए। एक ओर जहाँ हलबी में **जगार** तथा **धनुकुल** आदि का विकास हुआ, तो दूसरी ओर गोंडों में **'लिंगोपाटा'** का प्रचलन हुआ। वन्य जातियों में प्रकृतिपूजन की परम्परा आयी और विविध अवसरों पर प्रकृति की पूजा के लिए विविध उत्सवों का विकास हुआ, जिनमें **माटी तिहार,** या **बीज फुटनी, माटी किरिया, चरु जातरा, दियारी तिहार, लद्दमी जगार, बड़े जगार, अमूँस तिहार, जलकामनी-पूजा, तारागीत,** आदि प्रमुख आयोजन थे। **होली**-उत्सव के अवसर पर 'दंतेवाड़ा की फागुन मँडई, लमहा-मार, कोडरी-मार, चीतलमार, गौरमार, देव-खेलनी, गाली-उत्सव, आँवरा-मार, आदि प्रमुख पर्व थे। गोंचा, पदरचेघनी आदि ने नए स्वरूप को ग्रहण किया। गोबर बोहरानी, रामनवमी, चइतरई, दशहरा, निशा जातरा, मावली परघाव, ओहाड़ी आदि पर्वों का श्रीगणेश हुआ। नवाखानी के विविध रूप, बासी तिहार, कदम्बमार, जलोत्सव आदि को नए आयाम मिले। मुरिया-दरबार की परम्परा आयी। मेरिया भी विकसित हुआ। पोलई की प्रथा,

गोड़धन पूजा, गोठान पूजा, छेरछेरा, बाली-परब आदि संदर्भ आदिवासी और हिंदू समीकरण के अनूठे उदाहरण हैं। मँडई-मेलों का विकास हुआ। महापरसाद की परम्परा आयी। भोजली-तिहार ने उसे नया रूप दिया। बाली-परब में बालीफूल की संस्कृति संवर्धित हुई। इंद्रावती की सातधार गंगाजल की मान्यता से जुड़ी। विविध लोगों के बीच मैत्री-संबंध का एक नया रूप आया, जिसमें जाति-जनजाति-भेद समाप्त हो गया। **गजामूँग** के माध्यम से जातियाँ तथा जनजातियाँ मैत्री-संबंधों में बँधी। समूचे बस्तर में मानवतावादी दृष्टि का प्रसार हुआ। सचमुच चालुक्य-युग की यह एक मनोरम देन थी।

आदिवासी और जातिसमुदाय में **पांजी या पंचांग** की दैनन्दिन दिनचर्या में महत्वपूर्ण भूमिका थी। उनकी पारिवारिक और सामाजिक क्रियाएँ पंचांग के शुभ मुहूर्तों पर आधारित थीं। किसी काम को प्रारंभ करने से पूर्व पाँजिय.. की सहायता अवश्य ली जाती थी। **पाँजियार** की सहमति के बिना कोई शुभ कार्य नहीं हो सकता था।

ऋतुओं पर आधारित विविध प्रकार के संस्कार आदिवासियों के जीवन को आत्मनिर्भर बनाते थे। ये वार्षिक जीवन-चक्र में सुपरिभाषित अवसरों पर संपन्न किए जाते रहे हैं। ये या तो अभाव से भाव को व्यक्त करते हैं अथवा भाव से अभाव को बतलाते थे।

बस्तर का आदिवासी इन्हें आम उत्सवों के वार्षिक कार्यक्रमों में बंधनकारी मानता था। ये कृषि के कैलेण्डर तथा ऋतुओं से अनिवार्य रूप से जुड़े होते थे और इस प्रकार एक सुस्थापित तथा अटल नियमों की व्यवस्था करते थे। ये आदिवासी के लिए उतने ही उपयोगी थे, जितने कि वर्षा ऋतु में रोपा लगाना और शरद ऋतु में कटाई करना। आदिवासी-उत्सवों में मिलने वाली इस प्रकार की स्वाभाविकता उनके धर्म के कारण ही अविच्छिन्न बनी हुई थी। धार्मिक विधान के कारण ये विविध ऋतुओं में पैदा होने वाली फसलों के संस्कार से जुड़ गए थे। यदि इन संस्कारों में अवरोध की स्थिति पैदा होती थी, तो ये आदिवासी विक्षुब्ध हो जाते थे। इस प्रकार आदिवासी-विद्रोह को समझने के लिए कृषि पर आधारित बस्तर के लोकोत्सवों पर भी विचार कर लेना उपयुक्त होगा। यहाँ उनके विविध लोकोत्सवों की संक्षिप्त चर्चा है।

(क) पीड़म पुडु-गाँव बाँधने का पर्व

फसल कटने से पूर्व ग्रामवासी अपने देवी-देवता की आराधना में यह पर्व मनाते हैं। अंतागढ़-क्षेत्र में इस उत्सव को गाँव-बाँधना, बीजापुर-क्षेत्र में पीड़ा-टालना तथा कुटरू व भोपालपटनम-क्षेत्रों में पीड़म-पुडु कहा जाता है, जिसका निहितार्थ है गाँव से रोग, शोक या भय का निवारण। यह ग्रामदेवी की पूजा के साथ इस प्रयोजन से सम्पादित किया जाता है कि आगामी वर्ष सुखमय हो और ग्रामवासी निरामय बने रहें।

इस हेतु यद्यपि किसी निश्चित महीने का विधान नहीं होता तथापि पूस से जेठ महीनों के बीच कभी भी मनाया जा सकता है। ग्रामदेवता का पुजारी गायता या पेड़मा एक दिन सुनिश्चित करता है, जो प्रायः गुरुवार या शुक्रवार या शनिवार होता है। निश्चित तिथि को गाँव के प्रत्येक घर से धान और पैसों का संग्रह पुजारी के लिए वस्त्र या पूजा-सामग्री के खरीदने के लिए किया जाता है। पूजा की सामग्री में मुर्गी, अण्डा, बकरी या सुअर तथा मदिरा सम्मिलित होती है।

अंतागढ़-क्षेत्र में पूजा की एक सरल विधि मिलती है, जिसके अनुसार पुजारी गाँव के प्रत्येक घर से धान संचित करता है। बुधवार के दिन लोहे की चार गरम कीलों को वह गाँव के चारों कोनों में गाड़ देता है। उन चारों कीलों पर तलुरमुत्ते, गाँवदेई, पोचम्मा या उरगामम जैसी देवियों की पूजा करता है, जो समूचे गाँव की अधिष्ठात्री देवियाँ मानी जाती हैं। तदुपरांत कोड़ोपेन (वन देवता) तथा डोंगरदेव (पर्वत देवता) की पूजा की जाती है और बलि दी जाती है।

बीजापुर-क्षेत्र में भिन्न परम्परा मिलती है। ग्रामवासी तथा पुजारी **मातागुड़ी** में एकत्र होते हैं। वे अपने साथ पूजा की सामग्री तथा जानवरों को बाँधने की डोरी भी लेकर आते हैं। पुजारी को पहनने के लिए एक नया वस्त्र दिया जाता है। नूतन वस्त्र पहनकर वह ग्राम-देवी की पूजा प्रारंभ करता है। पूजा के बाद **सिरहा** अन्य देवताओं का आह्वान सारी रात नगाड़े बजाकर करता है। सूर्योदय से पहले पुजारी बलि देता है तथा मुर्गा व डोरियों से भरी हुई टोकनी को सिर पर रखकर ग्रामवासियों के साथ गाँव की सीमा तक पहुँचता है। नदी के किनारे के किसी वृक्ष के नीचे वह पुनः बलि देता है और डोरी के टुकड़ों को उस वृक्ष में बाँध देता है। इससे माना जाता है कि अब गाँव बँध गया और वर्ष भर गाँव की सीमा के अंतर्गत किसी दुष्टात्मा का प्रवेश न होगा।

भोपालपटनम-क्षेत्र में डोलियों को निकालने की परंपरा है। ग्राम प्रधान के संरक्षकत्व में लकड़ी की एक मूर्ति बनायी जाती है तथा उसे नए वस्त्र पहनाकर पेड़मा नागरिकों के साथ पूजा करता है। वह रात भर मदिरा के नशे में झूमता रहता है। प्रातःकाल मूर्ति को डोली में बिठाकर समूचे गाँव की परिक्रमा की जाती है और डोली को बाद में विसर्जित कर दिया जाता है।

(ख) कारेपण्डुम—वृक्ष काटने व जलाने का पर्व

मार्च के महीने में दुर्गम जंगल में ऊँची घास और कँटीली झाड़ियों से जब रास्ता सुगम हो जाता है, तब वृक्ष काटने व जलाने का त्यौहार प्रारंभ होता है। उत्सव को प्रारंभ करने से पूर्व **सएसा** और **सुकु** अथवा **सुकला वड्डू** मनाने की उद्घोषणा नगाड़ा बजाकर की जाती है। माड़िया में **सएसा** का तात्पर्य है देवी-देवताओं की पूजा के लिए

सुरक्षित स्थान। तेलुगूभाषी आदिवासी इसे **सुकू** या **सुकला वडू** कहते हैं, जिसका अर्थ भी पूर्ववत् है। कुआँ-कोडा क्षेत्र के दण्डामी माड़िया धान को गाहते वक्त कुछ बंडलों को अलग से गाहते हैं और तीन बंडलों को अलग रख देते हैं। इनमें से पहले बंडल को सएसा कोड़ो (कोड़ो देवता के निमित्त धान की पूजा), दूसरे बण्डल को **पेन सएसा** (कुटुम्बदेवता के निमित्त धान) तथा तीसरे बण्डल को **हाना सएसा** (पूर्वजों के निमित्त धान) कहा जाता है।

अंतागढ़ में दाही के लिए वृक्ष काटने का उत्सव **सएसा** के नाम से जाना जाता है। माघ के महीने में गायता **सएसा** आयोजित करने के लिए किसी शुभ दिन की घोषणा करता है। ग्रामवासियों के चंदे से मुर्गी, बकरी तथा सुअर खरीदे जाते हैं। ग्रामदेवी, वनदेवी तथा पहाड़ों के देवता के निमित्त उसे मदिरा भी खरीदनी पड़ती है। निश्चित दिन गायता स्नान करता है तथा व्रत रखता है। सएसा-धान के खलिहान पर सभी किसान बैठ जाते हैं और तब गायता पूजा का शुभारंभ करता है। पूजा के स्थान पर दूध का छिड़काव किया जाता है। फिर सीधी कतार में धान के तीन ढेर लगा दिए जाते हैं तथा मुर्गी को उन ढेरों की धान खाने के लिए छोड़ दिया जाता है। उन ढेरों पर मदिरा का छिड़काव किया जाता है। देवता की प्रतीक लकड़ी या लोहे की जंजीर पर भी मदिरा का छिड़काव किया जाता है। जब मुर्गी दाने चुगकर संतुष्ट हो जाती है, तो बकरी या सुअर की बलि दी जाती है। फिर बची हुई धान और शराब को गायता पूजा में सम्मिलित सभी किसानों में बाँट देता है। भोजन के स्थान देवगुड़ी पर सभी पुरुष एक साथ भोजन पकाते हैं और फिर सहभोज प्रारंभ होता है। कार्यक्रम की समाप्ति पर गायता दाही या पेंदा खेती के लिए वृक्ष काटने का आदेश देता है और निश्चित स्थान के वृक्षों की पूजा के बाद उनकी कटाई प्रारंभ होती है। कटाई के काम में लगे युवकों को गायता की ओर से भात खाने को दिया जाता है। इस क्रिया के बाद सभी किसान पेंदा-खेती के लिए वृक्ष काटना प्रारंभ कर देते हैं।

भोपालपटनम के किसान नए महुआ फूल की बनी शराब से माघ महीने में ग्रामदेवी की पूजा कर वृक्ष गिराने का महोत्सव मनाते हैं। जो लोग माघ महीने में अपने वृक्ष नहीं काट सकते, वे **इतनम पण्डुम** या **उगादि पण्डुम** के साथ चलने वाले **अग्गि पण्डुम** में यह कार्य संपन्न करते हैं।

वृक्षों का काटना और सूखने पर उन्हें जलाना ये दो अलग-अलग प्रकार्य हैं। इन दोनों ही से सम्बद्ध दो अलग-अलग उत्सव हैं। कुछ स्थानों पर दोनों प्रकार्यों के लिए एक ही उत्सव आयोजित किया जाता है। तेलुगू में डाही के लिए **जाला** तथा **पोड़** प्रचलित है।

(ग) बोटिगटी पण्डुम—बीज बोने का परब

जब गिराए गए झाड़-झंखाड़ सूख जाते हैं और उनमें आग लगाने का समय होता है, तो अंतागढ़ क्षेत्र में **बोटिगटी पण्डुम** मनाया जाता है, जिसे हलबी में **चैतराई** भी कहा जाता है। इसमें पूर्ववत् देवताओं की पूजा की जाती है, पशुओं की बलि दी जाती है। फिर गायता के द्वारा चुने गए कुछ युवक सूखे वृक्षों पर आग लगाते हैं। इस पवित्र अग्नि में महुआ फूल को भूना जाता है तथा प्रसाद के रूप में सभी को वितरित किया जाता है। इसी के साथ उत्सव के आरंभ की घोषणा होती है तथा गाँव भर के युवक **छेरका** गीत गाते हुए एक गाँव से दूसरे गाँव बटुक के समान माँगने जाते हैं—

छेरकम छेरकम छेरकम
कोठी चो धान ला हेरतम्।
माई कुकड़ा मारता
जोड़ी कोण्डा जोड़ता ॥

(हम छेरका गीत गाते हैं कि हमारी कोठियाँ धान से भर जाएँ। इसीलिए देवताओं की प्रसन्नता के लिए हमने मुर्गी की बलि दी है। अब देवता बैल जोड़ी को जोतेगा और हमारे खेतों में धान बोएगा, जिससे खेत लहलहा उठेंगे और हमारे कोठार भर जाएँगे।)

युवतियाँ भी युवकों से पीछे नहीं रहतीं तथा वे भी समूहबद्ध होकर मिट्टी के बर्तन में दीया जलाकर रात के पहले पहर में घर-घर गाती हुई उपहार माँगती हैं (शुक्ल 1986:116-126)।

भोपालपटनम में इतनम-पण्डुम (बीज बोने का उत्सव) के साथ अग्गि पण्डुम (वृक्ष जलाने का उत्सव) भी मनाया जाता है।

(घ) विज्जाय पण्डुम—बीज फूटने का परब

बीज बोने के उत्सव को दो भागों में विभाजित किया जा सकता है (क) बीज की प्राप्ति तथा (ख) बीज का बोना। बीज की प्राप्ति का त्यौहार जगदलपुर में **बीजफुटनी** तथा **पदरचेघनी** इन दो विभागों में मनाया जाता है। दंतेवाड़ा तथा कुआकोण्डा में दोनों के लिए विज्जाय पण्डुम प्रचलित है। तेलुगूभाषी इसे **इतनम पण्डुम** तथा **वितनम-पण्डुम** के नाम से जानते हैं।

जगदलपुर में गुरुवार या शनिवार के किसी पूर्व निश्चित दिन पर ग्रामपुजारी व्रत तथा उपवास रखता है। प्रातःकाल स्नान करके अपने किसी साथी के साथ **बीजफुटनी-देव** के मंदिर में जाता है। उसका साथी रास्ते भर या तो नगाड़ा बजाते हुए या बाँसुरी बजाते

हुए चलता है। उसके इस उद्घोष से सभी किसानों को सूचना मिल जाती है तथा वे धान की छोटी-छोटी पुड़िया लेकर मंदिर में पहुँचने लगते हैं। सभी अपनी-अपनी पुड़िया पुजारी को सौंप देते हैं। जब सभी किसान आ जाते हैं, तो वे एक साथ शिकार के लिए जाते हैं। कम उम्र के बालक तथा अशक्त बूढ़े मंदिर में ही रह जाते हैं। ये बालक मंदिर के पास से गुजरने वाले स्त्री या पुरुष के साथ ठिठोली करते हैं और "माड्रू माड्रू" नामक एक अश्लील गीत गाते हैं।

इनको उपहार दिए बिना कोई राहगीर आगे नहीं बढ़ सकता। शिकार खेलकर जब किसान-सायंकाल वापस लौटते हैं, तो प्राप्त शिकार पुजारी के हवाले कर दिया जाता है। यदि शिकार पार्टी असफल होकर वापस लौटती है, तो उत्सव को स्थगित कर दिया जाता है। पुनः शिकार पार्टी के सभी लोग उस दिन तक शिकार में जुटे रहते हैं, जब तक उन्हें कोई वन्य पशु न मिल जाए। फिर पूजा की सामग्री मुर्गी बकरी तथा मदिरा आदि को खरीदने के लिए प्रत्येक घर से चंदा वसूला जाता है। पुजारी बीजफुटनीदेव के सम्मुख एक बड़ा गड्ढा खोदता है, जहाँ पशु बलि दी जाती है। इसके पश्चात् वह खेत में कतार बनाकर जुताई करता है और उसमें धान के बीज बोता है। बीज बोने के बाद खेत को सींचता है और तब मान लिया जाता है कि खेत में बीज अंकुरित हो गए हैं और पुजारी एक हाथ में एक डंडा लेकर वन्य पशुओं से खेत की रखवाली के लिए खेत के बीच बैठ जाता है। कुछ लोग खेत में महुआ या इमली के बीज फेंकते हैं और माना जाता है कि खेत का विनाश करने के लिए पशु घुस आए हैं। खेत की रखवाली के लिए बैठा हुआ पुजारी का साथी उन फूलों और बीजों को बीनकर खा लेता है और कल्पना की जाती है कि उसने सभी जंगली जानवरों का विनाश कर दिया है। खेत की सुरक्षा को निष्कण्टक मान लेने पर सभी किसान एक साथ खाना पकाते व खाते हैं। शराब पीते हैं। पुजारी अपने साथी को धान का दोना देता है और सब अपने-अपने घरों को वापस लौटाते हैं। जगदलपुर में इसी दिन से नया आम खाया जाता है।

अंतागढ़ में आमतौर पर पहले से ही निश्चित शुक्रवार के दिन गायता व्रत रखता है। व्रत की कठोरता यह है कि वह उस दिन मलमूत्र विसर्जन भी नहीं कर सकता। प्रातः काल उठते ही स्नान करने से पवित्र होकर ग्रामदेवी के मंदिर में पहुँचता है। ग्रामवासियों के चंदे के पैसे से मदिरा खरीदी जाती है। गाँव के प्रत्येक घर से संचित धान को मंदिर के पास रखी एक ओकनी में डाल दिया जाता है। गायंता पूजा विधिविधान से संपन्न करता है और बलि देता है। बलि के रक्त को धान में मिलाकर उसका चारों ओर छिड़काव किया जाता है और देवी को मदिरा तथा धान चढ़ाई जाती है। उस दिन गाँव भर की सभी स्त्रियाँ गायता के घर में ही सामूहिक भोजन पकाती हैं और बाद में मंदिर

में सामूहिक भोज होता है। सभी किसानों के भोजनोपरांत गायता तीन-तीन मुट्ठी धान प्रत्येक किसान को देता है और बीज बोने की तिथि की घोषणा करता है। उसकी घोषणा के बाद सभी अपने-अपने घरों को वापस चले जाते हैं।

अंतागढ़ के अबुझमाड़ियों में प्रचलित रिवाज के अनुसार गायता उस स्थान को चुनता है, जहाँ चूहों का प्रकोप न हो। उस स्थान पर वह बलि देता है। उसी स्थान पर खेत तैयार कर बीज बोता है और बचा हुआ बीज माड़ियों में बाँट देता है। गायता के साथ मिलकर सभी किसान ग्राम-प्रमुख के घर जाकर **बीजभात** खाते हैं और उसकी व्यवस्था न होने पर सिर्फ पानी पीकर अपने घरों को लौट जाते हैं। सबसे पहले गाँव के मुखिया के ही खेत पर दूसरे दिन बीज बोया जाता है और उसी के बाद किसान अपने-अपने खेत बोते हैं।

कुआँकोण्डा-क्षेत्र में इस उत्सव को संपन्न करने के लिए वैशाख महीने में **कुंदेलगंगा** तथा **कोंदराज** नाम देवताओं की पूजा का विधान है। गाँव के लोग गायता के साथ इन देवताओं की पूजा करते हैं। सिरहा गायता के हाथ से धान लेकर अभिचारित मंत्रों के माध्यम से उक्त देवताओं को बुलाता है। मंत्रपूत धान को अपनी धान में मिलाकर वह धान गायता को लौटा देता है। गायता उस धान को किसानों में बाँट देता है।

तेलुगूभाषी भोपालपटनम तथा बीजापुर-क्षेत्र में इस त्यौहार को **वितनम पण्डुम** तथा **इतनम पण्डुम** कहा जाता है। वर्षारंभ से पूर्व वैशाख या ज्येष्ठ में यह पर्व मनाया जाता है। गुरुवार तथा शनिवार अशुभ दिन माने जाते हैं। शुभ दिन का निर्णय **पेड़मा** करता है। शुभ दिन पर पेड़मा ग्रामदेवी के मंदिर को साफ करता है। गाँव के प्रत्येक घर से दोनों में वहाँ धान पहुँचायी जाती है। देवताओं की बलि के लिए सामग्री व भात लेकर किसान वहाँ पहुँचते हैं। पेड़मा स्नानध्यान से शुद्ध होकर पूजा करता है तथा मुर्गियों की बलि देता है। प्रत्येक दोने की कुछ धान को मंदिर के सामने खुदे गड्ढे में डालता जाता है और कुछ धान को पहले से ही तैयार किए गए खेत में बो देता है। उस दिन पेड़मा किसी के हाथ का छुआ हुआ भोजन नहीं करता। वह अपना भोजन खुद पकाता है। ग्रामवासियों को वह रात मातागुड़ी में ही बितानी पड़ती है। दूसरे दिन प्रातःकाल पेड़मा गड्ढे की धान को निकालता है और उसी के साथ लोग **बोजओण्डार** के लिए रवाना हो जाते हैं। तेलुगू में इसे **इतनम ओण्डु** कहा जाता है। यह एक ऐसे खेत का वाचक है, जहाँ पानी वर्ष भर भरा रहता है। **पेड़मा** उस स्थान पर फिर से धान बोता है। धान बोने की क्रिया के साथ लोग पेड़मा के पीछे-पीछे मंदिर की ओर जाते हैं। वहाँ पेड़मा प्रत्येक किसान को एक-एक दोनी धान देता है तथा उसे लेकर वे अपने घर लौट जाते हैं।

कोण्टा क्षेत्र में इस उत्सव के साथ शिकार करने का भी विधान है, जो कि सप्ताह भर चलता है। गाँव भर की स्त्रियाँ नाचती-गाती हुई पूरे गाँव की परिक्रमा करती हैं तथा पुरुष मातागुड़ी में नाचते हैं। बालिकाएँ पत्तियों की गुड़िया बनाकर उनका विवाह रचाती हैं। गाँव का पेड़मा उपवास रखता है तथा ग्रामदेवी की पूजा करता है। मुर्गी तथा सुअर की बलि दी जाती है। बलि के बाद पेड़मा गोपनीय विधि से किसी खेत में बीज बोता है। सहभोज के साथ उत्सव का समापन होता है।

(ङ) चेतइतनम पण्डुम–पौध आते समय का परब

'चेतइतनम-पण्डुम' को **बीजफेंकना, बीजबोना,** बीजपेसा तथा **बिजली** आदि नामों से भी जाना जाता है। किसान प्रातःकाल पौ फटने से पहले उठता है। नांगर, मुर्गी, तथा धान लेकर खेत पर जाता है। खेत पर बलि देने का सिलसिला प्रारंभ होता है। फिर पश्चिम से पूर्व की ओर पौधों को निहारता है। उनकी जुताई करता है। पुनः कुछ बीज बोता है। अंतागढ़-क्षेत्र में यह उत्सव बालकों के द्वारा ही मनाया जाता है।

(च) पच्चिग पण्डुम–बियासी का परब

बीज बोने, अंकुरित होने तथा उनके पौधा बनने के बाद की स्थिति में जो उत्सव मनाया जाता है, उसे भोपालपटनम में 'पच्चिग पण्डुम' कहा जाता है। यह खेतों से घासपास चुनने का परब है, जिसे बियासी-परब भी कहा जा सकता है। बियासी करने से पूर्व भी पूजा का विधान है। पेड़मा भीमसेन (वर्षा का देवता) की पूजा करता है और ग्रामदेवियों को मुर्गी की बलि देकर प्रसन्न करता है। इसके बाद सभी लोग अपने-अपने खेतों की बियासी करना प्रारंभ कर देते हैं। भोपालपटनम तथा कोण्टा में किसान इसी पर्व के साथ वर्षा ऋतु में पैदा होने वाली नयी भाजी खाना प्रारंभ कर देते हैं।

(छ) तारेम पण्डुम–फसल की कटाई का परब

बियासी के बाद फसल की कटाई का त्यौहार आता है। यह प्रायः धान की फसल के पकने से पूर्व मनाया जाता है। भोपालपटनम में इसे **तारेम पण्डुम** या **तारोल पण्डुम** कहा जाता है। अंतागढ़, जगदलपुर तथा बीजापुर में **चक्र** नाम से संबोधित किया जाता है तथा दण्डामी माड़िया में **येन कुर्क** (धान की बाली के निमित्त मुर्गी) के नाम से संबोधित होता है। कोण्टा के किसान इसे **बारी कोट** या **कुर्बारी पण्डुम** के नाम से जानते हैं। जब किसानों को धान की फसल गदरायी हुई दिखती है, तो वे गायता के पास जाकर उत्सव प्रारंभ करने की प्रार्थना करते हैं। गायता व्रत तथा उपवास रखता है। चावल, मुर्गी, शराब व बकरी की ग्रामवासी व्यवस्था करते हैं। जगदलपुर में पुरोहित सभी खेतों पर जाता है और सभी खेतों पर खेत के देवता (क्षेत्रपाल) की पूजा करता है। पूजा

के संपन्न होने के बाद पूरा गाँव ग्रामसीमा से बाहर सहभोज का आयोजन करता है। भोपालपटनम में पेड़मा गाँव के ही भीतर मातादेई के मंदिर में पूजा करता है। वहीं पर सहभोज की तैयारी होती है। सहभोज से पहले खेत की धान को सर्वप्रथम पुजारी काटता है और उसी के साथ ही विमोचन का उत्सव संपन्न होता है और सभी किसान अपने-अपने खेतों की फसलें काटने लगते हैं।

(ज) पोलीपण्डुम—कृषि संबंधी परबों का समापन

यह वास्तविक तौर पर उत्सव न होकर कृषि-संबंधी उत्सवों के समापन का त्यौहार है, जिसमें बहुत अधिक मात्रा में मौजमस्ती होती है। दण्डामी माड़िया में इसे 'पोली' कहा जाता है। जगदलपुर क्षेत्र में इसे **जन नाम** से अभिहित किया जाता रहा है। भोपालपटनम में किसान जब अपनी फसल को काटना चाहता है तो उसे सर्वप्रथम खेत में चूजे की बलि देनी होती है। चूजे की चोंच में अक्षत रखा जाता है, जिसे स्थानीय बोली में **पोली** कहा जाता है। चूजे की चोंच से बची हुई यह पोली बाद में कल्लाम (खलिहान) के मध्य भाग में रख दी जाती है और गाहनी के लिए बैल तैयार किए जाते हैं। खलिहान के मध्य भाग में पोली के पास खूँटा पहले से ही गाड़ दिया जाता है। गाहनी के लिए असम संख्या में बैलों को जोता जाता है। गाहनी के लिए धान के गट्ठरों को फैलाने से पूर्व पोली को खलिहान से बाहर निकाल कर पुरोहित के सहायक किसी व्यक्ति को दे दिया जाता है। पोली को अपने पास रखने वाले व्यक्ति को **पोली-पट्टिनुडु** (पोली को धारण करने वाला) कहा जाता है। यह विधि सम्मत नियम है कि गाहनी की समाप्ति तक वह व्यक्ति खलिहान से बाहर कहीं भी न जाए। इस प्रक्रिया के बाद धान के गट्ठरों को अलग किया जाता है और उसके कुछ डंठल खुँटे से बाँध दिए जाते हैं। तब बैलों को गाहनी के लिए लगाया जाता है। गाहनी करने वाले ऐसे बैलों को **"बरकत का बैला"** कहा जाता है। गाहनी के वक्त बैलों के पूछ से गिरने वाले बालों को सहेज कर रखा जाता है, क्योंकि ये "बरकत के बाल" माने जाते हैं। इसी को जगदलपुर में 'जन' कहा जाता है, जिसका अर्थ है 'समृद्धि'। धान की गाहनी के बाद भूसे को एक स्थान पर ढेर की शक्ल में रख दिया जाता है। इसे 'मण्डे पोली' के नाम से पुकारा जाता है। पोली को धारण करने वाला व्यक्ति इस 'मंडे पोली' की पूजा करता है और एक चूजे की बलि देता है। जब गाहनी के बाद धान को नापा जाता है तो पोलीपट्टिनुडु पूर्वाभिमुख होकर नापने वाले पर 'मंडे पोली' बरसाता रहता है।

जगदलपुर में बैलों की पूछ से गिरने वाले बाल 'जन' कहे जाते हैं। 'जन' को खलिहान के खूँटे से बाँध दिया जाता है। भूसी निकल जाने के बाद यत्र-तत्र बचे हुए डंठलों को 'जन' की सहायता से 'डोकरा' (वृद्ध) की शक्ल दे दी जाती है। यह 'डोकरा'

उस समय तक खूँटे से बँधा रहता है, जब तक धान को खलिहान से न हटा दिया जाए। खलिहान से पूरी धान के हटा लिए जाने पर समापन-संस्कार के बतौर बलि दी जाती है और चावल पकाया जाता है। इस पके हुए चावल को 'डोकराभात' कहा जाता हैं जगदलपुर में इस डोकराभात के साथ ही कृषि-संबंधी पट्टे तथा ठेके दिए जाते थे।

(झ) कुरुम पण्डुम–नवाखानी के त्यौहारों का समुच्चय

फसलों के पक जाने पर जब नयी फसल घरों में आने लगती हैं तो नवाखानी त्यौहारों के समुच्चय को आयोजित करने का सिलसिला प्रारंभ होता है। गोंडी में नवाखानी 'कोड़ता तिन्तुम' तथा तेलुगू में 'कोत्ताल तिनडु' कहा जाता है। नवाखानी त्यौहारों के अंतर्गत सैकड़ों त्यौहार आते हैं, क्योंकि बस्तर का आदिवासी किसी भी प्रकार की नयी वस्तु को उत्सवपूर्वक सामूहिक उपभोग के पक्ष में है। भादों की पंचमी से लेकर क्वार की अमावस्या तक नया खाने का क्रम विशेष रूप से चलता है। इसी प्रकार सभी नयी फसलों, सभी नए फल, सभी नए कंद, सभी नयी भाजियों आदि का उपयोग तभी होता है, जब इन सबसे सम्बद्ध अलग-अलग त्यौहारों को मना लिया जाए। माड़िया में **कुरुम पण्डुम** सामान्य तौर पर धान, कोसरा तथा मड़िया के नवान्न का उत्सव है। नवाखानी त्यौहार में आमतौर पर धान की नयी फसल के चावल को पकाकर खाने का ही अर्थ अब रूढ़ हो गया है। निश्चित तिथि पर ग्राम-पुरोहित व्रत-उपवास रखता है। खेत में जाकर वहाँ से धान की बालियों को चुनकर उनसे चावल निकालता है और फिर उस नये चावल को गाँव के प्रत्येक देवी-देवता को विधि विधान के साथ अर्पण करता है।

पुरोहित के द्वारा पूजा के संपन्न कर लिए जाने पर गाँव का प्रत्येक किसान अपने-अपने धान के खेत से बालियाँ निकालकर उनसे चावल-कणों को अलग-अलग देवता तथा डूमादेव को चढ़ाता है। बची हुई बालियों को कूटकर घर की वृद्ध महिलाएँ चावल निकालती हैं तथा नए चावल के साथ पुराना चावल मिलाकर उसे राँधती हैं। बीजापुर तथा अंतागढ़ में घर के सभी सदस्य उस वृद्ध का चरण-प्रक्षालन करते हैं। वृद्धा उन्हें आशीर्वाद देती है। उनके माथे पर हल्दी-चावल का टीका लगाती है। मदिरा से लबालब दोनी से उनकी आरती उतारती है और लोग उस दोनी की मदिरा को प्रसाद के रूप में लेते हैं। इस कार्यक्रम के बाद गाँव के सभी लोग एक-दूसरे के घरों में अभिवादन करने के लिए जाते हैं, जैसा कि अन्य क्षेत्रों में दशहरा-मिलन का रिवाज होता है। अंतागढ़ में दूसरे दिन गाँव के सभी लोग मदिरा को उपहार-स्वरूप लेकर गायता के घर अभिवादन करने जाते हैं। मदिरा गायता को दे दी जाती है। गायता सभी को सलाह देता है कि अगले साल खेती के काम में अधिक कठोर परिश्रम करें। बीजापुर-क्षेत्र में इसी उत्सव के साथ कुम्हड़ा तथा तरबूज के नए फल खाए जाते हैं।

भोपालपटनम तथा कोण्टा के किसान कार्तिक महीने में सेम के आ जाने से 'चिकुड़काय पण्डुम' या 'कोड़ीपण्डुम' त्यौहार मनाते हैं। इस अवसर पर पेड़मा सेम की दो फलियाँ लेता है और ग्रामदेवी को फलियाँ चढ़ाकर विधि-विधान के साथ मुर्गी की बलि देता है। इसके बाद सभी किसान नया सेम खाना प्रारंभ कर देते हैं।

फरवरी से लेकर अप्रैल महीनों के बीच वन समूह महुआ की मादक सुगंध से महक उठता है। लोग जंगलों में महुआ बीनने के लिए जाने से पहले **इर्कपण्डुम** नामक त्यौहार मनाते हैं। नए आम खाने से पहले **कर्मपण्डुम** या **आमाखानी** त्यौहार मनाया जाता है। नयी ताड़ी भी तब तक नहीं पी जा सकती, जब तक 'ताड़िपण्डुम' संपन्न न हो जाए।

विविध प्रकार की नयी खाद्य वस्तुओं को खाने से पूर्व यहाँ सैकड़ों त्यौहार मनाए जाते हैं।

(ज) उगादिपण्डुम : भविष्यकथन का परब

भोपालपटनम का **उगादिपण्डुम** कोण्टा क्षेत्र के **"मामिड़िपण्डुम"** से मिलता-जुलता है। इन दोनों ही क्षेत्रों में इस उत्सव का आयोजन वैशाख में होता है। भोपालपटनम-क्षेत्र में हर परिवार से एक पुरुष सदस्य व्रत रखता है, जब कि कोण्टा-क्षेत्र में व्रत रखने का अधिकार केवल पेड़मा को है। इस उत्सव में ग्रामदेवियों की उपासना की जाती है। उन्हें प्रसन्न करने के लिए बकरी, सुअर या मुर्गी की बलि दी जाती है। बलि के बाद देवी को नया फल अर्पित किया जाता है और प्रसाद के रूप में किसानों को नये फल खाने की स्वीकृति मिल जाती है।

गाँव का पेड़मा नाक्षत्रिक गणना के द्वारा आगामी वर्ष का लेखा-जोखा भी प्रस्तुत करता है। गणना की यह प्रक्रिया कड़ाही में महुआ के फूलों के भूनने से प्रारंभ होती है। कड़ाही के साथ पानी भरा हुआ बड़ा दोना रखा रहता है और पेड़मा मंत्रोच्चार के सहित भुने हुए महुए को उस दोने में डालता जाता है। यदि महुआ के फूल दोने के पानी में डूब जाते हैं तो माना जाता है कि आगामी वर्ष पानी नहीं बरसेगा। यदि एक ही फूल डूबता है तो खण्ड वर्षा की सूचना मिलती है। दोनों फूलों के डूब जाने का अर्थ है सुवृष्टि।

कोण्टा-क्षेत्र में महुए के फूल के पानी में डूबने-उतराने की प्रक्रिया में भविष्य-कथन भी निहित है, जो नक्षत्रों के निम्नलिखित क्रम में मिलता है—मिगाछिल (मृगशिरा), अर्दा (आद्रा), छिन्नपुसेल (पुनर्वसु), पेद पुसेक (पुष्य), असलेढ़ (आश्लेषा), माघ (मार्ग), पुआ (पूर्वा फाल्गुनी), उत्तेर (उत्तरा फाल्गुनी), असलम (हस्ति), चिता (चित्रा) तथा साति (स्वाति)। इन नक्षत्रों की गणना के साथ पेड़मा परिणामों का आकलन करता है और

किसानों के लिए **पगड़ीकाल** (प्रचुर उपज) अथवा **एनड़काल** (सामान्य उपज) की भविष्यवाणी करता है।

उक्त उत्सवों का यदि ध्यान से परीक्षण किया जाए तो यह प्रतीत होता है कि यहाँ जादू-टोना (अभिचार), संस्कार, बलि व रहस्य सभी एक तार्किक क्रम में ही विद्यमान हैं। वृक्षों के काटने के समय से लेकर नवाखानी के सभी उत्सवों में एक क्रमबद्धता देखने को मिलती है। बीजवपन की स्थिति में देवताओं का पूर्ण सहयोग के साथ आह्वान किया जाता है। उसके बाद अभिचार की शैली बदलती है और वह सुवृष्टि से जुड़कर पौधों को खरपतवार से रक्षा के निमित्त क्रियाशील होती है। फसल के पकने पर तो जैसे अभिचार रक्षाकवच बनकर आता है। गाहनी और उड़ानी से सम्बद्ध संस्कारों तक आते-आते विविध निषेध जुड़ जाते हैं। धान का संग्रह पुनः एक महत्वपूर्ण अवसर होता है और अभिचार पुनः सक्रिय हो जाते हैं, जिससे उत्पादक वस्तु को आकस्मिक प्रकोप से बचाया जा सके।

अभिचार बस्तर की आदिवासी संस्कृति के सभी पहलुओं से घनिष्ठ रूप से सम्बद्ध है। समाज में शक्ति और सम्पत्ति की प्राप्ति हेतु भी यह एक प्रभावोत्पादक साधन है। यहाँ के आदिम समाज में पुरोहित (सिरहा, पुजारी, पेड़मा आदि) को सदा से ही प्रतिष्ठामूलक स्थान मिलता आया है। इसी आधार पर सामाजिक, राजनैतिक व धार्मिक जीवन में उसे प्रतिष्ठा मिली है।

इन उत्सवों तथा संस्कारों का प्रमुख कार्य यह है कि संकट की बेला में, विद्रोह की स्थिति में ये भावनात्मक तनाव से मुक्ति दिलाते हैं। इनके माध्यम से भावना और कार्य के साथ बौद्धिक एकात्मकता में तालमेल होता है। संस्कार तथा उत्सव अनुकूलन के एक प्रभावपूर्ण साधन हैं। उन्हीं के कारण समुदाय की भावना मजबूत होती है तथा क्रियात्मक एकता का विकास होता है।

आदिवासी का परिश्रम और उसके फसलों (उत्पादों) की प्राकृतिक अवस्थाएँ धर्म से अनुप्राणित हैं, जिसके कारण आदिवासी इन उत्सवों को वर्षा या शरद के आगमन की पूर्व-व्यवस्था मानता है और कृषिकर्म उसी पर आधारित होता है। यही कारण है कि जब उसके किसी भी संस्कार या उत्सव में विपर्यास की स्थिति आ जाती है तो वह आंदोलित हो उठता है। यदि हम आदिवासियों के उत्सवों और संस्कारों पर ध्यान से विचार करें तो हम यह पाएँगे कि यहाँ सांस्कारिक विपर्यास की स्थिति सदैव ही बाहरी कारणों से बनी रही है और यही कारण है कि बस्तर के आदिवासी लगातार दो सौ वर्षों से आंदोलित रहे हैं—उस क्षण से जब ब्रिटिश-शासन-काल में उनके वनों पर लोगों की गिद्ध दृष्टि लगी तो उनके संस्कार भी परिवर्तित होने लगे, क्योंकि वनों और वन्य पशुओं के मुक्त साहचर्य के बिना उनके संस्कार भी अर्थहीन हो जाते हैं। हम यह भी स्वीकार करते

हैं कि संस्कारों के विपर्यास से इनमें विद्रोह की भावना पैदा तो हुई, किन्तु धर्म ने इसका इस सीमा तक अनुकूलन कर लिया कि क्रांति की स्थिति समूचे इतिहास में केवल एक ही बार पैदा हो सकी थी।

यदि विहित विपर्यास का प्रकार्य समाज की राजनैतिक और नैतिक व्यवस्था को अविच्छिन्न बनाए रखना है, उसे कर्मकाण्ड का रूप देना है, तो आदिवासी विद्रोह का कार्य उसे ध्वस्त करना और दूषित करना है। अधिकारी या सरकारी व्यवस्था के प्रति प्रश्नातीत आज्ञापालन के आदर्श को अनुशासित करने वाली शर्तों से मातहतों में विद्रोह का स्वर फूट पड़ता है। इसीलिए बस्तर के आदिवासी-विद्रोहों में **आकस्मिकता** प्रतिभासित होती है तथा उद्भेदन, विस्फोट व प्रज्वलन के वाचिक चित्र देखे जा सकते हैं। अनेक भाषाओं और संस्कृतियों में ऐसे प्रयोगों का लक्ष्य व्यवस्था को समाप्त कर देना ही रहा है। बस्तर के आदिवासियों के सांस्कारिक विपर्यास जहाँ एक ओर ग्राम-समाज की निरंतरता को निरापद करते हैं, वहीं दूसरी ओर वे विद्रोह को भी जन्म देते हैं। वास्तविक या काल्पनिक प्रकृति के विपर्यास का यह भय शक्ति के उत्तराधारक्रम को सदैव संकटग्रस्त किए रहता है और इसीलिए आदिवासियों के सांस्कारिक मन को समझना जरूरी है। (द्र. शुक्ल 1995)।

विचित्र रीति-रिवाज और कर्मकाण्ड

धार्मिक विश्वास और कर्मकाण्ड की कतिपय विशेषताएँ भूतकालिक जातीय संपर्कों की विश्वसनीय सूचक होती हैं। इसलिए जातीय अध्ययनों में धार्मिक विश्वास तथा कर्मकाण्डों की सामग्री का विस्तार के साथ उपयोग किया जाता है, जिससे किसी जाति-वर्ग (ethnos) की पुनर्रचना की प्रक्रिया समझ में आती है। मध्ययुग में जिस तांत्रिक सम्प्रदाय को बस्तर में मान्यता मिली, वही तांत्रिक सम्प्रदाय विविध कर्मकाण्डों के प्रचार में संलग्न रहा और बस्तर की भूमि पर उनका रोपण हो गया। इन कर्मकाण्डों या धार्मिक कृत्यों में सबसे प्रमुख था **'आत्म-बलिदान'**, जिसके अनुसार किसी देवी या देवता के सम्मुख अपना स्वयं का सिर न्यौछावर कर दिया जाता था। किसी देवता को प्रसन्न करने के लिए 'आत्मबलिदान' बस्तर का प्राचीनतम धार्मिक कृत्य था।

किसी भक्त के लिए अपनी आराध्य देवी के समक्ष 'आत्मबलिदान' से बड़ा कोई उपहार धरती पर नहीं था। इस प्रकार की भावना मुस्लिम-आक्रमणों के समय सबसे अधिक सम्वर्धित हुई थी और यह एक सशक्त प्रतिकारक (एण्टीडोट) थी। उस युग में मुसलमान-आक्रांताओं में धार्मिक उन्माद बढ़ रहा था और उनका लक्ष्य था हिंदू-आदिवासी धर्म और संस्कृति के ढाँचे को विध्वंस कर दिया जाए। उक्त फैलते हुए जहर को समाप्त करने के लिए 'आत्मबलिदान' जहरमार का कार्य कर रहा था। इससे इस्लामी आक्रामण

में रोक लगी और यह चौदहवीं-पंद्रहवीं शताब्दियों के पश्चात् यह प्रथा मंद पड़ गयी। इससे हिंदुओं को अपने धर्म और संस्कृति को समझने तथा सम्वर्धन में मदद मिली। यह एक प्रकार से उस चुनौती का सामना करने का तरीका था, जो मुसलमानों ने उस युग में हिंदुओं के समक्ष पेश की थीं।

उस समय के लोगों का यह विश्वास था कि देवी दंतेश्वरी रक्तपान करने वाली देवी है और इसीलिए दंतेश्वरी के लिए नरबलि का विधान था। ऐसा विधान अष्ट भैरवों (आठों दिशाओं के भैरवों) के लिए भी था, जिन्हें **अष्टांग** रक्त (शरीर के आठ अंगों का रक्त) चढ़ाया जाता था और रक्तरंजित सिर को उपहार के रूप में दिया जाता था।

आत्मबलिदान का एक अन्य तरीका था किसी देवरथ के पहिए के नीचे अपने को डाल देना और दबकर मर जाना। बस्तर में दशहरा के रथ के पहियों के नीचे दबकर मर जाने की परम्परा सोलहवीं शताब्दी से शुरू हुई थी।

किसी भी तीर्थस्थान में पहुँचने पर मानव, भैंस या बकरे आदि की बलि की सामान्य परम्परा थी, जिससे देव और दानव दोनों ही प्रसन्न होते थे (इपी. इंडिका, खण्ड 12, पृ. 242)।

निष्कर्ष

चालुक्यों ने धार्मिक क्षेत्र में सहिष्णुता की नीति को स्वीकार किया था। शास्त्र और लोक के धर्मों का इस युग में अद्‌भुत समन्वय हुआ था। शास्त्र लोकाभिमुख था तथा लोक शास्त्राभिमुख।

उपसंहार

विगत अध्ययन से यह स्पष्ट होता है कि उत्तर मध्ययुग के अंत में स्वतः संपन्न अर्थव्यवस्था वाला ग्रामसमुदाय तेजी के साथ विघटित हो रहा था और उसी के साथ कृषि और उद्योग के बीच एकात्मकता का विघटन हो रहा था और बाजारों के प्रसार में कमी आयी थी। इसके मूल में थी, सम्पत्ति की असमानता का गहराना और भूमि पर सामुदायिक तथा व्यक्तिगत स्वामित्व की खाई का चौड़ा होना। ग्रामीण जनसंख्या का यह स्तरीकरण सामंती उत्तराधार क्रम में बढ़ते हुए शोषण के कारण दिनोंदिन त्वरित गति से बढ़ रहा था। इसकी परिणति थी लगान की वसूली की कठोर प्रक्रिया, जिससे आदिवासी जनता त्राहि-त्राहि कर रही थी।

ग्रामसमुदाय के विघटन का परिणाम यह हुआ कि अधिकतर जनसंख्या सामंतों के अधीन रैय्यत बन गयी और उसका भूमि पर स्वामित्व न रहा। वे भूमि का तब तक उपयोग कर सकते थे, जब तक उनमें समय पर लगान चुकाने की हैसियत हो। कालांतर में जल, जंगल और जमीन पर उनका अधिकार नहीं रहा और सभी भूमि पर अधिकार के बिना भाड़ेदार बन गए। इसी के साथ प्रारंभ हुआ सामंती स्वामियों के द्वारा उनका शोषण। विविध बाहरी युद्धों और गृहयुद्धों ने स्वामित्वहरण और विनाश में खतरनाक भूमिका अदा की।

दूसरी ओर अल्प संख्या वाले किन्तु सम्पन्न आदिवासियों ने विशाल तथा उर्वर भूमि पर ग्रामीण अधिकारियों के सहयोग से कब्जा जमा लिया। उक्त प्रकार की आर्थिक असमानता आदिवासियों की पारम्परिक असमानता से जुड़ गयी और निर्धन आदिवासी दासता की स्थिति में आ गए।

इन परिस्थितियों में बस्तर के गाँवों के आदिवासी संगठन अपनी स्वायत्तता खोने लगे और वे सामंती संरचना की इकाई मात्र बनकर रह गए। इससे शोषण की अकथ कहानी का श्रीगणेश हुआ।

औद्योगिक क्षेत्र में एक साथ दो उत्पादक व्यवस्थाएँ चिरकाल से अनेक गाँवों में सक्रिय थीं। एक था आदिवासी परिवारों की पारम्परिक घरेलू उद्योग, जिसमें बुनाई और कताई जैसे काम होते थे। यह प्राकृतिक या भरण-पोषणमूलक अर्थव्यवस्था का अनिवार्य

घटक था। इस घरेलू उद्योग से जीवन की आवश्यकताएँ घर में ही उत्पादित होती थीं। दूसरे थे व्यावसायिक हस्तशिल्प, जो समूचे गाँव की जरूरतों को पूरा करते थे। इन कामों में घड़वा, घसिया, कुम्हार, लोहार—जैसे लोग जुड़े थे। ऐसे लोगों को शुल्क-रहित भूमि भी मिली हुई थी। इन दो व्यवस्थाओं के कारण गाँव आत्मनिर्भर थे।

सामंती शोषण ने समुदाय के जीवन को अत्यधिक कष्टदायक बना दिया था। इसके अनेक रूप थे। उदाहरणार्थ—

(क) राजमहल के कारीगरों को भोजन और आवास के अतिरिक्त कुछ भी नहीं दिया जाता था।

(ख) भारी कर, फीस तथा अन्य लगानों ने कारीगरों के जीवन को असहनीय बना दिया था।

(ग) उत्पादन या नमक, गुड़ आदि की खरीद में सामंती एकाधिकार था। इससे सरकारी अधिकारी और लगान वसूल करने वाले अनेक तरीकों से कारीगरों को सताते थे। वे कारीगरों से बाजार भाव से कम मूल्य में वस्तुएँ खरीदते थे। उन पर झूठा आरोप मढ़ते थे और उन्हें दण्डित करते थे। यदा-कदा आदिवासी अपने अधिकारों के लिए संगठनों का इस्तेमाल करते थे, किन्तु संगठनों के माध्यम से उनके ये संघर्ष नाकाफी होते थे और उनकी स्थिति में कोई सुधार नहीं था।

बस्तर का आदिवासी समुदाय, जो विविध संघों के बीच विविध रूपों को स्वीकार कर चुका था, उसने शताब्दियों पुराने दिन-प्रतिदिन के प्रतिकूल सहअस्तित्व को सुकर बना लिया था, जिसमें एक ओर सामंती स्वामी थे, तो दूसरी ओर पराधीन आदिवासी थे। इसमें कोई संदेह नहीं कि बस्तर के आदिवासी समुदाय की उसके पीछे चिरकालीन परम्पराएँ रही हैं तथा पूर्व-मध्ययुग में भी आदिवासी समुदाय बस्तर भू-भाग के सभी क्षेत्रों में था। इसकी क्षेत्रीय-प्रकार्यात्मक एकरूपता इसकी सामाजिक स्थिरता की प्रतीक है। सामंती अधिकार के अधीन यह समुदाय सामंती समाज की एक संस्था बन गया और इसने अपने को किसी नए सामाजिक कार्य के लिए प्रेरित भी नहीं किया। सामंती अत्याचार के विरुद्ध लड़ने के बजाय इसने सहनशक्ति का प्रदर्शन किया और जब इसकी सहनशक्ति की सीमा समाप्त हो गयी, तो इसने क्रांति कर दी और उसी के साथ बस्तर में चालुक्य-शासन का अंत हो गया। डोंगर तथा जगदलपुर-जैसे ज्येष्ठ तथा कनिष्ठ राजधानियों का भी एक साथ पतन हो गया।

उक्त काल की व्यथाकथा पुजारी के अधोलिखित हलबीगीत में है—

तुम नी गोठियाव आपलो
दादी-पुरखा चो गोठ के

सुनतो बीता 'बाँडा बाग' मरलो
'जय गोपाल' बले सरली ॥1॥
तुचो रकत पानी होउन
जसन कि बंदूक ले निकरली
तुचो हाथ हथियार होउन
जसन कि सरग ले घसरली ॥2॥
तुचो गागतोर चिचियातोर उआज
ढोल आउर माँदर, चो उआज संगे मिसली
तुचो आँसू झुमका बड़गी चो गुलगुली संगे बोहली
आउर एदायँ तुचय दुआरचो, तुचय रोपली बड़रुख
आपलो आउर गोटक चेर के, तुचय राँधा घरे उतराली ॥3॥
तुय पोरटा, तुचो भूक-पियास के खातो बीता
दखनू, केबले तो,
ऊपर पारा चो इन्द्रावती
गाल के माँडी ने देउन
मने मने गागेसे
काय बस्तरराज्य सड़ली
आउर दखेसे टुकुर-टुकुर।

"तुम अपने पुरखों की बात मत करो। आज तो तुम्हारा खून पानी बनकर बह रहा है। तुम्हारे रोने और चीखने की आवाज माँदर के थाप में गुम हो गयी है। तू तो निर्धन बेचारा है। तु भूख-प्यास से व्याकुल है। आज इन्द्रावती घुटनों पर हाथ रख कर रो रही है? उसे लगता है कि बस्तर विनाश के कगार पर है और वह इस विनाशलीला को टुकुर-टुकुर देख रही है।"

संदर्भ-ग्रंथसूची

Abul Fazl.	Akbar-Nama (Trans. H. Beveridge), Vols. II, III. Delhi, 1972-73
Agnihotri, Gururamapyare.	Rewa Rajya Ka Itihasa. Bhopal, 1972,
Agnew, P. Vans.	Foreign Political Correspondence File No. 79 of 1823. Letter from Agnew to Resident. Records, Nagpur
Agnew, P. Vans	A Report on the Subah or Provinces of Chhattisgarh. Nagpur, 1820
Aitcheson, C.M.	A Collection of Treaties Engagements and Sanads, vol. I Pt. IV, 1909, Relating to Central Provinces.
Andronov, M.S.	The Brahui Language, Mosco, 1980.
Annales of Bhandakar Oriental Institute. IV, Vi.	
Annual Report on South Indian Epigraphy.	Madras, 1916.
Appadoria, A.	Economic Conditions in Southern India. Madras, 1936.
Apte. Sanskrti-English Dictionay.	
Ball, V.	Jungle Life in India. London, 1880
Banerji, R.D.	History of Orissa, Vol 1. Calcutta, 1920
Barjena, Brajnath,	Cuttack, 1960

Samarataranga (Oriya) ed. G.S. Pattanayak.

Barnet. Antiquities of India. London, 1906

Batte, R.K.M. A Halbi Grammar. Jagdalpur. 1945

Begbie, L.F. Gazetteer of Chanda District. Bombay, 1909

Bengal and Agra Annual Guide and Gazetteer. Calcutta. 1841

Bhanjadeva. Pravir Chandra. Lohandigura

Tarangini. Raipur, 1956

Bharati (Monthly), Vol. XIX. Madras. 1942.

Blunt, J.T. Early European Travellers in Nagpur

Territories. Nagpur, 1995

Blunt, J.T. Narrative of a Route from Chunargarh

to Yetnagoodum. Asiatic Researches, Vol VII. 1795.

Bombay Gazetteer, Vol I, Pt. II.

Bose, P.N. Chhattisgarh : Notes on its Tribes. Sects and Castes.

JASB. Vol LIX. Pt. I, 1890, Calcutta.

Briggs, J. History of the Rise of the Mohammadan Power in India by Ferista, Vols. II, III. Calcutta, 1909

Buchanan. D.H. Eastern India. Calcutta, 1934

Buddha Prakash. Aspects of Indian History and Civilization Agra, 1965

Cambridge History of India, Vol. IV. Delhi, 1963.

Census of India, 1961. Vol. III ; 193 Vol. I, Pt. III. Simla.

Chapmann, R.A.B. Political Agent's Notes, 1898. unpublished, Jagdalpur Records Room.

Chatterton, Eyre. Story of Gondwana . London, 1916

Cousens. Indian Historical Quarterly, Vol. III.

Crooke. Tribes and Castes of North-

Western Provinces, Vol, IV. Calcutta, 1896.

Cuttack Gazetteer. Cuttack, 1910

Desai, Dinkar. The Mahamandaleshwaras under the Chalukyas of Kalyani, Bombay, 1951.

Deshpande. M.M. Aryan and Non-Aryan in India, Ann Arbar. 1979.

Danda, A.D. Chhattisgarh: An Area Study (ed.) Calcutta, 1977.

Das, Swapneswar, Chauhan Vir Surendra Sai (Oriya). Cuttack, 1858.

De Brett. Feudatory States of Chhattisgarh. Bombay, 1909.

Deva, Baijal. Prabodha-Chandrika (Sanskrit) Manuscript with the author.

Dube, Prahlad. Jayachandrika, Manuscript in State Museum. Orissa, Bhubaneswar.

Dubey, K.C. The Hill Marias of Bastar, Bhopal, Vol. 1983. unpublished Ph. D. Thesis.

Elliot, C. Deputy Commissioner's Notes. 1856, unpublished manuscript. Records Room, Jagdalpur.

Elliot, C. Report on the Bustar and Kharonde Dependencies of the Raepora District, 1868. Selections from the Records of Govt. of India (Foreign Deptt.) No. XXX.

Elliot, H. Memories on the History. Folklore and Distribution of the Races in N.W.P. being an amplified edition. 1868.

Elliot, H.M. History of India, Vol III.

Elliot and Dowson. The History of India as told by its own Historians, Allahabad, Vol. III (1964) Vol. IV. 1967.

Elwin, V.	The Muria and their Ghotul, London, 1947.
Eswar Dutta, E.	Inscriptional Glossary of Andhra Pradesh. Hyderabad, 1967.
Epigraphia Carnatica, Vol. VII	
Epigraphia Indica, I-XXXIII.	Epigraphical Collection. Madras, No. 44. 34, 43.
Ferista,	Muhammad Qasim Hindr Shah. Tarikh-i-Ferista, 1610. Naval Kishore Press, Lucknow, 1884.
Firminger.	First Report on East Indian Affairs, Vol. III. Calcutta, 1812.
Fraser, Andrew.	Political Agent's Report. Unpublished,1891.
Fuchs, Stephen.	The Aboriginal Tribes of india. Delhi, 1982.
Glasfurd, C.L.R.	Report on the Dependency of Bastar. 1862, unpublished.
Glasfurd.	Musings of Shikari. London, 1868.
Gopal, B.R.	Sindas of Renjeru, Indian History Congress. Proc. of 30th Session. Patna, 1969.
Grant, Charles.	Gazetteer of the Central Provinces of India.
Grigson, W.V. Maria	Gonds of Bastar. Oxford, 198.
Gupta, K.M.	The Land System in South India, Lahore,1933.
Herrenschmidt, Olivier.	Le Cycle de Lingal. Paris, 1966.
Hiralal, R.B.	Inscription of C.P. and Berar. Nagpur, 1916
Hiralal, R.B.	The Nagas of Central India, the Maharaja College Magazine, Vol. V. Vizianagaram,1933.
Hiralal, R.B.	Dantewara Sanskrit Inscription, EI, XII.1913.

Hiralal, R.B. Madhya Pradesh Ka Itihasa, Varanasi,1909.

Hota, Arjun. Bastar Vijaya-Najaka (Oriya). Patna, 1941

Hunter, M.W. A History of Orissa, Vol. I. Calcutta, 1956.

Indian Antiquary, Vols. V, VII, VIII, XVI.

Indian Historical Quarterly, Vols. II, IX, XIII

Inscriptions of Nellore District, Vol. III. Madras, 1920.

Inscriptions of Bengal, Vol. III.

Jay, Edward J. A Tribal Village of Middle India. Calcutta, 1970.

Jenkins, R. A Visit to Nagpur Territories, Unpublished, 1823, Nagpur Uni. Lib.

Jenkins, R. Riport on the Territories of Rajah of Nagpur. Nagpur, 1827, Pub. 1901.

Journal of the Andhra Historical Society, I, IV, VIII.

Journal of the Asiatic society of Bombay, XX, XXX.

Journal of the Bihar and Orissa Research Scoiety, VI, XVI. XX.

Journal of the Bombay Branch of the Royal Asiatic Society, XXII.

Journal of Indian History, XLII.

Journal of Kalinga Historical Research Society, I.

Journal of Telugu Academy, Vol. IV.

Journal of the Oriental Research X, XXX.

Journal of the Royal Asiatic Society, 1898, 1901, 1904, 1905.

Kanker Raj-family Records, Unpublished.

Keilhorn. List of Inscriptions of South India. Madras, 1890.

Koraput District Gazetteer, Cuttack, 1966.

Kosambi, D.D. An Introduction to the Study of Indian History, Bombay, 1956.

Macpherson, Lieut. The Khands of Orissa. London, 1852.

Macpherson, Lieut. — Report upon the Khonds of the Districts of Ganjam and Cuttack. Madras, 1863.

Madras Reprot on Epigraphy. 1908.09.

Majumdar, B.C. — Orissa in Making Calcutta, 1928.

Majumdar, R C. — The History and Culture of Indian People, Vol. V. Bombay, 1966.

Mishra, Gangadhar. — (a) Kosalananda, Patna Manuscript, State Museum Orissa,Bhubaneshwar
(b) Kosalananda, Sonepur Version. Cuttack, 1929.
Bhubneshwar, 1952.

Mullick. S.C. — A Short History of Kosal (in Oriya).

Nelson, A.E — Durg District Gazetteer. Calcutta, 1910.

Nizami, K.A. — Some Aspects of Religion and Politics in and India during the 13 Century. Aligarh, 1961

O' Flaherty, W. Doniger. — Asceticism Eroticism in the Mythology of Siva.Oxford, 1973.

O' Malley. — Sambalpur District Gazetteer. Cuttack, 1908.

Orissa Historical Research Journal, VII, VIII, X. Padgi, S.R. — Among the Gonds of Adilabad. Bombay, II ed. 1952.

Quadrizore. I.S.N. — Qutb-Shahi Sultans and Andhra Samskriti. Hyderabad, 1962.

Rath, P.C. — History of the Chauhans as known from Jayachandrika of Prahlad Dube. JBORS XXVII.

Rewaram, Babu. — Tawarikha Shri Haihayavanshi Rajaon Ki, 1858. Unpublished manuscript.

Russell, R.V. — Central Provinces Feudatories. Calcutta, 1906.

Russell, R.V. — Imperial Gazetteer of India, Central Provinces. Calcutta, 1908.

Russell and Hiralal. Tribes and Castes of Central Provinces and Berar. Bombay, 1916.

Sharma, M. Somasekhar. A Forgotten Chapter in Andhra History. Madras, 1945.

Sharma, Ramanatha Nand. Jaypore-Raja-Vanshavali (Sanskrit). Madras, 1938.

Sharma, R.S. Indian Feudalism. Calcutta, 1965.

Shukla, Hiralal. Lanka ki Khoj. Allahabad, 1977.

Shukla, Hiralal. Adivasi Sangit. Bhopal, 1986.

Shukla, Hiralal. Adivasi Samantavada. Delhi, 1987.

Shukla, Hiralal. A Dictionary of Tribal Languages, Delhi in press.

Shukla, Hiralal. Language, Ethnicity and History. Delhi, 1985.

Shukla, Hiralal. Social History of Chhattisgarh. Delhi, 1985.

Shukla, Hiralal. Chhattisgarh in the Seventeenth Century. Raipur, 1982.

Shukla, Hiralal. Socio-Cultural Approach to Tribal Languages. Delhi, 1985.

Shukla, Hiralal. Janabhasha aur Sahitya. Delhi, 1982.

Shukla, Hiralal. The Tribal Revolutions in Colonial India. Delhi, 1991.

Shukla, Hiralal. Tribal Heritage of Madhya Pradesh. Delhi, 1986.

Shukla, Hiralal. Abujhmaria Lokagita. Bhopal, 1982.

Shukla, Hiralal. Prachina Bastar. Nagpur, 1978.

Sherwani S.K. History of Mediaeval Deccan, Vol. I. Hyderabad, 1973, Vol. II. 1974.

Sherring Rev. M.A. Hindu Tribes and Castes. Vol. London. 1879.

Sil, Jogendra Nath. History of Central Provinces. Calcutta. 1917. English version, reprint 1922.

Singh, Indrajit. The Gondwana and the Gonds. Lucknow, 1944.

Singh, Lala Dalaganjana. Raja Sahib Bastar Ki Vanshavali, 1856, Un-published manuscript. Record Room, Jagdalpur.

Singh, Lala Kalindra. Bastar ka Itihasa, 1908. Unpublished Manuscript. Record Room. Jagdalpur.

Sircar, D.C Some Southern Dynasties in Madhya Pradesh and Orissa. Calcutta, 1956.

Smith, Major Lucie. Settlement Report of Chanda Destrict, Nagpur, 1869.
Somanath, Paikuriki (ed.) Basava-Puranamu (Telugu). Madras, 1966.

South Indian Inscriptions. I, III, IV, V, X.

Subramanyam, R. The Suryananshi Gajpaties of Orissa. Weltaire, 1957.

Swell, Robert and S.K. Aiyangar. Historical Inscriptions of South India (HISI). 1923.
Srinatha, Bhimeswarapuanamu (Telugu), Madras. 1929.

Srinatha. Kashikhandamu (Telugu). Madras, 1958.

Tarikh-i-Qutb Shahi. Unpublished Manuscript, Hyderabad.

Thakur, Kedarnath. Bastar Bhushana, Varanasi, 1908.

Thakur, Lokanatha. Bastarraja-Vanshavali (Sanskrit). 1853., unpublished.

Thakur, Mitranath. Maharaja Bastar Ki Vanshavall. Unpublished, Records Room, Jagdalpur.
Oravya. Madhava, Virabhanuday-

akayya. Navol Kishore Press. Lucknow, 1938.

Temple, R. Report on the Administration of Central Provinces. Nagpur, 1862, reprinted 1923.

Temple, R. Report on the Zamindars and Petty Chieftains of the Central Provineces. 1863, re-printed Nagpur, 1903.

Vadivelu, A. The Ruling Chiefs, Nobles and Zamindars of India, Vol. I. Madras, 1915.

Vaidya. C.V. History of Medieval Hindu India. 3 Volumes. Poona, 1921-26.

Venkatachar, C.S. Census of India, Vo, I, Pt. III (B). Delhi, 1931.

Venkataramanayya, Nelaturi. Eastern Chalukyas of Vengi. Madras, 1950.

Vidyanath. Prataparudriyam, Madras, 1940.

Ward. Report on the Land Revenue Settlement of Mandla District. Nagpur, 1863.

Wills, C.V. The Territorial System of the Rajput Kingdoms of Mediaeval Chhattisgarh, JRAS, Calcutta, vol. XV (N.S.) 1919.

Yazadani, G. The Early History of the Deccan. Calcutta, 1922.

परिशिष्ट-1

काँकेर के सोमवंशी राजाओं के उत्कीर्ण अभिलेख

1. **व्याघ्रराज का गुरूर-स्तम्भलेख** (इण्डियन एण्टीक्वेरी, 1926, पृ. 44, हीरालाल, क्रमांक 235, पृ. 137)। गुरूर दुर्ग से 48 मील की दूरी पर स्थित है। इसमें **काकरय** (काँकेर) के व्याघ्रराज का उल्लेख है तथा यह निर्देश मिलता है कि किसी **नायक** ने **कालभैरव** के मंदिर के लिए एक ग्राम दान में दिया था।

2. **पम्पराजदेव का काँकेर-ताम्रपत्र (1213 ई.)**

इसमें महामाण्डलिक चंद्रवंशी पम्पराज का उल्लेख है। इसमें **जैपरा वणिकोट्ट** व **चिखली** नामक ग्रामों का एक ब्राह्मण के लिए दान का उल्लेख है। यह **काकैर** (काँकेर) अधिवास से जारी किया गया था तथा उक्त दान राजमहिषी लक्ष्मीदेवी व राजकुमार वोपदेव की उपस्थिति में सोमवार कृष्णपक्ष दशमी भाद्रपद मृगशीर्ष नक्षत्र कलचुरि संवत् 965 में हुआ था, जो 12 अगस्त, 1213 ई. निश्चित होता है। जैपरा गाँव आधुनिक जैपरा है, जो काँकेर से 15 मील उत्तर में स्थित है। इसी दिशा में चिखली 21 मील दूर है। (इपी. इंडिका, खण्ड 9, पृ. 166, हीरालाल, क्रमांक 300, पृ. 171)। उक्त ताम्रपत्र दो फलकों में है। उसका मूल यहाँ प्रस्तुत है।

प्रथम फलक

1. स्वस्ति काकैरसमावासे राजाधिराजपरमेश्वर-परममाहेस्वर (श्वर) सो-
2. मवंसा (शा) न्वय प्रशूतकात्या [य ×] नी वरलब्धपंचशब्दाभिनंदितनिजभुजो पार्जित-
3. महामण् [ड ×] अलीकसीमत् पम्पराजदेवविजयराज्ये तत्संनिहितराज्ञि लक्ष्मी-
4. देवि कुमर वोपदेव प्रधान भोग रारा। वैपाथ। असू एते निजव्यापारं कुर्वंति-
5. ष्ठां (ष्ठं) ति जैपरा वणिकोट्ट मर्यादाकृत्य ग्रामपत्रोयं गैता लक्ष्मीधरायं (य) प्रद्रत्तं

6. प्रथम सराह गज भाम आद्यु 130 विजयराजट्टक 140 हलवार्धपट्टं–
7. तरे। तथा चिखलीग्रामपत्रे विजयराज (ज्य ×) ट्टंक 150 प्रलवा–पौ
8. णपट्टं तरे। अस्मिं अर्थे शाक्षिणः भट्टारा [णक ×] (1) गोविन्द गै (न्) ता लक्ष्मीधर। [गै ता ×] म
9. हेस्वर। ना [यका]। छंतू। न [यक ×] दामोदर। सा [ओ ×] पालाटु। संवत् (1) 965 भाद्रपद वदि। [0]
10. मृगरिक्षे सोद्मदिने।
11. पत्तने [11×] सुभंस् भवतु ॥

द्वितीय फलक

1. ओम् स्वस्ति पाडिसमावसे समस्तरा–जावलीमणालंकृत सोम वंशप्रसूतमहा–
2. मण् [ड् ×] अलीकश्रीमद् वोपदेवपादानुध्यातपरमभट्टारकमहयण् [ड् ×] अलीक [श्री] मत्सोमरा-
3. जदेवपादानुध्योत परमभट्टारकमहा-मण्डलीक श्रीमत् पम्पराजदेव मदी -प्रवद्धिमानक-
4. ल्याण वी (वि) जयराज्ये तत्संनिहित् राज्ञि लशमादेवी कुमरे वोपदेव प्रधान वाधु। ठाक्तृ अष्ट वि (ष्णु)-
5. सर्म्मा। नारायण। भट्टराण [क ×] गोविंद गै। महेस्रा। ना। छाटू। दामोद्र। सा पल्टुऐ। एते निजव्याप (पा)
6. रं कुर्वन् तिष्ठंति। घृतकोशिक गोत्रा-न्वयप्रसूत सम [स्त ×] द्विजवर्य्यो [द् ×] द्योतकारक गैत (त्ता) मधवसर्म्मः
7. पौत्रा [य ×] गैत्ता गदाधरपुत्राय सकलगुणालंकृ [त ×] गैता लक्ष्मधर-सर्म्मणे याजुर्वेदाध्यायिने ईश्वर-
8. संवत्सरे कार् [ति ×] कमासे चित्ररिक्षे रविदिने सूर्यापरागे श्री प्रांकेस्वर सम्न्नि (न्नि) धान कोगरा ग्रामो-
9. यं चातुसिमापयंतं पादप्रक्षालनं कृत्वा अस्माभि [: ×] प्रदत्तम ॥ तत्कालसमये विसयमध्ये (श्री) कुमर
10. वोपदेवेन पादप्रक्षालनं कृत्वा आण्डलिग्रामो य (यं) प्रदत्तम।
संवत् 966 सावु केसवे
11. न उत्किन्नं [11 ×] सुभं भवतु।

3. **कर्णराज का सिहावा-प्रस्तराभिलेख** (इपी. इंडिका, खण्ड 9, पृ. 182, हीरालाल, E1, IX, 182), अभिलेख की तिथि 1191 ई.- 1192 ई.।

मूलपाठ

1. ओम् नमः शिवाय। तत्पातु वस्तृतयमीश्वर- लोचनानामग्न्यर्क्करम्ममय-मूर्त्तिधरां स-
2. मन्तात्। यंल्लोकदुः खदहन प्रतिभासनादि (स्वा) प्यायनानि कृपयानुदिनं करोति ॥1॥ कंदर्पवा
3. णगणसाण सिलामनोज्ञक्कामिनीवदन दर्पण-मण्डलसीः। देवः ससी (शशी) विजय तेत्रि-
4. तपः पयोधिमु (क्ताफलं) हरसिरोमुकुटै- करनं ॥2॥ पुरूरवप्रभृतिभिः नृपैर्यो ववृधन्वयः। त-
5. स्य तस्मिन्नभ्द्पः (सिं) घराजो नृपाग्रणीः ॥3॥ तस्मादजायत महीपतिमौलि-संघर्षघृष्ट-

1. पठ. वस्त्रितयमीश्वरं, 2. पठ. यल्लोक, 3. पठ. कन्दर्पबाणगण शाणशिलामनोज्ञ, 4. पठ. श्रीः, 5. पठ. शिरो 6. पठ. पुरूरवभिनृपैर्यो ववृधेडन्वयः 7. पठ. सिंह, 8. पठ. संघसंघर्ष

6. चरणः किल वाधराजः। राजन्यती (राजन्वती) समभवज्जगती समन्ताद्येन प्रजासपिनृतां भजता नृपेण ॥
7. ॥8॥ वोपदेवोभवत्तस्मात्सिंघः (सिंहः) सिंघा (सिंहा) दिवापरः। येन वित्रासिता जग्मुद्विसः सत्रु (द्विशः शत्रु) नृपद्विपा ॥5॥
8. तस्माद्वभून्नृपतिमण्डलमण्डनस्त्रीः स्त्रीकर्णराजनृपतिर्विदितप्रतापः। यन्याय (यन्नयाय) वर्त्तनकृपाणम-
9. यात्प्रवेष्टुं काकैरदेसममलं न कलिः ॥6॥ तस्य भोपाल्लदेवीति महिषी वरवर्णिनी। वभूवः (बभूव)
10. मेने यांल्लोको लक्ष्मीं क्षितिगतामिव। 6॥ स्ववाहुवीर्येण विजित्य सर्व्वानुपांत-देशाधिपतीन्सम-
11. न्तात्। सेवाकरोपायनदानसीलांश्चकार साम्राज्यपदं दधानः ॥8॥ तीर्थ देवहृदे तेन कृतं प्रासा-

1. पठ. शीलां

12. दपन्चकं (पच्चकं)। स्वीय तत्र द्वयं जातं यत्र शंकरकेसवौ (केशवों) ॥9॥ पितृम्यां प्रददौ चान्यत्क्यरयित्वा (त्कारयित्वा) द्वयं नृपः

13. सदनं देवदेवस्य मनोहारि त्रिसूदनः (शूलिनः)। रणकेसरिणे प्रादांन्नृपायैकं (प्रादान्नृ) सुरालयं ॥ तद्वंस (तद्वंश) क्षीण-

14. तां ज्ञात्वा भ्रातृस्नेहेन कर्णराट् ॥11॥ भोपाल्लदेव्या तत्रैव प्रासादः कारितः सुभः (शुभः)। भर्तुः संस्लेष- (संश्लेष)।

15. मिछन्त्या देहतः पुन्यत (पुण्यत) स्तथा ॥12॥ चतुर्द्दसोत्तरे सेयमेकादसे सते सके (चतुर्दशोत्तरे सेयमेकादशे शते शके)

वर्द्धतां सर्व्वतो नित्यं

16. नृसिंघे (नृसिंह) कृतिना कृता ॥13॥ सूत्रधा [र ×] सूपा।

4. पम्पराज के काँकेर-ताम्रपत्र (1214 ई.)

इसमें चंद्रवंशी उसी राजा पम्पराज का वर्णन मिलता है, किन्तु इसमें **सोमराजदेव** व **वोपदेव** का भी उल्लेख है। यह **पाडि** नामक अधिवास से जारी किया गया था। इसमें ग्राम के पुरोहित **लक्ष्मीधर शर्मन** को कोगरा गाँव देने का उल्लेख है। इसी पुरोहित को वोपदेव ने पहले **अण्डली** ग्राम दान में दिया था तथा यह पुरोहित **उद्योत** का लेखक था। यह दान कलचुरि संवत् 966 (नाम ईश्वर) के कार्तिक रविवार को दिया गया था, जब सूर्यग्रहण तथा चंद्रमा चैत्र नक्षत्र में था। यह रविवार, 5 अक्टूबर 1214 ई. निश्चित होता है। चर्चित स्थानों में कोगरा सम्प्रति **देव कोंगरा** के नाम से प्रसिद्ध है, जो काँकेर से 8 मील दक्षिण-पूर्व में है। **अण्डली** आधुनिक अंजनी है, जो काँकेर से 10 मील उत्तर में स्थित है। **पाडी** अभी तक अज्ञात है (इपी. इंडिका, खण्ड 9, पृ. 166, हीरालाल, क्रमांक 301, पृ. 172)।

5. भानुदेव का काँकेर-शिलालेख (1320 ई.)

अभिलेख काकैर (काँकेर) के राजा भानुदेव के मंत्री **नायक** वासुदेव की प्रशस्ति है। इसमें तीन मंदिर, प्रतोलीसहित एक पुरतोभद्र (प्रासाद) व दो सरोवरों के निर्माण का उल्लेख है। इसमें शक तिथि 1242, रुद्रनामक ज्येष्ठ कृष्णपक्ष की पंचमी तिथि अंकित है, जो बुधवार, 27 मई 1320 ई. निश्चित होती है। अभिलेख में मंत्री की चार पीढ़ियों का उल्लेख है तथा उसके स्वामी की सात पीढ़ियाँ अंकित हैं। स्वामी का वंशानुक्रम इस प्रकार है—सिंहराज, व्याघ्र, वोपदेव, कृष्ण, जैतराज, सोमचंद्र तथा भानुदेव। इन्हें सोमवंशी कहा गया है। वर्तमान राजघराना भी सोमवंशी है (हीरालाल, क्रमांक 299, पृ. 171, इपी. इंडिका, खण्ड 9, पृ. 123, एशियाटिक रिसर्चेज, खण्ड 15, पृ. 505, कनिंघम की आर्कियोलॉजिकल रिपोर्ट, खण्ड 7, पृ. 14)। अभिलेख का मूल इस प्रकार है-

मूलपाठ

1. ओं सिद्धिः। आशीद्वंशे हिमांसोर्म्महितगुणगण-स्सिंहराव्डैरिसिंह स्तस्माव्याघ्रवनोशोभव-
2. दलुलयशा तेजसापास्तशूर्यः ॥ जज्ञे सोपि स्ववीर्योचितनृपतितिलकं बोपदेवं स चैव कृश्या।
3. ख्यं वैरिराज्य वज्रदलनपरं विक्रमाकांतविस्वं ॥2॥ काकैरेवनिपाल मौलिमुकुटप्रोभ्दा-
4. सिहीरांकुरज्योतिद्योतितपाद पंकजनखज्योतिभ्रकाशा भुवि ॥ संग्रामांगणवीरविक्र-
5. मगुणः श्रीजैतराजोभवत्तस्मादभ्दुत सत्प्रतापमहसः श्रीसोमचंद्रो नृपः ॥2॥ तस्माश्री
6. गुणसागरादभिनवस्सर्वांगवेषोज्वलः श्रीभानुर्धरणीधरः क्षितितले लद्यप्रतिष्ठोदय [:1 ×]।
7. जागेर्ति प्रतिपक्षपक्षदलनो भूपालचूडामणिर्यस्मिन्शाशति लोक एष सुकृति जागर्त्ति श-
8. द्वासनः ॥3॥ देशः पुण्यनिरीतिशास्वतधनस्सत्क निष्ठा द्विजाः स्वेष्टापूर्त्तपराः प्रजाष्कि-
9. मपरं पौराः धार्म्मिकाः [1 ×] सभ्याः शास्त्रविचारधौतमनसो धर्म्मावतारे कलौ राज्यं शास-
10. ति भानुदेवनृपतौ किं किं न लोकोत्तरं ॥4॥ वंशे नागदलोप जीवन जन स्फीतेभवन्ना-
11. यकः श्रीदामोदरसूनुरुज्वलयशा पो (लू) प्रजा नायकः ॥ ख्यातस्तत्तनयः स्वभावसर-
12. लो भीमाधिघस्तत्सुतो काकैरे नृपभानुदेव नगरे श्रीबासूदेवोभवत् ॥5॥ स्तंभोयं (न)।
13. गरस्य जातिजनतानध्यप्रभानायको भानुदेवनृपतेः पादांवुजाराधकः [1 ×]
14. संग्रामांगणसादिवर्ग्पुरतः ख्यातप्रभावो महाज्जागर्त्यभ्दुतविक्रमो धृतिधरटः श्रीबा-
15. सुदेवो भुवि ॥6॥ देवश्रीशसिभूषणस्य कृतिना देवालयं कारितं युग्मं मंडप शोभितं च।
16. पुरतोभद्र प्रतोल्या सह। क्षेत्रेशस्य तथा सुरालयवरं स्फीतं [त ×] डागं तथा बंधं कौडिकसंज्ञकं

17. बहुजलं दीर्घं तथा खानितं ॥6॥ हष्टापूर्त्त-परस्याशीत्सत्कीर्त्तिशसिचंद्रिका [1 ×] वासुदे-
18. वस्य विस्फारा स्थिताचंद्रार्कतारकं ॥8॥ संवत् 1242 रोद्रसंवत्सरे। ज्येष्टं वदि
19. पंचम्यां। प्रसस्तिस्समारोपिता नायक-वासुदेवेन ॥ लिखिता सक्तिकुमारेण ॥ शिवं [11 ×]

6. काँकेर प्रस्तराभिलेख

अभिलेख में काँकेर के राजा चंद्रसेन देव का उल्लेख है। यह वर्णन मिलता है कि इन्होंने **जोगीकसा** गाँव दान में दिया था, किन्तु किस उपलक्ष्य में दान दिया गया था, यह अस्पष्ट है। शायद यह **पान** के व्यय को वहन करने के लिए दिया गया था। वैसे काँकेर जिले में आज जोगीकसा नामक कोई गाँव नहीं है (हीरालाल, क्रमांक 302, पृ. 172)।

7. देवकूट-शिलालेख

देवकूट धमतरी जिले के सिहावा से 8 मील पश्चिम में स्थित है। यहाँ के चार मंदिरों में से एक में एक लघु प्रस्तराभिलेख है, जिसमें व्याघ्रराज का उल्लेख है। गुरूर-अभिलेख में भी उक्त राजा का उल्लेख मिलता है (इपी. इंडिका, खण्ड 9, पृ. 185, हीरालाल, क्रमांक 191, पृ. 113, रायपुर डिस्ट्रिक्ट गजेटियर, 1909, पृ. 280)।

प्राचीन काँकेर राज्य

काँकेर राज्य का क्षेत्रफल 1429 वर्गमील था। इसके उत्तर में दुर्ग और रायपुर के जिले, पूर्व में रायपुर का जिला, दक्षिण में बस्तर और पश्चिम में चाँदा राज्य था। इस राज्य की राजधानी काँकेर बंगाल-नागपुर-रेलवे की उपशाखा रायपुर-धमतरी-रेलवे की धमतरी स्टेशन से 39 मील दूर थी। राज्य का अधिकांश क्षेत्रुल पहाड़ियों और जंगलों से आच्छन्न था। इस राज्य का राजवंश सोमवंशी राजपूत था। परम्परागत कथाओं के अनुसार इस राजय का संस्थापक वीर कान्हरेदव था। वही पहले उड़ीसा में जगन्नाथपुरी का राजा था। उसे कुष्ठ रोग हो गया था। अतएव उसने सिंहासन का परित्याग कर दिया। नीरोग हो जाने के लिए वह भिन्न-भिन्न स्थानों में भ्रमण करता रहा और अंत में धमतरी तहसील के सिहावा में श्रृंगी ऋषि की कुटी पर जा पहुँचा। एक दिन यहाँ एक पोखर में स्नान करने से उसका रोग तुरंत ही जाता रहा। उस चमत्कार का प्रभाव सिहावा-निवासियों पर इतना पड़ा कि उन लोगों ने उसे अपना राजा बना लिया। उसके

वंशज कुछ समय तक सिहावा में शासन करते रहे। यह बात सन् 1192 के उत्कीर्ण लेख से सिद्ध होती है, जो यहाँ पाया गया है।

उत्कीर्ण लेखों से काँकेर के राजाओं का निम्नलिखित वंशवृक्ष है—

सिंहराज
↓
व्याघ्रराज उपनाम बाघराज
↓
वोपदेव
↓

- **कृष्ण** → जैतराज → सोमचन्द्र → भानुदेव
- **कर्णदेव** उपनाम वीर कान्हरदेव जिसने भोपाल्लदेवी से 1192 में विवाह किया
- **सोमराजदेव** → **पद्मराजदेव** जिसने 1216 ई. में लक्ष्मीदेवी से विवाह किया → बोपदेव
- रामकेसरी

कर्णदेव उपनाम वीर कान्हरदेव शिव का बड़ा भक्त था। उसने शिव के अनेक मंदिर बनवाए और उनके नाम पर अनेक तालाब खुदवाए। इस राजवंश की परम्परागत कथा के अनुसार इस घराने में 18 राजा हुए। इस वंश का तीसरा राजा सिहावा से काँकेर को राजधानी उठा ले गया और चौथे ने धमतरी तालुका को अपने राज्य में मिला लिया। छत्तीसगढ़ के हैहयवंशी घराने की उन्नतिकाल के एक पुराने उत्कीर्ण लेख से यह ज्ञात होता है कि काँकेर राज्य हैहयवंशी राजाओं के अधीन एक सामंत राज्य था। जब मरहठों का सितारा चमका, तब काँकेर के राजाओं ने उनकी अधीनता स्वीकार की। आवश्यकता

पड़ने पर 500 सैनिक प्रस्तुत करने की शर्त पर मरहठों ने उन्हें अपने राज्य पर शासन करने का अधिकार दे दिया। यहाँ के राजाओं में रुद्रदेव नाम के एक राजा ने धमतरी के पास महानदी पर एक शिवालय बनवाया और उसका नाम 'रुद्रेश्वर मंदिर' रखा। उसने रुद्री नामक एक गाँव भी उसी स्थान पर बसाया। उसने धमतरी का किला भी बनवाया, जिसकी बाहरी खाई आज भी विद्यमान है। इस राजा के चौथे उत्तराधिकारी हरपालदेव ने अपनी कन्या बस्तर के राजा को ब्याह दी और सिहावा परगना दहेज में दे दिया। हरपाल का चौथा उत्तराधिकारी भूपदेव था। भूपदेव ने बस्तर के राजा को उस समय सहायता दी, जब मरहठों ने उस पर चढ़ाई की थी। इस कारण स्वयं उसी पर आपदाएँ आ पहुँचीं और उनके कारण वह बिल्कुल तबाह हो गया था। पहले तो मरहठों के साथ युद्ध में वे लोग विजयी हुए, पर अंत में भूपदेव को धमतरी तहसील के झरिया गाँव में भाग जाना पड़ा। उसके साथ उसकी रानी भी भाग गयी थी। वहाँ उसके पद्मसिंह नाम का पुत्र उत्पन्न हुआ। सन् 1809 से 1817 तक वह झरिया में रहा, परंतु सन् 1818 में अंग्रेजी सरकार के रेजीडेण्ट ने, जो नागपुर के राज्य का प्रबंध करता था, 500 रुपए वार्षिक कर देने की शर्त पर उसे काँकेर का राज्य दे दिया परंतु सन् 1823 में जब अंग्रेजी-सरकार ने उस रियासत के एक खास इलाके की कर-व्यवस्था अपने हाथ में कर ली, तब यह वार्षिक कर लेना बंद कर दिया गया और तब से इस रियासत से सरकार को किसी तरह का कर नहीं मिलता था। योगेन्द्रनाथ शील के लेखनकाल में राजा थे--कमलदेव महाराजाधिराज, जो अपनी वंशगत पदवी के सहित 1904 ई. में गद्दी पर बैठे थे (योगेन्द्रनाथ शील, मध्य प्रदेश और बरार का इतिहास, इलाहाबाद, 1922, पृ. 279-82)।

परिशिष्ट-2

बस्तर-राजवंशावलीः

(दुर्लभ पाण्डुलिपि का प्रथम प्रकाशन)

कौसल्यासीत्प्रथमजननी देवकी च द्वितीया
विष्णोर्माता तदनुमहिता मुंडम्मा तृतीया।
यस्त्रेतायां रघुपतिरभूद्वापरे शौरिरासी–
त्पातुं क्षोणीं किल भुवि कलौ वीररुद्रावतारः ॥1॥

वीरभद्रो महाराजो बाणं त्यक्त्वा सशूलधृक्।
आगत्य मथुरां श्रेष्ठां पुरीं चिरमपालयत् ॥2॥

ततः शूलं परित्यज्य सशक्तिर्वीरकेसरी।
तत्याज मथुरां पुण्यां सोऽयं जयपुरं ययौ ॥3॥

रुद्रांशादाविरासीन्मथितरिपुच यो रुद्रदृग्रुदतापी
नाम्ना रुद्रप्रतापो विदित नयपथो यो धरेशो धरायाम्।
ख्यातो यस्याङ्गणे श्रीरतिविपुलतरं स्वर्णजालं ववर्ष
कृत्वा दिल्लीशमैत्रीं सदिशमुपगतो ईश ओरङ्गलस्य ॥4॥

कतिपयदिवसैः क्षयं प्रयायात्कनकगिरिः कृत वासरावसानः।
इति मुदमुपयाति चक्रवाकी वितरणशालिनि सीररुद्रदेवे ॥5॥

नवलक्ष्यधनुर्धराधिनाथे
पृथ्वीं शासति काकतीयरुद्रे।
अभवत परमाग्रहारपीडा
कुचकुम्भेषु कुरङ्गलोचनानाम् ॥6॥

प्रतापरुद्रदेवस्य पुरकांचनवर्षणम्।
यामार्धमहरत्कालं पुरा वै यज्ञहेतवे ॥7॥

प्रतापरुद्रनृपतिस्साक्षाद्रुद्रांशसम्भवः।
शिवार्चनपरो भक्तो माणिकीशक्तिसेवकः ॥8॥

प्रतापरुद्रे त्रिदिवंगते तदा
तस्यानुजन्माऽन्नमदेवराजः।
ओरङ्गलशक्तियतं विहाय
सखङ्गपाणिर्नृप बस्तरेऽ गात् ॥9॥

दिल्लीश्वरी श्रीभुवनेश्वरी च
भाणिक्यदेवी शुभदंतिकेश्वरी।
वाणं त्रिशूलं त्वथ शक्तिखड्गे
क्रमेण देव्यः प्रददुर्नृपाय ॥10॥

ततो महाबली वारो वीरभद्रोऽभवन्नृपः।
हंवीरनामा नृपतिर्भूमेस्त्राता च वीर्यवान् ॥11॥

मुञ्चति मुञ्चति कोशं भजति च भजति प्रकम्पमरिवर्गान्।
हंवरिवीखड्गे त्यजति त्यजति क्षमामाशु ॥12॥

भैराजदेवनृपतिर्प्रजाभयनिवारिकाम्।
शौर्योदार्यगुणागारो शिवभक्तिं वशीकरोत् ॥13॥

मेघावती महाराज्ञी भैराजस्य मनोरमा।
सुशीला सुंदरी सूक्ष्मा माणिकीशक्तिसाधिनी ॥14॥

भैरवं देवं नान्यं च प्रार्थयित्वा स्वयम्वरे।
कोर्कण्डनृपतेः कन्या धर्मपत्न्याभवत्प्रभोः ॥15॥

पुरुषोत्तमदेवस्तु कृत्वा दिग्विजयं तदा
ध्यात्वा लवणसिन्धौ वै तपसाऽतोषयद्धरिम् ॥16॥

सौभद्रं दत्तवान् विष्णुश्चक्रद्वादशसंयुतम्।
बस्तरे नगरे राजा साधितं स्यन्दनोत्तमम् ॥17॥

विष्णुशक्त्या तया तं वै कृत्वा लघुगुरूद्विधा।
साधुर्दुर्गोत्सवे तस्य चारोहणमकारि सः ॥18॥
जयत्सिंहो जयी युद्धे नृसिंहो भूमिपालकः।
प्रतापराजस्तु महान् प्रतापी बुद्धिमान् नृपः ॥19॥

भूपालो जगदीशस्तु जगदीशसमोऽभवत्।
लक्ष्मादेवी तस्य पत्नी साक्षाल्लक्ष्मीव लक्षणा ॥20॥

वीरशाहस्तु वीरस्याद्वीरसिंहो विवेकवान्।
ब्रह्महत्याभयात् त्रस्तो विधेर्लेखानुसारतः ॥21॥

शस्यप्रतापनृप वन्दितपादपद्मो
विद्वत्कुलैरभिहितः खलु धर्ममूर्त्तिः।
सज्जन्यबस्तरपुरे रणधीरवीरो
विद्वत्सरोजतरणिः शुचिसोमवंश्यः ॥22॥

शत्रून्विमथ्य चिरभावितवांश्च धीर-
स्संरक्षिताश्रितवरान् शरणारिवर्गान्।
दंतेश्वरीचरणपङ्कजमादधानो
दिक्पालदेव इति विश्रुतिमाजगाम ॥23॥

दिक्पालदेवजनितो रजपालदेवः
सूर्यप्रतापतुलितः प्रथितः पृथिव्याम्।
तस्मादभूद्बलिपतिर्नरराजराज-
स्सदिभर्विवेककुलशंसितसत्प्रतापः ॥24॥

रक्षादक्षविपक्षकक्षदलनो धाराधिनाथस्तदा
राज्यं न्यायपथश्चकार विमले श्रीमत्पुरे बस्तरे।
राजत्केतुरथाङिक्तो वरमतिस्संशस्य मानो मुदा-
विद्वामर्दरियावदेव हि समः ख्यातो महीमण्डले ॥25॥

तज्जन्मारिपुदन्तिनां मृगपतिर्विद्यावतां मानदः
शौर्यौदार्यगुणादिमानितवपुर्धर्मावतारो नृपः।
संख्यातो महिपालदेव हि समो न्यायेन शास्ता प्रजाः
भीतानां भयनाशकः सुरतरुः ख्यातो महद्भिर्भुवि ॥26॥

विद्वद्वंसविभूषितो बुधवरो भूपालदेवो नृपः
संजातो महिपालदेवनृपतेः शांतो महौदार्यवानं
रत्नासक्तवरैरिहभूषणगणैस्संशोभ्यमानक्षितौ
मत्तोन्मत्तसपत्नवर्गमखिलं कंपाटिताः यो शरैः ॥27॥

भूपालदेवनृपतेरभवद्धि वीरो धीरः
कवीन्द्रगणशंसितचंद्रवंश्यः
शस्तारविदवदनः करिराजसंस्था-
शास्त्रार्थ वादरतसङ्गतशुद्धबुद्धिः ॥28॥

दोर्दण्डखण्डितसपत्नबलेन वीरः
संशोभितो हि गुरुगर्वनिमीलिताक्षः।

एणीगणेषु मृगराज इवारिसङ्घे
धीरः कवीन्द्रगणराजितभैरवाख्यः ॥29॥

यद्भैरवाख्य नृपवर्यसरोजहस्त-
दंभोलिरार्यजननि स्वगिरीन्निहन्ति
सोऽयं मृगीदृश मनोहरगात्रयष्टि-
र्दिग्देवता विभववान् जयते नृपाग्र ॥30॥

शौर्यऽर्जुनं धृतौ मेरुं गाम्भीयेऽब्धिं मतौ गुरुम्।
दानकर्णं गुरौ दैन्यं भैरवेन्द्रोऽनुगच्छति ॥31॥
श्रीरस्तु॥

English Transation of the Vamshavali

Bow to the god Gajanana whose face is elephant-like.

Kausalya was the mother of Visnu (in Rama incarnation), secondly Devaki was the Mother of Visnu (in Krisna incarnation). Thirdly after these two Mummadamma one who was revered by all, was the mother of Prataprudradeva. In Treta-age Raghu was the king, in Dvapara-age Visnu and in Kali-age Pratabarudra deva was incarnation of Rudra to rule over the earth (verse 1).

The great king **Virabhadra** discarding an arrow resorted to **shula,** trident of Shiva, came to the best city of **Mathura** and ruled it for a long time (verse 2).

Afterwards renouncing trident, king who the foremost among warriors possessed a missile presided by **Devi.** At that very time he also left the holy city of **Mathura** and went to Jaipur- Rajasthan (Verse 3).

He being the second incarnation of Shiva could destroy his enemies, had his eyes full of lustre like **Rudra** and had also the power of Rudra i, e. chastising the wicked. He was as powerful as **Rudra** and was called **Rudra Pratapa.** He was the overlord of all the kings on earth. He also knew the science of morality and laws. He was well-known. Laksmi showered gold in his country, he being the devotee of **Laksmi.** He contracted friendship with the king of Delhi and went to the distant land of Warangal in the south (verse 4).

Within some day's period of residence mode of Laksmi or the golden mountain was terminated. And she was pleased to have abode at Virarudradeva who was famous for lavishing gifts of money. He was ever ready to part with Laksmi (verse 5).

While **Rudra** belonging to **Kakatiya** dynasty was ruling the earth and had under his control nine lakhs of archers, became the foremost destroyer of the suffering of women whose eyes were like deer. He played the part of knights in the mediaeval age (verse 6).

There was the showering of the gold in the city of **Rudra Pratapadeva** and he spent half his night time in performing sacrifices (verse 7).

King Rudrapratapa was himself the second incarnation of **Rudra.** He devoted himself to the worship of **Shiva** and was also devoted servant of Manikeshwari (varse 8).

After the death of **Prataparudra** his younger brother Annam Deva Raja ruled and made his city Warangal fortified. But he abandoned the city and went to Bastar with sword in his hand (verse 9).

Laksmi, the goddess of Delhi, Bhuvaneshwari, the goddess of Maniki and Danteshwari–all these gave respectively power to the sword of the king–power that was in arrow trident and **shakti** i.e. the power was centralized in a sword (verse 10).

Afterwards there was a king named Virabhadra who was very powerful and also a warrior. After this there was a king named **Hamvira** who was heroic and was the protector of the earth (verse 11).

He while marching slowly in course of conquest became a terror to his enemies and used his sword ruthessly. He khew no forgiveness (verse 12).

King **Bhairaja Deva** averted the danger of his subjects and won over the favour of Shiva. He was the repository of the qualities like bravery and generosity (verse 13).

Meghavati, the wife of Bhairaja, was talented and loved Bhairaja. She was well- behaved, beautiful, tender and **worshipper** of Manikadevi (verse 14).

The daughter of Korkonda king became lawful wife of Bhairava Deva, she having chosen him in the self-choice marriage not thinking of anybody else (verse 15).

Purushottama Deva conquered all the quarters and won over **Hari** by constant meditation. He also performed penance near saline ocean (verse 16).

God Visnu being pleased favoured him with Saubhadra and endowed him with twelve auspicious **Cakras** i.e. circular marks and he caused the best chariot to be prepared at the town of Bastar (and got the title of **Rathapati**) (verse 17).

He prepared Chariots of both kinds - light and heavy - by virtue of Visnu powers. He and his wife ascended it at the festival of Durga (Verse 18).

There was Jayasingh great hero in battle and Narsimha the protector of the earth, and there was also the king named Prataparaja who was very powerful and intelligent (verse 19).

There was king **Jagadish** who was equal in powers to **Jagannatha.** His lawful wife was Laksma who was just like Laksmi in all respects having auspacious marks like Laksmi (verse20).

Virashah was the foremost king among the warriors and ever thoughtful, but his mind was perturbed or disturbed on account of the danger or sin arising from the murdur of a Brahmana which was predistined by fate (verse 21).

Then there was the king named **Shasya pratapa** whose lotus like feet honoured by other kings and was considered to be incarnation of religion by the learned. There was the king named **Ranadhira Vira** who lived in the city of Bastar that was full of worthy and virtuous men. He came of Soma dynasty and was pure, sinless, and bright as the collection of lotuses (verse 22).

Having destroyed enemies, that wise king ruled for a long time and gave protection to the enemies that submitted to him and to those best men who sought his protection. Taking the dust from the lotus-like feet of Danteswari, he became famous by the name of **Dikpaladeva** (verse 23).

Rajapaladeva was the son of **Dikpaladeva** and was mighty as the sun and was known all over the earth. **Balipati** was his son who was the overlord of all the kings and whose glory about his thoughtfulness and noble birth was sung by the learned (verse 24).

Dharadhinatha who was ever ready to offer protection to his subjects and who was the destroyer of the number of his enemies ruled his kingdom with justice in the prosperous and sinless city of Bastar. He was famous on the face of the earth by the name of **Dariyavadeva.** His banner was shining with the mark of a chariot; had the best intellect and was being praised out of joy and had the lust of learning (verse 25).

His son was to the enemy as lion to the elephants. He was honoured by the learned and was respected on account of the qualities like bravery and genrosity and was the incarnation of religion. He was known as **Mahipaladeva** who ruled his subjects with justice and he was the destroyer of the danger of those who were in peril and was like celestial tree - desire fulfilling tree (verse 26).

King **Bhupaladeva** foremost in the assembly of the wise men of the court was the son of **Mahipaladeva.** He was calm and liberal-minded and was adorned with the peacock-like ornaments, he having inordinate love of ornaments. He caused terror to all his enemies on earth in battle with his arrows (verse 27).

Dhiravira was the son of **Bhupaladeva.** He was extolled by the best of poets and was born in lunar dynasty. His face was cheerful like the blossomed lotus. He had a herd of best elephants. He was given to the discussion of **Shastras** and was associated with the pure heart (varse 28).

King named **Bhairava** who was eminent among the best of the poets and was valorous, like lion in the group of his enemies who may be compared to the herd of deer. He was warrior by virtue of the strength shown to his enemy by breaking their power by the stick in the form of arms and he shut his eyes i.e. he was quite at peace but humbled the great pride of his enemies (verse 29).

The king named **Bhairva** conquered the whole of India, the home of the Aryans, just as Indra destroyed the mountains by means of his thunderbolt, by his lotus-like hands, may this king, the foremost of all the kings, whose eyes are deer-like and who possesses handsome frame of body and who is mighty as god, be victorious (verse 30).

This king **Bhairava** has in him the bravery of **Arjuna,** the courage of the **Meru** mountain, seriousness (depth) of the ocean and unfailing words, generosity of **Karna** and modesty towards his **Guru** (verse 31).

May there be prosperity.

परिशिष्ट-3

'बस्तर-विजय' नाटक

(उड़िया भाषा में लिखित नाटक)
(भवानीपाटणा से 28.8.1941 ई. में प्रकाशित)
(कथावस्तु इतिहास से ली गयी है)

लेखक— श्री अर्जुन होता : अनुवादक— चित्तरंजनकर

कुशीलवगणः-

पुरुष	**स्त्री**
वत्सराज सिंहदेव-पाटाणा के महाराजा,	
बलराम सिंहदेव- राजभ्राता,	रानी,
अरिदमन सिंह	पद्मावती-पाटणा की राजकुमारी
हीरा सेनापति	मालती
मदन	सुरमा (सखीद्वय)
बस्तरराज	बूढ़ी- छद्मवेशिनी दंतेश्वरी
युवराज	
वयस्य	4 सहरा नारी
गड़तिआ	नर्तकीगण
सहरा सेनापति-दुर्जय बुड़ेक	
मधु	
बालक	
4 सहरा सैनिक	
सैनिक गण, प्रहरी, मंत्री	

बस्तर विजय

(प्रथम अंक)
(प्रथम दृश्य)

स्थान :- पर्वतप्रांतदेश। निकट में अरण्यसमूह शोभा पाता हुआ।

काल :- मध्याह्न।

(शिकारी वेश में पद्मा, सूरमा व मालती, सूरमा तथा मालती फूल तोड़ती हुई। पद्मा स्थिर दृष्टि से शिकार का अनुसंधान करती हुई।)

सूरमा :- राजकुमारी! यह तो शायद हमारे राज्य की अंतिम सीमा। देखतीं नहीं, यहाँ से आगे जाना हमारे पक्ष में अन्याय होगा।

पद्मा :- अन्याय क्यों होगा? यह क्यों नहीं कहती कि जाने की ताकत नहीं है? (सूरमा के गंडस्थल पर पद्मा स्नेह से एक चप्पत लगा देती है।)

मालती :- यदि उसकी ताकत नहीं है तो मेरी ताकत है, परंतु हम यदि दूसरे के राज्य में प्रवेश करती हैं, किसी दूसरे के चपेट में आ जाएँ तथा हमारे नारी-धर्म के ऊपर कोई संकट आ जाए, तब-

पद्मा :- वहाँ तक बात क्यों बढ़ेगी? (वह स्थिति आएगी ही क्यों?) उसके पहले से तो प्रलय का ताण्डव (भीषण) रक्तपात हो जाएगा। (पद्मा अंग हिलाकर वक्ष दिखा देती है।)

मालती :- हाँ, हाँ मैंने बहुत सुना है! पुरुष का स्पर्श न पाते तक नारी का धैर्य रहता है, परंतु जब प्रणयी (प्रेमी) की आँखों से प्रणयिनी (प्रेमिका) की आँखों का मिलन होता है, "चारचक्षु-प्रांत में प्रीति-मिलन"—उसके बाद सब (युवतियाँ) शकुंतला हो जाती है, उनका विवेक नष्ट हो जाता है, वहीं उनका कौमार्यव्रत पूर्ण होता है।

पद्मा :- मालती! तुम्हारी बात सब दिन वैसी ही होती है। तुम्हारी बात सुनकर न जाने क्यों मुझे बहुत चिढ़ लगती है। समय पाकर मन में किंचित् विरक्ति आ जाती है।

मालती :- मैं तो तुम्हें चिढ़ाने के लिए कहती हूँ। मैं तो तुम्हें विरक्त करती हूँ। तो फिर उस दिन मेरे सामने यह क्यों कहा—मैं आजीवन ब्रह्मचारिणी होकर रहूँगी—कौमार्यव्रत धारण करूँगी?

पद्मा :- मैंने कहा है तो ठीक हीं किया है और नहीं तो क्या वरमाला लेकर सावित्री की तरह राज्य-राज्य घूमकर वर ढूँढूँ?

मालती :- पुरुष को वरण करना नारी का धर्म है। इसका अर्थ समझ सकोगी—किंचित् देखो माधवीलता की ओर—बिना एक वृक्ष का आश्रय लिए स्वतंत्र रूप से (निराधार होकर) क्या उसकी गति है?

पद्मा :- तब तो हो गया। यदि सहकार न होता, तब क्या माधवीलता धरित्री के वक्षस्थल पर स्थान न पाती? क्या माधवी-फूल नहीं खिलते?

मालती :- हाँ राजकुमारी, सचमुच क्या आप आजीवन कौमार्यव्रत धारण करेंगी? पवित्र चौहान-वंश की कन्या होकर सदा के लिए ब्रह्मचारिणी होकर रहना क्या दुनिया को अच्छा लगेगा?

पद्मा :- दुनियाँ से मेरा क्या आता-जाता है?

सूरमा :- हाँ, जितने दिन तक ईश्वर की इच्छा नहीं है, तब तक आपका व्रत है?

पद्मा :- (सूरमा के चेहरे को घुमाकर) मालूम पड़ता है, ठाकुर प्रतिदिन आकर तुम्हारे साथ बातचीत करते हैं, क्या नहीं? (ठीक इसी समय नेपथ्य में पलायनमान मृग का 'खस्-खस्' शब्द सुनाई देना)

मालती :- (चंचल दृष्टि से (नेत्रों से) इधर-उधर देखकर उँगली से संकेत करती हुई) एँ-यह क्या है? (दूसरी सब (शीघ्र ही) चंचल धनु में गुण देकर अस्त्रसंधानपूर्वक उस तरफ देखती हुई खड़ी हैं)

सूरमा :- जान पड़ता है हरिणी शिकारी द्वारा ताड़ित होकर पलायन कर रही है।

मालती :- हाँ-हाँ, सुयोग रहने पर शिकार हाथों-हाथ जुट जाता है।

पद्मा :- मुझे पहले अस्त्र मारने दो, मैं मारूँगी। (अस्त्र प्रयोग करते समय अस्त्र का हाथ से छूट जाना)

सूरमा :- अरी! यह क्या हुआ?

पद्मा :- नहीं 'सूरमा' वह केवल हरिणी नहीं है, छोटे-छोटे कोमल दो बच्चे हैं उसके-माँ के पास-वे किसी प्रकार-? न जाने क्यों मेरी इच्छा हो रही है कि मैं उनकी माँ बनती (होती)।, वे मेरे पास खेलते, मैं उन्हें स्नेह करती।

सूरमा :- हाँ-हाँ, तब तो हो गया, आपका कौमार्यव्रत तब यहाँ तक ही।

मालती :- राजकुमारी! संसार में सभी सबका स्थान ले सकते हैं, परंतु गर्भधारिणी के अलावा अन्य कोई माँ का स्थान नहीं ग्रहण कर सकता।

पद्मा :- क्यों? कारण?

सूरमा :- कारण स्वयं से पूछो, समझ जाओगी।

पद्मा :- कैसे?

सूरमा :- हमारी रानी माँ को छोड़ किसी अन्य को 'माँ' कहकर पुकारो, वही स्नेह, वही आदर पाओगी? कभी नहीं। अथवा तुम भी उसी स्नेह से 'माँ' कहकर पुकार सकोगी?

पद्मा :- (सतृष्ण नेत्रों से उसी ओर देखती हुई)

मालती :- राजकुमारी, यह भी क्या उसी सृष्टिकर्त्ता के नैसर्गिक प्रेम का बंधन नहीं है? यही जब युवक-युवतियों के मध्य आता है, उसे कहते हैं शृंगार तथा माँ का संतान के प्रति जो स्नेह होता है, उसे कहते हैं वात्सल्य। यह सब उसी ईश्वर-प्रेम का रूपांतर मात्र है।

पद्मा :- एँ, यह हरिणी जो इधर-उधर देख रही है, इसका कारण?

मालती :- अनुमान होता है, शिकारी फिर से निकट आ गया होगा। (पद्मा का धनुष में अस्त्र-योजना कर स्थिरदृगों से उस ओर देखती हुई कुछ क्षण पश्चात् अस्त्र-प्रयोग करना।)

सूरमा :- बस! लक्ष्य भेद तो हो गया?

पद्मा :- (अप्रतिम होकर) नहीं, लक्ष्य भेद और हुआ क्या? मेरा तो लक्ष्य था शर के तरकस (मून) पर आघात करने का था, परंतु वह तो हुआ नहीं! लगा है उसके पार्श्व में।

मालती :- हरिणी तो भाग गई। ठहरो, मैं ले आती हूँ, अस्त्र को पहचानेंगे।

सूरमा :- तब जो कुछ भी हो, कोई एक शिकारी हमारे अति निकट है।

पद्मा :- निकट हो अथवा दूर हो, उससे हमें क्या लाभ अथवा क्या हानि? (हाथ में दो अस्त्र लेकर मालती का द्रुतगति से प्रवेश, सूरमा अन्य अस्त्र को छुड़ाकर लेती है तथा उलट-पलट कर देखती है।)

सूरमा :- एँ (चौंककर) बस्तर युवराज, तब?

मालती :- वह देखो, इधर से किसी के आने की आवाज सुनाई पड़ती है!

सूरमा :- (नेपथ्य को देखकर) यह तो बस्तर युवराज आ ही गये। आओ तब, इस वृक्ष की ओट में थोड़ा छिप जाएँ। (छिपना) (ठीक उसी समय बस्तर युवराज का वयस्य के साथ प्रवेश।)

युवराज :- वयस्य, कहाँ? इधर तो कोई नहीं है! तब मेरे अस्त्र का गतिरोध किया किसने?

वयस्य :- सखे, मैं पहले से नहीं कह रहा था कि पाटाणा की सीमा पार कर जाना हमारे पक्ष में अच्छा नहीं है। हमारी बात क्यों कौन सुनेगा? अब क्या कि

अस्त्र का प्रतिरोध किया किसने? अरे बाबा, प्रश्न का उत्तर क्या स्वयं को स्मरण न होगा जो पूछ रहे हो?

युवराज :- अस्त्र तो मेरा कभी व्यर्थ नहीं जाता।

वयस्य :- आज तो हुआ, फिर कैसे कह रहे हो कि कभी हुआ नहीं। मैं कहता हूँ और एक बार अस्त्र मारकर मेरी बात की परीक्षा कर देखो?

युवराज :- मतलब?

वयस्य :- इस राज्य की देवी बहुत प्रखर। यह अरण्य-देवी उनसे भी अधिक प्रचण्डा।

युवराज :- न जाने क्यों मैं इस पर विश्वास नहीं कर पा रहा हूँ। मेरा अनुमान है, हमारे अति निकट जैसे कोई है। मैं अनुभव कर रहा हूँ-

वयस्य :- मैं तो कहीं किसी गंध का अनुभव नहीं कर पा रहा हूँ? महकता होगा यह फूल, यह वृक्ष यह पत्थर, नहीं तो और क्या? कुछ नहीं है। शून्य आकाश, बात यह है मित्र, जब जिसका मन चंचल होता है, दुनिया उसे कैसी-कैसी लगती है। बात यही है, तब और यह सब तर्क-वितर्क न कर मेरे विचार से- (पलायन का अभिनय करना)

युवराज :- आओ वयस्य, थोड़ा ढूँढकर देखें। वह व्यक्ति कौन है, जिसने मेरे अस्त्र का गतिरोध किया है। (युवराज और वयस्य कुछ दूर जाकर, लतांतराल में राजकुमारी और सखीद्वय को देखकर लौटकर)

वयस्य :- मित्र, सर्वनाश! ये कौन हैं जानते हो? ये हैं वही, वही-

युवराज :- ये युवतियाँ कौन हैं? देवी अथवा मानवी? (राजकुमारी का लक्ष्य कर) जिसे देवी के नाराच से मेरे अस्त्र का गतिरोध हुआ, उस देवी का परिचय क्या पा सकता हूँ?

सूरमा :- युवराज, हम देवी नहीं हैं, मानवी हैं।

युवराज :- (अप्रतिम होकर) तब मेरे अस्त्र का गतिरोध करने का कारण?

मालती :- संतानों को लेकर क्रीड़ारत हरिणी को संतान-सुख से वंचित करने के उद्देश्य से अस्त्र-प्रयोग करना-

युवराज :- मृगया क्षत्रिय का भूषण है, राजपुत्र का कर्त्तव्य है। तब-

सूरमा :- जो हो युवराज! हमारी नारी जाति का उतना कर्त्तव्य ज्ञान नहीं है। तो अब हम' जान गई कि अरण्य के हिंस्र जंतुओं का विनाश-साधन होता है वीरत्व का परिचायक-क्षत्रिय का कर्त्तव्य।

वयस्य :- (स्वगत) बस युवराज, अब जवाब दो। आप तो चुप हो गए, हार मान

जाइए। मैं कह रहा हूँ न कि ये मानवी नहीं हैं, इनसे आप बातचीत में जीत सकेंगे?

युवराज :- हाँ, मैंने स्वीकार किया (कुछ क्षण बाद) तुम्हारी तीसरी-

सूरमा :- कहते जाइए युवराज!

युवराज :- क्या तुम्हारी तीसरी सखी का परिचय पा सकता हूँ?

मालती :- ये हैं पाटणा की राजकुमारी, और हम दोनों उनकी सहचरी।

सूरमा :- हाँ, और भी कह दो, आज तक कौमार्यव्रत पाल रही है। (ठीक इसी समय राजकुमारी कृत्रिम क्रोधपूर्वक आँख दिखाकर दबा देती है, सूरमा हँसकर मुँह घुमाकर दूसरी ओर देखती है।)

युवराज :- अच्छा, मेरी भद्रता-रक्षा में जो भूल हुई हो, अपनी सखी से उसके लिए क्षमा याचना कर देंगी।

सूरमा :- और हम भी जो कुछ कह गई हैं, हमने सखी के परिचय देने में जो त्रुटि की है, वह सब भूल जाइएगा।

पद्मा :- चलो मालती, चलें। विलम्ब सह्य नहीं हो रहा है। आते समय माँ ने पूजा के पहले लौटने को कहा था।

मालती :- युवराज! अलविदा! (राजकुमारी तथा सखीद्वय कुछ दूर जाकर खड़ी हो जाती हैं, पद्मा मालती के प्रति)

पद्मा :- मालती, अब उनका अस्त्र उन्हें दे दो।

मालती :- क्यों, तुमने तो रखा है, तुम्हीं दे दो ना!

सूरमा :- नहीं तो मुझे दो, मैं दे देती हूँ। (पद्मा के हाथ से अस्त्र लेकर युवराज को देती है, पद्मा कुछ दूर जाकर)

पद्मा :- (सूरमा के प्रति) मेरा अस्त्र जो वहाँ रह गया!

सूरमा :- अरी जा, मैं यह सब नहीं कर सकती!

पद्मा :- मालती, तुम जाओ। (मालती अस्त्र ले आती है। इधर युवराज और उधर राजकुमारी अनिच्छापूर्वक चले जाते हैं।)

(द्वितीय दृश्य)

काल :- दिन का तृतीय प्रहर

स्थान :- नदी-तट

(वयस्य तथा पीछे-पीछे अन्यमनस्क (भाव की) मुद्रा में युवराज का प्रवेश)

युवराज :- वयस्य! मेरा शिर क्यों चकरा रहा है, शरीर कम्पायमान हो रहा है?

वयस्य :- मित्र! मैं कहता न था-उनके पास मत जाओ। कहना न मानने से उसका परिणाम यह नहीं होगा तो और होगा क्या? वे हैं देवी, जब उनकी दृष्टि तुम पर पड़ गई और तुम क्या (उसके प्रभाव से) बच पाओगे? कभी नहीं।

युवराज :- मित्र, यहाँ से हमारा और कितनी दूर है? हम अभी कहाँ हैं?

वयस्य :- यह है हमारे बस्तर राज्य का मूनेइ पहाड़। यह है वह नदी। हाँ, नाम याद नहीं है। आः हाँ, रहने दो, कल जब स्मरण होगा, कहूँगा।

युवराज :- मित्र! वर्तमान समय कितना है?

वयस्य :- मित्र! तुम क्या संसार को भूल गए? समयावधि को भूलकर मनुष्य इस प्रकार विक्षिप्त (मोहजड़ित) नहीं होते।

युवराज :- (अर्द्धस्वगत)-हाँ, उन्होंने क्या कहा? राजकुमारी कौमार्यव्रत-

वयस्य :- युवराज! उनकी बात छोड़ो। वे हैं कुमारी पाटणा की। वहाँ कुमारी हड्डी (काउँरी हाड़) नाम से एक कथा प्रचलित है। वह हड्डी जिसे स्पर्श कर दी जाती है, वह भेड़ की तरह काम करने लगता है। मैंने अपनी आँखों से देखा है! गनीमत है कि उन्होंने तुम्हें वह स्पर्श नहीं कराया। उसकी हवा लगकर तो तुम्हारी यह दशा, स्पर्श कराये रहने से और बाकी क्या रह जाता? अरे बाबा, मेरी बात मानकर घर चलो। तुमको दो-चार बार फूँक-झाड़ देने से तुम स्वस्थ हो जाओगे।

युवराज :- वयस्य! मेरी जाने की बिलकुल हिम्मत नहीं हो रही है-करूँ क्या? (हताश होकर रह जाना)

वयस्य :- (क्रुद्ध होकर) ओहो! क्या मैं तुम्हें पैदल चलने को कह रहा हूँ? यदि वह नहीं तो आँख, कान, नाक बंद कर घोड़े पर थोड़ा सो जाओ, और घोड़े को थोड़ा टीप दो। जब अपने ग्राम को पहुँचेंगे, तब मैं तुम्हें हिला दूँगा। तुम एकाएक उठकर घर में सो जाना। ये हुई न बात! केवल इस सुनसान मैदान में पड़े रहने से क्या होगा? वे क्या और आयेंगी अथवा तुम उन्हें पाओगे?

युवराज :- मित्र, सचमुच क्या जीवन में यह अंतिम दर्शन था?

वयस्य :- वाह रे वाह! इसे कहते हैं मंत्र। आज दिन के बारह बजे तक अच्छी तरह से सुन रहे थे, ठीक से बोल रहे थे, और इस दो-चार घंटे के भीतर इतना परिवर्तन कुछ कहने से कुछ समझते हो। मैंने क्या कहा, तुम और जीवन में उनके दर्शन नहीं पा सकोगे?

युवराज :- तब मित्र, उपाय?

वयस्य :- उपाय क्या कहीं फला हुआ है? अरे बाबा, पहले घर चलो, तब देखेंगे न?

युवराज :- मैं पास के इस झरने से थोड़ा पानी पीकर आता हूँ, न जाने क्यों मुझे बहुत प्यास लग रही है। (युवराज का प्रस्थान)

वयस्य :- ठीक है, जाइये, आँख और मुँह के पसीने अच्छी तरह धो लेंगे। (थोड़ा घूमने के विचार से) हाँ बाबा, तुम राजपुत्र हो, तुम्हें क्या डर, किन्तु हम तो दरिद्र ब्राह्मण हैं। पर राजकुमारी की दृष्टि पड़ गई है हमारे युवराज के ऊपर, राजकुमारी अवश्य हमारे युवराज की होंगी।

युवराज :- (प्रवेश करके अंतिम वाक्य को सुनकर) कैसे मित्र?

वयस्य :- वह बात बाद में समझोगे। और क्या इस जंगल के वृक्ष-पत्तों में, अथवा नदी के जल में? उसका उपाय है। तब रास्ता है। कितने दिन हुए हैं (उम्र क्या है)-यह पहले विचार करने की आवश्यकता है।

युवराज :- अच्छा, मित्र, चलें।

निष्क्रांत

(तृतीय दृश्य)

कालः **रात्रि प्रथम प्रहर**

स्थान :- उपवन (विहंग की जनमनोहर काकली-चकोर-चकोरी की विरहगाथा से मुखरित उद्यान के झूले में विरह-विधुरा राजकुमारी आसीन है, हाथ में फूलों की माला)

पद्मा :- (गीत)

सखे, तुम आँखों की पुतली,
तुम्हारा मधुमय मुख अवरेख,
हुआ मकरंद-प्रणय-अभिषेक।
मधुमय क्षण में,
बीहड़ वन में,
चित्त था चंचल, जब देखा,
भुलाऊँ कैसे तुम्हें सखा!
वीर-विभव पूरित तन,
दर्शनीय तव लोचन,

उज्जवल तारक भ्रू-युगरेखा,
जीवन में लेखा,
हुई अमर
प्रणय-पराग-सिक्त ज्यों देखा ॥

पद्मा :- चंद्र! सचमुच क्या तुम्हारी किरणों का स्पर्श शीतल है? नहीं, कभी नहीं। मलय-पवन बह जाता है, मेरे अंगों को छू जाता है, चंद्रमा धरणी वक्ष में स्निगध शीतल किरणें बिछा जाता है। मल्ली प्रस्फुटित होकर अपनी गंध बिखेर जाती है। यह सब कितने उत्तेजक हैं! मेरे रोम-रोम में वर्षा की सैकड़ों बूँदों का आघात अनुभव हो रहा है, मर्मस्थल में मधुप-गुंजन के साथ ही अशेष यंत्रणा का तीव्र आर्तनाद गुंजरित हो रहा है। ओह! (मौन) विधि की कैसी विडम्बना। मैंने प्रतिज्ञा की थी कि आजीवन कौमार्यव्रत का पालन करूँगी। हाँ, और वह सब किसलिए? जिस स्थान पर इन नेत्रों का उन नेत्रों से मिलन हुआ, उसी स्थान पर मैंने अपने कौमार्यव्रत का उद्यापन कर दिया।

सूरमा :- (गीत गाते-गाते प्रवेश)

पाकर प्रेम-कुहुक-संस्पर्श,
प्राप्त अभिनवता द्रव्य समस्त,
प्रेम जग में सुंदरतम्।
प्रेमिक-दृग में झाँके जब मरु
नील सरोवर अनुपम।
प्रेम जगाता विरह-वेदना,
प्रेम सिखाता गुप्त-चेतना,
विरह-ज्वाल में मज्जित जब तन,
पुलकित तब अंतरतम ॥

पद्मा :- सूरमा! यह गीत तुम क्यों गा रही हो?

सूरमा :- मेरी इच्छा, क्या मैं तुम्हें यह सब सुनने को कह रही हूँ?

पद्मा :- त2ब इसके अलावा तुम्हारा उद्देश्य क्या हो सकता है सूरमा?

सूरमा :- मैं अपनी इच्छा के अनुसार गाये जाती हूँ, मुझे अच्छा लगता है। तुम अकेली बैठकर सोचती रहती हो—तुम्हें अच्छा लगता है—संसार में सब समान तो नहीं हैं।

पद्मा :- सूरमा! वास्तव में उस रूप में मादकता है। तुमने तो स्वयं देखा है—उस बाहु का विक्रम, अस्त्र-संचालन!

सूरमा :- और तुम्हारे रूप की भी ठीक वही मादकता है, राजकुमारी! और तुम्हारा बाहु-विक्रम, अस्त्र-विरोध-कौशल भी तो कम नहीं है?

पद्‌मा :- यह सब तुम क्यों कर रही हो सूरमा?

सूरमा :- मैंने अपनी आँखों से देखा है उस दिन एक आया था। शिकार का सुयोग था, लक्ष्य भी व्यर्थ नहीं गया।

पद्‌मा :- यह सब तुम क्या कह रही हो, मैं कुछ भी नहीं समझ पा रही हूँ।

सूरमा :- यह सब तुम कैसे समझोगी राजकुमारी, उस समय तो आँख रहते-रहते अंधी हो गई थीं! (मालती का शीघ्रता से प्रवेश)

मालती :- चुप, चुप! यह सब छोड़ो। रानी माँ वह देखो आ रही हैं।

पद्‌मा :- (स्वयं को संयत करके) माँ आ रही हैं?

मालती :- हाँ, सम्भवतः अति निकट आ गई हैं। (रानी का प्रवेश-पद्‌मा को गोद में लेकर)

रानी :- माँ मेरी! सम्पदा मेरी! क्या तुम और घर जाओगी नहीं? रात हो गई, एक प्रहर बीत गया। दिन के दूसरे प्रहर से आकर बैठी हो तो बस बैठी ही हो! आज तीन दिन से जलपान भी नहीं कर रही हो। तुम्हें हो क्या गया है पद्‌मा?

पद्‌मा :- कुछ तो नहीं माँ, मेरा शरीर तो ठीक है। हाँ, आजकल न जाने क्यों मुझे भूख नहीं लग रही है। जलपान करने की इच्छा ही नहीं होती। (रानी पद्‌मा के शरीर, सिर पर हाथ फेरती है।)

रानी :- बेटी, तुम्हारा सिर गरम है! बेटी, आज तीन दिन हो गए क्यों तेरी आँखें हमेशा सजल दिखाई पड़ रही हैं? बेटी मेरी, तुम्हारा स्वर्ण-कलेवर क्यों आज मलीन पड़ रहा है? तुम्हें क्या अभाव है बेटी, कहो न।

पद्‌मा :- कोई अभाव नहीं माँ!

रानी :- तब दुधमुँही बच्ची तू, तू इतना सोच क्यों रही हो?

सूरमा :- हाँ, और क्या सब दिन.... (राजकुमारी कृत्रिम क्रोध से आँख दिखाकर सूरमा को चुप करा देती है)

रानी :- बेटी, कहो, मन की बात खुलकर कहो।

पद्‌मा :- कुछ नहीं माँ, क्या हुआ जो कहूँगी?

रानी :- बेटी, संसार में तू ही मेरा एकमात्र सहारा है। खैर, उन बातों को छोड़ो। चलो, खाओ-पीओ। उधर खाने की वस्तुएँ भी खराब हो रही हैं। उठो, बेटी

(हाथ पकड़कर उठाती है) मालती, मेरी पद्मा को ले जाओ, मैं आ रही हूँ। (पद्मा और मालती के उठकर जाते समय रानी सूरमा को इंगित करके)

रानी :- सूरमा!

सूरमा :- क्या माँ

रानी :- बात क्या है? क्या कारण है जिससे मेरी राजकुमी की यह अवस्था है?

सूरमा :- (चुप रहती है)

रानी :- चुप क्यों रह गई? कहना होगा। मैं तुम्हारी माँ हूँ न?

सूरमा :- माँ, मैं नहीं कहूँगी, ऐसी बात नहीं है। मुझे यदि डर है तो केवल राजकुमारी की उन लाल आँखों का। सच है, हमारी राजकुमारी नाराज हो जाती हैं, उका सारा शरीर लाल हो जाता है, आँखों से आग निकलने लगती है। मैं उससे प्राणों से डरती हूँ।

रानी :- वह सब चालाकी तुम रहने दो, तुम्हें कहना होगा, और मैं सुनकर प्राण देकर भी उसका प्रतिकार करूँगी, यही निश्चय है।

सूरमा :- अब चलिए माँ, रास्ता चलते-चलते कहूँगी जिससे राजकुमारी को शंका भी न होगी और इस तरह दोनों बातें बन जाएँगी।

(चतुर्थ दृश्य)

काल :- रात्रि

स्थान :- कक्ष (वत्सराज सिंह चितिंतमन होकर अकेले बैठे हैं। रानी का प्रवेश, हठात् देखकर)

वत्सराज :- रानी! आज असमय में और फिर यहाँ? कारण?

रानी :- महाराज! क्षमा करें, प्राणों के आवेग से दौड़ती चली आई हूँ।

वत्सराज :- मैं भी वही अनुमान कर रहा हूँ कि आज एकाएक इस अस्वाभाविक परिवर्तन का कारण क्या है?

रानी :- अस्वाभाविक नहीं है देव! पूर्णतया स्वाभाविक। आज तीन दिन हो गए, पद्मा ने-

वत्सराज :- (रोककर) मैं जानता हूँ रानी! मेरी भी वही चिंता है। मैं देख रहा हूँ, कितने दिनों बाद उसमें परिवर्तन आया है। जिस दिन वह राज्य के सीमांत प्रांत को शिकार के उद्देश्य से गई थी। सोच रहा हूँ, उसे शीघ्र ही किसी सत्पात्र को देना होगा। तब पात्र कहाँ है?

रानी :- पात्र मैं मनोनीत करूँगी देव!

वत्सराज :- किसे?

रानी :- बस्तर युवराज।

वत्सराज :- हो गई बात। यदि पद्मा को वहाँ दिया जाए तब तिलक में क्या देना होगा जानती हो?

रानी :- क्या देना होगा?

वत्सराज :- कुल का गौरव, वंश की मर्यादा, राज्य का भूषण, चौहान वंश का तिलक वही रमाई खण्डा (तलवार) बस्तर राजा चाहते हैं।

रानी :- हाँ, आप राजा हैं, वह सब आप सोच सकते हैं, परंतु मैं भी कहे देती हूँ, यदि इस कारण से पद्मा का विवाह बस्तर युवराज से नहीं किया गया, उसके परिणाम स्वरूप अंधे की लाठी, संसार में एकमात्र अवलम्बन, हृदय की संपत्ति से वंचित रह जायेंगे और मेरी कनकलता पद्मा मुरझा जाएगी। इस विषय पर पुनः विचार करना आवश्यक है महाराज!

वत्सराज :- वह यदि सत्य हो तब?

रानी :- (रोककर) और भी यह जोर देकर कह सकती हूँ (दावे के साथ कह सकती हूँ) कि आपका हृदय मातृ-हृदय नहीं है, आप कहाँ से समझ सकेंगे मेरी पद्मा की यातना?

वत्सराज :- अच्छा, रानी! आज इसी मुहूर्त में इस विषय का हल निकालना होगा। तुम जाओ, मैं भी आ रहा हूँ। (रानी का प्रस्थान) (निविष्ट चित्त से ध्यानमग्न होकर) प्रहरी, (प्रहरी का प्रवेश एवं अभिवादन) जाओ , बलराम सिंह को यहाँ बुला लाओ।

प्रहरी :- (अभिवादपूर्वक प्रस्थान)

(राजा एकांत दृष्टि से निविष्ट चित्त से सोच रहे हैं, इसी समय बलराम सिंह का प्रवेश एवं प्रणामानन्तर राजा की बाईं ओर स्थित आसन पर उपवेशन, राजा बलरामसिंह की ओर घूमकर)

वत्सराज :- भाई, आज पद्मा के विवाह के विषय में अन्तिम निष्पति करनी होगी।

बलराम :- मैं तो पहले ही इस संबंध में पूछने आ रहा था।

वत्सराज :- जहाँ तक मैंने महारानी का मत देखा, उसके अनुसार पद्मा को बस्तर युवराज को ही देना पड़ेगा। अनुमान है कि पद्मा का भी वही मत है,

किन्तु यदि यह (संबंध) होना है, तो 'रमाई खण्डा' (खड्ग) तो देना ही पड़ेगा! इस संबंध में तुम्हारा क्या विचार है?

बलराम :- प्रश्न करना आवश्यक नहीं है। महाराज! मैं कदापि आपके विचार का विरोधी नहीं हूँ।

वत्सराज :- तथापि पूछ रहा हूँ, इस संबंध में अपना मत तुम्हें प्रकट करना होगा।

बलराम :- बस, मेरी भी इच्छा नहीं है कि रमाई खण्डा को पणस्वरूप देकर पद्‌मा का विवाह हो, किन्तु पद्‌मा और रानी की जो इच्छा है, देख रहा हूँ उसी बस्तर युवराज को ही वरण करना होगा अन्यथा पद्‌मा आजीवन दुःखिनी बनी रहेगी, तब इस क्षेत्र में, कुलमर्यादा में जलांजलि देकर भी पद्‌मा को सुखी बनाना होगा। उसके बाद माँ पाटणेश्वरी की जो इच्छा।

वत्सराज :- और मंत्री, सेनापति- इन लोगों की क्या राय है?

बलराम :- मैंने अनेक बार देखा है, वे कभी आपके मत के विरुद्ध खड़े नहीं हुए हैं और जिस दिन राजदरबार में इस विषय की आलोचना हुई थी, उस दिन सभी आपके आदेश की अपेक्षा में अपना अभिमत व्यक्त कर गए हैं।

वत्सराज :- बस, ऐसा ही हों कल प्रातः ही बस्तर राज के दरबार को निमंत्रण भेजो तथा विवाह का आयोजन करो। जहाँ तक हो सके, इसी आगामी फाल्गुन दशमी के दिन पद्‌मा के विवाह की तैयारी करो। (कुछ क्षण नीरव रहकर) बस, अब तुम जाओ, मैं भी आ रहा हूँ। (साधारण चिंतितमना होकर अन्यान्य दिशा में दोनों का प्रस्थान।)

(पंचम दृश्य)

काल :- दिन का तृतीय प्रहर

स्थान :- कक्ष (वयस्य एकाकी विचरण कर रहा है।)

वयस्य :- देखें, उपाय कहाँ तक सफल हो रहा है! अरे बाबा, वर्तमान युग का मूलमंत्र है–यही खुशामद। उसके बाद सब ठीक हो जाता है। सब मंत्र सफल होंगे। (अन्य दिशा से युवराज का प्रवेश)

युवराज :- क्या सोच रहे हो मित्र, आज तो बहुत खुश हो?

वयस्य :- खुशी न हो तो दुःख होगा?

युवराज :- बात क्या है?

वयस्य :- बात और क्या, वही।

युवराज :- वही कहने से मैं क्या समझूँगा?

वयस्य :- तुम आज और समझोगे कहाँ से? काम तो सफल हो गया!

युवराज :- एँ....?

वयस्य :- ये तो प्रश्न पूछ-पूछकर आदमी को पागल बना देंगे। अहे! तुम्हारे विवाह के विषय को लेकर आज बात हो रही थी।

युवराज :- मेरा विवाह? कब, किसके साथ?

वयस्य :- जिसकी चाह थी, उसके साथ!

युवराज :- एँ, सच, कैसे हुआ? उस संबंध में पिताजी तो पण चाहते थे, और वे देना स्वीकार नहीं कर रहे थे, तब इस परिवर्तन का कारण?

वयस्य :- कारण तुम जानोगे कहाँ से? मैं स्वयं, और मेरा चण्डीपाठ, हुआ?

युवराज :- तुम तो शायद उस दिन इस संबंध में चण्डीपाठ नहीं करना चाहते थे, और कह रहे थे कि वह है कुमारी पाटणा? वहाँ मंत्रादि कुछ चलता नहीं और जो जायेगा, वह बचेगा नहीं?

वयस्य :- वह क्या झूठ है? मैं 'नाहीं' न करता तो और क्या करता? वह सब तुम समझोगे कहाँ से? वैसा कहा जाता है। मैं रात को सोचकर देखता हूँ, चण्डीगण जाकर उनके साथ युद्ध करती है!

युवराज :- कहाँ, यह सब तो तुमने मुझे कभी कहा नहीं?

वयस्य :- तुम्हें कहता? कहने से और मंत्र सिद्ध होगा? अरे राम, राम! इसीलिए तो हमारे शास्त्र में कहा है- "यावत् सिद्धिर्न जायते, वचनं न प्रकाशयेत्।"

युवराज :- तब तो हो गया। तुम्हीं तो मेरे सर्वस्व हो। यह सब तुम्हारे अनुग्रह का फल है। तब विवाह कब होगा?

वयस्य :- विवाह को और आठ दिन है, इसी फाल्गुन दशमी के दिन! किन्तु केवल अनुग्रह से तो फल फलता नहीं, बाकी ......

युवराज :- बाकी और क्या?

वयस्य :- बाकी और क्या, हमारे चण्डीपाठ की दक्षिणा!

युवराज :- दक्षिणा देंगे, पहले विवाह समाप्त हो जाए।

वयस्य :- विवाह समाप्त होने के बाद और दक्षिणा देने से लाभ क्या? उसके बाद कहोगे एक लड़का हो जाए, लड़का हो जाने पर कहोगे.....

युवराज :- तब क्या मुझ पर अविश्वास कर रहे हो?

वयस्य :- अविश्वास तुम पर करूँगा? अरे राम-राम! जिसके अनुग्रह से इतने बड़े हुए, उस पर अविश्वास? बात यह है कि तुरंत दान-महापुण्य। और भी मैंने तुम्हें कितनी बार पहचाना है, तुम भूल जाते हो।

युवराज :- अच्छा मित्र! तुमने जो यह शुभ संवाद सुनाया, इसके लिए पुरस्कार दे रहा हूँ यह रत्नहार। और मंत्रपाठ की दक्षिण बाद में। तब मैं थोड़ा आ रहा हूँ। (युवराज का प्रस्थान)

वयस्य :- हाँ, आओ, कौन मना करता है? (युवराज के चले जाने पर) बस, जो हुआ, सो हुआ। ठीक है, मंत्रपाठ की दक्षिणा बाकी रहे। हम क्या छोड़ने वाले हैं? वह तो नहीं। एक बार देने का वचन दिया तो जब कभी वसूल होगा ही। केवल मूल ही नहीं, ब्याज सहित। (रत्नहार को गले से निकालकर उलट-पलट कर) वाह-वाह रे मंत्र! धन्य तुम्हारी महिमा! और हम भी खासे मंत्र-साधक! नहीं तो क्या साथ ही साथ फल मिलता? हार तो बहुत सुंदर है! ब्रह्माणी के गले में खूब शोभा पायेगी!

(हार देखते-देखते सहर्ष प्रस्थान)

(द्वितीय अंक)

(प्रथम दृश्य)

काल :- मध्याह्न

स्थान :- पथ (एक नागरिक एवं एक ब्राह्मण का भिन्न-भिन्न दिशा से प्रवेश)

नागरिक :- पण्डित जी नमस्कार!

ब्राह्मण :- आयुष्मान्, श्रीमान्, विद्वान्, धनवान्, यशवान्, मानवान्, ज्ञानवान्, वान् वान् भव।

नागरिक :- पंडित जी! (महाराज) किधर से आ रहे हैं? बोझा तो पर्याप्त है।

ब्राह्मण :- पर्याप्त क्या, अधिक है? यह जो पाटणा राज्य को गया था-

नागरिक :- महाराज हाँ-हाँ, बात क्या है? और विवाह कैसे संपन्न हुआ?

ब्राह्मण :- अरे बाबू, अपने जीवन में मैंने पाँच गंडा विवाह देखा होगा, किन्तु यह जो पाटणा गए थे, सबसे उत्कृष्ट। खाने-पीने की बात पूछता कौन है? घी खाकर दूध से हाथ-मुँह धोने तक हुआ है।

नागरिक :- किन्तु आप तो न जाने क्यों सूखे-सूखे नजर आ रहे हैं।

ब्राह्मण :- क्या कहूँ बाबू! सच कहूँ, रुपया, सोना, कपड़ा ढोने को तो ताकत नहीं, खाने की वस्तुएँ और ढोता कौन है? ब्राह्मण आदमी करे क्या, खाने की वस्तुओं के लोभ में पड़कर तो यह दशा! और राजा की बात तो पूछो मत बाबू! लड़कों के साथ लड़का, बूढ़ों के साथ बूढ़ा! (और एक नागरिक का दौड़ते हुए पलायन करते आना)

पहला नागरिक :- क्यों मधु! किधर भाग रहे हो?

दूसरा नागरिक :- बाबू भागो, भागो, साँप, साँप!

ब्राह्मण :- साँप कहाँ बे, किधर?

दूसरा नागरिक :- बाबू, सब तरफ साँप, वृक्ष-पत्ते, घाट, बाट सब तरफ साँप!

ब्राह्मण :- धत् पागल! कहाँ बे साँप, बात क्या है, कहो।

दूसरा नागरिक :- महाराज हाँ, हाँ महाराज! बात क्या है कि, हमारे राजा ने जब रमाई खण्डा वाली पालकी खोल दी, तब केवल साँप, गाड़ी-भर-भर साँप!

ब्राह्मण :- बात क्या है, कहो! झूठी बात क्यों कहते हो? इतने अधिक साँपों के रहने की जगह कहाँ है बे?

पहला नागरिक :- अच्छा मधु! थोड़ा धीरज रखो। बैठो, और तम्बाकू वगैरह थोड़ा खा लो। उसके बाद (मधु का हाथ पकड़कर बिठाना, तीनों पेड़ के नीचे बैठते हैं।)

ब्राह्मण :- हाँ बाबू, बात क्या है, शुरू से थोड़ा कहो।

दूसरा नागरिक :- महाराज सुनेंगे, बात यह है कि रमाई खण्डा लाभ के लिए जब हमारे राजा ने पालकी का द्वार खोल दिया, वहाँ खण्डा-वण्डा कुछ नहीं था। केवल दो साँप थे। नाग और नागिन। दो भेड़ की तरह गर्जना कर रहे है, अँ-अँ सुनाई पड़ रहा है।

पहला नागरिक :- तुम नाग-नागिन पहचानते हो? अच्छा बोलो तो!

दूसरा नागरिक :- महाराज, कहूँ और क्या? मनुष्यों की भीड़ तो जानते हैं, तब-?

पहला नागरिक :- अच्छा, तुमने अपनी आँखों से स्वयं देखा है?

दूसरा नागरिक :- और क्या लोग अपने कान से देखते हैं?

पहला नागरिक :- तब बात सच्ची कहो तो हम सुनें।

दूसरा नागरिक :- महाराज, सच्ची बात सुनेंगे? पहले मेरे पिताजी कहते थे, वह राज्य शायद पहले कुमारी पाटण था। वहाँ उस समय शायद मंत्रबल से

मनुष्य को भेड़ बनाकर रखते थे। मंत्र बल से साँप को उड़ा सकते थे, शेर बन जाते थे, तब मैं तो डर रहा था। (इसलिए) लोगों की भीड़ से थोड़ा बाहर था। जब वे लोग साँप-साँप चिल्लाने लगे, मैं तो दौड़ते भाग आया हूँ। और लौटकर देखा किसने?

ब्राह्मण :- मैं कहता न था, यह बिल्कुल झूठा है। इसकी सभी बातों में 'बीस सेर धान में उन्नीस सेर बदरा'। तब खुद जाकर बात की असलियत न जान लेने पर बात क्या है, मालूम नहीं हो सकती। अच्छा ठीक है, मैं आता हूँ। (प्रस्थान)

पहला नागरिक :- अच्छा, तुम घर जाओ। मैं जाता हूँ, बात क्या हैं, थोड़ा सुनता हूँ। (प्रस्थान)

(द्वितीय दृश्य)

स्थान :- उपवन

काल :- संध्या

(आलूलायित केशा पद्मावती एकाकी बैठी है-अन्यमनस्क भाव से मिट्टी कुरेद रही है और कभी-कभी, फूल को तोड़-मरोड़ देती है। कुछ क्षण पश्चात् मालती का प्रवेश।)

मालती :- (गीत)

धीरे बह रहे मलय समीर!
ऋतुपति की संध्या-वेला में,
कुसुमों के मृदु निविड़ कुंज में,
कोयल की कुहु-कुहु गंभीर।
लता-माधवी का कर मण्डन,
गाए पिकी गीतिका गोपन,
मधु गाए कुंजों में कर दे अधिक अधीर ॥

मालती :- (पद्मा को मन मारे बैठी हुई देखकर चौंककर कोमल स्वर से) यह क्या सखी! हमेशा क्यों मन मारे बैठी रहती हो? सोच-सोचकर तो शरीर में केवल हड्डियाँ शेष रह गई हैं! यह सब क्या? जो होना है, वह तो होगा ही। (पद्मा के निकट सटकर बैठ जाती है।)

पद्मा :- सोच रही हूँ सखी! उस दिन की बात! किस कुसमय में निकली थी,

सारा जंगल घूम चुकीं, शिकार मिला नहीं। हृदय को पत्थर से बाँध रखी थी, पर कहाँ से आ गई वह हरिणी और उसके दो बच्चे, मेरा अंतर वात्सल्य रस से सराबोर हो गया।

मालती :- ईश्वरेच्छा से जो होना था, वही हुआ है, तब हानि क्या है?

पद्मा :- हानि, ढेर हानि, यदि मैं अपनी प्रतिज्ञा रख सकी होती, तो इतनी यातना भोगने का अवसर न आता। उस दिन के एक बार के दर्शन से मेरा विवेक खो गया। उसके बाद धीरे-धीरे दान कर दिया मैंने अपना हृदय। पति रूप में मैंने उन्हें वरण किया। उसी के परिणामस्वरूप आज घनीभूत होकर आ रहा है यह विप्लव।

मालती :- खैर, जो होना है, वह निश्चित रूप से होगा। उसे हेर-फेर करने की शक्ति किसकी है? तुम यह सब सोचती क्यों हो राजकुमारी? एक बार आइने में जाकर देखो तो, तुम्हारा गुलाब के फूल की तरह गण्डस्थल क्या से क्या हो गया है! और तुम्हारा मुँह और तुम्हारी आँखें प्रायः फीकी पड़ गई हैं। और जान पड़ता है, शीघ्र ही तुम्हारी यह कनकलता (देह) इस धरणी के वक्ष में मुरझाकर गिर पड़ेगी—(गोद में लेती है)

पद्मा :- वही तो मैं चाहती हूँ मालती! और क्या जीकर श्वसुरकुल तथा पितृकुल का संघर्ष देखूँगी? अकारण ही बस्तर एवं पाटणा की प्रजा का रक्तपात? उसकी अपेक्षा मर जाना-

मालती :- छिः! यह सब क्या राजकुमारी?

पद्मा :- मालती, मेरे अंतर के रहस्य को कहूँगी? सुनोगी? सोचती हूँ उसके पहले ही जहर खाकर .... (इसके साथ ही बस्तर-युवराज का प्रवेश, मालती का प्रस्थान)

युवराज :- उसके बाद होगा क्या? मेरी समाधि भी उसी स्थान पर।

पद्मा :- पति देवता! यह सब आप क्यों कह रहे हैं?

युवराज :- तब तुम यह सब क्यों सोच रही हो? युद्ध होगा, होने दो। जय-पराजय क्षत्रिय का भूषण है। मैं स्वयं अच्छी तरह जानता हूँ कि पालकी में तलवार रखी हुई थी और तलवार स्वयं मैंने रखी है। उसमें तुम्हारा क्या दोष अथवा उनका क्या दोष? अनुमान होता है विप्लव घटाना सृष्टिकर्त्ता की इच्छा है। यह सब तुम अकारण ही सोचकर मेरे अंतर में क्यों आघात कर रही हो?

पद्मा :- आपके अन्तर में आघात क्यों करूँगी देव!

युवराज :- पद्‌मा, तुम वह सब समझोगी कहाँ से? मेरे अंतर में आघात करना है तुम्हारा यह विभंग वेश, नीरस निष्प्रभ मुख। मेरा अंतर चाहता है-प्रथम दर्शन में रूपलावण्य में जो मादकता थीं, उसी मादकता का उपभोग, किन्तु वह आज बहुत दूर है। (पद्‌मा चुप रहकर नीचे मुख करके बैठी है।) पद्‌मा, चुप क्यों हो गई-उठो पद्‌मा, इस बात को लेकर क्या मैंने कभी तुम्हें अपने अंतर से दूर किया है अथवा तुम्हारे अंतर में आघात किया है? तब अभिमान किसलिए?

पद्‌मा :- (नीचे मुँह करके) अभिमान क्यों करूँगी? और किसके पास? नित्य जिन्हें अंतर-मंदिर में रखकर पूजती हूँ, उनके पास क्या अभिमान करते बनता है?

युवराज :- दो पद्‌मा, पीने को दो तुम्हारा वही-(वाग् रुद्ध और कुछ क्षण बाद) आओ, उठो, रात हो गई और तुम अकेली इस बगीचे के भीतर बैठी रहोगी? (हाथ पकड़कर उठा देना-पद्‌मा का उठकर खड़ा होना। मैं भी अनुमान कर रहा हूँ कि पाटणा और बस्तर राज्य के बीच युद्ध होगा-होने दो, कौन मना करता है? पहले प्रलय, उसके बाद सृष्टि, पहले विप्लव फिर शांति, पहले युद्ध, धरणी-वक्ष में रक्तपात फिर-(नीरव) किन्तु मेरा अंतर चाहता है, तुम्हारी वही सजल नेत्र-तारिका की चंचल क्रीड़ा देखना, और-।

(पट निक्षेप)

(तृतीय दृश्य)

स्थान :- दरबार-कक्ष

काल :- मध्याह्न

(मंत्रि-परिषद् लोगों के लिए यथोचित आसन बिछे हुए हैं, वत्सराज और बलराम देव बैठे हैं।)

वत्सराज :- भाई! राजकुमारी के पास लोगों को गए कितने दिन हुए?

बलराभ :- महाराज! प्रायः एक माह होगा।

वत्सराज :- (चिंतित भाव से) एक माह हो गया, अब तक वे लोग लौटे नहीं! कोई खबर भी दी नहीं! क्या हुआ, कुछ समझ में नहीं आता। भगवान् करें, पद्‌मा की सब प्रकार से कुशलता हो।

बलराम :- व्यर्थ चिंता क्यों महाराज! कुछ ही दिनों में वे अवश्य लौटेंगे। और मेरा

विश्वास है कि राजकुमारी का कुशल-समाचार वे अवश्य लायेंगे।
(प्रहरी का प्रवेश व अभिवादन)

प्रहरी :- प्रभो! मंत्री, सेनापति श्रीमान् के दर्शन की अपेक्षा में हैं-

वत्सराज :- ससम्मान बुला लाओ (मंत्री तथा सेनापति का प्रवेश एवं अभिवादन) पश्चान् स्व-स्व आसन में उपवेशन)

वत्सराज :- मंत्री! बस्तर का कोई समाचार मिला है?

मंत्री :- नहीं महाराज! वे लोग अद्यावधि लौटे नहीं हैं। सीमांत गुप्तचर से मैंने सुना है कि वे आज लौटेंगे।
(प्रहरी का प्रवेश व अभिवादन)

प्रहरी :- प्रभो! जो गढ़तिया बस्तर गए थे, वे वर्तमान द्वारदेश में श्रीमान् के आदेश की अपेक्षा में हैं-

वत्सराज :- अविलम्ब प्रविष्ट कराओ (गढ़तिया एवं उनके साथ-साथ दो सैनिकों का प्रवेश)

वत्सराज :- गढ़तिया! तुम्हारा मुख तो मलिन दिखाई पड़ रहा हैं- पद्मा की सब प्रकार से कुशलता तो है?

गढ़तिया :- नहीं महाराज! राजकुमारी का वह पूर्व तेज और नहीं है- गोरा उज्जवल शरीर काला पड़ गया है। राजकुमारी को देखकर और पहचाना नहीं जा सक रहा है। क्या (न) मालूम क्या हो गया है! पूछने से कुछ कहा नहीं, केवल निन्दा की उन्होंने अपने भाग्य की।

वत्सराज :- तुम्हारा क्या अनुमान है?

गढ़तिया :- सुना, सवारी के भीतर रमाई तलवार को छोड़ा था एक नाग सर्प, उसे देखकर उन्होंने पाटणा की निंदा की। हो सकता है, इसीलिए अपमानवश राजकुमारी का मन अशांत है।

वत्सराज :- (आश्चर्यचकित मुद्रा में) आश्चर्य!

पहला सैनिक :- यह तो यह, हुजूर, और तो कहते नहीं बनता।

दूसरा सैनिक :- मेरी तो इच्छा हो रही थी, यदि हमारी राजकुमारी के श्वसुर नहीं हुए होते-उह्-क्या कहूँ, एक बाण से बेटे को ठीक कर दिया होता।

वत्सराज :- बात क्या है गढ़तिया! कुछ तो समझ में नहीं आ रहा है?

गढ़तिया :- वहाँ श्रीमान् को जो अपमानित किया है-

पहला सैनिक :- आपके नाम से कुत्ता पाल रखा है।

दूसरा सैनिक :- हम लोग सभा में खड़े थे और आपका नाम लेकर एक कुत्ते को बुला रहे थे।

बलराम :- अपमान, घोर अपमान!

पहला सैनिक :- और जब हमारे गढ़तिया ने पूछा तो कहने लगे तलवार नहीं दीं, एक साँप दिया।

वत्सराज :- आश्चर्य-! इसका कारण कुछ अनुमित नहीं हो पा रहा है।

बलराम :- कारण? रमाई तलवार बस्तर को जाए-यह पाटणेश्वरी की इच्छा नहीं है। क्योंकि तलवार लाते समय मैंने देखा था-देवी की मुखश्री मलिन हो गई थी और साथ ही गिर पड़ी थी- मंदारपुष्प-माला। मैं उसके बाद उसे सजाकर लौट आया। अनुमान होता है वही मंदार-हार साँप में परिणत हो गया होगा।

वत्सराज :- वर्तमान क्षेत्र में (विषय में) कर्त्तव्य?

बलराम :- तथापि आप कर्त्तव्य के बारे में पूछ रहे हैं महाराज? कर्त्तव्य? इस क्षेत्र में?-अपमान का बदला-रक्तपात-प्रलय-बस्तर का ध्वंससाधन। (महाराज का चुप हो जाना) महाराज़! मौन हो गए? जिस पवित्र चौहान-वंश के प्रताप से किसी दिन दिल्ली का तोरण कंपित हो उठता था, जिन चौहानों के बाहु-विक्रम से यवनों का शोणित गंगा में बहकर बंगाल सागर को रक्तरंजित कर गया था तथा अष्टमल्लों की गर्वित मूर्द्धा जिस वंश के उन्नत सिंहासन की भित्ति थी-उस पवित्र चौहाण-वंश में जन्मग्रहण कर, उसी सिंहासन में आरूढ़ होकर आज आप भीरुता प्रदर्शन करेंगे? सामान्य बंधु के मोह में पड़कर पवित्र चौहाण वंश में कलंक-कालिमा लगाएँगे-कदापि नहीं महाराज! चौहान-धमनीमें उष्ण रक्त प्रवाहित होते रहते तक, बाहु में सामान्य शक्ति के रहते तक, वह अपमान असह्य हो रहा है महाराज!

वत्सराज :- वैसा ही हो भाई! आज ही किले के शिखर पर रक्तवर्णित पताका फहरा दो। बामण्डा, बणाइ, रेढ़ाखोल आदि के राजाओं को सम्वाद भेज दो कि वे सेना लेकर आएँगे और खड़िआल, बेन्द्रानुआगढ़ के राजाओं को खबर कर दो कि वे रास्ता का रसद ठीक करके अपनी-अपनी सेना लेकर युद्ध में योगदान करने हेतु प्रस्तुत होंगे और गढ़तिया जाओ, तुम अपने गढ़ति सिपाही ले आओ। सेनापति! सैनिकों को प्रस्तुत करो।

सेनापति :- महाराज! पाटणा के सैनिक सदैव प्रस्तुत हैं। आदेश मात्र से खरस्रोता नदी के गर्भ में कूदने में भी कुण्ठा का अनुभव नहीं करेंगे।

वत्सराज :- भाई बलराम! यह युद्ध बड़ा दायित्वपूर्ण है। अतः तुम्हें सेनानायक के रूप में नियुक्त किया मैंने। किन्तु याद रखो, बस्तर युवराज के शरीर में आघात न लग पावे।

बलराम :- इसीलिए मेरी इच्छा है कि स्वयं सेनानायक होकर युद्ध का परिचालान भाई स्वयं करें।

वत्सराज :- ठीक है, वैसा ही हो।

नेपथ्य में :- जय माँ पाटणेश्वरी की जय!
जय राजाधिराज वत्सराज सिंह की जय!
जय बलराम सिंह की जय!

वत्सराज :- और भाई! तुम मेरे आते तक राजदुर्ग का रक्षाभार ग्रहण करोगे, किन्तु याद रखो, वैदेशिक शत्रुओं को सुयोग न मिलने पावे। (प्रस्थान)
(पट निक्षेप)

(चतुर्थ दृश्य)

स्थान :- अरण्य

काल :- प्रत्यूष

(चार सहरा (सौंरा) स्त्रियों के हाथ में पुष्पमाला है। वे सहरा सैनिकों को युद्ध में जाने की विदाई दे रही हैं। इस समय पर गीत व नृत्य, व्याघ्र मल्लूक चर्म आवरण, गूँजा कौड़ी की माला गले में, बाहुओं में भुजबंध, कमर में धागूड़ि और सिर लाल पगड़ी आदि वेशभूषा से सज्जित होकर ढाप लिए हुए सैनिकगण)

(गीत व ढाप वाद्य तथा नृत्य)

आमार् देशर् चुहान् रजा संगाते
सुखे पाले पो परजा।
दया रखि थीबू मागो पाटनेसरि
तोर पादे करिथी मूँ पूजा।
मन मुरुछा सजनी दे फूलमाला मन जानी
किए से कान्दूछे घूर बने।।1।

(ढाप वाद्य और नृत्य)

पहली स्त्री :- यह कहाँ जा रहे हो?

पहला पुरुष :- बस्तर नामक एक स्थान को। वहाँ का राजा हमारे राजा के नाम से एक कुत्ता पाल रखा है।

दूसरी स्त्री :- हमारे राजा के नाम से उसने कुत्ता पाला है? अरे! क्या वह नहीं जानता कि पाटणा देश की स्त्रियाँ भी लड़ाई करना जानती हैं।

दूसरी स्त्री :- अरे, आज यदि हमारे राजा की बेटी यहाँ रहती तो हम सब धनुष बाण लेकर जातीं।

चौथी स्त्री :- भले ही घर को नहीं लौटना, पर देखो, हारकर मत आना। यह अच्छी तरह याद रखो।

चौथा पुरुष :- क्या कहा? किसी लड़ाई से हमारा कोई भी व्यक्ति वापस आता है? हमारा राजा भर रहे। हम तो जानते हैं—या तो मरेंगे या मारेंगे।

तीसरा पुरुष :- देखो तो, नहीं तो क्या हमारे राजा के नाम पर कुत्ता पालेगा? हमारा राजा हमारे पुत्र, हमारी स्त्रियों की सम्मान की रक्षा करता है और हम उसकी पुत्रवत् प्रजा होकर यदि उसके मान-महत्व की रक्षा नहीं करेंगे तो क्या धर्म सहेगा? (अधर्म नहीं होगा?)

दूसरा पुरुष :- अरे भाई! मैं वहाँ हमारे गढ़तिया के साथ गया था जी, मेरी इच्छा हो रही थी—वहीं बेटे को एक बाण से बेधकर ठीक कर दिया होता।

(चारों स्त्रियाँ धनुष-बाण तथा टाँगी लेकर पुनः प्रवेश करती हैं। वे चारों पुरुषों को देती है तथा उनके सिर पर फूल की डाल लगा देती हैं)

पहली स्त्री :- जाओ। तुम्हारे आते तक हम अपने देवता की पूजा करती रहेंगी। (दस वर्षीय बालक का दौड़ते हुए प्रवेश)

बालक : पिता जी! मुझे भी साथ ले चलिए। मैं भी लड़ाई करने जाऊँगा। (रोना)

पहला पुरुष :- अरे, क्या तुम लड़ने जाओगे?

बालक :- हाँ, उस दिन आपके साथ मैं नहीं गया था? छोटा बाण मारकर एक शेर वहीं ढेर नहीं कर दिया था? लड़ाई वैसी ही तो होती है?

पहला पुरुष :- अरे नहीं बाबा! तुम जब बड़े हो जाओगे, तब जाना।

बालक :- पिता जी, क्या मैं और बच्चा हूँ?

पहली स्त्री :- (पहले पुरुष के प्रति) क्या हुआ, जाने दो, रो रहा है। (बालक के प्रति) जाओ बेटा, अपनी टाँगी और धनुष ले आओ। (स्त्रियाँ शीघ्र

जाकर धनुष-बाण और टाँगी ले आती हैं तथा अपने-अपने पति को देकर देवी का सिंदूर लगाकर फूल की माला पहना देती हैं। साथ-साथ गढ़तिया का प्रवेश। सभी गढ़तिया को घेर लेते हैं।)

पहला पुरुष :- चलो गढ़तिया, जल्दी चलें।

दूसरा पुरुष :- कितने दिनों से लड़ाई नहीं हो रही थी इसलिए मेरे तीर में जंग लग गया था।

गढ़तिया :- हाँ, चलो-चलो। हाँ जी, यदि वह रास्ता बंद हो गया हो तो क्या करेंगे?

तीसरा पुरुष :- हम क्या वापस आने वाले व्यक्ति हैं? उधर राजा क्या कहेंगे? हम उसकी पुत्रवत् प्रजा हैं, यदि उसके मान-महत्व की रक्षा नहीं करेंगे तो कौन करेगा? हम उसके सब कुछ हैं और वह हमारा सब कुछ वह हमारे पुत्र, हमारी स्त्रियों की मान-मर्यादा की रक्षा कर रहा है। उसकी मान-मर्यादा की रक्षा भी हम करेंगे। (ढाप वाद्य बजाना और गढ़तिया को छोड़कर अन्य सबका नृत्य करना)

(गीत व नृत्य)

स्त्री :- **फगुण पूनेइ जह्न रे नागर**
फगुण पूनेइ जह्न
चाली जीबू तूहीं दूर विदेश
केमंते सरिब दिन?
रे फूल बउलबेणी,
चारि पइसार गुटे अनी ।1।

पुरुष :- **पाचिला आम्ब कोइली धन मोर**
पाचिला आम्ब कोइली,
गणि रखि थीबू पोहोला माल
मासके फेरिबूँ बोली।
काएँ तून खएल हो समकटा,
आलू सारु बाइगन बारीरी पातलघँटा ।2।

स्त्री :- **बाउँश एकपतर धन मोर**
बाउँश एक पतर
पाशेरिबू नाहीं नूआँ नागर रे

तूही मो गला र हार।

टिठिआ थरे कह उत्तर।

तुम्हर् आमर् भाव् पीरति दइब कला अंतर।3।

पुरुष :- **करज्ज गछ र छालि रे नागरी**

करज्ज गछ र छालि।

जामूडाल मूँहीं मुंड रे खोसें

नाम तोर जामूडाली।

नवघन के लड़ाई करि फिरी आसुसू आउर छनको।4।

(पंचम दृश्य)

काल :- दिन का तीसरा प्रहर

स्थान :- दरबार, (मंत्र-परिषद से घिरे हुए बस्तर राजा बैठे हैं।)

बस्तर राजा :- मंत्री! पाटणा से जो लोग आए थे, क्या वे अब हैं?

मंत्री :- नहीं महाराज! उनको गए बहुत दिन हो गए।

पहला व्यक्ति :- मालूम होता है वे लोग थोड़ा विव्रत हुए। आने के दो दिन बाद वे चले गए।

राजा :- कारण?

दूसरा व्यक्ति :- मालूम होता है यही पाला हुआ कुत्ता....।

राजा :- हाँ, वे वीर जाति जो हैं, और अत्यधिक राजभक्त हैं! (व्यंग्य) राजा का अपमान सह लेना उनके पक्ष में सहज नहीं है।

दूसरा व्यक्ति :- किन्तु बाबा, इतनी राजभक्ति दिखाने से काम कैसे चलेगा? राजा यदि वैसा हो, तब ठीक है, क्यों जी? तुम्हारे राजा ने तो विश्वासघात किया, अपमान न पाकर क्या सम्मान पायेंगे?

पहला व्यक्ति :- कुत्ता पालना तो कुछ नहीं है महाराज! और भी कुछ यदि होता तो किया जाना था। ओहो! ये लोग कितने विचित्र (खतरनाक) हैं? उन्हें बेटी देना था इसलिए जो भी बोलो -हाँ, पर बाद में सिर आधा झुकाते-झुकाते एक ही बार में समाप्त करने का हिसाब (योजना)। आपकी तलवार और क्या सवारी के भीतर रह सकती थी?

मंत्री :- परंतु महाराज! मेरे मत से यह ठीक नहीं हुआ। बात को पहले समझ लिए रहने से कोई क्षति न थी। प्रकृत दोष देखे गए रहने से श्रीमान् के अपमान का क्षालण करने हेतु बस्तर के ये शत-शत सैनिक

अकातरता से प्राण देने के लिए तैयार थे, किन्तु यह कार्य राजोचित हुआ नहीं। हुआ केवल बचपना।

पहला व्यक्ति :- (स्वागत) बड़ा विचित्र व्यक्ति है यह! झिमिरी खेल से महाभारत निकालेंगे। क्यों भाई, कुत्ता पालने की बात तो चल रही है, एकाएक जाकर तलवार पर हाथ! केवल युद्ध करते करते, लगता है, इस देश को उच्छन्न कर देंगे।

दूसरा व्यक्ति :- जो हो गया वह और लौटेगा नहीं। इसके बाद पाटणा की क्या गतिविधि होगी, यह थोड़ा देखना उचित है।

राजा :- ठीक यही बात मेरे मन में भी आ रही है, मंत्री! मैं भीरु नहीं हूँ, भयवश यह बात नहीं कर रहा हूँ, किन्तु एक क्रोध के आवेश में पड़कर यह कार्य करने से भी अनुपात कर रहा हूँ। उस समय और लौटाने का तो कोई उपाय न था। राज्य का जो हो (राज्य की दशा जो हो), परिवार में इस विषय को लेकर सदैव विषाद छाया हुआ है। पद्मावती, कितनी सरला वह! सदैव हास्यमयी! किन्तु आज जाकर देखो, वह प्रफुल्लमुख मलिन हो गया है। उसके अंतर में दुःख है! (दीर्घ निःश्वास छोड़कर) अच्छा मंत्री! सीमांत गुप्तचर वापस आ गया?

मंत्री :- वही तो सोच रहा हूँ। अब तक वह लौटा नहीं! जान पड़ता है, थोड़े ही समय में वह लौट आयेगा।

राजा :- मंत्री, किन्तु, हमें सदैव प्रस्तुत रहना होगा (युद्ध के लिए) पाटणा इस अपमान का प्रतिशोध अवश्य लेगा।

दूसरा व्यक्ति :- वह प्रतिशोध लेने से हमारा क्या बिगड़ता है?

पहला व्यक्ति :- (स्वगत) देख रहा हूँ, मेरे मत के विरुद्ध में सभी हैं। कितनी शांति से जीवन कट रहा है! फिर भी दौड़-धूप! (प्रकाश्य) अच्छा, तो क्या युद्ध अति आवश्यक है?

दूसरा व्यक्ति :- और क्या कोई अपनी खुशी से युद्ध करने जा रहा है?

पहला व्यक्ति :- थोड़ी अपेक्षा कीजिए, वे लोग पहले आएँ तो?

राजा :- हाँ, तब युद्ध की तैयारी पहले से कर रखने में तो कोई क्षति नहीं है। युद्ध न होने पर क्या हम बाला, बाला युद्ध करेंगे? राज्य की जनता, सैनिकगण-सभी सतर्क रहें।

प्रहरी :- (प्रवेश एवं अभिवादन के पश्चात्) महाराज! सेनापति आपके दर्शन

की अपेक्षा में हैं-।

राजा :- आने को कहो! सेनापति उपयुक्त समय में आए हैं। इस समय उन्हें बुलाने का मेरा उद्देश्य था।

सेनापति :- (प्रवेश व अभिवादनोपरांत स्थान ग्रहण कर) सीमांत गुप्तचर वापस आ गया है। खबर मिली है कि पाटणा के महाराज वत्सराज सिंह ससैनिक युद्ध करने आ रहे हैं।

राजा :- वह तो जानी हुई बात थी। तो अब यथोचित तैयारी करो।

दूसरा व्यक्ति :- हमें तो पहले ही युद्ध करना था जब युवराज ने पालकी खोली और साँप देखा। तब तो बात वहीं समाप्त हो गई होती। अब तो विश्वासघातक हमारे पास आ रहा है-अपने किये का फल पाकर लौट जाएगा।

राजा :- जाओ मंत्री! जाओ सेनापति! गाँव-गाँव में, घर-घर में युद्ध की दुंदुभि बज उठे। युद्ध के लिए उपयुक्त अवस्था वाले समस्त प्रजागण इस आमंत्रण के लिए प्रस्तुत हों। गोला, बारूद, अस्त्र, शस्त्र सब तैयार रखो, और दुर्ग की अवस्था वर्तमान में कैसी है?

सेनापति :- सब ठीक है महाराज! बस्तर का पार्वत्य दुर्ग सब दिन की भाँति आज भी सुदृढ़ है। किसी स्थान में शत्रु दुर्बलता नहीं पाएँगे। खबर पाकर सैनिकों को मैंने आदेश दिया है कि प्राचीर के ऊपर पत्थर बाँध रखो। अत्यंत कठिन विराट् लौहकपाट गोला-बारूद को फूत्कारपूर्वक उड़ा देगा।

राजा :- ठीक है, जाओ। सब तैयार रहो। सुदृढ़ दुर्ग, दुर्गम पार्वत्य मार्ग-शत्रु का मस्तक अवनत भर देंगे, और खाद्य?

मंत्री :- उसकी चिंता नहीं है महाराज! वर्तमान एक वर्ष पर्यंत अनायास ही चलेगा।

राजा :- तब तो असुविधा नहीं है। माँ दंतेश्वरी ने इन सब विपत्तियों से उद्धार पाने का उपाय करने के लिए हमारे हृदय में पहले से ही प्रेरणा दी है। जाओ, दुर्ग के ऊपर रक्तवर्ण-पताका फहरा दो, दंतेश्वरी के मंदिर में अखण्ड घी का दीपक जला दो और बलि भोज समस्त आयोजन करके दंतेश्वरी की पूजा में लग जाओ। वही एक सहारा है। बाकी अन्य आदेश पर्यंत दुर्गद्वार बंद करो। अच्छा मंत्री! सेनापति! आप लोग अब आएँ। मैं भी आ रहा हूँ।

(सबके चले जाने पर)

सेनापति :- फिर से गुड़ूम-गुड़ूम! ऐसा निर्बुद्धि कौन होता है? क्यों जी! हमारा सुख क्या सुख नहीं है? वे लड़ेंगे-झगड़ेंगे और हम जायेंगे नाश के मुख में! न हो तुम लोगों का स्वांग (अभिनय)। आहा, अभी घर जाने पर वह मुझसे राजसभा की बात पूछेगी। क्या कहूँगा? ये मनुष्य को बड़ी असुविधा में डाल देते हैं, किन्तु जितना टाल-मटोल करने का प्रयास किया, वह क्या हुआ अथवा होगा? और बचने का कोई उपाय नहीं। जो भी हो, इतनी सुरक्षा है कि वे लोग सहज ही नहीं घुस सकेंगे। क्यों जी! क्या सस्ता हो गया हूँ तो अपनी इच्छा के अनुसार घुस आओगे? रहो, बाहर खड़े रहो। हमारे तोप, गोला, पत्थर का पहले जवाब दो, बाद में गढ़ लेने के लिए दौड़ना। यह तो तुम्हारा घर नहीं है बाबू! यह स्वयं हम जैसे वीरों का निवास है। जो हो, इसी बात को कहकर उसे थोड़ा उत्तेजित कर दूँगा। ठीक होगा।

(निष्क्रांत)

(षष्ठ दृश्य)

स्थान :- कक्ष

काल :- संध्या

बलराम :- (हाथ में पत्र लिए हुए बलराम का प्रवेश एवं उपवेशन, नीरव होकर पत्र, पठन) आश्चर्य! आज पाटणा का यह दुर्भाग्य क्यों? युग-युग तक पाटणा जो गौरव, जो सम्मान लाभ करता आया है, उसकी क्या यही परिणति? सामान्य बलहीन राज्य का एक तुच्छ दुर्ग पाटणा-सैनिकों के सैकड़ों बाणों के आघात से भी टूट नहीं रहा है? पाटणा के बाण की वह विध्वंसिनी शक्ति क्या समाप्त हो गई? (फिर से पत्र पाठ) क्या यह सच है अथवा मिथ्या? अकारण ही पाटणा के सैनिकों का क्षय? नहीं, नहीं, इसका कोई महत्वपूर्ण कारण होगा। बिना किसी रोग के, दुर्बल शत्रुओं के साथ बल की परीक्षा न करके सैनिक क्षय-पाटणा, सैनिकों की संख्या में ह्रास-कैसे सम्भव है?

मालूम पड़ता है, यह पत्र अधूरा है। (पुनः पाठ) मुझे धिक्कार है! धिक्कार इस पत्र को! पाटणा सैनिकों के वीरत्व को सैंकड़ों बार धिक्कार है। जो पाटणा-सैनिक स्वीय बाहुबल को छोड़ अन्य किसी शक्ति पर विश्वास नहीं करता, स्वीय असि को छोड़ अन्य उपाय पर निर्भर करना नहीं जानता, उस (सेना) के नायक-पाटणा में उन्नत सिंहासन के अधीश्वर ने आज लिखा है, यह मालूम पड़ता है–दैवकूट।

पाटणा की चिर-वीर संतान सब दिन अपना गौरव अक्षय रखती आई है। दिग्-दिगंतव्यापी साम्राज्य विस्तार करते समय शत्-शत् शत्रुओं के विजित दुर्ग पर पताका फहराने के लिए पाटणा-संतान का जो रक्त तृपत हो उठता था, अब क्या वही रक्त धमनी में प्रवाहित नहीं हो रहा है? बस्तर का सामान्य पार्वत्य दुर्ग अशिक्षित सैन्यदल से युक्त होकर आज पाटणा के उच्च शिक्षादीक्षा संपन्न वीरों के सम्मुख सस्पर्द्धा दण्डायमान है? माँ पाटणेश्वरी! अब क्या यह तुम्हारी इच्छा है? तुम्हारे ही सम्मान, तुम्हरी ही करुणा के बल से सैकड़ों युद्ध में अक्षय विजय प्राप्त हुई है, परंतु माँ, आज यह विमर्षता, मलिनता क्यों? रमाई खड्ग जिस दिन से चला गया, उस दिन से तुम्हारा प्रफुल्ल बदन नहीं दिखाई पड़ रहा है। तब क्या यह विडम्बना उसी का फल है? शक्तिमयी माता! तुम पाटणा की भाग्य लक्ष्मी हो, पाटणा के अगौरव से क्या तुम्हारा गौरव क्षुण्ण नहीं होगा? (कुछ क्षण मौन) आओ रमाई देव! आओ पूर्वपुरुषों की सबल आत्मा! तुम्हारे प्रभाव से पाटणा-सैनिकों के रक्त में नवशक्ति जागृत हो उठे। वह तुम्हारा ही वंशज है—उनकी धमनियों में तुम्हारा ही रक्त है—आओ स्वर्गपुरवासी अविनाशी शक्ति! तुम स्वयं उस रक्त में प्रतिमात हो उठो, उसी के स्पर्श से शक्ति आ जाए, युद्ध जय-कौशल आ जाए।

(प्रहरी का प्रवेश व अभिवादन)

प्रहरी :- हुजूर! नन्दपुर जैपुर के दो व्यक्ति आपका दर्शन करने आए हैं।

बलराम :- उद्देश्य?

प्रहरी :- मालूम नहीं प्रभो! देखने में दोनों पहलवान लगते हैं। उद्देश्य पूछने पर कहते हैं, श्रीमान के सम्मुख प्रकट करेंगे।

बलराम :- ठीक है, उन्हें आने को कहो। (प्रहरी का प्रवेश) बड़ा आश्चर्य है! पुनः यह एक नई परीक्षा! अज्ञात, अपरिचित, अश्रुत और भी उद्देश्य पूछने से बताते नहीं! (हीरालाल तथा मदन का प्रवेश एवं अभिवादन) विदेशियों! तुम लोगों के यहाँ आने का उद्देश्य?

हीरा :- हम दोनों भाई श्रीमान् के आश्रयप्रार्थी हैं।

बलराम :- किस प्रकार का आश्रय तुम चाहते हो?

मदन :- हम लोग नंदपुर के अधिवासी हैं। सैनिक के रूप में इतने दिनों तक कार्य करते आए हैं। हम लोग मल्लयुद्ध अच्छी तरह जानते हैं। हम

लोगों ने सुना, बस्तर के साथ वर्तमान पाटणा का युद्ध चल रहा है। इस अवसर पर भाग्य-परीक्षा करने के लिए श्रीमान् की बाहुच्छाया के नीचे आश्रय पाने के लिए आए हैं।

बलराम :- (स्वागत) देखने में अच्छे हृष्ट-पुष्ट हैं। जान पड़ता है बल भी यथेष्ट होगा। बुद्धिवृत्ति में ये कम नहीं हैं—यह इनके वार्तालाप से ज्ञात हो रहा है। (प्रकट) अच्छा ठीक है, तुम लोगों को आश्रय अवश्य दिया जाएगा, किन्तु जान लो, तुम्हारा मल्लयुद्ध देखकर खुश होने का अवसर यह नहीं है। वर्तमान तुम लोगों को बस्तर जाकर पाटणा-सैनिकों की सहायता करनी होगी, तुम्हारा अर्जित वीरत्व, कौशल, बुद्धि की परीक्षा देनी होगी। दे सकोगे?

दोनों :- हाँ प्रभो! हम लोग सब कुछ करने के लिए प्रस्तुत हैं।

बलराम :- अच्छा! सैन्य-परिचालन कर सकोगे?

हीरा :- आपका आदेश उस दायित्व को ग्रहण करने के लिए हो तो बिना त्रुटि के परिचालन कर सकेंगे—ऐसी आशा है।

बलराम :- ठीक है, जाओ वर्तमान विश्राम करो। प्रहरी!

(दोनों का प्रस्थान)

प्रहरी :- महाराज!

बलराम :- जाओ, मंत्री को यहाँ आने को कहो।

प्रहरी :- जो आज्ञा, महाराज! (प्रस्थान)

बलराम :- अरिदमनसिंह वर्तमान बस्तर में अकेला है। पत्र से मालूम होता है, दुर्ग सुदृढ़ है। एक अकेला सेनापति सब कार्य चला सकेगा यह संभव नहीं है। अनुमित होता है, हीरा-मदन दोनों उचित सहायक का कार्य करेंगे! किन्तु ये विदेशी हैं, कोई दुरभिसंधि तो नहीं है? पाटणा के जय-पराजय के संधिस्थल पर ये विश्वासघात तो नहीं करेंगे? नहीं, यह मेरी भूल है, बातचीत से जान पड़ता है वे सरल हैं। अवश्य ही वे पाटणा सैनिकों का विपद्-लाघव करने में सहायक होंगे। जो हो, उन्हें भेजना ही होगा। उसके बाद माँ पाटणेश्वरी की इच्छा-।

(मंत्री का प्रवेश व सम्मान-प्रदर्शन)

बलराम :- मंत्री महाशय! सोच रहा हूँ, हीरा-मदन-दोनों को बस्तर भेज दूँ। वे वहाँ सेनापति अरिदमन की सहायता करेंगे।

मंत्री :- उत्तम प्रस्ताव, इस समय पाटणा-सेना की सहायता के लिए सुयोग्य सेनापति नितान्त आवश्यक है। आपके प्रस्ताव से मैं सहमत हूँ।

बलराम :- तब इस संबंध में हमारे राज्य का मुद्रांकित अनुशंसा-पत्र देकर उन दोनों को यथासंभव वहाँ शीघ्र भेजने की व्यवस्था करो।

मंत्री :- मैं शीघ्र ही इसकी व्यवस्था कर रहा हूँ।

(दोनों का विपरीत दिशा में प्रस्थान)

(सप्तम दृश्य)

स्थान :- शिविर

काल :- अपराह्न

(सैनिको की अवस्था का निरीक्षण करते-करते हीरा-मदन का प्रवेश)

(वृक्ष के नीचे दो सैनिक अर्द्धनिद्रितावस्था में हैं।)

हीरा :- भाई! देख रहा हूँ, सैनिकों की अवस्था ठीक नहीं है। सभी जीर्ण-शीर्ण मुमूर्षु प्रायः हैं। इस दशा में हम लोगों का यह दायित्व ग्रहण करना विवेकपूर्ण कार्य नहीं हुआ।

मदन :- वर्तमान में इन सबकी चिंता करने का समय नहीं है। जब दायित्व ग्रहण किया है तो उसे जिस किसी तरह पूरा करना होगा, किन्तु मैंने देखा, राजा और सेनापति-दोनों बहुत वीर और कुशल हैं। इन लोगों के इतने प्रयास से भी बस्तर-दुर्ग अभी तक संभाले हुए हैं, यह मामूली बात नहीं है! अवश्य इसमें कोई गूढ़ रहस्य है।

हीरा :- अरे ओ, सेना-छावनी में एक बूढ़ी का क्या काम? वह देखो तो, इधर आ रही है न!

मदन :- हाँ, एक बुढ़िया तो है, फिर क्या-क्या पकड़ी हुई है। आओ, थोड़ा यहाँ छिप जाएँ। देखें, वह क्या करती है।

(दोनों का छिप जाना, बूढ़ी का प्रवेश)

बूढ़ी :- (स्वगत) देख रही हूँ, इन लोगों की स्पर्द्धा तो कम नहीं है! ये मेरे साथ सामान्य शक्ति से युद्ध करना चाहते हैं। नर-देवता के युद्ध की बात अश्रुतपूर्व है। तब इन्हें उचित शिक्षा न देकर छोड़ूँगी नहीं। मैं बस्तर की भाग्य लक्ष्मी हूँ, जो मेरे स्वार्थ में बाधक होगा, जो बस्तर को पदावनत करने की चेष्टा करेगा, उसको मैं अवश्य ही ध्वंस करूँगी। मेरी कूटनीति में इनका प्रवेश असंभव है। (प्रकट) आओ

बच्चो! लो, लाई हूँ घुइयाँ चपाती (सरु चकूली), छेनामण्डा, पूरकाकस, तिललड्डू, मूआँ, जिसकी जो इच्छा दूँगी। आहा! ये बच्चे कितने दिन हुए घर छोड़कर आए हैं। उठकर फिर अभी-अभी सोए हैं कि तुरंत फिर 'उठो-उठो'! खाने-पीने में तो सुख है, क्या डर है? आओ बच्चों! जिसकी जो इच्छा, लो। (दो सैनिक उठकर बूढ़ी को देखते हैं) माँ सर्वत्र समान है, जैसे मेरे ये हैं, तुम लोग भी तो वैसे ही हो। तुमसे क्या मेरा किसी प्रकार का भेद-भाव है? आओ, जिसकी जो इच्छा हो रही है, खाओ।

पहला सैनिक :- (खड़े होकर पास जाकर) मौसी, मुझे दो छेनामण्डा देना।

दूसरा सैनिक :- (खड़े होकर) अरे, कितने दिनों से पूरकाकस मिला है! तो मौसी, चार पैसे का देना। (थोड़ा खामर) ठीक है, बहुत अच्छा बना है! ऐ भाइयो! जिसकी इच्छा खाने की हो रही है, इसमें से दो-चार खरीदकर खाओ। मौसी, तुम इसी प्रकार सभी दिन आओगी न?

तीसरा सैनिक :- (चपाती देखकर) अरे, मेरी माँ घर में जैसी छुइआँ चपाती बनाती थी, मौसी ने भी वैसा ही बनाया है! दो ना दो ठो?

बूढ़ी :- अरे बच्चों! तुम लोग अपनी-अपनी माँ को गाँव में छोड़कर आए हो, यह देखकर मेरा मन तो बिल्कुल नहीं ठहर सका। जो भी हो, तुम बच्चे हो, बच्चों की बात माँ जानती है। मेरे बासुआ, हरिआ ठीक तुम्हारी तरह हैं। उनके मन की बात क्या मैं नहीं जानती? तुम लोग क्या उन लोगों से कम हो? ठीक है बेटा, और कुछ कोई लेगा तो ले ले, बूढ़ी हो गई हूँ। इतनी देर हो गई, जाते-जाते अंधेरा हो जाएगा।

चौथा सैनिक :- क्यों मौसी, तुम्हारा गाँव कहाँ है? बेचने आई है, तो इतनी जल्दीबाजी क्यों कर रही हो? दे दो, दो आने का तिल लड्डू दो।

बूढ़ी :- लो, बेटा लो और तो कोई नहीं आ रहा है? अब मैं चलती हूँ। (प्रस्थान)

(हीरा और मदन का प्रवेश)

हीरा :- क्यों जी, क्या यह बुड्ढी यहाँ सब दिन आती है?

दूसरा सैनिक :- हाँ महाराज! (मस्त मुद्रा में एक सैनिक का प्रवेश)

सैनिक :- अरे भाईयों, और बैठे क्या हो? हमारी छावनी में कितने लोग उल्टी-टट्टी से मर गए और कितने लोट रहे हैं। कैसी घड़ी में वह बुढ़िया आई थी, कौन जानता है? उसी से रोटी आदि खरीदकर खाने से यह दुरावस्था है-।

दूसरा सैनिक :- मर गया! ओह्! होह्! (गिरना)

मदन :- (सैनिक के शरीर की परीक्षा करके) यह क्या? आश्चर्य है! अभी-अभी रोटी खा रहा था, साथ-साथ खत्म! बुढ़िया क्या कोई जादू-टोना जानती है? ये सैनिक भी बड़े निर्बोध हैं। बिना जाने, बिना सुने शत्रु-राज्य में जिसने जो दिया, खा गये!

हीरा :- (चौथे सैनिक को इंगित करके) अरे भाई, इसकी भी तो वही दशा है। अरे, वहाँ तो कोई एक फिर मर गया।

मदन :- भाई! न जाने क्यों, मेरे मन में अत्यधिक शंका हो रही है, यह बुढ़िया अवश्य कोई देवी है। बस्तर की अधिष्ठात्री देवी हो सकती है। यदि वह न होती, तो सैनिकों की इस प्रकार आकस्मिक मृत्यु होती कैसे?

हीरा :- वह जो भी हो, बुढ़िया को तो पकड़ना ही होगा। चलो।

(प्रस्थान)

(झोड़ दृश्य)

स्थान :- शिविर सम्मुखस्थ पथ,

काल :- अपराह्न

(वत्सराज सिंह अकेले अन्यमनस्क भाव से विचरण कर रहे हैं।)

वत्सराज सिंह :- कहीं तो कोई नहीं है, यहीं तो कहीं अश्वत्थ वृक्ष है। (कुछ क्षण बाद) यह जो अकारण सैनिकों का नाश हो रहा है, इसमें कोई न कोई रहस्य अवश्य है। माँ पाटणेश्वरी ने जो कुछ स्वप्न में कहा था, वह तो मिथ्या नहीं हो सकता। अच्छा, देखें, भाग्य का फल कितनी दूर तक फल रहा है। (इस दिशा, उस दिशा में विचरण करते हुए)।

(हीरा और मदन का प्रवेश, प्रणामानन्तर)

हीरा :- महाराजाधिराज! जब से हम लोग यहाँ आए हैं, तब से देख रहे हैं, एक वृद्धा नित्यप्रति खाने की वस्तुएँ विक्रय करने हेतु हमारी सैन्य-छावनी में आती है। ठीक उसी से जो लोग खरीदते हैं, उन्हीं की संध्यापर्यंत मृत्यु हो जाती है।

वत्सराज :- तुम लोग उसे पहचानते हो?

मदन :- हाँ, हम लोगों ने उसे पहचाना है और वह अभी कुछ ही समय हुए आई थी, किन्तु श्रीमान के बिना आदेश के हम कुछ नहीं कर सके। (नेपथ्य में दूर को इंगित करके) हाँ, वही तो वह वृद्धा इधर आ रही

है। इस संबंध में आश्चर्य की बात है कि यह वृद्धा किस मार्ग से दुर्ग के भीतर प्रवेश करती है, यह निश्चित नहीं हो पा रहा है।

वत्सराज :- अच्छा, तब तुम लोग जाओ मैं उस कार्य का भार ग्रहण करता हूँ। (हीरा और मदन का प्रणामानन्तर प्रस्थान) (वत्सराज सिंह का इधर-उधर विचरण करते रहना) (सिर पर एक टोकरी ढोकर धीरे-धीरे वृद्धा का प्रवेश) (वृद्धा के प्रति) माँ, तुम कौन हो? यह अस्थिकंकालसार जराजीर्ण शरीर को वहन करती हुई जा कहाँ रही हो माँ?

वृद्धा :- बेटा, संसार में जीवित रहने तक कर्त्तव्य का पालन तो करना ही पड़ेगा!

वत्सराज :- माँ, अनुमान होता है कि तुम्हारा और कोई नहीं है। क्या तुम इसी दुर्ग में निवास करती हो?

वृद्धा :- हाँ, मैं इसी दुर्ग के भीतर रहती हूँ और क्या तुम अनुमान नहीं लगा सकते कि यदि मेरा कोई होता, पेट चलता होना, तब क्यों मैं इतनी दूर आती बेटा! काम न करने से क्या खाने को मिलेगा? वह तो नहीं।

वत्सराज :- तुम्हारे जैसे दुर्गवासियों को क्या खाद्य का अभाव है माँ?

वृद्धा :- हाँ, हुआ है कहना पड़ेगा, यह जो आकस्मिक युद्ध-घोषणा है!

वत्सराज :- आकस्मिक और क्या है? जिस दिन पाटणा महाराजा को अपमानित करने का प्रस्ताव दरबार में हुआ, उसके पूर्व ही बस्तर को युद्ध के लिए प्रस्तुत होने की आवश्यकता थी। जिस कारण को लेकर पाटणा महाराजा का अपमान किया गया है, उसमें पाटणा महाराजा की भूल कहाँ है? यह अकारण रक्तपात मेरी भी इच्छा नहीं है।

वृद्धा :- बेटा, तुम पाटणा-महाराज हो! कितनी सुंदर बात कर रहे हो!

वत्सराज :- माँ, तुम्हारा तो और कोई नहीं है! तब मैं कहता हूँ, तुम हमारे सैन्य-निवास में रहो और जाते समय तुम्हें हम ले चलेंगे।

वृद्धा :- बेटा, मैं कौन हूँ जानते हो? मैं हूँ बस्तर की इष्टदेवी दंतेश्वरी। पाटणा में पाटणेश्वरी हैं, मैं जाने पर रहूँगी कहाँ?

वत्सराज :- माँ, प्रतिवर्ष आज के दिन सभी पाटणावासी तुम्हारे लिए उत्सव मनाएँगे और तुम्हारी ग्राम-ग्राम में पूजा करेंगे।

वृद्धा :- ठीक है, तथास्तु, मैं आज से तुम्हारी सैन्य-छावनी में रही, किन्तु प्रभात से यह दुर्गद्धार खोला जाएगा। तुम अपने नये सेनापति हीरा-मदन को कह देना, वे लोग दुर्गद्धार के सम्मुख अपेक्षा करते रहेंगे, किन्तु याद रखो ताकि पाटणा में मेरी पूजाविधि, मेरे मान-सम्मान में कोई बाधा न आए। (वृद्धा के प्रस्थान के साथ ही शून्य से तलवार का गिरना) (वत्सराज सिंह तलवार को उठाकर सिर से स्पर्श कराकर नतजानु होकर प्रणाम् करते हैं।) तुम्हारा ही अनुग्रह है माँ पाटणेश्वरी! तुम्हारे ही अनुग्रह का फल है।

(तृतीय अंक)

(प्रथम दृश्य)

काल :- **दिवा प्रथम प्रहर**

स्थान :- **कक्ष**

(पद्मावती माला गूँथ लेती है, उसके बाद माला को पास में रखकर तलवार पोंछ देती है। धनुष में गुण देकर रख देती है। अस्त्र-मार्जन करते समय गीत गाती है। गीतोपरांत युवराज का प्रवेश)

पद्मा :- (गीत)

सृष्टि कैसी, विचित्र विपरीत!
फूल और काँटों से होती वीरार्चना-पुनीत।
जो काँटो से तुष्ट हुआ है, कहो कौन अखिलेश?
प्राण-देवता मेरे आज सजाते कण्टक-वेश!
गुरु शर ओर शरासन बुरुतर, शाणित दीप्त कृपाण,
वीर का यही संगीत।1।

इस पावन बेला में क्या यह, किसने मन मथ डाला? अर्पित करने को आतुर हूँ, प्रिय को प्रसून-माला!

'प्रीति-पूत उपहार जगाने शत्रु-विजय की अभिलाषा'-
-समर में होता यह अभिनीत।2।

पद्मा :- प्रिय, यह क्या! मुखश्री मलिन क्यों है? युद्ध और जय-पराजय तो क्षत्रिय का भूषण है!

युवराज :- प्रिये! मेरा अंतर तो दुर्बल नहीं है, सोच रहा हूँ, अकारण इस रक्तपात का मूल कारण है-तोषामोदकारी कितने भण्ड, भला इस रक्तपात से उन्हें लाभ क्या होगा?

पद्मा :- तो मैं?

युवराज :- नहीं, और वह सब सोचना व्यर्थ है, क्योंकि मैंने कई बार पिताजी को यह कहा है, इसका कोई फल नहीं निकला और न ही निकलने की कोई संभावना है। आज तक तो विजयाशा कुछ न कुछ थी, किन्तु अब निश्चित रूप से नहीं। इसका कारण है—अन्याय की सृष्टि हमारे पक्ष में हुई है। सत्य और न्याय की विजय युग-युग में होती रही है।

पद्मा :- युद्ध क्षेत्र में तो जय-पराजय दोनों समान रूप से रहते हैं युवराज!

युवराज :- नहीं, और उसकी आशा नहीं है। इष्टदेवी के मंदिर में जाता हुआ संकल्पित घृत-दीपक आज बुझ गया है और भी, आज देवी की मूर्ति न जाने क्यों श्रीहीन प्रतीत हो रही है। उनकी तलवार वहाँ है ही नहीं। तब इन सब कारणों से बस्तर की भावी मंगलाशा व्यर्थ है।

पद्मा :- प्रिय! वीर के मुख में यह उक्ति क्या शोभा पाती है? आप सच्चे वीर हैं। युद्ध में विजय निर्भर है आपके बाहु-विक्रम पर, खरशाणित रक्तरंजित तलवार पर और अंस्त्र की नोंक पर।

युवराज :- रहने दो यह सब, पद्मा! तुमने बहुत कहा है! तुमने मेरे शरीर की प्रत्येक सिरा-प्रसिरा में विद्युत प्रवाहित कर दिया है! मेरा पूर्वसाहस, धैर्य, तुमने मृत्युसंजीवनी मंत्र के गुरुगंभीर उच्चारण से पुनः जागृत कर दिया है। (नेपथ्य में भयंकर गर्जना सुनाई पड़ती है) दो पद्मा! अपने हाथों मुझे तलवार दे दो और अपना गूँथा हुआ हार मेरे गले में पहना दो। जिसके स्पर्श से (कुछ क्षण पश्चात्) वह सुनो, क्या नहीं सुन रहीं पाटणा के पर्वतीय सैनिकों की गगनभेदी जयध्वनि? पाटणा के महाराजा के भीम हुँकार को सुनकर वे लोग किस तरह उत्तेजित होकर बस्तर के ध्वंससाधन के लिए चले आ रहे हैं! (पद्मा अपने हाथों से सजा देती है) (सज्जित कर) पद्मा, (अस्त्र ग्रहण कर) तुम्हारी यह दर-विकसित लालगुलाबी मुस्कान होगी मेरे जीवन-मरण का सहारा पद्मा! धन्य तुम्हारी गर्भधारिणी और धन्य तुम्हारे शिक्षा दाता, और तुम! (ठीक इसी समय नेपथ्य में बहुत दूर में तोप की आवाज तथा पाटणा सैनिकों द्वारा पाटणा तथा वत्सराजसिंह का जयगान) वह फिर सुनो, उन्हीं पाटणा सैनिकों का गगनभेदी

जयगान—और महाराजा का भीम हुंकार। तब मैं चलता हूँ—(शीघ्रता से पलायन)।

पद्मा :- प्रियतम! चले गए? हे भगवान! क्षत्रियवंश में नारी की सृष्टि तुम्हारी भूल है। सती नारी अपने पति को बकुल, मालती की माला के बदले खरशाणित कृपाण पहनाती है और हँसती हुई विदाई देती है। सृष्टिकर्ता के विप्लव क्षेत्र को जाने के लिए-जहाँ लाखों वीरकुमार अंतिम शय्या में सो गये रहते हैं तथा मुमूर्षु कटिका गलाफाड़ करुण चीत्कार सुनाई पड़ता है-ओह्! (अन्य दिशा की ओर देखकर) कौन? मालती! (मालती का शीघ्रता से प्रवेश। पद्मा को वह पकड़ लेती है।)

मालती :- यह क्या राजकुमारी?

पद्मा :- (छलनापूर्वक) कुछ नहीं मालती! (कुछ क्षण बाद) अच्छा, मेरा वही धनुष और कंकपक्ष नाराच मूणी दोनों तथा उन दोनों तलवारों को लाना तो।

मालती :- और युवराज कहाँ गए?

पद्मा :- हाँ, वही तो बात है। उनको इन्हीं हाथों से तलवार दी है और इसी मुहूर्त में हँस-हँसकर विदाई दी है। इसी के साथ मुझमें परिवर्तन समुपस्थित हुआ है।

मालती :- (मौन)

पद्मा :- चुप क्यों हो गई? (मालती का प्रस्थान) (सतृष्ण दृगों से युवराज के गए हुए मार्ग को देखकर) ठीक है, आज ही सुयोग आया (मिला) है। परीक्षा होगी-इस बाहु के विक्रम और अस्त्र चालन शक्ति की। मेरे अस्त्रगुरु पाटणा सेनापति अरिदमन सिंह आज अपनी शिष्या का बाहुबल देख लेंगे। बस, स्वर्ण अवसर है! (मालती का दो तलवार, तूणीर ओर दो धनुष लेकर प्रवेश) दो मालती, आज अंतिम रूप से मुझे यह सब दे दो। (मालती पद्मा को तलवार तथा धनुष दे देती है) और यह तो रह गया?

मालती :- राजकुमारी! तुम सोच रही हो तुम्हें युद्ध में भेजकर मालती घर में रहेगी? कभी नहीं, मालती के जीवन-मरण की समस्या तुम्हारे साथ ही जुड़ी हुई है। (पद्मा द्वारा मालती को तलवार से सज्जित करने के बाद मालती धनु में गुण देकर टंकर करती है)

पद्मा :- तब, आओ मालती! शीघ्र चलें। इस समय युद्ध ने भीषण आकार धारण कर लिया है। (सबेग प्रस्थान)

(द्वितीय दृश्य)

काल :- **दोपहर**

स्थान :- **मार्ग**

(दो सैनिकों का वार्तालाप करते हुए प्रवेश)

पहला सैनिक :- अरे भाई, यह युद्ध तो बड़ा विचित्र है!

दूसरा :- क्यों?

पहला :- अरे, जिस पाटणा राज्य से सैनिकगण आए हैं, वे मनुष्य हैं या देवता?

दूसरा :- (सिर हिलाकर 'नहीं' कहने का अभिनय) अरे, मालूम पड़ता है, ये लोग युद्ध करते समय हिंस्र जंतु की तरह हैं और इनकी शिक्षा-दीक्षा भी दूसरे प्रकार की है। नहीं तो क्या मैं युद्ध से भाग आया होता?

पहला :- हाँ, उनका नाम क्या है, कहो।

दूसरा :- वत्सराज सिंह!

पहला :- ठीक, नाम जैसा, काम भी वैसा है। अरे बाप रे, वे जब युद्धस्थल में आकर खड़े हुए और कुछ नहीं, उन्होंने केवल अपने घोड़े को दौड़ा दिया तो घोड़ा हमारे सेनापति के ऊपर चढ़ गया। सेनापति को छोड़ वहाँ से सभी भाग गए—और युद्ध होगा कैसे?

दूसरा :- मैं भी वही कह रहा हूँ और उनका सेनापति अरिदमन सिंह, वह क्या कम है?

पहला :- वाह! यह नाम उन्हें दिया किसने? सचमुच जब वे वहाँ आए, हाथी की भाँति कुचलते चले गए। (इसी समय नेपथ्य में सैनिकों का कोलाहल और पाटणा का जयगान)

दूसरा :- क्यों जी, यह क्या है? यदि हमारी ओर आ गए, तब उपाय क्या है?

पहला :- अरे उल्लू! और सोच क्या रहा है? ये जो जंगली आदमी हैं, साक्षात् भूत हैं। वे जिसके ऊपर गिर गए, वह क्या और बचेगा?

दूसरा :- माँ रणचण्डी! मुझे खाओ मत। मैं आज यदि बच गया तो तुझे एक काले रंग का बकरा दूँगा, रक्त की धारा का भक्षण करना।

पहला :- अरे, मेरे पीछे-पीछे आ। यहाँ रहने से रणचण्डी को एक क्यों, पाँच

बकरे देने पर भी मरोगे। बचने का उपाय करने से ही तो बचोगे? आओ-। (पलायन)

(तृतीय दृश्य)

काल :- दोपहर,

स्थान :- युद्ध क्षेत्र

(बस्तर राजा के हाथ में खुली हुई तलवार लेकर प्रवेश—साथ-साथ विपरीत दिशा में खुली-तलवार हाथ में लिए हुए वत्सराज सिंह का प्रवेश—नेपथ्य में यथाक्रम बस्तर व पाटणा का जयगान, कमान की आवाज)

वत्सराज :- राजा साहब! स्वर्ण अवसर। युद्ध के बाद ही यह ठीक-ठीक पता चलेगा कि कुत्ता कौन है?

बस्तर राजा :- हाँ, तुम वही प्रवंज्चक तो हो ना, झूठे विश्वासघातक!

वत्सराज :- कौन? क्यों बस्तरराज?

बस्तर राजा :- रमाई खड्ग के बदले कालसर्प भेजा था तुमने! तुम विश्वासघातक न होंगे तो और होगा कौन?

वत्सराज :- समझने में भूल कर रहे हैं! स्वयं युवराज ने अपने ही हाथ से रमाई खड्ग लेकर सवारी के बीच रखा है। तो यह सब इष्टदेवी पाटणेश्वरी का अनुग्रह और तुम्हारे अंधत्व का प्रमाण है

बस्तर राजा :- यह इन सबकी टीका-टिप्पणी का समय नहीं है।

वत्सराज :- ठीक है, ऐसा ही हो।

(दोनों का तलवार से युद्ध, बस्तर राजा की तलवार गिर पड़ती है। बस्तर राजा अप्रतिम होकर खड़े रह जाते हैं।) राजा साहब, अप्रतिम क्यों हुए? क्या बाहुओं में विक्रम है? और भी अस्त्र चलाना चाहते हैं? ठीक है, ऐसा ही हो। (अपनी तलवार देकर अन्य कोष से तलवार निकालकर) ठीक है, अब संभालो। (दोनों का तलवार से युद्ध तथा बस्तर राजा का पतन)।

वत्सराज :- ठीक है, बदला पर्याप्त लिया गया है।

बस्तर राजा :- ओह, क्या यंत्रणा है? क्या कष्ट है? माँ दंतेश्वरी! सचमुच क्या आज तुम्हारे अनुग्रह से वंचित हो गया? इस अभागे से बस्तर को और किसी प्रकार की आशा करना क्या व्यर्थ है? युवराज! पद्मा! तुम

लोगों की सुविधा के लिए नहीं, और नहीं ओह्, ओह! (मृत्यु)

(क्रीड़ा दृश्य)

काल :- मध्याह्न

स्थान :- युद्ध क्षेत्र का दूसरा पार्श्व

(युवराज का प्रवेश)

युवराज :- यह क्या? यह क्या? पाटणा-सैनिकों के जयगान से तो आकाश कम्पित होता रहा है! और बस्तर-सैनिक विद्रोह करके (दल के नियमों का उल्लंघन करके) भाग रहे हैं? तब क्या मेरे पिता परास्त हो गए? मर गए?

(कंध-सेनापति का प्रवेश)

दुर्जय बुड़ेक :- अरे बेटे! लड़ाई करने के लिए आकर खड़े-खड़े और क्या देख रहे हो? तुम्हारे राजा को हमारे राजा ने बाँध लिया है।

युवराज :- मूर्ख! संभलकर कहो। (धनुष में गुणसंधान करते समय नेपथ्य से अस्त्र आकर उसे तोड़ देता है। युवराज के अप्रतिम होकर सहसा तलवार निकालकर कंध सेनापति पर आक्रमण करने जाते समय सेनापति अरिदमन सिंह का प्रवेश)

अरिदमन :- (युद्ध से) विरत हो जाओ उद्धत युवक!

युवराज :- जीभ संभालो।

(दोनों का तलवार से युद्ध, युवराज की तलवार गिर पड़ती है)

अरिदमन :- सैनिकों, बंदी करो! (सैनिकों का प्रवेश, सैनिकगण युवराज को बंदी बनाने के लिए आते हैं, उसी समय पद्मावती का प्रवेश-हाथ में खुली तलवार लेकर)

पद्मावती :- शरीर-स्पर्श करने के पहले अपना भविष्य भी जरा सोच लो, सेनापति

अरिदमन :- कौन तुम? रणाङ्गण में नारी?

पद्मा :- सेनापति!

अरिदमन :- राजकुमारी!

पद्मा :- खड़े क्यों रह गए?

अरिदमन :- राजकुमारी के साथ सेनापति का अस्त्र चलाना शोभा नहीं देता।

पद्मा :- क्यों? नारी को इतनी दुर्बल समझ रहे हो? एक बार अपने आपसे जरा पूछो, पद्मा का बाहु-विक्रम कितना?

अरिदमन :- तुम्हारा अस्त्र-गुरु तो मैं स्वयं हूँ!

पद्मा :- बस पद्मा वही चाहती है। अपने गुरु के साथ अस्त्र-परीक्षा वर्तमान उसका कर्त्तव्य है।

अरिदमन :- किन्तु-

पद्मा :- किन्तु और क्या? स्वामी के प्रति सती के कर्त्तव्य ने आज उसके हाथ में अस्त्र धारण कराया है। वह अवश्य ही संग्राम करेगी। आप पाटणा के सेनापति हैं। पाटणा के गौरव की रक्षा के लिए अस्त्र धारण करने के लिए आप बाध्य हैं। भय अथवा वात्सल्य उसका प्रतिबंधक नहीं हो सकता, अस्त्र धारण कीजिए, आपने जो शिक्षा दी है, आज उसकी अंतिम परीक्षा हो जाए। (अस्त्रोत्तोलन कर आक्रमण करने जाते समय सेनापति का अपनी तलवार से आत्मरक्षा के लिए प्रस्तुत होना—दोनों का युद्ध व सेनापति के हाथ से तलवार का गिर पड़ना)

अरिदमन :- माँ, माँ! (हाथ जोड़कर)

(नेपथ्य में)- जय बस्तर माता की जय!

जय युवराज की जय!

(अन्य दिशा में नेपथ्य में)- जय वत्सराज सिंह की जय!

जय पाटणा जननी की जय!

वत्सराज :- (नेपेथ्य में) यह क्या? बस्तर की जयध्वनि? तब क्या पाटणा-सैनिक पराजित हो गए? सिंह आज श्रृगाल के सम्मुख नतमस्तक हो गया? असंभव। आज क्या बस्तर युद्ध में प्रमत्त केशरी शिथिल हो गया है?

(खुली हुई तलवार लेकर वत्सराज सिंह का प्रवेश-राजकुमारी अस्त्र निकाल रही है) कौन, मेरी बेटी! पद्मा! (अस्त्र गिर जाता है) बेटी, आज यह रणचंडी मूर्ति किसलिए?

पद्मा :- पिताजी! किसका साहस है कि सती नारी के रहते-रहते उसके पति के अंग में अस्त्रघात करेगा?

वत्सराज :- बेटी! आज मैं तुमसे हार मान गया। अन्यथा स्वयं तुमने देखा है, इस बाहु ने कहीं भी हार नहीं मानी थी। यह पहला अवसर है। आओ बेटी, रणरंगिनी मेरी पद्मा! (पद्मा का आलिंगन कर सिर चूमता है।

पद्मा वत्सराज के चरणों की वंदना करती है।)

पद्मा :- (उठाकर, घुटने टिकाकर? हाथ जोड़कर) पिता! आप तो इस शिक्षा के गुरु हैं।

वत्सराज :- (पद्मा को उठाने का यत्न करते हुए) बेटी! बेटी!!

(चतुर्थ दृश्य)

काल :- संध्या

स्थान :- दरबार

(वत्सराज सिंह, बलराम देव, अरिदमन, मंत्री, हीरा, मदन वा परिषद वर्ग)

(नर्त्तकियों का गीत)

गाओ, मिलकर सब जयगीत।
चौहानों से रक्षित जननी,
चिरदिन की वह वीरप्रसविनी,
गाओ जय पाटणा-धरित्र ॥1॥
आज बजाओ जय का डंका,
फहराओ रे विजय-पताका,
चौहानों की कीर्ति पुनीत ॥2॥

(नर्त्तकियों का प्रस्थान)

मंत्री :- सभासदवर्ग! सम्मान-रक्षा के लिए जिस तुमुल संग्राम का प्रारंभ हुआ था, माँ पाटणेश्वरी की कृपा से तथा महाराजा के स्वीय बाहुबल से इतने दिनों में उसकी निष्पत्ति हुई है। पाटणा की विजय में आओ, आज सब मिलकर एक बार आनंदपूर्वक कह उठें-

"जय माँ पाटणेश्वरी की जय!"

"जय बस्तर विजयी महाराजधिराज की जय।"

(जयध्वनि)

महाराजा :- मेरी प्रशंसा करके उसका दुरुपयोग करें नहीं मंत्री! प्रशंसा पाने योग्य मैं नहीं। प्रशंसा करें पाटणा के इस राजभक्त प्रजा की, उस योद्धा वर्ग की, सेनापति की और सबसे अधिक इस नवीन सेनापतिद्वय की। इस बीच कितने प्राणों की क्षति हुई है, रक्तपात हुआ है, कितनी निरीह प्रजा ने अपनी राजभक्ति का ज्वलंत प्रमाण दिखाकर

अकातरतापूर्वक प्राणदान किया है। उनके शोक-संतप्त परिवार वर्ग को मैं सहानुभूति ज्ञापित कर रहा हूँ तथा उन लोगों के परिपोषण की सुव्यवस्था करने के लिए तुम्हें आह्वान कर रहा हूँ। बस्तर-विजय के श्रेष्ठ अभिनेता निस्संदेह हीरा और मदन हैं। उन्होंने दंतेश्वरी के कराल (कवल) मुख से सैनिकों का उद्धार करके तथा देवी को संतुष्ट करके पाटणा के लिए बस्तर-विजय का पथ प्रशस्त किया है। वे ही इस सम्मान के उपयुक्त पात्र हैं। आओ हीरा! आओ मदन! मैं तुम्हारी प्रतिमा की पूजा करके धन्य हो जाऊँ। आज से तुम लोग पाटणा के सेनापति हुए। (साड़ी व खड्ग प्रदान) आशा करता हूँ, चिरकाल तक इसी विश्वास के साथ अपने पद की मान-मर्यादा की रक्षा करने के लिए सचेष्ट रहोगे।

(हीरा, मदन द्वारा साड़ी ग्रहण व अभिवादन)

हीरा व मदन :- (चरण-स्पर्श करके) प्रतिज्ञा करते हैं महाराज! इस खड्ग का दुरुपयोग कभी नहीं करेंगे।

"जय महाराजाधिराज की जय।"

(सबकी जयध्वनि)

महाराजा :- हाँ, और एक बात। मंत्री महाशय! बस्तर की अधिष्ठात्री दंतेश्वरी देवी की कृपा ही बस्तर-विजय का मूल है। गाँव-गाँव में, घर-घर में उनकी पूजा का आयोजन करो। राज्य में प्रचार करो, सभी उनकी 'बस्तरेन' नाम से पूजा करेंगे और अंत में-

रमाई खड्ग की यथाविधि पूजा करने की व्यवस्था करो।

"जय पाटणेश्वरी की जय"

सब :- "जय बस्तर-विजयी महाराजाधिराज वत्सराज सिंह की जय।"

"जय माँ बस्तरेन् की जय"

"जय रमाई खड्ग की जय"

"जय माँ पाटणेश्वरी की जय"

(यवनिका)

परिशिष्ट-4

जयचन्द्रिका तथा अन्य ऐतिहासिक काव्य

(छत्तीसगढ़ के इतिहास पर दुर्लभ पाण्डुलिपियाँ)

'जयचन्द्रिका' एक ऐतिहासिक हिन्दी-काव्य है, जिसकी रचना सारंगगढ़ के दरबारी कवि प्रहलाद दुबे ने विक्रम संवत् 1838 अर्थात् 1781 ई. में की थी। इसमें दक्षिण कोशल (पश्चिम उड़ीसा) के चौहाणों के इतिहास का विवरण है। काव्य का प्रारंभ रमई देव से प्रारंभ होता है और जयन्तसिंह के विवरण के साथ उसकी समाप्ति होती है। उक्त काव्य में पाटणा-राज्य का विवरण है, जो पहले छत्तीसगढ़ के अन्तर्गत था और 1905 ई. में उसका उड़ीसा में स्थानान्तरण हो गया था। उक्त पाटणा-राज्य के ऐतिहासिक तथा पुरातात्विक अवशेष उसके भव्य इतिहास के आख्यापक हैं। पुराने जमाने में वर्तमान **रानीपुर झरिया** में 120 देवालय थे। इनमें एक देवालय आज भी **खजुराहो** तथा जबलपुर के **भेड़ाघाट** की स्थापत्य का नमूना है। उक्त मंदिर दसवीं शताब्दी का प्रतीत होता है। उक्त मंदिर में आज भी चौंसठ योगिनियों की प्रतिमाएँ हैं।

'जयचन्द्रिका' के अनुसार बारहवीं शताब्दी के प्रारंभ में पाटणा में **'अष्टमल्लिक'** राज प्रणाली प्रचलित थी—

पटना में रहे भूप निमुआ को
दिन एक उठे इक मल्लिक साको।
अठ मल्लिक राज करै जु तवै की
पानिग्राहि मुखमान रहै जु सबै की ॥

(प्रथमोध्यायः)

पाटणा में नींबू (फल) को राजा माना जाता था और इसी 'निमुआ' की सहायता से राजकाज चलता था। प्रत्येक दिन यह 'निमुआ राजा' किसी मल्लिक (बड़े-बूढ़े) को शासन की बागडोर सौंपता था। आठ प्रतिनिधि या मल्लिक बारी-बारी से प्रशासन का दायित्व निभाते थे। इन आठ मल्लिकों का अध्यक्ष था पाणिग्राही।

परम्परा यह है कि राजा की अनुपस्थिति में आठ नागरिकों की एक प्रतिनिधि-सभा थी, जो प्रशासन को संचालित करती थी। वे 'अष्टमल्लिक' सिंहासन पर

बैठने के अधिकारी नहीं थे, अपितु राजा के प्रतीक 'निमुआ' को सिंहासन पर स्थापित किया जाता था और उसी के नाम से प्रशासन-तंत्र चलता था।

काव्य के अनुसार रामदेव या रमई देव पाणिग्राही नामक मल्लिक का चहेता था। हिन्दी-काव्य में पाणिग्राही को चक्रधर कहा गया है। एक बार जब उसकी बारी आयी तो वह रुग्ण हो गया। उसने तब रमई देव को राजकाज चलाने के लिए चुना। रमई देव युवा, महत्वाकांक्षी तथा साहसी था। उसने मौके का फायदा उठाया। उसने शेष सात मल्लिकों को भोज के लिए बुलाया और उन्हें मरवा डाला। इस प्रकार रमई देव पाटणा का राजा बन बैठा। प्रहलाद दुबे के अनुसार–

कवित्त

ते दिन में अटल राज की हों पुर पटना में
पाटनेश्वरी को बलि दीन्हें भैंस मेस के।
पुत्रहिं समान प्रजा पालन पुर पट्ट की
होत थर हरित लोक देश परदेश के॥
तपत प्रताप तप्त तपन समान भूमें
भनत प्रहलाद कन्या व्याहे देश देश के।
ये तो चौहान रामअंशी सूर्यवंशी आहैं
विमल जस उदित है रमई नरेश के॥

प्रहलाद दुबे ने रमई नरेश को रामअंशी और सूर्यवंशी चौहाण के रूप में निरूपित किया है–

गढ़ सँभरी चौहान को अस पूर्व को विरतन्त।
पुर पाटना महँ आद्य रमई देव उत्तम पन्त॥
रमई नरेन्द्र को पुत्र भै पुनि महालिंग भुआल।
महालिंग का सुत भयो बैजल देव नृप विकराल॥
पुनि भयो बैजलदेव नन्दन भोजराज भुआल।
सुत भोजराज के भये विक्रमदेव भूप विशाल॥
भै भूप विक्रमदेव के परतापमल्ल नरेश।
परतापमल्ल नरेश सुत भूपालदेव विशेष॥
भूपालदेव नरेन्द्र के सुत विक्रमाजित भूप।

पुनि विक्रमाजित देव सुत बैजल्लदेव अनूप ॥
सुत भयो बैजलदेव को श्रीहिराधर नर-नाह।
जिनके प्रताप प्रचण्ड भै नवखण्ड मेदिनि माँह ॥
नृप हिराधर को नन्द भै दुई मुरति में जस काम।
श्रीरामदेव सुजेष्ठ, लघु बलरामदेव सुनाम ॥

दोहा : **सापत्नी को बान्धव दुयो रामदेव बलराम।**
रामलखन सों अवतरौ करौ सु पूरन काम ॥

पाटणा के राजाओं से सम्बद्ध एक संस्कृतकाव्य अभी भी पाण्डुलिपि के रूप में है, जिसकी रचना डेढ़ सौ वर्ष पूर्व हिजरी वर्ष 1244 में हुई थी। उक्त पाण्डुलिपि की एक प्रति बिलासपुर के भानुकवि (राय बहादुर साहित्याचार्य बी. जगन्नाथ) के पास भी थी। रतनपुर के कपिलनाथ दुबे के पास भी इसकी एक प्रति थी। ज्ञात होता है कि यह संस्कृतकाव्य पाटणा के राजा बैजलदेव के द्वारा अपने पुत्र हीराधर देव के उपयोग के लिए लिखा गया था। राजा बैजलदेव ने एक श्लोक में अपने पिता का नाम दिया है—

चन्द्रावतीवदनचन्द्रचकोरधीर,
श्रीविक्रमार्कतनयो नय-तंत्रवेला।
चौहान-वंशतिलकः पटनाधिनाप्षो
राजा परं जयति बैजलदेव नामा ॥

(श्लोक, 2)

उक्त संस्कृतकाव्य का नाम है **प्रबोधचन्द्रिका**। उड़ीसा और बंगाल में यह बैजलकारिका या बैजलकाव्य के नाम से जानी जाती थी। उक्त पाण्डुलिपि का प्रारंभ इस प्रकार होता है—

श्रीगणेशाय नमः

अथ बैजलकाव्यप्रारम्भ

हरिहरगुरुभक्तः सर्वलोकानुरक्तः।
त्रिभुवनगतकीर्तिः कान्तिकन्दर्पमूर्तिः ॥
रणरिपुगणकालो, बैजलः क्षोणिपालो
जयति जगति दाता, सर्वकर्माविधाता ॥1॥

काव्यरचना का प्रयोजन इस प्रकार था—

संसारांम्बोधितरणं रामनामानुकीर्तनम्।

रामनामान्विता तस्मात् प्रक्रिया क्रीयते मया ॥9॥

xx xx xx

यावन्न राजचर्या ते यावन्न विषयग्रहः।

यावन्न योवनमदस्तावत् विद्यामुपार्जय ॥8॥

एक स्थान पर कवि ने हम्मीर का उल्लेख किया है, जो रणथंभौर के प्रसिद्ध चौहान राजा प्रतीत होते हैं, जो एक महान् सेनानायक थे। उनके बारे में कहा जाता है–

तिरियातेल हमीरहठ चढ़े न दूजी बार।

ग्वालियर के जैन संत नारायणचन्द्र सूरी ने 'हम्मीरमहाकाव्य' में हम्मीर की वीरता का वर्णन किया है। दिल्ली के बादशाह अलाउद्दीन के द्वारा अपमानित होने के बजाय उन्होंने तलवार लेकर युद्ध करने को बेहतर माना था–

दानेन दयया चैव युद्धेनोचितकर्मणा।

दानवीरो दयावीरो युद्धवीर इति श्रुतः ॥20॥

दधीचिर्दानवीरोऽभूत् दयावीरः शिविर्नृपः।

हम्मीरो युद्धवीरोऽभूत् निदर्शनममी चयः ॥21॥

हम्मीर की मृत्यु 1301 ई. में हुई थी। हम्मीर के उल्लेख से ज्ञात होता है कि काव्य की रचना 1301 ई. के बाद हुई होगी। उस समय पाटणा-राज्य भौगोलिक या राजनैतिक दृष्टि से उड़ीसा के अन्तर्गत नहीं था, जैसा प्रथमाध्याय के प्रथम श्लोक से ज्ञात होता है–

दिग्देशकालयोगे च ग्रामात्पूर्व स्थितिर्मम।

उत्कलात् पश्चिमं ज्ञेयं पटनाराज्यमद्भुतम् ॥8॥

उस समय पाटणा-राज्य उत्कल या उड़ीसा के पश्चिम में था। यह कोशल (प्राचीन छत्तीसगढ़) का एक भाग रहा होगा। पाटणा नगर और उसके आसपास आज भी **'कोशलेश्वर महादेव'** के मंदिर हैं।

रतनपुर में **प्रबोधचन्द्रोदय'** या **'बैजलकाव्य'** की पाण्डुलिपि की विद्यमानता से यह ज्ञात होता हे कि पाटणा तथा रतनपुर के राजाओं के मध्य वैवाहिक सम्बन्ध हुए थे। **'रतनपुर के इतिहास'** (हिन्दी) में यह वर्णन है कि हैहयराजकुमार वीरसिंहदेव का विवाह पाटणा के चौहान राजा की पुत्री से हुआ था। संभवतः यह चौहान राजा बैजलदेव द्वितीय था, जो **'प्रबोधचन्द्रिका'** का लेखक भी था। वीरसिंहदेव का शासनकाल विक्रम संवत् 1428 से 1464 के बीच में था।

अब हम पुनः **'जयचन्द्रिका'** पर विचार करें। इसका मूल लक्ष्य था जय (जयन्तसिंह) के विजय को समारोहपूर्वक मनाना, जो उसने अपने विद्रोही दीवान अकबर राय को पराजित कर प्राप्त की थी। यद्यपि 'जयचन्द्रिका' राजस्थानी डिंगल में लिखी गयी है, तथापि इसमें छत्तीसगढ़ी की लरिया का प्रभाव सुस्पष्टतौर पर दीखता है। इसमें उड़िया के अनेक शब्द भी यत्र-तत्र देखे जा सकते हैं। ऐतिहासिक काव्य के नाते इसमें तथ्यों और कल्पनाओं दोनों का मिश्रण है। ऐतिहासिक तथ्यों की पहचान में सावधानी की आवश्यकता है।

'जयचन्द्रिका' में कुल मिलाकर सात अध्याय हैं। प्रथम अध्याय में **संभलेश्वरी** की स्तुति है। इसमें मुसलमानों के हाथों पृथ्वीराज चौहान के पराजय का वर्णन है। वर्णन है कि उनकी एक गर्भवती रानी पाटनगढ़ भाग आयीं, जिनसे रमई देव का जन्म हुआ। इस प्रकार रमई देव दक्षिण कोसल में चौहान-राज्य क संस्थापक बना। संभवतः रमई देव ने 1360 ई. में पाटणा में चौहान-शासन की स्थापना की थी।

'जयचन्द्रिका' यद्यपि एक लघु काव्य है, किन्तु छत्तीसगढ़ के इतिहास के संशोधन में इसका महत्वपूर्ण योगदान हो सकता है। इसके चौथे अध्याय में हैहयराजवंश, सारंगगढ़, रतनपुर, सरगुजा तथा जशपुर की राजनैतिक गतिविधियों का विस्तृत विवरण है। पाँचवें अध्याय में सारंगगढ़ तथा पाटणा-राज्य के मध्य टकराहट का विवरण है। यह दुर्भाग्यजनक है कि अब तक उक्त काव्य का विधिवत् सम्पादन के बाद प्रकाशन नहीं हो सका है। इसके प्रकाशन के साथ छत्तीसगढ़ का इतिहास समृद्ध ही होगा।

आदिवासी बस्तर का बृहद इतिहास-4